MW01164884

ERNST JÜNGER

premier et second journaux parisiens

premier journal parisien, suivi des notes du caucase
second journal parisien

ERNST JÜNGER

premier
et second
journaux
parisiens

journal
1941-1945

Traduction de l'allemand
par Frédéric de Towarnicki et Henri Plard,
revue par Julien Hervier

Christian Bourgois éditeur ◊

Titre original :
Das erste Pariser Tagebuch / Kaukasische Aufzeichnungen/
Das zweite Pariser Tagebuch

© 1979 Klett-Cotta – J. G. Cotta'sche Buchhandlung Nachfolger GmbH, Stuttgart
© Christian Bourgois éditeur, 2014, pour la présente édition
ISBN 978 2 267 02608 5

PREMIER JOURNAL PARISIEN

1941

Sars-Poteries, 18 février 1941.

Avant l'aube, arrivée à la gare de transbordement d'Avesnes, où l'on m'a tiré d'un profond sommeil. Ce qui permit à ma conscience de saisir un beau rêve : enfant, et toutefois homme en même temps, je me rendais de Wunstorf à Rehburg, refaisant mon ancien chemin d'écolier, dans ce même petit train que nous prenions toujours. À Winzlar, je suis descendu, et j'ai continué à pied, le long de la voie ferrée. Il faisait nuit, car au voisinage de la maison paternelle, je voyais des balles traçantes s'élever dans l'obscurité. Mais il faisait jour aussi ; à ma gauche, les champs étaient ensoleillés. Au bord de l'un d'eux, couvert de blé en herbe qui poussait dru, je voyais ma mère qui attendait, et elle était dans toute la splendeur de sa jeunesse. Je me suis assis auprès d'elle, et lorsque la fatigue m'est venue, elle a saisi le champ, tel une verte couverture, et l'a tiré sur nous.

Ce songe m'a rendu très heureux, et j'en ai senti longtemps encore la chaleur, debout sur le quai de transbordement glacial et dirigeant la manœuvre.

Marche jusqu'à Sars-Poteries ; là, cantonnement.

Logé chez deux vieilles dames, dont l'une compte quatre-vingt-deux années, et a déjà vu trois guerres. Leur dîner, pour lequel j'ai pu fournir un peu de saucisson, était plus que maigre et consistait pour l'essentiel en trois grosses pommes de terre cuites à l'étouffée sous une sorte de cloche de terre placée dans l'âtre. Ce petit appareil s'appelle « *étouffoir** », sans doute parce que les aliments y sont cuits à l'abri de l'air.

Sars-Poteries, 20 février 1941.

Promenade aux environs de la gare où, dans une poterie, je me suis renseigné sur la provenance de la terre qui a donné ce nom significatif à la localité. Un peu au-dessus de la voie ferrée, je suis arrivé aux fosses creusées, comme je le vis, dans un sable brun et dans un très beau sable blanc. Je n'ai pas découvert les fossiles que j'avais espéré trouver. Une vieille tranchée abandonnée avait, dans son fond, des trous remplis d'eau et elle doit être, à certaines époques, profondément inondée, car j'ai découvert des saules, poussant dans le bas de la tranchée, qui étaient revêtus, jusqu'à hauteur d'homme, d'une chevelure de fines radicelles. Elles sortaient, telles des mousses, du tronc et des rameaux – bel exemple de la façon dont, chez les plantes, chaque partie est encore capable de produire la partie complémentaire. La puissance vitale, non divisée, les habite encore de la tête aux pieds.

* Les mots en italique suivis d'un astérisque sont en français dans le texte. *(N.d.T.)*

Nous autres, hommes, avons perdu ce pouvoir, et, aux endroits de nos cultures où s'étalent feuilles et fleurs, on ne verra plus jamais de racines. Mais, sous la menace grandissante, nous tirons de nous, en sacrifice, des organes différents et plus spirituels, des racines tendues vers l'invisible – au prix, il est vrai, de la vie de certains individus. C'est l'origine, pour nous tous, d'un nouvel épanouissement.

Comme je rentrais, une forte grêle s'est mise à tomber, semant ses mouchetures sur la contrée. Toutefois, j'ai aperçu dans les jardins des coudriers et des bois-gentils déjà fleuris ; leurs fleurs, semblables à du lilas double, dissimulaient les branches nues ; j'ai vu également, dans des coins abrités, des touffes de perce-neige qui m'ont paru fort précoces, surtout après le dur hiver. On les appelle ici « *fleurs de Saint-Joseph** », dont la fête tombe le 19 mars.

Sars-Poteries, 21 février 1941.

Dans mon sommeil du matin, j'étais dans une petite pharmacie où j'achetais toutes sortes de choses et, à ce moment, Rehm m'éveilla. Avant d'ouvrir les yeux, j'ai eu juste le temps de regarder un petit cornet de papier portant l'étiquette « Boules de gomme de Brunswick ». On se demande toujours comment ces choses peuvent vous venir à l'esprit.

Lecture : *Reine**, de Jules Lermina, livre que m'a prêté mon hôtesse et qui décrit d'une façon très amusante, dans le style des *Trois Mousquetaires*, les factions de 1815. On tombe, çà et là, sur des remarques qui dépassent le niveau du roman-feuilleton; celle-ci, par exemple: «Dans tout conspirateur, on trouve également un trait de caractère enfantin.» C'est un jugement que je puis confirmer par mon expérience propre.

Sars-Poteries, 22 février 1941.

Dans les heures matinales, j'ai rêvassé, et songé à des livres exotiques. Ainsi, aux *Secrets de la mer Rouge*, par exemple, dont l'auteur est Henry de Monfreid, livre où palpite un chatoiement de coraux, de nacre, et de délicieux souffles marins. Songé aussi au *Jardin des supplices** de Mirbeau. Ce jardin, avec ses allées recouvertes de poussière de brique rouge, est abondamment planté de verdure et de gros massifs de pivoines étincelantes. Sa luxuriance provient des innombrables cadavres de coolies qui l'ont créé, au prix de meurtrières corvées, et qui ont pourri ignorés dans le sol. Ce livre a le mérite de montrer, nettement séparées et distinctes, la beauté et la cruauté du monde – ces deux phénomènes qui, par leur combinaison et leur mélange, font songer à ces monstres marins chez lesquels l'étonnante splendeur des couleurs recouvre d'un voile irisé des armes terriblement acérées. Dans ce profond complexe d'enfers et de paradis, où l'œil ne parvient pas davantage à démêler les détails heureux ou douloureux que s'il tentait de déchiffrer l'entrelacs chatoyant d'un îlot de forêt vierge, notre planète ouvre à l'esprit un spectacle d'un ordre fabuleux.

Songé ensuite à Wagner, qui m'est apparu sous une

nouvelle lumière, riche d'une signification actuelle. Il m'a semblé distinguer l'erreur de Baudelaire qui possédait cependant en propre une authentique relation aux choses éternelles et anciennes. Réflexions sur le puissant esprit de cabotinage, qui redonne un souffle artificiel à des temps révolus, à des cultures mortes, les amenant à se mouvoir tels des cadavres que l'on évoque. Un magicien de haut rang, qui pratique avec du vrai sang ses conjurations aux portes des enfers. Les choses apparaissent sous des couleurs où l'œil le plus perçant ne saurait distinguer la vérité de l'illusion. Le Mime entre dans la réalité, se fait personnage historique, remporte un triomphe et conquiert un laurier qui verdoie comme le vrai. À quoi sert de le réfuter, de disputer avec lui ? – il vient parce que son heure est venue. Là seulement est sa faute, dont l'origine dépasse l'individu. L'art comme serre chaude des temps passés – on y chemine comme dans des orangeries ou dans ces salons où s'épanouissent des palmiers. Blâmer ces choses est difficile : l'effroi du déclin est si écrasant, si terrible que l'on ne comprend que trop la volonté de sauver fût-ce seulement une ombre. À l'opposé, Nietzsche qui affronte les tempêtes glaciales où il finit par succomber. Ce sont là des modèles que notre jeunesse, comme Héraclès, vit à la croisée des chemins.

Le cas Nietzsche-Wagner fait songer à ces baromètres en forme de maisonnettes dont on voit sortir, selon le temps, des figurines différentes. L'une est dehors, et elle annonce le temps qu'il va faire, avec une justesse prophétique mais inactuelle. L'autre correspond au climat régnant, bien que les souffles du déclin soient déjà perceptibles – c'est pourquoi elle s'attarde en sécurité à l'écart de la pleine lumière. Et cependant, c'est sur une seule et même planchette que les a fixées le météorologue.

Saint-Michel, 24 février 1941.

Pris congé de Sars-Poteries, et particulièrement de ma vierge de quatre-vingt-deux ans, que je suis allé remercier de grand matin, alors qu'elle était encore au lit. Puis, marché jusqu'à nos nouveaux cantonnements à Saint-Michel – d'abord par un gel léger, ensuite dans la neige fondante. L'endroit n'est pas accueillant, avec ses nombreuses maisons détruites ou abandonnées ; un engin blindé émerge des eaux de la petite rivière qui traverse la localité. Déjà se forment des mythes : on dit que le conducteur s'est jeté avec son char par-dessus le parapet du pont, afin que ce butin échappe aux Allemands. Ceux des habitants qui sont revenus chez eux ont noué, pour signaler leur présence, des bandes de toile blanche à leur porte. Ils donnent l'impression d'être encore plus misérables, plus affamés que ceux de Sars-Poteries. Des bandes d'enfants aux jambes nues, bleuies par le froid, rôdent autour des roulantes. Dans les maisons, on entend courir les rats ; des chats vous regardent par les fenêtres vides.

J'habite avec Rehm chez une femme dont le mari est prisonnier en Allemagne. Elle doit avoir dans la quarantaine, mais elle est encore de belle apparence, d'un naturel obligeant et plein d'entrain, et elle aime bien parler de son mari dont elle a beaucoup souci. Pourtant, j'aurais tendance à la croire d'un abord facile ; elle déborde de cette bonne humeur que donnent des expériences récentes et vives. Il en est souvent ainsi dans un seul et même cœur, car le monde moral échappe à l'explication et se laisse beaucoup moins bien analyser que le monde physique. Et de même – ce qui m'était autrefois incompréhensible –, la plupart des hommes ne se comportent pas, non plus, comme Othello ; ils savent, au contraire, pardonner, surtout dans les vieux ménages.

Saint-Michel, 27 février 1941.

Comme toujours aux heures de l'aube, rêves pleins d'animation. Je participais à une réunion où l'on s'amusait à imiter des politiciens défunts ou tombés dans l'oubli, et cela sans la moindre préparation, suivant l'humeur du moment : tantôt l'un, tantôt l'autre, se levait de son siège et déchaînait le rire par ses mimiques et ses gestes. Je vis par exemple un homme solide, corpulent, qui imitait Bismarck et fut longuement applaudi. Je fus frappé par ce fait que maints gestes insignifiants suscitaient tout particulièrement la surprise ou le rire, mais seulement chez certaines personnes. J'en conclus qu'il s'agissait là de contemporains, ou même de collaborateurs intimes. On voyait aussi les survivants de petits cercles disparus applaudir à tout rompre certaines caricatures dont l'humour ne pouvait plus être compris que par eux.

À première vue, cette société paraissait composée

de hauts fonctionnaires ou de généraux en retraite, comme ceux qu'on voit, dans leurs clubs, s'enivrer d'anecdotes et de détails biographiques complètement oubliés. Mais on distinguait aussi une note plus profonde – celle de l'histoire humaine devenue spectacle, dépouillée de son amertume et suscitant la gaieté. On y voyait briller ce trait de puérilité qui vous surprend bien souvent chez de vieux dignitaires congédiés. Il y avait aussi un peu du « *plaudite amici* », si l'on donne à cette expression un sens ironique à l'égard des autres et de soi-même.

Saint-Michel, 1er mars 1941.

Durant ces deux derniers jours, réchauffement sensible de la température, d'abord accompagné d'averses, ensuite de soleil. En un clin d'œil, la neige a disparu sous un souffle tiède ; les eaux se sont gonflées, et les arbres ont brillé de ces teintes changeantes qui marquent l'avant-printemps.

Animaux : la grande timarque que je vis hier ramper sous la pluie, sur le sol encore durci par le froid, et qui était, si j'en crois ses très larges tarses, un exemplaire mâle. Dans mon esprit, ce chrysomélidé est associé au premier retour des jours plus chauds. Je l'avais déjà remarqué dans mon enfance, comme l'un des premiers signes de vie dans les marais encore dénudés de Rehburg – éclair bleuâtre au soleil de février ou de mars. En Alger et au Maroc, j'en avais vu de grandes espèces dès le mois de décembre, et son apparition a toujours été inséparable, pour moi, de cette impression de mélancolie particulière qui m'envahit en cette période de l'année, et s'efface à nouveau lorsque les arbres sont verts.

Puis, comme je roulais à bicyclette sur la route d'Hirson, ma roue a failli passer sur une salamandre – une femelle, reconnaissable à son mont de Vénus fortement gonflé en cette saison et qui, fragile mamelon, termine l'abdomen moucheté de brun et comme doucement enluminé à la sanguine. Je portai jusque dans une prairie humide la petite femelle qui se tordait fort gracieusement entre mes doigts, et lui sauvai ainsi la vie. D'innombrables fois déjà, le spectacle des animaux m'a, telle une source de vie, doué d'une force nouvelle.

Saint-Michel, 7 mars 1941.

Ai passé la soirée d'hier avec Rehm, chez la tante de *Madame** Richardet, qui m'avait invité à dîner. Nous avons parlé du «*coup de foudre** », comme d'une forme d'amour que l'on doit éviter.

Le matin, exercice sur le terrain dans le voisinage de la *Ferme La Butte**. Ce faisant, j'ai médité sur un thème : «Mondes», qui consisterait à refléter dans d'autres lieux des situations humaines, ceci afin d'en donner une image plus nette. On pourrait songer à des boules polies qui refléterait le spectacle en réduction, avec plus de netteté et de profondeur – peut-être des opales nébuleuses ou du cristal de roche. L'ensemble pourrait se dérouler dans une grande maison que l'on parcourerait depuis les caves jusqu'aux greniers.

Saint-Michel, 27 mars 1941.

À Charleville, appelé comme témoin au conseil de guerre. Ai profité de l'occasion pour acheter des livres, parmi lesquels des romans de Gide et diverses études sur Rimbaud, qui est justement né dans cette ville où le libraire me dit qu'un petit groupe de poètes cultive son souvenir. En revenant, commencé à lire *Si le grain ne meurt** : le beau passage sur le kaléidoscope.

Paris, 6 avril 1941.

Samedi et dimanche à Paris. Le soir, en compagnie du lieutenant-colonel Andois, à la Rôtisserie de la Reine Pédauque, près de la gare St Lazare, puis à Tabarin. Là, une revue avec des femmes nues, devant un parterre d'officiers et de fonctionnaires de l'armée d'occupation, et devant un feu de peloton de bouchons de champagne. Les corps sont bien faits, à l'exception des pieds déformés par la chaussure. Mais n'est-ce point aussi que le pied est la main dégradée ? Des représentations de ce genre sont entièrement réglées par le mécanisme du désir – l'aiguillon est infaillible, bien qu'il n'y en ait qu'un, et toujours le même. Le côté « coq gaulois » propre à la race s'y montre aussi nettement. *Les poules**.

Puis au Monte-Cristo, un établissement où l'on s'affale sur des coussins bas. Coupes d'argent, plateaux de fruits et bouteilles luisaient dans la pénombre de la salle comme dans une chapelle orthodoxe ; le soin de nous tenir compagnie incombait à des jeunes filles, presque toutes filles d'émigrés russes, mais nées en France, qui papotaient en plusieurs langues. J'étais assis auprès d'une petite demoiselle mélancolique, d'une vingtaine d'années, et j'eus avec elle, dans les fumées du champagne, des conversations sur Pouchkine, Aksakov, et Andreïev, dont elle avait connu le fils.

Aujourd'hui dimanche, pluie incessante. Suis allé deux fois à la Madeleine dont les marches étaient tachetées de vert par les feuilles de buis ; à midi et le soir, chez Prunier. La ville est comme un jardin de longue date familier, maintenant à l'abandon, mais où l'on reconnaît cependant sentiers et chemins. Étonnant, cet état de conservation, en quelque sorte hellénistique, où interviennent probablement certaines habiletés de la haute administration. Impression déconcertante provoquée par les panneaux blancs de signalisation, dont l'armée a tapissé la ville – déchirures en quelque sorte dans un ensemble organique d'ancienne formation.

Saint-Michel, 12 avril 1941.

Nouveaux plans, nouveaux projets. « Il n'est pas encore trop tard. » Durant la nuit m'est apparue une belle femme ; elle m'a doucement embrassé à plusieurs reprises, sur mes yeux que je tenais fermés. Ensuite, dans un mauvais lieu dont j'avais ouvert la porte tapissée de barbelés, une affreuse vieille qui chantait des chansons grossières, et qui releva ses jupes en me tournant le dos.

La nuit précédente, voyage à travers le Tibet. Maisons, chambres et meubles avaient quelque peu perdu leur caractère original ; on pouvait déjà discerner une influence de formes étrangères, le changement n'était cependant qu'infime. Je traversais les maisons sans apercevoir les habitants, mais je sentais leur présence dans des pièces où je ne pénétrais pas. Rêve maléfique, en ce sens que créature démoniaque, j'étais invisible. Des officiers tsaristes ont surgi, qui étaient mes antagonistes ; eux et moi, *nous* nous sommes vus et reconnus de loin – il y avait une hiérarchie dans les degrés de visibilité.

Saint-Michel, 13 avril 1941.

Promenade de Pâques. Les terres brunes, non encore ensemencées, semblent nues ; toutefois, en maints endroits, un fin réseau d'orties les recouvre à fleur de sol, presque invisible, aux limites de l'ultraviolet, sur lequel, comme sur une trame de rêve, on voit les bourdons en quête de pâture.

Les petits chemins de terre, creusés d'ornières. Eux aussi possèdent leur versant nord et leur versant sud, où les plantes diffèrent non seulement par la croissance, mais par l'espèce.

Paris, 24 avril 1941.

Levé de bonne heure pour l'embarquement à destination de Paris. Le régiment y est affecté, en qualité de troupe de garde.

Le réveil me surprit dans un de ces rêves qui font penser à des tableaux vivants, ensembles de figures groupées dans une attitude déterminée et chargées de tension. Le rêveur y jouit d'aperçus de premier ordre, car il se meut tantôt à l'intérieur, dans le vouloir et la souffrance de ces figures, et tantôt, se dégageant de leurs éléments, il les voit intégrées dans un tableau immobile. Ainsi la plénitude substantielle et le défaut de mouvement forment contraste; le geste s'immobilise sous le charme de sa propre signification, et cet arrêt provoque une sensation de vertige qui tourne souvent au cauchemar.

C'est ainsi que j'ai vu José avec le grand médecin, la femme de celui-ci, moi-même et quatre gardiens, dans une chambre dont les meubles faisaient penser à une clinique. José, atteint de folie furieuse, avait planté ses dents dans le cou de l'épouse du médecin, afin de lui communiquer son mal, et de toute évidence, son projet avait réussi. Je voyais sa victime que deux gardiens maintenaient sur une couchette, je voyais la plaie de la morsure, dont les lèvres rouges laissaient déjà sourdre un mince filet de pus. Le grand médecin s'apprêtait à faire une injection à sa femme, presque folle déjà, et, cependant qu'il vérifiait la solution dans la seringue de verre, son regard effleurait aussi José : regard grave, douloureux, mais où toute passion était absolument maîtrisée. José, également, était aux mains de deux gardiens, moitié plongé dans la torpeur qui succède à une crise, moitié triomphant d'avoir réussi son coup. Je tenais dans mes deux mains son cou épais, d'une prise qui le flattait comme on flatte en les tapotant les flancs d'un cheval ; mais j'étais à même également de l'étrangler, s'il faisait mine de s'échapper.

La petite pièce où nous souffrions était à ce point chargée de rayonnements que j'en saisissais le secret comme un texte qu'on lit dans un livre. Le trait singulier, dans l'agression commise par José, c'était que celui-ci, par-delà des années de liaison cachée avec la femme du grand médecin, voulait à présent l'épouser aussi dans la mort, et je lisais dans les yeux du mari qu'il comprenait toute la gravité de cet acte. Et cependant, bien qu'il se sentît piqué par une vipère, il ne perdait pas son sang-froid – il restait dans son domaine de médecin, et, là, le mauvais coup de José était seulement un symptôme de maladie, un symptôme de la rage, la réponse convenable ne pouvant être que la volonté de le guérir. Que ce maître, tout en faisant œuvre si hautement volontaire, sût rester bienveillant, cela me paraissait merveilleux et sublime.

Et pourtant, je sentais que dans ce conflit, j'étais du côté de José ; je tapotais sa large nuque, comme à un bon cheval que l'on voit voler impétueusement au-delà de buts couronnés de lauriers. Certes, je sentais que chez lui l'élément moral n'avait aucune existence distincte, mais il me paraissait semblable à l'un de ces princes de jadis, entraînant avec eux dans les royaumes de la mort tout ce que leur cœur avait aimé durant la vie : l'or, les armes, les esclaves et les femmes. Je devinais dans ce corps déjà travaillé par la mort la toute-puissante force de vie.

Mais, de nouveau, je fus spectateur, face à la scène en sa totalité, dont je voyais l'immortel tissu de sens et de non-sens, tel le canevas d'une tapisserie.

Départ de Saint-Michel; mais peut-être y reviendrons-nous. Les douces prairies me resteront en mémoire, avec leurs haies d'aubépine; dans les taillis encore nus, on voyait les boules vertes des guis et de sombres nids de pie. Parmi leurs feuilles sèches fleurissaient déjà le lupin et la violette, et l'ortie poussait ses feuilles vertes. Le pays est vallonné; çà et là de grandes fermes s'y cachent, avec leurs écuries et leurs granges. Les toits d'ardoise luisants émergent de sa profondeur, comme des miroirs. Pensé à la vue de ces métairies: les anciens temps magiques ont disparu, pourtant il nous reste encore des clefs pour leur redonner vie. Mais viennent ensuite des degrés où l'homme perd jusqu'au souvenir du Bien et du Vrai. Il ignore alors les sources de son malheur.

À midi, à Laon; nous sommes passés au pied de la vieille ville. Avec un sentiment de joie, j'ai revu la cathédrale; les tours ajourées font, à distance, une impression particulièrement forte. On croit saisir la structure essentielle de l'ouvrage, les piliers et les pivots de l'édifice, l'esprit même du plan. Aux yeux de l'observateur qui passe, comme si le bâtiment tournait tout doucement sur son axe avec une musique de carillon, s'offre une abondante variété de changements kaléidoscopiques.

Nous avons atteint Paris très tard, marchant ensuite par des rues vides et noires, jusqu'au fort de Vin-

PREMIER ET SECOND JOURNAUX PARISIENS

cennes, où la formation est cantonnée. Après une ronde à travers les casernes, je suis allé me loger, aux premières heures du jour, dans une chambre de l'Hôtel Moderne, à la porte de Vincennes. Coup d'œil à la clarté de l'aube sur les hautes colonnes de la place de la Nation. Au-delà, confusément, la tour Eiffel. Le colossal s'exalte encore davantage lorsqu'il apparaît au pluriel, généralisé.

Vincennes, 27 avril 1941.

Premier dimanche à Paris. J'ai pris, entre-temps, un logement qui offre une belle vue sur le grand donjon du fort. Profonde mélancolie. L'après-midi, au zoo de Vincennes. Girafes qui mangeaient des feuilles d'acacia sèches, à un râtelier très haut placé ; elles les choisissaient de leur longue langue pointue. Des ours de l'espèce baribal, une bande de guépards, des bouquetins de Corse qui se montraient sur les pentes d'un énorme rocher. Puissance de ces masques : ils parlent, mais nous ne comprenons plus ce qu'ils ont de divin.

Vincennes, 28 avril 1941.

Promenade dans les rues et ruelles de Vincennes. Détails : un homme, à l'aide d'une mince faucille, coupait l'herbe d'un talus de chemin de fer, non loin d'une rue animée, et l'entassait dans un sac, probablement pour des lapins. De l'autre main, il tenait un panier dans lequel il recueillait les petits escargots trouvés au cours de ce travail. On rencontre souvent, au pourtour des grandes villes, de ces images d'une économie chinoise – elles font penser à ces herbes et à ces plantes que l'on voit pousser aux joints des murailles.

Vincennes, 29 avril 1941.

Hôtel de Ville, et quais de la Seine ; examiné les éventaires. *Tristitia.* Cherché des issues, mais il ne s'en présentait que de douteuses. Notre-Dame, ses démons, plus proches de l'animal que ceux de Laon. Ces figures archétypales contemplent, d'un regard plein de quelle science ! les toits de la grande capitale, mais aussi des domaines que nous ne connaissons plus. Nous ne les connaissons plus, mais ont-ils cessé d'exister ?

Chez Prunier, rue Duphot. La petite salle au premier, fraîche, pimpante, d'une nuance d'aigue-marine, elle invite à déguster des fruits de mer. Tout près de là, l'église ronde, un vert figuier contre son mur. Puis la Madeleine – une église, n'en déplaise ! Boulevard des Capucines. La téléphoniste allemande que j'avais déjà remarquée avant-hier, place de l'Étoile, une grande Obotrite aux cheveux flottants. Curieux sentiment à l'instant où s'éveille l'attention réciproque, où l'on commence à naître l'un pour l'autre. C'est nous qui engendrons les connaissances que nous faisons ; un nouvel être humain est comme un germe qui se développe du plus profond de nous. Une image étrangère a fait irruption ; dès qu'elle a mis sa marque en nous, c'est comme une petite blessure, une légère souffrance. Comme les femmes connaissent bien l'effet ainsi produit, qui ne cesse de croître ensuite lorsque la rencontre se répète.

Téléphoné à Schlumberger ; mais, de même que la plupart de mes anciennes relations, il n'est pas à Paris.

Lorsque je cherchais l'issue que j'ai dite, entre le Pont-Neuf et le pont des Arts, j'ai vu au même instant très clairement que c'est en nous-même seulement que gît le caractère inextricable de la situation. Pour cette raison, l'emploi de la violence serait nuisible ; elle ruinerait des murs, des chambres de notre propre moi – ce n'est point là le chemin de la liberté. Les heures se règlent par le mécanisme, par l'intérieur de l'horloge. Quand nous déplaçons l'aiguille, nous changeons les chiffres des heures sans modifier la marche du destin. Où que nous puissions déserter, nous emportons notre dispositif inné, et dans le suicide même, nous ne nous délivrons pas. Il faut que nous nous élevions, fût-ce par la souffrance ; alors, le monde s'organise sous nos regards.

Vincennes, 1ᵉʳ mai 1941.

Au Sacré-Cœur. Le chevalier de La Barre, qui fut, tout jeune, mis à mort d'horrible manière, pour n'avoir pas salué une procession. J'ai lu récemment son histoire chez Voltaire. Il a sa statue ici, debout au poteau du supplice, autel de la franc-maçonnerie érigé dans les alentours consacrés de l'église. Le choix du site confère au monument un piquant dialectique dont pâtit le pur intérêt qu'on prendrait au sort de cet infortuné. On le laisse là, qui pointe son index vers le ciel.

Puis, place des Ternes. Muguet, dont j'achetai un petit bouquet, en l'honneur du 1er Mai, lequel est bien pour quelque chose aussi dans ma rencontre avec Renée, une toute jeune vendeuse dans un grand magasin. Paris offre des rencontres comme celle-là, sans qu'on ait presque à les chercher ; on s'aperçoit qu'elle fut fondée sur un autel de Vénus. Cela tient à l'eau et à l'air. Je l'éprouve à présent d'une façon d'autant plus nette que j'ai vécu les dix-huit premiers mois de guerre dans une vraie réclusion : casernes, cantonnements de villages, blockhaus. Durant les longues périodes d'ascèse, où nous domptons nos pensées mêmes, il nous vient un avant-goût de la sagesse du grand âge, de la sérénité.

Dîner, puis au cinéma ; j'y ai touché sa poitrine. Un glacier ardent, une colline au printemps qui cache, par myriades, les germes de vie, des anémones blanches, peut-être.

Tout le temps des actualités, la salle est restée éclairée, pour empêcher des manifestations. On montrait nos offensives en Afrique, en Serbie et en Grèce. Le seul spectacle des moyens de destruction provoquait des cris de frayeur. Leur automatisme, le glissement des écailles d'acier des tanks, la façon dont les bandes de cartouches brillantes s'engloutissent au fur et à mesure du tir. Les anneaux, charnières, fentes des viseurs, articulations des blindages, l'arsenal de formes vivantes qui se durcissent comme des crustacés, des tortues, des crocodiles et des insectes – Jérôme Bosch les avait déjà vus.

À étudier : les voies par lesquelles la propagande rejoint la terreur. Les commencements offrent justement bien des choses que l'on finira par oublier. C'est le moment où la force procède à patte de velours, avec ruse et finesse.

Nous nous sommes séparés devant l'Opéra, sans doute pour ne plus jamais nous revoir.

Vincennes, 3 mai 1941.

Place des Ternes, au soleil, à la terrasse de la Brasserie Lorraine. Ce sont des instants où je reprends mon souffle, comme un homme qui se noie. En face de moi, une jeune fille en rouge et bleu, en qui la parfaite beauté s'alliait à un haut degré de froideur. Fleur de givre – et qui la dégèle détruit sa forme.

Lorsque j'éteins la lumière, je suis heureux à l'idée que je vais être seul durant huit, neuf heures. Je recherche la solitude comme un antre souterrain. Il ne me déplaît pas, non plus, de m'éveiller de temps à autre pour connaître mon bonheur.

Vincennes, 7 mai 1941.

De nouveau place des Ternes à la terrasse de la brasserie, endroit qui, pour moi, a son charme. J'ai pris l'habitude d'y boire une tasse de thé au soleil et de consommer quelques sandwiches diaphanes, des hosties presque, consacrées au souvenir d'une abondance disparue. Puis, par les Champs-Élysées, je gagne la rue Duphot. À son entrée, devant la petite église, j'ai toujours plaisir à revoir le figuier.

Le rocher de porphyre. Les plantes aussi et les animaux doivent se distinguer de tout ce qui existe sur terre.

Vincennes, 10 mai 1941.

Au Jardin des Plantes. Un arbre de Judée en pleine floraison. Une partie des fleurs avaient jailli du tronc même, de telle sorte qu'elles brillaient, de loin, en masses serrées, comme des colonies de coraux ou des grappes d'abeilles roses.

Les gros chats noirs ou couleur d'ambre jaune, que l'on voit sommeiller aux devantures des boutiques. Puis les paulownias qui, sans feuilles encore, fleurissent en formant des allées ou de beaux bosquets sur les places. Leur voile, d'un violet tendre, jette sa magie sur la grisaille argentée des pierres. Améthyste sur épiderme d'éléphant.

Vincennes, 11 mai 1941.

J'allais, comme d'habitude, place des Ternes. À la Bastille, l'envie me prit de descendre de voiture. Je me suis trouvé là – c'était la fête de Jeanne d'Arc – seul en uniforme, dans une foule de plusieurs milliers de personnes. J'éprouvais, toutefois, un certain contentement à m'y promener en méditant, comme on circulerait rêveusement, dans une soute aux poudres, une bougie allumée à la main. Comme je l'appris le soir, quelques désordres se produisirent place de la Concorde.

Vincennes, 12 mai 1941.

On nous fit asseoir, les pieds nus, autour d'un grand feu, et l'on nous poussa tout près de lui, si bien que je vis la peau d'abord rougir, puis se parcheminer et éclater. On la cingla ensuite à coups de fouet, les fouets avaient pour lanières une touffe de vipères vivantes. Elles enfonçaient leurs dents dans la chair meurtrie et leurs morsures me semblèrent un soulagement comparées aux souffrances de la brûlure.

Sur quelles galères de telles images nous assaillent-elles?

Vincennes, 17 mai 1941.

Éveillé au milieu de la nuit, je suis resté longtemps dans les ténèbres, le cœur serré d'angoisse, pesant chaque seconde. Ensuite, effroyable matinée dans la cour de la caserne de Vincennes. J'étais comme quelqu'un qui a grand-soif; durant une pause, la fraîcheur mousseuse des ombellifères blanches, sur le talus du fort, me fut rafraîchissement. Lorsque je vois les fleurs s'étaler si calmement au soleil, leur béatitude me paraît d'une profondeur infinie. J'ai, aussi, le sentiment qu'elles s'adressent à moi en phrases et en mots qui sont doux et consolants, et chaque fois j'éprouve une souffrance à l'idée que de tout cela, cependant, pas un son ne parvient à mon oreille. On se sent appelé, mais on ignore où.

À midi, le colonel est venu, avec un capitaine Höll qui doit faire mon portrait et restera quelque temps ici. Je suis allé avec lui, le soir, dans le quartier de la Madeleine, et là, j'ai acheté des cadeaux pour Perpétua [Gretha Jünger]. Entré dans la boutique d'un nègre; propos sur la noix de kola et le rhum blanc. L'après-midi tout entière a été quelque chose d'étrange, et m'a confirmé dans mon idée que c'est *nous* qui dirigeons l'expérience vécue; le monde nous donne les instruments appropriés. Nous sommes chargés d'un genre d'énergie déterminé; les objets adéquats bondissent alors à sa rencontre. Sommes-nous virils, les femmes surviennent. Ou enfantins, les cadeaux affluent. Et si nous sommes pieux…

Paris, 20-21 mai 1941.

À midi, j'ai relevé, avec ma compagnie, la garde à l'Hôtel Continental. Auparavant, rassemblement sur l'avenue de Wagram. J'y ai fait exécuter les maniements d'armes auxquels nous nous étions exercés durant tout un mois; puis, j'ai fait défiler au pas de parade devant la tombe du Soldat inconnu. Nous sommes passés aussi devant la statue de Clemenceau, qui avait bien prévu tout cela. Je lui ai fait un léger signe, comme entre augures.

La nuit a été agitée, parfois même mouvementée, car on m'a amené plus de quarante personnes appréhendées au cours des patrouilles dans les rues ou dans les cafés et hôtels. Il s'agissait surtout de gens ivres ou de soldats sans permission régulière que l'on avait ramassés dans les petits *hôtels de passe**; on amenait en même temps les filles avec lesquelles ils s'étaient divertis. Après un bref interrogatoire, je les ai tous inscrits dans le grand registre de garde, puis je les ai fait enfermer dans de petites cellules qui étaient aménagées en grand nombre au premier étage, pareilles à des cabines d'établissement de bains. Ceux qui avaient couché avec une femme passaient, au préalable, par les mains d'un soldat du service de santé. Au matin, on distribua un petit déjeuner, puis toute la bande fut amenée devant un juge disciplinaire qui siégeait également dans la maison. Dans une fournée ramassée à Montmartre, se trouvait aussi une petite prostituée de dix-huit ans qui se mit au garde-à-vous comme les soldats pour saluer. Comme cette demoiselle était fort gaie et possédait un « *bon moral** », je la fis asseoir et bavarder avec nous dans le poste ; je la gardai ainsi, comme un canari, dans cet endroit pitoyable.

Vincennes, 24 mai 1941.

Matinée à l'Hôtel Continental, en qualité d'assesseur au conseil de guerre. Trois cas. D'abord, un chauffeur qui s'était enivré et avait renversé un bec de gaz avec sa voiture. Il avait, l'instant d'avant, « vu quelque chose filer en travers de la rue ». Quatre semaines d'arrêts de rigueur. Comme on lui demande s'il a quelque chose à dire sur la sentence :

« Je suis étonné qu'on me donne une punition si légère. »

Puis, un second chauffeur qui s'était pris de querelle dans un bar avec quatre matelots et avait opposé une résistance passive lors de son arrestation. Quarante-trois jours de prison. Au cours de l'interrogatoire des témoins, l'un des matelots a déclaré, pour bien montrer la sobriété d'un de ses camarades : « Il ne descend pas souvent à terre ». Il faisait la différence aussi entre l'ivresse complète : « Grande bordée », et la simple ébriété : « Petite bordée ».

Enfin, un caporal qui, à l'entrée du métro Jean-Jaurès, s'était jeté comme un fou furieux sur un certain nombre de passants qu'il avait frappés avec sa baïonnette, jusqu'à ce qu'une patrouille l'arrêtât. L'affaire est remise, quelques témoins ne s'étant pas présentés ; sans doute ont-ils eu peur.

Les débats, dans cette dernière affaire, reflétaient très nettement l'ivresse où s'était trouvé l'accusé. Il fallut, au cours de l'interrogatoire, reconstituer les faits par bribes et par morceaux, ce qui laissait subsister toute une série de lacunes. Les différences entre les dépositions des témoins français et leur traduction par la femme interprète étaient aussi fort instructives : on peut voir ainsi un être humain jouant le rôle d'un organe des sens, récepteur et transmetteur, et se rendre compte de tout ce qui s'altère et se perd par ce détour.

Passé la soirée au Ritz avec le comte Podewils, que je voyais aujourd'hui pour la première fois, bien que je sois en relations épistolaires avec lui et la comtesse

depuis des années. Il avait amené le lieutenant Grüninger, qui m'a fait penser à des personnages d'*Arding-
hello*. Höll est également venu peu après. Tard dans
la soirée, brève apparition du colonel Speidel, chef
d'état-major du général en chef.

Vincennes, 25 mai 1941.

La visite matinale. Deux amis, en costume de soie,
se tiennent devant une table incrustée de nacre et
d'ivoire. Ils ont ouvert un album d'estampes en couleurs ; et considèrent ces images à travers des faces-
à-main. La pièce est pleine de couleurs, de luxe, de
gaieté ; je suis particulièrement frappé par la riche
marqueterie de la table. Elle a pourtant quelque
chose d'insolite. En l'observant plus attentivement,
je découvre que sous elle se cache une femme age-
nouillée. Le lourd vêtement de soie, le visage délicatement poudré, le chapeau à plumes multicolores se
confondent si bien avec la marqueterie du meuble que
la femme rappelle un de ces papillons impossible à
distinguer des fleurs où ils sont posés. Et maintenant,
je perçois nettement la nuance d'effroi qui se cache
au fond de toute la gaieté de cette pièce ensoleillée
par matin ; je reconnais l'image énigmatique, dont la
frayeur a figé les lignes. Tout ce que l'image cache en
son arrière-plan sommeillait déjà dans son titre : car
il ne s'agit pas seulement du visiteur, mais en même
temps de sa trop belle et trop proche épouse, la visi-
teuse.

Vincennes, 26 mai 1941.

L'après-midi chez Höll, au cinquième étage d'une maison de la rue de Montreuil. Nous y avons vidé quelques verres, à trois, d'abord à la santé de son modèle, Madeleine, puis à celle d'un splendide arc-en-ciel qui, tel une double arche d'heureuse annonce, est apparu au-dessus des toits de Vincennes.

Conversation ayant trait au métier de la jeune fille, celui d'«*entraîneuse**», chargée d'amener des clients dans une boîte de nuit. Non la beauté, certes, mais la culture, la naissance, et manifestement aussi la bonté de cœur seraient superflues en un pareil emploi. Il faut pourtant nourrir la mère qui est malade, et autres soins de ce genre. Comme toujours, en pareille rencontre, je suis touché par ce mélange de légèreté et de mélancolie. On fait route ainsi vers l'abîme sur des barques couronnées de fleurs. L'inflation qui désagrège ces existences bourgeoises exige qu'on y regarde de plus près ; elle est, en fin de compte, la conclusion d'un processus de dépérissement très général. L'argent recèle en soi l'un des plus grands mystères. Quand je pose sur la table une pièce d'argent, afin de recevoir un morceau de pain en échange, cet acte reflète non seulement l'ordre de l'État, mais aussi celui de l'univers. La numismatique, au plus haut sens du mot, consisterait à rechercher dans quelle mesure la conscience de ces choses s'exprime par les symboles empreints sur les monnaies.

La société de Höll est bénéfique et m'a arraché aux dangereuses ruminations où j'étais plongé depuis le début de l'année. Février a été marqué par une dépression durant laquelle j'ai, toute une semaine, refusé la nourriture ; sous tous les rapports, je vivais sur le capital de mon passé. Ma situation est celle d'un homme qui vit au désert entre un démon et un cadavre. Le démon le pousse à l'action, le cadavre à la sympathie contemplative. Plus d'une fois déjà dans la vie, c'est l'homme des Muses qui m'a secouru lors de mes crises. Il sait encore tirer ses cadeaux des richesses foisonnantes du monde.

Paris, 29 mai 1941.

Au flot de choses adverses qui m'accablent, s'ajoute ceci : qu'on me charge de surveiller l'exécution d'un soldat condamné à mort pour désertion. J'avais d'abord songé à me déclarer malade ; mais c'était m'en tirer à trop bon compte, m'a-t-il semblé. Et je me suis dit aussi : peut-être vaut-il mieux que ce soit *toi* qui sois là plutôt que n'importe quel autre. Et il est certain que j'ai pu, de mainte manière, rendre la chose plus humaine qu'il n'était prévu.

Mais au fond, c'est un mouvement de curiosité supérieure qui l'a finalement emporté. J'ai déjà vu bien des êtres mourir, mais aucun à un moment connu d'avance. Comment se présente-t-elle, cette situation qui, de nos jours, menace chacun de nous et jette une ombre sur son existence ? Et comment se comporte-t-on, face à elle ?

J'ai donc vu, hier, les pièces du procès qui ont abouti à la condamnation. Il s'agit d'un première classe qui a quitté son unité, voici neuf mois, pour disparaître dans la capitale où une Française l'hébergeait. Il circulait tantôt en civil, tantôt sous l'uniforme d'officier de marine, et s'occupait à des trafics commerciaux. Il semble qu'il ait pris peu à peu trop d'assurance et que non seulement il ait rendu sa maîtresse jalouse, mais qu'il l'ait battue. Elle se vengea en le dénonçant à la police, qui le livra aux autorités allemandes.

Je me suis rendu ensuite avec le juge à l'endroit prévu : un petit bois près de Robinson. Dans une clairière, le frêne, au tronc déchiqueté par les précédentes exécutions. On voit deux séries de traces – en haut, celles des balles visant la tête et, plus bas, celles des balles visant le cœur. Au cœur du bois, nichées au sein des menues fibres du liber éclaté, dorment quelques sombres mouches à viande. Elles concrétisent le sentiment que j'ai éprouvé au moment de fouler cet endroit : si propre que soit un lieu d'exécution, quelque chose y rappelle toujours les équarrissoirs.

C'est dans ce petit bois que nous sommes allés aujourd'hui. Se trouvaient avec moi dans l'auto le médecin-major et un lieutenant, commandant du peloton. Durant le trajet, conversations marquées d'un certain abandon de part et d'autre, « comme si on était tous dans le même bain ».

Nous trouvons le peloton déjà arrivé dans la clairière. Il forme devant le frêne une sorte de couloir. Le soleil luit, alors qu'il pleuvait durant le trajet ; les gouttes d'eau scintillent sur l'herbe verte. Nous attendons un moment encore ; puis, peu avant cinq heures, une automobile arrive par l'étroit chemin forestier.

Nous en voyons descendre le condamné, avec deux gardiens de prison et le prêtre. Par-derrière vient un camion; il transporte l'équipe des fossoyeurs et le cercueil, lequel a été, conformément au règlement, commandé «de taille normale et aux moindres frais».

On fait passer l'homme dans le couloir; je suis alors saisi d'une pesante angoisse, comme s'il était devenu très difficile de reprendre son souffle. On place l'homme face au juge militaire, qui est à côté de moi; je vois qu'il a les bras attachés derrière le dos par des menottes. Il porte un pantalon gris, en étoffe de bonne qualité, une chemise de soie grise, et une vareuse militaire déboutonnée qu'on lui a jetée sur les épaules. Il se tient droit; c'est un homme bien bâti, et son visage a ces traits agréables qui attirent les femmes.

On donne lecture de la sentence. Le condamné se concentre pour écouter avec une extrême attention, et cependant j'ai l'impression que le texte lui échappe. Ses yeux sont grands ouverts, fixes, avides, immenses, comme si tout le corps était suspendu à eux; la bouche, aux lèvres pleines, remue comme s'il épelait. Son regard vient à tomber sur moi et s'arrête une seconde sur mon visage, dans une interrogation intense et pénétrante. Je vois que l'émotion lui donne quelque chose d'égaré, de florissant et, pour tout dire, d'enfantin.

Une minuscule mouche danse autour de sa joue gauche, et se pose plusieurs fois tout près de son oreille; il fait un mouvement de l'épaule et secoue sa tête. La lecture de la sentence dure une petite minute, le temps, cependant, me paraît extraordinairement long. Le balancier s'alourdit, s'étire. Puis, les deux gardiens conduisent le condamné jusqu'au frêne ; le pasteur l'accompagne. À cet instant, la pesanteur s'accroît encore ; elle a quelque chose de renversant, comme une débâcle de puissantes masses. Je me souviens que je dois lui demander s'il veut qu'on lui bande les yeux. Le prêtre répond oui à sa place, tandis que les gardiens l'attachent au frêne avec deux cordes blanches. Le pasteur lui pose encore quelques questions à mi-voix, et je l'entends qui répond « oui ». Puis il baise une petite croix d'argent qu'on lui présente, tandis que le médecin épingle à sa chemise, sur le cœur, un morceau de carton rouge de la dimension d'une carte à jouer.

Entre-temps, sur un signe du lieutenant, les soldats du peloton se sont mis sur une seule ligne, et ils se tiennent derrière le pasteur, qui cache encore le condamné. Puis il se retire, après l'avoir une fois encore effleuré de la main, d'un geste qui retombe. Viennent ensuite les commandements, et dans le même moment, je retrouve ma pleine conscience. Je voudrais détourner les yeux, mais je m'oblige à regarder, et je saisis l'instant où, avec la salve, cinq petits trous noirs apparaissent sur le carton, comme s'il y tombait des gouttes de rosée. Le fusillé est encore debout contre l'arbre ; ses traits expriment une surprise inouïe. Je vois sa bouche s'ouvrir et se fermer, comme s'il voulait former des voyelles et exprimer encore quelque chose, à grand effort. Cette circonstance a quelque chose de confondant, et le temps, de nouveau, s'allonge. Il semble aussi que l'homme devienne maintenant très dangereux. Enfin, ses genoux cèdent. On dénoue les cordes, et c'est alors seulement que la pâleur de la mort se répand sur son visage, tout d'un coup, comme s'il s'y déversait un seau de lait de chaux. Le médecin s'approche hâtivement de lui, et annonce : « Cet homme est mort ». L'un des deux gardiens détache les menottes, et avec un chiffon nettoie de toute trace de sang leur métal brillant. On couche le cadavre dans le cercueil ; je croirais presque que la petite mouche de tout à l'heure danse au-dessus de lui dans un rayon de soleil.

Retour, en proie à un nouvel accès de dépression encore plus violent. Le médecin-major m'explique que les gestes du mourant n'étaient que des réflexes vides de sens. Il n'a pas vu ce qui m'est apparu clairement de si affreuse manière.

Vincennes, 30 mai 1941.

À midi, au Ritz, avec le colonel Speidel, Grüninger, Clemens Podewils. Grüninger, qui fait depuis longtemps partie de mes lecteurs, je dirais même de mes disciples les plus doués, pense que vivre à Paris m'est plus profitable que ne le seraient mes occupations habituelles. Et il est bien possible, en effet, qu'il se cache pour moi dans cette ville non seulement des dons particuliers, mais aussi des sources de travail et d'activité efficace. Elle est toujours, et dans un sens presque plus essentiel encore que naguère, la capitale, symbole et citadelle d'un grand style de vie transmis par les siècles, et aussi de ces idées qui rallient toutes les intelligences, et qui, de nos jours, font défaut précisément aux nations. Peut-être ferais-je bien de mettre à profit la possibilité de prendre pied ici. Elle s'est offerte à moi sans que j'y fusse pour rien.

Vers le soir, les deux sœurs, rencontrées à Noisy, quand j'y avais mes quartiers, sont venues me rendre visite. Nous avons bavardé. L'aînée est en train de se séparer de son mari qui a dilapidé sa dot. Elle parle des manquements de cet homme et de l'action qu'elle lui intente, avec une assurance toute latine et des tours de phrase dignes d'un notaire retors. On voit bien qu'il n'existe là aucun problème insoluble. Elle est, semble-t-il, l'ennemie jurée sinon des hommes, du moins du mariage, et voudrait, à sa manière, lancer dans la vie la cadette, qui fait songer à une Amazone. Il y a là un curieux contraste entre la dignité du pédagogue et l'épicurisme de la chose enseignée.

Vincennes, 3 juin 1941.

L'après-midi, dans la petite pâtisserie Ladurée, rue Royale, pour faire mes adieux à l'Amazone. La veste de cuir rouge, le sac vert à la longue courroie, le grain de beauté au-dessus du coin gauche de la bouche qui, lorsqu'elle sourit, se soulève nerveusement, sympathiquement, et découvre l'incisive. Elle aura dix-huit ans samedi prochain.

De tout ce que l'on appelait autrefois le «train de vie», de tout le luxe visible dont s'entoure un homme, il n'est plus resté que la compagnie d'une jolie femme; elle seule nous donne encore idée de cet état disparu.

Les grandes villes, non seulement spécialisent les plaisirs, mais créent aussi, par ailleurs, pour des choses que d'habitude on ne savoure qu'accidentellement et isolément, des catégories distinctes. Ainsi, j'ai remarqué à Barcelone qu'il y avait des boutiques réservées à toutes les espèces de salaisons. Les pâtisseries spécialisées, les boutiques d'antiquaires où l'on n'achète que des reliures du XVIIIe siècle, d'autres où l'on ne trouve que de l'argenterie russe.

Lecture : Anatole France, *Sur la pierre blanche*. Alexandrie – les pensées ont perdu tout enrobement organique, aussi se laissent-elles dessiner de façon plus claire, plus mathématique. Le style est passé au filtre de tous les sédiments du scepticisme ; ce qui lui a communiqué la limpidité d'une eau stérilisée. Une telle prose se lit deux fois plus vite que toute autre – ne serait-ce que parce qu'en elle chaque terme est à sa place logique. C'est là son défaut, c'est là son mérite.

Montgé, 8 juin 1941.

Quitté mon petit logement de Vincennes. Il y a, au mur de la chambre à coucher, une photographie du propriétaire en fuite qui, dès le premier jour, m'avait fait une impression pénible. Ses traits avaient quelque chose de crispé, de déchiré en tous sens ; ils portaient les signes d'un esprit insatisfait, visible aussi dans la manière dont la bibliothèque était composée. J'avais souvent songé, surtout le soir, à écarter ce portrait, et seule m'avait retenu la crainte de rien changer dans l'arrangement de la pièce. Or, il m'a semblé aujourd'hui découvrir sur le visage de cet hôte inconnu et involontaire un trait nouveau, quelque chose de différent, comme l'éclair d'un sourire sous un masque : une lueur d'entente et de sympathie. Cela me parut étrange – une réponse, presque, me récompensant de m'être conduit humainement dans cette demeure ; et, d'autre part, peut-être que de mon côté, passant outre à l'enveloppe superficielle de la personne, j'avais atteint ce qui nous unit dans une commune compréhension : la peine, la souffrance gisant au fond de l'être.

Dans l'après-midi du 5 juin, nous nous sommes mis en marche. Les filles de Montreuil et de Vincennes formaient la haie aux portes du fort, comme jadis les belles de Babylone au départ des troupes d'Alexandre. Höll aussi est venu me dire adieu ici. Le commerce des artistes à la vie libre et insoucieuse a bien été pour moi, de tout temps, la chose la plus salutaire.

Nous avons fait route, par le bois de Vincennes ; puis, par Nogent, Chelles, Le Pin, Messy et Vinantes, jusqu'à Montgé où je suis resté trois jours avec ma compagnie. Le nom de cette localité dériverait de *Mons Jupiter*. Je loge ici chez un M. Patrouix et son épouse, tous deux fort âgés déjà, mais encore très alertes, et pleins de vivacité. Le mari, qui est ingénieur, travaille à Paris pendant la semaine. Sa femme entretient la maison, ainsi que le grand jardin qui produit en abondance fruits et légumes, que sept sources arrosent. En bavardant avec elle de fleurs et de fruits, j'ai reconnu en sa personne l'*amateur*, au meilleur sens du mot. On le voit, également, au fait qu'elle donne volontiers des produits de son riche jardin, mais jamais ne les vend. M. Patrouix est catalan, né à Perpignan ; nous nous sommes entretenus de la langue qu'il parle : il m'a raconté que, de toutes les langues vivantes, elle est celle qui se rapproche le plus du latin.

Pour vivre vieux, disait-il, il faut travailler ; seuls les fainéants meurent jeunes. Je suis d'avis, quant à moi, que, pour vivre vieux, il faut rester jeune.

Villers-Cotterêts, 9 juin 1941.

Marche à travers les grandes forêts qui fumaient d'humidité, sous une pluie battante, jusqu'à Villers-Cotterêts. Là, je me suis quelque peu réchauffé au foyer d'un médecin chez qui j'étais cantonné. Je me suis entretenu avec lui à table ; puis, comme un cas urgent l'appelait au-dehors, il me laissa en compagnie de sa fille. Je trouvai celle-ci, femme d'un chirurgien, au courant de beaucoup de choses et de bien des livres ; nous parlâmes du Maroc et des Baléares, puis de Rimbaud et de Mallarmé, en particulier de la première strophe de « *Brise marine** ». En ce pays, la connaissance de la littérature porte encore sur son ensemble, elle est considérée comme un tout harmonieux, alors que chez nous, on cite dans le meilleur cas des individualités, des membres séparés qui s'isolent par surcroît en coteries selon leurs orientations politiques. Il en est de même en matière de peinture : j'ai vu, à Paris, des gens tout simples s'arrêter un instant devant les vitrines des marchands de tableaux, et je les ai entendu porter des jugements sensés sur les toiles exposées là. Sans aucun doute, il existe des correspondances entre le don littéraire et le don pictural ; je m'étonne seulement que, chez un peuple aussi cultivé dans le domaine musical que le peuple allemand, le sens plastique soit, en contrepartie, si peu développé.

Soissons, 10 juin 1941.

Avons marché jusqu'à Soissons où j'ai dormi au Lion Rouge. Les façades des maisons étaient semées de traces de projectiles – dont il était difficile de dire, souvent, si elles dataient de cette guerre ou de la précédente. Les images des deux guerres vont peut-être, après tout, se fondre bientôt en une seule aux yeux de la mémoire.

Nouvion-le-Comte, 11 juin 1941.

Marche harassante jusqu'à Nouvion-le-Comte. À notre droite, sur la hauteur, la puissante ruine de Coucy-le-Château. Halte à midi, dans l'usine de verrerie de Saint-Gobain. À cause du mauvais temps, nous avons mangé à l'intérieur du bâtiment, entre des montagnes de plaques et de barres de verre, ce qui m'a permis une perception bien nette du caractère stérile de cette matière. En dépit de la fatigue, je suis allé, dans la soirée, au bord de la Serre, pratiquer encore un peu la chasse subtile. Ces distractions sont comme un bain qui vous nettoie de la poussière du service ; on y retrouve la liberté.

Là également, nous avons passé, au repos, la journée pluvieuse du 12 juin. Écrit des lettres, mis à jour des carnets, travaillé. Le soir, légère ivresse au bordeaux blanc, tout en lisant de Giono : *Pour saluer Melville**. Les livres, en cet état d'esprit, nous trouvent plus réceptifs. Nous y mettons aussi davantage de nous-mêmes ; notre imagination improvise au long de leurs pages comme sur les touches d'un piano.

Saint-Algis, 13 juin 1941.

Marche et exercice de combat du régiment dans le bois de Berjaumont. Vers onze heures du soir seulement, nous avons atteint nos cantonnements de Saint-Algis. Là, j'ai passé une heure encore avec mes hôtes, à la table de famille, autour d'un quignon de pain, de fromage et de cidre. Nous avons eu une très bonne conversation ; la maîtresse de maison, à la fin, nous a apporté le café et nous a même offert du sucre et un petit verre d'eau-de-vie.

Le chef de famille surtout m'a plu : homme de cinquante-six ans, qui avait gardé, à table, le gilet qu'il met pour travailler dans les champs. Je me demandais comment un être aussi simple, bienveillant et ingénu avait pu se maintenir jusqu'à notre époque – pour l'unique raison, peut-être, qu'en même temps il était tout à fait désarmant. Il y avait dans son visage, et surtout dans le regard de ses yeux bleus, non seulement une sérénité intérieure, mais une distinction des plus rares ; on aurait pu se croire sans détour en compagnie d'un haut vassal du temps jadis. J'avais surtout ce sentiment à maintes questions qu'il me posait avec une grande délicatesse, comme : « *Vous avez aussi une dame* ?* » et quand ses yeux brillaient, me voyant en possession de ce bien et de quelques autres.

Saint-Michel, 14 juin 1941.

Le matin, j'ai pris encore le café en compagnie de mes hôtes, puis marché jusqu'à Origny pour un exercice de combat. Au cours de la réunion finale des officiers, sur une colline en plein soleil, le général Schede m'a pris à part, et m'a confié que j'avais été demandé par l'état-major du général en chef. J'ai vu que Speidel avait pensé à moi. Cette époque ressemble à un objet brûlant, dont on ne peut abaisser la température, mais qu'on supporte plus longtemps en le faisant passer d'une main dans l'autre. La situation dans laquelle je me trouve me fait songer aussi à celle d'un homme qui posséderait une réserve de pièces d'or, mais auquel on demande uniquement de la petite monnaie, et souvent, pour en trouver, il fouille en vain ses poches. À diverses reprises, en particulier à Dielmissen et durant la première moitié de mon séjour à Paris, je me suis trouvé de même dans les rapides du fleuve ; j'ai cependant toujours conservé le minimum de souffle nécessaire pour nager, ou du moins pour rester à la surface. J'avais prévu l'événement depuis des années ; la surprise m'est venue des formes sous lesquelles il s'est présenté.

L'après-midi, retour dans notre vieux Saint-Michel. Mme Richardet m'a accueilli avec une joie qui m'a ému ; elle me dit qu'elle a trouvé le temps bien long dans l'intervalle. Après la traite des vaches, *la tante** est venue, comme d'habitude, avec son petit panier et elle m'a demandé si j'avais reçu le *coup de foudre** à Paris. Puis, dans l'intimité d'autrefois retrouvée, nous avons bu, avec Rehm, une bouteille de vin.

Lecture des lettres, dont une de Höll, écrite rue de Montreuil : il y parle de l'arc-en-ciel que nous avions vu. Au bas, un post-scriptum de Germaine où elle exprime l'espoir de revoir un jour les deux capitaines qui sont apparus à un tournant décisif de son existence. Je dois dire d'ailleurs que le séjour à Paris m'a été profitable aussi par la quantité de rencontres qu'il m'a fait faire. Les êtres cachent encore en eux beaucoup de bons grains qui germeront à nouveau dès que le temps s'adoucira et reprendra des températures humaines.

Puis, de belles lettres de Perpétua. Dans celle du 10 juin, elle me fait part d'un songe :

« La nuit dernière, j'ai fait de nouveau un rêve étrange. Aidée du jeune Meyer et de Lahmann, je m'emparais d'un cambrioleur qui s'était caché, pendant la nuit, dans notre armoire, lorsque tu arrivas, montant l'escalier. Ton visage, quand tu as entendu les voix masculines, a pris l'expression qui t'est habituelle lors des rencontres désagréables ; je t'ai montré le voleur, et tu t'es mis à rire. Puis, après m'avoir contemplée un long moment, tu as dit : "Tu te souviens de mon annotation au passage de Hölderlin où il dit que la crainte, qui impose à tous les sens une tension extrême, confère à un homme une expression étrangement démoniaque ; mais vient-il à se libérer de la crainte, ses traits aussi s'apaisent et une joie sereine s'y répand. C'est ce qui se passe pour toi en cet instant et tu me plais plus que jamais." »

J'écris ces lignes à Saint-Michel, assis à cette même table semi-circulaire où j'ai déjà si souvent lu et travaillé. Au milieu des lettres, carnets, revues et manuscrits se dresse dans un grand vase un bouquet de pivoines que Mme Richardet a cueillies au jardin. De temps à autre, il tombe de ces fleurs complètement épanouies un pétale rouge sombre ou violet pâle, si bien que le désordre matériel de cet endroit se trouve accru par un second désordre, celui des couleurs qui, en même temps, le transcende.

Au demeurant, je ne mets d'ordinaire mes carnets à jour que le lendemain ; toutefois, je ne date pas mes notes du jour où je les rédige, mais de celui où se situe la chose notée. Il arrive cependant, comme en ce moment, que les deux dates se chevauchent un peu ; d'où résulte une de ces inexactitudes de perspective dont je ne m'inquiète pas outre mesure. Ce qui est le plus important, c'est ce que je viens d'écrire à propos des fleurs.

Saint-Michel, 17 juin 1941.

Samedi, au bord du Gland, où j'avais organisé des exercices sportifs pour les hommes – la première fois cette année. J'en profitai pour m'adonner un peu à la chasse subtile sur les rives superbement boisées. Dans un champignon poussant sur un arbre où j'avais déjà, avant le séjour à Paris, trouvé une orchésie brun-rouge, j'ai capturé, cette fois, une espèce apparentée, tachetée d'orange et, un peu plus loin sur une vieille souche d'aulne, une espèce d'eucnémide. Frappé de nouveau par le spectacle des staphylins sombres, ordinairement si peu apparents. Dans un clair rayon de soleil, leur pointe postérieure redressée, ils dansent pareils à des flammes noires au-dessus de la croûte fraîchement durcie des vases de la rive, avec toute la frénésie de la vie. À voir scintiller leur cuirasse, on constate à quel point la couleur noire peut être noble.

J'ai repensé aussi à mon étude sur le noir et le blanc. Depuis longtemps, j'ai l'impression qu'il me faut encore acquérir les moyens permettant de la commencer.

Dédié à qui n'interroge pas à demi. Un jeune homme, vint, un jour, trouver un vieil ermite, et le pria de lui donner une règle selon laquelle conduire sa vie. L'ermite l'instruisit en ces termes :
« Tends vers l'accessible. »
Le jeune homme le remercia, puis lui demanda s'il ne serait point indiscret de sa part de solliciter une seconde parole encore où il pût puiser en chemin un supplément de force.
Alors, l'ermite ajouta ce nouveau conseil au premier :
« Tends vers l'inaccessible. »

Le soir, dans le jardin de *Madame** Richardet. Une abeille qui voletait sur un lupin rose s'est suspendue à la lèvre inférieure du calice, et celle-ci, sous le poids, s'est complaisamment incurvée. Un second fourreau s'est trouvé de la sorte dégagé, étroit, teinté de rouge très sombre à sa pointe, et qui contenait les étamines. Le festin de l'abeille commença sur un côté, tout près de la pointe, l'insecte suivant la piste de la couleur.

Je suis resté longtemps, également, devant un iris violet à la couronne tripartite ; le chemin de ses calices est une toison d'or qui plonge dans un gouffre d'améthyste.

Ô fleurs, qui vous a imaginées ?

Tard dans la soirée, Höll est venu me rendre visite en voiture. Comme mon adjudant fêtait son anniversaire, j'ai emmené Höll chez les sous-officiers. Il y eut un solide banquet ; vers deux heures du matin, nous scellions notre amitié en trinquant.

Il apportait la photographie prise rue de Montreuil. Les portraits n'étaient pas mal venus, la perspective non plus, mais il y manquait l'arc-en-ciel, symbole d'un instant de sympathie. La lentille inanimée ne saisit point ce que la réalité a de particulier et de merveilleux.

Saint-Michel, 18 juin 1941.

En rêve, assis avec mon père à une table opulente, à la fin du repas, en compagnie d'autres personnes. Mon père était de bonne humeur et il nous expliquait dans quelle mesure chaque geste, quel qu'il soit, fait par un homme qui s'entretient avec une femme possède une signification érotique. Il dénudait pour ainsi dire l'ossature même de tout geste, qui, par là, devenait cynique, impression toutefois atténuée par la prodigieuse érudition dont mon père faisait preuve. Ainsi, il mentionnait, à propos de tous les gestes par lesquels les hommes tentent de faire comprendre qu'ils sont bien pourvus, le passage de Juvénal sur les deux *Anti-Caton*.

Comme les convives allaient se disperser, on tendit à mon père une coupe où je vis briller des fraises des bois, toutes rouges sur une énorme glace blanche. Je l'entendis faire à leur sujet une remarque qui, malheureusement, m'a échappé; je me rappelle cependant qu'elle était mélancolique plutôt que badine.

Paris, 24 juin 1941.

De grand matin, départ pour Paris. Dans la rue de la Bovette, *Madame** Richardet et sa tante – qui m'a une fois de plus mis en garde contre le *coup de foudre** – m'ont chaleureusement embrassé.

De nouveau Laon et sa cathédrale qui, entre toutes, m'est chère. La rencontre, dans les bois, des premiers marronniers verdoyants marque le passage d'un climat à un autre. Peu avant la métropole, arbres chargés d'énormes, de merveilleux bigarreaux qui brillaient, mûrissants, avec des reflets de corail. Ce spectacle dépasse le cadre de l'art des jardins, il touche au monde des pierres précieuses et des joyaux – tels les arbres que vit Aladin dans la grotte de la lampe.

Depuis déjà trois jours, nous sommes aussi en

guerre avec la Russie – étrange, comme cette nouvelle m'a peu affecté. À vrai dire, dans une époque comme celle-ci, la faculté d'enregistrer les faits devient limitée, sauf si l'on s'en acquitte de manière un peu creuse.

Paris, 25 juin 1941.

De nouveau devant la Brasserie Lorraine, place des Ternes. Retrouvé l'horloge sur laquelle mon regard s'est si souvent fixé.

Lorsque je me place devant des soldats, comme lundi dernier où j'ai fait mes adieux à ma compagnie, je constate que j'ai tendance à m'écarter de l'axe du groupe ; c'est là un trait qui dénote l'observateur, et la prédominance des dispositions contemplatives.

Le soir, avec Ziegler, chez Drouant, pour manger une bouillabaisse. Je l'avais attendu avenue de l'Opéra, devant une boutique de tapis, d'armes et de bijoux sahariens. Parmi ces derniers, de lourds bracelets et anneaux de cheville en argent, garnis de serrures et pointes – parures familières aux pays où l'on trouve des esclaves et des harems.

Ensuite, Café de la Paix. Examen critique de la situation, où l'on commence à voir plus clair.

Paris, 26 juin 1941.

Vers le matin, rêvé de tremblements de terre – je voyais la façon dont les maisons s'engloutissaient. Ce spectacle était confondant, comme la vue d'un

maelström ; il menaçait également de provoquer un
vertige fatal à la conscience. Je lui ai résisté d'abord de
toutes mes forces ; mais, ensuite, je me suis jeté dans
le tourbillon destructeur, comme dans un puits tournoyant. Ce saut était associé à un sentiment de joie
qui accompagnait l'épouvante et la dominait, comme
si mon corps se dissolvait dans une cruelle harmonie
d'atomes. Il y avait là une tonalité de deuil, comme
lorsqu'un pavillon s'engloutit dans un naufrage.

Nouvelle conversation avec Ziegler, à l'Ambas-
sador, sur la situation. Sur le don de seconde vue,
aussi, qui se transmet d'une génération à l'autre dans
la famille de sa femme. Celle-ci avait vu l'incendie
du dirigeable *Graf Zeppelin*, trois heures avant que
la radio l'eût annoncé ; elle a eu d'autres visions du
même genre. Il existe ainsi des sources étranges où
notre intuition s'abreuve, car elle a également vu
Kniébolo [Hitler] étendu à terre, le visage ruisselant
de sang.

Paris, 27 juin 1941.

Je m'amusais à table, avec un bel enfant de trois ans
pour lequel je m'étais pris de tendresse. Pensé : c'est
l'un de tes enfants non engendrés et qui n'est point
venu au monde.

Le soir, avec les deux sœurs, à Montmartre, qui
brûle encore sourdement comme un cratère. Elles
se complètent l'une l'autre en figure de centauresse,
d'être à la double nature, spirituelle et corporelle.

Dans un demi-sommeil, j'ai pénétré profondément l'esprit de la langue – je saisissais tout particulièrement la signification des groupes de consonnes « *m – n* », « *m – s* », « *m – j* », où s'exprime ce qui est noble, viril et magistral.

Paris, 5 juillet 1941.

Morris, dont j'ai fait la connaissance place d'Anvers, âgé maintenant de soixante-sept ans, mais d'esprit encore alerte et remuant. Il a passé sa vie à promener de riches Anglais, Américains et Scandinaves, à travers Paris qu'il connaît en long et en large de façon approfondie. Son expérience est grande aussi touchant les choses souterraines, les vices des riches et des puissants. Son visage, comme chez tous ceux qui ont parcouru ces zones, est marqué de traits démoniaques. Comme nous dînions ensemble, boulevard Rochechouart, il m'a fait un exposé sur la technique de l'approche érotique. Il a un coup d'œil presque infaillible pour distinguer des autres les femmes qui se font payer – c'est là aussi un trait plutôt vil. Malgré son aspect ravagé, j'ai trouvé qu'il y avait, au fond de lui, quelque chose de plaisant, d'aimable. J'éprouvais en même temps une sensation glaçante devant la solitude d'une existence ainsi livrée à ses seules ressources dans ce quartier d'une capitale, après des années passées à ce genre d'occupations.

Paris, 12 juillet 1941.

Promenade avec *Madame** Scrittore jusqu'à la place du Tertre, face à l'ancienne mairie. Aux environs du Sacré-Cœur, je lui ai montré une molène commune qui fleurissait entre les pierres d'un mur nu, et dont elle dit qu'elle avait dû pousser là grâce à la « *collaboration du Saint-Esprit** ». Conversation sur le mari, qui est un bon époux mais un mauvais amant. En pareils cas, les femmes habituellement se consolent : « Mais j'ai toujours mené une double vie. » Je me demandais la raison de pareilles confidences ; elles s'expliquent sans doute par la solitude où deux êtres demeurent ainsi côte à côte, et qui a quelque chose d'effrayant.

Les hommes, dans ces situations-là, vivent comme au-dessus de crevasses, masquées hâtivement de fleurs, et qui recèlent dans leurs profondeurs des serpents et de menus squelettes. Mais pourquoi ? Uniquement, en fin de compte, parce que ces hommes inspirent crainte et méfiance. Dans la parfaite, dans la divine compréhension, nos proches déploieraient devant nous leurs secrets, sans penser à mal, comme des enfants.

Nous avons dîné ensemble dans un bistrot de la place d'Anvers. Je m'y suis accordé le plaisir d'interroger ma compagne sur divers détails de l'histoire de France, et par exemple le sens héraldique des lis. La table voisine était occupée par un couple, visiblement deux « personnes en odeur de haute culture », comme disent les Chinois, qui s'agitaient de plus en plus en nous écoutant deviser. À plusieurs reprises, le mari a eu du mal à retenir sa femme, qui voulait se mêler à nos propos en vue de m'instruire.

Paris, 14 juillet 1941.

Jour de la prise de la Bastille. Les rues étaient très animées. Le soir, comme je traversais la place des Ternes, je sentis qu'on me touchait la main. Un homme qui portait un violon sous le bras gauche me donna, au passage, une forte poignée de main, tout en me regardant sans rien dire, mais cordialement. Cette rencontre avait quelque chose de singulièrement réconfortant, et elle améliora aussitôt mon humeur, jusque-là mélancolique.

Amitié de la ville ; ses rues, ses places, lieux de largesses où des cadeaux vous surprennent. J'éprouve de la joie surtout à voir les amoureux marcher, étroitement enlacés ; de temps en temps, ils se penchent l'un vers l'autre pour un baiser.

Paris, 19 juillet 1941.

L'après-midi avec Speidel au Marché aux puces ; circulant durant plusieurs heures, parmi son fouillis, j'étais dans l'état d'esprit d'un lecteur d'*Aladin et la lampe merveilleuse*. C'est là un endroit où l'Orient et l'Occident se mélangent et s'allient d'étrange manière.

L'impression de féerie vient sûrement de ce que l'on voit des trésors de métaux, de pierres, d'images, de tissus et d'objets anciens exposés au milieu d'un bricà-brac. On trouve des joyaux dans des stands bon marché, des pièces de haute valeur parmi tout un fatras.

Mais c'est surtout ici l'endroit où changent de possesseurs des objets qui, depuis des années, des dizaines et des centaines d'années, menaient dans les familles et les ménages leur rêveuse existence. Venant des chambres, des greniers, des débarras, ils affluent ici, porteurs de souvenirs anonymes. Le marché tout entier s'emplit ainsi d'un rayonnement de dieux lares.

Paris, 8 octobre 1941.

Ma mutation à Paris a été cause d'une lacune dans ces carnets. Mais elle est due davantage encore aux événements de Russie, qui commençaient à la même époque, et ne provoquaient pas seulement en moi, j'imagine, une sorte de paralysie spirituelle. Il semble que cette guerre nous mène toujours plus bas, par des degrés formés selon les règles d'une dramaturgie inconnue. On ne peut guère, à vrai dire, que pressentir pareille chose, les vivants éprouvant l'événement surtout dans son caractère anarchique. Les tourbillons sont trop proches, trop violents, et nulle part, même sur cette île ancienne, il n'est un point qui échappe à la menace. C'est ainsi que les ondes du ressac font irruption jusque dans les lagunes.

À midi, avec Speidel, chez l'ambassadeur de Brinon, au coin de la rue Rude et de l'avenue Foch. Le petit *palais**où il nous a reçu appartiendrait à sa femme qui est juive, ce qui, à table, ne l'a pas empêché de se moquer des «*youpins**». J'ai fait la connaissance, là, de Sacha Guitry, que j'ai trouvé agréable, bien que, chez lui, le mime l'emporte sur l'homme des Muses. Il possède une personnalité tropicale, telle que je me figure celle de Dumas père. À son petit doigt étincelle une énorme chevalière, avec un grand S. G. gravé dans l'or du chaton. Je me suis entretenu avec lui de Mirbeau, dont il m'a raconté qu'il était mort dans ses bras, lui chuchotant à l'oreille dans un dernier souffle : « *Ne collaborez jamais* * ! », ce que je note pour ma collection de dernières paroles. Mirbeau voulait parler des pièces écrites en collaboration – un mot qui, de son temps, n'avait pas les relents faisandés d'aujourd'hui.

Assis à table, à côté de l'actrice Arletty, que l'on peut justement voir en ce moment dans le film *Madame Sans-Gêne*. Pour la faire rire, il suffit du mot *cocu**; aussi ne cesse-t-elle guère, ici, d'être en joie. Dans un vase, des orchidées, lisses, rigides, dont une lèvre était divisée en antennes tremblantes. Leur couleur : un blanc éclatant de porcelaine, émaillé, sans doute, dans la forêt vierge, pour que le voient des yeux d'insectes. Impudicité et innocence s'unissent étrangement dans ces fleurs.

Juste un doigt de pouilly, de bourgogne, de champagne. À l'occasion de ce déjeuner, une vingtaine de policiers avaient été postés dans les alentours.

Paris, 11 octobre 1941.

L'après-midi au Monte-Carlo, en compagnie de Nebel, avec qui j'ai examiné la question du coffre-fort. Il revenait de permission, et m'a raconté qu'on répand sous le manteau, en Allemagne, un roman de Thomas Mann, intitulé *Une journée de la vie du vieux Gœthe*.

Puis chez l'ambassadeur Schleier, avenue Suchet. Conversation avec Drieu la Rochelle, rédacteur en chef de la *Nouvelle Revue française*, en particulier sur Malraux, dont je suis les manifestations depuis que, voici des années, son roman *La Condition humaine* m'est tombé entre les mains. Je le tiens pour un des rares observateurs dont les yeux soient ouverts sur le panorama de guerre civile du XXe siècle.

Le soir, chez Speidel, qui venait de téléphoner au sous-chef d'état-major général. Il y a déjà de la neige dans la partie centrale du front de l'Est.

Paris, 13 octobre 1941.

La matinée était déjà fraîche, mais durant l'après-midi j'ai passé une heure agréable aux Tuileries. On ne peut s'ennuyer au soleil ; on baigne à la source du temps. Puis sur les quais où j'ai acheté un exemplaire en bon état de la grande *Tentation de saint Antoine*, de Callot. J'ai regardé, au même étalage, un dessin en couleurs sur le thème connu de l'oiseau qu'il faut faire rentrer en cage. Le tendre couple qui, mi-épuisé, mi-réveillé, se reposait au fond d'un sofa Biedermeier, portait des vêtements minces et collants, à travers lesquels les détails de l'anatomie, certes, ne se laissaient point voir, mais semblaient, sous l'étoffe, se dessiner comme de tendres moulages de coquillages et d'ammonites. Il importe avant tout, dans ce genre, d'offrir une amorce à l'imagination ; l'art dont il s'agit là est celui de la suggestion insidieuse.

Un musée qui serait consacré aux serpents – tout d'abord une section de zoologie empirique, puis des collections d'art et d'ethnographie. Enfin, le serpent comme symbole de puissance magique et culturelle. Le tout dans un paysage méridional, au milieu de jardins labyrinthiques et de groupes de rochers, remplis de méandres luisants. Des escaliers de marbre les gravissent, sur les marches desquels on voit reposer au soleil les corps noirs, bariolés ou couleur de bronze. L'accès en est dangereux ; seuls les initiés le découvrent. À l'arrière-plan, à côté de grottes, d'autres édifices, des bains, peut-être, et un temple d'Esculape.

Le serpent, en tant que puissance primitive, est une Figure, une Idée platonicienne. Les images, qu'elles soient de la vie ou de l'esprit, tendent vers elle, sans jamais l'atteindre. Ainsi, les vers, les poissons au corps arrondi, les reptiles, les sauriens, ou les dragons chinois et les êtres fabuleux de toutes sortes.

Pour la « Maison », il s'agirait d'ordonner le monde selon un plan architectonique – depuis les caves obscures jusqu'aux observatoires. Importance des escaliers, avec leurs rencontres. Dans les pièces, les chambres et les salles, se déroule la vie – on la voit dans tous ses détails comme en des images aux lumineuses couleurs de rêve. On se meut comme sur une scène, mais simultanément en qualité de spectateur. *Pilgrim's Progress*. Le manuscrit devrait être, pour moitié, comme un registre d'indications scéniques.

Intercaler aussi des notations acoustiques – des cris où se simplifient de façon frappante les rapports de la vie. « *On tue les nôtres* * ! » « Ils épient les enfants ! » Il faudrait circonscrire tout le domaine humain ; à vrai dire, pour y parvenir, il serait nécessaire d'être plus âgé, d'avoir vécu des expériences encore plus amples.

Pièces isolées : la chambre des décisions irrévocables, Idée platonicienne, en quelque sorte, de tout jugement. Le bureau de déclassement. Ascenseurs pour les initiés de haut rang qui n'ont plus besoin des escaliers ; un cabinet des mirages.

Paris, 14 octobre 1941.

Le soir chez Speidel, au George V. Rencontré là Sieburg, que l'on voit manier les armes du journaliste international avec une plaisante maîtrise et, ce qui est très important, avec cette nette conscience de soi qui donne au talent toute sa présence et toute sa force. L'horoscope pourrait donner Jupiter moyen et le Soleil en bonne position – le contour du visage, ainsi qu'il arrive fréquemment lorsque le thème a cet aspect, s'écarte de l'ovale et se rapproche de la forme arrondie. L'impression est confirmée encore par la chevelure rayonnant en mèches folles.

Il tient la défaite de la France pour irrémédiable, mais continue à croire, en revanche, à une longue prépondérance de ce pays dans le domaine du goût et de la culture.

Paris, 15 octobre 1941.

Déjeuné avec Speidel, chez Sacha Guitry, avenue Élisée-Reclus. Devant la maison, sur un terrain appartenant à la ville, se dresse le buste de son père, le comédien Lucien Guitry ; dans le jardin, un torse de femme, œuvre de Rodin, soulevé par un tourbillon de suprême volupté.

En guise de salutation, Guitry me tendit un carton contenant trois lettres – l'une d'Octave Mirbeau, l'autre de Léon Bloy, la troisième de Debussy, les trois auteurs dont nous avions parlé lors de notre première rencontre, et il me pria d'accepter ces autographes pour ma collection. Le billet de Bloy, surtout, est beau, avec ses observations bien personnelles et son écriture unique, monumentale.

Nous avons regardé ensuite des livres et des manuscrits, parmi lesquels celui de l'*Éducation sentimentale* de Flaubert. Il me montra la dédicace d'un ouvrage de Bergson : «*À Sacha Guitry, un admirateur**», me faisant remarquer l'extrême délicatesse de cet «*un**», mis là par opposition à «*son**». Le coffre de voyage de Molière, avec les éditions princeps de toutes ses pièces, Napoléon avec les maréchaux d'Empire, en figurines d'étain, et bien d'autres objets.

Sa chambre à coucher. Au-dessus du lit, le mur est percé d'une ouverture semblable à celle par laquelle on passe les plats de la cuisine à la salle à manger. Cet orifice mène au lit de son épouse – «Mais un peu étroit pour vous, Maître», remarque l'un des invités. «Il faut payer l'honneur d'être *Mme** Guitry», réplique aussitôt la svelte maîtresse de maison.

Arrive, en retard, une camarade de théâtre. «La plus belle femme de Paris – il y a vingt ans», me chuchote Guitry, avant de lui présenter ses hommages.

À table. La salade était présentée dans un saladier d'argent, la glace dans un service d'or massif qui avait appartenu à Sarah Bernhardt. De nouveau, j'ai été étonné par cette individualité tropicale, qui s'épanouissait surtout dans le récit d'anecdotes où ses rencontres avec des rois jouaient un rôle insigne. Les diverses personnes dont il était question se trouvaient aussi dépeintes par la mimique qui soulignait les paroles. Excellente également, au point de vue théâtral, la façon dont il maniait ses épaisses lunettes d'écaille au cours de la conversation.

Il semble évident qu'avec de pareils dons, dans un ménage, c'est l'époux qui dépense toute la réserve de personnalité que peut posséder un couple. Toutefois, je suis revenu sur ma première impression, car l'homme dont il s'agit est, sans nul doute, en même temps un homme de cœur, possédant un peu de cette généreuse matière première de la vie, qui forme le tuf solide d'un caractère. Il faut dire aussi que nous nous savourons un peu nous-mêmes en une telle individualité – et ce bien-être crée le climat où elle peut se déployer avec exubérance.

Paris, 18 octobre 1941.

Déjeuné au Ritz avec Carl Schmitt qui a fait, avanthier, une conférence sur le sens, au point de vue du droit public, de la distinction entre la terre et la mer. Se sont joints à nous le colonel Speidel, Grüninger, le comte Podewils. Conversations sur les controverses scientifiques et littéraires à notre époque. Carl Schmitt a comparé sa situation à celle du capitaine blanc dominé par des esclaves noirs dans le *Benito Cereno* de Melville, et il a rappelé, à ce sujet, la sentence :

« *Non possum scribere contra eum, qui potest proscribere* » [« Je ne puis écrire contre celui qui peut proscrire »].

Ensuite, vers le Trocadéro, en suivant la rive droite. Chemin faisant, nous avons discuté de la situation. Le trait dominant, selon Carl Schmitt, c'est que certaines couches constitutives de l'humanité commencent à s'en détacher pour tomber, en se sclérosant, au-dessous de la zone du libre arbitre – de la même manière que les animaux sont les masques déchus de la figure humaine. L'homme extrait de sa propre substance un nouvel ordre zoologique – le danger de ce phénomène étant précisément de s'y laisser entraîner.

À quoi j'ai ajouté que cet endurcissement était déjà décrit dans l'Ancien Testament, ainsi que le révèle le symbole du serpent d'airain. Ce qu'est aujourd'hui la technique, la Loi l'était alors.

Retourné, pour finir, au musée de l'Homme. Regardé des crânes et des masques.

Paris, 19 octobre 1941.

Avec Grüninger et Carl Schmitt, à Port-Royal. J'ai retrouvé là le petit nid d'oiseau sur les livres de Pascal, qui m'avait déjà réjoui lors de ma première visite. Même dans le délabrement de tels lieux, on trouve plus de vie encore que dans leur embaumement muséal. Nous avons cueilli une feuille du noyer de Pascal, arbre moribond. Puis, déjeuner au moulin de Bicherel, et arrêt à Rambouillet et à Chartres dont je voyais la cathédrale pour la première fois. Mais les vitraux manquaient, et par là même une dimension.

Paris, 21 octobre 1941.

La doctoresse [Sophie Ravoux] est venue me voir au Majestic, au sujet des choses qui sont dans le coffre-fort. Il s'agit de lettres que j'ai écrites, de Suisse, en 1936, à Josef Breitbach, et qui ont été saisies avec d'autres papiers dans un coffre de banque, mais non encore ouvertes. On y fait état également d'autres correspondances, comme celle avec Valeriu Marcu. J'essaie, précautionneusement, de rentrer en possession de ces lettres par l'Office des devises auprès du général en chef.

Je conserve sous clef, au Majestic, mes carnets et journaux personnels. Comme j'ai été chargé par Speidel d'étudier aussi bien le dossier de l'opération «Lion de mer» que la lutte pour l'hégémonie en France entre le général en chef et le parti, on a installé dans mon bureau un coffre spécial d'acier. Naturellement, de pareilles armures ne sont que les symboles de l'intangibilité personnelle. Que celle-ci soit mise en question et les plus fortes serrures sautent.

Paris, 22 octobre 1941.

Promenade avec une modiste d'origine méridionale, qui vient de la frontière espagnole, et qui s'était adressée à moi pour avoir des nouvelles d'un camarade. Je me suis offert le plaisir de lui acheter un chapeau dans un salon de modes non loin de l'Opéra, un joli modèle grand comme un nid de colibri et surmonté d'une plume verte. Étonnant comme cette gentille personne a paru grandir et se transformer dans cette nouvelle parure, comme elle se rengorgeait, tel un soldat qu'on vient de décorer. Il faut dire, en effet, qu'il ne s'agit pas là d'une coiffure, mais bien d'un ornement.

Nous avons flâné ensuite, en bavardant, aux environs de la Madeleine, dans les petites rues où la nuit tombait. Morris m'avait signalé ce quartier. Lors de semblables rencontres, une vive curiosité s'éveille en moi ; elle me pousse à épier les êtres inconnus, à obtenir l'accès à des jardins étrangers ou aux vestibules de maisons qui, autrement, restent fermés. Ainsi, j'ai entrevu, cette fois, le village natal – « *a noste* », comme on dit là-bas, avec ses bois de châtaigniers, les *châtaigneraies**, où l'on trouve des champignons et des palombes.

Le loup qui fait irruption dans un parc plein de moutons en met en pièces deux ou trois. Plusieurs centaines périssent en se piétinant mutuellement.

Paris, 23 octobre 1941.

Conversation avec la doctoresse, à la Crémaillère. Femme médecin, d'une intelligence déliée, précise, mercurienne. Nous avons tout d'abord parlé de l'affaire du coffre-fort, puis de grammaire et de personnes que nous connaissons tous deux, comme Hercule [Joseph Breitbach].

Lecture terminée : *À vau-l'eau*, de Huysmans, que j'ai acheté chez Berès, dans une belle édition, avec une dédicace de l'auteur à son ami Rafaëlli, si je déchiffre exactement.

Le héros du livre, Folantin, est un Des Esseintes bourgeois. La note dominante est celle d'un violent dégoût devant la falsification de la vie par la civilisation – à chaque page, on trouve des observations et des jugements qui laissent supposer chez l'auteur une maladie nerveuse de l'estomac. L'idée m'est de nouveau venue, en le lisant, que certaines maladies sont comme des verres grossissants qui nous permettent de discerner plus nettement les réalités qui leur correspondent – on pourrait tirer de là un classement des œuvres littéraires de la décadence.

Pourtant, comme nous sommes tombés plus bas depuis lors, et quelle saveur ont prise les choses qui répugnent dans ce livre à Folantin – la viande coriace des gargotes, le bleu qui tache, en un mot : la tambouille.

Huysmans marque l'un de ces points où l'on commence à plonger dans la disette. Voilà pourquoi il connaît aujourd'hui une renaissance.

Paris, 25 octobre 1941.

Déjeuné avec Ina Seidel, chez Prunier. Elle se tourmentait au sujet de son gendre, que Rudolf Hess employait en qualité de conseiller astrologique, et qui a été arrêté. La chose m'a surpris dans la mesure où je pensais que la fuite de Hess en Angleterre s'était accomplie au su de Kniébolo, peut-être même sur son ordre. Mais on pourrait objecter qu'avec le retour de la raison d'État au vieux sens du terme, la détention de certains secrets est redevenue, comme autrefois, objectivement dangereuse. Et c'est sûrement le cas ici. Et cette espèce de coup de tête donne, en même temps, une idée de l'esprit de jeu de hasard qui mène tout. Le retour des formes de l'absolutisme, toutefois sans aristocratie – je veux dire sans les distances intérieures – rend possibles des catastrophes dont l'ampleur échappe encore à notre imagination. Cependant, on les pressent, dans un sentiment de crainte qui jette son ombre sur les triomphes eux-mêmes.

Ina Seidel, elle aussi, m'a dit, comme me l'ont déjà dit maintes femmes intelligentes, que, dans certaines de mes figures et images, je poussais la précision de la langue jusqu'à toucher au grand fond tabou, si bien qu'il s'en dégage une impression de danger imminent.

De tels avertissements ne devraient jamais être négligés, alors même qu'on ne peut faire autrement que suivre sa propre loi. Il se pourrait que les mots enfermassent, comme les atomes, un noyau central, autour duquel ils tourbillonnent, et que l'on ne doit pas toucher si l'on ne veut pas libérer des forces sans nom.

Paris, 2 novembre 1941.

Quand des hommes combattent sur un plan supérieur, spirituel, ils intègrent la mort dans leur stratégie. Ils acquièrent quelque chose d'invulnérable ; la pensée que l'adversaire veut leur destruction physique n'est, par conséquent, plus très effrayante pour eux. Il est, en revanche, d'une extrême importance que l'événement s'accomplisse avec rectitude, dans un contexte d'un symbolisme éclairant, où ces hommes se dressent en témoins d'une juste cause. Aussi donnent-ils, parfois, l'impression qu'ils reculent devant la mort – alors que, ce faisant, ils sont pareils au grand capitaine qui tarde à donner le signal de l'attaque, attendant l'instant favorable. Il est des nuances dans la victoire.

L'ennemi pressent cela, à sa manière obtuse : d'où sa fureur atroce, déchaînée, dès que l'esprit vrai se dresse contre lui. De là vient, également, qu'il cherche à l'abattre dans des combats d'avant-postes, à le soudoyer, à le faire dévier de sa route. On en arrive, dans ces engagements, à des instants où s'efface tout ce que cet antagonisme a de fortuit, d'historique, et où surgit ce qui fut dès l'origine l'enjeu sur cette terre. Les rôles, alors, s'inversent d'étrange façon ; il semble que la peur passe dans le camp de l'agresseur – on dirait qu'il veut soudoyer sa victime par tous les moyens possibles, afin qu'elle évite la mort qu'il est contraint, lui, de lui préparer. Un horrible triomphe se mêle alors au carnage. Il y a des moments dans l'histoire où des hommes saisissent la mort comme un bâton de commandement. Dans le procès des Templiers, par exemple, où le grand maître de l'ordre montre inopinément le vrai rapport entre lui et les juges – ainsi un navire laisse tomber son camouflage et s'offre, avec ses pavillons et ses canons, au regard stupéfait. Le soir même, il fut brûlé vif, mais on posta des gardes, dès cette nuit, à l'emplacement du bûcher pour empêcher le peuple d'y venir chercher des reliques. La poussière elle-même fait peur aux tyrans ; elle aussi doit disparaître.

Paris, 5 novembre 1941.

Juges des causes sanglantes. Lorsqu'ils passent dans les couloirs, font leur entrée, ils ont l'allure des automates, la gravité primitive de sinistres pantins. Ce sont des danseurs autour des totems.

« Ce qui ne me tue pas me rend plus fort » ; et ce qui me tue me rend prodigieusement fort.

Dans l'histoire, les idées ne se propagent pas de manière rectiligne. Elles développent, à partir d'elles-mêmes, les forces contraires, de même qu'en s'abaissant, le poids de l'horloge ne meut pas seulement les aiguilles, mais, en même temps, son contrepoids.

Par ce moyen, un équilibre s'établit ; les formes correspondant aux idées se trouvent empêchées de grandir jusqu'au monstrueux, ou de s'y fixer. C'est là, dans le domaine du libre arbitre, le même phénomène qui, en zoologie, élague les rameaux extravagants de l'évolution.

Roland, retour de Russie, parle de l'affreuse mécanique à tuer les prisonniers. On donne pour prétexte qu'il faut les mesurer et les peser ; on leur fait enlever leurs vêtements, et on les mène à la « toise » qui, en réalité, règle le fusil à air comprimé, lequel leur tire dans la nuque.

Paris, 10 novembre 1941.

Il existe en tout temps deux doctrines sur l'origine de l'homme : l'une qui cherche cette origine vers le haut, l'autre vers le bas. Toutes deux sont vraies ; l'homme se situe suivant qu'il accepte celle-ci ou celle-là.

Paris, 11 novembre 1941.

À propos des maladies. Dans leur façon d'agir sur l'imagination, il existe des différences qui ne sont pas parallèles à leurs différents degrés de gravité. Ainsi, j'aurais tendance à me laisser moins impressionner par les affections pulmonaires ou cardiaques que par celles de l'estomac, du foie, de l'abdomen en général. Il semble que, même du simple point de vue de la chair, il y ait des façons plus ou moins nobles de mourir. La flamme est réservée aux incroyants ; c'est pourquoi la pratique de la crémation augmente, de même que le nombre des gens brûlés vifs.

Paris, 12 novembre 1941.

L'histoire, elle aussi, est formée d'atomes, dont on ne saurait imaginer qu'un seul fût modifié sans que se modifiât son cours tout entier. Elle aurait nécessairement un aspect tout différent, si Marat s'était, par exemple, appelé Barat, ou si, au moment où la vengeresse s'était présentée chez lui, il s'était trouvé à sa table de travail et non dans son bain. Les attentats, précisément, provoquent souvent de vastes changements, et pourtant dépendent, au fond, d'une infinité de hasards, comme on peut fort bien le constater en étudiant, par exemple, celui de Sarajevo.

Si nous regardons en arrière, nous ne pouvons nous représenter le moindre caillou situé autrement qu'il le fut. Devrait-on en conclure qu'il en va de même de l'avenir – pour la raison, sans doute, que l'esprit ne peut considérer une telle cohérence comme concevable que s'il y voit également enclos tout l'avenir de manière inéluctable ? Ou bien, est-ce le présent qui provoque une modification dans l'agrégat temporel, en monumentalisant et pétrifiant aussitôt ce qu'il touche? L'avenir est fluide, le passé solide. L'ensemble est également comme un jeu de cartes; il convient de distinguer entre les cartes déjà sur le tapis, et celles qui sont encore en mains.

Ce sont là réflexions à propos de la mosaïque de l'univers; il faut toutefois, à l'exemple de Boèce, voir à leur place dans une plus grande image, immuable en sa signification, ces menues pierres de hasard. La moralité en soi est située hors du temps.

Lu, cet après-midi, les lettres d'adieu du comte Estienne d'Orves, fusillé après jugement du tribunal militaire, qui m'ont été communiquées par son défenseur. Elles constituent une lecture de haute valeur; j'avais le sentiment de tenir entre mes mains un document qui demeurera.

Paris, 13 novembre 1941.

Les différences entre la courbe du moral et celle de la santé: souvent, nous sommes abattus alors que le corps est en bonne condition; souvent aussi c'est l'inverse. Nous avons nos grandes marées lorsque toutes nos puissances concordent.

Tant mieux, si quelque date importante, si une rencontre décisive, tombe ces jours-là.

Le soir au George V. J'ai apporté au colonel Speidel les *Maximes* de René Quinton. Comme il me demandait d'y inscrire quelque chose, j'ai choisi la phrase: «*La récompense des hommes, c'est d'estimer leurs chefs* * ».

Sous son égide, nous avons formé ici, à l'intérieur de la machine militaire, une sorte de cellule rayonnante, de chevalerie spirituelle ; nous tenons nos réunions dans le ventre du Léviathan, et cherchons, de plus, à garder notre attention et notre cœur disponibles pour ceux qui sont faibles et sans protection.

Conversation avec Grüninger, sur l'obéissance militaire et son rapport avec la monarchie absolue ou même constitutionnelle. Plus tard, cette vertu continue à agir à la façon d'un instinct désormais nuisible à ceux qu'il habite, car il fait d'eux l'instrument de forces sans scrupules. Il entre, avant tout, en conflit avec l'honneur, qui est l'autre pilier de l'esprit chevaleresque. Vertu plus fragile, l'honneur est détruit le premier ; il ne reste plus, alors, qu'une sorte d'automate, serviteur sans maître véritable, souteneur même, pour finir.

Aux époques comme celle-ci, les meilleurs caractères connaissent le naufrage, les intelligences plus subtiles passent à la politique. Si la chance le veut, il se trouvera un général de vieille souche patricienne, qui se rira de ceux qui prétendent lui donner des ordres, et qui les renverra à leur place, à la *pourriture**.

Paris, 14 novembre 1941.

Dans la matinée, visite d'un lecteur inconnu, le Dr Göpel : il m'apportait de Lille les salutations de Carlo Schmid. Puis, visité, avec Grüninger, la collection d'estampes du Louvre, où nous avons regardé de belles gravures anciennes, montrant des fleurs et des serpents.

L'heure du crépuscule – la nuit s'annonce comme une marée qui, presque imperceptible encore, envoie dans un murmure ses premières vagues en éclaireurs. Des êtres singuliers surgissent avec elle. C'est l'heure où les hiboux apprêtent leurs ailes et les lépreux vont dans les rues.

On ne doit demander aux êtres que ce qui est conforme à leur nature – aux femmes, par exemple, l'amour et non pas l'équité.

Paris, 15 novembre 1941.

Invité à l'anniversaire de Jacqueline, la modiste méridionale, quai Louis-Blériot. Un étroit escalier de service menait jusqu'au cinquième étage, dédale de petites mansardes qui faisait presque songer aux cintres d'un théâtre. Son logement se trouve là – une minuscule chambre à coucher presque entièrement remplie par un immense lit, et une cuisine encore plus minuscule, comme sur les petits navires, où son amie Jeannette, une longue personne maigre, quelque peu démoniaque, préparait le festin d'anniversaire. Elle en a fait surgir magiquement sept plats de suite. Bordeaux, Chianti, *café au rhum**.

Il y avait dans un coin, suspendu au mur, un de ces bois où les torsades d'une vigoureuse plante grimpante se sont profondément empreintes, et dont les compagnons charpentiers, chez nous, se font des cannes. Celui-ci aussi était travaillé, et de telle façon que la plante grimpante figurât un serpent enserrant la canne. Les proportions du corps, telles qu'elles s'expriment par le jeu des muscles, étaient bien rendues ; ce qui pouvait s'expliquer aussi par le fait que des forces du même genre opèrent dans la plante. La couleur, elle aussi, était très naturelle, avec ses mouchetures de jaune-brun et de noir ; c'était celle des espèces qui vivent dans les marécages.

Nous nous sommes trouvés ainsi amenés à parler des serpents. L'amie raconta qu'étant enfant, «*a noste*» en béarnais, elle était un jour assise au jardin avec sa mère donnant le sein à sa petite sœur. L'odeur du lait attirant les serpents, une immense couleuvre, sortie d'une haie voisine, s'était alors, dit-elle, glissée lentement, à leur insu, jusqu'à la chaise, et leur avait fait grand'peur. Le père était venu et avait tué l'animal.

Elle en faisait un très beau récit, dans la manière mythique.

Paris, 18 novembre 1941.

À propos du Journal. Il ne concerne jamais qu'une certaine couche d'événements, qui se produisent dans le domaine spirituel et physique. Ce qui nous occupe au plus profond de nous-même échappe à la communication, et je dirais presque à notre propre perception.

Il existe ainsi des thèmes dont la secrète présence persiste d'année en année, tel celui de la situation sans issue, qui est particulier à notre époque. Il fait songer à la grandiose image de la vague de la vie, dans la peinture asiatique, et aussi au *Maelström* d'E. A. Poe. Cette situation ne laisse pas d'être prodigieusement instructive, car où nulle issue, nul espoir ne s'offre plus, nous sommes contraints de demeurer immobiles. La perspective se modifie.

Chose étonnante, toutefois, au plus profond de moi-même je garde vivante la confiance. À travers l'embrun des tempêtes et les nuages en lambeaux, on voit, qui brille, l'étoile du destin. Je ne dis pas cela seulement pour moi, mais universellement. Au cours de ces dernières semaines, nous avons dépassé le point zéro.

Les efforts que l'on fait pour ne point succomber à son temps, et par lesquels on retrouve l'énergie, sont très cachés ; ils ont lieu dans le fond des puits de mine. Ce rêve décisif, par exemple, que j'eus, à la hauteur de Patmos, alors que je faisais route vers Rhodes. Notre vie est comme un miroir à la surface duquel, si nébuleuses et brouillées qu'elles soient, se dessinent des choses emplies de sens. Un jour, nous pénétrons dans ce qui se reflète là, et nous atteignons alors la perfection. Le degré de perfection que nous saurons supporter est esquissé déjà dans notre vie.

Suis allé, durant l'heure libre de midi, au comptoir de vente du cabinet des estampes, où j'avais commandé quelques reproductions de gravures actuellement épuisées. Entre autres, la belle image d'un cobra, dressé et gonflant son cou. La vendeuse, une fille maigre et noiraude, d'une trentaine d'années, me dit qu'elle avait toujours laissé cette feuille à l'envers, l'image en dessous. Alors qu'elle enveloppait la gravure, elle a pris congé d'elle avec un : « *Sale bête* !* »

Personne amusante, d'ailleurs. Comme j'avais fait une remarque qu'elle trouvait insolite, elle eut un instant l'air étonné, puis me regarda attentivement, avec un « *Ah! bon* !* » approbateur.

J'ai feuilleté durant cette courte visite le grand carton de gravures d'après Poussin. Bien que j'aie depuis des années, au-dessus de ma table de travail, son *Choix d'Hercule*, dans une reproduction anglaise, aujourd'hui seulement je saisis le puissant et vraiment royal sens de l'espace que possédait ce maître. C'est cela, la monarchie absolue.

Paris, 19 novembre 1941.

L'après-midi chez la doctoresse ; on accède à son appartement par une cage d'escalier couleur d'améthyste. On monte au sein d'une pénombre violette dans la spirale d'un coquillage marin. À l'architecture de ces demeures centenaires, le temps travaille, architecte lui-même. Il se produit là de légers affaissements, glissements, fléchissements dans la charpente, qui modifient les proportions d'une manière qu'aucun architecte humain ne saurait imaginer. La doctoresse était d'avis que les familles qui ont loué de telles demeures ne les quittaient plus jamais ; c'est là qu'elles s'éteignent.

Nous sommes ensuite allés dîner place Saint-Michel. Belons servies sur de la glace et du varech qui s'étendait en longs filaments sur le plat. La couleur de cette plante était extraordinaire, car, à première vue, il semblait que ce fût du noir, mais à l'examiner de plus près on voyait que c'était un vert de malachite, mat et sombre, mais sans la dureté minérale, merveilleusement plein de vie. Là-dessus, les coquilles d'huîtres striées de vert, incrustées de nacre, au milieu des reflets d'argent, de porcelaine et de cristal.

Paris, 21 novembre 1941.

Le soir, durant une demi-heure chez Weber, où la doctoresse m'a donné des détails sur l'ouverture du coffre-fort. Elle est venue à me parler, ensuite, d'un médecin qui prend des photographies de moribonds, afin d'étudier et de fixer les agonies provoquées par les différentes maladies – idée qui m'a paru à la fois judicieuse et répugnante. Pour ces esprits, il n'existe plus aucun tabou.

Paris, 23 novembre 1941.

Déjeuné chez les Morand, avenue Charles-Floquet. J'y ai rencontré également Gaston Gallimard et Jean Cocteau.

Morand est le peintre d'une sorte de « confort mondial ». J'ai trouvé, dans l'un de ses livres, un grand transatlantique comparé à un Léviathan tout entier parfumé de chypre. Son livre sur Londres est d'ailleurs remarquable ; il décrit une ville comme si c'était une vaste maison. Si les Anglais bâtissaient des pyramides, ils devraient mettre ce livre au nombre des objets placés dans la chambre de la momie.

Cocteau : sympathique, et en même temps tourmenté comme un homme séjournant dans un enfer particulier, mais confortable.

Il est très difficile, avec les femmes intelligentes, de surmonter l'éloignement physique – à croire que l'esprit constamment en éveil les arme d'une ceinture qui met en échec le désir. Il fait trop clair autour d'elles. Voilà pourquoi les hommes dont les dispositions érotiques ne sont pas évidentes sont peut-être les premiers à gagner du terrain. Ce pourrait être l'une des ruses qui maintiennent le niveau constant de l'espèce humaine.

On peut demander conseil au subordonné sur l'exécution d'un acte, non point sur la morale qui est à la base de l'acte.

Plus sacrée encore que la vie de l'homme doit nous être sa dignité.

Le siècle de l'humanité est le siècle où les hommes sont devenus rares.

Les véritables chefs de cette terre ne sont nulle part ailleurs que dans les tombes.

Cerné de toutes parts sans issue possible, on doit se faire clairement connaître, comme un navire de guerre hissant son pavillon.

En décidant de vivre dans certains milieux humains tels que l'état-major prussien, on accède à des cercles de très haut niveau intellectuel, mais l'on renonce au niveau le plus haut.

Paris, 25 novembre 1941.

Je passe quelquefois la pause du déjeuner dans le petit cimetière près du Trocadéro. La mousse a poussé sur maintes pierres tombales, ornant de son velours vert les noms et les inscriptions. Ainsi, les choses, parfois, brillent d'une beauté plus vive dans l'image qui reste d'elles et dans le souvenir, avant que leur trace ne se perde dans l'immensité anonyme.

Après ces promenades, il me reste d'ordinaire une demi-heure encore durant laquelle je bois du café dans ma chambre, lis des livres ou regarde des images : aujourd'hui, par exemple, la suite de Memling sur le cortège des onze mille vierges. Ces tableaux laissent pressentir la transfiguration à laquelle l'homme peut accéder ; et aussi ce que l'artiste doit percevoir en lui.

Lecture : *Fumée d'opium** de Boissière, un livre que

Cocteau m'a recommandé et envoyé; puis, l'étrange histoire de l'île Juan Fernandez, cadeau du Dr Best.

Paris, 26 novembre 1941.

Dans l'après-midi, rue de Tournon, avec ses marchands d'estampes et ses librairies. Regardé, dans la boutique d'antiquaire de Lechevalier avec qui je corresponds depuis des années, de vieux livres d'entomologie, parmi lesquels un Swammerdam.

Le soir, avec Nebel et Poupet, à la Brasserie Lorraine. Lorsque Poupet veut définir une chose insignifiante, un livre par exemple, dont on fait grand bruit, il dit: « *Cela n'existe pas** ». Il aime travailler au lit, et se remet au travail le matin dès le réveil. Il dort au milieu des livres étalés sur sa couche, et quand il se retourne dans son sommeil, il évite de les déranger.

Paris, 29 novembre 1941.

Dans l'après-midi, chez la comtesse Podewils, j'ai rencontré Grüninger qui revenait des Pyrénées. Il avait rêvé de moi et dans ce rêve, il me demandait s'il devait décrire une vieille ruine couverte de lierre, et j'approuvais cette intention, ajoutant toutefois: «Pour vous, c'est ce qui convient; moi, par contre, je vais représenter un éléphant». Parole qui l'avait vexé comme le reléguant dans les sujets romantiques.

Le soir, au Grand-Guignol, avec la doctoresse, pour la distraire de son cafard. Je n'ai plus trouvé ce spectacle aussi drôle qu'avant-guerre, ce qui tient sans doute à ce que l'horreur envahit maintenant la vie quotidienne, sa représentation perdant ainsi tout caractère extraordinaire.

Montmartre – sombre, brumeux, et parce qu'un attentat y avait eu lieu, cerné par d'importants barrages de policiers et de soldats.

Paris, 30 novembre 1941.

Les conversations entre hommes doivent être menées à la façon des dieux, comme entre des êtres invulnérables. Le combat d'idées doit ressembler à celui qu'on livrerait avec des épées surnaturelles qui tranchent la matière sans douleur et sans peine ; et la satisfaction est d'autant plus pure que notre adversaire vise plus juste. Dans ces engagements spirituels, il faut être invulnérable.

Paris, 3 décembre 1941.

L'après-midi, chez Lechevalier, rue de Tournon. En examinant des gravures et des planches entomologiques en couleurs, j'ai été assailli par un sentiment de dégoût, comme si ce plaisir était gâté par le voisinage de cadavres. Il est des forfaits qui atteignent le monde dans son ensemble, dans sa structure et sa raison d'être ; l'homme des Muses, à son tour, cesse alors de pouvoir se consacrer au beau, il doit se vouer à la liberté. Mais ce qu'il y a de terrible, aujourd'hui, c'est qu'on ne la trouve dans aucun des partis et qu'il faut combattre en solitaire. Par contre, les journaliers de cette guerre sont dignes d'envie, eux qui tombent loyalement sur leur coin de terre. Ils entrent pourtant dans le grand Tout.

Puis chez Charmille [Sophie Ravoux], rue de Bellechasse. La rue est tranquille et, la cage de l'escalier traversée, il semble qu'on ait laissé le temps derrière soi, dans la pénombre des petites cours. Il en naît un sentiment de sécurité : « Personne ne sait mon nom, et personne ne connaît ce refuge. »

*Voyage autour de ma chambre**, assis dans le vieux fauteuil comme sur le tapis volant des *Mille et Une Nuits*. Nous bavardons, le plus souvent à propos de vocables et de leur signification, et nous consultons aussi parfois des livres. La bibliothèque est riche, surtout en ouvrages de théologie et en glossaires.

Charmille. Ce que j'apprécie en elle : le sens de la liberté, qui se lit à la courbe du front. Il y a parmi les humains un sel de la terre qui toujours empêche l'histoire de sombrer complètement sous un joug étouffant. Certains isolés connaissent d'instinct, quand bien même ils seraient nés au milieu de policiers et de prisonniers, ce qu'est la liberté. On rencontre toujours de ces êtres de la race du faucon ou de l'aigle, que l'on reconnaît même derrière les barreaux des prisons.

Il m'a fallu atteindre mon âge, pour trouver plaisir aux rapports intellectuels avec des femmes, comme me l'avait prédit Kubin, ce vieux mage.

Ce changement a quelque chose de bouleversant pour moi, pour la raison précisément que j'étais satisfait de ma trajectoire, tel un homme versé dans la balistique qui voit son projectile suivre la route prescrite. Or, voici qu'il la quitte, file vers des espaces illimités. Cet homme ignorait les lois de la stratosphère.

Il s'y ajoute que notre soif des êtres humains s'est considérablement accrue. Ce n'est que dans les bagnes qu'on prend conscience de tout le prix que représentent des compagnons. On peut renoncer à tout, si seulement les hommes ne sont point perdus.

Tard encore, au Raphaël, terminé *Fumée d'opium** de Boissière. Ce livre, paru en 1888, a été toute une mine de trouvailles pour moi. Il décrit non seulement la vie dans les marécages et les forêts annamites, mais aussi des embarquements de nature spirituelle. Dans le rêve éveillé du fumeur d'opium, un second monde, cristallin, s'étage au-dessus des zones tropicales et fiévreuses ; vue de ses galeries, la cruauté même perd ses traits effrayants. C'est que la souffrance, là, n'existe pas. C'est peut-être la vertu suprême de l'opium : stimuler la force créatrice propre à l'esprit, l'imagination, de telle sorte qu'elle édifie pour soi seule des châteaux enchantés ; derrière leurs créneaux, on n'éprouve aucune frayeur à perdre les royaumes d'ici-bas, brumes et marécages. L'âme se crée à soi-même les degrés par où entrer dans la mort.

Paris, 4 décembre 1941.

Dans la soirée, par un épais brouillard, au Palais-Royal. J'ai rapporté le Boissière à Cocteau. Il habite dans ce quartier, rue de Montpensier, dans la maison même où Rastignac reçut Mme de Nucingen. Cocteau avait de la compagnie; j'ai remarqué, parmi ses meubles, une ardoise à l'aide de laquelle il illustre la conversation de dessins vivement esquissés à la craie.

Sentiment, surtout sur le chemin du retour, lorsque, dans les ruelles anciennes autour du Palais-Royal, les portes s'ouvraient sur des antres rouges aux lumières voilées, que j'étais en danger. Qui sait ce qu'on mijote dans ces cuisines, qui connaît les plans auxquels s'affairent les lémures? On traverse cette sphère le visage masqué, et, si le brouillard se dissipait, on serait reconnu, pour son malheur, par les êtres qui s'y meuvent.

« *L'homme qui dort, c'est l'homme diminué** ». L'une des erreurs de Rivarol.

Paris, 7 décembre 1941.

L'après-midi à l'Institut allemand, rue Saint-Dominique. Là, entre autres personnes, Merline [Louis-Ferdinand Céline], grand, osseux, robuste, un peu lourdaud, mais alerte dans la discussion ou plutôt dans le monologue. Il y a, chez lui, ce regard des maniaques, tourné en dedans, qui brille comme au fond d'un trou. Pour ce regard, aussi, plus rien n'existe ni à droite ni à gauche ; on a l'impression que l'homme fonce vers un but inconnu. « J'ai constamment la mort à mes côtés » – et, disant cela, il semble montrer du doigt, à côté de son fauteuil, un petit chien qui serait couché là.

Il dit combien il est surpris, stupéfait, que nous, soldats, nous ne fusillions pas, ne pendions pas, n'exterminions pas les Juifs – il est stupéfait que quelqu'un disposant d'une baïonnette n'en fasse pas un usage illimité. « Si les bolcheviks étaient à Paris, ils vous feraient voir comment on s'y prend ; ils vous montreraient comment on épure la population, quartier par quartier, maison par maison. Si je portais la baïonnette, je saurais ce que j'ai à faire ».

J'ai appris quelque chose, à l'écouter parler ainsi deux heures durant, car il exprimait de toute évidence la monstrueuse puissance du nihilisme. Ces hommes-là n'entendent qu'*une* mélodie, mais singulièrement insistante. Ils sont comme des machines de fer qui poursuivent leur chemin jusqu'à ce qu'on les brise.

Il est curieux d'entendre de tels esprits parler de la science, par exemple de la biologie. Ils utilisent tout cela comme auraient fait les hommes de l'âge de pierre ; c'est pour eux uniquement un moyen de tuer les autres.

La joie de ces gens-là, aujourd'hui, ne tient pas au fait qu'ils ont une idée. Des idées, ils en avaient déjà beaucoup ; ce qu'ils désirent ardemment, c'est occuper des bastions d'où pouvoir ouvrir le feu sur de grandes masses d'hommes, et répandre la terreur. Qu'ils y parviennent et ils suspendent tout travail cérébral, quelles qu'aient été leurs théories au cours de leur ascension. Ils s'abandonnent alors au plaisir de tuer ; et c'était cela, cet instinct du massacre en masse qui, dès le début, les poussait en avant, de façon ténébreuse et confuse.

Aux époques où l'on pouvait encore mettre la croyance à l'épreuve, de telles natures étaient plus vite identifiées. De nos jours, elles vont de l'avant sous le capuchon des idées. Quant à celles-ci, elles sont ce qu'on voudra ; il suffit, pour s'en rendre compte, de voir comme on rejette ces guenilles, une fois le but atteint.

On a annoncé aujourd'hui l'entrée en guerre du Japon. Peut-être l'année 1942 verra-t elle un nombre d'hommes plus élevé que jamais passer ensemble les portes de l'Hadès.

Paris, 8 décembre 1941.

Dans la soirée, promenade à travers les rues désertes de la ville. La population, à cause des attentats, est consignée dans les maisons dès la fin de l'après-midi. Tout était mort, enveloppé de brouillard ; on entendait seulement dans les maisons les chansons des postes de radio, et les voix d'enfants bavards – comme si l'on passait entre des cages d'oiseaux.

Dans le cadre de mon travail sur la lutte pour la suprématie entre le parti et l'armée, en France, je traduis les lettres d'adieu des otages fusillés à Nantes. Elles sont tombées entre mes mains parmi d'autres documents et je vais les mettre en lieu sûr, car sans cela, elles risquent de se perdre. C'est une lecture qui m'a fortifié. On dirait que l'homme, à l'instant où on lui annonce sa mort, se dégage du vouloir aveugle et reconnaît que l'amour est le plus profond de tous les liens. Avec lui, la mort est peut-être la seule bienfaitrice en ce monde.

J'ai senti, en rêve, Dorothée revenue des lointaines années d'enfance, s'approcher de moi dans un vol léger et me palper du bout de ses doigts si doux et fuselés. Elle suivit d'abord les contours de mes mains, effleurant chaque doigt séparément, tout spécialement à la racine des ongles. Puis elle recensa les parties de mon visage, les paupières, le coin des yeux, les pommettes.

C'était chose très délicieuse, caractéristique de cet être et de l'idée qui l'anime. Elle se livrait sur moi à une mensuration des plus subtiles ; il semblait presque qu'elle voulût me transformer, car elle bougeait ses doigts comme sur un modelage, comme sur une fine pâte.

Puis elle revint à la main, mais, cette fois, elle parut se tromper, frôlant le dos de cette main en des caresses plus prolongées. Cependant la force magnétique de ce contact me fit comprendre qu'elle caressait maintenant la main spirituelle, dont les doigts sont un peu plus longs que ceux du corps matériel.

Elle posa, pour me dire adieu, sa main sur mon front et chuchota : « Mon pauvre ami, c'en est fini de la liberté ! »

Je suis resté longtemps éveillé dans le noir, triste comme je ne l'ai peut-être jamais été depuis les jours de Vincennes.

Paris, 9 décembre 1941.

Les Japonais attaquent avec une grande résolution ; peut-être parce que c'est pour eux que le temps est le plus précieux. Je me surprends, dans cette affaire, à confondre les alliances ; il m'arrive d'avoir l'illusion que c'est à nous qu'ils ont déclaré la guerre. Tout cela s'enchevêtre aussi inextricablement que des serpents dans un sac.

Paris, 10 décembre 1941.

Inondation. Je me trouvais au milieu d'une foule du XIXe siècle, parmi des excursionnistes dont un certain nombre s'étaient, à cause de la boue, rassemblés sur des chênes abattus. En même temps, des masses de serpents s'efforçaient d'atteindre ces îlots non encore inondés. Les hommes frappaient les bêtes avec leurs cannes et les projetaient en l'air, de sorte qu'elles retombaient dans la foule, à demi rompues mais mordant encore. Il en résulta une panique ; on se précipitait dans la boue. Moi aussi, un cadavre vivant m'atteignit et me fit une morsure. J'eus alors cette pensée : si la canaille laissait ces bêtes tranquilles, nous serions tous en sécurité.

Dans les lettres des otages fusillés, que je traduis comme documents pour des temps à venir, je suis frappé de voir que les mots qui reviennent le plus souvent sont «courage» et «amour». Plus souvent encore, peut-être, «adieu et espoir». On dirait que l'homme, en de telles circonstances, sent dans son cœur une surabondance de force généreuse, et perçoit clairement que son vrai rôle est celui de la victime, celui du dispensateur.

Kirchhorst, 24 décembre 1941.

En permission à Kirchhorst. Ici, j'éprouve à peine l'envie de prendre des notes – heureux symptôme de l'équilibre que me donne Perpétua. À quoi bon le monologue? Visites, entre autres Carl Schmitt. Il a passé deux jours ici.

Rêves nocturnes dans le style de Jérôme Bosch: une grande foule de personnes nues, parmi lesquelles il y avait des victimes et des bourreaux. Au premier plan, une femme d'une merveilleuse beauté, à qui l'un des bourreaux tranchait la tête d'un coup. Je voyais le torse debout un moment encore avant de s'effondrer – même décapité, il semblait désirable.

D'autres spadassins traînaient leurs victimes sur le dos, afin de les abattre quelque part en toute tranquillité – je voyais qu'ils leur avaient lié les mâchoires avec un linge, pour que le menton ne gênât pas le coup de hache.

Les canards, dans le jardin. Ils s'accouplent dans les flaques d'eau que la pluie a formées dans l'herbe. La cane se place ensuite devant le mâle et bat des ailes en se rengorgeant – formes primitives de la coquetterie.

1942

Dans le train, 2 janvier 1942.

À minuit, départ pour Paris. Dîné auparavant, place Saint-Étienne, avec Ernstel et Perpétua. En considérant de profil le jeune garçon, j'ai découvert le trait noble, mais douloureux aussi, que son visage a gagné. Il est vrai qu'à notre époque l'un ne va pas sans l'autre. Cette année sera des plus chargées de périls ; on ne sait jamais si l'on ne se voit pas pour la dernière fois. Aussi, dans chaque séparation, la confiance en un revoir dans un monde plus haut se fait-elle sentir.

Dans le compartiment, conversation avec un sous-lieutenant qui revenait de Russie. Son bataillon a perdu un tiers de son effectif par l'effet du froid qui rend nécessaire, dans nombre de cas, l'amputation de membres gelés. La chair blanchit d'abord, puis noircit. Des conversations de ce genre sont, à présent, chose commune. C'est ainsi qu'il y aurait des hôpitaux réservés aux soldats dont les parties génitales ont été gelées ; les yeux sont également menacés. Au feu s'associe le gel, avec ses ciseaux cruels.

Paris, 4 janvier 1942.

Chez Ladurée, en compagnie de Nebel et de la doctoresse. Nous avons passé ensuite tout l'après-midi à bavarder au Wagram. J'ai l'impression qu'il n'est plus possible de se cantonner, comme la prudence l'ordonnerait, dans les limites de la situation. On est contraint à aller de l'avant, comme dans la poussée d'une naissance. Témoins les discussions au sujet des *Falaises de marbre*, dans les journaux suisses.

J'ai été frappé par l'euphonie du « *ei* » dans « *bleiben* », euphonie qui, d'ailleurs, s'exprime aussi par d'autres voyelles, dans « *manere* », « *manoir* ». Le langage, sous ce rapport, demande à être redécouvert.

Grüninger, après des conversations qu'il a eues avec un théologien :

« Le mal, d'abord, apparaît toujours en tant que Lucifer, pour ensuite se métamorphoser en Diabolus, et finir en Satanas. » C'est la série descendante, qui va du porteur de lumière au diviseur, puis au destructeur ; ou encore, dans le domaine des voyelles, le triple accord : A, I, U.

Paris, 5 janvier 1942.

Durant l'heure libre de midi, acheté du papier pour le manuscrit de *La Paix*. Commencé à en tracer le plan. Vérifié également la sécurité du coffre au trésor.

Paris, 6 janvier 1942.

Stavroguine. Son dégoût de la puissance ; aucun pouvoir ne le tente dans un état de choses corrompu. À l'opposé, venant d'en bas, Piotr Stépanovitch, qui comprend fort bien que c'est dans ces circonstances seulement que la puissance lui devient accessible. Ainsi, l'homme au cœur vil se réjouit de voir réduite au déshonneur la superbe femme qu'il désire, car c'est le seul moyen pour lui de l'avoir à sa portée.

Cela apparaît aussi très clairement, *post festum*, dans le régime politique. On remarquera, sous le règne de la canaille, que celle-ci pousse l'exercice de l'infamie bien au delà du nécessaire, à l'encontre même des règles de toute politique. L'infamie est *célébrée* comme une messe, parce qu'elle recèle en son tréfonds le mystère du pouvoir de la populace.

Lu le manuscrit de la traduction de *Jardins et Routes* par Maurice Betz. J'ai trouvé là pour le mot : « *freilich* », « il est vrai », ce qui, dans le cas présent, ne m'a pas paru tout à fait exact. « *Freilich* » peut introduire une réserve ; il peut, d'autre part, suggérer aussi un renforcement de l'idée. Ce dont vraisemblablement il se rapproche le plus, c'est de la nuance : « Je croirais en somme que… » ou : « À bien y regarder, on s'aperçoit que… » On peut donc dire qu'il a pour caractère de souligner, et aussi qu'il découvre les cartes, mais il s'y joint autre chose encore, à savoir une note affirmative, une sorte d'acquiescement enjoué auquel on incite subrepticement le lecteur. On lui force la main pour le gagner à soi.

Le soir au George V. Se trouvaient là Nebel, Grü-ninger, le comte Podewils, Heller et Maggi Drescher, une jeune femme sculpteur. Nebel a récité le poème sur Harmodios et Aristogiton, dont les magnifiques statues, qui sont au Museo Nazionale, ont fait ensuite l'objet de la conversation. Puis, des vers de Sapho, de Sophocle et d'Homère. Il est favorisé en de tels moments par une mémoire peu commune dont il dispose à sa guise, si bien qu'on a l'impression qu'il participe directement à la naissance des vers. C'est ainsi qu'il faut citer : comme on conjure les esprits...

Paris, 7 janvier 1942.

L'après-midi chez Poupet, rue Garancière. Dans ces petites rues autour de Saint-Sulpice, avec leurs antiquaires, leurs librairies et leurs vieux ateliers, je respire un air si familier qu'il me semble y avoir vécu cinq cents ans.

En pénétrant dans la maison de la rue Garancière, je me suis souvenu que j'avais franchi pour la première fois son seuil au cours de l'été de 1938, venant alors du Luxembourg, comme aujourd'hui de la rue de Tournon. Le cercle des années écoulées se refermait ainsi comme une ceinture.

En entrant, j'ai tenté de communiquer à Poupet ce sentiment qui s'empare si souvent de moi à la vue d'objets et d'êtres connus de longue date – cet enrichissement qui leur est venu des jours révolus, et qui nous apparaît dans ce revoir, comme au pêcheur ce que ramène son filet ; et, bien que pareille chose fût difficile à exprimer dans une langue étrangère, j'ai eu l'impression qu'il me comprenait.

Puis chez Charmille. Conversation sur Proust, dont Poupet m'a offert une lettre. Puis, sur des amis communs dont elle saisit très finement le caractère. Également sur l'influence d'Éros dans la formation du corps. À ce propos, sur le mot « *souplesse** » qui, de même que « *désinvolture** », comporte des nuances intraduisibles.

La première lettre de Perpétua. Comme j'en avais bien le sentiment, mon fils et elle, après m'avoir accompagné à la gare, ont parlé de moi longtemps encore, en s'en retournant par les rues ténébreuses. Peut-être va-t-elle acheter une maison pour nous, près d'Uelzen ; cette région au cœur de la lande conviendrait parfaitement à la vie solitaire à laquelle nous aspirons.

Une lettre, aussi, de mon frère Wolfgang qui, de nous quatre, a été appelé le dernier sous les drapeaux. Il dirige maintenant, en qualité de première classe, un camp de prisonniers à Züllichau ; les prisonniers ne seront pas mal, avec lui. Il me raconte ceci, pour la bizarrerie de la chose :

« Hier, je me suis rendu pour raison de service à Sorau, en Lusace, où j'avais à conduire un prisonnier à l'hôpital. Là, il m'a fallu également faire une visite à l'asile d'aliénés. J'y ai vu une femme dont la seule manie était de marmonner sans arrêt : "*Heil Hitler!*"

Quand même, voilà une folie qui est bien de notre époque.»

D'un point de vue purement tactique déjà, la prudence exagérée entraîne des dangers. On n'entend que plus distinctement celui qui déguise sa voix. D'ailleurs il existe, de même qu'un instinct d'aristocrate, un instinct en vertu duquel le Jacobin flaire celui qui n'est pas de son monde. Il est des degrés de finesse comme de trivialité qui demeurent inimitables. Et, en fin de compte, qu'est-ce que prévoyance sans providence?

Paris, 9 janvier 1942.

Le soir, une dernière bouteille de beaune chez Weinstock qui part pour Angers. Chez lui, comme chez Nebel, et d'ailleurs aussi chez Friedrich Georg, j'ai remarqué la puissante action éducative que l'hellénisme exerce, de nos jours encore, sur les Allemands. La langue, l'histoire, l'art et la philosophie grecs seront toujours indispensables partout où l'on formera des élites.

De nouveau beaucoup pensé aux *Falaises*. Ce livre demeure ouvert, il ne conclut pas; il se prolonge dans les événements mêmes. Les événements, d'autre part, exercent une action en retour et changent le livre. Il ressemble, ainsi, à une ellipse, avec ses deux foyers: dans l'un se trouve l'écrivain, dans l'autre les faits. Des fils se tissent de l'un à l'autre, comme lors de la division de la cellule. Le livre peut donc influencer les faits, mais il peut tout aussi bien influencer le destin de l'auteur. Ce qui semble indiquer que le travail s'est accompli en d'autres domaines encore que celui du langage – dans ceux peut-être où opèrent les ressources du rêve.

Paris, 10 janvier 1942.

Pris le thé chez la doctoresse. Le soir, nous sommes allés retrouver Poupet et Cocteau dans un petit cabaret en sous-sol, rue de Montpensier. Cocteau, aimable, tourmenté, ironique, délicat. S'est plaint de ce que l'on sabotât ses pièces : bombes lacrymogènes jetées sur la scène, rats qu'on lâche dans la salle.

Entre autres anecdotes qu'il a racontées, j'ai bien aimé celle du méchant cocher de fiacre par lequel, jeune lycéen encore, il s'était fait ramener chez lui, sous une pluie battante, après avoir vu jouer une pièce de théâtre. Ignorant du chiffre habituel des pourboires, il donna trop peu, puis il se dirigea vers la porte de sa maison, devant laquelle une famille amie de ses parents attendait sous la pluie, car la serrure était difficile. Comme il les saluait, le cocher lui cria :

« Ah ! Quel pourboire !… Et si je racontais d'où on te ramène ? »

De retour au Raphaël, repris mes lectures. Terminé le roman de la comtesse Podewils, puis la *Confession* de Kanne, remarquable écrit que m'a procuré Carl Schmitt, qui l'a éditée. L'expérience de Kanne dans la prière. Il sent quand ses prières « pénètrent ». La roue minuscule de son destin personnel tourne alors en harmonie avec la marche générale de l'univers.

Réveillé à cinq heures. J'avais rêvé que mon père était mort. J'ai ensuite longuement songé à Perpétua.

Maurice Betz est venu me voir dans la matinée, avec sa traduction. Nous avons examiné un certain nombre de passages délicats, tâchant aussi de faire concorder des mots assez peu usuels, surtout des noms de plantes et d'animaux. Le mieux, pour cela, est de se reporter au latin, au système de Linné – autrement dit de demander au concept, à l'élément logique, le critère permettant d'expliciter les différences de vision, de poésie.

Paris, 13 janvier 1942.

Fêté un anniversaire au Raphaël, réunion au cours de laquelle j'ai vu pour la première fois que je pouvais faire confiance aux habitants de cet hôtel. Pareille chose n'est possible, aujourd'hui, que si le choix s'opère au nom d'un cercle intime et invisible. Un mot drôle et méchant que Philipps a fait sur Kniébolo a donné le signal de la libre conversation. La contrainte, la prudence séparent aujourd'hui les hommes comme par des masques; que ceux-ci tombent, et une puissante gaieté se répand. Puis j'ai engagé avec Merz et Hattingen une sérieuse conversation où je leur ai exposé les grands traits de mon essai sur la paix.

Parlé de l'espionnage avec Luther. Il m'a dit qu'il avait été difficile de trouver des Anglais pour faire cette besogne; il avait cependant réussi à racoler, avant la guerre, un homme de bonne famille auquel on avait fourni un émetteur à ondes courtes, à l'aide duquel, aujourd'hui encore, il envoie de Londres des indications météorologiques, très utiles pour les attaques aériennes. Cet Anglais, en outre, a dernièrement recueilli chez lui un agent secret qui s'était cassé une jambe lors du parachutage, et qu'il lui a donc fallu soigner et cacher chez lui durant des semaines. À sa première sortie, l'homme a été arrêté, et par la suite fusillé, sans qu'il ait livré son hôte.

Ce sont là des choses de nature presque démoniaque, si l'on songe surtout à la redoutable solitude de pareils hommes, au milieu de millions d'êtres. C'est pourquoi je n'en puis confier les détails, même à ces notes.

Paris, 14 janvier 1942.

Charmille. Il est des conversations que l'on peut qualifier de rêveries d'opium à deux. Elles ont ceci de propre, qu'on en suit le cours avec aisance et sans effort, comme on voit dans le monde physique voltiger les acrobates. Charmille loue par ailleurs, dans ma conversation, ce que l'on blâme habituellement : le fait que presque toujours je pense en même temps à d'autres choses, et souvent réplique après plusieurs phrases à une bonne remarque de mon partenaire, ayant attendu qu'elle ait fait son chemin en moi.

Paris, 15 janvier 1942.

Au courrier, une lettre de la Fleur de feu [Marlise Neumann], où je trouve une remarque à propos de *L'Hippopotame* :

« J'ai l'impression que votre Princesse a été quelque peu influencée par *La Chute de la maison Usher*. Mais vous montrez le chemin du salut. C'est fort bien. Poe ne nous a montré que la chute. »

Le fait est que, lorsque j'ai conçu en rêve cette fiction, avant une visite à Kubin, le désir d'une remontée hors du Maelström était particulièrement violent en moi. Il faut aussi voir de telles créations sous leur jour de pronostic, car les figures découvertes préludent au surgissement du destin, elles le précèdent de leur danse, tantôt souriantes, tantôt sinistres : et toute poésie est de l'histoire invisible, non encore vécue, elle en constitue même le correctif.

Une lettre, aussi, de Perpétua qui, entre-temps, a visité la maison de Bevensen. Au cours du trajet, elle a eu une conversation sur la politique avec le chauffeur qui, à son grand amusement, a conclu en ces termes :

« En tout cas, pas d'association dont le président ait des poux ! »

C'est, du reste, un de ses dons privilégiés : elle sait s'entretenir avec les gens appartenant à toutes les couches de la société. À sa table, chacun se sent à l'aise.

Paris, 17 janvier 1942.

En rêve, j'examinais des insectes chez Emmerich Reitter, à Paskau. Il me montrait une boîte pleine d'espèces du genre sternocère, mais ayant toutes une forme large et plate, au lieu de l'aspect cylindrique qui les caractérise. Toutefois, à première vue, je reconnus leur appartenance. J'aime ces anomalies où subsiste cependant le type. Ce sont les aventureux voyages de l'idée parmi les archipels de la matière.

L'après-midi, Charmille est venue me prendre pour aller à la piscine. Splendide spectacle dans le bassin : celui d'un grand et merveilleux poisson, tout emperlé de bulles d'air, que je voyais flotter dans l'eau verte. Je le voyais d'en haut et, comme bien souvent pour les objets magiques, en perspective raccourcie.

Paris, 18 janvier 1942.

Nuit assez agitée, sommeil coupé de longues insomnies. Je pensais alors à Carus, mon fils imaginaire.

Le soir, j'ai vu Armand [Sophie Ravoux], qui veut faire le plongeon. Nous avons dîné à la Brasserie Lorraine, après avoir remonté la rue du Faubourg-Saint-Honoré, où j'éprouve toujours un sentiment de bien-être. Il m'a demandé si j'aimerais faire la connaissance de son ami Donoso, et j'ai répondu que non. Par la suite, à une remarque que j'avais faite sur nos deux pays : «*Ah! Pour ça, je voudrais vous embrasser bien fort*!*!*» Nous nous sommes séparés avenue de Wagram.

Ensuite, mis mon uniforme pour aller au George V. Là, Speidel, Sieburg, Grüninger et Röhricht, chef de l'état-major de la 1re armée, avec lequel, au lendemain de la Première Guerre mondiale, je m'entretenais à Hanovre de Rimbaud et d'autres sujets analogues. Puis le colonel Gerlach, venant du front de l'Est en qualité d'adjoint d'état-major, et dont la conversation permet d'étudier sur le vif l'esprit mordant de Potsdam.

Lors de ces rencontres, toujours les mêmes conversations, tantôt plus assurées, tantôt moins, comme dans les antichambres de l'inévitable. Elles me font toujours souvenir de Bennigsen et du tsar Paul. Gerlach, en particulier, en savait long sur la pénurie de vêtements d'hiver sur le front de l'Est ; cette pénurie formera, de même que les exécutions d'otages dans l'Ouest, l'un des grands thèmes des futures recherches sur la guerre, que celles-ci soient le fait des historiens ou des tribunaux militaires.

À propos d'optique. Cet après-midi, au Raphaël, quittant mon livre des yeux, mon regard s'est fixé sur une pendule ronde dont l'image, lorsque ensuite j'ai détourné les yeux, m'est apparue se détachant sur la tapisserie en un cercle clair. J'ai tenu mon regard fixé sur une avancée du mur, plus proche de moi que l'endroit où la pendule était fixée. L'image, ici, semblait beaucoup plus petite que la pendule. Mais si je détournais ensuite mon regard de façon à le rapprocher de la pendule, l'image reprenait les proportions de celle-ci, se fondait en elle. Si, enfin, je la projetais sur un endroit plus éloigné que la pendule, j'avais alors l'impression qu'elle devenait plus grande.

C'est là un bel exemple de la modification psychologique à laquelle, selon le plus ou moins d'éloignement, nous soumettons notre impression des objets. À égalité de travail rétinien, nous grossissons un objet connu qui nous semble plus éloigné, et le rapetissons s'il nous paraît plus proche. C'est sur cette règle que se fonde le conte d'Edgar Poe, *Le Sphinx**.

À présent, lorsque je m'éveille la nuit au Raphaël, comme cela m'arrive souvent, j'entends dans la boiserie l'insecte que nous appelons l'horloge des morts. Ses coups sont plus forts et plus lents que ceux que j'entendais souvent dans le bois mort de la pharmacie paternelle – plus significatifs. Vraisemblablement, ces ténébreux signaux viennent d'une grande anobie noire dont j'ai trouvé un spécimen cet été dans l'escalier – spécimen qui est maintenant dans ma collection, à Kirchhorst. Je ne suis pas parvenu à le classer ; il s'agit sans doute d'une espèce importée.

L'énorme éloignement des sphères de vie révélé par ces sons – venant d'un être qui se meut tout près, dans le bois sec. Et pourtant, si l'on songe à d'autres éloignements, cet être redevient intime et familier. Nous naviguons sur un vaisseau.

Paris, 20 janvier 1942.

Le soir chez le Dr Weber, à l'hôtel Rothschild. Il connaît fort bien l'ensemble des territoires occupés et les pays neutres, car il a à faire en tous lieux pour ses achats d'or clandestins. Je lui ai demandé de voir Brock, à Zurich, à propos de l'affaire des journaux suisses. Il peut aussi m'être utile en d'autres occasions. Je m'entretiens volontiers avec lui, ne serait-ce qu'en raison de notre origine commune, car c'est un typique représentant du Bas-Saxon sec. On se dit en le voyant que le monde ne va pas sombrer de sitôt.

Il est, du reste, instructif pour moi de retrouver aux prises, cette fois avec des problèmes d'ordre européen et international, une brochette d'esprits dans le genre de ceux qui se sont rencontrés lors de ce singulier congrès des nationaux-révolutionnaires, chez Kreitz, au Eichhof. On voit, en pareille occasion, ce que les hommes peuvent contenir à l'état de germe : le tyran, par exemple, dans le petit comptable, le tueur en série dans le ridicule m'as-tu-vu. Le spectacle est rare, étant donné qu'il faut des circonstances insolites pour que ces germes se développent. Chose étrange aussi, que de retrouver des ratés et des littérateurs, dont on se rappelle encore les confuses élucubrations nocturnes, à l'état de maîtres et de dominateurs, obéis avant même d'ouvrir la bouche. Parfois, les rêves qui sont justement les plus flous deviennent aussi réalité. Du moins Sancho Pança, gouverneur de Barataria, ne se prenait-il pas au sérieux – c'est ce qui plaît en lui.

La radio russe, dans son bulletin d'hier, a répandu la nouvelle qu'au moment où l'on voulait retirer leurs bottes à des prisonniers allemands, le pied était venu avec.

Ce sont là menus échantillons de la propagande faite par l'enfer de glace.

Paris, 21 janvier 1942.

Visite à Charmille, rue de Bellechasse.

L'aiguille de la montre court plus vite durant ces

causeries – comme autrefois dans les forêts vierges. Pour provoquer cet effet, divers facteurs sont nécessaires – la beauté, l'intelligence pleinement lucide, et la proximité du danger. Je tente alors de ralentir le cours des choses par la réflexion. Elle freine la roue légère du temps.

« Je trouve un homme », c'est à peu près comme si l'on disait : « Je découvre le Gange, l'Arabie, l'Himalaya, l'Amazone. » J'erre dans ses mystères et ses profondeurs, et j'en rapporte des trésors dont la connaissance me transforme et m'instruit. En ce sens, et en ce sens avant tout autre, nous sommes modelés par nos proches, par nos frères, nos amis, nos femmes. L'air de climats différents du nôtre flotte encore en nous – si vivace que lors de maintes rencontres j'ai comme l'impression : « Cet homme doit avoir connu un tel et un tel. » Comme fait l'orfèvre pour les bijoux, le contact d'un être humain grave une marque en nous.

Paris, 24 janvier 1942.

À Fontainebleau, chez Röhricht, commandant en chef de la 1ʳᵉ armée. Il habite dans la maison des Dolly Sisters ; j'ai passé la nuit chez lui. Rappel d'un lointain passé, le Manège à Hanovre, Fritsch, Seeckt, le vieil Hindenburg – nous avons vécu, à l'époque, dans l'œuf du Léviathan. Le sol de la salle à manger était dallé de marbre veiné de vert, et sans tapis, selon l'ancienne coutume, afin que l'on pût jeter aux chiens des os et des morceaux de rôti. Longue conversation devant la cheminée, d'abord sur Mommsen et Spengler, puis sur l'évolution de la campagne en cours. Cet entretien m'a fait clairement voir, à nouveau, les ravages que Burck-hardt a provoqués par son livre sur la Renaissance – par ces courants, surtout, qui, à travers Nietzsche, se sont propagés dans les milieux cultivés. Des théorèmes tirés des sciences naturelles les ont grossis. C'est chose bien curieuse que cette transmutation du pur esprit de contemplation en volonté, en action passionnée.

À la complication correspond la simplification – poids et contrepoids de l'horloge du destin. De même qu'il existe une religiosité au second degré, il existe une brutalité au second degré, plus terne et plus nerveuse que la primitive.

Lors de telles conversations, je ne ménage pas mes efforts – c'est moins l'individu qu'on doit voir, là, que les êtres qui sont derrière lui, par centaines de milliers.

Le lendemain matin, le lieutenant Rahmelow m'a fait visiter le château.

Charmille. Parlé de rêves où l'on vole. Elle m'a raconté qu'elle avait souvent l'illusion de voler, et m'en a donné une image par un gracieux mouvement des bras. Mais elle a aussi, dans ces rêves, l'impression d'être alourdie par un poids attaché à son corps. Ce qui provoquait l'envol, c'était toujours le sentiment d'être poursuivie, toujours une sorte d'angoisse. Ce qui pourrait se dire de bien des situations, y compris celle d'à présent.

Le mouvement d'envol qu'elle esquissait de ses bras était moins celui d'un oiseau que d'un délicat saurien! ou il y avait là quelque chose des deux. C'est ainsi que je me représente les légers battements d'ailes de l'archéoptéryx.

Paris, 25 janvier 1942.

L'après-midi au théâtre de la Madeleine où l'on donnait une pièce de Sacha Guitry. Chauds applaudissements : « *C'est tout à fait Sacha*!* » Le goût de la grande capitale veut des choses vues dans leur perspective et se délecte aux métamorphoses, quiproquos, identités inattendues – miroirs d'un cabinet d'illusions. Les complications de l'intrigue s'embrouillent de telle sorte qu'on les oublie dès le vestibule. Du reste, Pierre ou Paul, c'est sans importance. Le polissage des facettes miroitantes est poussé si loin qu'il ne reste plus rien d'autre.

Dans le foyer, un portrait de la Duse ; il me semble que c'est seulement au cours de ces dernières années que je suis devenu sensible à ce genre de beauté. L'élément spirituel l'environne comme une seconde vertu, comme une ceinture difficilement franchissable. La raison en est, peut-être, que nous sentons en de tels êtres quelque chose d'apparenté, de sororal ; le rapport, alors, se mêle d'inceste. Il nous est plus aisé d'approcher Aphrodite qu'Athéna. Ce qui s'exprimait en Pâris, lorsqu'il offrit la pomme, c'était le désir naturel au pâtre, au guerrier ; d'où provinrent force joie et force souffrance. Plus avancé dans la vie, il eût peut-être appris que l'étreinte est capable d'apporter aussi puissance et savoir.

Avant d'éteindre la lumière, lecture, comme chaque

soir, de la Bible, où je suis arrivé à la fin du Penta-
teuque. J'ai trouvé là cette terrible malédiction, qui
m'a fait songer à la Russie : « Le ciel qui est au-dessus
de vous sera d'airain, et la terre sur laquelle vous mar-
chez sera de fer. »

Dans une lettre, mon beau-frère Kurt se plaint
d'avoir le nez et les oreilles à moitié gelés. Ils traînent
avec eux de jeunes camarades qui ont eu les pieds
gelés. Il était parti avec une importante colonne de
camions. Dans leur dernier commentaire au communiqué, les Russes affirment que les combats de
cette semaine nous ont coûté dix-sept mille morts et
quelques centaines de prisonniers. Et c'est encore avec
les morts qu'on préférerait être.

Paris, 27 janvier 1942.

Une lettre de la Fleur de feu, où elle me parle de
sa lecture de *Jardins et Routes* et de passages qu'elle a
remarqués. Par exemple : « … qu'il faut lire la prose
comme à travers une grille ». Une amie lui a fait, à ce
propos, la remarque : « Il faut regarder les lions dans
leur cage. »

Étrange que de telles images éveillent souvent des
représentations toutes différentes de celles voulues
par l'auteur. Ce que je voulais dire, c'est que les mots
forment une grille qui permet la vue de l'inexprimable. Ils cisèlent la sertissure, la pierre reste invisible.
Mais je fais mienne, également, l'image du lion. Le
caractère prismatique est l'un des défauts, mais aussi
l'un des avantages du « *style imagé** ».

Paris, 28 janvier 1942.

Lorsqu'on lit, on est conduit par le texte, mais notre propre sensibilité, également notre pensée, interviennent toujours telle une aura qui, seule, peut faire briller la lumière étrangère.

À l'occasion de maintes phrases ou images, une foule de pensées surgissent à ma conscience. Je m'occupe alors de la première, et laisse les autres faire antichambre ; toutefois, j'ouvre la porte de temps en temps afin de voir si elles sont toujours là. Mais en même temps, je continue aussi ma lecture.

J'ai toujours le sentiment, quand je lis, que les choses traitées dans le livre me sont personnelles, et même essentiellement personnelles. Et c'est bien là l'impression que l'auteur doit susciter. Il écrit en tant qu'homme qui tient la plume pour les autres hommes.

Au courrier, une lettre de Schlichter, avec de nouveaux dessins pour *Les Mille et Une Nuits*. Une image de la ville de cuivre, en particulier, est admirablement réussie : la tristesse devant la mort et la splendeur. J'ai senti à ce spectacle l'envie de posséder le dessin – je le verrais volontiers faisant pendant à son *Atlantide avant la chute*, pendue depuis des années dans mon cabinet de travail. Le conte de la ville d'airain, dont mon père déjà m'avait fait sentir le charme magique alors que j'étais enfant, compte parmi les plus beaux de ce livre merveilleux, et l'émir Moussa est un profond esprit. Il n'ignore rien de cette mélancolie des ruines, de cette amère fierté devant le déclin des choses qui, chez nous, est au fond de toute activité archéologique, et que lui, Moussa, éprouve là-bas à l'état plus pur, en contemplatif.

Paris, 29 janvier 1942.

Écrit à Schlichter à propos de son dessin de la ville de cuivre. D'autres contes des *Mille et Une Nuits* me sont, à cette occasion, revenus à l'esprit, en particulier celui de la Péri Banou, récit qui m'est toujours apparu comme le tableau de la haute aventure d'amour pour laquelle on renonce volontiers à une royauté héréditaire. C'est une belle chose que la façon dont le jeune prince disparaît dans cet autre empire comme en un monde plus spirituel. Il figure, dans ce recueil de contes, au même titre que Moussa, parmi ces princes de vieille souche indo-européenne, de beaucoup supérieurs aux despotes orientaux, et que nous aussi nous pouvons comprendre. Admirable aussi, au commencement du livre, le concours de tir à l'arc – cet arc qui est un symbole de vie, et acquiert, entre les mains du prince Ahmed, une tension métaphysique. C'est pourquoi la flèche fuit alors d'un vol incomparable, jusque dans l'inconnu, par-delà toutes les autres.

Le château de la Péri Banou, c'est le Venusberg, transposé dans le domaine spirituel ; la flamme invisible prodigue les dons, au lieu que l'autre dévore.

Paris, 30 janvier 1942.

Au courrier, lettre de Friedrich Georg, du 24 de ce mois, et dans laquelle, à propos de *Jardins et Routes*, il cite la phrase de Quintilien : « *Ratio pedum in oratione est multo quam in versu difficilior* » [« D'autre part, les règles métriques de la prose sont bien plus difficiles que celles de la poésie »]. Il touche là une question qui m'a préoccupé entre toutes, ces dernières années – comment faire accomplir à la prose un pas de plus, lui donner une mobilité nouvelle, où s'uniraient force et légèreté. Il nous faut trouver les clefs capables de nous ouvrir l'énorme héritage qui se cache là.

Paris, 1ᵉʳ février 1942.

Dans la matinée, visite de Nebel qui venait à cause de sa mésaventure dans son centre d'écoute. Il ne pouvait, certes, pas dire qu'on ne l'avait pas mis en garde. Après s'être déjà rendu suspect par son essai sur les hommes-insectes, que Suhrkamp a publié, il a maintenant donné motif à une dénonciation formelle. Lui et ses amis, en fêtant la Saint-Sylvestre, s'étaient, dans les couloirs, répandu en sarcasmes sur le « Grand Forestier » [Hermann Goering] . Nebel est condamné à disparaître en province, mais le départ de cette ville d'un esprit aussi brillant m'affecte beaucoup.

L'après-midi, chez Mme Boudot-Lamotte, où Cocteau a donné lecture de sa nouvelle pièce *Renaud et Armide*. Il s'agit d'un enchaînement magique, auquel convenait sa voix à la fois souple et consciemment harmonieuse. Le chant à la trame flottante, surtout, dont Armide la magicienne enveloppe Renaud tombé sous son charme, était particulièrement réussi – d'une force légère et irrésistible à la fois. Un «*file, file, file**», qui revenait sans cesse, comme déroulé de fuseaux invisibles, s'élançait dans les airs, pareil aux fils argentés de l'automne.

Outre Gaston Gallimard, j'ai rencontré là Heller, Wiemer, la doctoresse et l'acteur Jean Marais, un Antinoüs plébéien. Ensuite, conversation avec Cocteau, lequel, entre autres anecdotes amusantes, raconta celle d'une pièce de théâtre où l'on faisait surgir de corbeilles des mains d'hommes peintes, figurant des serpents. On feignait de les frapper à coups de bâton, et il se trouva qu'un serpent reçut un coup asséné avec grande vigueur, sur quoi l'on entendit le «*merde** !» retentissant que proféra de dessous la scène le figurant.

Chez Drouant, près de l'Opéra. C'est un de mes vieux défauts que les jours où j'aime particulièrement mon prochain et ceux où je suis capable de le lui manifester coïncident si rarement. Parfois, c'est précisément un vivant esprit de contradiction qui s'empare de moi au même moment.

Rêves nocturnes – révélation, au plus profond de moi-même, de la signification secrète des chambres. Leurs portes donnaient toutes sur la pièce où je dormais – la chambre de la mère, celle de la femme, de la sœur, du frère, du père et de l'amante ; et toutes ces chambres muettement vivantes, très proches et très isolées, avaient au même degré un caractère solennel, un mystère effrayant.

«– – – alors la Mère entra. »

Paris, 2 février 1942.

Le soir, rendu visite, au Ritz, au sculpteur Arno Breker qui m'avait invité, et à sa femme, une Grecque intelligente, bohème. Comme hors-d'œuvre, des sardines que *madame** Breker dévora jusqu'à la dernière arête : *« J'adore les têtes *»*. Nebel était là également, il avait retrouvé cette sérénité parnassienne qui lui est propre. Il a, pour faire allusion à des choses qui lui plaisent, un tour à lui, plein de délicatesse, comme si, souriant, il soulevait un rideau devant des objets précieux.

La cruauté des temps modernes, disait-il, est unique dans la mesure où elle cesse de croire à quelque chose d'indestructible en l'homme, et veut, par conséquent, au contraire par exemple de l'Inquisition, l'effacer et le supprimer totalement et à jamais.

Cette fois encore, du reste, son affaire ne s'arrange pas trop mal ; on l'a muté à Étampes.

Paris, 3 février 1942.

Jessen est passé me voir, le matin, dans mon bureau du Majestic. Je me suis alors souvenu de l'excellente, ou plutôt exacte, prédiction que je l'avais entendu faire, il y a un an, à une époque où la plupart des gens ne concevaient même pas l'idée d'une guerre avec la Russie. On mesure là tout ce que représente une tête claire, que rien n'égare, et qui pénètre la logique inhérente aux réalités. Il suffit, du reste, de le regarder pour s'en rendre compte : une intelligence tout ensemble rationnelle et idéaliste se lit, implacable, dans ses yeux et surtout sur son front. Des hommes comme lui et Popitz, que je rencontrais, à l'époque, en même temps que lui, sont les ultimes rejetons de l'idéalisme allemand dans le désert actuel.

Nouvelles prévisions. Nous en sommes venus aussi à parler du raidissement qui se fait sentir depuis le début de l'année. C'est une chose que je perçois aussi nettement que si je portais en moi un compteur mesurant les courants et les contre-courants.

Puis Valentiner, un des fils du vieux Viking, le commandant de sous-marin. Il occupe ici, avec le grade de première classe, un petit poste d'interprète chez les aviateurs, mais il passe la majeure partie de son temps à lire ou à recevoir des amis dans un atelier qu'il a loué sous les toits dans un immeuble du quai Voltaire. Il m'y a invité. J'ai eu l'impression que cette rencontre était de celles qui engagent une amitié. J'ai pris plaisir à voir cette expression de hardiesse intellectuelle qu'il avait, en entrant dans mon bureau.

Soutier dans la chambre de chauffe, où derrière les soupapes s'accumule une pression de plusieurs millions d'atmosphères. Les manomètres dépassent lentement l'ultime ligne rouge. Un calme profond s'établit. De temps à autre, derrière les vitres blindées, palpite la lueur des flammes.

Paris, 4 février 1942.

Terminé *La Faustin*, d'Edmond de Goncourt. J'avais acheté, il y a quelques semaines, chez Berès, un exemplaire de ce livre signé par l'auteur.

J'ai remarqué, en le lisant, que j'éprouvais toujours un mouvement d'humeur lorsque je tombais sur un fait que je connaissais déjà par le *Journal* des Goncourt. Pareil procédé est gênant dans une œuvre de composition, où l'expérience vécue doit se fondre de façon plus profonde et indiscernable. Sinon, l'œuvre fait songer à ces tableaux où des surfaces collées interrompent les surfaces peintes.

À propos du contact entre auteur et lecteur : le passage de l'avant-propos où Goncourt invite ses lectrices à lui envoyer des *documents humains**, des détails cachés de la vie des femmes, dont la connaissance serait précieuse pour lui, artiste, est inconvenant et passe les bornes assignées à un livre.

Dans *La Faustin*, on ne trouve pas grande composition, et les personnages entrent en scène non point quand ils deviennent nécessaires, mais quand l'auteur a besoin d'eux. Le *faisandage**, d'autre part, y est poussé fort loin, ce qui n'est supportable que dans des descriptions où la force conduit encore la plume.

Paris, 5 février 1942.

Reçu d'Überlingen de nouveaux poèmes de Friedrich Georg. *Zelina*, où je retrouve sa vieille prédilection pour les danseuses de corde et les filles de cirque ;

Les Paons, que je connaissais déjà, et où le soleil vous frappe comme une rafale de pierres précieuses ; enfin, *Le Cadran solaire*. Ce que l'homme a de proprement viril n'apparaît qu'après la quarantaine.

Paris, 6 février 1942.

Au matin, rêvé d'un étang ou d'une lagune sertie dans un écrin de rochers, au bord de laquelle je me tenais pour observer des animaux aquatiques. Des oiseaux y plongeaient, et des poissons en jaillissaient. J'observais une poule d'eau au plumage emperlé de gris, qui nageait sur le fond rocheux en ramant de ses ailes. Et, s'élevant avec une lenteur rêveuse, pareils d'abord à des ombres, puis, toujours plus clairs, des poissons d'un vert minéral surgissaient. Je regardais cela, juché sur des monticules plats, émergeant à moitié de l'eau, et qui, par deux fois, se dérobèrent sous moi : je m'étais posté sur des tortues.

Paris, 8 février 1942.

Le matin, chez Speidel dont l'antichambre était pleine de monde, à cause des signatures du dimanche. Il revenait du quartier général et m'a montré les notes qu'il avait prises. Elles ont modifié l'idée que j'avais, selon laquelle les désirs de destruction, les efforts en vue d'exécutions massives, d'exterminations et de famines, procéderaient de courants nihilistes répandus à notre époque de manière universelle. Naturellement, c'est aussi le cas, mais derrière les bancs de harengs, il y a des requins qui les poussent en avant.

Il ne fait aucun doute qu'il existe des individus qu'on doit tenir pour responsables du sang de millions d'êtres. Et ces individus sont avides de sang répandu, comme les tigres. Indépendamment de leurs instincts populaciers, il y a chez eux une volonté satanique, une froide jouissance à voir périr des hommes, et peut-être même l'humanité. Ils semblent saisis d'une profonde souffrance, d'un dépit rugissant, lorsqu'ils soupçonnent qu'une force quelconque pourrait les empêcher de dévorer autant d'êtres qu'en réclame leur avidité. Aussi les voit-on pousser également au massacre, dans des cas où il semblerait qu'ils dussent hésiter, dans des cas même où cela va à l'encontre de leur propre sécurité. Ce que Jodl a dit là-bas, touchant les intentions de Kniébolo, était vraiment épouvantable.

Il faut aussi que l'on sache que nombre de Français approuvent de tels projets et sont avides de prendre du service comme bourreaux. C'est seulement ici, chez nous, qu'existent les forces capables d'empêcher ou, du moins, de retarder l'union de ces partenaires ; mais il faut agir en cachant complètement son jeu. Il importe avant tout d'éviter toute apparence d'humanité.

Dans l'après-midi, au X-Royal. Pris le thé avec la doctoresse. Ensuite, chez Valentiner, quai Voltaire. Un antique ascenseur qui se hissait le long d'une colonne et poussait des gémissements plaintifs comme un animal, nous tint dans les transes jusqu'en haut. Nous avons trouvé, sous les toits, quelques petites pièces avec de vieux meubles et des livres épars sur les

tables et les sièges. Le maître du logis nous a reçus, en
vêtements civils, assez négligés. Dès que son service
le lui permet, il regagne cette cellule et change d'existence en même temps que de tenue, laissant passer
les heures au fil des lectures, des méditations, ou en
compagnie d'amis. La manière dont il réussit cette
transformation atteste sa liberté d'esprit et son imagination. Cocteau avait l'impression de s'y retrouver
plongé dans des temps qu'il avait passés d'une manière
semblable, lors de la Première Guerre mondiale. Nous
avons eu une bien agréable conversation dans cette
retraite, tout en regardant Saint-Germain-des-Prés,
par-dessus les vieux toits.

Paris, 10 février 1942.

Le soir, chez les Nostitz, place du Palais-Bourbon.
Parmi les hôtes, le jeune comte Keyserling m'a paru
remarquable, bien qu'il n'ait pas dit un mot de toute
la soirée. Il était étendu comme un chat dans son fauteuil, l'air à moitié malheureux, à moitié plongé dans
un bien-être rêveur. Jusque dans les milieux les plus
intellectuels, les vieilles races gardent encore l'assurance, l'élégance innée.

Paris, 12 février 1942.

À midi, promenade sur l'avenue des Ternes. Après
toutes ces rudes semaines, l'air s'animait d'un premier
reflet printanier, cependant que la neige noirâtre, dur-

cie par les piétinements, recouvrait encore les rues. Je me sentais nerveux, agité et d'humeur changeante, comme souvent aux approches du printemps.

À propos de la catastrophe dans la vie d'un homme : la lourde roue qui nous broie, le coup de feu du meurtrier ou de l'étourdi, qui nous atteint. La matière inflammable s'accumulait depuis longtemps en nous, on y met la mèche à cet instant, de l'extérieur. C'est de l'intérieur de nous que part l'explosion.

Ainsi, mes nombreuses blessures au cours de la Première Guerre mondiale. Elles correspondaient à l'esprit ardent qui m'animait et qui s'ouvrait ainsi des issues, parce qu'il était trop puissant pour mon corps. De même les sauvages disputes, querelles de jeu ou d'amour, qui entraînent des dégâts dans tout l'être et souvent le suicide. La vie, en quelque sorte, se jette sur le canon du pistolet.

Paris, 13 février 1942.

Au Raphaël. Le commandant von Voss, en la personne duquel on voit briller un élément du XV\ siècle, comme un filon d'argent. Il y a encore en lui, vivant dans son sang, quelque chose du *Minnesänger*, quelque chose du vieux pouvoir magique, libre et gracieux. Et les bons compagnons, dans ces cas-là, ne sont jamais loin. En pareilles rencontres, on apprend l'histoire par connaissance immédiate.

Paris, 15 février 1942.

Rendu visite à la doctoresse qui gardait le lit à cause d'un lumbago. Conversation sur le corps humain ; particulièrement ensuite, sur son anatomie. Elle me dit qu'autrefois, rentrant chez elle de la salle de dissection après avoir eu longtemps sous les yeux la chair humaine et sa couleur d'un rouge intense, elle avait souvent été saisie d'un violent appétit.

Paris, 16 février 1942.

Andromède. Il en est de ces filles de roi comme des peuples germaniques qu'il fallut briser pour les ouvrir aux profondeurs du christianisme. Elles ne peuvent aimer qu'après avoir été livrées au dragon dans l'abîme.

L'amour d'une femme particulière a deux visages, car il s'adresse à ce qu'elle a de commun avec les millions d'autres femmes, mais aussi à ce qui la distingue de toutes les autres et n'appartient qu'à elle. Il est si rare que ces deux aspects coïncident parfaitement dans une même individualité – la coupe et le vin.

Paris, 17 février 1942.

Le soir chez Calvet, en compagnie de Cocteau, Wiemer et Poupet, lequel m'a offert un autographe de Proust pour ma collection. Sur quoi, Cocteau nous a parlé de ses relations avec Proust. Celui-ci ne faisait jamais épousseter; les bourres de poussière étaient répandues, «comme du chinchilla», sur le mobilier. Lorsqu'on entrait, la gouvernante vous demandait si l'on n'apportait pas de fleurs, si l'on ne s'était pas parfumé, ou si l'on n'avait pas été en compagnie d'une femme parfumée. On le trouvait le plus souvent au lit, mais vêtu et en gants jaunes, car il voulait éviter de se ronger les ongles. Il payait très cher pour que les artisans, dont le bruit le dérangeait, cessassent leur travail dans l'immeuble. Il ne fallait jamais ouvrir une fenêtre; la table de nuit était couverte de médicaments, d'inhalateurs et de vaporisateurs. Son raffinement n'était pas dépourvu de traits macabres; il se rendit un jour chez un boucher afin de voir «comment on saigne un veau».

À propos de mauvais style. C'est dans les développements moraux qu'il est le plus visible, quand ces plumitifs de bas étage entreprennent de justifier des crimes tels que les exécutions d'otages. C'est bien pire, cela saute bien plus aux yeux que tout manquement aux règles de l'esthétique.

C'est que, précisément, le style se fonde, en dernière analyse, sur la justice. Seul, l'homme juste peut aussi savoir comment on doit peser le mot, la phrase. Pour cette raison, on ne verra jamais les meilleures plumes au service de la mauvaise cause.

Paris, 18 février 1942.

Visite de von Schramm, qui revenait de l'Est. Les massacres en masse dans les terribles batailles d'encerclement éveillent la nostalgie de la mort d'autrefois – une mort qui ne ressemble pas à ce trépas par écrasement. Schramm était d'avis, à ce propos, qu'il n'appartenait pas à n'importe qui d'être entraîné dans ces cercles de mort, pas plus que, du seul point de vue du destin, on n'entrait fortuitement dans les broyeurs à hommes de Manchester. Mais, en fin de compte, y mourir comme un homme ou non, c'est là qu'est toute la différence. On s'y bâtit, livré à soi-même, et le lit et l'autel. Une grande part, là-bas, de nos plus sombres rêves s'accomplit : des choses que l'on voyait venir depuis longtemps, depuis plus de soixante-dix ans, deviennent réalité historique.

Paris, 22 février 1942.

Après-midi, chez Claus Valentiner, quai Voltaire. J'y ai également rencontré Nebel, l'« *outcast of the islands* » qui, demain, comme au temps des Césars romains, part pour l'une des îles. Puis, chez Wiemer, qui fait ses adieux. Là, Madeleine Boudot, la secrétaire de Gallimard, m'a remis les placards de la traduction des *Falaises de marbre* par Henri Thomas.

Au Raphaël, j'ai été tiré du sommeil par un nouvel accès de tristesse. Cela vient comme la pluie ou la neige. J'ai eu la nette conscience de l'énorme distance qui nous sépare les uns des autres, et que l'on peut précisément mesurer dans nos rapports avec les personnes qui nous sont les plus proches et les plus chères. Nous sommes, comme les étoiles, séparés par des espaces infinis. Mais il n'en sera pas de même après la mort. Ce que la mort a de beau, c'est qu'avec la lumière corporelle, elle abolit aussi ces distances. Nous serons au ciel.

Pensée, qui, alors, me fait du bien : peut-être Perpétua pense-t-elle précisément à toi.

Le combat de la vie, le fardeau de l'individualité. À l'opposé, l'indivis et ses tourbillons toujours plus profonds. Aux instants de l'étreinte, nous y plongeons, nous nous abîmons dans des zones où gîtent les racines de l'arbre de vie. Il y a aussi la volupté légère, fugitive, pareille au combustible qui flambe, et tout aussi volatile. Au-delà, au-dessus de tout cela, le mariage. « Vous serez une seule chair. » Son sacrement ; le fardeau est désormais partagé. Enfin, la mort ; elle abat les murailles de l'isolement individuel. Elle sera l'instant de la gratification suprême. Matthieu, XXII, v. 30. C'est par-delà la mort, et là seulement, où le temps n'est plus, que nos véritables liens ont formé le nœud mystique. Il nous sera donné de voir, quand la lumière s'éteindra.

Les livres. Il est beau d'y trouver des pensées, des mots, des phrases où l'on sent que le récit, tel un sentier savamment tracé, conduit le lecteur par de vastes forêts inconnues de lui. Il est ainsi guidé à travers des régions dont les confins lui restent cachés ; de temps à autre seulement, comme un souffle embaumé, la révélation d'une surabondance déferle sur lui. Il faut que l'auteur nous apparaisse comme un homme qui puise dans des trésors illimités ; et tandis qu'il nous paie comptant en espèces sonnantes, il fait en sorte que s'y mêlent des pièces d'une frappe étrangère – doublons sur lesquels on distingue les armes d'empires inexplorés. L'expression de Kipling : « Mais ceci est une autre histoire… » doit figurer dans le texte, en plus subtil.

Paris, 23 février 1942.

L'après-midi, au palais Talleyrand pour prendre le thé chez le général commandant en chef, Otto von Stülpnagel, qui nous quitte.

C'est une chose curieuse en lui que ce mélange de délicatesse, de grâce et de souplesse, dignes d'un premier danseur à la cour, et de traits mélancoliques et guindés. Il use de locutions d'une courtoisie tout espagnole, porte de hautes bottes vernies et, à son uniforme, des boutons en or.

Il m'avait fait appeler à propos de la question des otages, car il tient beaucoup à ce que la relation qu'en auront les temps à venir soit exacte. Le motif de son départ n'est, du reste, autre que cette question même. On ne voit guère, de l'extérieur, que la grande puissance proconsulaire d'un homme placé à pareil poste, et l'on ignore l'histoire secrète des querelles et des intrigues derrière les murs du palais. Cette histoire est emplie par la lutte menée en France contre l'ambassade et le parti qui gagnent lentement du terrain, sans que le haut commandement soutienne le général. J'ai, sur les instructions de Speidel, retracé dans les archives secrètes le développement et les péripéties de cette lutte, qui comprend les efforts pour sauver la vie des otages.

Le général m'a d'abord parlé en peu de mots des côtés humains et trop humains de la situation. Visiblement, ces choses l'ont atteint nerveusement et profondément ébranlé. Il a abordé ensuite les raisons tactiques de son opposition. Il était nécessaire d'agir avec mesure, ne fût-ce qu'en considération du potentiel productif. Les industries fourniraient d'autant plus que les choses iraient sans accroc dans ce pays. Étant donné le tour imprévu que prenait la campagne à l'Est, c'était de la plus haute importance. Il fallait aussi que l'influence allemande en Europe se prolongeât au-delà de l'époque où nous serions présents par la force des baïonnettes. Il s'en était tenu à la stricte raison ; de faiblesse – comme le lui reprochait la direction politique –, il ne saurait être question. Comme beaucoup de vieux soldats de carrière, ce qui l'affecte le plus, c'est ce reproche de faiblesse, de «louvoyage».

Face à la grande supériorité de ses adversaires, la seule ligne de repli possible lui semblait être le point de vue tactique. C'est pourquoi il s'efforçait par-dessus tout de souligner qu'en prenant des mesures de répression collectives, on rendait le plus grand service à la *Résistance**. Ainsi s'explique également la phrase qui revient souvent dans ses télégrammes au haut commandement : «Les représailles dépassent leur but.» D'un seul coup de revolver, un terroriste peut déchaîner d'énormes tourbillons de haine. C'est ainsi qu'on en est venu à la solution paradoxale qui consiste à passer sous silence la majeure partie des attentats dans les rapports au haut commandement.

C'est en ces généraux que se révèle l'impuissance généralisée de la bourgeoisie et de l'aristocratie. Ils ont assez de jugement pour voir clair dans la marche des événements, mais il leur manque la force et les moyens nécessaires pour affronter des esprits qui ne connaissent d'autres principes que la violence. Les nouveaux maîtres se servent d'eux comme de gardes champêtres. Mais qu'adviendra-t-il quand ces derniers champions de la modération seront tombés? Le règne de plomb d'une formidable terreur dans le style de la Tchéka s'étendra alors sur les divers pays.

De telles situations ont toujours un aspect qui appartient à tous les temps. Ici, c'est celui du proconsul, qu'on trouvait déjà chez Pilate. Ivre de fureur, *Demos* exige de lui le sang d'innocents et acclame les meurtriers. Et, dans le lointain, gronde comme la foudre la menace de l'*imperator*, qui trône dans des honneurs divins. Il est bien difficile alors de maintenir la dignité sénatoriale – on prononce la sentence tout en se lavant les mains, ou bien l'on disparaît, comme c'est ici le cas, dans un quartier de Berlin, chef de la défense passive.

La mort. Toujours surgit un petit nombre d'êtres de transgression, qui sont trop nobles pour la vie. Ils cherchent la blancheur, la solitude. La noblesse d'êtres qui se lavent des souillures dans un bain de lumière apparaît souvent avec beauté sur le masque mortuaire.

Ce que j'aime dans l'homme, c'est son essence au-delà de la mort, c'est sa communauté avec elle. L'amour terrestre n'est qu'un pâle reflet.

« Ce qu'ici-bas nous sommes… »

Comment Ponce Pilate est-il entré dans le credo ?

On devrait le demander aux coptes : ils le vénèrent en qualité de martyr.

La nuit, rêves de bastions rocheux dont je faisais l'escalade. Leur assise était si précaire que mon poids les faisait vaciller, et que chaque mouvement risquait d'entraîner une chute effroyable.

Dès que je sentais qu'il était impossible de garder l'équilibre, je faisais un effort, comme si j'ouvrais les yeux, et j'interrompais le cours du rêve. J'agissais ainsi comme un homme projetant un film où il est en même temps acteur ; quand les catastrophes approchaient, je coupais le courant.

Sous ce rapport, j'ai vraiment beaucoup appris, et des choses dont ma vie, durant le jour, doit pouvoir profiter. Nous rêvons le monde, et il nous faut rêver plus intensément lorsque cela devient nécessaire. À bien y regarder, ma conduite, ces années-ci, a été déterminée déjà par la façon dont je me suis comporté dans ce rêve que j'ai eu au cours de la traversée vers Rhodes, et où Kniébolo m'est apparu et a mesuré sa volonté avec la mienne.

Découvrir comment ce rêve se subordonne, dans le temps, à la nuit chez Gerstberger, à Ermatingen. Le Vésuve s'y est ouvert, une seconde durant ; je compris que les forces historiques ne suffisent pas à provoquer le retournement de toutes choses. Les chiens hurlaient à la mort autour de la maison. Ce devait être juste après la visite nocturne de Trott zu Solz, près des vignes. « Ils ont résolu d'attaquer le dragon et attendent que tu les légitimes.» De jour, le terrible massif s'enveloppe de nuages.

Paris, 24 février 1942.

Le soir chez Fabre-Luce, avenue Foch. J'ai rencontré là deux frères, tous deux professeurs de philosophie, et un M. Rouvier.

Notre hôte nous a raconté, d'une personne qu'il connaissait, que cet homme, qui haïssait les prêtres, joignait souvent les mains lorsqu'il rentrait chez lui, en disant: «Mon Dieu, je te rends grâce de n'avoir pas permis que je fusse croyant, je te rends grâce!»

Un jour, en Haute-Bavière, il s'était assis sur un banc, dans la forêt, pour contempler les montagnes, lorsque, tout près de lui, un serpent tomba d'un arbre. Il était alors parti; le paysage avait cessé de lui plaire. «*Il y a des choses qui rompent le charme**».

Nous avons dîné dans la pièce où il travaille, lambrissée de bois sombre jusqu'à mi-hauteur. Sur l'un des murs une grande mappemonde était fixée. Elle était entièrement blanche, dans l'état de *terra incognita*, et seuls étaient coloriés les endroits que son possesseur avait visités.

Paris, 28 février 1942.

Lettres. Ma mère m'écrit d'Oberstdorf que le petit mot «rien» la met de mauvaise humeur, qui commence à se montrer partout, chargé de significations de plus en plus graves. Par exemple, sur des affiches: «Le peuple est tout – toi, tu n'es rien!» Cela serait donc un tout qui se compose de zéros. Il faut dire que c'est souvent l'impression qu'on a. Le jeu des nihilistes devient de plus en plus clair. L'énorme enjeu les oblige à découvrir leurs cartes, et souvent ils renoncent déjà à donner des raisons.

On songe à Hambourg, comme me l'annonce Otte, à mettre au pilon le restant du tirage de *L'Autre côté*, de Kubin, qui s'y trouve encore. Ils ne parviendraient, en le faisant, qu'à détruire du papier, de même qu'on n'arrive jamais, avec l'homme, qu'à détruire la chair.

Enfin, une lettre d'Henri Thomas, concernant surtout la traduction de quelques noms de lieux et de personnes qui ont, dans les *Falaises de marbre*, une résonance secrète, un sens caché. Par exemple Fillerhorn, qui se rattache au verbe tombé en désuétude *fillen* pour *schinden* («équarrir»). Il a traduit par «*Corne aux Tanneurs**»; il estime que cette corporation est l'une des plus anciennes, et que son nom évoque, outre quelque chose de mal famé, une atmosphère sombre et médiévale. Köppelsbleek ou mieux Köppelesbleek est une colline sur laquelle blanchissent des crânes – il a choisi le mot «*Rouissage**». J'ai employé ici un toponyme de Goslar, dont on a déjà fait, en Allemagne, Göbbelsbleek. Pour Pulverkopf, il voulait mettre «*Hauteflamme**» ou «*Brusqueflamme**», mais dans ces deux mots je ne sentais pas assez l'ironie destinée à répondre au vieil artilleur qui se vantait d'avoir en réserve, pour combattre le christianisme, un canon dont on ne sait même pas le nom. Aussi proposai-je de le nommer «*le vieux pétardier**», ce que Thomas, cependant, trouva trop lourd. Il suggéra alors

«*Boutefeu**», qui peut signifier aussi bien la «mèche» que l'«incendiaire» – un mot qui, en vieillissant, a pris, dit-il, un accent d'ironie. *Soit**.

J'ai l'impression qu'en traduisant, il s'est plu à user d'une certaine ruse, et qu'il sait glisser d'un mot à l'autre, selon les nuances du langage, à la façon du chasseur ou du trappeur. Le travail de traduire ne va pas sans passion.

Paris, 1ᵉʳ mars 1942.

Terminé *La Guyane française*, de Frédéric Bouyer, récit d'un voyage qu'à fait l'auteur au cours des années 1862-1863. Bonne description des marécages et de leur population végétale, animale et humaine. Les indigènes, à cette époque, connaissaient déjà une sorte de vaccin contre les morsures de serpents. Un jeune homme ainsi immunisé qui, en ouvrant une tombe, avait découvert une gracieuse vipère rouge, la mit autour de son cou, comme un collier, sans prendre garde aux avertissements; il fut mordu et mourut aussitôt. Un autre, par contre, également vacciné, se laissait mordre moyennant argent par des vipères fer de lance, et il en laissait toujours un certain nombre ramper dans sa maison, s'épargnant ainsi serrure et verrou, car nul n'approchait volontiers cette demeure.

Paris, 2 mars 1942.

Visite de Grüninger, qui revenait de l'Est. Il commandait, là-bas, une batterie. Parmi ses *capriccios* :

La 281ᵉ division, qui était montée en ligne insuffisamment pourvue de vêtements d'hiver, et aussitôt
avait été presque exterminée par le froid, a reçu le nom
de « division de l'asthme ».

À un carrefour de tranchées, le cadavre d'un com-
missaire politique tué dans le corps à corps par un première classe allemand avait gelé debout. Ce première
classe est maintenant encore fréquemment chargé
d'accompagner des officiers étrangers à travers la
position, et il les fait toujours passer devant son com-
missaire, comme un sculpteur qui montre son œuvre.

Un colonel russe avait été fait prisonnier avec les
restes de son régiment, encerclé depuis des semaines.
Comme on lui demandait où il avait trouvé le ravitaillement pour la troupe, il répondit qu'ils s'étaient
nourris de cadavres. Aux représentations qu'on lui fit,
il répondit, comme pour s'excuser, qu'il n'avait, lui,
consommé que du foie.

Paris, 3 mars 1942.

Après ce ténébreux hiver, c'était aujourd'hui le
premier jour du printemps. Une certaine allégresse
animait les grandes foules des Champs-Élysées. Le
son des nombreuses pelles brisant la noire carapace de
neige dans les rues éveillait des impressions heureuses,
presque comme les cloches de Pâques.

J'ai acheté dans la librairie située 8, rue de Castiglione, un vieux bouquin en trois volumes dont je me
suis promis maintes bonnes heures pour les futures
soirées d'hiver, dans la lande de Lünebourg. C'est

une histoire des naufrages, hivernages, marins laissés à terre, robinsonnades, incendies et famines à bord, et autres lamentables fortunes de mer, publiée chez Cuchet, rue et maison Serpente, l'an III de la République. Il apparaît, par un cachet, qu'un couvent de Jésuites fut l'un des possesseurs anciens de cet ouvrage.

Dans cette grande partie d'échecs, les femmes ne songent certes pas toujours à en venir jusqu'à la finale, mais il ne leur déplaît pas que la perspective d'y parvenir confère déjà aux premiers engagements une rigueur et une subtilité secrètes. C'est le piment de la galanterie.

Le soir chez Ramponneau, avec Abt, qui avait été aspirant en même temps que Friedrich Georg. Après le dîner, un bruit sourd est venu de l'extérieur, qui m'a fait penser à une explosion ; c'est pourquoi j'ai noté la minute. Puis, comme d'autres grondements se faisaient entendre, nous avons conclu qu'il s'agissait d'un de ces orages de printemps qui ne sont pas rares ici à cette époque. Mais Abt ayant demandé au garçon s'il pleuvait déjà, celui-ci répondit avec un sourire discret : « Ces messieurs prennent cela pour un orage ; je croirais plutôt que ce sont des bombes. » Après quoi, nous décidâmes de nous en aller et, une fois dehors, nous avons entendu, en effet, les tirs de la DCA. On voyait aussi les fusées éclairantes des Anglais, d'un jaune orange, flottant dans le ciel, au-dessus de l'océan des toits. Parfois, des bombardiers filaient rapidement au-dessus des maisons comme des chauves-souris.

La canonnade continua longtemps encore après que

je me fus couché. J'ai lu durant ce temps un essai de du Bos sur les Goncourt, et un chapitre du Livre de Samuel. Le feu de l'artillerie formait à ma lecture un décor de notre époque.

Paris, 4 mars 1942.

L'attaque de nuit, qui visait particulièrement les usines Renault, a fait jusqu'à présent cinq cents morts, en majeure partie des ouvriers. Dix soldats allemands ont été mortellement atteints, et il y a encore, dans les hôpitaux, plus de mille blessés. Bien que de grandes usines et deux cents maisons d'habitations aient été détruites, l'événement, vu de notre quartier, avait plutôt l'air d'un jeu de lumières sur un théâtre d'ombres chinoises.

Paris, 5 mars 1942.

Goûté hier soir, d'un poulet envoyé de Saint-Michel par l'excellente *Mme** Richardet, en compagnie de la doctoresse, que j'ai ensuite consultée, me sentant atteint d'un fort refroidissement. Après avoir bu un grog au Raphaël, j'ai passé la plus grande partie de la nuit éveillé, à demi fiévreux. De telles heures ne sont nullement perdues ; j'ai l'impression, au contraire, qu'avec l'élévation de la température, le flux de la vie et de l'esprit s'accélère, devient plus actif, et que l'on *monte* comme l'eau au-dessus des barrages.

Les nuits de fièvre sont toujours, pour moi, des

nuits fructueuses. Je serais même enclin à croire qu'elles apportent une métamorphose ; elles séparent non seulement la maladie de la santé, mais aussi des époques spirituelles, comme une fête sépare deux saisons.

Le soir, visite à Valentiner dans son studio du quai Voltaire. Il avait déniché pour moi un beau Tocqueville, et il m'a offert aussi les *Contes noirs* de Saint-Albin. Puis, Heller, le comte Rantzau, Drescher ; conversation avec eux sur Tocqueville.

Chez des natures délicates, comme Rantzau, on rencontre l'opinion qu'aux époques d'extrême péril comme la nôtre, gouverner est l'affaire d'un type d'hommes brutalement volontaires, et qu'il faut la leur laisser. *Après, on verra**. C'est le point de vue de voyageurs qui sont tombés dans un coupe-gorge et espèrent que, tandis qu'ils passeront la nuit en haut, on s'assommera dans la salle d'en bas. Le calcul n'est pas toujours juste.

Paris, 6 mars 1942.

À midi chez Prunier, avec Mossakowski, ancien collaborateur de Cellaris [Ernst Niekisch]. Si je dois l'en croire, il existe dans les grands abattoirs érigés dans les États contigus aux frontières de l'Est certains bouchers qui ont tué de leur propre main autant de personnes qu'une ville d'importance moyenne compte d'habitants. De telles nouvelles éteignent toutes les couleurs du jour. On aimerait fermer les yeux devant elles, mais il importe de les considérer de l'œil du médecin qui examine une blessure. Elles sont les symptômes où se manifeste l'énorme foyer de maladie qu'il s'agit de guérir – et qui, je crois, est guérissable. *Cette* confiance, si je ne l'avais pas, j'irais immédiatement *ad patres*. Bien entendu, tout cela provient d'une couche plus profonde que la politique. Là, l'infamie est partout.

Le soir, au Raphaël. J'y ai rencontré Weinstock et Grüninger, lequel était plein de *capriccios* rapportés de l'Est. Peut-être surgira-t-il un jour pour ces *Desastros* un nouveau Goya, qui saura descendre jusqu'au zéro absolu.

Des blessés russes, qui depuis des heures appelaient à l'aide dans une forêt, ont pris leurs revolvers et tiré sur des soldats allemands arrivant enfin pour leur porter secours. Un signe qui montre que les combats sont maintenant passés sur le plan zoologique. Un animal qui gît, blessé, commence par mordre lorsqu'on porte la main sur lui.

Sur les routes où passent les convois, on voit des cadavres sur lesquels ont roulé des milliers de chars qui ont fini par les aplatir comme des feuilles de papier. On passe sur eux comme sur des épreuves photographiques ou comme sur des silhouettes que l'on verrait se refléter dans le gel épais et lisse de la route.

Grüninger m'apparaît comme le représentant, ou pour mieux dire le précurseur d'un type humain qui «est au-delà de tout cela»: déjà capable, à un haut degré, de résister à la souffrance, et en même temps plus subtil quant aux perceptions. Accouplement paradoxal. Mais c'est sur des gens comme lui que se fonde, sans doute, toute l'évolution ; elle passe par un ensemble ordonné de carrefours.

Il y avait aussi à table un commandant qui avait longtemps vécu à Moscou avant la Première Guerre mondiale. Il parlait de promenades en traîneau, de fourrures précieuses, de différentes sortes de caviar et de dîners asiatiques. Aujourd'hui, déjà, cela donne l'impression d'un pays de rêve, d'un somptueux empire de conte de fées, dans le genre, un peu, de la Perse médiévale. L'un des riches commerçants faisait servir du champagne dans des pots de chambre en argent, mais les fit emporter dès qu'il remarqua l'air dégoûté de son hôte : exemple de ce mélange de grossièreté et de finesse qui n'a guère dû changer depuis lors.

Continué à lire Samuel. La rivalité de Saül et David donne le canevas de tous les conflits entre puissance légitime et force jeune. Il n'est point là de compromis qui tienne.

Paris, 8 mars 1942.

Au courrier, une lettre de Friedrich Georg qui, entre autres choses, me parle d'une visite qu'il a rendue aux Straub, à Nußdorf – dans cette maison devant laquelle nous sommes si souvent passés autrefois, lors de nos promenades dans la forêt de Birnau. Il parle aussi de la lumière à l'intérieur de cette maison, qui avait quelque chose de floral, « comme s'il se formait dans l'air des images de fleurs d'une extrême luminosité ».

Après déjeuner, nous sommes allés avec Weinstock chez un jeune sculpteur, Gebhardt, à demi émigré, pourrait-on dire, et qui se sait secrètement soutenu par des gens de nos services. Chemin faisant, nous avons examiné une fois de plus la situation. Il semble que les trois commandants en chef de l'Ouest soient d'accord, et que l'on n'attende plus que le résultat de l'offensive de printemps. Nous sommes passés, conversant de la sorte, devant le catafalque érigé place de la Concorde en l'honneur des victimes du bombardement anglais. La population parisienne défilait devant lui en masses compactes.

Chez Gebhardt, nous avons rencontré la princesse Bariatinski. Regardé les sculptures, parmi lesquelles la tête du jeune Drescher m'a semblé particulièrement réussie. De Klaus Valentiner, la princesse dit : « Il est comme une abeille, car il sublime en miel tout ce qu'il recueille. »

Puis la doctoresse est venue me chercher, et nous nous sommes promenés à travers les quartiers des antiquaires, dont les boutiques me font toujours puissamment rêver par le seul rayonnement de la substance historique qui s'y trouve amassée.

La nuit, j'ai rêvé de divers animaux, dont une salamandre au dos bleu et au ventre blanc tacheté de bleu et de jaune. L'exquis, dans ces couleurs, c'est que la substance animée les imprégnait comme une peau mince et humide – elle se fondait en elles d'une façon merveilleusement subtile et légère. Ainsi, un certain bleu ardoise, et le blanc légèrement ivoiré du fond, passaient tout ce qu'on peut imaginer. Des couleurs ne peuvent briller d'un tel éclat que si la vie les anime ; elles sont comme des flammes dans lesquelles se consume l'amour.

Je me suis éveillé, l'esprit occupé de mon ancien projet de la « *teoria dei colori* », où la couleur doit être traitée comme fonction de la surface.

Que j'aime en eux ce qui est le plus lointain, ce qui est le meilleur aussi sans doute – la froideur qu'ils trouvent en moi n'a peut-être pas d'autre cause.

La vie n'est que la frange de la vie, n'est qu'un champ de bataille où se livre la bataille pour la vie. Elle n'est qu'un fortin avancé, hâtivement construit d'après les mesures de la citadelle où, à la mort, nous nous retirons.

Le but de la vie, c'est : acquérir une idée de ce qu'est la vie. Ce qui, assurément, ne change rien à l'absolu, comme l'imaginent les prêtres, mais aide à passer de l'autre côté.

Les mises représentées par les jetons dont nous nous servons dans ce jeu sont incalculables, effroyablement élevées. Nous sommes comme des enfants qui jouent avec des fèves, et qui ne savent pas que chacune de ces fèves enferme en elle de merveilleuses possibilités de printemps et de floraison.

Paris, 9 mars 1942.

Le soir à la Comédie-Française, avec la doctoresse qui m'avait invité. *Les Femmes savantes**. Il y a donc encore des îles où l'on peut aborder. Au foyer, le Voltaire de Houdon – des traits de vieillard et d'enfant s'unissent en lui d'étonnante façon. Très belle aussi, cette allégresse spirituelle qui triomphe en se jouant du poids des années.

Paris, 10 mars 1942.

L'œuvre doit atteindre un point où elle devient superflue – où l'éternité transparaît.

Dans la mesure où elle approche de la plus haute beauté, de la plus profonde vérité, elle gagne en invisible supériorité, et nous souffrons de moins en moins à penser qu'elle périra en tant qu'œuvre d'art, dans ses symboles fugitifs.

Il en est de même pour la vie en général. Nous devons parvenir en elle à un point où elle puisse passer de l'autre côté aisément, osmotiquement – à un niveau où elle *mérite* la mort.

Le soir, avec le nouveau commandant en chef, Heinrich von Stülpnagel, dans le salon rond. Nous avons parlé de botanique, et de l'histoire de Byzance qu'il connaît fort bien. *Andronicus* est d'ailleurs, aujourd'hui, l'un des mots de passe. Selon lui, c'est à son état de santé souvent précaire qu'il doit ces connaissances, et d'autres avec elles ; s'étant fréquemment morfondu dans les hôpitaux, il a alors complété par des études sa sommaire formation de cadet. Au contraire de son prédécesseur et cousin, il possède, à n'en pas douter, de la *désinvolture** à laquelle s'ajoute un trait princier. Sa belle façon de sourire, aussi, parle en sa faveur. Cela se remarque jusque dans l'attitude du personnel, dans la manière, par exemple, dont on le sert.

Paris, 11 mars 1942.

Dans la matinée, visite de Carlo Schmid, avec qui, autrefois, j'ai passé une nuit à boire, à Tübingen, et qui se trouve maintenant à Lille auprès du commandant en chef pour la Belgique. Nous avons parlé de sa traduction de Baudelaire, dont il m'a lu *Les Phares*.

Puis, conversation sur la situation en général. Selon lui, il s'agirait moins aujourd'hui d'une lutte *entre* hommes que d'une lutte *pour* les hommes; on pourrait voir, physiquement, comment on se saisit d'eux, comment on les pousse du bon ou du mauvais côté.

Après déjeuner, chez Gallimard. Entretien sur les *Falaises de marbre* avec le patron de la maison, son directeur Stameroff et Madeleine Boudot-Lamotte. Gallimard donne une impression d'énergie éclairée, aussi intelligente que pratique – celle même qui doit caractériser le bon éditeur. Il doit y avoir aussi en lui quelque chose du jardinier.

Continué à lire le Livre de Samuel. Avec David, quelque chose de neuf passe dans la Loi – un trait d'élégance. On voit comment la Loi change, quand l'homme, sans cependant secouer son joug, la sert de façon différente. Les processions subsistent, mais deviennent dansantes.

Baal – avec de tels dieux pour voisins, Jehovah ne pouvait guère être que terrible. Il faudrait arriver à acquérir de ces puissances une image permettant de les voir à notre époque même, alors que leurs autels sont depuis longtemps écroulés. Car elles sont autre chose que de simples bornes milliaires sur le chemin de l'humanité. Dostoïevski a vu Baal dans les gares de Londres.

Je songe, après la guerre, à reprendre la lecture sur un nouveau plan, qui aura pour base la théologie.

Paris, 12 mars 1942.

On dit que, depuis qu'on stérilise et tue les aliénés, le nombre de nouveau-nés atteints de maladies mentales s'est multiplié. De même, avec la répression de la mendicité, la pauvreté est devenue générale, et la décimation des Juifs entraîne la diffusion des caractères juifs dans le monde entier où se répandent des traits qui rappellent l'Ancien Testament. Par l'extermination, on n'efface pas les figures originelles ; on les libère plutôt.

Il semble que la pauvreté, la maladie et tous les maux reposent sur des hommes bien précis, qui les supportent comme des piliers, et ce sont pourtant les hommes les plus faibles de ce monde. Ils ressemblent en cela aux enfants, qu'il importe aussi de protéger tout particulièrement. Ces piliers détruits, le poids de l'édifice s'affaisse sur la voûte. Puis l'effondrement écrase les mauvais économes.

Fêtes de lémures, avec massacre d'hommes, d'enfants, de femmes. On enfouit l'effroyable butin. Viennent alors d'autres lémures, afin de le déterrer ; ils filment, avec une affreuse satisfaction, ces tronçons déchiquetés et à demi décomposés. Puis, les uns montrent aux autres ces films.

Quel étrange grouillement se développe dans la charogne!

Paris, 14 mars 1942.

Tristitia. Dans l'après-midi, promenade avec Charmille, par l'avenue du Maine jusqu'à la rue Maison Dieu. Retour par le cimetière Montparnasse. Nous y avons trouvé, par hasard, la tombe de Dumont d'Urville et celle de l'aviateur Pégoud.

Après une assiettée de soupe, à la Comédie-Française, *Le Misanthrope**. Pendant l'entracte, je suis retourné voir le Voltaire de Houdon. Ce qui m'est apparu particulièrement, cette fois, c'est le mélange de méchanceté et de quelque chose d'enfantin.

Une coiffeuse, à qui la doctoresse parlait du bombardement, lui dit:

«Je n'en ai pas peur. Les morts sont plus heureux que nous!

— Mais vous n'en savez rien!

— Si! ce qui me le fait penser, c'est qu'aucun n'est jamais revenu.»

Paris, 15 mars 1942.

Promenade au Bois, avec Armand, par un beau soleil. Je l'avais attendu sous l'Arc de triomphe, près du tombeau encadré de narcisses jaunes et d'anémones violettes dans le calice desquelles plongeaient des abeilles. Pensé: dans cet océan de pierres, elles ne vivent sans doute que de fleurs coupées?

Souvent, l'homme m'apparaît à présent comme une victime qu'on pousse dans les engrenages et les rouleaux d'une machine qui le brise, côte après côte, membre après membre, sans cependant qu'il puisse périr en tant qu'homme; peut-être même y gagne-t-il.

Paris, 16 mars 1942.

Le soir, le colonel Speidel est venu dans ma chambre; il m'apportait un essai que Sternberger a écrit sur moi dans la *Frankfurter Zeitung.* Il m'a donné également à lire des ordres reçus. Le passage, chez Kniébolo, du diable à Satan est de plus en plus manifeste.

La merveille, le mouvement au cœur des atomes tourbillonne dans chaque pierre, chaque miette de pain, chaque bout de papier. Toute matière vit, et lorsque les choses nous apparaissent ternes, c'est que nous ne les saisissons pas selon la dignité propre à leur substance. Nous ne voyons que des ombres de l'absolu, de la lumière indivise.

Paris, 28 mars 1942.

Le soir chez *Madame** Gould, au Bristol, avec Heller et Jouhandeau, dont j'ai lu il y a des années les *Chroniques maritales**.

Alerte aérienne. Assis autour de la lampe, nous buvions du champagne de 1911, tandis que les avions bourdonnaient et que le fracas des canons ébranlait la ville. Petits comme des fourmis. Nous parlions de la mort. Sur ce sujet, *Madame** Gould a fait quelques excellentes réflexions – celle-ci, entre autres, que l'expérience de la mort est l'une des très rares que personne ne puisse nous ravir, et que, bien souvent même, celui-là nous enrichit par elle qui pensait nous nuire le plus gravement. Le destin pouvait bien nous frustrer de toutes les grandes rencontres – jamais de la rencontre avec la mort.

Le principe de toute juste attitude politique, c'était, selon elle : « Ne pas avoir peur. » Un soir, sous les tropiques, elle avait vu un papillon qui, dans la lumière d'une lampe de jardin, s'était posé sur le dos d'un gecko. C'était là un symbole de haute assurance.

Puis, parlé de Mirbeau. J'ai eu l'impression que ce paysage d'épouvante exerce sur elle un attrait – ce charme, peut-être, dont le pouvoir subsiste après qu'on a épuisé toutes les jouissances que puisse offrir le luxe.

Jouhandeau, avec qui je parlais de Bernanos et de Malraux, puis du tableau de la guerre civile en général, me dit que rien n'éclairait mieux ce tableau que la biographie de Cicéron. Il a éveillé en moi le désir de m'occuper à nouveau de ces époques.

Les images qui surgissent en nous. Ainsi, il m'arrive maintenant assez souvent de me revoir à la lisière de la forêt d'Überlingen, par un soir désert et brumeux ; puis encore à Stralau, tout au début du printemps, ou bien à Brunswick, quand j'étais enfant, regardant fixement les dessins du mur. Il me semble que d'importantes décisions sont survenues, alors que je rêvais seulement ou suivais mes pensées.

Peut-être perçoit-on ainsi, de temps à autre, loin de toute activité, quelques mesures de la mélodie de la vie. Elles ne surgissent que dans les silences. Nous pressentons alors en elles la composition, la totalité où se fonde notre existence. D'où la puissance du souvenir.

Il me semble aussi que la totalité de notre vie ne se présente pas à nous successivement, mais, plutôt, comme dans un jeu de puzzle où l'on arrive tantôt ici, tantôt là, à saisir un peu le sens. Certaines chimères des enfants sont séniles ; par contre, des formes tardives de la vie se rattachent, sans la moindre transition, à l'enfance.

Peut-être les astres sous lesquels nous sommes nés agissent-ils plus fortement que jamais quand nous nous rencontrons nous-mêmes, en rêvant, dans des chambres silencieuses – rien n'arrive ; mais nous, nous arrivons dans une nouvelle maison.

Paris, 30 mars 1942.

Claus Valentiner est revenu de Berlin. Il nous a parlé d'un effroyable drôle, ancien professeur de dessin, qui s'était vanté d'avoir commandé en Lituanie et autres régions frontières un « commando de meurtre » qui avait massacré un nombre incalculable de gens. Après avoir rassemblé les victimes, on leur fait d'abord creuser les fosses communes, puis on leur ordonne de s'y étendre, et on les tue à coups de feu, d'en haut, par couches successives. Auparavant, on les dépouille de tout ce qui leur reste, des haillons qu'ils ont sur le corps, y compris la chemise.

Images grotesques de la famine qui règne à Athènes. Aux moments culminants d'un grand concert Wagner, les trombones ont flanché parce que le souffle manquait aux instrumentistes affaiblis par les privations.

Paris, 4 avril 1942.

Promenade dans les jardins des Champs-Élysées où une première senteur balsamique de fleurs et de feuillage nouveau traversait l'obscurité. Elle émanait surtout des bourgeons de marronniers.

Cet après-midi, pour me distraire un peu, chez Valentiner, dans son studio. Sur la cour donne l'ancien atelier d'Ingres, près duquel pousse un frêne svelte et haut, qui monte vers la lumière comme du fond d'un puits de mine.

Il m'a raconté que son père, le vieux Viking, lui avait, une fois, promis cinq cents marks si, pour sa joie, il lui donnait un petit-fils d'une belle Française qui habitait chez eux.

Paris, 5 avril 1942.

Avec Heller et Podewils chez Valentiner, où nous avons aussi rencontré Rantzau. Discuté sur la question de savoir si la guerre, comme le pensent de nombreux augures, sera finie en automne. Vers le soir, un orage de printemps accompagné de grêle est passé sur les hauteurs de la ville, puis un double arc-en-ciel s'est déployé sur un fond gris-bleu au-dessus des vieux toits et des clochers.

Pendant la nuit, ou plutôt aux approches de l'aube, fracas d'un violent bombardement. Au petit déjeuner, j'ai appris que cette attaque avait allumé un grand nombre d'incendies, en particulier dans les usines de caoutchouc d'Asnières.

Paris, 6 avril 1942.

Entretien avec Koßmann, le nouveau chef de l'état-major. Il m'a communiqué des détails terrifiants, en provenance des forêts habitées par les lémures, à l'Est. Nous sommes maintenant en plein dans cette bestialité que prévoyait Grillparzer.

Paris, 7 avril 1942.

Pris congé de notre petit groupe parisien du quai Voltaire. Il y avait là Drieu la Rochelle, Cocteau, Wiemer, Heller, Drescher, Rantzau, la princesse Bariatinski, deux sous-lieutenants allemands, et un jeune militaire français qui s'est distingué au cours de la dernière campagne. Également Madeleine Boudot-Lamotte, avec un chapeau de plumes de coq noir-rouge-noir, les couleurs des Maurétaniens. Poupet, que j'aurais bien aimé revoir, était malheureusement malade.

Aux gens que je vois, aussi, je prends conscience du nombre et de la diversité des bras de ma vie dont cette ville est le confluent.

Paris, 8 avril 1942.

Dîné chez Lapérouse, avec Epting et Gros-Meunier, dont le visage a pris un caractère démoniaque de plus en plus marqué. Il a perdu la sérénité, au profit de la sombre ardeur de Lucifer. Il a expliqué que le sang coulerait bientôt en France, et que ce serait, en fait, comme une saignée qui fortifie le patient. Il importait de discriminer soigneusement ceux que devait viser l'opération ; il n'avait, quant à lui, aucun doute sur le milieu dont on devrait s'occuper. C'est bien aussi l'impression que j'avais.

Il a parlé ensuite du Japon, qu'il a désigné comme le véritable vainqueur dans cette guerre.

Mannheim, 9 avril 1942.

À sept heures du matin, départ de la gare de l'Est. Rehm m'avait accompagné au train. Le ciel était d'un bleu plein de fraîcheur ; j'ai surtout trouvé étonnante la magie des couleurs dans l'eau des rivières et des canaux. Souvent, j'eus l'impression que j'apercevais des nuances qu'aucun peintre n'a encore vues. Les miroirs d'eau, bleus, verts et gris avaient l'éclat de pierres limpides et glacées. La couleur était plus que la couleur : empreinte et sceau de cette profondeur mystérieuse, qui se révèle à nos yeux dans les jeux changeants de la surface.

Après Coolus, un faucon couleur de rouille claire, qui s'est posé sur un buisson d'aubépine. Champs couverts de hautes cloches de verre, sous lesquelles on cultive melons et concombres – cornues pour les plus délicates fermentations de vie, au royaume de l'alchimie horticole.

Avant Thiaucourt, lu au soleil quelques pages des *Faux-Monnayeurs**. Quand le soleil eut disparu derrière une montagne, les lettres se mirent à briller d'une profonde lueur verte, phosphorescente.

Arrivé le soir à Mannheim, où Speidel est venu me prendre à la gare ; j'étais invité chez lui. Le petit Hans – un artiste dans la façon qu'il a d'être gai. Des enfants comme lui attirent tels des aimants l'affection et les cadeaux. Puis, la petite fille, très délicate ; lorsqu'il y a eu bombardement pendant la nuit, elle refuse toute nourriture le lendemain. Qui pourrait dire le fardeau qui pèse sur les épaules des femmes !

Kirchhorst, 10 avril 1942.

Le matin, Speidel et sa femme m'ont amené à la gare. À la manière dont les gens se comportent les uns avec les autres dans les trains, mais surtout à l'attitude des employés dans les wagons-restaurants ou dans les hôtels, on se rend clairement compte du bouleversement qui efface irrésistiblement les différences sociales. C'est particulièrement sensible lorsqu'on vient de France.

Tard dans la soirée, à Hanovre, Perpétua est venue me chercher en voiture à la gare.

Kirchhorst, 22 avril 1942.

Avec les enfants dans le marais. Le petit a appelé le triton, qu'il voyait pour la première fois, un «lézard d'eau», ce qui m'a fait plaisir plus que s'il l'avait appelé par son vrai nom; n'avait-il pas manifesté ce don de discernement qui est à la base de toute connaissance, aussi nécessaire que l'or à la base du papier-monnaie?

Kirchhorst, 24 avril 1942.

Fragment d'un grand débat qui s'est déroulé en rêve, noté à mon réveil, à six heures du matin:

Moi: «Le mieux, c'est que je reprenne mon ancien sujet, la physiologie comparée des poissons.»

Perpétua: «Quand les résultats, là, sont favorables, il est d'une si bonne humeur qu'elle fait même peur à ses amis.»

Moi: «Cela me montre que l'avenir deviendra terrible.»

Il y avait sur le sol des poissons pâles, en forme de disques lunaires, et je palpais la gueule de l'un d'eux, avec l'index, pour constater la présence d'une glande, qui faisait l'effet, au toucher, d'une petite bosse.

Kirchhorst, 9 mai 1942.

Dans le marais. J'ai entendu pour la première fois de l'année le coucou et son chant prophétique, alors que j'avais de l'argent sur moi en abondance. Pourtant, le jambon n'est pas seulement entamé, mais déjà presque mangé entièrement. Cela montre bien où en sont les choses, cette année.

Je pris un bain de soleil auprès d'une tourbière. La couleur des anciennes entailles ouvertes par la bêche va du noir gras jusqu'à un brun d'or mat. Tout au ras de l'eau, court un ruban de mousse, où pousse la droséra, comme une broderie rouge. J'ai été frappé de voir avec quelle beauté et nécessité tout cela se coordonne. Pensé : ce n'est là qu'un des innombrables aspects, qu'une des coupes à travers l'harmonie du monde. Il nous faut apercevoir, à travers ces configurations, la puissance formatrice.

Quelle solennité prennent les pas sur la tourbe humide, pénétrée de teintes rougeâtres ! On chemine sur des couches de pure substance vitale, plus précieuse que de l'or. Le marais est un site primitif ; et recèle par là même santé aussi bien que liberté ; avec quelle puissance j'ai senti cela dans les solitudes nordiques !

Au courrier, une lettre de Valentiner où il m'apprend que Gallimard tire une seconde édition des *Falaises de marbre*. Il me parle d'autre part d'une visite de l'*Outcast of the Islands*, quai Voltaire.

Lecture : les courts récits de Tolstoï. Entre autres

Les Notes d'un marqueur. C'est un trait d'excellent narrateur, que de nous mettre sous les yeux, saisie dans le journal d'un domestique comme dans un miroir de pacotille, une existence foncièrement noble, en train de se gâcher d'assez vile manière. On a l'intuition, entre les craquelures, de la tragique et véritable image.

Je n'ai malheureusement pas trouvé dans ce recueil *La Mort d'Ivan Ilitch*, que j'aime particulièrement.

Kirchhorst, 12 mai 1942.

Suis allé en voiture chez le coiffeur. Là, conversation sur les prisonniers russes qu'on nous envoie des camps comme main-d'œuvre.

« Il doit y avoir de sales types parmi eux. Ils prennent la pâtée des chiens pour la bouffer ! »

Noté mot pour mot.

Kirchhorst, 17 mai 1942.

Mme Luckow m'a apporté une lettre de Grüninger, où il se plaint qu'au George V la Table ronde du roi Arthur n'existe plus. En outre, quelques *capriccios*, comme d'habitude :

Ses soldats, après avoir repoussé une patrouille russe, ont découvert parmi les morts une jeune fille de dix-sept ans, qui s'était battue avec fanatisme. Qu'arriva-t-il ? personne ne le sut, mais le lendemain matin, le cadavre gisait entièrement nu dans la neige ; et comme l'hiver est un grand statuaire qui maintient la fermeté aussi bien que le modelé des formes, la troupe eut longtemps encore l'occasion d'admirer ce beau corps. Et lorsque, plus tard, le poste eut été ramené en arrière, il se trouva fréquemment des volontaires pour une patrouille, qui voulaient par ce moyen se délecter une fois encore au spectacle de cette superbe forme.

Le départ de Kirchhorst approche. Je m'accoutumais de nouveau à la maison et à mon cabinet de travail, et au jardin dont je laisserai les plates-bandes soigneusement entretenues. Perpétua pense qu'à l'automne, je reviendrai m'installer dans le presbytère. Allons, on verra bien – j'aimerais tellement vivre ici, vieillissant peu à peu, auprès d'elle. Et le désir du travail est grand aussi.

Elle a d'ailleurs trouvé, pour les curieux rapports existant entre les lémures et moi, cette expression : je suis « dans un autre flux ».

Kirchhorst, 18 mai 1942.

Astor, le chien, que j'ai si rudement traité parce qu'il courait tout le temps sur les plates-bandes. Le voici justement qui s'approche, en remuant la queue, alors que je suis assis sous les hêtres, et qui me regarde, non point avec reproche, mais plutôt comme s'il interrogeait, pensivement : « Pourquoi es-tu ainsi ? » Et, comme un écho, j'entends en moi-même : « Oui, pourquoi es-tu ainsi ? »

Lecture : James Riley, *Le Naufrage du brigantin
américain « Le Commerce* »*, chez Le Normant, Paris,
1818. Les naufragés sont, les uns assassinés, les autres
dépouillés de tous leurs vêtements par de féroces
nomades, et traînés, parmi d'effroyables souffrances,
à travers les déserts de Mauritanie. Là, surgissent des
villes mortes, comme des ossements sous le soleil, qui
font songer aux visions de l'Émir Moussa – on voit
encore la brèche dans le rempart, avec les machines
de siège abandonnées en face comme on voit le couteau près de l'assiette pleine d'écailles d'huîtres. Une
rencontre, que Poe aurait pu décrire, a lieu au flanc
d'une muraille rocheuse qui s'élève abruptement de la
mer jusqu'aux nuages. On y a taillé un sentier à peine
large comme la main, et avant de s'engager dans cette
terrible voie, la coutume est de lancer un appel, du
haut d'un appui rocheux, pour s'assurer que personne
ne l'emprunte en sens inverse. C'est ce qu'avait négligé
de faire, une fois, une petite caravane de Juifs qui
voulait atteindre son lieu d'étape avant la tombée de la
nuit, et le destin voulut qu'une troupe de Maures, qui
avait cru également le chemin libre, vînt à ce moment
à leur rencontre. Ils se trouvèrent face à face au-dessus
de l'effrayant précipice, à mi-chemin, là où il était
impossible de faire demi-tour. Après de longs et inutiles pourparlers, ils se jetèrent les uns sur les autres,
à tour de rôle, et celui qui tombait entraînait chaque
fois dans sa chute celui qui le faisait tomber.

L'attitude, comme aussi le destin de Riley,
démontre la force que même la foi rationnelle possède encore. Au milieu de terribles souffrances, on
fait confiance à Dieu et à sa providence, comme au

système de courbes efficace d'une mathématique d'ordre infiniment élevé. Pour un être intelligent comme l'était Riley, Dieu est l'intelligence suprême immanente au Cosmos. L'homme est d'autant plus fortement confirmé dans sa foi qu'il pense plus logiquement. Ce qui fait songer à la réflexion du Vieux Fritz : « J'ai toujours remarqué que Dieu est du côté des gros bataillons. »

Paris, 20 mai 1942.

À onze heures du soir, Scholz est venu me prendre en auto pour le train de Paris. Perpétua m'adressait des signes d'adieu dans l'obscurité, en faisant des cercles de lumière avec la lampe de poche.

En chemin de fer, lecture d'une histoire du scandale de Panamá, puis d'une biographie du Dr Kraatz, entomologiste berlinois, enfin d'un recueil de lettres de l'Antiquité, où m'ont surtout intéressé les lettres de Pline le Jeune. Quand je levais les yeux sur les champs et les jardins qui passaient, j'essayais de saisir au vol des arrangements nouveaux, pour le jardin de Kirchhorst.

À Paris, bien que le train eût du retard, Rehm et Valentiner m'attendaient à la gare. Je suis encore allé avec Valentiner dans son studio, pour y prendre une tasse de thé et contempler les vieux toits qui, après un orage, se dessinaient avec netteté dans l'humide lumière.

Paris, 21 mai 1942.

Au courrier que j'ai trouvé ici, une lettre de Grüninger, avec de nouveaux *capriccios*. En la lisant, je
songeais à cet esprit et à l'intelligence qu'il a du pur
et géométrique déploiement de la force. Peut-être
de tels types sont-ils encore inconnus chez d'autres
peuples, bien que Dostoïevski en ait eu la prescience.
Assurément, mesuré à l'aune des plus forts d'entre ces
personnages romanesques, le bolchevisme prend une
allure assez mesquine.

Il est certain que seules les natures qui savent
sur quel principe de force se fonde l'univers, et qui
viennent «d'en haut», sont capables de faire face à
l'effroyable soulèvement de la plèbe qui ravage le
monde. Elles sont adjointes comme des serpents à la
horde des rats qui veulent tout ronger. Elles se sentent
attirées, là où d'autres reculent; ces sinistres fêtes, par
lesquelles les lémures veulent répandre l'épouvante,
elles s'en approchent calmement, avec une sérénité
luciférienne, et entrent dans le jeu. Elles sont aussi
amies des Muses, comme l'était Sylla. C'est une telle
substance que Piotr Stépanovitch pressent en Stavroguine.

Dans la lutte secrète pour le pouvoir qui se livre
en ces lieux, c'est Grüninger qui a, sinon empêché,
du moins retardé d'un an les tentatives de Kniébolo
pour s'implanter ici avec ses organismes. De semblables natures échouent, comme Stavroguine, dès
lors que la décomposition s'est étendue à la mince
couche des dirigeants, laquelle serait nécessaire pour

couvrir les opérations – dans le cas présent, le corps des généraux.

Paris, 22 mai 1942.

L'après-midi chez Plon, rue Garancière, en compagnie de Poupet, que j'ai trouvé fort souffrant. Il m'a cité la plus belle dédicace qu'il ait jamais lue sur un livre : « *À Victor Hugo, Charles Baudelaire* * ». Assurément, car aucune trouvaille n'égale la profondeur de la substance. Se faire un nom, c'est, en ce sens, lui conférer une substance en conférant le plus grand poids à chacune de ses syllabes.

Cela est valable pour le langage en général. N'importe qui peut dire : « Plus de lumière ! », mais c'est chez Gœthe seulement que se montre la profusion de sens enclose en quelques syllabes. Ainsi, le poète puise au langage une abondance de dons, comme fait le prêtre avec le vin – tous en reçoivent leur part.

Le soir, au Raphaël, tout en buvant un grog énergique, lecture de *Jardins et Routes*. Je trouve que le texte a quelque peu perdu de son relief par la traduction de Betz, mais qu'il se lit avec facilité.

Paris, 23 mai 1942.

Aux prises avec les difficultés de ma situation vis-à-vis des autres, en particulier au Majestic, j'ai souvent ce sentiment : « Tu n'es pas ici en vain ; le destin saura bien défaire les nœuds qu'il a serrés ; passe donc outre aux soucis. Tiens-les pour fantômes. »

Puis, de telles pensées me semblent presque inadmissibles. Certes, face aux dangers rencontrés dans les rêves, on a l'assurance que le réveil les fera s'estomper – mais, durant le jour, on ne peut se permettre de trop bien pénétrer le jeu. Il faut le prendre au sérieux, sinon des enfants mêmes vous tromperaient. Il faut loyalement rêver avec les autres.

Le jour venu, nous serons aussi étonnés d'être invisibles aux vivants que nous le sommes aujourd'hui de constater qu'aucun reflet du monde des esprits ne pénètre jusqu'à nous. Peut-être ces réalités sont-elles toutes proches l'une de l'autre, mais différentes par l'optique, comme la face aveugle et la face brillante du tain d'un miroir. Vient un jour où le miroir est retourné, et voilée de crêpe sa face argentée. Nous gagnons la nuit, que nous avions seulement frôlée de nos antennes pendant nos nuits d'ici-bas.

Paris, 24 mai 1942.

L'après-midi, quai Voltaire. L'esprit s'apaise merveilleusement au spectacle des vieux toits. Il s'y attarde, loin du temps atomisé. Outre Valentiner, j'ai rencontré Rantzau, Madeleine Boudot-Lamotte, Jean Cocteau et l'acteur Jean Marais.

Conversation sur les plantes, où Cocteau m'a appris le beau nom de « *Désespoir des peintres** » qu'on donne à la brise.

Paris, 30 mai 1942.

De deux à quatre heures du matin, les Anglais ont survolé la ville, jetant des bombes dans la boucle de la Seine. Je me suis éveillé de rêves d'îles, jardins et animaux, et suis resté dans un demi-assoupissement, sursautant de temps à autre lorsque l'un des appareils se rapprochait, jetant ses bombes. Mais, même dans mon sommeil, je suivais ce qui se passait et surveillais le danger. On croirait presque qu'on le domine dans le rêve.

Le choc sec des éclats tombant dans les rues désertes – comme celui de météorites dans un paysage lunaire.

L'après-midi à Bagatelle, où j'ai admiré une collection de différentes espèces de clématites dont les étoiles bleues et gris argent ornaient la muraille. Les roses étaient déjà en fleur. J'ai remarqué tout particulièrement une « *Mevrouw van Rossem* ». Le bouton encore clos était à sa base d'un vigoureux jaune-rose thé d'où s'élançaient des veines flammées, jusque vers la pointe rouge pêche, mouillée de rosée. Elle ressemblait ainsi à un sein délicatement galbé où palpite un vin pourpré. Son parfum était suave et fort.

Paris, 1ᵉʳ juin 1942.

Promenade d'après-midi jusqu'à la place des Ternes, et son horloge près de la pharmacie. Puis, au Majestic. Je circule aujourd'hui parmi les officiers, comme autrefois parmi les zoologistes, à l'aquarium de Naples. Nous percevons deux aspects totalement différents d'une seule et même chose.

Le soir, chez Valentiner, j'ai rencontré Henri Thomas que je voyais pour la première fois.

Paris, 2 juin 1942.

Koβmann, le nouveau chef d'état-major, m'a raconté que notre ancien camarade N. s'est donné la mort, il y a quelque temps, sur le stand de tir où il dirigeait l'exercice, retournant soudain vers lui-même le pistolet avec lequel il visait la cible, et tirant.

Bien que ma dernière rencontre avec N. remonte à plus de dix ans, j'avais été frappé déjà par tout ce qu'il y avait en lui de crispé, de mal accordé, de forcé sur le plan éthique. Le suicide se prépare dans de telles natures comme la rupture dans les cordes trop tendues.

Paris, 3 juin 1942.

Au bois de Vincennes. J'y ai songé à mes promenades et à mes soucis de l'année passée, et je suis aussi allé rendre visite à mon ancienne concierge, en face du fort. Avec ces gens tout simples, on parle comme avec des enfants, sans qu'aucun hiatus ne survienne entre les paroles et leur sens. Il n'est pas mauvais non plus, à des époques comme celle-ci, d'avoir parmi eux une petite clientèle. Il est des circonstances où ils peuvent être d'un plus grand secours que les riches et les puissants.

Paris, 4 juin 1942.

Carlo Schmid, revenant de Belgique, est passé me voir dans la matinée. Nous avons parlé de sa traduction des *Fleurs du mal*, puis du monde dans sa hiérarchie érotique, et des chasseurs de rêves : ainsi nomme-t-il un genre d'hommes qui captent, à la façon de miroirs paraboliques, les rêves des autres et les réalisent dans leur propre vie. Ils peuvent les anoblir mais aussi les dévaloriser.

Au moment de s'en aller, il m'a parlé de son fils, âgé de quatorze ans, qui écrit des lettres sur les différences de style entre des phrases de Tolstoï et de Dostoïevski, et dessine remarquablement. Je me suis étonné qu'en tant que père il ait attendu jusqu'à maintenant pour me parler de cet élément si important dans sa vie, alors que nous nous sommes entretenus de nombreuses questions déjà au cours de nos précédentes rencontres.

Paris, 5 juin 1942.

Le matin, Rehm s'est présenté à moi en tenue de campagne. Il m'a suivi depuis le début de la guerre en qualité d'ordonnance, et dans cette vie menée côte à côte, quelque chose subsiste encore de l'ancien rapport entre chevalier et écuyer : aussi ai-je grand regret à me séparer de lui. Le soir, chez Valentiner où, tandis que nous regardions les vieux toits et clochers, les heures ont passé sans qu'on s'en aperçoive, sans rien de douloureux.

Au courrier, la lettre d'une comtesse de Cargouët, respirant la hardiesse d'esprit. «Depuis cinq siècles, ma famille habite la même maison. Mes aïeux étaient des corsaires de la flotte royale, et plus tard des chouans célèbres. Aussi sommes-nous restés passablement sauvages.»

Me demande ensuite pourquoi j'affirme que les femmes *deviennent* plus intelligentes – en France, me dit-elle, elles ont de tout temps été plus intuitives et d'un esprit plus rapide. Si beaucoup d'hommes semblent parler et penser avec intelligence, c'est sans doute en raison de la gymnastique intellectuelle qui leur est familière, mais combien peu agissent et vivent de façon réellement intelligente.

Perpétua m'écrit que le jardin est superbe, et elle m'envoie une fleur de cœur-de-Jeannette cueillie dans ses parterres. Je trouve dans sa lettre cette belle parole, qu'on ne s'habituera jamais à la perte de la liberté. C'est là le signe essentiel auquel on peut distinguer les hommes libres des esclaves. La plupart entendent par «liberté» de nouvelles formes d'esclavage.

Paris, 6 juin 1942.

Pendant la Première Guerre mondiale, la question qui se posait à nous était de savoir lequel était le plus fort, de l'homme ou de la machine.

Entre-temps, tout n'a fait que croître et embellir ; il s'agit aujourd'hui de savoir à qui, des hommes ou des automates, doit échoir la domination du monde. Le problème, tel qu'il se pose, entraîne de tout autres ruptures que celles, rudimentaires, qui semblent diviser le monde en nations et groupes de nations. Ici, tout homme est à son poste dans la bataille. C'est ce qui fait qu'en esprit, nous ne pouvons approuver tout à fait aucun des partenaires ; on se rapproche seulement plus ou moins d'eux. Nous devons avant tout combattre en notre propre cœur ce qui voudrait s'y durcir, y devenir de métal et de pierre.

À propos des marionnettes et des automates – avant que l'homme ne descende à leur niveau, quelque chose en lui se perd. Ces choses sont remarquablement décrites dans le conte du *Cœur de verre*.

On est mené à l'automatisme par le vice entièrement devenu habitude – si terrible chez les vieilles prostituées devenues de simples machines à plaisir. Les vieux avares font une impression du même genre. Ils ont lié leur cœur à la matière, et ils vivent dans le métal. Parfois, une décision particulière précède cette métamorphose ; l'homme renonce à son salut. Il doit y avoir aussi, au fond de cette évolution générale vers l'automatisme, qui nous menace, un vice générique – le découvrir serait la tâche des théologiens, dont précisément nous manquons.

Image de ce « surhomme » au moment où, la rate trouée par les balles, et ses blessures emplies de crins, il se recroqueville sur les coussins déchiquetés de sa voiture. La nouvelle illumine, telle un sombre feu de joie, l'enfer qu'il a créé. Lorsqu'on veut jouer les terreurs, il faut être également invulnérable et inaccessible à la souffrance ; sinon, quand l'heure de l'anéantissement est venue, on devient objet de scandale.

Paris, 7 juin 1942.

À midi chez Maxim's, où j'étais invité par les Morand. Nous avons parlé, entre autres choses, de romans américains et anglais, notamment de *Moby Dick* et de *Un cyclone à la Jamaïque*, livre que j'ai lu à Steglitz, il y a plusieurs années, avec une sorte de tension pénible, comme un homme qui verrait donner à des enfants des rasoirs en guise de jouets. Puis du chevalier Barbe-Bleue, et de Landru qui, dans une banlieue de Paris, a tué naguère dix-sept femmes. Pour finir, un employé des chemins de fer remarqua qu'il ne prenait jamais qu'*un seul* aller et retour. Mme Morand a raconté qu'elle avait habité non loin de chez lui. Après le procès, un petit restaurateur avait acheté la maison du crime, et il l'avait baptisée *Au grillon du foyer**.

Dans la rue Royale, j'ai rencontré, pour la première fois de ma vie, l'étoile jaune, portée par trois jeunes filles qui sont passées près de moi, bras dessus, bras dessous. Ces insignes ont été distribués hier ; ceux qui les recevaient devaient même donner en échange un point de leur carte de textile. J'ai revu l'étoile dans l'après-midi, beaucoup plus fréquemment. Je considère cela comme une date qui marque profondément, même dans l'histoire personnelle. Un tel spectacle n'est pas non plus sans provoquer un choc en retour – c'est ainsi que je me suis senti immédiatement gêné de me trouver en uniforme.

Paris, 9 juin 1942.

Ce qu'il y a de moins merveilleux dans le cosmos, c'est peut-être ce qui, en lui, surprend le plus vivement l'esprit. Il n'y a ainsi nulle différence au sein du merveilleux, qu'il existe un monde seulement, ou des milliards.

Paris, 14 juin 1942.

L'après-midi, à Bagatelle. Là, Charmille m'a raconté qu'on arrêtait, ces jours-ci, des étudiants qui avaient arboré des étoiles jaunes avec diverses inscriptions, telles que « Idéaliste » et d'autres du même genre, afin d'aller se promener ainsi, démonstrativement, sur les Champs-Élysées.

Ce sont des êtres qui ne savent pas encore que les temps de la discussion sont passés. Ils supposent aussi que l'adversaire a le sens de l'humour. Ils ressemblent à des enfants qui vont se baigner, en agitant de petits fanions, dans des eaux où nagent des requins. Ils se rendent plus faciles à reconnaître.

Paris, 18 juin 1942.

Lecture : *Le Martyrologe de l'Église du Japon**, par l'abbé Profillet, Paris, 1895.

On y trouve l'exemple d'une réponse qui met la victime bien au-dessus de ce qui la menace : en décembre 1625, Monika Naisen passait en jugement avec son mari et ses enfants, des petites filles, pour avoir donné asile au père jésuite Jean-Baptiste Zola. Menacée par ses juges d'être entièrement dévêtue, elle enleva elle-même sa ceinture en s'écriant : «Aucune atteinte ne me fera renier le Christ ; j'arracherais plutôt non seulement mes vêtements, mais ma peau !»

L'après-midi chez la comtesse de Cargouët. Discussion sur l'issue de cette guerre : elle parie pour les Allemands. Puis, sur la société anglaise et sur Churchill qu'elle a quelquefois rencontré. Elle prétendait que le whisky le conservait, comme l'eau-de-vie fait de certaines prunes.

Paris, 22 juin 1942.

À midi, chez Berès, où j'ai acheté *Mon journal** de Léon Bloy. La devise qu'il a placée sous le titre : *Le temps est un chien qui ne mord que les pauvres** prête à discussion, car le temps mord tout le monde. Le temps est le principe démocratique, par opposition à l'espace qui est aristocratique. Aussi ne peut-on le prendre en location : nul n'est capable d'ajouter une seconde à sa vie.

Puis, j'ai feuilleté une édition originale des *Épigrammes et Poésies* de Johann Christian Friedrich Haug, publié à Berlin, chez Unger, en 1805. La sentence : *In brevitate labor*, qui précède les épigrammes, m'a paru fort bonne – ne serait-ce déjà que parce qu'elle donne l'exemple dans le précepte même, comme un bon pédagogue. Bien que le prix des deux volumes ne fût pas mince, je les ai achetés à cause de l'épigramme sur le pont, la première sur laquelle je suis tombé :

> *Vois ce beau pont, comme il est fort et haut !*
> *Seule lui manque l'eau.*

Paris, 24 juin 1942.

L'après-midi à Bagatelle. En fréquentant un peu longuement un être, on apprend aussi son histoire, qui se recompose, parcelle par parcelle, à travers ses bavardages et ses récits. On partage avec lui seul maints secrets. Il nous devient intime.

Lecture : les *Mémoires* d'Alexandre Dumas, et *Les Jeunes Filles** de Montherlant. Pour ne pas oublier les passages qui m'ont frappé, je trouve que le plus commode est de mettre une marque dans la marge et de noter la page à la fin du livre, avec un mot approprié. On pourrait à cet effet y coller un papillon qui, comme l'*ex-libris*, porterait le nom du propriétaire du livre. On s'épargne ainsi nombre de recherches inutiles.

Paris, 27 juin 1942.

L'après-midi chez Gruel, pour prendre des nouvelles de l'étui destiné à contenir mon journal. Là, j'ai soupesé dans ma main une petite tête de mort, pièce de l'époque Henri IV, qui est taillée dans du buis avec beaucoup d'art. La moitié en était encore recouverte de peau, l'autre figurait l'os, et un serpent rampait hors de l'orbite vide. J'ai été surpris dans cette contemplation par Wiemer et Madeleine Boudot-Lamotte qui s'étaient, par hasard, arrêtés devant la vitrine. Plus une ville est grande, et plus réjouissante, plus significative nous semble une rencontre de ce genre.

Puis, chez Valentiner, qui m'apportait de Berlin les amitiés de Carl Schmitt. De là, chez Florence Henri, la photographe, dans la rue Saint-Romain, où elle habite au dernier étage d'un immeuble et soigne un beau jardin en terrasse sur son toit. Elle m'a demandé de lui émonder ses tomates, et l'odeur de leurs feuilles plissées, que mes mains répandaient ensuite, a éveillé en moi la nostalgie de Kirchhorst.

Paris, 29 juin 1942.

Hier dimanche, excursion à Saint-Rémy-lès-Chevreuse. La nuit, rêves, dont il m'est resté un souvenir, celui d'une antique muraille fortifiée. J'étais là, avec Perpétua, et nous regardions une vipère pâle se glisser hors d'une cavité de la muraille croulante. La bête était couleur de lune, et elle portait sur le dos une touffe de cheveux ovale, partagée au milieu. Nous la vîmes remonter lentement le long du bastion, entre les souches de coudriers morts, jusqu'au moment où elle disparut dans un creux en forme de coffre, formé par l'effondrement d'un créneau.

Il y avait, il me semble, une autre circonstance encore qui nous étonnait particulièrement dans cette apparition – c'était, je crois, que nous connaissions de longue date ce rempart, et que nous n'avions jamais remarqué même la moindre trace d'un semblable habitant de ces lieux. Toutefois, muraille et bastion avaient toujours passé pour cacher un mystère.

Ce rêve, au matin, s'était presque esquivé de mon esprit ; il était devenu diaphane comme la peau du serpent, et c'est seulement à midi qu'il reprend son éclat.

Il faut sans doute voir dans la touffe de cheveux le signe d'une haute dignité, à peu près comme la couronne royale, ou tout au moins un trait humain. Elle provoquait cependant la répulsion, comme le font généralement les caractéristiques humaines chez l'animal, qu'elles dégradent plutôt.

Truhe («coffre») vient probablement de *truen,* «confier». S'y rattache aussi le vieux mot *Hüstrue,* signifiant «épouse», «maîtresse de maison» (*Hausfrau*), que j'ai lu sur des pierres tombales dans les pays nordiques. Puis *Trude,* voulant dire «sorcière» – ici, ce qu'il y a d'intime, de caché dans ce mot, prend son plus mauvais sens. Le verbe *trudeln,* «voler en tourbillonnant», se rattache aussi à cette famille: c'est de cette façon que les sorcières parcourent les airs.

J'ai appris que le petit allait maintenant mieux. Les nouvelles que j'avais eues de sa fièvre, de sa toux, de sa maigreur, m'avaient fort angoissé ces jours derniers. L'homme moderne, avec sa radio et ses télégrammes, est foncièrement dépourvu des moyens qui lui permettraient d'intervenir de loin, en de tels cas, efficacement. Il est probable que, dans certains rêves, nous accomplissons davantage que l'énergie de toutes les techniques réunies.

À midi, est arrivée une seconde lettre de Perpétua, du 26 juin, où elle me dit que, pendant la nuit, neuf bombes sont tombées sur Kirchhorst; elles ont explosé dans les pâturages, derrière la maison du boulanger Kähne, et elles ont décapité plusieurs vaches. Après s'être demandé si elle devait descendre à la cave avec le petit, ou rester en haut, elle a choisi le dernier parti; il lui semblait trop risqué de le tirer du lit.

Paris, 1ᵉʳ juillet 1942.

Au spectacle des lémures et de leurs fêtes funèbres, on aimerait lever l'ancre et gagner ces archipels et ces mondes d'étoiles fixes, dont les étendues se révèlent à l'élu, au-delà des écueils et des défilés de la mort. Nous sentons que nous y avons notre patrie, et qu'ici nous sommes en exil.

Paris, 2 juillet 1942.

Maggi Grüninger m'a apporté une lettre de Friedrich Georg, où je constate, à ma grande joie, qu'il est sorti de sa dépression.

Lecture : *Les Jeunes Filles**, de Montherlant, un des livres que m'a envoyés la comtesse de Cargouët, et qui me fait songer aux *Liaisons Dangereuses**. Certains aspects de la chasse royale sont bien rendus, notamment le froid esprit d'observation au milieu même de la fascination amoureuse. Cette parfaite imbrication de l'innocence et de la conscience, et les molécules formées de ces deux éléments qui s'interpénètrent, constituent l'une des caractéristiques des esprits de notre temps. L'alliage réussit rarement, car ses deux composantes s'entre-détruisent si la nature ne les réunit d'une façon tout à fait particulière.

Il y est question d'une amie qui, en buvant l'eau d'une source, avale un œuf de serpent. Des années plus tard, la radiographie révèle, à l'intérieur de la jeune fille, un corps de serpent. Ici également se croisent des images, l'une d'un monde tout à fait primitif, l'autre d'un monde pleinement conscient.

Continué à lire les *Mémoires* d'Alexandre Dumas, que certains connaisseurs préfèrent à ses romans, mais dont je n'arrive à parcourir qu'une petite partie, bien que je n'aime guère laisser un livre à peine entamé. Les *Mémoires* de ce genre ont ceci de déplaisant, que leur auteur est inattentif aux impressions subtiles et déliées – il ne perçoit que celles qui sont violentes, et il les accentue encore. Aussi, à travers ses livres, se promène-t-on comme dans des prairies où poussent des fleurs plus grandes que nature, mais où manquent l'herbe et la mousse.

Flux et reflux. Lorsque nous reprenons souffle, dormons, rêvons, l'estran découvert par les marées devient visible avec son varech, avec les coquillages, les étoiles et les fruits de mer mêlés aux galets multicolores. L'esprit survient alors, tel un rapide oiseau blanc aux pattes rouges, et il enlève sa proie d'un coup de bec.

La nostalgie de la mort peut devenir violente, voluptueuse, comme celle de la fraîcheur au bord de l'océan d'un vert lumineux.

Paris, 4 juillet 1942.

Le soir à la Tour d'argent, où Henri IV, déjà, mangeait des pâtés de héron, et d'où l'on voit la Seine et ses îles, comme du *dining-room* d'un grand avion. L'eau, dans l'éclat du couchant, se moirait de teintes nacrées. La différence de coloris entre un saule pleureur et son reflet dans l'eau était belle à voir – le vert argenté du feuillage, absorbé dans sa propre contemplation, devenait dans l'onde un peu plus sombre.

On a l'impression que les personnes attablées là-haut, consommant les soles et les fameux canards, voient à leurs pieds, avec une satisfaction diabolique, comme des gargouilles, l'océan gris des toits sous lesquels vivotent les affamés. En de telles époques, manger, manger bien et beaucoup, donne un sentiment de puissance.

Paris, 5 juillet 1942.

Au courrier, une lettre de Clemens Podewils, écrite de Kharkov, et où il me dit sur les Russes des choses bien différentes de celles que l'on entend communément. Par exemple sur le caractère inaccessible des femmes russes, même des plus simples. La force populaire russe n'aurait été qu'à peine entamée, de façon toute superficielle, par le bolchevisme.

Certains rêves ne se peuvent noter. Ils nous ramènent en deçà de l'Ancienne Alliance, et puisent dans la sauvage substance originelle de l'humanité. Il faut taire ce que l'on a vu là-bas.

Les souvenirs présentent les signes d'une causalité inversée. Alors que le monde, en tant qu'effet, pousse de multiples rameaux à la façon d'un arbre, dans le souvenir il redescend jusqu'à l'enchevêtrement des racines. Il me semble souvent, rappelant mes souvenirs, que je tire des algues de la mer – une touffe dont un point était visible, et que j'amène lentement à la lumière, avec toutes ses ramifications.

Le passé et l'avenir se croisent dans l'inétendu comme dans le col du sablier – il doit exister un point à partir duquel ils s'équivalent dans la vision comme l'objet et son reflet. C'est à ce point que se réfèrent, dans l'éthique, la faute et l'expiation, et la loi d'airain de l'enchaînement causal en logique. L'homme des Muses entrevoit, dans le conflit, l'unité, l'identité interne du monde; son office est de l'annoncer dans le poème. C'est le signe auquel on le reconnaît:

« Oh! Fais-nous don des ailes, que nous passions là-bas, cœurs

Fidèles, et fassions ici retour. »

Paris, 7 juillet 1942.

Lecture: *Mon journal* de Léon Bloy, que je lis dans une reliure de cuir violet, dont le contact est une jouissance. Cet esprit a quelque chose de dense, de concentré, comme une soupe de poissons et de crustacés antédiluviens qui s'est épaissie par une longue cuisson. Excellent à lire quand on s'est gâté l'appétit à des plats par trop fades. D'autre part, je suis frappé à présent par les rapports, ou plutôt la correspondance existant entre lui et Hamann – elle réside dans cette volonté d'absolu, et un parallèle entre ces deux auteurs constituerait un bon sujet d'étude.

À deux reprises, il mentionne que des morts le réveillent durant la nuit, soit qu'ils frappent à sa porte, soit qu'il entende prononcer leurs noms. Alors, il se lève et prie pour leur salut. Ainsi, peut-être vivons-nous aujourd'hui encore non seulement par le pouvoir de prières anciennes, mais par celui de prières à venir, que l'on prononcera après notre mort.

C'est dans son attitude à l'égard de la mort que cet esprit montre le plus de force – je pense à ce beau passage d'un de ses autres livres où il dit que le changement qu'entraîne pour nous la mort n'est guère plus important que celui que subit un beau meuble dont on essuie la poussière.

Sa rage de pamphlétaire, il est vrai, a de quoi dégoûter, comme lorsqu'il parle de gens à peine dignes de rincer les pots de chambre des hôpitaux ou de gratter la croûte qui s'est durcie dans les latrines d'une caserne d'infanterie prussienne. Il pousse également la haine jusqu'au point où elle se transforme en volupté. Dans le passage, par exemple, où il parle d'un prêtre défroqué, qui, dans un article de journal, laisse entendre qu'il faisait de l'effet sur les femmes lorsqu'il portait la soutane, et qu'il aurait pu facilement, s'il avait voulu, amener telle ou telle à fauter.

Paris, 8 juillet 1942.

À midi, chez Prunier, avec Grüninger et sa jeune femme. Il avait une masse de nouveaux *capriccios* et il a également montré des photographies prises en Russie. L'une d'elles m'a ému : une toute jeune fille, blessée en combattant, est allongée dans un poste de secours,. Pour lui faire une piqûre dans la fesse, un médecin militaire a relevé ses vêtements. On la voit qui pleure, non point à cause de la douleur, mais parce qu'il y a des soldats autour d'elle regardant ce qui se passe, comme autour d'un animal pris au filet.

Le soir, j'ai lu le poème de Friedrich Georg sur les silex bleus, un chant de l'âge de pierre.

Paris, 9 juillet 1942.

Quand je ferme les yeux, j'aperçois parfois un sombre paysage de pierres, de falaises et de montagnes, à la lisière de l'infini. À l'arrière-plan, sur le rivage d'une mer ténébreuse, je me reconnais moi-même, minuscule figure qui est comme dessinée à la craie. C'est mon avant-poste, tout proche du Néant – là-bas, au bord du gouffre, je combats pour moi.

Les tilleuls en fleurs, ces jours-ci – il me semble que jamais je n'ai senti si puissamment, si profondément leur parfum.

J'ai lu, dans la traduction de Baudelaire par Carlo Schmid : *Les Chats*, dont il a particulièrement bien rendu le second vers :

Nach Wissen gierig und nach tiefen Lüsten,
Sind ihnen lieb das Schweigen und die Nacht;
Zu Rennern hätte Hades sie gemacht,
Wenn sie der Knechtschaft sich zu beugen wüssten.

« Amis de la science et de la volupté,
Ils cherchent le silence et l'honneur des ténèbres ;
L'Érèbe les eût pris pour ses coursiers funèbres,
S'ils pouvaient au servage incliner leur fierté. »

Les deux dernières strophes décrivent admirablement non seulement la supériorité des chats sur les chiens, mais, d'une façon générale, celle du repos sur le mouvement.

Paris, 11 juillet 1942.

L'après-midi chez Valentiner; j'ai rencontré là Henri Thomas avec sa femme. Ce qui frappe, chez Thomas, c'est cet amalgame de jeunesse et de noblesse dans la pauvreté qui, allié à une claire intelligence, donne au jugement quelque chose d'incorruptible. Sa femme, qui habite encore chez ses parents, est extrêmement gracieuse. Ce fut un trait de lumière, lorsqu'elle me dit:

«Vous voulez trouver dans le langage une expression qui nous montre les choses plus nettement que la réalité même. C'est la même tentative que je voudrais faire au théâtre, mais avec tout le corps, et pas seulement avec la tête.»

J'ai engagé Thomas à encourager le talent de sa femme, mais il pensait que c'était chose bien difficile, et qu'en ce qui concernait la réalisation d'un don, l'être humain demeurait au fond complètement seul.

«Pourtant, l'appui des autres peut lui servir.

— Je crois plutôt que c'est le don qui se crée lui-même cet appui.»

À propos de Montherlant, que je comparais à un boulet de canon, Thomas me dit:

«Oui, mais il ne pénètre pas très profond.»

Les vieux toits étaient magnifiques de nouveau – j'ai souvent l'impression que c'est seulement sous le poids du temps que la beauté atteint sa parfaite cristallisation. Il faut que je me dise chaque jour que le signal du départ peut survenir à toute heure, de ce départ où, comme Bias, j'emporterai tout ce qui est mien et laisserai tout le reste – même ma peau, s'il le faut.

Puis, chez Charmille ; j'ai dîné chez elle, et regardé son calendrier.

Paris, 12 juillet 1942.

Avec une femme, dans une boutique où l'on pouvait acheter des serpents comestibles. Le vendeur ouvrait un tiroir et il y plongeait tranquillement la main, pour présenter ensuite les animaux qu'il tenait par le milieu du corps. Avant de les tendre à l'acheteur, il leur mettait une petite muselière d'où les courtes cornes des vipères jaillissaient comme des antennes frémissantes. Nous avons payé, pour un échantillon de taille moyenne, douze à quatorze marks.

À mon réveil, je me suis creusé la tête pour savoir qui pouvait bien être cette femme. Les apparitions de ce genre nous sont confusément familières ; parfois, plusieurs êtres tels que sœur, femme et mère, se trouvent rassemblés en elles, comme sous un voile – la substance originelle de la féminité. Nous nous pressentons dans la trame aveugle, mais nous ne nous connaissons pas.

L'après-midi chez Valentiner – avant d'entrer chez lui, je me suis attardé à fouiller les boîtes des bouquinistes, sur les quais. J'en ai rapporté la *Doctrina moriendi*, imprimée en 1520, et qui, selon une annotation manuscrite, a été écrite au XIVᵉ siècle, par Jean Gerson, chancelier de l'église de Paris. D'autre part, une annotation de Baluze, bibliothécaire de Colbert, montre que cet exemplaire a appartenu à la Bibliotheca Colbertina.

Puis, avec la doctoresse au Louvre, afin de voir des sculptures. Le soir, nous avons dîné ensemble en bavardant gaiement.

Paris, 14 juillet 1942.

On devrait posséder une provision de bons livres imprimés sur papier journal – pour lire dans le bain ou en voyage, et les jeter ensuite.

Emploi du temps à Kirchhorst. Il me faudrait bien prévoir deux soirées pour « débrouiller l'écheveau » – révision et mise en ordre des livres, extraits, manuscrits, journaux et lettres. *Cura posterior.*

Paris, 16 juillet 1942.

Devant moi, sur ma table, cinq glaïeuls dans un vase – trois blancs, un rouge vif et un rouge saumon. Les couleurs des glaïeuls se rapprochent de celles qui relèvent de la distillation ; derrière l'éclat de ces coloris extraits à l'état pur, la vivante substance de la fleur s'efface presque. D'où vient aussi, comme devant toute figuration pure et par trop pure, le sentiment de vide et d'ennui qu'on éprouve presque inévitablement au spectacle de ces fleurs. Mais elles éveillent aussi – leurs espèces blanches en particulier – des questions théologiques.

Aux heures libres de midi, chez Berès, où j'ai fouiné dans les livres. Acheté la *Monographie du thé*, par J. G. Houssaye, Paris, 1843, avec de belles gravures, la reliure malheureusement un peu piquée des vers ; puis, *La Ville et la République de Venise*, par Saint-Didier, Paris, 1660, chez De Luyne. Reliure très belle, indestructible, toute en parchemin avec des coins renforcés et des liens de parchemin. Enfin, Lautréamont, *Préface à un livre futur*, paru en 1932, toujours dans la grande ville des livres : Paris.

Chemin faisant, j'ai été pris d'une sorte d'ardent désir d'écrire quelque chose, ne fût-ce qu'un ou deux brefs récits. Je pensai au naufrage de Riley, puis à l'histoire du cireur de chaussures de Rhodes, à laquelle je songe depuis longtemps.

Paris, 18 juillet 1942.

Rêves architecturaux, où je voyais d'anciennes constructions gothiques. Elles se dressaient dans des jardins abandonnés, et nulle âme ne saisissait, au milieu de ces solitudes, leur signification. Et pourtant, d'une manière inexplicable, elles ne m'en semblaient que plus belles ; on distinguait en elles cette empreinte qui est également propre aux plantes et aux animaux – celle de la Nature suprême. Pensé : c'est à l'intention de Dieu qu'ils l'avaient incorporée à leurs édifices.

L'après-midi, chez Florence Henri, la photographe ; auparavant, juste au coin de sa rue, feuilleté de vieux livres. J'y acquis, entre autres, *Les Amours de Charles de Gonzague* de Giulio Capoceda, imprimé à Cologne vers 1666. À l'intérieur, un ex-libris ancien: *Per ardua gradior* [«Je progresse par des voies difficiles»], que j'approuve en collant le mien de l'autre côté: *Tempestatibus maturesco* [«Je mûris dans les tempêtes»].

Hier, des Juifs ont été arrêtés ici pour être déportés – on a séparé d'abord les parents de leurs enfants, si bien qu'on a pu entendre dans les rues leurs cris de détresse. Pas un seul instant, je ne dois oublier que je suis entouré de malheureux, d'êtres souffrant au plus profond d'eux-mêmes. Si je l'oubliais, quel homme, quel soldat serais-je? L'uniforme impose le devoir d'assurer protection partout où on le peut. On a l'impression, il est vrai, qu'il faut pour cela batailler comme Don Quichotte avec des millions d'adversaires.

Paris, 19 juillet 1942.

L'après-midi au Père-Lachaise. J'ai erré avec Charmille au milieu des tombes. Sans les chercher, nous tombions çà et là, dans les labyrinthes de la ville des morts, sur des noms célèbres. Ainsi, nous avons trouvé la pierre tombale du général Wimpffen ornée d'une épée autour de laquelle s'enroule une banderole avec ce mot: «*Sedan?*» Le point d'interrogation sur les pierres tombales était chose nouvelle pour moi. Puis, Oscar Wilde, auquel une riche lectrice a fait ériger un monument, et de mauvais goût – on voit le Génie qui le couvre de son ombre s'envoler, chargé d'ailes pesant plusieurs tonnes, atroce et éternel labeur. Au bord d'un sentier moussu, couvert d'une voûte de verdure, et qui descend, tel une route de l'oubli, parmi des monuments écroulés, nous avons vu la tombe de Cherubini, couronnée par une urne dont un serpent enlace le pied. Tout près de là, celle de Chopin, avec un médaillon de marbre ovale.

Surtout dans les endroits abandonnés, ce cimetière est très beau. Çà et là, sur des pierres renversées, l'œil voit, comme une lumière, des paroles de consolation, telles que : « *Obitus vitae otium est* »[« L'oisiveté est la peste de la vie »]. Pensé aux légions qui reposent ici. Pour accueillir leurs armées qui sans cesse grossissent, aucun espace n'est suffisant ; il faut avoir recours à un autre principe. Elles trouveront place, alors, au creux d'une noisette.

Cet effleurement par le sceptre noir d'un être qui, dès cet instant, disparaît, c'est bien ce qu'il y a de plus étrange au monde. On ne peut lui comparer la naissance, laquelle n'est que l'épanouissement d'une vie qui nous est déjà connue. La vie est dans la mort comme un îlot de verdure dans une sombre mer. Sonder celle-ci, ne serait-ce que sur ses bords, à sa ceinture de brisants, c'est là la vraie science, auprès de laquelle toute physique et toute technique ne sont que futilités.

Retour en ville par des chemins détournés. Le génie ailé de la Bastille, avec son flambeau et les tronçons de chaîne brisée qu'il tient dans ses mains, éveille en moi, chaque fois que je le vois, l'impression toujours plus vive d'une force extrêmement dangereuse et qui porte loin. Il donne le sentiment à la fois d'une grande rapidité et d'un grand calme. On voit ainsi exalté le génie du progrès, en qui déjà vit le triomphe d'incendies à venir. Tout comme se sont unis pour l'instituer l'esprit plébéien et l'esprit mercantile, il conjugue en lui la violence des Furies et l'astuce de Mercure. Ce n'est plus une allégorie ; c'est une véritable idole, environnée de ces souffles d'une violence terrible qui, de tout temps, ont auréolé ces colonnes d'airain.

Paris, 21 juillet 1942.

Terminé *Préface à un livre futur**, de Lautréamont. Pour préciser mon impression de cet auteur, je lirai ses œuvres complètes, d'ailleurs réunies en un seul volume. On trouve anticipée dans cette préface une forme de l'optimisme moderne, *lui aussi* sans Dieu comme l'optimisme du progrès, mais différente de celui-ci, parce que sa parole naît de la conscience de la perfection et non d'une visée utopique pour l'atteindre. Cela confère à l'exposé une sorte de métallisme, de splendeur et de sûreté techniques. Il y règne un style inaccessible à la douleur, comme sur quelque beau navire, rapide et net de toute présence humaine, où l'impulsion motrice viendrait non de l'électricité, mais de la conscience. Le doute est éliminé, comme la résistance de l'air – dans les matériaux mêmes résident le Vrai et le Bien, qui seront visibles ensuite dans la construction.

À notre époque, ces dispositions s'affirment avec une netteté plus particulière, déjà chez les peintres comme Chirico, où les villes sont mortes et les hommes forgés tout entiers de pièces d'armures. C'est là l'optimisme que la technique des machines apporte avec soi et dont elle ne peut se passer. Il faut qu'il résonne jusque dans la voix du speaker qui annonce qu'une grande capitale n'est plus que ruines et cendres.

Paris, 22 juillet 1942.

Chez Picasso, cet après-midi. Il habite dans un vaste bâtiment dont certains étages ne servent plus, à présent, que de greniers et d'entrepôts. Cette maison de la rue des Grands-Augustins joue un rôle dans les romans de Balzac ; c'est là également qu'on a amené Ravaillac après son attentat. Dans l'un des angles, un étroit escalier aux marches de pierre et de vieux chêne s'élevait en spirales. Sur une étroite porte, une feuille de papier était fixée, où l'on avait écrit au crayon bleu le mot : «Ici».

Quand j'eus sonné, la porte me fut ouverte par un petit homme en simple blouse de travail, Picasso lui-même. Je l'avais rencontré autrefois quelques instants, et j'ai eu de nouveau l'impression de voir un magicien – impression qui, la première fois, s'était trouvé renforcée encore par un petit chapeau pointu de couleur verte.

Outre un logement exigu et des pièces de débarras, la demeure comprenait deux vastes greniers ; il utilisait, semblait-il, celui du dessous pour ses travaux de sculpture, et celui du haut pour peindre. Les sols étaient carrelés de tommettes formant un dessin de nid d'abeilles ; les murs, badigeonnés de jaune, étaient croisés de poutres de chêne sombre. Sous les plafonds également courait une noire ossature de chêne. L'endroit m'a semblé très propice au travail ; il avait la fécondité des vieux greniers, où stagne le temps.

D'abord, nous avons regardé en bas de vieux papiers, puis nous sommes montés à l'étage supérieur. Parmi les tableaux qui s'y trouvaient, j'ai aimé deux simples portraits de femmes, et surtout un coin de rivage qui semblait, à mesure qu'on le contemplait, s'épanouir avec une vigueur croissante en tons rouges et jaunes. Nous avons parlé, tout en le regardant, des œuvres peintes et écrites d'après le souvenir. À ce propos, Picasso m'a demandé quel était le paysage réel qu'il fallait chercher derrière les *Falaises de marbre*.

D'autres tableaux, comme une série de têtes asymétriques, m'ont fait une impression de monstruosité. Toutefois, à un talent aussi extraordinaire, quand on le voit se vouer à ces thèmes durant des années et des dizaines d'années, il faut concéder une correspondance à l'objet, même si elle échappe à notre propre perception. Il s'agit, au fond, de quelque chose que nul n'a vu encore, qui n'est pas né encore, et d'expériences de caractère alchimique ; plusieurs fois, d'ailleurs, le mot « cornues » est revenu dans notre conversation. Que l'Homunculus soit davantage qu'une futile invention, jamais encore je ne l'avais compris de façon si forte et inquiétante. L'image de l'homme est prévue de manière magique, et bien peu soupçonnent la terrible gravité de la décision qui incombe au peintre.

J'ai tenté à plusieurs reprises de l'entraîner sur ce terrain, mais il a éludé la question, peut-être à dessein :

«Il existe des chimistes qui passent toute leur vie à chercher les éléments cachés dans un morceau de sucre. Eh bien, moi, je voudrais savoir ce qu'est la couleur.»

Au sujet de l'action exercée par les œuvres:

«Mes tableaux produiraient le même effet si, après les avoir terminés, je les enfermais dans une enveloppe scellée, sans les avoir montrés. Il s'agit là de manifestations de genre immédiat.»

Au sujet de la guerre:

«À nous deux, tels que nous voilà assis ici, nous négocierions la paix cet après-midi même. Ce soir, les hommes pourraient illuminer.»

Paris, 23 juillet 1942.

Commencé le Livre d'Esther, où l'ancien monde fastueux d'Hérodote est encore dans toute sa splendeur – ainsi, dès le premier chapitre, ce banquet qui dure des mois, à Suse, dans le palais asiatique d'Ahasverus, maître de cent vingt-sept royaumes, de l'Inde à l'Éthiopie. Quiconque se présente devant lui sans en avoir reçu l'ordre doit mourir, à moins que le roi n'étende vers lui son sceptre d'or, comme il fait pour Esther. De ce fabuleux et terrible empire, seuls les Juifs ont subsisté jusqu'à nos jours – c'est le serpent de l'ancienne vie, qui est devenu d'airain. Cela, je l'ai vu parfois très nettement – à l'aspect du Juif polonais, par exemple, que j'ai aperçu à la gare de Silésie, à Berlin. Pensé: «C'est sans doute ainsi que tu te tenais, jadis, sous la porte d'Ishtar à Babylone.»

De plus en plus nombreuses, à mon courrier, les lettres où des survivants me parlent d'autres lecteurs tombés au front. C'est souvent comme si des morts intervenaient – les voix des lecteurs *in tenebris*.

Visite de Kurt, dont la personne m'a fourni quelques traits pour Biedenhorn. On pourrait dire de lui que c'est une espèce de Falstaff, qui joint à la conscience de son pouvoir l'amour de la bonne vie. Il revient de l'Est où il commande une compagnie de blindés. Porte dans sa poche son cachet de service, afin d'établir, à son gré, laissez-passer de courrier, titres de circulation, bons d'intendance, et tout ce qui lui plaît. Muni de cela, il peut s'étaler sur les banquettes de compartiments réservés, avec son prétendu sac postal plein de choses raflées çà et là, sur lequel il fait monter bonne garde par le contrôleur. Dans les hôtels, lorsqu'on n'accourt pas assez vite, il exige, d'une voix de tonnerre, chambre, service, vins, si bien que les hôteliers lui font de tremblantes excuses. Veut-il entrer dans un local interdit, comme aujourd'hui dans la cantine de l'École militaire, il n'essaiera pas de le faire par ruse ; mais inspectera d'abord la garde, pour déceler une faute de service ; puis, il se fait donner des hommes pour emporter les marchandises qu'il achète là sans y avoir droit. Tout cela fait l'objet, ensuite, de commentaires divertissants, devant une bonne bouteille.

J'ai causé longtemps avec lui au Raphaël – d'abord parce que sa conversation possède une force certes cynique, mais élémentaire ; ensuite, parce qu'il est vraiment typique dans son genre. Il me semble aussi qu'il est capable par lui-même de comprendre nos rapports. Ainsi, il considère chez moi comme «vieux jeu», comme une de mes lubies, le fait que l'injustice de ce monde me blesse encore. On n'en viendra jamais à bout. Et je découvre ici, en lui, un trait délicat : la sollicitude du fort envers cet être plus faible que je suis à ses yeux. Cette sollicitude porte sur des points précis : ainsi, il ne l'éprouverait pas si j'étais avec lui au feu ou dans un assaut contre l'un des hommes au pouvoir – ce qui, pour lui, ancien membre des corps francs, ne serait pas chose nouvelle. Il s'affligerait, par contre, de me voir succomber par «bonté d'âme». Politiquement, les idées qu'il a sont celles qui règnent dans les bandes de fauves : il faut se garer des gros caïds et chercher à faire ses petites affaires à l'écart, tant qu'ils sont puissants.

Je me demandais, tandis que nous entretenions, sans contrainte, du monde comme il va, si Kurt n'était pas encore mille fois préférable à ces officiers qui s'en tiennent à une rigide obéissance, alors que la notion même d'honneur est vendue au diable. Face à l'idéalisme frelaté, qui continue à faire comme si tout étaient en ordre, le lansquenet fait figure de type authentique ; on se dit : il a existé, il existe et il existera dans tous les pays et à toutes les époques, et il n'a rien de commun avec ces cadavres vivants. Quand le danger s'accroît, il se sent mieux et devient plus indispensable que jamais.

Paris, 24 juillet 1942.

Les belles images qui surgissent, dans le demi-sommeil, devant les yeux fermés. Ainsi, aujourd'hui, une agate couleur de miel doré, tachetée de mousses d'un brun sépia. Elle a glissé lentement devant moi, comme une fleur qui tombe dans l'abîme.

Les fleurs rouges que l'on voit parfois aux fenêtres, sur un arrière-plan de chambres pleines d'ombre. Elles sont comme des accumulateurs de lumière, et, au soleil, jettent des étincelles.

Paris, 25 juillet 1942.

Le lis tigré, devant moi, sur la table. Alors que je le contemple, les six pétales et les six étamines tombent d'un seul coup, tel un vêtement d'apparat dont on le dépouillerait impitoyablement, et seul reste le pistil desséché, avec les six ovaires. J'ai la nette intuition, à cet instant, de ce qu'est la force qui brise ainsi cette fleur. Oh! veillez à recueillir le fruit, car ainsi tranchent les Parques!

L'après-midi au Quartier Latin, où j'ai admiré une édition de Saint-Simon en vingt-deux tomes, monument de passion pour l'histoire. Cette œuvre est l'un des points de cristallisation de la modernité.

Thé chez la doctoresse. Puis nous sommes allés chez Valentiner qui nous avait invités à dîner; il y avait là aussi des Closais [Jean Cocteau?]. Conversation sur Picasso, et Léon Bloy. Sur Bloy, des Closais a raconté une anecdote que je note, bien que je la tienne sans conteste pour inventée, car elle donne une idée de la haine abyssale et non sans fondement qu'éprouvent les hommes de lettres pour cet écrivain :

« Selon son habitude, à Paul Bourget aussi, il avait demandé de l'argent, mais en vain ; puis, il l'avait malmené publiquement. Quelque temps après, Bourget reçut une nouvelle lettre de Bloy, le priant de lui prêter immédiatement cinq cents francs, car son père venait de mourir. Bourget met la somme dans sa poche et se rend lui-même à Montmartre où Bloy habitait dans un des hôtels borgnes de l'endroit. Derrière la porte d'une chambre à laquelle le mène le concierge, on entend de la musique ; lorsque Bourget frappe, Bloy vient ouvrir, complètement dévêtu ; on voit dans la chambre des femmes nues et, sur la table, de la charcuterie et du vin. Bloy, cynique, invite Bourget à entrer, et celui-ci accepte l'invitation. Il pose d'abord l'argent sur la cheminée ; puis, regardant autour de lui :

« "Monsieur Bloy, vous m'avez pourtant écrit que votre père était mort ?

— Vous êtes donc prêteur sur gages ?" réplique Bloy et il ouvre la porte d'une chambre voisine, où le cadavre du père est étendu sur le lit. »

Ce qui rend l'histoire particulièrement suspecte, c'est l'endroit où elle se passe, qui n'est pas précisément l'un de ceux où l'on meurt. L'étrange n'en est pas moins que dans les nombreux volumes du journal de Bloy, son père est à peine mentionné, alors qu'il donne des détails profus sur le reste de sa famille.

On demande à Bloy, sur son propre lit de mort, ce qu'il ressent devant la mort, et il répond :

« *Une immense curiosité** ».

Cela, c'est très beau. D'ailleurs, il désarme la critique par des offensives foudroyantes.

Puis, sur des célébrités. La comtesse de Noailles, qui avait invité le maréchal Joffre :

« Comme on a dû s'ennuyer avant la bataille de la Marne ! »

Le concierge de Valentiner apportait les plats et, chaque fois qu'il nous les présentait, il claquait les talons. Il a fait la première guerre comme « nettoyeur » dans les troupes de choc ; dans le corps-à-corps, un Allemand lui a tranché le pouce d'un coup de dents. Il interdit à sa femme d'appeler les Allemands « Boches » : « Moi, dit-il, j'ai le droit de les appeler Boches, parce que je me suis battu contre eux. »

Paris, 26 juillet 1942.

L'après-midi au cimetière Montparnasse. Après avoir longtemps cherché, j'ai trouvé la tombe de Baudelaire, avec sa haute stèle qu'orne une chauve-souris, porteuse des immenses ailes de la nuit.

Je me suis longtemps arrêté parmi les sépultures en ruines, devant la pierre tombale de Napoléon Charles Louis Roussel, mort le 27 février 1854, à l'âge de dix-neuf ans et demi, étant « artiste ». Sur la dalle que ses amis ont fait poser, il y avait une coupe tombée de son socle, envahie de mousses qui semblaient s'épancher d'elle comme un vert ruisseau de vie.

Je suis toujours ému par le mystère qui environne ces tombes d'inconnus, dans l'océan des sépultures. Elles sont comme des traces sur le sable, que le vent aura bientôt totalement effacées.

Au Raphaël, j'ai lu *Le Théodore*, de Heinrich Hansjakob. Il semble que ce don de conteur jailli du peuple se tarisse tout à fait de nos jours. Avec lui, c'est alors l'humus de la littérature qui manque, la flore des mousses sur les racines et au pied des arbres, et, d'une façon générale, la hiérarchie des efforts descriptifs. La sécheresse, ensuite, gagne les cimes des feuillages.

J'ai rêvé cette nuit d'un beau serpent ; son armure d'écailles brillait comme l'acier bleu et ses rugosités se plissaient en labyrinthe comme un noyau de pêche. L'animal était si grand que mes mains pouvaient à peine faire le tour de son cou ; il me fallut ensuite le porter longtemps, car je ne trouvais pas de cage.

Pensé : j'aimerais lui construire un beau jardin, mais où trouver les moyens, si je ne veux pas faire payer l'entrée ?

Paris, 27 juillet 1942.

Bonne surprise : le courrier m'a apporté, en épreuves, les *Dieux grecs*, de Friedrich Georg, édités chez Klostermann. Bien que les images et les pensées me fussent déjà connues, par nos conversations d'Überlingen, elles m'ont fait à la lecture une très forte impression. Très belle, la façon dont l'Antique et le Moderne ici entrent en contact – des choses immémoriales sont ressaisies sous l'emprise de notre temps. On sent bien que l'esprit allemand s'est longtemps et pas à pas rapproché d'elles, et qu'en retour, elles sont d'elles-mêmes venues vers lui. Le monde des mythes et la terre des mythes existent toujours ; ils sont comparables à cette profusion de richesses que les dieux nous cachent – nous errons comme des mendiants parmi des trésors inépuisables. Mais les poètes les monnayent pour nous.

Paris, 28 juillet 1942.

Le malheureux pharmacien du coin, dont on vient de déporter la femme. Des êtres aussi exempts de méchanceté ne songent absolument pas à se défendre, serait-ce seulement en discutant, forts de leurs bonnes raisons. Même s'ils se donnent la mort, ils ne choisissent pas le sort d'hommes libres se retirant dans leur dernier retranchement, mais recherchent la nuit, comme des enfants craintifs cherchent leur mère. Il est effrayant de constater à quel point même des hommes jeunes restent aveugles aux souffrances de ceux qui sont sans défense ; il y a là un sens qui leur manque. Ils sont devenus trop débiles pour une vie chevaleresque, ils ont perdu jusqu'à cette simple décence qui interdit de rudoyer le faible. Au contraire, ils trouvent là motif à se glorifier.

Juste après avoir écrit ces lignes, à la fin de la matinée, je me suis rendu chez le brave *potard** afin de lui confier une ordonnance que m'a délivrée la doctoresse. Tandis qu'il la préparait, il m'a fait cadeau d'un petit morceau de savon, comme s'il avait deviné que je venais de penser à lui avec bienveillance. À aucun moment je ne dois oublier que je suis entouré de malheureux. C'est mille fois plus important que toute gloire des armes ou de l'esprit, et que les vides applaudissements de la jeunesse à qui plaît ceci ou cela, au gré du hasard.

Puis rue du Faubourg-Saint-Honoré, chez l'antiquaire boîteuse où je me suis plongé dans la contemplation du *Voyage sur le Nil*, illustré en 1870 par Carl Werner. Regarder des images est l'une des choses qui me font le plus de bien aux moments de dépression.

Paris, 2 août 1942.

L'après-midi au Père-Lachaise. En pleine ville, et tout près des quartiers surpeuplés qui entourent la Bastille, on peut faire ici l'une des plus paisibles promenades qui soient. Suivant, entre les tombes, l'un des chemins envahis de mousse, je suis tombé, dans l'ombre des frênes et des acacias, sur un obélisque élevé à la mémoire du grand entomologiste Latreille. Au-dessus de l'inscription, un scarabée était gravé dans la pierre, et au-dessous, un ver à soie; le scarabée élevait sa boule comme un disque solaire. J'ai déposé une fleur sur cette tombe, et comme je la cueillais, tomba de son calice dans ma main, pour ma récompense, un petit charançon qui manquait encore à ma collection.

Un vieux cimetière comme celui-ci ressemble à une carrière dont les richesses en variétés de pierre et en blocs isolés sont l'apport d'un grand nombre de générations. À l'aspect de maintes espèces de granit et de porphyre, l'idée m'est venue que le polissage est au monde minéral ce qu'est aux plantes la floraison, ou aux animaux la parure nuptiale. Il indique le point où la splendeur et l'ordre profondément cachés dans la matière deviennent visibles à nos yeux. Et à l'inverse, la forme cristallisée s'épanouit dans les fleurs.

Le soir, une cloche sonne, signalant que l'heure est venue où l'on doit quitter le cimetière. On voit alors les visiteurs se hâter vers la sortie, isolément ou par petits groupes. Leur pas est plus pressé que tout à l'heure lorsqu'ils se promenaient ; il semble que l'idée d'être enfermés dans ces labyrinthes des morts éveille en eux une sourde angoisse.

En ces grandes nécropoles, la culture se révèle comme une unité, et dans la puissance apaisée qui est sienne par-delà les combats. Les morts sont retournés dans la profondeur maternelle, désormais hors de toute atteinte ; les noms, au lieu de se combattre comme avant, s'additionnent. On a vue, ici, sur ce qui, chez les peuples, est à jamais intact, comme on voit, dans un théâtre, les profonds espaces derrière la scène – mais, alors qu'en ces derniers les acteurs redeviennent des hommes, la métamorphose les ramène ici à l'esprit. La puissance des morts – comment a-t-on pu l'oublier ?

Suis revenu ensuite par la rue de la Roquette, d'où

l'on voit, de temps à autre, étinceler le furieux démon de la Bastille.

Au Raphaël, j'ai trouvé dans ma chambre une demoiselle Vilma Sturm qui espérait voir en moi un augure. J'ai lu ensuite des pages de Renan et de la biographie des sœurs Brontë, et, pour finir, des fragments du Livre de Job où je trouve indiquée, chapitre 28, l'énorme distance qui sépare l'homme de la sagesse :

« L'abîme et la mort se disent entre eux : nos oreilles ont eu bruit de son nom. »

Paris, 3 août 1942.

Terminé *La Vie de Jésus*, de Renan, ainsi que *La Famille Brontë*, par Robert de Traz.

Les sœurs Brontë ont ceci de remarquable qu'on voit agir chez elles une intelligence d'un autre genre, semble-t-il, que celle des humains en général – une intelligence transmise sans se diviser, à la façon d'un courant électrique. On serait tenté de croire que la connaissance est conduite par la terre et par le tronc de l'arbre jusqu'à ce qu'elle touche le nid et la jeune couvée qui s'y trouve. C'est ainsi que des corps célestes pourraient être doués de savoir.

Les apparitions de l'extraordinaire, chez les Brontë, permettent de pressentir qu'elles sont la règle à d'autres profondeurs, sur d'autres étoiles. C'est en ce sens que le rêve prémonitoire, la seconde vue, la prophétie sont extraordinaires. De même qu'il existe des couleurs au-delà de l'échelle visible du spectre, il existe un obscur courant de savoir qui ne s'individualise que rarement. De son influence invisible dépend l'harmonie des milieux vivants, le jeu subtil de leurs composantes.

Paris, 4 août 1942.

Dans la matinée, un certain M. Sommer est venu me voir au Majestic, et m'a apporté les saluts amicaux de Federici. Nous avons parlé de la Chine où il est né, et qu'il connaît bien. Puis du Japon – son père, qui voulait se faire faire des culottes de polo, chargea de ce travail un tailleur auquel il remit comme modèle une vieille culotte achetée en Angleterre. Il expliqua bien clairement au Japonais qu'il pouvait découdre le modèle : les nouvelles culottes devaient être exactement pareilles. Au jour de la livraison, le tailleur arriva avec les six culottes commandées, qui ressemblaient à s'y méprendre à leur modèle – il n'y manquait ni les deux rapiéçages, ni un endroit usé, à l'intérieur du genou.

Paris, 5 août 1942.

Perpétua m'écrit que dans l'après-midi du 2 août quelques bombes sont tombées sur Hanovre et ont fait beaucoup de victimes. Elle a entendu, au moment où la défense entrait en action, le vieux fossoyeur Schüddekopf crier du cimetière : « R'gardez-moi ça ! Les v'là qui viennent maintenant d'plein jour ! » Au presbytère, elle a une valise toute prête, avec un peu de linge et les manuscrits.

Dîner chez Morand, que je n'ai pas trouvé chez lui, car il est devenu ministre aujourd'hui même. Il était représenté par sa femme ; j'ai rencontré également à ce dîner le nouveau préfet de police et la princesse Murat. Je me suis entretenu avec le préfet sur les mœurs des bas-fonds, rue de Lappe ; il était mécontent d'apprendre que je m'y promenais.

Paris, 6 août 1942.

Tallemant des Réaux. Les *Historiettes*, que je suis en train de lire, sont supérieures, pour la densité et la substance charnelle, aux histoires de Saint-Simon. Elles dessinent une espèce de zoologie sociale.

Ainsi, une anecdote à propos du marquis de Roquelaure m'a beaucoup amusé hier. Elle exprime fort bien le comique qui naît lorsque les prétentions mondaines veulent être plus fortes que les rapports fondés en nature et en beauté.

Au cours d'un bal, *Madame** Aubert prend la main de Roquelaure, mais celui-ci tire par la manche son précepteur, et lui demande s'il est permis de danser avec cette bourgeoise. On en fit un vaudeville :

> *Roquelaure est un danseur d'importance ;*
> *Mais*
> *S'il ne connoist pas l'alliance,*
> *Il ne dansera jamais**

Paris, 8 août 1942.

Le soir chez Valentiner, où j'ai rencontré, outre des Closais, un jeune aviateur ; il commande actuellement une compagnie blindée dans les îles. Tandis que nous causions, la nuit est venue peu à peu ; les chauves-souris voletaient autour des vieux pignons ; les martinets disparaissaient dans leurs nids. Une ville comme celle-ci a aussi son côté animal, comme un récif de corail.

Retour avec des Closais jusqu'à l'Étoile. Nous avons parlé des obélisques, se dressant sur de vastes places comme des centres magiques, comme des symboles de l'être spirituel vainqueur de la pesanteur. Par eux, le monde minéral prend un sens ; je pense voir parfois des étincelles jaillir de leur pointe. C'est un très beau spectacle lorsque cette pointe brille d'une autre couleur que le reste, en rouge, par exemple, ou lorsqu'un rayon de lumière égaré tombe sur elle. Mais leur aspect est effrayant aussi – on pressent en eux ce qu'est la vie de cités désertes, où leur ombre compte les heures comme l'aiguille sur un cadran.

Puis, nous avons parlé de Boèce et, à propos de lui, de la menace qui pèse en ces temps, et qui pourtant ne doit pas nécessairement détourner l'individu de la règle de vie qu'il s'est tracée – le calme au milieu de la cataracte. Des Closais a fait observer que cela supposait qu'on pût en même temps garder contact avec une zone d'immobilité. Ainsi, étant enfant, il avait toujours eu à surmonter une grande frayeur pendant les orages, mais la pensée qu'au-dessus des nuages le ciel bleu rayonne inaltérablement le fortifiait dans cette épreuve.

L'effroyable D. Comme on attirait son attention sur le fait que, chaque jour, dans son camp de travail forcé, six à dix hommes mouraient faute de nourriture et de médicaments, et comme on lui disait qu'il fallait tout de même faire quelque chose pour y remédier :

« Qu'on agrandisse le cimetière ! »

Paris, 9 août 1942.

N'avons-nous pas, en un moment décisif de notre vie antérieure, consenti à notre sort ? Peut-être l'avons-nous choisi parmi une masse de costumes, comme pour un bal masqué. Mais, sur ces parvis où nous avons fait hâtivement notre choix, la lumière était différente : elle prêtait à l'étoffe ce miroitement où se révéle le vrai sens du jeu de la vie, et le costume en loques du mendiant nous paraissait peut-être plus désirable que le manteau royal.

Dans le *Diable amoureux*, que je relis une fois de plus, le passage le plus important est celui où Biondetta explique que non pas le hasard, mais un système bien équilibré de nécessités gouverne le monde, du mouvement des étoiles jusqu'aux moindres détails des jeux de hasard. Les événements prennent forme dans l'univers selon une loi cachée du nombre, et c'est pour cette raison que l'avenir est prévisible.

Après cette déclaration, Biondetta donne à Alvare quelques tuyaux qui lui permettent de gagner au pharaon. Bien qu'il n'accepte pas d'argent de Biondetta, il ne considère pas cette aide comme défendue.

C'est là un trait empreint de finesse, car dans la Kabbale, en effet, toute trace de l'origine s'efface au niveau extrême du diabolique. De même, grâce à des séries innombrables de chiffres et à leurs combinaisons dans le calcul automatique, il serait possible de former des noms sacrés ou le Notre Père ou des passages de l'Écriture. Les textes ainsi obtenus ne possèderaient, certes, que la lettre et n'auraient rien de commun avec l'esprit et les vertus salvatrices des autres.

Bien qu'Alvare ne perçoive pas tout ce contexte, sa belle réaction nous prouve que, dans le fond, sa nature est saine : après quelques gains, le pharaon ne l'intéresse plus.

C'est en effet un privilège de l'homme d'ignorer le futur ; c'est un diamant sur le diadème du libre arbitre qu'il porte au front. S'il le perdait, il deviendrait un automate dans un monde d'automates.

Paris, 10 août 1942.

Rêvé, dans la nuit, de tranchées durant la Première Guerre mondiale. J'étais dans l'abri, mais, cette fois, entouré d'enfants à qui je montrais des livres d'images. Puis je suis sorti et me suis étendu dans un trou d'obus. La terre était finement criblée de projectiles. J'émiettais entre mes mains la terre friable et reconnaissais en elle cette matière d'où nous venons et à laquelle nous retournons. C'est à peine si je la distinguais de mon corps et de ma main. J'étais allongé là comme une momie enveloppée d'une substance de momie.

Paris, 11 août 1942.

Une lettre de Schlichter avec des photos de nouveaux tableaux et dessins qui ont de la force. Surtout, j'attends beaucoup de ses illustrations des *Mille et Une Nuits*.

Paris, 12 août 1942.

Avec Friedrich Georg sur une falaise, à la lisière du désert. Nous lancions des cailloux sur une petite chose de la grosseur d'une coquille d'escargot et couleur de lapis-lazuli, tout en discutant sur la distance à laquelle il fallait jeter les cailloux, puisqu'il s'agissait d'une matière puissamment explosive. Étrange qu'en rêve je retrouve si souvent mon frère dans les domaines de la physique, alors que dans la vie nous parlons surtout des choses de l'art.

Puis nous sommes descendus afin de recueillir, sur la frange humide et couverte de rosée, des insectes que j'ai trouvé différents de toutes les espèces que je connaissais. Je me demandais même si je devais les prendre : ils obéissaient si peu aux lois immanentes à leur espèce que je ne trouvais aucune joie à les collectionner. Ainsi, je tenais tête au démiurge, à la manière des enfants : « Je ne joue plus ! »

L'après-midi dans le parc de Bagatelle, pour y admirer les belles fleurs, telles la dolique, plante grimpante, aux larges gousses ornementales d'un pourpre violacé. C'est là une plante qui fait parade de ses fruits, et non de ses fleurs.

Puis le jasmin de Virginie, aux grandes fleurs fendues qui s'étirent comme des trompettes de feu – décor pour l'entrée des jardins dans les *Mille et Une Nuits*. Des clématites – les cantharides aux couleurs tigrées bourdonnaient, presque immobiles, animées d'un tremblement spasmodique au-dessus des calices.

Repos dans la grotte. Du sein de l'eau d'un vert sale remontait la grande orphie dorée au dos couvert d'écailles sombres. Elle filait comme une ombre dans la profondeur pour s'élever ensuite lentement, de plus en plus nette et brillante, avant de venir étinceler en touchant la surface.

La nuit, sans doute influencé par cela, j'ai rêvé d'un ex-libris que j'aurais possédé : il représentait un espadon émergeant d'un fond noir mat, délicatement cerné d'un contour vieil or, d'une finesse japonaise. En m'éveillant, je me sentis si ravi par la vue de cette image que je voulus la faire graver, mais à la lumière du jour, le charme s'est effacé. La joie que nous éprouvons en rêve ressemble à celle que nous éprouvions, enfants. En quelques minutes, après le réveil, nous grandissons jusqu'à l'âge d'homme.

Paris, 13 août 1942.

Terminé *Essai de critique indirecte**, de Jean Cocteau. C'est là que se trouve raconté le rêve prémonitoire dont l'écrivain m'avait déjà parlé chez Calvet. En ce qui me concerne, je ne me souviens pas d'avoir jamais eu de ces rêves ; par contre, des événements de ma vie m'apparaissent souvent comme déjà connus en rêve. Notre regard les a ressentis là dans toute leur profondeur, selon leur idée platonicienne – et c'est de bien plus grande importance que si les rêves se réalisaient point par point. Je n'ai jamais trouvé d'attrait à la répétition. C'est de cette manière aussi qu'il faudrait explorer la mort, se familiariser avec elle.

Entre autres bonnes remarques, je note celle-ci : « *Surnaturel hier, naturel demain** ». Assurément, car les lois naturelles, dont Renan proclame si hautement la constance, s'adapteront toujours. Elles ressemblent à une musique d'accompagnement dont il est probable, quand les choses deviennent sérieuses, qu'elle se tait. Pas de lois dans l'être.

Ce qui pourrait aussi s'exprimer plus précautionneusement : les lois naturelles sont les lois accessibles à notre perception. Mais chaque fois que nous sommes mis en demeure de prendre une décision, nous cessons de les percevoir.

La technique s'est maintenant réalisée à une profondeur telle que, même lorsque sera brisée la suprématie du technicien et de ses idées directrices, il faudra encore tenir compte de son existence. Une quantité terrible de victimes, surtout, fait partie intégrante de son édifice. Aussi la technique subsistera-t-elle, de même que l'Ancienne Loi a subsisté après le Christ – comme l'un de nos souvenirs, avec le type d'humanité qui lui correspond. La véritable question est de savoir si notre liberté s'y perdra. Il est vraisemblable qu'il sortira de là une nouvelle forme d'esclavage. Elle peut s'accompagner de confort, et même de la possession de la puissance ; la chaîne n'en subsiste pas moins. Les hommes libres, par contre, se connaissent et se reconnaîtront à un nouvel éclat qui les environnera. Il s'agira peut-être de tout petits cercles dont les membres sauvegarderont la liberté, sans doute au prix de lourds sacrifices, mais le gain spirituel les compensera largement.

Les fleurs, les oiseaux, les pierres précieuses, les choses aux brillantes couleurs et aux senteurs d'épices. On éprouve, à les voir, la nostalgie de leur pays natal.

Paris, 16 août 1942.

Samedi et dimanche à Vaux-les-Cernay, près de Rambouillet, invité par le général en chef qui utilise cette vieille abbaye comme résidence d'été. L'avantage de ce séjour, c'est qu'on peut y faire et dire ce qu'on estime juste, et que l'on n'y voit pas de lémures. Les environs boisés sont humides, marécageux même, ainsi qu'il est de règle avec les Cisterciens qui bâtissaient comme les castors. J'ai vu la pierre tombale, vénérable en sa simplicité, de l'ancien abbé Theobaldus, connu sous le nom de Saint-Thibaut de Marly.

Là, quelques lectures : *Un avant-poste du progrès*, de Joseph Conrad, récit où le passage de l'optimisme civilisateur à la totale bestialité est excellemment décrit. Deux philistins arrivent au bord du Congo pour y faire de l'argent, et y adoptent des mœurs de cannibales. C'est là un processus auquel, observé à une plus grande échelle, Burckhardt a donné le nom de « décomposition accélérée ». Ces deux hommes ont entendu la musique d'ouverture de notre siècle. Ce que Conrad voit beaucoup plus nettement que Kipling, c'est la constance anglo-saxonne maintenue dans la désagrégation environnante. Trait étonnant et imprévu dans notre monde, et dont on aurait plutôt prophétisé l'apparition chez les Prussiens. Mais l'Anglais, et c'est là ce qui fait la différence, est capable d'assimiler une dose d'anarchie considérablement plus élevée. Si tous deux sont comme des aubergistes dans des quartiers pourris, le Prussien voudrait que le règlement fût observé dans chaque chambre. Il maintient de la sorte, en effet, un certain vernis d'ordre, sous lequel toutefois le nihilisme dévore la bâtisse tout entière. L'Anglais, tout d'abord, laisse le désordre grandissant aller son cours, il continue tranquillement à verser à boire et à encaisser ; enfin, si les choses prennent trop mauvaise tournure, il monte à l'étage avec une partie de la clientèle, et ils administrent une raclée aux autres.

Du point de vue caractérologique, l'Anglais a sur le Prussien la supériorité du flegmatique sur le sanguin et, pratiquement, celui du marin sur le terrien. Un

peuple de marins est habitué à de plus vastes fluc-
tuations. À cela s'ajoute encore la supériorité souvent
remarquée, sur le patrimoine germanique commun,
du patrimoine normand, plus favorable à la formation
d'une couche dirigeante. Il vaut mieux, en tout cas, se
tenir dos à dos avec de tels cousins, ou épaule contre
épaule, comme à la Belle-Alliance, plutôt que front
contre front. C'est du reste ce qu'a toujours voulu
la véritable politique prussienne, qui est demeurée
bonne tant qu'elle a été dirigée par les propriétaires
fonciers, et non par les élus de la démocratie plébiscitaire. L'influence du sol diminue, naturellement,
quand la population augmente et que les grandes
villes deviennent prépondérantes ; celle de la mer, au
contraire, grandit. C'est là une différence importante.
Nous avons parlé de ces choses à table, puis de la
situation en général.

Ensuite, promenade en forêt, avec Schnath, directeur des archives du Hanovre. La conservation et la
connaissance de choses anciennes et singulières font
songer, lorsqu'elles s'appliquent à ce qui est bas-
saxon, à l'art de fumer les aliments, ou à un univers
d'images subsistant au milieu des marais et des tourbières, parmi les senteurs de terre et d'herbe brûlée.
La tradition noue des liens avec les démons du site
et devient une sorte d'évocation des fantômes. Dans
cette pénombre, le clair événement historique brille
alors d'un curieux éclat – par exemple, la bataille de
la forêt de Teutobourg. Sans les sources étrangères,
cela se serait depuis longtemps fondu dans le mythe.
Ainsi brille, au Musée hanovrien, au milieu des outils
de la civilisation de la tourbe, le trésor d'argent de Hil-

desheim. Toutefois, cette façon d'être ne me déplaît pas ; elle laisse pressentir la supériorité des Nornes sur l'histoire qui a pris forme. Si diversement et richement coloré que soit le fil, *elles* le filent et le tranchent, puis dans le fleuve des âges le dessin pâlit, et seule demeure la matière de la trame – l'antique élément, la grisaille, le primitivement connu, qui nous est commun à tous.

Le général en est venu à parler des villes russes ; à son avis, il serait important pour moi de les connaître, en raison surtout de certaines retouches que je pourrais apporter à la « Figure du Travailleur ». J'ai répondu que je m'étais depuis longtemps prescrit comme pénitence une visite à New York, mais que j'étais également d'accord pour être détaché sur le front de l'Est.

Paris, 17 août 1942.

L'après-midi au Bois, puis thé chez *Madame** Morand, dans son jardin dont la pointe de la tour Eiffel contemple de très haut les dalles de marbre, par dessus les cimes des arbres les plus élevés. Là, j'ai rencontré Heller, Valentiner, Rantzau et la marquise de Polignac, avec laquelle j'ai échangé des souvenirs sur les catacombes des Capucins à Palerme. À son avis, le spectacle de cette parade macabre éveille une folle joie de vivre ; on a envie, quand on en remonte, de sauter au cou du premier venu. Peut-être est-ce pour cette raison qu'en des temps anciens la momie passait pour un aphrodisiaque.

Capriccio : ces arts ancestraux de la mise en conserve

pourraient-ils encore fournir des nourritures à notre temps, pourrait-on offrir un festin où le pain proviendrait du froment des pyramides et le bouillon du bœuf Apis ? On pourrait ensuite extraire des nécropoles du charbon animal, comme le charbon végétal des galeries de mine. Ce serait une nourriture de qualité inférieure, de même que le charbon est un combustible inférieur.

Paris, 18 août 1942.

Dans la matinée, détruit des papiers, parmi lesquels le plan développé de *La Paix* que j'avais écrit au cours de l'hiver.

Ensuite, conversation avec Carlo Schmid qui est venu dans mon bureau ; de nouveau il m'a parlé de son fils, puis de rêves et de sa traduction de Baudelaire qui est maintenant terminée.

Acheté un agenda dans une papeterie de l'avenue de Wagram ; j'étais en uniforme. Une jeune fille, qui servait les clients, m'a frappé par l'expression de son visage ; il était évident qu'elle me considérait avec une haine prodigieuse. Ses yeux bleu clair, dont la pupille s'était rétractée jusqu'à ne plus former qu'un point, plongeaient droit dans les miens, avec une sorte de volupté – celle-là peut-être qu'éprouve le scorpion enfonçant son dard dans sa proie. J'ai eu l'impression qu'il y avait longtemps sans doute que chose pareille ne s'était produite chez les hommes. Le rayonnement de pareils regards ne peut rien nous apporter d'autre que destruction et mort. On devine aussi qu'il pourrait passer jusqu'à vous comme un germe de maladie ou une étincelle, que l'on ne saurait éteindre en soi-même qu'avec peine et en se faisant violence.

Paris, 19 août 1942.

Déjeuner au Ritz avec Wiemer qui, ces jours-ci, veut aller voir Poupet et Hercule à Marseille. Examen de la situation. « <u>Nous</u> *après le déluge** ».

Puis chez Charmille, pour le thé. Nous avons dîné rue de Duras ; après quoi, sous de violents éclairs de chaleur, nous sommes allés jusqu'à l'Étoile en suivant la rue du Faubourg-Saint-Honoré. Durant ce trajet, où nous entendions parfois chanter les grillons dans les boulangeries, conversation d'ordre général, sur le passé.

Lecture : la *Lucinde*, de Schlegel : j'ai l'impression qu'ici le romantisme aurait pu devenir une sorte de pratique de la vie, telle qu'on la voit réalisée chez Gentz et Varnhagen sur certains points de détail et dans un mauvais style. On s'en tient aux pressentiments et aux lointaines correspondances. Une mélodie finira peut-être par en sortir un jour. Le romantisme formerait alors un prélude confus à des réalisations choisies et même raffinées de la civilisation avancée. De nos jours encore, on sent son emprise sur des individus doués dont il tente de s'emparer, tel un esprit qui n'opérerait qu'à l'état de fantôme abstrait et qui voudrait s'incarner, devenir chair et sang. Ils parviennent alors à transposer n'importe quoi en style romantique, comme Louis II l'a fait du Versailles de

Louis XIV, ou Wagner du monde des dieux nordiques. La clef romantique ouvre quatre-vingt-dix-neuf resserres aux trésors ; dans la centième sont tapies la folie et la mort.

Paris, 26 août 1942.

Friedrich Georg m'écrit que lors du dernier bombardement de Hambourg, les plombs de la seconde version des *Illusions de la technique* ont fondu dans l'incendie.

Le soir, je suis allé chercher la doctoresse pour faire avec elle une promenade au clair de lune à travers les vieux quartiers. Près de la statue d'Henri IV, nous sommes descendus dans le square du Vert-Galant, d'où l'on voyait les lumières dans les cuisines des péniches et où l'on sentait une odeur d'eau croupie. Conversation sur les poèmes de Platen, dont elle comparait la beauté à l'éclat figé de la lumière lunaire – cette lumière réfléchie. Éros ne resplendit qu'en son reflet.

Il m'est parfois difficile de distinguer entre mon existence consciente et mon existence inconsciente – je veux dire entre ces deux parts de la vie dont l'une s'est tramée en rêve, l'autre au grand jour. Il en va de même, exactement, pour l'invention des images et des figures – au cours de mon travail d'écrivain, maintes choses se font en moi chair et sang, et continuent dans ma vie.

Ainsi, l'homme pourrait disparaître dans l'image que, magicien, il a formée. C'est, cependant, le contraire qui doit lui arriver ; il faut que les images le haussent vers la lumière ; elles peuvent ensuite se détacher de lui, comme tombent les pétales une fois formé le fruit.

Nous sommes en train d'accomplir le mouvement inverse de celui des romantiques : là où ils plongèrent, nous émergeons. La nouvelle perspective, plus lumineuse, est encore douloureuse, encore insolite.

Les tape-dur*. C'est le surnom que se donnaient les Septembriseurs. Il y a dans ce mot une horrible tendresse, quelque chose de l'atroce gaminerie de ce monde.

Paris, 28 août 1942.

Toujours pas de nouvelles du voyage dans les régions de l'Est. À midi, conversation avec Weinstock sur Platon, et sur la façon dont il nous devient présent. C'est une chose qui m'apparaît avec une clarté particulière, depuis que j'ai lu les *Dieux grecs*, de Friedrich Georg.

L'après-midi, est venu me voir, au *Majestic*, un monsieur S., propriétaire d'usines d'appareillage électrique. Il venait me demander «si l'homme moral avait aujourd'hui la volonté d'agir dans la réalité, et si pareille chose présentait quelque avenir» – question dont nous nous sommes entretenus un certain temps, nous référant notamment à Nietzsche, Burckhardt et Stavroguine.

Mon visiteur semblait être animé par un certain moralisme technique et pratique, ou encore par un utopisme, un peu comme ces pères jésuites qui firent construire la voûte de Saint-Michel à Munich – un esprit de rationalité solidement fondée. Cela m'a fait songer également à cet ouvrage édifiant qu'on lisait beaucoup il y a cent cinquante ans: *The Economy of Human Life*.

Satisfaction de constater que dans un entretien abstrait comme celui-là, le monde concret restait visible, tangible – telle une grande machine où le mouvement de la conversation actionnait ici un piston, là un volant.

On peut aller voir quelqu'un avec l'intention d'être, ce jour-là, particulièrement cordial à son égard, particulièrement affectueux. Et pourtant, cela ne nous met pas à l'abri des fausses notes – les cordes ont leur façon d'être à l'unisson, qui ne dépend pas de la volonté. C'est ce qui m'arrive assez souvent lors de rencontres avec des personnes que je me réjouissais depuis longtemps de revoir – la froideur semble y régner, et il faut des jours, des semaines, pour que la juste harmonie soit rétablie.

Cette nuit, rêvé de nuages – ils étaient comme des bandes de neige tassée, avec des franges terreuses comme celles des grosses boules de neige que les enfants font rouler sur le sol au moment du dégel.

Paris, 29 août 1942.

L'après-midi chez Le Moult, au sixième étage d'une maison de la rue Duméril, pour y voir des collections d'insectes. La porte me fut ouverte par un monsieur corpulent d'une soixantaine d'années, à grande barbe blanche, affaibli par de longs séjours sous les tropiques ; il m'a laissé seul un instant dans une vaste pièce dont les murs étaient recouverts, comme ceux d'une bibliothèque le sont de livres, par des boîtes à papillons, en rangs serrés. J'y ai vu un aquarium, puis une tourterelle des Indes a volé vers moi du haut d'un rayon, m'a fait maintes courbettes en roucoulant et a sauté sur mon index. Ensuite, Le Moult est revenu et m'a fait admirer de splendides papillons des îles Salomon et d'autres archipels du monde entier. J'ai, à cette occasion, nettement ressenti de nouveau ce qu'a d'étrange cette entreprise d'amasser des centaines de milliers de petites momies colorées – entre autres caractères, il y a là-dedans quelque chose d'égyptien. Les produits de cet art se révèlent particulièrement fragiles dans un monde de destruction. Une de ces petites boîtes représente souvent à elle seule le résultat de travaux subtils poursuivis durant des années. C'est pourquoi Le Moult s'est également livré à de sombres réflexions sur un obus de DCA tombé tout récemment non loin de chez lui.

Cette nuit, j'ai rêvé d'une escalade en montagne – j'attrapais dans un ruisselet un poisson vert avec sept paires d'yeux, ceux de devant bleus, les autres de couleur indécise, placés dans un repli embryonnaire. Comme je montais toujours, atteignant les sommets glacés, il perdit le mouvement et gela dans ma main. Je suis entré ensuite dans une chapelle de montagne.

Paris, 30 août 1942.

L'après-midi avec Charmille à Bagatelle. Là, un lantanier jaune à cœur rouge. La fleur est comme du velours, et dégage aussi une fine senteur de velours. Elle attire les papillons, en particulier le moro-sphinx qui s'arrête devant elle les ailes ouvertes et plonge sa trompe dans les cratères bariolés. J'ai vu la même, mais violette, aux Açores, et je suis toujours pris d'un sentiment de nostalgie lorsqu'il me faut, à sa vue, me souvenir de ces Hespérides. Dans ces îles et aux Canaries, ainsi que dans les montagnes de Rio, j'ai vécu des heures qui m'ont fait soupçonner qu'il avait dû y avoir un Paradis – des heures si belles dans leur solitude, et souvent majestueuses ; le soleil même avait un autre éclat, plus divin. De tous les maux du temps, un seul alors subsistait : qu'il s'enfuît.

Paris, 31 août 1942.

L'après-midi, rue de Miromesnil, chez Gonod, le nouvel antiquaire que j'ai découvert. Un nouvel antiquaire, c'est une nouvelle marotte. J'ai surtout été séduit par un cabinet quadrangulaire, entièrement tapissé de livres. J'ai acheté les *Mémoires* du baron Grimm, qui, avec sa correspondance, seront toujours un régal pour les connaisseurs – les deux volumes portaient l'ex-libris d'un certain baron de Crisenoy : « *Je regarde et je garde** », fière parole.

J'ai acheté aussi la description circonstanciée du

naufrage du brick américain *La Sophie*, Paris, 1821. Enfin, *L'Art du duel*, de Tavernier, avec une dédicace de la main de l'auteur à A. Gerschell, qu'il appelle «le roi des photographes».

Ne serait-ce qu'à fouiller parmi ces choses, on s'instruit déjà; l'esprit saisit au vol une foule de noms et de dates, qui s'émiettent à vrai dire, mais laissent une sorte d'humus d'où maintes choses me viennent, une connaissance diffuse, par exemple, supérieure souvent à la connaissance exacte, un doigté pour sentir les frontières et transitions des domaines spirituels. Voilà pourquoi aucune de mes nombreuses promenades sur les quais n'est vaine – pareillement, c'est dans la quête du gibier que réside l'attrait de la chasse, non pas dans la pièce abattue.

Paris, 1ᵉʳ septembre 1942.

Le 1ᵉʳ septembre – déjà s'étire, le long des quais de la Seine, une frange de feuilles de peuplier jaunies, découpées en forme de cœur. Nous entrons dans la quatrième année de guerre.

Le soir chez Valentiner, pour voir au-dessus des toits monter la nuit. Déjà, les hirondelles et les martinets prenaient leur départ. Puis, avec Charmille, aux Tuileries; assis sur un banc, tandis que le Grand Chariot scintillait magnifiquement dans le ciel, nous parlions de la fleur au calice d'or, la fleur de l'imagination.

Lecture: *La Vie de Guy de Maupassant*, par Paul Morand. C'est là un de ces bouquets aux fleurs desquels sont emmêlées des araignées bariolées et des têtes de serpents. D'ailleurs, on ne devrait pas se faire le biographe d'un homme que l'on n'aime guère.

Paris, 2 septembre 1942.

L'après-midi dans le parc de Bagatelle. Les feuilles jaunissent, et les asters commencent à fleurir. Conversation pleine d'intimité dans le pavillon.

Mal dormi cette nuit. Survient alors un genre de rêves où seules des pensées se forment, au lieu d'images ; nous ne pénétrons pas jusqu'aux profonds souterrains où elles prennent figure – jusqu'aux solutions.

Paris, 8 septembre 1942.

Le soir chez Valentiner. Là, Henry de Montherlant et Nebel, qui revenait des îles. Nebel a parlé d'une prophétie du XVIe siècle où se trouvait prédite pour cette époque-ci la destruction de Cologne. Selon lui, cette prophétie s'était réalisée à la lettre géographiquement, car seul le centre de la ville, correspondant à sa superficie d'alors, a été démoli. Parlé ensuite de l'américanisation que favorise la destruction des vieilles villes.

Sur de Quincey, dont Nebel avait apporté une édition anglaise qui m'a mis l'eau à la bouche. Puis, sur les courses de taureaux, pour l'amour desquelles Montherlant, encore enfant, avait fui la maison paternelle. Sur le duc de Saint-Simon et les *Mémoires* de Primi Visconti à la cour de Louis XIV. Montherlant a raconté l'anecdote du comte de Guiche, qu'il a dénichée dans ce livre, et dont il parle dans l'un de ses romans.

Paris, 9 septembre 1942.

Déjeuné chez les Morand, où j'ai vu aussi Benoist-Méchin. Conversation sur Maupassant, à propos de sa biographie par Morand. Celui-ci nous dit qu'il possédait une grande quantité de lettres inédites de cet écrivain. Puis, sur D'Annunzio, auquel Benoist-Méchin a rendu visite autrefois, dans son île. Là, sur son petit navire de guerre, D'Annunzio fit tirer des salves en l'honneur de différentes nations, après leur avoir porté un bref toast à chacune. Pour finir, comme il venait de porter un salut particulièrement cordial à la France, la fumée de la poudre se concentra en un anneau qui monta lentement dans les airs. Alors, D'Annunzio, se tournant vers son hôte : « Doutez-vous, maintenant, que je sois un poète ? »

Benoist-Méchin a parlé ensuite du recrutement des 650 000 travailleurs que l'Allemagne exige de la France, ainsi que des possibilités et des inconvénients que présente pareille chose. Il a cité, parmi ces derniers, le risque croissant de catastrophe qu'entraînerait pour l'Europe centrale une telle accumulation d'individus déracinés pour des motifs purement techniques, et qui serait dangereuse pour la France, ne fût-ce qu'en raison du voisinage des deux pays.

Ce ministre donne l'impression d'une intelligence précise. Son erreur est d'avoir, au carrefour, choisi le mauvais chemin. On le voit, à présent, engagé dans un sentier chaque jour plus étroit et impraticable. Il lui faut, là, presser le mouvement, cependant que le résultat va s'amenuisant. De cette façon, les énergies se dilapident ; elles mènent à des gestes de désespoir, et finalement au désastre. L'Europe est semblable à une belle femme qui n'a jamais manqué de soupirants ; elle attend l'élu.

Ensuite, au parc de Bagatelle, avec Charmille que j'avais retrouvée près de la tour Eiffel. Les asters arrivent à leur pleine floraison ; un en particulier, qui porte sur ses touffes des myriades de boutons gris pâle, à peine plus gros que des têtes d'épingles. Il fait ainsi honneur à son nom, reflétant, ne dirait-on pas, tout le firmament en un microcosme.

Paris, 10 septembre 1942

Le soir, avec Humm, au Ritz, où nous attendait le correspondant de la *Kölner Zeitung*, Mariaux, et sa femme. Mariaux nous a dit que, dans les bouleversements de cette guerre, toutes ses notes et manuscrits, résultat de trente ans de travail, avaient été détruits par le feu ; il a comparé de façon très pertinente l'état où il se trouve depuis lors à celui de Peter Schlemihl, l'homme qui avait perdu son ombre.

Cette mésaventure m'a fait me demander si je ne devrais pas publier plus tôt que je ne le prévoyais plusieurs de mes inédits, mes journaux de voyages, par exemple. La chose imprimée représente tout de même une assurance contre ce genre de pertes.

Parmi les écueils qui menacent ma pensée en son progrès, celui du solipsisme a été particulièrement important, ces dernières années. Il est inséparable non seulement d'un isolement croissant mais de la tentation de mépriser l'homme, qui prend le pas sur toutes les autres, et que l'on ne combattra jamais assez en soi-même. Au milieu de ces masses qui ont totalement renoncé au libre arbitre, on se sent toujours plus étranger, et il est des moments où l'on serait tenté de croire que vraiment elles n'existent pas, ou bien que ce sont des fantômes que l'on aperçoit autour de soi, pris dans des ensembles mi-démoniaques mi-mécaniques.

Solipsisme actif : dans celui-ci, le monde est par nous rêvé. Nous nous rêvons sains, et morts ; si nous rêvions plus énergiquement encore, nous deviendrions immortels. Il y a là de quoi séduire. Mais il importe de toujours se rappeler les dangers qu'a vus, aussi, Ruysbroeck l'*Admirable**, et qu'il décrit dans son *Miroir du salut éternel* : «On trouve encore d'autres hommes, mauvais et diaboliques, qui prétendent être Dieu : que le ciel et la terre sont l'œuvre de leurs mains, et qu'ils les entretiennent avec tout ce qui existe.»

Ce sont des tentations dans le domaine de la décision théologique, tel qu'il était visible en Thébaïde. Combien dérisoire, en comparaison, le monde de la technique tout entier.

Paris, 13 septembre 1942.

Promenade dominicale à Saint-Rémy-lès-Chevreuse. Là, je déjeune en toute tranquillité, à l'Auberge de l'Yvette, puis je gravis la hauteur jusqu'à un grand parc abandonné par son propriétaire. Un bon cigare à l'invalide qui sert de gardien m'ouvre ce jardin redevenu sauvage. Je m'arrête ensuite sur une pente solitaire, envahie de taillis de marronniers, d'où l'on voit verdoyer au fond du vallon les sapins et les chênes. Les geais et les pics y volètent d'un arbre à l'autre. Dans le repos et les songeries, l'après-midi ne s'envole que trop vite.

Paris, 14 septembre 1942.

L'énigme de la vie – l'esprit, devant elle, est à la tâche comme sur une serrure à combinaison.

L'étrange, dans ce travail, c'est que le contenu du coffre au Trésor change selon la méthode dont on use pour l'ouvrir. Que l'on brise la serrure, et il se volatilise.

Doucement*! Plus délicatement nous y touchons, plus étonnantes sont les combinaisons qui s'ouvrent. Et elles deviennent plus simples à proportion. Finalement vient le moment où nous pressentons que c'est notre propre cœur, que c'est nous-mêmes que nous découvrons, et que les énigmes du monde sont un reflet de l'énigme de la vie. Alors ruisselle en nous la surabondance cosmique.

Paris, 15 septembre 1942.

Lecture : continué la Bible, que je lis de façon régulière depuis un an. Parmi les Psaumes, j'ai trouvé particulièrement frappant aujourd'hui le 139e, qui exprime une sorte de physique divine. On peut la qualifier de moniste en ce sens qu'un tronc unique porte toute la ramification des contraires. Dieu est présent jusque dans les profondeurs de l'Enfer, et les ténèbres sont aussi brillantes pour lui que la lumière. Il pénètre la matière, il voit les os de l'homme qui se forme dans le ventre maternel, et dont il connaît l'avenir.

Ce psaume se détache de tous les autres comme parfaitement accessible à notre mode de pensée ; il est moderne, comparé aux autres, par exemple au puissant 90e, dans le sens où Thucydide est moderne à côté d'Hérodote. Comparé aux anciens chants sur la destinée humaine, son contenu est de la plus haute spiritualité. Les versets 19 à 22 sont inférieurs aux autres, et doivent, si je ne m'abuse, être d'un autre auteur. Le verset 14, par contre, est très beau, où l'homme remercie Dieu de l'avoir fait créature admirable. Il apparaît clairement que la piété n'est concevable que comme rapport entre des êtres merveilleux. Les animaux louent Dieu par leurs jeux, la splendeur de leurs couleurs ; l'homme, pour le faire, a reçu le Verbe.

Ensuite un récit de Fontane, *Quitte.* En le lisant, l'idée m'est venue de nouveau qu'un puissant talent de conteur n'est pas sans nuire légèrement à un écrivain, car dans son courant rapide le délicat plancton de l'esprit ne peut se développer. La raison en est que le talent de conteur ressortit, originairement, au don rhétorique, autrement dit s'accommode mal de l'écriture – il oblige la plume à courir trop vite. Sans doute, il est le plus souvent indice de santé, mais c'est aussi pourquoi il s'accompagne d'un optimisme qui explore les hommes et les choses de façon par trop superficielle. En revanche, lorsque les facultés poétique et narrative tiennent, à un degré supérieur, la balance égale, l'œuvre créée est, comme chez Homère, incomparable. Chez les anciens aèdes, toutefois, l'énergie rhétorique et l'énergie poétique n'étaient pas disjointes, et la fable était écriture aussitôt qu'elle naissait. Ce qui suppose, il est vrai, la poésie comme langue maternelle du genre humain, au sens où l'entendait Hamann.

Enfin, Maurice de Guérin. Beaucoup de ses intuitions le situent au tout premier rang, par exemple celle-ci : à savoir que le langage n'est pas seulement un moyen de communiquer sentiments et sensations, mais possède lui-même un corps parfaitement sensible et animé, avide jusqu'en sa dernière syllabe d'atteindre à la forme. Comme Guérin dispose lui-même de ce libre souffle qui change le limon en chair et en sang, son langage se prête aussi, comme nul autre, à la description et à l'évocation d'un monde animé d'une vie panthéiste.

J'ai été frappé de voir que dans la page de son journal du 6 février 1833, où il mentionne une série de poètes allemands, Guérin ne nomme pas Novalis, qui lui ressemble cependant par bien des points, dans sa vie et dans son œuvre.

Paris, 16 septembre 1942.

Mercredi après-midi au Jardin d'acclimatation. Dans l'effectif considérablement réduit de la faisanderie, j'ai remarqué un couple de poules de Sumatra – noires, avec un reflet vert sombre, dont la splendeur se révèle quand elles sont en plein soleil. Le mâle est robuste ; la longue vague de plumes de sa queue non seulement s'élève en faucille, comme chez nos coqs, mais s'achève en forme de traîne orientale – parure qui se trouve tout particulièrement mise en valeur lorsque l'animal se dresse sur ses ergots, cascade d'un vert métallique.

D'où vient que notre ravissement soit si vif, à voir quelque chose d'aussi anciennement familier que notre brave coq domestique surgir sous une figure inattendue – développée dans des îles dont nous séparent des mers longtemps inconnues ? Cela me touche à tel point que j'en suis parfois proche des larmes. Je suppose que dans un tel spectacle, nous avons la révélation de la prodigieuse densité de substance inhérente aux images familières. Un tel être nous semble imprégné de germes de vie jusqu'en sa moindre cellule ; et, s'épanouissant superbement sous les tropiques, il en déploie toute la surabondance. C'est l'Unique, le type originel qui nous devient visible dans ce jeu magique. Ce spectacle suscite également une sensation de vertige ; expulsés du halo irisé des qualités, nous tombons soudain au cœur de la substance. La hiérarchie des arcs-en-ciel – se dire aussi que le monde en sa totalité a été créé d'après

PREMIER ET SECOND JOURNAUX PARISIENS

un type originel, qui se diversifie en des myriades de systèmes solaires.

C'est en *cela* également que réside l'attrait d'une collection, et non point dans le fait, par exemple, qu'elle soit sans lacunes. Il s'agit, dans la diversité, d'assurer des perspectives qui s'ordonnent autour du centre invisible de l'énergie créatrice. Tel est également le sens des jardins, et le sens, enfin, du chemin de la vie en général.

Puis, thé à l'ombre des arbres du Pavillon d'Armenonville, au bord du minuscule étang qui porte aussi ce nom. Les coups de nageoire indolents des poissons, ou la chute d'une châtaigne mûre, faisaient courir à sa surface de fines ondes concentriques, qui se recoupaient et formaient ainsi un délicat treillis où se prenait magnifiquement le vert des arbres. Sa résille semblait s'affiner sur les bords, si bien que les feuilles d'un grand catalpa, qui au centre de l'image se reflétaient sous formes de ronds et d'ovales, se dissolvaient près de la rive en rubans verts qui sombraient dans les profondeurs avec un frémissement d'oriflammes.

Pensé : « C'est ainsi qu'il faudrait, didactiquement, présenter les tonalités nouvelles, dans le reflet qui accompagne toujours l'image familière. Là, dans un champ limité, pourra se faire jour alors la loi plus haute. » Mais n'en est-il pas ainsi ? Le nouveau fait toujours en sorte de s'adjoindre d'abord au reconnu comme sa subtile contradiction, comme une ombre de possible. Puis, il pénètre dans les objets. On doit le sentir aussi dans l'histoire de la peinture – se dégageant des ombres, des reflets, du demi-jour, de l'obscurité. D'ailleurs il en va de même dans l'histoire : le nouveau hante d'abord longtemps le domaine des reflets et les confins fabuleux ; il se traduit en jeux de l'intelligence : utopies, philosophèmes, théories – et pénètre ensuite lentement dans le réel, s'y infiltrant d'abord par osmose. Les nacelles qui amènent les figures du destin abordent au crépuscule, en un point retiré du rivage.

Ne pas oublier : les deux martins-pêcheurs qui, en cet endroit, à la lisière de la grande ville, volent d'une aile bruissante au-dessus des amas de lentilles d'eau. Ils ont leur nid sur le ruisselet qui alimente le petit étang. De tous les tours et détours que fait cet animal, joyau ailé, les plus beaux, je trouve, sont ceux où il montre le plumage de sa queue ; son dos bleu d'outre-mer lance alors un éclair vaporeux, comme une poudre de turquoise.

Paris, 17 septembre 1942.

Lecture : *Pots cassés*, de Harold Begbie. Ce livre traduit de l'anglais décrit les destinées d'une série de prolétaires londoniens qui physiquement, intellectuellement et moralement étaient tombés dans la fange des derniers bas-fonds, puis furent convertis. Ce livre fait clairement comprendre à quel point une institution comme l'Église anglicane est devenue étrangère à ses véritables missions, perdant jusqu'à la simple technique des méthodes de salut. L'effroyable tourbillon de la déchéance exige des pilotes qui connaissent la nature particulière des éléments où lutte l'homme en passe de se noyer. En ce domaine, les sectes ont des leçons à nous donner, et surtout l'Armée du Salut, en qui il est permis de voir le dernier-né de nos grands ordres. De même que les Bénédictins bâtissaient dans les montagnes, et les Cisterciens dans les marais, l'Armée du Salut s'est choisi comme champ d'action les grandes villes, et leurs étendues désolées lui ont dicté sa règle et sa tactique.

Le travail de ces hommes et de ces femmes a déjà accompli un bien immense, mais il est plus important encore au sens où ils ont fait œuvre de pionniers. De même que les pionniers ouvrent la brèche par où passera l'attaque générale, le sauvetage et la conversion de l'individu précèdent l'offensive du salut lancée sur les grandes masses dont l'existence s'écoule tout aussi vainement, sans contact avec l'intimité de la nature. Mais elles y aspirent avidement, et pour leur donner une nourriture plus précieuse que n'en pourrait jamais fournir aucune économie, il suffit aujourd'hui encore de quelques miettes de pain spirituel.

Parmi les détails de ce livre, j'ai remarqué un bon passage sur l'alcool. L'auteur montre, par des citations assez longues et malheureusement sans références, que l'attirance souvent irrésistible de l'alcool n'est pas due à la jouissance physique qu'il procure, mais à sa force mystique. Aussi n'est-ce point par dépravation que l'infortuné a recours à lui, mais parce qu'il a faim de puissance spirituelle. La boisson donne au pauvre, à l'être sans culture, ce qu'offrent à d'autres la musique, les livres : elle lui offre une réalité d'un ordre supérieur. Elle le mène des lisières du réel jusqu'en son atelier profond. Pour nombre d'hommes, l'étroite zone où ils peuvent respirer un souffle de l'infini se situe aux limites de l'ivresse. Voilà pourquoi se trompent gravement ceux qui veulent combattre l'ivrognerie comme une sorte de gloutonnerie portant sur les liquides.

De même, l'éther et le protoxyde d'azote sont mentionnés comme clefs ouvrant à une clairvoyance mystique. Ils permettent de voir une vérité plus profonde, qui se manifeste d'abîme en abîme. La chose est parfaitement exacte, et décrite, par ailleurs, dans la petite étude de Maupassant sur l'éther, que j'ai traduite il y a bien des années. L'auteur en vient ensuite à formuler cette pensée qu'il ne doit pas exister *un seul état* de conscience, mais qu'il y en a un grand nombre, séparés en quelque sorte par des membranes les uns des autres – membranes que l'on traverse dans l'état d'ivresse.

Une idée analogue me guidait, à l'époque où je me consacrais à l'étude des états d'ivresse. Je me représentais la conscience normale comme un disque fixé horizontalement sur un axe. Les ivresses changent, suivant la drogue employée, son angle d'incidence et, par là, l'horizon ainsi que les signes qui surgissent. Le tour complet forme la somme de toutes ces modifications et, par là même, l'univers spirituel, la sphère. Si j'ai sillonné toutes les mers de l'ivresse, si je me suis arrêté sur toutes ses îles, si j'ai séjourné dans tous ses golfes, ses archipels et ses villes magiques, alors j'ai réussi le grand périple, le tour du monde en mille nuits – j'ai bouclé le cercle autour de l'équateur de ma conscience. C'est là le grand voyage, l'expédition dans le Cosmos spirituel, où d'innombrables aventuriers se sont déjà perdus sans laisser de traces.

Paris, 18 septembre 1942.

L'après-midi, sur un banc de l'Étoile, donné à manger aux pigeons ; ils étaient si familiers qu'ils posaient sur ma main leurs petites pattes rouge corail. La vue d'une gorge de pigeon me ramène toujours au temps de mon enfance. Rien ne me semblait plus merveilleux, alors, que ce jeu de vert, d'or et de violet que font entre elles les plumes minuscules, lorsque le pigeon picore des graines sur le sol, ou qu'il fait le beau en roucoulant devant sa femelle. Dans ce chatoiement, l'humble couleur grise atteint son suprême degré d'opale, et allume au feu du jour ce qu'elle recèle en sa profondeur.

Puis, suivi la rue du Faubourg-Saint-Honoré, en compagnie de Charmille, laquelle m'a poussé à acheter un petit livre de poche qui se trouvait dans la vitrine d'un antiquaire, prétendue traduction du manuscrit d'un brahmane. De fait, il est apparu, à seulement le feuilleter, que c'était une excellente trouvaille. J'ai emporté, aussi, l'*Histoire générale des larrons*, par d'Aubrincourt, dans l'édition princeps de 1623.

Nous nous sommes arrêtés ensuite un moment place du Tertre, dans le jardin de la Mère Catherine ; puis, nous avons fait le tour du Sacré-Cœur par des rues en spirale. Paris est devenu pour moi une seconde patrie spirituelle, l'image, toujours plus profonde, où se résume tout ce qui m'est cher et précieux dans l'ancienne culture.

Paris, 21 septembre 1942.

Chez les enfants, à l'âge de trois ans, on peut reconnaître la totale dignité de la personne morale, alliée à la gaieté, dans une unité qui ensuite se perd.

L'après-midi, à Vincennes, où je suis allé voir ma vieille concierge, pour une affaire particulière. Les gens que nous connaissons ressemblent à des fils aux mille couleurs que le destin a amenés dans notre main. Selon que nous les réunissons et les entrelaçons, des dessins se forment, dont la valeur et l'ordre révèlent le degré d'harmonie qui nous est accordé. Il n'appartient pas à n'importe qui de savoir gérer ce capital.

Paris, 23 septembre 1942.

Promenade avec Charmille dans le bois de Vincennes. Nous avons parlé de la façon dont s'achèveraient toutes ces années, et des tourbillons qu'on voit venir. Le temps était pluvieux ; les allées humides étaient parsemées de marrons luisants.

Cette nuit, rêvé que je me trouvais avec des soldats. Ils portaient sur la poitrine de petites décorations rondes pour les blessés qu'ils avaient achevés. J'ai conclu de leurs propos que ces distinctions, décernées par un comité international dans le genre de la Croix-Rouge, étaient universellement reconnues.

Pensé : « Très juste ! C'est le seul point sur lequel vous soyez encore tous d'accord. »

Paris, 24 septembre 1942.

Poupet et Heller sont venus me voir au Raphaël. Conversation sur les *Mémoires* de Caillaux qui viennent de paraître chez Plon. Poupet a rencontré récemment dans un dîner, nous dit-il, *Mme** Caillaux qui, en 1914, abattit à coup de revolver le journaliste Calmette. Elle était apparue en longs gants rouges, montant jusqu'aux coudes.

Parlé du charme de choses qui se sont imprégnées d'arômes durant de longues années – coupes à broyer, ceintures de crin et moulins à épices, ou même des maisons entières, telles les vieilles pharmacies ou ces greniers pour le tabac que j'ai vus à Bahia.

Paris, 25 septembre 1942.

Ce matin, lecture de documents et de relations contemporaines sur des événements de la Révolution française. Le sort de la famille royale est vraiment triste, et ouvre des perspectives bien décourageantes sur l'ignominie du genre humain ; il semble qu'on voie des hordes de rats faire cercle autour de victimes sans défense, et finalement les assaillir.

Dans l'après-midi, Claus Valentiner est venu me voir au Majestic, et m'a fait cadeau de l'édition des œuvres de Vico, publiée en 1835 par Michelet.

Paris, 27 septembre 1942.

Promenade dominicale sous la pluie dans le bois de Vincennes. Nous avons fait le tour du lac des Minimes, avec ses îles, puis, à la lisière du bois, nous avons regardé les joueurs de boules, dont la sereine insouciance nous réjouissait déjà naguère, Höll et moi. On trouve là des hommes entre quarante et soixante ans, pour la plupart sans doute petits employés ou commerçants. Sur une piste cimentée, ils lancent des boules de métal qui tiennent à peu près dans le creux de la main, visant une boule plus petite, de la taille d'une mandarine, qu'ils ajustent suivant un ou deux tracés. On a l'impression que l'écroulement d'empires, l'échec de campagnes militaires ne sont perçus ici que de façon très vague. C'est pourquoi il est reposant de contempler ces pistes, comme si l'on s'approchait de philosophes.

Puis aux écuries d'un petit cirque, où nous avons regardé dans la cour un valet déjà maquillé, et qui se hâtait d'étriller trois grands éléphants pour la représentation. La pluie dégoulinant de la tente formait, à son pourtour, des flaques troubles où l'un des éléphants pêchait astucieusement avec sa trompe des brins de paille hachée apportés par le vent. Il en formait des boulettes qu'il fourrait ensuite avec satisfaction dans sa bouche. Après avoir terminé leur toilette, le valet, pour les rendre tout à fait présentables, les obligea encore à se soulager, faisant claquer son fouet tout en criant : « Chi-Chi-Chi ! » Alors les braves bêtes se mirent sur leurs pattes de derrière et lâchèrent d'énormes quantités d'eau et de fiente.

Le factotum avait peur, visiblement, de n'avoir pas fini la toilette des bêtes avant le début de la représentation, ce qui augmentait beaucoup le comique de l'affaire. D'une façon générale, le comique d'occupations aussi absurdes que celle de faire faire caca aux éléphants est proportionnel au sérieux de ceux qu'on voit s'y employer. En cela réside aussi le vrai comique de Don Quichotte, porté à une troisième puissance encore dans ce livre, du fait que le narrateur semble, lui aussi, prendre ces aventures au sérieux.

Paris, 29 septembre 1942.

Nuit où je suis resté très éveillé, en proie à une excitation fébrile. Pourtant, les heures fuient à tire d'aile ; on ne dort pas, mais on glisse à la surface du sommeil comme sur une sombre couche de glace.

Selon mon habitude, je refaisais pas à pas certaines promenades des années passées. J'aborde alors dans une île et j'ouvre la porte aux souvenirs. Ainsi, cette fois, je gravissais à nouveau les montagnes de Las Palmas. Comme alors, l'air était criblé d'une pluie dense et tiède, et je voyais le fenouil dans une merveilleuse fraîcheur – en des réseaux d'une extrême finesse, comme en des veines d'émeraude, la sève verte circulait. La vie intime de la plante devenait ainsi visible. Ce furent peut-être là les instants les plus sublimes en ce monde, plus comblants que l'étreinte de belles femmes – ceux où je me penchai sur un tel miracle de vie. Il me fallait alors lutter pour reprendre mon souffle, emporté que j'étais par une vague surgie d'une mer toute bleue. La minuscule étoile d'une fleur n'est pas moins digne de vénération que le firmament tout entier.

Pensé : notre corps, pendant le sommeil, est certes chaque nuit à la même place, mais en esprit, nous sommes chaque fois dans un nouveau fourré, dans une autre embuscade. Souvent, ainsi, nous sommes perdus dans des lieux sinistres, dans des bas-fonds désolés, infiniment éloignés de notre but. De là vient cette lassitude souvent inexplicable, après un profond sommeil.

Perpétua m'écrit que lors du dernier bombardement de Munich, l'atelier de Rudolf a été détruit. Par bonheur, aucun de ses tableaux ne s'y trouvait. N'empêche que je n'aurais guère regretté le portrait qu'il a peint de moi à Überlingen.

Dans la matinée, visite de Ziegler qui m'a parlé du bombardement de Hambourg. Les bombes incendiaires ont été lâchées par grappes de soixante-dix ; une bombe sur dix contenait une charge explosive pour que le danger empêche le personnel de la défense passive d'éteindre les incendies. Au moment où l'imprimerie flambait, près de quinze cents incendies faisaient rage dans la ville.

Le soir, conférence faite par l'un des petits Maurétaniens qui s'est étendu avec une sorte de complaisance cynique sur la technique de manipulation des masses par la propagande. Ce type d'homme est sans doute d'un nouveau genre, ou du moins il est nouveau par rapport au XIXᵉ siècle. L'avantage qu'indubitablement ils possèdent est entièrement négatif, et consiste en ceci qu'ils ont rejeté plus tôt que la plupart des autres le bagage moral, et introduit dans la politique les lois de la technique mécanique. Mais cette avance est rattrapée – non point sans doute par l'homme moral, lequel leur est nécessairement inférieur pour ce qui est de l'usage effréné de la violence, mais bien par leurs pareils, qui ont suivi leurs leçons. Le dernier des imbéciles finit par se dire : « Du moment qu'il prétend se moquer de tout, pourquoi exige-t-il qu'on le respecte, lui ? »

Voilà pourquoi c'est une erreur d'espérer que la religion et l'esprit religieux rétabliront l'ordre. Les manifestations zoologiques se situent sur le plan zoologique, et les démoniaques sur celui de la démonologie – autrement dit, le requin est saisi par la pieuvre, et le diable par Belzébuth.

Paris, 30 septembre 1942.

Correction des *Lettres de Norvège*. Scrupules à propos de « *geschmolzene Bleiflüsse* » (« des fleuves de plomb qui ont fondu »). Sans doute injustifiés, car des fleuves peuvent aussi bien être figés, gelés.

Le défaut que je sens ici provient d'ailleurs du langage même, d'une des lacunes de sa mosaïque. Il lui manque un substantif propre pour ce concept de « fleuve figé ».

La face inférieure de nombreux animaux vivant contre le sol, comme celle des plies, des turbellariés et des serpents, est incolore – la nature est un peintre économe.

L'après-midi à la Bibliothèque nationale. La salle du catalogue   souvent j'avais souhaité posséder des in-folio où l'on puisse trouver la référence de tout livre imprimé : mais l'on voit ici qu'il existe des moyens de travail qui ne sauraient appartenir à un particulier, si riche soit-il. Ils sont à l'échelle du grand être humain, c'est-à-dire de l'État. Ce système de catalogues, par exemple – on a l'impression de se trouver devant une machine intellectuelle, qu'un entendement méthodique aurait créé.

Je me suis entretenu aussi en cet endroit avec le Dr Fuchs qui travaille à un catalogue complet des bibliothèques allemandes, lequel, achevé, constituera un chef-d'œuvre de minutieux labeur humain. Le grand travail de collecte et de sélection ne fait, semble-t-il, que commencer ; nous sommes ici devant une nouvelle *chinoiserie** ; un nouveau mandarinat qui, certes, manque de force créatrice, mais sait manier avec délicatesse les empreintes des idéogrammes. On peut en espérer, dans le domaine muséal, la naissance d'une science plus rigoureuse, plus modeste, mais en même temps plus riche en jouissances, auprès de laquelle la science du XIXe siècle comporte des traits anarchiques. Elle se rattachera plutôt, par de nombreux points, au XVIIIe siècle, à Linné, aux encyclopédistes et à la théologie rationnelle. Il fera meilleur vivre avec ces esprits, ils seront contrôlables. Ce sont les conservateurs, dans ce monde d'extermination. Des pyramides et des catacombes nouvelles nous attendent, un affairement souterrain, aux pattes de fourmis. De même qu'à l'époque des pharaons l'on voulait soustraire à la disparition le souverain et son mobilier, de même, aujourd'hui, le matériel méthodiquement ordonné de la connaissance, jusqu'aux moindres bagatelles.

Puis, dans la salle des manuscrits, où étaient exposées des pièces splendides, telles que l'*Évangéliaire* de Charlemagne, la Bible de Charles le Chauve, et les *Très Riches Heures du duc de Berry*, dont le calendrier était ouvert aux mois d'août et de septembre. La salle ressemblait à un immense écrin, où des poussières ensoleillées tremblaient dans l'air transparent, comme si l'on avait pénétré dans un tableau de Memling. L'ordre muséal atteint sa forme suprême lorsque les objets qu'on a choisis ont en même temps un caractère de reliques – la présence de forces très anciennes rehausse à l'infini ce qu'ils ont de précieux. À contre-courant de l'évolution historique, un nouveau clergé devrait occuper ici les postes de conservateurs. Ce qui ne serait possible, il est vrai, que si d'abord un esprit nouveau se montrait. On ne saurait attendre cela d'un État qui fait surveiller par des policiers le tombeau du Soldat inconnu.

Parmi les morceaux de musique, la partition de *Pelléas et Mélisande**, de Debussy, qui avait quelque chose de singulièrement précis – elle ressemblait au plan d'une centrale électrique ; les notes s'alignaient comme de petits isolateurs de verre le long d'une ligne de courant.

Le soir, avec Ziegler, dont les visites à Paris me font

toujours plaisir, et avec Heller à la Rôtisserie Nique, avenue de Wagram. Parlé de la situation sur laquelle, depuis dix ans, nos opinions n'ont cessé de concorder. Puis, d'amis communs, entre autres Gerhard, dont la femme est ce qu'on appelle une «quart de Juive». Pour cette raison, ses colocataires lui ont interdit d'utiliser l'abri de défense passive. Il est difficile de croire que le sens de la pureté raciale ait atteint un pareil raffinement chez les enseignants hambourgeois qui habitent cet immeuble – ils ont, par contre, un flair sinistrement précis quand il s'agit de découvrir leur souffre-douleur.

Tard dans la nuit, j'ai lu encore des passages de l'Ecclésiaste, puis j'ai peu et mal dormi, comme fréquemment ces derniers temps. Le sommeil est le principe opposé à la volonté, c'est pourquoi l'on est d'autant plus éveillé qu'on s'efforce de l'obliger à venir. La pensée, par contre, suit entièrement la voie de la volonté. C'est ainsi qu'on peut penser à toutes les choses auxquelles on veut penser, mais qu'il est impossible de bannir, serait-ce une seule chose à laquelle on ne veut pas penser. À ce propos, l'anecdote du paysan auquel on avait promis un trésor, mais à la condition que, pendant qu'il le déterrerait, il ne pense pas à un ours. La malice est plus profonde qu'elle n'en a l'air : elle montre le chemin qui mène aux trésors de la terre.

Paris, 2 octobre 1942.

Perpétua m'écrit que la fin de ce siècle sera peut-être plus terrible encore que son début et son milieu. J'aurais tendance à ne pas le croire, et j'ai souvent pensé qu'en fin de compte ce siècle aura ressemblé à Héraclès, qui étouffait les serpents dans son berceau. Mais elle dit très justement qu'on est contraint durant ces époques à développer des vertus de lézards ; il faut être habile à déceler et utiliser les rares coins ensoleillés. Cela s'applique également à la guerre : nous ne devons pas rester toujours dans une rêverie stérile, à nous demander quand elle finira. C'est une date qui ne dépend pas de nous. Mais il est certain que nous sommes en mesure, même au milieu des orages, de donner de la joie aux autres et à nous-mêmes. Nous avons trouvé alors un tout petit coin de paix.

Elle m'apprend aussi qu'on est sans nouvelle, depuis quelque temps, du père de l'astrologue [Fritz Linckmann]. On suppose que des prisonniers de guerre russes l'ont tué pour lui voler ses vêtements. Cela me rappelle l'horrible destin du vieux Kügelgen. Je prévoyais du reste, depuis bien des années, la réapparition de bandes de brigands, mais sans avoir idée de la façon dont cela se réaliserait historiquement – je le déduisais simplement de symptômes négatifs, tels l'écrasante puissance de l'injustice, son étatisation.

Le soir, j'ai retrouvé la doctoresse, place des Ternes, devant une tasse de verveine qu'elle m'avait prescrite. Depuis que ma santé laisse à désirer, cette heure de conversation est devenue en même temps consultation.

Au lit, j'ai continué d'abord à lire le Journal de Léon Bloy, puis l'Ecclésiaste. L'introduction dans la Bible de ce document d'un si haut scepticisme, et comme étant l'un de ses livres les plus authentiques, est vraiment étonnante, et elle ne se comprend que si l'on voit la Bible comme un paysage, un morceau de la création où toutes les parties se complètent et s'harmonisent. En ce sens, on gagne ici les hauteurs où le vieil aigle royal à couronne blanche a son nid ; l'air est plus rare, et la terre montre son ossature. Nul n'a le regard plus acéré que le sage monarque ; pourtant, Job est allé plus profond. Et, dans son vieil âge encore, l'existence pour lui fructifie, car la souffrance y a tracé son sillon.

Pour l'Ecclésiaste, la souffrance aussi est vanité. Il a, de cette manière, évité la vie du roi Lear, en goûtant à la place celle de Faust vieillissant. Il a transformé des pays en jardins florissants, il a planté des forêts et des vignobles, et il a vécu dans ses résidences de fête parmi des foules de filles esclaves et de chanteuses. Mais tout cela n'était que souffle qui passe ; considération plus effrayante que celle qui voit dans toutes ces choses le voile de Maïa.

Il y a dans toute vie un certain nombre de choses que l'homme ne confie pas, même à l'être le plus proche. Elles sont semblables à ces pierres que l'on trouve dans l'estomac des poules ; la sympathie n'aide pas à les faire digérer. C'est le pire et le meilleur que l'homme garde avec tant d'anxiété. Et même lorsqu'il se délivre du mal par la confession, c'est pour Dieu seul qu'il porte ce qu'il a de meilleur. En nous, ce qui est noble, bon, sacré, est situé loin de la sphère sociale ; ce n'est pas communicable.

À ce point de vue, les femmes sont d'ailleurs beaucoup plus secrètes. Souvent, elles sont de vrais tombeaux d'amours envolées – et en existe-t-il une

seule dont l'époux ou l'amant puisse prétendre tout
savoir, même s'il la tient fortement serrée dans ses
bras ? Tous ceux qui, après des années, ont rencontré
une ancienne maîtresse ont été effrayés par cette
maîtrise du silence. Des filles de la Terre, pour sûr.
Elles cachent dans leur sein des sciences terribles et
solitaires, comme celle de la paternité. Ce sont là, en
pleine bourgeoisie, de véritables abîmes médéens.
L'image de la femme, par exemple, qui voit son
époux cajoler durant des années un enfant qui n'est
pas de lui.

« Deux êtres qui s'aiment devraient tout se dire »
– mais sont-ils assez forts pour cela ?

« Je voudrais tout te confesser, mais je crains que
tu ne m'écoutes aussi en prêtre de ta propre cause,
et non pas avec sagesse, en représentant de Dieu. Je
crains que tu ne deviennes mon juge. »

Et c'est bien l'immense et salutaire pouvoir de la
prière : elle ouvre, pour un instant, les replis du cœur
et y fait pénétrer la lumière. Elle ouvre à l'homme,
et particulièrement sous nos latitudes nordiques, la
seule porte qui mène à la vérité, à la loyauté absolue
et sans réserve. En dehors d'elle, il est impossible à
l'homme de vivre sans duplicité, sans jardin secret,
fût-ce avec l'être le plus proche et le plus cher – et là
où il ne serait pas contraint de se taire par prudence,
il se tairait par ménagement.

À propos des consonnes négatives qui déprécient,
surtout *N* et *P. Pes, pejus, pied*, petit*, pire**. Le *P*
sert aussi, en lui-même, de son péjoratif. Le pied,
symbole de l'inférieur, en tant que main dégradée.

J'ai l'intention d'étudier ces rapports après la guerre, notamment le mode selon lequel le corps humain se reflète dans le langage. Pour cela, il serait certes bon que j'aille encore rendre visite à Friedrich Georg, car la conversation permet d'éclaircir bien des problèmes.

Paris, 3 octobre 1942.

L'après-midi, je suis allé à la librairie du Palais-Royal où j'ai acheté l'édition de Crébillon, imprimée en 1812, chez Didot. On voit aux reliures en veau vert combien était puissant le style que possédait encore l'Empire – disposant certes des lignées d'artisans de l'*ancien régime**, chose bien plus importante que le style, car tenant à la substance. Bénéficiant de cette tradition transmise de main en main, la France possède encore aujourd'hui cette prédominance et elle la conservera sans doute grâce à sa politique qui, dans ses grandes lignes, est raisonnable. En effet, qu'est-ce qui importe maintenant, dans ce pays ? Que ses vieux nids, les villes, ne soient point retournés par la charrue et que des succursales de Chicago ne soient pas montées sur leurs ruines, comme cela arrivera pour l'Allemagne. Mettre en branle l'énorme capital qui sommeille encore ici, l'entraîner dans la fournaise mondiale, voilà ce que tentent les deux partis belligérants, et seul un tout petit groupe d'hommes est là pour retenir l'aiguille de la balance. Que la chose ait pu réussir, jusqu'à présent, semble d'autant plus ahurissant que c'est en contradiction avec l'actuelle politique de brutalité.

J'ai pris la décision de ne plus effacer les observations des bouquinistes sur l'état de conservation, les planches, la valeur des éditions et autres choses semblables, que l'on trouve souvent sur la feuille de garde des ouvrages – elles ajoutent encore à ce que Feltesse appelle l'authenticité du livre. Sur l'ex-libris, j'inscris la date, le lieu de l'achat, ou bien le nom du donateur, et parfois encore je note les circonstances particulières.

Dîné chez la doctoresse. Regardé faire la cuisine. Il y a de la *femme savante** dans sa manière de faire, particulièrement dans l'économie de son temps, la continuité de ses gestes et la répartition de ses mesures. Si bien que la cuisine ainsi faite ressemble à une opération profondément méditée, à une expérience de chimie. Au demeurant, la pure et simple découverte de la nourriture est devenue un tour de force, car il n'y a presque plus rien dans les boutiques, et la famine gagne du terrain.

Lecture : Conan Doyle. À partir d'un certain âge, les bons romans policiers eux-mêmes nous ennuient. Notre goût pour les transformations kaléidoscopiques des faits commence à faiblir ; les éléments sont par trop connus.

Dans la vie, il en est de même – l'instant arrive où nous dominons les faits, où nous sommes rassasiés. « Notre vie dure soixante-dix ans… » – on pourrait ajouter : et cela suffit amplement. L'homme qui, parvenu à cet âge, n'a pas suffisamment appris pour passer dans une classe supérieure, doit tout reprendre depuis le début, il doit redoubler.

D'où cette puérilité que l'on remarque chez les

vieillards ratés, particulièrement chez ceux qui sont lubriques, avares, cruels et mesquins. Le désordre a pris une telle extension que s'est perdue la notion de vieillesse heureuse, dont les traits caractéristiques sont bien définis et parfaitement visibles.

Paris, 4 octobre 1942.

Excursion à Saint-Rémy-lès-Chevreuse. Après le déjeuner, traîné dans les bois. Dans leur humidité, les champignons poussent maintenant en abondance, et leurs calottes apparaissent dans la mousse, parmi les toiles d'araignée emperlées de rosée. Vu une vesse-de-loup ronde dont le chapeau était couvert de longs piquants blancs – sorte de hérisson parmi cette troupe étrange.

Sur un grand marronnier s'ébattait un écureuil, d'un beau rouge rouille dans la verdure humide. Il jetait les fruits luisants au bas de l'arbre en prévision de l'hiver ; nous profitâmes de sa récolte.

Fort mélancolique, parce que toujours plus mécontent de mon état de santé. Depuis des semaines, je maigris considérablement. J'en ai souvent assez et j'aurais tendance à traiter mon corps en révolté, mais mieux vaut tendre l'oreille et écouter ses demandes.

Le soir, j'ai poursuivi la lecture de *La Porte des humbles*, de Léon Bloy, dont la lecture me réconforte toujours, en dépit de ses attaques maniaques et dépourvues de discernement contre tout ce qui est germanique. C'est ainsi qu'il voudrait d'un seul obus exterminer Londres, et qu'il se représente le Danemark comme une sorte d'ignoble Sodome. Mais je crois cependant avoir appris depuis longtemps à apprécier l'esprit des hommes, même quand leur volonté diffère de la mienne, et à percevoir leur figure sereine, au-delà des frontières et des oppositions.

Continué à lire le Cantique des Cantiques.

Paris, 5 octobre 1942.

Au cours de l'après-midi, feuilleté le *Pyrrhus*, de Crébillon. La manière dont, ici, la langue est condensée, paraît insurpassable; le poli et la rondeur sont si parfaits qu'il serait physiquement impossible de leur ajouter quoi que ce soit. Pour obtenir de nouveaux sons, de nouvelles couleurs, il faudrait, au moyen de procédés chimiques, condenser davantage les mots. Il faudrait y adjoindre une touche de *décadence**.

Admirable aussi la légèreté avec laquelle les vers se suivent et tendent sans effort vers la rime – la langue passe ici dans la poésie d'une façon plus naturelle, non point artificielle. L'abondance de mots monosyllabiques, qui la divise en dactyles, contribue également pour beaucoup à sa souplesse:

«*La nuit est plus claire que le fond de mon cœur**».

Le soir, quai Voltaire où j'ai rencontré les frères Valentiner et Poupet. Un brouillard d'un gris argenté enveloppait les maisons; au-dessus d'elles, des nuages gris-bleu que le couchant cernait de brun. Certains tons étaient estompés; la tour claire de Saint-

Germain-des-Prés semblait complètement effacée, et seul se détachait le toit sombre du clocher.

La pierre claire utilisée pour un grand nombre de maisons, de ponts, de quais et de pavés contient de nombreuses empreintes d'une petite coquille en spirale. J'éprouve toujours un certain plaisir en les découvrant : cette coquille compte au nombre des secrets animaux héraldiques, des ornements microcosmiques de cette ville.

Paris, 6 octobre 1942.

Terminé *La Porte des humbles*, de Léon Bloy. Dans ce livre, on sent que le vieux lion s'adoucit ; ainsi faut-il au moût de raisin trop riche soixante-dix ans pour se clarifier.

J'ai pris grand plaisir à cette lecture, surtout pendant la pause de midi. Ce ne sont pas les éléments singuliers, inhabituels, qui rendent attrayants les journaux intimes. Il est bien plus difficile de noter les événements courants, quotidiens, les fermes disciplines acquises dans l'existence. Tout cela est parfaitement réussi dans ce livre ; on partage avec l'auteur le cours de sa journée. Ainsi, les années écoulées nous prodiguent à nouveau leurs richesses, comme bien des étés nous réchauffent encore grâce au bois qui brûle dans la cheminée.

Ce livre contient des prédictions, entre autres sur la révolution russe. En fait, c'est bien de là-bas que nous vient ce qu'il y a de réellement apocalyptique dans notre temps. L'une des phrases finales résume tout ce que le vieillard a à dire : « J'attends les Cosaques et le Saint-Esprit. » Peu de temps avant sa mort, à la date du 16 octobre 1917, on trouve une phrase divinatoire : « Je ne mange plus. L'appétit me manque. Il faudrait tout changer en moi. » C'est bien ce que fit la mort. Après qu'elle eut modelé ses traits, on les trouva « majestueux, sereins, autoritaires ».

Sa vie illustre le fait que ce ne sont pas les erreurs qui menacent notre souveraineté quand nous franchissons cette dernière arche triomphale vers laquelle s'élance notre esprit. Ce serait plutôt leur absence qui passerait alors pour du dénuement. Nous les déposons, comme Don Quichotte son armure ; et en nous démasquant, nous faisons naître la gaieté.

Passé, dans l'après-midi, chez le marchand de livres anciens Jean Bannier, 8, rue de Castiglione. J'en sortis avec la *Roma subterranea*, d'Aringhus, ouvrage qui contient un grand nombre d'inscriptions et de planches sur les catacombes et que l'on peut considérer comme le premier précurseur de la *Roma sotteranea* de Rossi. Dans nos zones de feu et de destruction, la paix de ces caveaux profondément enfouis dans le roc, et ce sommeil prolongé lors d'éons infinis au sein de la terre, acquièrent un charme singulier.

Mais mon principal achat, ce fut une belle édition de *La Chine en miniature*, de Breton, une œuvre autour de laquelle j'étais déjà venu rôder plus d'une fois, comme le renard autour de l'appât, avant qu'il ne tombe dans le piège. Cet achat était au-dessus de mes moyens. Mais l'argent que rapportent les livres peut aussi se dépenser en livres, bien qu'on ait toujours l'impression qu'on les amasse pour enrichir le tas de décombres que risque soudain de devenir la maison où ils se trouvent. Et pourtant, je viens de feuilleter avec délices les six volumes dont les miniatures, après plus de cent trente ans, brillent encore des plus vives couleurs. À l'époque, déserts et mers constituaient des obstacles presque aussi infranchissables que les espaces cosmiques, et la vie de ces lointains empires nous offre des spectacles qui semblent appartenir à une autre planète.

À propos des perversions : derrière les hommes qui ont la manie de se savonner longuement ou de s'enduire d'huile, et que citent les auteurs, se cache un atavisme qui remonte loin : le souvenir des temps où la peau tout entière était encore une muqueuse. La muqueuse est la peau primitive, héritage des houles marines et des origines neptuniennes. Chez elle, le sens du toucher se meut dans des régions semblables à celles que la couleur rouge offre à l'œil. On trouvera, toutefois, d'autres types que les solaires-sanguins – par exemple des types lymphatiques, avec une faible pigmentation, attirés par les bains de vapeur, les salons de coiffure, les miroirs, le monde lunaire et des cavernes. Parmi les maladies, on observera surtout des troubles du sang, et une tendance à l'eczéma et au prurit. Grande propreté, souvent maniaque, parfois de l'albinisme, peur des microbes et dégoût des serpents, sont des signes caractéristiques.

Les perversions ne sont pas à proprement parler des égarements – ce sont, mais en liberté, des éléments qui, en nous, se trouvent habituellement associés et agissants. Souvent, dans les rêves, ils surgissent de leurs tanières. Et plus ces choses sont profondément emmurées dans notre être, plus la stupéfaction et l'indignation sont vives quand la nature, semblable à un alchimiste, les rend visibles. Alors, le serpent sort de son trou. C'est ce qui explique la terrible excitation qui s'empare d'une ville de plusieurs millions d'habitants lorsqu'on apprend les détails d'un crime sexuel. Chacun sent alors cliqueter le verrou de son propre enfer.

De là, aussi, la gravité des égarements propres à certains médecins qui, en faisant passer le meurtrier pour un malade, tentent de l'arracher au juge. Cela se justifierait s'il ne s'agissait, au fond, de notre maladie à tous qui s'est déclarée en lui et que le fer de la justice soigne en nous. On l'emmure, tel un sacrifié des temps anciens, sous les piles du pont de la communauté. Il s'agit moins du pauvre diable que de millions de ses frères.

Paris, 7 octobre 1942.

Mal dormi. Une agitation intime, légère mais étrange, me réveille de bonne heure. On a l'impression que le corps veut dire quelque chose, veut nous parler ; mais, dans la vie factice que nous menons, nous ne comprenons guère mieux ses phrases et ses paroles que celles d'un vieux métayer qui, dans notre bureau, à la ville, viendrait nous entretenir de fête patronale, moisson et mauvaise récolte. Nous apaisons celui-ci avec de l'argent, et le corps avec des pilules. Dans les deux cas, il faudrait retourner à la campagne – c'est-à-dire à la terre, aux éléments.

Dans les journaux : « Un livre qui atteint un tirage d'un million d'exemplaires est sans contredit quelque chose d'extraordinaire – un événement extraordinaire dans le monde de l'esprit. — On reconnaît qu'une profonde nécessité est à l'œuvre ici. Le succès du *Mythe du XXe siècle* est l'un des signes où l'on peut déceler la volonté cachée d'un âge qui commence. » Ainsi s'exprime le sagace Kastor, dans le *Völkischer Beobachter*, du 7 octobre 1942, à propos du *Mythe du XXe siècle*, de Rosenberg, la plus banale collection de lieux communs copiés à la hâte que l'on puisse imaginer. Le même Kastor lançait comme argument dans ces mêmes colonnes, il y a maintenant près de dix ans : « Eh quoi ? M. Spengler n'a-t-il donc pas lu les journaux ? » Voilà donc un philosophe qui renvoie un autre philosophe aux journaux, considérés comme source de connaissance, et cela en Allemagne, et cela *expressis verbis* – jamais encore on n'avait osé le dire aussi carrément. Et, notez-le bien, ce Kastor passe pour être le premier dans sa spécialité, le super-philosophe de la conception héroïque de l'histoire et autres idées du même genre. Voilà un modeste exemple de l'atmosphère dans laquelle on vit.

Des gens comme ce Kastor appartiennent, d'ailleurs, à l'espèce des cochons chercheurs de truffes, que l'on rencontrera dans toute révolution. Comme leurs grossiers compagnons de croyance sont incapables de déceler les adversaires de marque, ils se servent d'intelligences corrompues, d'un niveau supérieur, pour les déterrer avec leur groin, les mettre au grand jour, et quand c'est possible, pour les attaquer d'une façon qui puisse donner prétexte à la police d'intervenir. Chaque fois que j'ai remarqué qu'il s'occupait de moi, je me suis attendu à une perquisition. Contre Spengler aussi, il en appela à la police, et des gens informés prétendent qu'il a sa mort sur la conscience.

Paris, 8 octobre 1942.

Dans la soirée chez Berès, où j'ai examiné des livres. J'ai acheté le vieux *Malleus Maleficarum*, de Sprenger, dans l'édition vénitienne de 1574 – une acquisition qui m'aurait fait plus de joie il y a vingt ans lorsque, étudiant les ivresses, j'étais plongé aussi dans l'étude des êtres magiques et démoniaques.

Paris, 9 octobre 1942.

Dans l'après-midi, fait du cheval au Bois, où les feuilles prennent des teintes multicolores. Comme me le dit le colonel Koβmann, il semble qu'il soit sérieusement question, ces jours-ci, de mon détachement en Russie : les ordres préliminaires sont arrivés. Après que ma vie a pris ici une nouvelle forme, cette coupure est peut-être salutaire. En réfléchissant à cela, je fis tomber du lavabo un verre qui vola en éclats.

Je vais essayer d'obtenir que Rehm me soit adjoint.

Paris, 11 octobre 1942.

Dimanche. Dans l'après-midi, rue de Bellechasse. C'est peut-être la dernière fois que je franchis le seuil de cette cage d'escalier, dans la spirale d'améthyste duquel je suis toujours saisi par une sorte d'oppression, comme devant de grands mystères. J'ai constaté, cette fois, que le seuil était, lui aussi, incrusté de ces petits coquillages dont la vue m'a si souvent réjoui dans cette ville.

Paris, 12 octobre 1942.

Très mal dormi, ce qui, sans aucun doute, doit être attribué à la maladie. On ne peut pourtant pas se faire porter malade au moment de partir pour la Russie. J'ai déjà connu maintes fois dans ma vie de ces coïncidences ; on se trouve alors en état de contrainte.

Au courrier, une lettre d'Oum-el-Banine, écrivain d'origine tartare, qui m'envoie son roman *Nami*. Comme je feuillette le volume, il en tombe un joli brin de muguet séché. De sa tige brun foncé partent dix clochettes jaunes qui semblent avoir été estampées dans un vieux papier à la cuve.

Suresnes, 13 octobre 1942.

De nouveau, très mal dormi ; le matin, je suis allé chez le médecin-major qui m'a prescrit un bref séjour à l'hôpital militaire de Suresnes, séjour qui s'achèvera avant l'arrivée de la feuille de route. Je viens d'y entrer. Je passe mon temps à lire, étendu sur mon lit, ou à regarder par la fenêtre qui donne sur le mont Valérien. Le feuillage y est encore vert en grande partie, mais déjà moucheté de buissons cuivre, rouge feu et jaunes. Le fort, le vieux « Bullerjahn » de 1871, est enveloppé de verdure jusqu'au sommet.

Du reste, parmi les rêves de la nuit dernière, je me souviens encore que je me trouvais avec mon père dans la chambre familiale, en compagnie de plusieurs frères et sœurs, dont l'un ne cessait de gigoter dans la corbeille à linge. Je voulais faire à ce propos une réflexion, et je m'adressai à plusieurs reprises à mon père qui, intentionnellement, faisait semblant de ne pas m'entendre. Enfin, je parvins à la placer :

« Vous n'avez réussi à réaliser la combinaison parfaite en aucun de nous. Je le déduis de toutes les qualités que je vois dans l'ensemble que nous formons, mais qui ne se trouvent réunies en aucun de nous. »

Le vieillard réfléchit à cela pendant quelques secondes, tandis que son regard de chimiste restait fixé dans le vide, puis, il dit sèchement :

« Oui, tu as probablement raison. »

Et des choses semblables, que j'aurais volontiers notées, si je n'avais craint de m'éveiller complètement en faisant la lumière.

Lourde mélancolie. Rehm est arrivé hier, si bien que je ne suis pas embarrassé pour les commissions.

Suresnes, 14 octobre 1942.

Dans la soirée, la doctoresse m'a rendu visite, et m'a apporté des zinnias rouges. Elle n'avait pas cessé de me harceler pour me décider à aller voir le médecin militaire. Elle a aussi tenu conseil avec le médecin-chef qui me soigne ici.

Je reviens encore au rêve d'hier : mon essai sur la mort devrait peut-être commencer par un chapitre qui exprimerait bien ce que notre vie individuelle a d'accidentel. Nous n'existerions pas si notre père avait épousé une autre femme, si notre mère s'était mariée à un autre homme. Et ce mariage admis, nous sommes choisis parmi des millions de germes. Nous sommes de passagères combinaisons de l'absolu – semblables à des numéros de loterie ; et les gains qui sont inscrits sur eux en lettres de destin nous sont alors payés en devises terrestres, en talents qu'il nous faut faire fructifier.

On pourrait conclure, en partant de là, que nous sommes imparfaits en tant qu'individus, et que l'éternité n'est ni à notre mesure, ni supportable pour nous. Mais bien au contraire, il nous faut retourner à l'absolu, et c'est justement cette possibilité que nous offre la mort. La mort a une forme extérieure et intérieure, cette dernière étant d'ailleurs parfois visible chez les morts, surtout dans leur physionomie. La mort a son mystère qui surpasse encore celui de l'amour. Dans sa main, nous devenons des initiés, des mystes. Le sourire de la surprise est déjà spirituel, et pourtant il revient encore se refléter dans le monde corporel, sur les traits du mourant.

S'ajoute aussi, à cela, ce que j'ai noté sur la roue de la chance et les disques chiffrés.

Lecture : *Voyageuses*, de Paul Bourget, un bouquet de nouvelles, à travers lequel cet écrivain se présente d'une façon qui ne donne aucune envie de l'imiter. Le fruit de l'humanité authentique est à peine touché à travers l'épaisse écorce du conventionnel.

Puis, j'ai continué à regarder mes miniatures chinoises, parmi lesquelles j'ai particulièrement remarqué le portrait d'un marchand de serpents. Dans une corbeille se trouvent placés, en bas, une jatte remplie de bouillon de vipères, et au-dessus un récipient garni de serpents vivants. On attribue donc ici, comme dans les anciennes officines de l'Occident, des vertus curatives spéciales à cette nourriture, en cas de danger de mort. Le serpent, animal de la terre, est le grand remède.

De nouveau, comme ce fut maintes fois le cas au cours de mes lectures de ces dernières années, j'ai trouvé mentionné le journal intime de l'empereur K'ang-Hi, une œuvre que depuis longtemps je désirerais connaître. La force d'attraction d'une telle sagesse continue à rayonner au-delà des empires et des siècles.

Puis, continué à lire Isaïe, le chantre de la décadence qui fait « frémir son cœur comme une harpe ». Un bon prophète aussi pour notre temps.

Ma tendance à m'éloigner d'un être quand je l'aime – comme si son image se développait si fortement en moi qu'elle ne pouvait plus s'accommoder de sa présence corporelle.

L'homme qui tue sa bien-aimée choisit la route inverse – pour la posséder tout entière, il efface son image réelle. Peut-être les immortels en usent-ils ainsi avec nous.

La mort en commun est toujours un acte capital – magnifiquement décrit dans *Axel*, de Villiers de l'Isle-Adam. Dans cette affaire, Kleist est semblable à un homme pressé, et qui choisit le premier venu pour faire le voyage avec lui.

«Avant la fin du jour, tu seras avec moi au Paradis.» C'est également vrai du mauvais larron – mais il ne faut pas le dire tout haut.

Suresnes, 15 octobre 1942.

Mauvaise nuit. Rêve de médecins auxquels j'avais rendu visite dans ma vie, mais aussi d'un médecin imaginaire dont le cabinet me semblait particulièrement familier. Après mon réveil, il me fallut longtemps pour séparer cette illusion de la réalité; peut-être sa netteté provenait-elle du souvenir d'images de rêves antérieurs.

Très déprimé au matin, mais l'esprit éveillé; je m'en aperçus aux formes plastiques que présentaient à mon œil les arbres verts et jaunes des jardins.

Puis, continué à lire Isaïe, un esprit qui se meut superbement dans des visions d'anéantissement. Sa vision fondamentale est celle de la destruction du monde historique, des anciennes cités, des champs et des vignes, et du triomphe de l'élémentaire; c'est lui qui permettra la convalescence et la préparation à une nouvelle et indestructible construction dans l'esprit de Dieu. La vision des hommes et des empires, qui s'offre parfois à son œil intérieur, sera un jour réalité.

Devant ce monde allégorique, on pourrait parler d'une sorte d'agriculture triennale : culture terrestre, jachère, récolte spirituelle. Le centre de ce triptyque, l'époque de la friche, est d'une singulière beauté, peint par un connaisseur des déserts couverts de fleurs et des solitudes fécondes. Sur ce champ, c'est Dieu qui a posé le cordeau d'arpenteur.

Me suis pesé. Trouvé que j'ai beaucoup maigri. Toutefois, c'est au spectacle des arbres que j'ai mesuré ce matin mon poids spirituel. Ce n'est pas la première fois que coïncident dans ma vie le reflux de mon existence corporelle et un flux d'images – comme si la maladie rendait visibles des choses qui, à l'ordinaire, demeurent secrètes.

Dans l'après-midi, visite de Valentiner et de la doctoresse. Elle posa sur ma table un cattleya violet, à la lèvre inférieure frisée et au calice jaune vanille. Amusant d'observer la petite infirmière du Holstein, celle qui aime bien me voir lire la Bible : lorsqu'elle vient faire son travail dans ma chambre, elle passe à l'écart de cette fleur, comme s'il s'agissait d'un insecte inquiétant.

Suresnes, 16 octobre 1942.

Nouvelle nuit agitée, attristée. Dans un de mes rêves, je me trouvais avec Friedrich Georg dans une pièce dont le sol était pavé de porcelaine blanche. Les murs étaient construits en briques de verre, et l'on voyait dans la pièce des récipients cylindriques, de verre et d'argile, ayant à peu près la forme et la taille de nos chauffe-bains.

Nous nous amusions à lancer des boules de verre grosses comme des chiocoques, mais une sur dix seulement était blanche comme ce fruit ; les autres étaient incolores, et elles devenaient invisibles lorsqu'elles volaient. Les boules claquaient sèchement sur le sol, puis elles rebondissaient contre les murs et les récipients, en formant, par leurs angles et leurs lignes, des figures mathématiques. La trajectoire des boules invisibles réjouissait notre imagination, tandis que les blanches semblaient être les fils conducteurs dont le réseau rattachait au monde sensible ce jeu par trop spirituel, par trop abstrait.

Réflexion : il s'agissait certainement là de l'une des cellules intérieures, cellule sans pesanteur, dans le cloître du monde du travail.

Avancé dans Isaïe ; lu, en outre, des aphorismes de Lichtenberg et les *Parerga* de Schopenhauer, deux consolateurs éprouvés pour les jours de détresse. Je m'acquittai de cette lecture tout en marchant de long en large à travers la chambre, le tuyau qu'on m'a fait descendre jusque dans l'estomac me pendant de la bouche.

Jugement de Lichtenberg sur Jean Paul : « S'il reprend tout depuis le début, il deviendra grand. »

Si, considérée individuellement, la tâche semble impossible, cela suggère cependant bien la force bourgeonnante et spermatique de la prose de Jean Paul.

On retrouve cette sève dans maints récits de Stifter. J'ai toujours déploré que Hebbel n'ait pas pu «tout reprendre depuis le début», surtout en élevant ses journaux intimes à une puissance supérieure.

Nous disons: «C'est sûr comme deux et deux font quatre.» Mais nous ne disons pas: «comme une fois un fait un».

C'est qu'en effet la première formule est plus frappante. Elle a déjà dépassé l'écueil du principe d'identité.

Contre le reproche que l'on me fait parfois, de ne plus employer certaines formules forgées par moi, il y a bien des années, et qui sont entrées dans le langage courant, comme par exemple le mot *total*:

«En période d'inflation, on cache son or.»

C'est ce que je dis dans une lettre à Grüninger que ce genre de répliques amuse.

Suresnes, 18 octobre 1942.

Dimanche. Ce matin, la pointe de la tour Eiffel était noyée dans le brouillard.

Friedrich Georg m'a écrit hier, principalement au sujet d'*Isaïe* qu'il a commencé à lire, à ce que je vois, presque au même moment que moi. Ainsi se tissent entre nous de nombreux fils invisibles.

Visite de Charmille, qui m'a apporté des fleurs. Qu'a-t-elle donc qui m'attire à ce point? Probablement l'âme enfantine que j'ai reconnue en elle.

Nous rencontrons des êtres qui éveillent en nous le besoin de donner – c'est la seule raison pour laquelle je regrette de n'être pas comblé des biens de la terre.

C'est seulement dans la soirée que le Sacré-Cœur devint visible, tantôt clair rayonnement au sommet de sa colline, tantôt à demi fondu dans une vapeur violette. Cet édifice a quelque chose de fantasmagorique : son charme réside dans l'éloignement où il devient pour l'homme symbole du merveilleux qui vit au fond de lui-même.

Suresnes, 20 octobre 1942.

Violentes crises pendant la nuit : *la frousse**. S'y ajoutent les ruminations : de Charlemagne à Charles Quint, de la Réforme aux troubles qui ont suivi la Première Guerre mondiale.

Pêchant au bord de la mer, je prenais une grande tortue qui, après que je l'eus tirée à terre, m'échappa et s'enfonça dans le sol. En la poursuivant, non seulement je me blessai avec l'hameçon, mais une sorte de répugnante vermine marine jaillit de la bête et grouilla sur moi avec ses innombrables pattes. C'était la première fois qu'une tortue m'apparaissait en rêve, et ce fut d'une façon très significative.

À midi, on me laissa sortir, et l'on nota dans mon livret individuel : « Catarrhe anacide de l'estomac. » La doctoresse, qui semblait avoir redouté quelque chose de plus grave, se réjouit de ce diagnostic, et elle s'entretint une fois encore avec le médecin-chef dont elle avait fait la connaissance à la clinique Bergmann. Puis Rehm vint me chercher. J'allai avec lui en voiture au Majestic pour y faire mes préparatifs de départ.

Paris, 21 octobre 1942.

J'ai lu le compte rendu du procès de Damiens dans un ouvrage publié dès 1757, quelques mois seulement après l'attentat. L'aperçu historique qui sert d'introduction au livre contient également la description exacte de l'effroyable exécution.

Au moment de l'attentat sur sa personne, l'attitude de Louis XV fut royale ; c'est lui qui désigna l'agresseur. Il l'avait reconnu au fait qu'il était le seul à être resté couvert, il ordonna de l'arrêter et interdit qu'on lui fît le moindre mal.

Le soir à la Nique, joué ensuite au jeu américain.

Paris, 22 octobre 1942.

Mauvaise nuit. *La frousse**. Comme je ne puis maintenant me faire porter malade, j'allai chez un médecin français de la rue Newton dont les paroles me firent du bien – plus de bien que tous les appareils des médecins hospitaliers. Lorsqu'il apprit que je partais pour la Russie, il ne voulut pas accepter d'honoraires. Téléphoné au chevalier von Schramm.

L'après-midi, chez Morin, pour fouiller une dernière fois dans ses livres ; de nouveau, je passai une heure très agréable dans sa petite boutique d'antiquaire. J'y découvris l'œuvre de Magius, que je cherchais depuis longtemps : *De tintinnabulis*, avec un traité qui lui était joint : *De equuleo*. Puis, le *De secretis*, de Weckerus, une vraie trouvaille. Le *Voyage en Espagne*, de Swinburne, en maroquin rouge. Enfin, entre autres, le procès de Charles Ier. J'ai parcouru la description de l'exécution du roi : il a une attitude pleine de dignité, et il se tient bien au-dessus des soucis terrestres, comme le passager d'un navire, debout à la coupée, prend congé de ses amis et de sa suite avant un long voyage.

L'univers des livres me manquera beaucoup ; je lui dois des heures précieuses ; ce sont des oasis dans un monde de destruction. C'est pourquoi les promenades sur les deux rives de la Seine sont parfaites à leur façon ; le temps s'écoule sans peine. On ne saurait guère les imaginer plus belles : et elles le seraient moins, et de beaucoup, si les livres étaient pour rien. Le fleuve aussi joue sa partie.

Le soir, à la Nique. Conversation à propos du cavalier sur le timon, le petit Alcor. Brève alerte, avec quelques coups de canon dans l'obscurité. De nouveau joué au jeu américain, avec ses labyrinthes où les billes de nickel allument des lampes électriques et font s'additionner des séries de chiffres. C'est l'antique jeu du destin sous le déguisement de la technique.

Paris, 23 octobre 1942.

Pris congé de Koßmann et du général en chef. Celui-ci me dit que, dans son état-major, une petite chambre me sera toujours réservée, comme la cellule de Luther à la Wartbourg. Ils me parurent tous plus aimables ; mais ce n'était peut-être que le reflet de mon propre moral, bien meilleur. « Le monde est opinion », dit Marc-Aurèle. Le général est de ceux qui sont entrés dans ma vie comme un présent inattendu, au moment où j'avais peine à respirer. Il a fait diffuser à Paris certains de mes livres qu'on n'avait plus le droit d'imprimer en Allemagne, et il semble qu'il attende beaucoup de moi dans l'avenir.

La matinée s'est écoulée à transmettre à Neuhaus les dossiers des affaires courantes ; quant au reste, je l'ai enfermé dans le coffre-fort dont j'emporte la clef avec moi.

Également visite d'adieu à une église : Saint-Pierre de Chaillot. Les escaliers recouverts d'un tapis rouge et la grande porte ornée de tentures me semblèrent un bon présage. Pourtant elle était fermée, et je dus passer par une porte latérale. Au moment de sortir, toutefois, je la trouvai ouverte, et après en avoir franchi distraitement le seuil, je m'aperçus que c'était pour un cadavre qu'on l'avait ainsi décorée et si joliment préparée. Le caractère labyrinthique de cette aventure me divertit ; j'y trouvai une ironie supérieure à celle de Socrate. *Rebus*, « par les choses » – on pourrait en faire une devise.

Passé une dernière fois rue du Faubourg-Saint-Honoré ; on y marche sur les motifs d'un tapis de l'ancien temps. Puis, rue de Castiglione, où j'achetai un cachet en souvenir de ce jour.

Étrange, que l'image de la tortue m'apparaisse maintenant si souvent au cours de mes promenades, depuis mon rêve. Nous sommes entourés de signes, mais l'œil n'en choisit jamais qu'un petit nombre.

Fait mes adieux à Charmille à la Nique, près de la place des Ternes. Alerte ; heureusement très courte, sinon j'aurais manqué le train de Berlin.

NOTES DU CAUCASE

Kirchhorst, 24 octobre 1942.

À midi, traversé Cologne dont j'ai vu, par les fenêtres du wagon-restaurant, les quartiers détruits. Dans ce climat d'anéantissement, une lugubre grandeur de palais émane des bâtiments et des rangées de maisons. On glisse devant elles comme devant un monde étranger et glacial : c'est là que demeure la mort.

Düsseldorf aussi avait triste apparence. Des ruines récentes et beaucoup d'emplâtres rouges sur les toits évoquaient la pluie de feu. C'est aussi là l'un des stades qui mènent à l'américanisme ; à la place de nos anciens berceaux, nous aurons des villes conçues par les ingénieurs. À moins que seuls des troupeaux de moutons ne broutent dans les ruines, comme on le voit sur les anciennes gravures du Forum Romanum.

Le soir, Perpétua vint me chercher à la gare. Scholz avait, depuis longtemps, économisé de l'essence pour ce trajet. J'envoyai Rehm chez sa femme, à Magdebourg, pour la durée de ma permission.

Kirchhorst, 2 novembre 1942.

À Kirchhorst, où mon penchant à prendre des notes est moins grand. Ici, je me recharge ; c'est peut-être ce que l'on peut dire de meilleur d'un endroit.

Après mon arrivée, je remarquai que mes livres, mes papiers, mes collections me causaient, par leur abondance, un certain malaise. Ils demandaient que je m'occupasse d'eux sans tarder, et je compris clairement, rien que par ma lassitude, que toutes ces choses vivent et dépendent de la sympathie, d'une sorte de responsabilité intellectuelle et physique. Nous *possédons* grâce à une vertu particulière, grâce à une sorte de force magnétique. En ce sens, la richesse est don, non seulement reçu mais inné, à la mesure de l'horizon que l'on peut *atteindre*. Ce qui est déterminant, c'est que la plupart des hommes ne sont moralement pas aptes à la richesse, ni même à de très modestes biens. Si elle leur échoit de l'extérieur, elle glisse sur eux et disparaît sans laisser de traces. Peut-être même leur porte-t-elle malheur. C'est pourquoi rien ne pourra remplacer l'ancienne richesse dans laquelle se transmet de père en fils non seulement la fortune, mais aussi le don inné de la supporter et d'en user librement.

S'imposer un régime, également en ce qui concerne les choses et les biens que nous attirons à nous. Faute de quoi, au lieu de nous rendre la vie plus facile, ils risquent de nous transformer en gardiens, en serviteurs et en archivistes.

Le temps est automnal, parfois gris, puis de nouveau ensoleillé. L'or clair des peupliers qui bordent la route de Neuwarmbüchen s'accorde admirablement avec le ciel bleu pâle, qui s'étend au-dessus de notre humble paysage.

Kirchhorst, 5 novembre 1942.

Rêvé, la nuit, d'antiques réseaux de cavernes en Crète, où des soldats grouillaient comme des fourmis. Une charge explosive venait d'en faucher des milliers. C'est au réveil seulement que je me rappelai que la Crète était l'île du Labyrinthe.

Journée brumeuse. Semblable à ces petites bulles d'argent par lesquelles l'air perle à la surface du varech rouge sombre des fonds marins, la rosée s'était déposée en épaisses franges sur le chou frisé d'un rouge noir. C'est Brockes qui a vu cela pour la première fois – dont l'œuvre contient, d'ailleurs, un grand nombre d'observations sur la façon dont une nouvelle conscience de la nature surgit de la gravité baroque, nuance parfois presque impossible à discerner : c'est ainsi que plusieurs époques se mêlent en prenant des teintes gorge de colombe, en une matière aux reflets changeants.

Réflexion : La nature a oublié les animaux vivants dans l'hydrogène, les animaux du vol « moins lourd que l'air », qui planent dans l'atmosphère comme les baleines dans les flots. Elle nous a donc frustrés des véritables géants en passant immédiatement au vol, solution la plus élégante.

À propos de l'habitude qui consiste à toucher du bois pour éloigner un mauvais présage. Elle a vraisemblablement une origine accidentelle, mais de tels usages n'acquièrent droit de cité que s'ils contiennent en même temps une force symbolique. Celle-ci pourrait bien résider dans la nature organique du bois ; on saisit en lui la chose qui pousse, et en transposant cela sur le destin, on pense ainsi à la durée de la vie et à sa continuité, par opposition au mécanisme sans vie des secondes, au *tempus mortuum*.

Le verre qui se brise, symbole de bonheur, pourrait alors être interprété d'une façon analogue : éclatement de la forme mécanique, et libération du contenu vivant.

Kirchhorst, 6 novembre 1942.

Friedrich Georg m'écrit d'Überlingen à propos de lis et de l'*Eremurus* dont il a planté deux racines dans le jardin de Leisnig. J'apprends avec une grande joie qu'il a non seulement terminé un nouveau recueil de poèmes, mais également un deuxième essai mythologique portant le titre *Les Titans* – et qu'il est en plein travail. Il m'arrive, en des heures de confiance, d'éprouver à l'égard du destin non seulement la reconnaissance de l'homme qui a tiré le bon numéro, mais aussi une sorte d'étonnement incrédule devant le fait que, par la présence d'un tel frère, une prime tout aussi généreuse m'ait été donnée par dessus le marché.

Le soir, dans le brouillard et la bruine, j'ai traversé les champs solitaires ; au loin, à demi estompés, luisaient des groupes d'arbres et de vieilles fermes, semblables à des arches grises, avec leur chargement d'hommes et de bétail.

Terminé *Le Général de Galliffet*, de Louis Thomas ; l'exemplaire que je possède est enrichi d'un autographe de l'auteur et d'un autre du général. Galliffet est un exemple de tempérament sanguin, celui qui convient d'ailleurs au bon cavalier et particulièrement à l'officier de hussards – le tempérament d'un homme qui doit se mouvoir et se décider plus rapidement, plus facilement et avec plus d'ardeur que les autres. L'optimisme du sanguin le lance vers ses buts avec violence, des buts qui, à vrai dire, se situent généralement juste devant lui, dans un champ de vision étroit. C'est pourquoi l'esprit du monde pousse en avant ces gens-là lorsqu'il faut charger rapidement – comme ce fut le cas pour Galliffet à Sedan et pendant les émeutes. Galliffet est aussi un exemple typique pour l'histoire de la brutalité moderne et le retour aux conditions de vie zoologiques. Dans ce domaine, le Mexique lui servit d'école préparatoire.

Au cours de ma lecture, je me souvins d'un ancien projet : la description du processus par lequel l'ordre passe de la gauche à la droite dans le droit naturel, en commençant par l'aile des tribuns pour finir par celle des sénateurs, avec Marius et Sylla, avec Marat et Galliffet. J'aimerais d'ailleurs, un jour, tenter d'écrire une brève typologie de l'histoire – la description des petits grains du kaléidoscope.

Que manquait-il à Galliffet pour faire un Sylla et qu'est-ce qui le différenciait d'un Boulanger ?

Continué à lire Chamfort, que je déguste par

petites prises, et dont les maximes sont bien plus acérées et plus difficiles à digérer que celles de Rivarol.

Dans l'après-midi, récolté des carottes, des céleris
et des betteraves que j'ai portés dans la cave. En tra-
vaillant ainsi à la terre, on sent la santé revenir.

Kirchhorst, 9 novembre 1942.

Vers le matin, rêvé d'attaques aériennes dans
les temps futurs. Dans le feu, un engin mécanique
complexe, de la taille de la tour Eiffel, survolait une
agglomération ; à côté de lui, une sorte de pylône de
radio sur la plate-forme duquel se tenait un observateur
portant un long manteau. De temps à autre, il inscrivait
des notes, puis il les jetait dans des cartouches fumigènes.

Dans l'après-midi, enterrement de la vieille
Mme Colshorn. Comme les autres fois, je remarquai
le groupe formé par cinq à sept hommes d'âge moyen,
portant redingote et haut-de-forme ; ce sont les *patres*
de Kirchhorst. Comme la commune ne possède pas
de corbillard, ce sont les voisins qui portent le cercueil
au cimetière. C'est notifié par ces mots : « *Jur Vadder
mot mit an'n Sarg faten* » [« Faut qu'la famille aide à
porter le cercueil »].

Dans la soirée, les voisins me rendirent visite, mais
juste au moment où la conversation allait s'engager,
les sirènes se déclenchèrent à Hanovre. Réunion dans
la pièce du sous-sol, avec manteaux et valises, comme
dans la cabine d'un navire en détresse. L'attitude des
gens au cours de ces attaques s'est modifiée ; maintenant s'y reflète la proximité accrue de la catastrophe.

Par la fenêtre, je voyais les projectiles rouges et multicolores qui, de la Bult, étaient lancés dans la couche de nuages; j'apercevais aussi la brusque lueur des coups de départ, et les flammes des incendies dans la ville. À plusieurs reprises, la maison vacilla sur ses fondations, bien que les bombes fussent tombées à grande distance. La présence des enfants donne à ces événements un caractère plus oppressant, plus sinistre.

Kirchhorst, 10 novembre 1942.

Comme je l'apprends, il ne s'agissait hier que d'une attaque d'une quinzaine d'avions. Le débarquement des Américains en Afrique du Nord me préoccupe beaucoup plus. Ma façon de participer à l'histoire contemporaine, telle que je l'observe en moi, est celle d'un homme qui se sait engagé malgré lui, moins dans une guerre mondiale que dans une guerre civile à l'échelle mondiale. Je suis par conséquent lié à des conflits tout autres que ceux qui opposent les États-nations en lutte. Ceux-ci ne s'y règlent qu'en marge.

Berlin, 12 novembre 1942.

Départ le matin, avec ma mère et Perpétua. En disant adieu au petit, je lui ai montré un beau canard qui, non loin de l'arrêt du train, nageait dans une mare avec une joie visible. Je n'ai encore jamais entrepris un voyage en me représentant aussi peu son déroulement et les possibilités de profit que j'en tirerai : je ressemble à un pêcheur qui, par une journée d'hiver, jette son filet dans une eau trouble.

En route, études physiognomoniques. La petite ride d'expérience, fine, presque imperceptible, que je vis marquée à la commissure des lèvres d'une toute jeune fille. Ainsi le plaisir se grave comme avec un diamant.

Le soir à Dahlem ; nous logeons chez Carl Schmitt.

Berlin, 13 novembre 1942.

Un vendredi 13. Par surcroît, la première neige de l'année. Le matin, promenade avec Carl Schmitt à Grunewald.

Berlin, 15 novembre 1942.

Lecture de la revue *Zalmoxis*, qui a pris le nom d'un Héraclès scythe que mentionne Hérodote. J'y ai lu deux essais, l'un consacré aux rites avec lesquels on déterre et utilise la racine de la mandragore, l'autre sur le «*Symbolisme aquatique**»*, qui examine les rapports entre la lune, les femmes et la mer. Tous deux de Mircea Eliade, le rédacteur en chef, sur lequel, ainsi que sur son maître René Guénon, Carl Schmitt me donna de plus amples détails. Fort instructifs en particulier, les rapports étymologiques entre les coquilles et les organes génitaux de la femme, rapports qui apparaissent dans le mot latin *conca*, et dans le mot danois *kudefisk*, signifiant coquille, *kude* ayant la même signification que *vulva*.

Le projet qui s'exprime dans cette revue est très prometteur : l'écriture qu'elle développe n'est pas logique mais procède par figures. Cela fait penser au caviar, aux œufs de poisson. Chaque phrase est féconde.

Carl Schmitt m'offrit également un livre de De Gubernatis, *La Mythologie des plantes**. L'auteur était, il y a soixante ans, professeur de sanscrit et de mythologie à Florence.

Le soir, promenade à travers Dahlem plongé dans l'obscurité ; en cours de route, nous parlâmes des mots d'ordre quotidiens des frères moraves, des *Quatrains* de Nostradamus, d'Isaïe et des prophéties en général. Le fait que des prophéties se réalisent, et cela dans les espaces temporels les plus divers, est justement le signe auquel on reconnaît la puissance proprement prophétique de la vision. Dans le cours des temps, ce que le prophète a vu dans les éléments se répète d'une façon kaléidoscopique. Son regard ne se pose pas sur l'histoire, mais sur la substance, non point sur l'avenir, mais sur la loi. C'est pourquoi la simple connaissance de dates futures et de futures conjonctions astrales passe avec juste raison pour un signe d'intelligence maladive ou de basse magie.

Brève visite tardive chez Popitz où j'aperçus également le chirurgien Sauerbruch. Conversation sur la différence entre l'autorité militaire et l'autorité médicale, qui se mêlent plus ou moins dans le service du médecin militaire, suscitant des conflits. Puis, sur la grande édition de classiques anciens, que le ministre a l'intention de faire éditer.

Sauerbruch nous quitta bientôt pour s'occuper d'un

lieutenant à qui une balle russe a fracassé le bassin. Il était d'avis que l'art du chirurgien n'y pouvait pas grand'chose ; au mieux, les morceaux se ressoudent comme les tessons d'une cruche d'argile.

« Mais une visite durant la crise pourrait peut-être avoir un effet favorable sur le malade. »

Lötzen, 17 novembre 1942.

Hier, à neuf heures, départ de la gare de Silésie, où m'a accompagné Perpétua. Nous avons encore passé un moment dans la salle d'attente. Puis, au train, vu mon frère le physicien [Hans Jünger] et Rehm, qu'il me faut abandonner. Peu après le départ, je m'endormis profondément, et ne m'éveillai que tard dans la matinée, en Masurie. J'ai trouvé que ce pays avait quelque chose du chevreuil, quelque chose de timide et de secret, avec le pelage brun de la terre, trouée par l'œil calme des lacs.

J'ai passé la journée dans des dépôts installés en forêt, autour d'Angerburg, et à Lötzen où je me suis procuré pièces justificatives et billets. Maintenant, j'attends à Lötzen dans une chambre d'hôtel déjà bien délabrée.

Lötzen, 18 novembre 1942.

Toujours à Lötzen, toutes les places étant prises dans l'avion pour Kiev. On a réduit leur nombre à la suite d'un accident provoqué par le givrage, il y a trois jours.

Dans la matinée, au cimetière dénudé ; l'après-midi, au musée qui est plutôt, à vrai dire, un Herôon, car il contient surtout des souvenirs des combats de 1914 en Prusse-Orientale. Visite pénible ; tout cela est encore trop proche. Le corps de la précédente guerre ne s'est pas encore décomposé. À quoi s'ajoute la résurrection fantomatique de maints de ses aspects. Fantômes dans des cimetières.

Lötzen, 19 novembre 1942.

Dans la matinée, sur l'aérodrome. Mais en raison du mauvais temps, un certain nombre de places ont encore été supprimées. Il me faudra rester ici demain.

Avant le déjeuner, brève promenade à travers champs, au cours de laquelle j'ai observé deux alouettes huppées, devant une grange abandonnée.

Pensé : pour voyager, on devrait être aussi chaudement protégé que ces oiseaux le sont par leur plumage. Comme je les ai souvent enviés, les voyant perchés sur leur branche, seuls dans la forêt enneigée, et non abandonnés cependant. Comme eux ce plumage, nous avons reçu l'aura spirituelle qui nous protège et nous empêche de perdre notre chaleur. L'homme l'affermit et la conserve par la prière qui, ne fût-ce que pour cette raison, a pour lui une valeur inappréciable.

Dans l'après-midi, je suis allé en voiture à Widminnen, avec le commandant Dietrichsdorf ; nous étions invités par un camarade qui possède une propriété en cet endroit. Il faisait déjà presque nuit ; un lac silencieux était enveloppé, du côté du couchant, d'une vapeur brune et violette, et vers le levant il montrait un fragile miroir d'un vert glacé. De jeunes bouleaux le bordaient ; leurs fûts blancs luisaient sur le brun tendre des taillis qui les entouraient.

À Widminnen, nous fûmes accueillis par du café et des montagnes de gâteaux. Puis, nous bûmes du « piège à ours », spécialité de Prusse-Orientale : un mélange de miel et d'alcool. Le miel doit attirer le gourmand qui est ensuite étourdi par l'alcool. Le soir, nous vîmes apparaître des saucisses, des pilons et des poitrines d'oie bouillis. Par surcroît, la conversation, elle aussi, était presque entièrement consacrée aux bonnes choses comestibles. Dans ces provinces orientales, la vie se déroule un peu plus lentement, avec une plus grande pesanteur, une plus grande somnolence, et l'on en jouit tout à son aise. On s'approche des pays des ours.

Notre hôte était un grand chasseur ; parmi les animaux empaillés qui ornaient sa chambre, je remarquai le cassenoix moucheté, que je n'avais encore jamais vu : un oiseau brun, tacheté de clair, et au croupion bordé de clair – teintes qui lui conviennent parfaitement pour évoluer dans le demi-jour des forêts de sapins nordiques.

Lötzen, 20 novembre 1942.

Dans la matinée, promenade autour de la forteresse de Boyen. Ses retranchements dentelés sont couronnés par un rideau irrégulier de bouleaux et d'aulnes ; dans leurs cimes dénudées voletaient des bandes de corneilles mantelées. J'atteignis la colline au bord du lac, sur laquelle se dresse un haut crucifix de fer, en souvenir de Bruno de Querfurt, ce missionnaire qui, le 9 mars de l'année 1009, subit le martyre dans ce pays.

Lecture : continué à lire Jérémie : puis, un peu feuilleté *La Mort et ses problèmes*, d'Henri Bon. J'y trouvai citée la sinistre opinion de Parménide qui attribue aux cadavres la faculté de sentir ; ils seraient encore sensibles au silence, au froid, à l'obscurité. Cela me fit penser aux transformations inquiétantes que j'avais observées sur la face des chevaux abattus, pendant notre avance en France.

Le soir, dans l'obscurité, je suis retourné au bord du lac, au moment où la lune apparaissait entre les nuages. Je me sentais plus fort intérieurement et, du coup, plus curieux de savoir comment se déroulerait ce voyage.

Kiev, 21 novembre 1942.

À neuf heures, décollage avec un plafond de nuages bas, et quelques légères chutes de neige. Une dernière fois, je vis d'en haut les lacs qui entourent Lötzen, avec leurs lisières de bouleaux et leurs pâles bordures de roseaux. Puis des champs, légèrement saupoudrés de neige, si bien qu'on voyait à travers sa couche le brun de la terre, le vert des semences. Ensuite vinrent des forêts de pins, et des marais jaunis parcourus d'un réseau de veines d'eau qui, sous le gel, jetaient un éclat bleu, et la terre noire et grasse des tourbières. Par intervalles, en larges étendues ou en petits îlots brun-vert, la terre cultivée, avec des demeures isolées ou étirées le long des routes. Les chaumières ou les étables semblaient endormies, mais des traces imprimées dans la neige et qui se ramifiaient autour d'elles montraient que leurs habitants étaient déjà allés chercher foin, paille et aliments dans leurs granges, leurs meules et leurs silos.

Vers midi, les nuages s'épaissirent, et l'avion vola à peu de distance du sol. Je sommeillais à demi lorsque, réveillé par une modification de l'assiette de l'appareil, je vis jaillir du capot du moteur une longue flamme rouge pâle. Au même instant, l'avion piqua vers le sol, non point certes, comme je le crus, parce qu'un carburateur avait pris feu, mais parce que nous avions atteint Kiev. Étonnement et effroi se combinèrent à cette vue en une sorte d'attention figée. Il s'éveille en nous, à ces moments-là, quelque chose que nous connaissons depuis des temps immémoriaux.

Après l'atterrissage, j'échangeai quelques mots avec le pilote à propos de l'accident qui s'était produit sur la ligne, la semaine précédente. L'avion avait entièrement brûlé ; on trouva les cadavres de ses occupants pressés contre la porte qui s'était hermétiquement bloquée.

À Kiev, on me logea au Palace-Hôtel. Bien que les lavabos manquassent de serviettes, qu'il n'y eût point d'encre dans le bureau et que quelques marches de marbre de l'escalier fussent absentes, c'était, paraît-il, le meilleur hôtel de toute la Russie occupée. On avait beau les tourner : les robinets ne distribuaient pas plus d'eau froide que d'eau chaude. Il en allait de même pour les chasses d'eau. Aussi une odeur nauséabonde emplissait-elle tout le Palace-Hôtel.

J'ai profité de l'heure qui me restait avant la tombée de la nuit pour me promener dans les rues de la ville, et je suis rentré volontiers chez moi au bout de ce temps. De même qu'il y a sur cette terre des pays enchantés, de même nous en rencontrons d'autres que l'on est parvenu à désenchanter, sans y laisser la moindre trace de merveilleux.

Rostov, 22 novembre 1942.

J'ai partagé la chambre d'un jeune capitaine d'artillerie qui, malgré toutes mes protestations, me couvrit de son manteau lorsqu'il commença à faire froid. Au réveil, je m'aperçus qu'il s'était contenté d'une mince couverture. Il chassa également un gros rat qui s'était glissé par les lézardes de ce Palace-Hôtel, et qui se régalait de mes modestes provisions.

On me réveilla de grand matin. Décollage vers six heures, par un temps brumeux. Nous avons survolé les immenses champs de blé de l'Ukraine; sur certains d'entre eux, les chaumes jaunissaient encore, tandis que sur la plupart des autres on apercevait déjà la terre fraîche et noire. Peu d'arbres; en revanche, un grand nombre de ravines ramifiées, profondément creusées par l'érosion, dont la vue suggère que la bonne terre atteint ici d'énormes profondeurs, et que seule sa couche superficielle, d'une extrême minceur, est cultivée.

À neuf heures à Stalino; puis, une heure plus tard,

à Rostov. Là, le temps devint si menaçant que le pilote de l'avion trouva plus sage de transporter le courrier jusqu'à Vorochilovsk, mais de laisser sur place les passagers, d'autant plus qu'une épaisse couche de glace commençait à se former sur les bords d'attaque de son appareil. Je décidai de poursuivre le lendemain par le train mon voyage à Vorochilovsk et je me rendis au foyer des officiers. C'est ainsi que l'on appelle une de ces maisons abandonnées aux chambres remplies de rangées de paillasses, et aux couloirs empestés.

Promenade à travers la ville : les images de désenchantement se multiplièrent. Alors qu'à Rio, à Las Palmas ou sur maint autre rivage, mes promenades ressemblaient à des mélodies bien composées, ici c'étaient les dissonances qui blessaient l'âme. Voyant quelques enfants en haillons qui s'amusaient à glisser sur une patinoire, j'en fus surpris comme d'entrevoir dans l'Hadès une lueur de couleur.

La seule denrée que l'on puisse acheter, ce sont des graines noires de tournesol, que des femmes exposent dans des corbeilles plates sur le seuil des maisons incendiées. Dans les cimes des arbres qui bordent des avenues animées, je remarquai des groupes de nids de corneilles.

Par malheur, l'équipement que j'ai emporté est insuffisant ; je ne me doutais pas que même de simples miroirs de poche, des couteaux, du fil à coudre et de la ficelle étaient ici des produits de luxe. Heureusement, je tombe toujours sur des personnes qui me rendent service. Assez souvent, ce sont des lecteurs : je compte leur aide parmi mes richesses.

Rostov, 23 novembre 1942.

Le matin, au foyer du soldat, où je suis parvenu à obtenir une assiettée de soupe.

Changé de l'argent; les billets russes portent encore l'effigie de Lénine. Pour calculer le change, l'employée s'est servie d'une machine à calculer formée de grosses boules qu'elle fit agilement voltiger dans tous les sens. Comme je l'apprends, ces appareils ne sont pas comparables aux bouliers qu'utilisent, chez nous, les enfants; celui qui sait s'en servir parvient, dit-on, au résultat plus rapidement qu'avec un crayon et du papier.

Entré l'après-midi dans l'un des rares cafés où l'on a le droit d'obtenir des denrées en vente libre; un petit morceau de gâteau y coûte deux marks; un œuf, trois marks. Attristant aussi le spectacle des hommes qui attendent là, dormant à demi, comme dans une salle d'attente, avant de partir pour une destination terrifiante. Et encore n'y a-t-il ici que des privilégiés!

Fait de nouvelles études dans la rue; et toujours cette impression d'Orient désenchanté. L'œil doit s'habituer à voir les choses les plus désagréables que l'on puisse imaginer; il ne trouve pas d'oasis, pas de coin où se reposer. Les seules choses qui marchent sont de nature technique – les chemins de fer, les autos, les avions, les haut-parleurs et, naturellement, tout ce qui appartient au monde des armes. Manque en revanche, tout ce qui est organique: nourriture, vêtements, chaleur, lumière. C'est plus frappant encore pour les degrés supérieurs de la vie: pour la joie, le bonheur et la gaieté, et pour le rayonnement généreux et bienveillant des arts. Et cela, sur l'un des sols les plus riches de la terre.

Il semble que l'histoire de la tour de Babel se répète sans cesse. Ici, cependant, on ne la voit pas en construction, mais après la confusion des langues et après sa chute. Dans ces œuvres rationnelles est toujours incluse l'effrayante destruction. Elles sont d'une froideur qui attire le feu, comme le fer attire la foudre.

En haut des bâtiments du travail et des palais administratifs incendiés, là où ont jailli les flammes vives, les embrasures des fenêtres sont teintées de rouge ; la trace des ailes noires de la fumée est visible des deux côtés. Les plafonds se sont écroulés ; sur les murs nus pendent les radiateurs du chauffage central. Un fourré de tiges de fer tordues surgit des caves et des enfants en haillons grattent avec des pioches les tas de cendres, à la recherche des restes de bois. On avance à travers un monde de décombres où les rats sont chez eux.

Pour ce qui est du commerce, on ne voit, à part les vendeuses de graines de tournesol, que de petits cireurs de bottes, munis de brosses, ou des gamins qui ont bricolé de petits chariots pour transporter le paquetage des soldats. Ils préfèrent à l'argent du pain ou des cigarettes.

L'habillement frôle la mascarade ; on dirait que les gens mettent sur leur dos tous les vêtements qu'ils possèdent, et ne les retirent même pas pour dormir. Les manteaux sont plus rares que les lourdes vestes molletonnées qui, à vrai dire, tombent en lambeaux pour la plupart, comme tout le reste. Sur la tête, des casquettes à oreillettes, ou aux ailes fourrées ; on voit fréquemment aussi le calot soviétique, dont l'étoffe brun sable forme une sorte de pointe au sommet du crâne. Presque tous ces gens, et en particulier les femmes, portent des sacs sur l'épaule ; ils donnent l'impression de vivre accablés, écrasés sous de lourds fardeaux. Ils circulent rapidement, avec fébrilité, mais sans but apparent, comme dans une fourmilière que l'on vient de bouleverser.

Au sein de la foule, de nombreux uniformes, hongrois ou roumains aussi, et parfois totalement inconnus, comme ceux des volontaires ukrainiens ou de la police locale. Après la tombée de la nuit, on entend claquer des coups de feu sur les terrains désolés où s'élevaient autrefois des usines, au voisinage de la gare.

Cet après-midi, des permissionnaires qui attendaient leurs trains ont été retenus et groupés dans des unités formées à la hâte, puis dirigés vers le front. Il paraît que les Russes ont percé au nord de Stalingrad.

Vorochilovsk, 24 novembre 1942.

Vers le soir, j'ai poursuivi mon voyage, tout d'abord en direction de Krapotkine où nous sommes arrivés à quatre heures du matin. J'ai dormi là, au buffet de la salle d'attente, jusqu'au départ du train pour Vorochilovsk. En deux jours, à peine, je me suis habitué à vivre dans des compartiments surpeuplés, dans des salles glaciales, sans eau, sans soins corporels, sans nourriture chaude. Mais c'est encore pire pour d'autres, par exemple pour les Russes qui, fouettés par le vent glacé, se tiennent dans des wagons de marchandises découverts, ou sur des marchepieds.

Le train traversa la fertile steppe du Kouban; les champs étaient fauchés, mais, pour la plupart, non labourés. Leur étendue est immense; l'œil n'en atteint pas les limites. Des ces espaces dénudés surgissent çà et là des groupes de silos, de réservoirs ou de granges au milieu desquels apparaissent des montagnes de céréales jaunes ou brunes, images de cette puissance supérieure qu'atteint la bonne terre dans sa fertilité. On voit encore des traces de la culture du froment, du maïs, du ricin, du tournesol et du tabac. Les talus de la voie ferrée sont couverts par une végétation desséchée de chardons et d'autres représentants de la famille des composées, d'un brun fumé; on y trouve aussi une plante qui a la forme et la taille d'un petit sapin, et semble appartenir à la famille des prêles. Cette végétation me rappelait les fleurs de thé japonaises que, dans mon enfance, je faisais se déployer dans l'eau chaude; pareillement, je cherchai maintenant à deviner certaines de ces espèces en les faisant fleurir dans mon imagination.

À la nuit tombée, arrivée à Vorochilovsk. Je fus logé dans le bâtiment administratif du Guépéou, qui a des proportions gigantesques, comme tout ce qui est du ressort de la police et des prisons, et dans lequel on me donna une petite chambre contenant une table, une chaise, un lit et surtout des vitres intactes. Je trouvai même un bout de miroir pour me raser. Après les expériences de ces derniers jours, je sais apprécier ces choses à leur juste valeur.

Vorochilovsk, 25 novembre 1942.

Le temps est pluvieux ; les rues sont pleines de boue. Je vais donc rester provisoirement ici. Certaines rues que j'ai traversées m'ont paru plus accueillantes que tout ce que j'avais vu jusqu'à présent. Surtout, les maisons du temps des tsars rayonnent encore d'un peu de chaleur, alors qu'une seule des caisses géantes que les Soviets ont fait surgir du sol suffit à écraser le pays loin autour d'elle.

Dans l'après-midi, j'ai gravi la colline sur laquelle se dresse l'église orthodoxe, construction byzantine, d'exécution grossière, au dôme à moitié démoli. En général, dans les édifices anciens, quelque chose de barbare transparaît toujours mais qui touche davantage, pourtant, que le néant abstrait de la nouvelle architecture. On peut dire ici, avec Gautier : « *La barbarie vaut mieux que la platitude** », la meilleure traduction de *platitude* étant ici « nihilisme ».

Dans l'après-midi, le commandant en chef du groupe d'armées, le général d'armée von Kleist, vint à notre table. J'avais déjà fait sa connaissance au cours de mes années passées à Hanovre. Entretien sur le général français Giraud qui commande maintenant à Tunis. Aussitôt après son évasion, Hitler aurait dit qu'on pouvait attendre de sa part des surprises désagréables.

Les voix des femmes, et surtout celles des jeunes filles, ne sont pas à proprement parler mélodieuses, mais agréables. Elles recèlent à la fois force et gaieté ; on croit y entendre vibrer une corde profonde de la vie. Il semble que sur de pareilles natures, les constructions et les modifications schématiques glissent sans les égratigner. La même chose m'a frappé chez les nègres sud-américains : leur gaieté profonde et intacte, après des générations d'esclavage. Le médecin-major von Grävenitz m'a appris d'ailleurs que, lors des examens médicaux, on s'aperçoit que la grande majorité des jeunes filles sont vierges. On le voit également à leur physionomie, et il est difficile de dire si c'est sur leur front ou dans leurs yeux que cela se lit – l'éclat argenté de la pureté baigne leur visage. Cette lumière n'a pas la clarté d'une vertu active, elle brille plutôt comme la lumière lunaire, par réflexion. C'est pour cette raison même qu'on devine quel soleil produit tant de sérénité.

Vorochilovsk, 26 novembre 1942.

Tempêtes de neige et vent violent. J'ai essayé tout d'abord, pour avoir une vue d'ensemble, de monter au sommet du clocher, mais les marches supérieures en étaient à demi calcinées. Je me contentai donc du panorama offert à mi-hauteur, puis je me dirigeai vers une forêt clairsemée que j'avais ainsi découverte. Le sol en était malheureusement impraticable, et je dus, à la lisière, me contenter du spectacle d'une bande d'oiseaux qui voletaient avec adresse parmi les buissons et les haies. Ils ressemblaient à nos mésanges charbonnières, mais ils me parurent cependant un peu plus gros et plus vifs de couleurs.

À table, je rencontrai le commandant von Oppen,

le fils de mon ancien chef de régiment. Nous parlâmes entre autres du poème *Le Taurus*, dédié par Friedrich Georg à la mémoire de son père, resté là-bas.

Dans l'après-midi, vaccination contre le typhus exanthématique. La vaccination demeure un acte étonnant ; autrefois, je la comparais volontiers au baptême, mais, dans le monde spirituel, c'est peut-être la sainte cène qui lui correspond le mieux. Nous bénéficions de l'expérience vivante que d'autres ont amassée pour nous : par le sacrifice, par la maladie, par la morsure des serpents. La lymphe de l'agneau qui a souffert pour nous. Les miracles sont déjà préfigurés et contenus dans la matière – ils en sont la plus haute expression.

Le soir, devant la grande carte, le lieutenant colonel Schuchardt m'a exposé la situation créée récemment par la percée soviétique dans le secteur du groupe d'armées voisin. Cette attaque, enfonçant tout d'abord la partie du front tenue par les Roumains, aboutit à l'encerclement de la 6ᵉ armée. La poche doit être ravitaillée par avion, en attendant qu'on soit parvenu à se frayer un passage jusqu'à elle.

C'est dans ces zones encerclées par la destruction que la vie exige le plus de l'homme ; la menace pèse constamment, comme dans ces cités antiques assiégées où nulle pitié n'était à espérer. Cela est vrai aussi sur le plan moral : des semaines et des mois durant, on voit la mort peu à peu se rapprocher. Bien des choses sont alors ramenées à leur juste proportion ; la structure politique que se sont donnée les États apparaissant sous son revers.

Vorochilovsk, 27 novembre 1942.

Le matin, au musée municipal, dont la fondation remonte au temps des tsars et qui contient notamment une collection zoologique qui a souffert du temps. J'y ai vu des serpents décolorés par le soleil, et qui s'enroulaient autour de branches, spectres blancs et écailleux ; d'autres transformés en momies desséchées dans des bocaux dont l'alcool s'est évaporé. Visiblement, pourtant, toutes ces choses avaient jadis été installées à leur juste place avec amour et goût de l'image. Cela, l'initié le remarque à de petits signes ; et une mince brochure qui m'est tombée sous les yeux montre qu'il existait des cercles d'amateurs locaux : « *Acta Societatis Entomologicae Stauropolitanae 1926* ». Stavropol est l'ancien nom de Vorochilovsk.

Parmi les animaux empaillés, j'ai remarqué deux phénomènes bicéphales – une chèvre et un veau. Chez la chèvre, cette difformité avait produit une sorte de tête de Janus, tandis que chez le veau, il s'était formé deux museaux et seulement trois yeux, l'œil supplémentaire étant placé au milieu du front comme chez Polyphème. Cet assemblage n'était pas dépourvu d'une certaine élégance esthétique, qui faisait songer à une combinaison réfléchie, à l'ébauche d'une créature plus mythologique que zoologique.

Ce serait d'ailleurs un beau travail, aussi bien pour le naturaliste que pour le philosophe, que l'étude du « bicéphalisme ». On finirait sans doute par conclure qu'il se rapporte aux sphères inférieures de la vie, celles qui touchent au végétatif ou au démoniaque. Les avantages qu'on pourrait imaginer lui trouver – intelligence particulièrement stéréoscopique ou aptitude à un type inédit de dialogue avec soi-même – nous ont été accordés d'une façon beaucoup plus simple et plus géniale par la formation des deux hémisphères du cerveau. Les frères siamois n'étaient pas liés entre eux, mais enchaînés l'un à l'autre.

Bien qu'il fût encore tôt, je vis un nombre appréciable de visiteurs contempler les vitrines avec attention. J'observai ainsi deux femmes en costumes paysans qui commentaient les objets exposés. Plusieurs d'entre eux paraissaient les amuser particulièrement : un coquillage rose, par exemple, armé de longs aiguillons, à la manière d'un hérisson.

Le soir, chez le sous-chef d'état-major, le lieutenant-colonel Merk, remarquable par l'esprit précis et objectif propre à ces organisateurs de la logistique. Nous étions servis à table par deux Coréennes, deux sœurs, extrêmement gracieuses. Conversation avec un capitaine Dietloff qui, avant la guerre, dirigeait ici un grand domaine ; il me parla des cultures et des récoltes qui sont possibles sur ces terres. Leur fertilité est prodigieuse ; mais s'étend aussi aux fléaux, comme toujours dans ces cas-là. Des vents glacés, par exemple, détruisent en quelques minutes les céréales en pleine floraison ; la rouille du blé, pendant la moisson, s'élève en nuage si épais qu'elle aveugle les chevaux ; il y a, en outre, des légions de sauterelles et de hannetons, et des chardons dont la souche atteint l'épaisseur d'un bras d'homme. On redoute fort, également, un arbre épineux qui, en fin de croissance, forme une boule ; quand la racine est pourrie, cette boule est emportée par le vent d'automne et disperse ses graines à travers champs.

Vorochilovsk, 29 novembre 1942.

Ce matin sur le grand marché, où il y avait beaucoup de monde mais peu de marchandises. Les prix sont de disette. J'ai payé trois marks une petite bobine de fil, semblable à celle que, récemment encore, je voyais offerte pour quelques sous en France. Des gens se pressaient autour d'un mendiant qui chantait, avec un moignon de bras récemment pansé ; les gens semblaient moins attentifs à la mélodie qu'au texte amplement développé. Image homérique.

Je vis aussi passer un enterrement. En tête, deux femmes portant une croix de bois entourée d'une couronne, suivies de quatre autres ayant sur leurs épaules le couvercle du cercueil, tel une barque ornée de fleurs. Le cercueil même était porté par quatre jeunes hommes à l'aide de bandes de toile ; la morte y gisait : une femme d'environ trente-six ans, aux cheveux sombres et aux traits accusés. Sa tête reposait sur des fleurs, et à ses pieds, à l'avant du cercueil, on avait placé un livre noir. J'ai déjà rencontré, à Rhodes, cette coutume orthodoxe qui consiste à exposer une dernière fois le mort à la lumière, et elle me plaît beaucoup ; c'est comme si la personne avait encore pleine conscience, et faisait elle-même ses adieux avant de descendre dans les ténèbres.

Ces jours-ci, de nouveaux projets pour un nouvel ouvrage : *Le Sentier de Masirah*. Le narrateur, Othfried, commence son récit au moment où ayant traversé le désert, il s'aperçoit à certains indices de la proximité de la côte. Ce sont, tout d'abord, des plantes poussant sur un sol imprégné de sel, des sauterelles et des serpents – un monde animal et végétal qui semble issu du sable desséché. Puis des buissons d'épines en fleur, et enfin des palmiers et des vestiges d'habitations humaines. Pourtant, le pays est ravagé et mort ; çà et là, on passe devant des villes détruites, aux remparts éventrés par des brèches et devant lesquelles se dressent dans le sable de grandes machines de siège, abandonnées comme les couteaux à huîtres une fois les coquilles ouvertes.

Othfried est en possession d'une carte dressée par Fortunio, et qui, moitié par un texte, moitié par des hiéroglyphes, représentant le pays, décrit le chemin de Gadamar où Fortunio a découvert une mine de pierres précieuses. L'étude de cette carte est difficile – aussi Othfried eût-il préféré la route maritime, mais il est forcé de voyager en suivant les indications marquées à l'avance, chacune étant liée à la suivante, comme les maillons d'une chaîne. Il semble que Fortunio propose au possesseur de cette carte une tâche dont le couronnement sera la découverte du trésor. Les aspects de cette tâche se manifestent, tout d'abord, par des aventures, puis ils requièrent des dons d'intelligence, et se transforment enfin en épreuves éthiques.

Othfried qui, soir après soir, déploie cette étrange carte comme un soufflet d'accordéon, aurait depuis longtemps renoncé à son entreprise s'il n'était sans cesse réconforté par la vue d'une des pierres précieuses que Fortunio lui a donnée comme preuve. C'est une opale, de la forme et de la grosseur d'un œuf d'oie, qui brille de toutes les couleurs et possède en même temps une profondeur nébuleuse, multicolore et magique. Lorsqu'on la contemple longuement, on voit en elle des jeux fantasmagoriques et des images de l'avenir et du passé. La mine de pierres précieuses date des temps fabuleux de la terre, ultime témoignage de l'abondance évanouie de l'âge d'or.

Le sentier de Masirah, qu'Othfried et ses compagnons doivent franchir à une hauteur vertigineuse au-dessus des récifs de la côte, représente une des figures de l'éthique. Son histoire, sa topographie. Taillé dans le rocher lisse, il est si abrupt et si étroit qu'il offre juste assez de place pour le pied d'un homme ou le sabot d'un mulet. Le regard n'en voit pas l'extrémité, mais afin que des caravanes ne s'y rencontrent point, il comporte, à ses deux issues, une sorte de chaire où l'on se place pour annoncer, par des cris, qu'on a l'intention de s'y engager. Othfried néglige de lancer cet avertissement, et c'est ce que négligent aussi, par malheur, une troupe de Juifs d'Ophir qui arrivent de la direction opposée. Les deux groupes avec leurs mulets se rencontrent au-dessus de l'abîme, à l'endroit le plus étroit et le plus effrayant où le cœur tremble rien qu'à l'idée de revenir en arrière. Comment se résoudra ce conflit qui menace de se terminer par la chute de l'un des groupes, ou même des deux ?

En réfléchissant à ce sujet, durant ma promenade sur le marché, il me parut regrettable de n'en dévoiler qu'un aspect ; il pourrait fort bien représenter la vie en général. La carte réfléchirait alors le destin, inscrit en elle comme dans les lignes d'une main. La mine de pierres précieuses est la ville éternelle décrite par saint Jean dans l'Apocalypse : le but, et la récompense du voyage. On pourrait, de la sorte, faire entrer beaucoup de choses dans ce thème.

Assurément, cette inspiration me vient au moment le plus inopportun, et j'ai abandonné aujourd'hui la première page que j'avais écrite. Des jours meilleurs, plus libres, me permettront peut-être d'y revenir.

Vorochilovsk, 30 novembre 1942.

Au cimetière, le plus désolé que j'aie jamais vu. Il couvre une grande surface rectangulaire, et il est enclos par un mur à demi éboulé. On est surpris par l'absence de noms : on voit peu d'inscriptions, tant sur les dalles moussues que sur les croix de Saint-André, effritées et taillées dans un calcaire tendre, d'un brun doré. À vrai dire, je crus déchiffrer sur l'une d'elles le mot « Patera », gravé en caractères grecs, et cela me fit penser à Kubin et à sa ville de rêve Perle, que m'ont déjà rappelée, ici, maintes images.

Les tertres funéraires sont couverts d'épaisses broussailles ; chardons et glouterons pullulent dans tous les coins. Au milieu de tout cela, apparemment au hasard, on a creusé de nouvelles tombes que ne signale aucune croix de pierre ou de bois. Seuls de vieux ossements blanchissent sur le sol bouleversé. Des vertèbres, des côtes, des tibias, dispersés comme dans un puzzle ; j'ai vu aussi un crâne d'enfant, verdi par la mousse, posé au pied de la muraille.

Retour par les faubourgs délabrés. Dans la construction des maisons, dans les traits des visages, dans d'innombrables détails presque impondérables, les sens découvrent une résonance, une odeur d'Asie. Je l'ai senti nettement en voyant un petit garçon croiser les mains sur son ventre – attitude si caractéristique. Ces particularités résident dans les éléments comme une subtile émanation, venue d'au-delà du visible. Le troisième œil, cet œil pinéal dont les savants croient avoir découvert la trace, était peut-être l'œil des images primitives ; on voyait, jadis, les contrées, les bêtes, les sources et les arbres sous forme de personnes, de dieux et de démons, comme on les voit aujourd'hui sous forme de surfaces et de corps.

Vorochilovsk, 1ᵉʳ décembre 1942.

Visité l'Institut de la peste, où travaillent des savants et des employés russes. Le sol luxuriant de ce pays est aussi l'Eldorado des épidémies et des maladies : fièvre ukrainienne, dysenterie, typhoïde, diphtérie et une sorte de jaunisse épidémique dont on n'a pas encore trouvé l'agent pathogène. La peste, dit-on, reviendrait tous les dix ans ; c'est ainsi qu'elle est apparue en 1912, 1922 et 1932, et ce serait donc à nouveau son époque. Elle est apportée par des caravanes qui viennent de la région d'Astrakhan. Une hécatombe de rongeurs l'annonce en la précédant. L'institut envoie alors une expédition composée de zoologistes, de bactériologistes et d'enquêteurs, pour procéder à un examen approfondi. L'avance de l'épidémie est observée et combattue par un cordon de petits postes, les «stations de peste». On veille tout particulièrement à détruire les rats et, pour ce travail, il existe même une corporation spéciale, les «dératiseurs», qu'on trouve dans tous les kolkhozes.

Conversation avec le directeur scientifique, le professeur Hach, que j'ai trouvé fort sympathique. Ces rapports d'homme à homme, qu'un Français appellerait rapports humains, ont, chez les Russes, une autre teinte, élémentaire, venue de courants profonds. L'amabilité qui, en France, provient d'un léger effort, d'une activité spirituelle, paraît plutôt reposer ici sur l'atonie ; elle a un caractère plus féminin, mais en même temps plus obscur, amoral.

Le professeur Hach est frappé de cette forme adoucie de bannissement que l'on appelle «Moins Six», c'est-à-dire qu'il n'a pas le droit de résider dans les six plus importantes villes du pays.

Comme on fabrique aussi à l'Institut de la peste de grandes quantités de vaccin, il a immédiatement fait l'objet de mesures de protection à l'arrivée des troupes allemandes. On lui a attribué également, pour le ravitailler, un kolkhoze où l'État russe avait jusqu'alors occupé et nourri huit cents aliénés. Pour vider ce domaine au profit de l'Institut de la peste, le service de sécurité allemand tua tous les malades. Un tel trait trahit bien la tendance du technicien à remplacer la morale par l'hygiène, de même qu'il remplace la vérité par la propagande.

Vorochilovsk, 2 décembre 1942.

Le souffle du monde des équarrissoirs est parfois si sensible qu'il éteint en moi tout désir de travailler, de former des images et des pensées. Le crime, par sa nature, répand l'étouffement, le désarroi ; la maison de l'homme devient inhospitalière, comme si une charogne y était cachée. À ce voisinage, les choses perdent leur charme, leur parfum et leur goût. L'esprit s'épuise sur les tâches qu'il s'était fixées, et qui l'occupaient en le réconfortant. Mais c'est justement contre cela qu'il faut engager la lutte. Les couleurs des fleurs sur la cime mortelle ne doivent point pâlir pour l'œil, fût-ce à un pouce du précipice. Situation que j'ai décrite dans les *Falaises de marbre.*

Vorochilovsk, 4 décembre 1942.

Temps brumeux, qui s'est juste assez éclairci le soir pour nous permettre de deviner les étoiles comme à travers un voile, sans nous les laisser voir réellement.

Les graines de tournesol que l'on vend partout ici. Elles sont de couleur noire, avec de délicats filets blancs. Des gens de tous âges, marchant ou non, en grignotent sans cesse ; ils se les fourrent dans la bouche et les font craquer d'un coup de dents. Puis ils recrachent le tégument et avalent le petit grain. Cela semble être à la fois un passe-temps, comme le fait de fumer, et une sorte d'alimentation à dose homéopathique. On prétend aussi que c'est cette graine qui donne aux femmes les seins fermes qu'on leur voit ici. Le sol est partout recouvert de ces cosses soufflées, et on a l'impression de suivre à la trace des animaux rongeurs.

Dans mes rapports avec les gens, je remarque que je ne recherche précisément pas les intelligences ou les caractères moyens, alors que je n'éprouve pour ainsi dire pas de difficultés à entretenir des relations aussi bien avec des natures fort simples qu'avec des natures très complexes. Je ressemble à un pianiste qui ne frappe que les touches extrêmes et, quant aux autres, s'arrange tant bien que mal. Paysans et pêcheurs, ou bien l'élite la plus haute. Les relations banales imposent une pénible adaptation au quotidien, il faut fouiller ses poches en quête de menue monnaie. Aussi, j'aurais souvent tendance à croire que je circule dans un monde pour lequel je ne suis pas préparé comme il convient.

Vorochilovsk, 6 décembre 1942.

Dimanche, par un temps glacial et clair, un peu de neige sur le sol. Le matin, promenade dans la forêt; en voyant la légère et pure couverture, je songeai à ce vers merveilleux que Perpétua avait, jadis, murmuré un matin, au réveil, dans notre mansarde de Leipzig:

« Le vent enneige la pire souffrance… »

Nous habitions alors un atelier. La nuit, nous suivions par les verrières le cours des étoiles et, en hiver, la molle chute des flocons de neige.

Les images de la forêt étaient un peu plus réconfortantes. C'est ainsi que je croisai des paysannes portant de longues perches ployées, à l'extrémité desquelles se balançaient des seaux d'eau ou de petits fardeaux. Et les jougs des petits chevaux de *Panje* qui, lorsque ceux-ci trottent, dansent très haut sur leurs épaules, sont amusants à voir. Cela rappelle des temps anciens, une opulence de jadis. On sent tout ce qu'une froide abstraction a fait perdre à cette terre, et combien elle deviendrait florissante sous le soleil d'un pouvoir bienveillant et paternel. En particulier lorsque j'entends parler ces gens, avec des voyelles où résonne une joie grave, un léger rire, je me souviens de ces jours d'hiver où l'on entend les sources ruisseler sous la glace et la neige.

Achevé le Livre de Jérémie, dont j'avais commencé la lecture le 18 octobre, à Suresnes. Le voyage m'entraîne à travers le Livre des Livres, et le monde mouvant m'en offre les illustrations.

Les visions de Jérémie ne sont pas comparables à celles d'Isaïe, qui lui est infiniment supérieur en puissance. Isaïe décrit le destin de l'univers, tandis que Jérémie est le prophète des constellations politiques. À ce titre, il joue un rôle important : il est le voyant chargé de mission, le plus subtil instrument de l'inspiration nationale. Les forces du prêtre, du poète et de l'homme d'État sont encore réunies en lui, encore indivises. Dans la défaite, il n'aperçoit pas la catastrophe cosmique, qui éveille la volupté et l'épouvante, mais l'échec politique, le naufrage de l'État, qu'entraîne la non-observance de la règle divine.

La situation devant laquelle il se trouve placé est

caractérisée par la menace que fait peser Nabuchodonosor, dont il sait apprécier la puissance autrement que le roi, et d'une façon plus juste. Il en avertit Sédécias, mais sans succès. Nous ne pouvons comprendre pleinement les difficultés de sa fonction, car les théocraties nous sont devenues étrangères. Pour les mesurer, il nous faudrait comparer la tâche de Jérémie à celle d'un voyant inspiré attaché à la cour de Prusse, et qui, en 1805, aurait connu non seulement l'issue de 1806, mais également celle de 1812 et, sachant cela, aurait conseillé au roi de lutter contre Napoléon. Dans de tels cas, on a contre soi non seulement le parti militaire, mais encore la populace. C'est pourquoi on ne saurait trop admirer la hardiesse des interventions de Jérémie ; elle présuppose que la réalité de ses liens avec Dieu était incontestée. Il puisait là son assurance.

Vorochilovsk, 7 décembre 1942.

La journée d'hier fut une journée significative. J'entrevis la première lueur du : « Voilà ce que tu es. » Depuis des années, depuis l'Amérique du Sud, je n'avais pas reçu d'inspiration semblable.

Ces influences géographiques, ou pour mieux dire géomantiques, modèlent-elles, elles aussi, le caractère ? Je veux dire : modèlent-elles non seulement les mœurs, comme l'ont déjà vu Pascal et Stendhal, mais aussi notre nature fondamentale ? Sous d'autres latitudes, par exemple, nous pourrions tout d'abord subir une dissolution, puis une nouvelle cristallisation. Cela correspondrait, à un niveau supérieur, à ce qui se passe pour le corps ; nous sommes pris, tout d'abord, par la fièvre ; puis nous vient une nouvelle santé. Nous serions des citoyens du monde, au sens suprême du mot, si le globe terrestre dans sa totalité nous formait et nous développait. Pour atteindre cet état, les maîtres du monde s'élèvent au-dessus de leur nation d'origine ; la légende de l'engendrement cosmique d'Alexandre y fait allusion. Un éclair frappe la mère, frappe le sein de la Terre. Les grands poètes, comme Dante dans ses envolées et Goethe dans le *Divan occidental-oriental*, l'expriment sur un plan spirituel. De même, les religions mondiales, à l'exception de l'islamisme, trop soumis aux influences du climat. Songe de saint Pierre, rêvant des animaux – le fait de manger leur chair symbolise l'assimilation des empires et des pays de ce monde.

La soirée resplendissait d'étoiles ; les grandes constellations brillaient d'un éclat que je n'avais vu que dans le Sud. Ce sentiment de froid intense qui nous saisit à ce spectacle a-t-il déjà été éprouvé en d'autres temps ? Jusqu'à présent, c'est dans quelques vers de Friedrich Georg que je l'ai trouvé exprimé avec le plus de netteté.

Dans le rêve, je faisais mille choses ; mais au réveil, je ne me souvins que de la dernière image : une auto, dont le capot portait, comme ornement du bouchon de radiateur, un petit charançon, le rongeur de noix. Dans ce rêve, il avait la taille d'un agneau et étincelait par transparence dans le soleil, comme de la corne couleur de merisier et veinée de rouge. L'éclatement de sept bombes qu'un aviateur russe jeta à l'aube dans le voisinage me réveilla à l'instant précis où j'admirais cette image.

Le matin, lui aussi, était rayonnant ; pas le moindre nuage ne troublait l'azur du ciel. Je montai au sommet du clocher qui, sur un socle carré, porte un fût de bois octogonal, surmonté par une coupole aplatie en forme de bulbe. Pour la première fois, je pus voir la localité dans son ensemble, avec ses pâtés rectangulaires de maisons basses, d'où émergent çà et là de gigantesques constructions neuves : une caserne ou un bâtiment de la police. Pour arriver à bâtir ce genre de caisses, il aura donc fallu tuer quelques millions d'hommes.

Avec sa double cime et ses flancs neigeux qui brillaient comme de l'argent au soleil matinal, l'Elbrouz semblait surgir aux portes mêmes de la ville ; il se trouve pourtant à de nombreuses journées de marche. La sombre chaîne du Caucase, au milieu de laquelle il s'élève, paraissait minuscule comparée à lui. Pour la première fois depuis longtemps, la terre m'interpella de nouveau, dans ce spectacle, comme une œuvre créée par des mains, comme un travail de Dieu.

En revenant, je suis passé devant un groupe de prisonniers qui, sous la surveillance de sentinelles, réparaient la route. Ils avaient étalé leurs manteaux sur le bord du chemin, et les passants y déposaient parfois une petite obole. J'y vis des billets de banque, des tranches de pain, des oignons, et l'une de ces tomates que l'on conserve, ici, vertes, dans le vinaigre. Premier signe d'humanité que j'aie remarqué dans ce paysage, si j'excepte quelques jeux d'enfants et la belle camaraderie des soldats allemands entre eux. Mais ici, tous y participaient : les habitants comme donateurs, les prisonniers comme pauvres, et leurs gardiens en autorisant l'aumône.

Kropotkine, 9 décembre 1942.

Hier au soir, départ pour la 17ᵉ armée, par le train postal qui s'est présenté sous la forme d'une auto placée sur les rails, et qui tirait un wagon de marchandises. Après avoir roulé un moment, nous fûmes immobilisés sur les voies une partie de la nuit par des tourmentes de neige. On parvint à trouver un peu de bois, et un petit poêle nous réchauffa pendant une heure ou deux.

Le matin, arrivée à Kropotkine, où j'ai passé la journée à attendre le train pour Béloretchensk. Plusieurs centaines de soldats attendaient comme moi, dans le grand hall nu de la gare. Ils se tenaient debout, en groupes silencieux, ou restaient assis sur leur paquetage. À certaines heures, ils se pressaient aux guichets où l'on distribuait de la soupe et du café. Dans cette vaste salle, on sentait la proximité des puissances cachées, monstrueuses et tyranniques qui poussent l'homme sans pourtant se dévoiler à ses yeux : la puissance glacée des Titans. D'où l'impression que la volonté doit être tendue dans toutes ses fibres, alors que l'intelligence reste inactive. Si l'on parvenait à appréhender tout cela en tant que pur spectacle, comme dans le tableau d'un peintre, cela provoquerait sans doute une immense détente, un adoucissement. Mais c'est tout aussi impossible, dans la phase actuelle, que l'interprétation des événements en cours par un grand historien, ou, mieux encore, par le roman. C'est qu'on ne sait pas même le nom des forces qui s'affrontent.

Pensé à cette vue : « Jamais la liberté ne pourra être rétablie dans le sens où on l'entendait au XIXᵉ siècle, comme beaucoup d'hommes en rêvent encore ; il lui faudra s'élever à la hauteur glacée et neuve de l'événement historique, et même plus haut encore, comme l'aigle au-dessus des créneaux qui somment le chaos. Il lui faudra aussi passer par la douleur. Il faudra de nouveau la mériter. »

Béloretchensk, 10 décembre 1942.

Je suis parti de Kropotkine avec quinze heures de retard. À vrai dire, ici, le mot retard perd son sens. On doit s'immerger dans cet état végétatif où l'on perd toute impatience.

Comme il pleuvait à torrents, je me permis de lire un peu dans le compartiment, après avoir allumé une bougie. Même pour ce qui est de la lecture, je vis maintenant « *à la fortune du pot** », absorbant bien des choses qu'auparavant je n'aurais pas digérées. Ici, par exemple, l'*Abu Telfan*, de Wilhelm Raabe, que j'avais emporté de Vorochilovsk, et que j'avais déjà entendu vanter par mon grand-père, l'instituteur, sans avoir jamais eu vraiment envie de le lire. Les incessantes et ironiques fioritures qui caractérisent cette prose ressemblent à ces garnitures dorées, imitations du style rococo, que l'on voyait sur les meubles en noyer datant de l'époque de ce livre. Par exemple :

« Les peupliers montrèrent à nouveau qu'ils étaient capables de projeter une ombre très longue. »

Ou :

« Ce même brouillard blanc, que malheureusement l'honnête *Courrier de Wandsbeck* a déjà utilisé avec lyrisme, se faisait également remarquer sur les prés. »

Cette ironie de provincial est, d'une manière générale, typique du XIXᵉ siècle ; certains auteurs en semblent atteints comme d'une gale chronique. Dans ces années de Russie, ce ne sont pas seulement les hommes qui tombent, mais aussi les livres ; ils jaunissent comme des feuilles sous le gel, et l'on s'apercevra, un jour, que des genres littéraires tout entiers ont sombré en silence.

À l'aube, arrivée à Béloretchensk. En attendant sur le quai boueux, j'étudiais dans le ciel les constellations resplendissantes. Étrange, la manière toute nouvelle dont elles captivent l'esprit, quand on s'approche, comme ici, de l'empire des douleurs. C'est en ce sens qu'en parle également Boèce dans son dernier vers, le plus beau.

Dans le lit qui m'était destiné, je trouvai deux chauffeurs dont la voiture était restée embourbée devant la maison. La cabane ne se composait que d'une grande pièce, séparée en deux par un gros poêle ; dans deux lits, dormaient la patronne et son amie. Elles se serrèrent dans un seul, et je pus profiter d'une couche déjà toute chaude.

À midi, j'ai déjeuné chez le général en chef, le général de corps d'armée Ruoff à qui j'ai transmis les salutations de son prédécesseur, Heinrich von Stülpnagel. Conversation sur les positions de nos troupes. Alors que, pendant le premier hiver de guerre en Russie, le froid était le plus dangereux des adversaires, il a été maintenant remplacé, du moins dans ce secteur du front, par l'humidité, et elle est encore plus délétère. Les troupes sont cantonnées dans des forêts humides, le plus souvent dans des trous creusés dans la terre, car l'avance ne s'est arrêtée que depuis trois semaines. La toile de tente est leur seule protection. Des crues ont emporté les ponts des ruisseaux et des rivières, si bien que le ravitaillement est bloqué. Les aviateurs eux-mêmes ne peuvent rien lancer sur ces forêts enveloppées de brumes. Aussi les efforts des hommes atteignent-ils leur limite extrême, celle où l'on meurt d'épuisement.

L'après-midi, j'ai assisté à l'interrogatoire d'un prisonnier, un lieutenant russe de dix-neuf ans. Son visage n'était pas encore fait, et ressemblait un peu à celui d'une jeune fille, avec un léger duvet qu'il ne rasait pas encore. Ce garçon portait une casquette en peau d'agneau, et il tenait un long bâton à la main. C'était un fils de paysan, entré à l'école d'ingénieurs ; avant d'être fait prisonnier, il commandait une compagnie de lance-grenades. L'impression générale concordait bien avec cela – un paysan devenu ser-rurier. Ses mouvements de mains avaient quelque chose de pesant, de balancé ; on voyait que ces mains n'avaient pas encore oublié le travail du bois, bien qu'elles se fussent déjà habituées à celui du fer.

Conversation avec l'officier des renseignements, un Balte, qui compara la Russie à un verre de lait, dont on aurait ôté la mince couche de crème. Une nouvelle couche ne se serait pas encore formée, ou bien elle n'aurait pas bon goût. L'image est expressive ; mais il serait intéressant de savoir ce que ce lait contient encore de sucre subtilement réparti. Dans une période de calme, il pourrait à nouveau réapparaître. En d'autres termes : la cruelle intervention de l'abstraction technique a-t-elle pénétré jusqu'au cœur de l'individu, jusqu'à son fond nourricier ? Je le nierais volontiers, rien que sur l'impression qu'éveillent en moi la voix et la physionomie des gens.

Rechute. Chose curieuse : au moment précis où je m'en rendis compte, un lourd morceau de plâtre tomba du plafond, y laissant un trou aux contours de la Sicile.

Béloretchensk, 11 décembre 1942.

Comme il avait gelé en cours de nuit, je fis une promenade à travers la localité dont hier, j'avais trouvé impraticables les chemins boueux. Aujourd'hui, ils s'étendaient sous la glace étincelante, semblables à de larges étangs de village. Les maisons sont petites, à un seul étage, couvertes de roseaux, de bardeaux ou de tôles peintes au minium. Les couches inférieures des toits de roseaux sont construites avec des tiges, et les parties supérieures sont formées de feuillage, ce qui leur donne l'apparence d'une tête surmontée de toupets jaunes. Le plus curieux, c'est une sorte de baldaquin qui orne l'entrée des maisons d'un peu meilleure mine, et qui surplombe les marches, moitié pour les protéger de la pluie, moitié en signe d'apparat. Cette espèce de tente est passée dans le style architectural, et c'est sans doute un souvenir de la vie nomade. De même, la décoration de ces couloirs recouverts de feuilles de zinc évoque souvent des franges ou des glands.

À l'intérieur des cabanes, il n'est pas rare de trouver des plantes qui aiment la chaleur, de grands caoutchoucs ou des citronniers, par exemple, que l'on y cultive pour en recueillir les fruits. Les petites pièces avec leur grand poêle ressemblent à des serres chaudes. Dans les jardins et au bord des larges routes, des peupliers se dressent en abondance; leur ramure paniculée resplendissait au soleil.

Un petit cimetière militaire abritait les sépultures de quelques aviateurs tombés dans le voisinage et de soldats morts dans un hôpital de campagne. Une trentaine de tombes y étaient creusées, surmontées de croix; un certain nombre d'autres préparées d'avance – ce que Maître Anton considère comme un sacrilège, dans la *Maria Magdalena* de Hebbel.

Hors de la ville, le long de la rivière, la Bielaïa. D'un gris boueux, ses eaux en crue bouillonnaient. Sur ses rives s'étendait une position de campagne avec ses obstacles et ses emplacements de tirailleurs, auxquels travaillait un groupe de femmes sous la surveillance de soldats du génie. Dans un chemin creux, un cheval mort, dont les moindres fibres de chair avaient été enlevées. Vue d'ici, la ville n'est pas vilaine, avec ses cabanes de bois et ses toits verdis par la mousse; on y sent encore cet aspect vivant que confère le travail

manuel, ainsi que cette forme de détérioration organique qui demeure habitable.

Ensuite, chez mon hôtesse, Mme Valia – diminutif
de Valentina. Son mari est parti depuis le début de
la guerre ; il est au front, dans un détachement de
chimistes. Chez elle, une amie âgée de seize ans, Victoria, fille d'un médecin, qui savait un peu d'allemand
et avait même lu Schiller qu'elle vénérait comme
presque tous ses compatriotes, le considérant comme
l'archétype du poète : « Oh ! Schiller, super ! » Elle va
partir pour l'Allemagne, ainsi que l'y force le service
du travail. Elle était élève au collège ; ses compagnes
de classe, âgées de plus de seize ans, ont été mobilisées
dans des groupes de partisans. Elle me parla d'une de
ses amies, âgée de quatorze ans, qui avait été fusillée
non loin de la rivière. Elle transposait cet événement
sur un autre plan que celui du sentiment, mais non
pas plus froid – j'en fus profondément impressionné.

Le même soir, conversation avec le commandant
K., surtout à propos des partisans qu'il est chargé de
dépister et de combattre. Entre les troupes régulières,
la lutte est déjà impitoyable. Le soldat fait l'impossible pour ne pas tomber aux mains de l'adversaire ;
c'est ce qui explique généralement l'acharnement avec
lequel résistent les forces encerclées. On a trouvé des
ordres russes qui promettaient une récompense pour
chaque prisonnier ramené vivant, et dont le service de
renseignements avait besoin pour ses interrogatoires.
D'autres ordres précisent que les prisonniers doivent
être amenés tout d'abord aux services de l'armée, et
ensuite seulement aux services politiques ; cela veut

dire que l'on a mis au point le processus suivant lequel le citron doit être pressé.

Les adversaires n'attendent pas de quartier l'un de l'autre, et cette opinion, la propagande la renforce encore. C'est ainsi que, l'hiver dernier, un traîneau chargé d'officiers russes blessés passa par erreur dans les lignes allemandes. À l'instant même où ils s'en aperçurent, ils firent éclater au milieu d'eux des grenades à main. Quoi qu'il en soit, on fait toujours des prisonniers, aussi bien pour se procurer de la main-d'œuvre que pour attirer des déserteurs. Mais les partisans restent complètement en dehors des lois de la guerre – dans la mesure où il est encore permis d'en parler. Comme des hordes de loups, ils sont traqués dans leurs forêts pour y être exterminés jusqu'au dernier. On m'a raconté ici des choses qui relèvent purement et simplement de la zoologie.

Sur le chemin du retour, j'y réfléchissais encore. Dans ces régions se réalise une idée que j'avais déjà examinée sous différents aspects : là où tout est permis s'implante d'abord l'anarchie, puis un ordre plus sévère. Celui qui tue son adversaire selon son bon plaisir ne peut pas lui-même attendre de pardon ; ainsi se forment de nouvelles règles de combat, beaucoup plus dures.

L'idée me semblait séduisante en théorie, mais en pratique on est inéluctablement acculé à des situations où il faut lever la main sur des êtres sans défense. Une telle chose n'est possible, de sang-froid, que dans un combat avec des bêtes, ou dans des guerres menées entre athées. Dans ce cas, la Croix-Rouge n'est plus qu'un objectif spécialement visible.

Mais il existera toujours, dans la vie, des zones où il ne faut pas laisser l'adversaire imposer sa loi. En effet, la guerre n'est pas un gâteau que les parties en présence se partagent tout entier ; il reste toujours un morceau commun. C'est la part divine qui est soustraite à la bataille, et qui soustrait le combat à la pure bestialité et à la violence démoniaque. Déjà, Homère la connaissait et la respectait. L'homme réellement fort, destiné à l'exercice du pouvoir, on le reconnaîtra à ce qu'il n'apparaît pas seulement sous les traits d'un ennemi, d'un être dévoré de haine ; il se sent également responsable de son adversaire. Que qu'on soit plus fort que les autres, cela se démontre sur un plan supérieur à celui de la violence physique qui ne convainc que les inférieurs.

Maïkop, 12 décembre 1942.

La conversation d'hier me prouve que je n'arriverai pas à me faire à ce pays ; ici, trop de lieux sont tabous pour moi. De ce nombre, tous ceux où l'on s'attaque à des êtres désarmés, et tous ceux où l'on cherche à agir par des représailles et des mesures collectives. Je n'ai, d'ailleurs, aucun espoir de changement. Tout cela fait partie du style de l'époque : chose évidente à la façon dont, de toutes parts, chacun s'y met avec avidité. Les adversaires se copient l'un l'autre.

Malgré tout, ne serait-il pas bon que je visitasse ces lieux d'épouvante, en témoin, pour voir et pour constater ce que sont les meurtriers et les victimes ? Quelle action profonde Dostoïevski n'a-t-il pas exercée par ses souvenirs de la maison des morts! Mais il s'y trouvait en qualité de bagnard, et non de son plein gré.

Et à la vision de ces spectacles, il y a aussi des limites. Pour y avoir accès, il faudrait avoir reçu une initiation plus haute que n'en confère le temps.

Le départ pour Maïkop, prévu pour la matinée, a été remis à la tombée de la nuit. Je fus donc à nouveau l'hôte du général en chef, en compagnie d'un petit général saxon dont la voiture était restée embourbée près d'ici. Ce dernier parlait des difficultés éprouvées par lui à Kharkov. Au début, il aurait vu mourir de faim chaque jour soixante-quinze de ses hommes, chiffre qu'il aurait réduit à vingt-cinq. Commentant certaines mesures de police, il prenait le ton d'un garde-chasse, disant par exemple:

«Je considère que c'est un point de vue complètement erroné de ne pas vouloir liquider ces gamins de treize ou quatorze ans que l'on capture avec les bandes de partisans. Celui qui a poussé comme une mauvaise herbe, sans père ni mère, on n'en fera jamais rien de bon. Une bonne balle, voilà la solution! D'ailleurs, les Russes les traitent exactement de la même manière.»

Il cite, en guise de preuve, le cas d'un adjudant qui, pris de pitié, avait donné asile pour la nuit à deux gamins de neuf et douze ans: le matin, on le retrouva la gorge tranchée.

Le soir, j'ai pris congé de Mme Valia; je ne me trouvais pas mal, dans sa petite chambre avec le gros poêle, dans une sorte d'intimité très «soupe aux choux». Il y a ainsi d'étranges stations sur le chemin de notre vie.

À Maïkop, je fus l'hôte du chef du ravitaillement. Cantonné dans une maison où il n'y avait pas de lumière, à l'exception d'une minuscule flamme qui brûlait devant l'icone. Mais le commandant m'envoya une bougie jaune miel, en cire d'abeilles, qui répandait un parfum délicieux.

Kourinski, 13 décembre 1942.

De grand matin, départ pour Kourinski. Peu après Maïkop, la route s'engagea dans des montagnes recouvertes d'épaisses forêts. Sur les bords de la forêt, des écriteaux : « Attention ! Danger. Partisans. Tenir ses armes prêtes. »

Les régions boisées, face aux Russes, sont couvertes par un mince cordon de positions, souvent même ce ne sont que des postes, et dans les vastes étendues situées derrière elles, les troupes ne fréquentent que les routes. Elles sont menacées non seulement par les partisans, ou les « bandits » selon la variante allemande, mais aussi par des patrouilles de reconnaissance et des rondes effectuées par les forces régulières ; c'est ainsi que, tout récemment, une charge explosive concentrée est tombée d'une embuscade dans l'auto d'un commandant de division.

Le sol était durci par le gel et notre voiture gravissait facilement les pentes. Elle suivait la route de Touapsé, devenue célèbre à cause de l'attaque des régiments de chasseurs allemands et de la défense russe. La chaussée était déjà déblayée ; parfois seulement on voyait de lourds engins, des rouleaux compresseurs ou de puissants tracteurs, jetés au bas du talus. Dans les fourrés, un cheval gelé était pris dans le sol. Sa chair n'avait été découpée que sur la partie supérieure, si bien qu'avec sa cage thoracique décharnée et ses entrailles bleues et rouges, figées par le froid, il ressemblait à une coupe de manuel d'anatomie.

La forêt était épaisse, broussailleuse, et, sans clôtures, des plantations de jeunes chênes s'étendaient par vagues toujours renouvelées jusqu'aux limites de la vue, là où les crêtes et les cimes blanches de la haute montagne remplaçaient les montagnes bleues. Parfois s'intercalaient des groupes d'arbres plus anciens, dont s'envolaient des piverts qui picoraient leur bois vermoulu. Sur les troncs enneigés, on voyait briller leur ventre d'un rouge framboise vif.

J'appris à Kourinski que ces hauteurs sont couvertes en partie de taillis, en partie de surgeons – ces tiges qui jaillissent des souches. La plupart n'auraient été reboisées que sous la domination russe, car les Tcherkesses qui les habitaient les maintenaient nues pour leurs troupeaux. Seuls quelques puissants spécimens portegraines furent épargnés par eux, et c'est pourquoi on les appelle les chênes des Tcherkesses. En d'autres endroits de cette incommensurable forêt où vivent encore des ours, il reste certains îlots d'espèces plus anciennes. Même ainsi, cependant, cet océan d'arbres possède une force primitive – l'œil est sensible à cette richesse vierge, à tout ce qui n'a pas été touché par les essaims de voyageurs.

À Khadyjensk, la crue avait emporté un pont. Des pionniers nous firent traverser sur des canots pneumatiques la rivière déchaînée : la Pchich. Auprès de moi, un jeune fantassin était accroupi sur son sac :

« La dernière fois que je me suis trouvé sur un truc comme ça, dit-il, il a reçu un coup en plein qui l'a déchiré en deux et a tué quatre camarades. Il n'y a que moi et un autre qui nous en soyons tirés. C'était sur la Loire. »

Ainsi, des générations durant, cette guerre fournira matière à des récits pour les enfants et les petits-enfants. Et toujours l'on entendra raconter comment le narrateur a connu l'un des coups de chance de cette terrible loterie. Il est vrai que seuls les survivants racontent leurs souvenirs, de même que ce sont eux qui écrivent l'histoire.

Dans Kourinski complètement détruite, je me présentai au général de Angelis, un Autrichien, commandant le 44ᵉ corps de chasseurs. Il me montra les positions sur la carte. Nous avons subi de lourdes pertes lors de notre avance sur la route de Maïkop à Touapsé, car les Russes s'étaient établis dans d'épaisses et vastes forêts, et s'étaient défendus avec habileté et opiniâtreté. Il arriva donc – pour parler comme Clausewitz – que l'offensive atteignit son point culminant peu avant la ligne de partage des eaux et fut stoppée devant les objectifs stratégiques. Dans une telle situation, les difficultés grandissent à chaque pas. Après des corps-à-corps acharnés dans le sous-bois, de violents orages détruisirent les ponts et rendirent les routes impraticables. Maintenant, depuis des semaines, les troupes sont tapies dans des trous inondés, aussi épuisées par le froid et l'humidité que par le feu de l'adversaire et ses incessantes attaques.

L'après-midi, sur la montagne boisée, qui domine, toute proche, les cabanes de Kourinski. Le sous-bois était couvert de rhododendrons qui portaient déjà des bourgeons jaune-vert. Je revins par l'étroite vallée d'un torrent qui coulait sur un fond de marne verte. Pendant les combats, les habitants s'étaient réfugiés ici, dans de petites grottes ; les restes et les traces de ces campements se voyaient encore.

Kourinski, 14 décembre 1942.

Nuit étoilée. Je la passai dans la chambre nue d'une cabane de cosaques, qui ne contenait, en guise de lit, qu'un sommier métallique. Par chance, le gros poêle en moellons était encore en bon état, et un bon feu me réchauffa pendant les premières heures. Avant de m'endormir, j'écoutai encore un moment le grillon de ce foyer, à la voix pleine et mélodieuse, ressemblant davantage à un tintement qu'à un cri-cri. Au matin, le froid se fit nettement sentir. On entendait les aviateurs russes tourner au-dessus de la vallée et jeter dans le lointain des chapelets de bombes et, dans l'intervalle, les rapides coups de pompe de la DCA.

Dans la matinée, je me mis en route avec le lieutenant Strubelt, pour aller, profitant du temps clair, jeter un coup d'œil sur le terrain qui s'étend des deux côtés de la route de Maïkop à Touapsé. Nous partîmes dans une auto qui portait encore à l'arrière de sa capote les traces de balles récoltées lors d'une attaque de partisans.

La vallée de la Pchich, où une voie ferrée parvenait

à se glisser à côté de notre route, donnait l'impression
d'un enfer de boue. Le niveau de la rivière, encore en
crue quelques jours auparavant, s'était de nouveau si
abaissé que l'on voyait de longs bancs de gravier surgir
entre les tourbillons. On avait tiré parti des endroits
où la vallée s'élargissait, en installant des positions
d'artillerie, des postes de combat, des ambulances et
des dépôts de munitions. En ces endroits, la route,
défoncée par les roues, formait une bouillie visqueuse
d'un jaune brun qui paraissait insondable. Il en émergeait des restes de chevaux et de voitures. Un peu
plus haut, sur le versant, on avait installé des allées
de tentes et de cahutes. Elles étaient entourées par
des filets de fumée bleue; devant leur seuil, on voyait
des prisonniers russes ou turkmènes fendre du bois.
Le tout faisait songer à un caravansérail, édifié sur les
berges d'un large fleuve de boue visqueuse, et auquel
la nature même de cette matière conférait aussi bien
sa couleur morne qu'un rythme de vie somnolent
et languissant. Au milieu de tout cela flamboyaient
de brusques éclairs de feu : du fond de cette cuvette,
l'artillerie tirait sur la position d'un bataillon, où les
Russes avaient fait irruption le matin même.

Des colonnes d'animaux harassés et des files de
porteurs aux traits asiatiques se traînaient péniblement
à travers le bourbier. C'étaient surtout des Arméniens,
aux yeux sombres et perçants, au nez fort et arqué,
et à la peau olivâtre, fréquemment marquée par la
variole. Quelquefois apparaissait le type mongolique
des Turkmènes à la chevelure lisse et noire, et parfois
aussi les beaux types, hauts de taille, des ethnies cauca-
siennes, Grusiniens et Géorgiens. Certains avançaient

avec tant de peine qu'on remarquait leur épuisement mortel. Et Strubelt me dit, en effet, que plus d'un se glissait en cachette dans un trou pour y mourir comme une bête.

Quittant la vallée, nous continuâmes à monter lentement dans la forêt hivernale. Au passage, surgissaient de hautes cimes, visibles quelques instants. Plusieurs étaient aux mains des Russes. L'adversaire pouvait donc nous voir ; mais, ici, il épargne ses munitions que l'on doit hisser à grand-peine à travers la boue, jusqu'aux canons. Un avion surgit aussi et vira lestement lorsque deux nuages de fumée grise éclatèrent à côté de lui. Dans le virage, la partie inférieure de l'appareil jeta le reflet argenté d'un ventre de truite, portant comme deux points rouges les étoiles soviétiques.

Nous avons fait halte au col Élisabeth-Polski, devant un petit cimetière, ou plus exactement devant un groupe de tombes, dont l'une, celle d'un servant de DCA, avait été garnie par des mains amies d'une clôture de douilles minces et jaunes. Elles étaient rangées comme ces fonds de bouteilles qui, dans nos jardins, bordent parfois les plates-bandes. À côté, les sépultures de trois pionniers avaient été entourées avec tendresse, bien que d'une façon éphémère, par des guirlandes de feuilles de chêne enfilées les unes dans les autres. La tombe d'un porteur turkmène était surmontée d'une stèle de bois portant une inscription que je ne pus déchiffrer : peut-être un verset du Coran.

Nous nous élevions sur le flanc nord de la montagne. Sur le sol, une mince couche de neige qui avait commencé à fondre, puis avait de nouveau gelé dans la nuit. Cette nouvelle cristallisation dessinait sur la neige de larges aiguilles qui jetaient un éclat bleuâtre. Après trois quarts d'heure d'ascension, nous atteignîmes la crête, d'où la vue s'étendait au loin sur un océan de montagnes boisées. Les plus proches avaient une teinte vert mousse due à leur ramures dénudée et couvertes de lichens ; puis, dans l'éloignement, les chaînes bleutées s'assombrissaient de plus en plus, et derrière elles surgissaient au fond les hautes cimes neigeuses, avec leurs flancs clairs et leurs arêtes accusées. En face de nous, avec sa longue crête terminée brutalement par un double pic, s'élevait l'Indiouk, épaulé par une croupe arrondie. Un cône blanc se dressait derrière lui. À l'extrême droite, sur notre flanc, on voyait s'élever le Saraï Gora au sommet duquel était niché un observateur russe. Aussi, lorsque nous dépliâmes nos cartes blanches, nous retirâmes-nous dans les broussailles.

Nous avions atteint la crête au point qui servait d'observatoire à un lieutenant d'artillerie pour diriger le tir sur l'endroit où les Russes avaient percé, le matin. En arrière, très bas au-dessous de nous, dans les profondeurs boisées, on entendait le grondement sourd des canons, puis les obus s'élevaient droit au-dessus de nous, avec un sifflement strident qui se perdait peu à peu dans le lointain, et enfin, dans les gorges vertes, retentissait le bruit étouffé et à peine perceptible des éclatements. Alors, des nuages blancs jaillissaient des sapinières et persistaient longtemps dans l'air humide.

Nous contemplâmes un moment ce travail effectué dans l'immense espace. Puis, je descendis de quelques pas sur le versant sud protégé des observateurs par de gros arbres. Le soleil chauffait sa pente, tachetée de feuillage roussâtre, comme par un beau jour de printemps. Alors que le versant nord portait des hêtres rendus moussus par les pluies violentes, couverts de polypodes noirs, en forme de demi-lune, ici le chêne prédominait. D'autres plantes y verdissaient déjà, parmi lesquelles de gros buissons d'ellébores, à côté de délicats cyclamens d'Europe, aux feuilles tachetées de clair et au calice violet.

On se serait cru dans son pays natal ; j'avais l'impression d'être déjà souvent venu sur de semblables pentes couvertes de chênes. Le Caucase n'est pas seulement un antique foyer de peuples, de langues et de races ; on y trouve aussi, comme dans un écrin, les animaux, les plantes et les paysages de vastes régions de l'Europe et de l'Asie. Dans les montagnes, des souvenirs s'éveillent ; le sens de la terre se fait plus proche, de même que les minerais et les pierres précieuses ressortent plus librement, et que l'eau prend ici son origine.

Kourinski, 16 décembre 1942.

Parcouru avec le premier lieutenant Häußler les positions situées au-dessus de Chaumiane Nous avons accompagné, tout d'abord, le général Vogel jusqu'au P.C. du 228ᵉ régiment, en grimpant dans une ravine étroite et abrupte, profondément creusée dans le sol de la forêt par les eaux formées par la fonte des neiges. Des deux côtés, des huttes semblables à des nids d'hirondelles, collées dans la terre grasse, et dont émergeait seul le fronton. L'intérieur était étroit et sale, mais des poêles de briques répandaient une bonne chaleur. Le bois ne manque pas dans cet océan de forêts.

Nous sommes montés, ensuite, à travers la forêt dense mais dépourvue de feuillage, en suivant péniblement un petit sentier creusé dans une boue brunâtre par les bêtes de somme et leurs conducteurs. Un tir de grenades venait de l'atteindre. Un coup bien ajusté avait étendu, mort, dans la fange, un gracieux petit cheval bai foncé. Le sang noir avait coulé dans les empreintes des sabots, et ne s'était pas encore mélangé à l'eau argileuse et jaune.

Les arbres, en majorité des chênes, étaient presque entièrement recouverts de mousse, et à leurs branches pendaient aussi de longues barbes de lichens d'un vert argenté ; ils donnaient à la forêt une apparence floue et mouvante. Dans les rayons du soleil hivernal, des piverts et d'agiles sittelles filaient de tronc en tronc ; et le geai des chênes prenait son vol en criaillant. Il animait toute la forêt, ce geai de variété caucasienne reconnaissable à sa crête noire. Mais je sentis, à nouveau, combien l'esprit de notre temps cherche à éteindre en nous tout ce qui est beau ; cette beauté, on ne la voit jamais qu'à travers des grilles, par des fenêtres de prison.

En suivant des marques faites sur les arbres, nous montâmes jusqu'à une position élevée, qui formait un saillant, comme une sorte de nez. Elle n'était séparée du no man's land ni par des barbelés, ni par une tranchée continue. Seul, un groupe de taupinières dispersées dans la forêt était visible. Chacun de ces monticules cachait un petit abri – un trou creusé dans le sol, recouvert de troncs d'arbres sur lesquels on avait remis de la terre. Parfois, une toile de tente les recouvrait – protection bien fragile contre la pluie.

Le chef de compagnie, un jeune Tyrolien originaire de Kufstein, nous montra son domaine. Tout près, sur l'autre versant, les Russes s'étaient fortifiés ; à une faible différence de couleur sur le fond gris-vert de la forêt, nous reconnûmes l'un de leurs blockhaus. Comme pour nous le confirmer, une rafale de mitrailleuse jaillit de l'autre côté, avec d'aigres coups de départ. On entendait les balles se perdre dans les branches en vibrant longuement. L'une d'elles emporta le guidon d'une mitrailleuse.

Nous sautâmes dans les trous de protection et nous laissâmes passer l'orage. Je remarque maintenant ce que de telles situations ont de déplacé – mi-comiques, mi-irritantes. J'ai passé l'âge, ou plutôt l'état, où l'on trouve de l'attrait à ces choses et s'efforce même de renchérir sur elles.

Les Russes, pour nous déloger des abris, avaient même hissé un canon anti-chars sur la montagne. Les petits projectiles, qui n'explosaient qu'à l'intérieur des cibles, avaient déjà causé bien des pertes. De nombreux arbres coupés nets à mi-hauteur témoignaient de leur puissance.

Le temps était lourd, mélancolique, humide. Après cette nuit de veille, la plupart des hommes dormaient ; quelques sentinelles guettaient dans la forêt. D'autres hommes nettoyaient leurs armes fraîchement rouillées. Un petit Thuringien s'était savonné de la tête aux pieds, et un camarade lui déversait lentement une gamelle d'eau chaude sur le corps.

Je m'entretins avec ces hommes jetés ici, si loin, au bout du monde. Ils ont participé aux durs combats offensifs et ont progressé pied à pied, dans ces montagnes, pour s'y enterrer quand l'attaque eut perdu son élan. Ils sont exposés au feu depuis longtemps déjà et tiennent, sans être relevés. Blessures, coups mortels, maladies provoquées par l'épuisement et l'humidité diminuent chaque jour leur nombre déjà réduit dès le début. Ils mènent ainsi une vie aux frontières de l'être.

En redescendant vers Chaumiane, nous passâmes à nouveau devant le cheval aperçu ce matin et qui, entre-temps, avait été complètement dépecé, à l'exception des os et des intestins. Besogne que font les soldats turkmènes, grands mangeurs de viande de cheval, dont on voyait au milieu de la position les visages jaunes penchés sur de grands bidons pleins de goulash en train de bouillir.

Chaumiane était fortement pilonnée ; chaque jour, la ville est soumise à un bombardement d'artillerie. Un seul obus suffit pour abattre les cabanes comme des châteaux de cartes, ce qui permet d'étudier leur construction : quatre murs en colombage léger, aux interstices remplis d'un mélange d'argile et de bouse de vache : le toit est recouvert de bardeaux, taillés de la minceur d'une feuille. De leurs décombres émergeaient deux éléments du mobilier : le grand poêle de pierre et le lit de fer.

C'est dans cette localité que se trouve le parc de stationnement automobile, jusqu'où des porteurs descendent péniblement les soldats blessés dans les montagnes. Un cimetière, dont un grand nombre de croix ont été abattues par le bombardement, montre que cette première station a déjà payé son tribut de morts.

Nous visitâmes le poste de secours, une cabane remise debout. Nous y rencontrâmes le Dr Fuchs dans l'exercice de ses fonctions, qui allient la tâche du médecin à celle du soldat. Il nous invita généreusement à dîner. L'endroit n'est marqué d'aucun signe distinctif ; la Croix-Rouge n'a plus cours. Hier encore, un obus a atteint la maison voisine, blessant grièvement un brancardier.

Les blessés arrivent par à-coups, quand le combat se ranime, et il y a alors beaucoup à faire. Les malades quittent les forêts dans l'obscurité et arrivent souvent dans un état d'épuisement extrême ; certains meurent en route. Ce matin même, le docteur entendit un cri dehors : « Au secours », et il trouva, tombé mains en avant dans la boue, un soldat qui n'avait plus la force de se dégager.

Après dîner, notre hôte nous offrit, avec une tasse de café, le gâteau de Noël que sa femme lui avait envoyé. Puis, nous prîmes congé de ce silencieux sauveur, dont la demeure était pleine de cette poésie qui, ici même, n'abandonne jamais, pour ainsi dire, de telles natures.

Mythologie. Le secret de *L'Odyssée* et de son influence, c'est qu'elle est une allégorie de la vie humaine. Derrière le symbole de Charybde et Scylla se cache une figure des origines. L'homme sur lequel pèse la colère des dieux est placé entre deux dangers, dont chacun tend à surpasser l'autre en horreur. Ainsi, dans les batailles d'encerclement, il se trouve pris entre la mort au combat et la mort en captivité. Il ne lui reste plus que l'étroit et redoutable passage qui se glisse entre les deux.

Si un grand poète de notre temps voulait exprimer comme il convient cette nostalgie du repos qui saisit l'homme aux frontières de l'anéantissement, il lui faudrait continuer *L'Odyssée* par une nouvelle épopée, ou dans une idylle : Ulysse chez Pénélope.

Kourinski, 18 décembre 1942.

Excursion sur le Saraï Gora, une montagne dont la cime est aux mains des Russes, Saraï, est un mot d'origine tartare, signifie « grange », et Gora veut dire montagne, en russe.

Cette explication me fut donnée par un jeune interprète que Häußler avait emmené pour lui faire porter un pistolet-mitrailleur, car il y a des partisans dans la région. C'était un Russe d'origine allemande, descendant d'émigrants souabes. Ses parents, autrefois paysans aisés, en Crimée, près d'Eupatoria, avaient été, en qualité de koulaks, déportés à Omsk, en Sibérie, et durent abandonner leur fils âgé de huit ans. Depuis 1936, celui-ci n'avait plus entendu parler d'eux.

Nous montâmes à travers une épaisse forêt de jeunes chênes, de trembles et de hêtres. Parfois, nous traversions des taillis aux branchages rouge vif ou d'un vert lumineux, ou bien des îlots marécageux ornés de grandes hampes de roseaux d'où pendait une ouate brune. En cours de route, nous fûmes rejoints par un sous-officier qui, une hache à la main, était en quête d'un arbre de Noël.

Après deux heures d'ascension, nous atteignîmes la crête, à l'abri de laquelle s'étendait une ceinture de blockhaus. Les avant-postes étaient installés encore un peu plus haut, afin de pouvoir surveiller le versant opposé. Nous franchîmes leur ligne, très clairsemée. Sur l'aile droite, il y avait une large lacune, puis venait un bataillon de Turkmènes. Arrivé à cet endroit, le sous-officier s'aventura un peu plus loin avec sa hache et revint au bout d'une heure, avec un beau sapin dont les aiguilles étaient ornées de filets de résine claire, sur leur face inférieure.

Puis, halte chez le chef de compagnie, qui nous mena ensuite jusqu'à un point plus élevé, où les Russes avaient réussi à percer deux semaines auparavant. Au cours du combat, toute la garnison avait été exterminée ; des croix tombales entourées de roses de Noël couronnaient la hauteur. De là, on apercevait le sommet, une croupe dénudée, avec des casemates dans les broussailles voisines. À cet instant, avec fracas, une gerbe d'obus tomba non loin d'elles. Ils firent lever un aigle imposant qui traça des cercles paisibles au-dessus des tourbillons de fumée.

Puis, descente, au cours de laquelle Häußler me raconta une exécution de partisans. J'entendis l'interprète rire derrière nous, et je le regardai plus attentivement. Il me sembla lui voir cette peau parcheminée et ce regard fixe que j'avais déjà cru remarquer chez tous ceux qui trouvent du goût à ces massacres. L'habitude automatique du meurtre provoque les mêmes ravages dans la physionomie que l'activité sexuelle pratiquée de façon automatique.

Pris le thé chez le général Vogel, qui me renvoya ensuite sous escorte à Kourinski car, la veille même, après la tombée de la nuit, deux estafettes avaient été abattues dans une embuscade, et on leur avait pris jusqu'à leur chemise.

Navaginski, 19 décembre 1942.

Vers midi, départ pour le P.C. de la 97ᵉ division. Son commandant, le général Rupp, m'attendait devant le pont détruit de la Pchich. Nous franchîmes le fleuve limoneux sur un bac soutenu par des flotteurs. Pour parvenir au quartier général, il nous fallut escalader un ressaut montagneux fort abrupt, car on avait fait sauter le tunnel qui passait sous lui.

Nous nous faufilâmes à travers un épais sous-bois, puis atteignîmes des rochers entre lesquels la scolopendre avait déployé ses longues feuilles gonflées de sève. Sur l'étroit sentier, nous croisâmes des centaines de porteurs russes et asiatiques, chargés de ravitaillement, de matériel et de munitions. Sur le versant opposé gisait un mort, aux longs cheveux noirs, face contre terre, recouvert de boue de la tête aux pieds, et auquel on avait volé ses bottes. Il se distinguait à peine de la fange. Le général s'inclina au dessus de lui ; puis, sans dire un mot, il poursuivit son chemin. Jamais non plus je n'avais vu un mort devant lequel toute remarque, quelle qu'elle fût, eût été plus déplacée. Échoué sur les rives d'un océan d'indifférence.

Dans la vallée, nous retrouvâmes la Pchich. Là aussi, le grand pont du chemin de fer avait sauté. La crue avait accumulé contre lui des bois flottants, jusqu'à ce que le puissant bâti se fût déplacé en aval. À ses charpentes étaient accrochés des arbres, des voitures, des avant-trains d'artillerie, et dans les branches d'un chêne pendait, attaché par son licou, un cheval mort qui, au voisinage de cette masse gigantesque, paraissait aussi minuscule qu'un chat noyé.

L'état-major est installé dans la maison du garde-barrière. À table, à côté du général, d'un naturel aimable, timide, un peu mélancolique. J'avais l'impression qu'en dépit de certaines bizarreries de son caractère, il devait être aimé de ses officiers. De même que Tchitchikoff dans *Les Âmes mortes* circule au milieu de gros propriétaires fonciers, je circule ici au milieu de généraux, et j'observe leur transformation en Travailleurs. Il faut abandonner tout espoir de voir surgir de ce milieu des types du genre de Sylla ou même de Napoléon. Ce sont des spécialistes dans le domaine de la technique du commandement, et comme s'ils étaient les premiers venus, on peut les remplacer ou les changer de place devant la machine.

Passé la nuit dans le blockhaus de l'officier de liaison. Les joints des épaisses poutres de chêne sont calfatés avec de la mousse. Trois châlits, une table pour les cartes et une table de travail. Deux téléphones sonnent à intervalles rapprochés. On entend, venant du dehors, un clapotis de moulin; hommes et bêtes pataugent dans la boue. Un prisonnier russe, un «Ivan» est accroupi devant le poêle, et il remet du bois quand le feu baisse.

Navaginski, 20 décembre 1942.

Avec le commandant Weihrauter, ascension jusqu'à un poste d'observation établi très haut au-dessus de la vallée. Dans un brouillard humide, nous sommes passés entre des rangées de hêtres énormes, sur lesquels poussaient de noirs agarics amadouviers. Par intervalles, des chênes et des poiriers sauvages, à l'écorce gris clair et crevassée. Des marques gravées sur les troncs indiquaient le chemin ; dans son argile grasse, nos pas dégageaient des bulbes aplatis de cyclamens.

Parvenus à notre but, une cabane dissimulée sous des branchages coupés, nous allumâmes un petit feu et braquâmes nos jumelles sur la zone boisée. Dans les vallées se traînaient des brouillards épais et paresseux, qui gênaient certes la vue, mais en revanche modelaient parfaitement les contours de la montagne, comme sur une carte en relief. Le champ de visibilité était limité par les hautes crêtes de la ligne de partage des eaux. Aujourd'hui encore, on avait ouvert le feu sur la position située au pied de l'Indjouk, qui s'élevait à notre droite, avec sa double aiguille et son arête abrupte. À notre gauche, le Pséachko, le plus haut sommet, d'où l'on peut apercevoir la mer Noire. Il avait déjà été aux mains des Allemands, mais avait été abandonné en raison des trop grandes difficultés de ravitaillement. Les chemins qui mènent à ces cimes sont vite bordés de cadavres de porteurs et de bêtes de somme.

Sur une étendue dénudée et couverte de neige, la jumelle nous permit de surprendre un petit groupe de Russes qui paraissaient y errer sans but, se dirigeant tantôt d'un côté, tantôt de l'autre, comme des fourmis. Pour la première fois, et bien que je luttasse contre cette impression, je vis des hommes comme par un télescope braqué sur la lune.

Réflexion : « Pendant la première guerre, on aurait quand même fait tirer sur eux. »

Navaginski, 21 décembre 1942.

Départ de grand matin, avec Nawe-Stier, le long de la vallée de la Pchich. À la lisière supérieure des crêtes, les arbres étaient couverts de givre ; à grande distance, leur ramure comme poudrée d'une poussière d'argent se détachait nettement sur les forêts plus sombres en contre-bas. Étrange phénomène, une légère modification dans une situation banale, une différence de quelques degrés suffit à faire surgir de tels enchantements. Il y a là quelque chose qui redonne de l'espoir pour vivre, et même pour mourir.

Halte chez le capitaine Mergener, chef d'un groupe de combat. Nous découvrîmes que son PC était une grande maison blanche qui s'élevait solitaire, comme une maison forestière, dans une clairière boueuse. Au milieu de cette désolation encombrée de déchets dus à la guerre, on remarquait un certain nombre de tombes bien entretenues, que l'on ornait justement, pour la fête de Noël, avec du houx et du gui. La maison était entourée de profonds entonnoirs d'obus, mais ses occupants ne l'avaient cependant pas encore quittée.

Trop grande est la différence entre des chambres bien chauffées et le bourbier immonde.

Le groupe de combat de ce commandant de vingt-six ans comprenait un bataillon de pionniers, un escadron cycliste et quelques autres unités. Après avoir bu une tasse de café, nous montâmes jusqu'à la position tenue par le bataillon de pionniers. Je la trouvai un peu mieux aménagée que celles aperçues dans d'autres secteurs de la montagne. Ainsi une modeste clôture de barbelés s'étendait entre les arbres, sur le versant abrupt, devant les positions des sentinelles. Un triple cordon de mines était placé devant les barbelés.

La pose des mines, surtout pendant la nuit, est un dangereux travail. Afin qu'on puisse les retrouver, les mines sont enterrées suivant un schéma précis. Il faut également les dissimuler avec soin, car il est arrivé que les Russes les déterrent et les enfouissent devant leurs propres positions.

Ici, on emploie surtout la mine sauteuse qui, au moindre contact, bondit dans l'air à hauteur d'homme, puis éclate. Le déclenchement est provoqué soit par traction – le pied se prenant dans un fil de fer –, soit par contact, pour lequel sont prévus trois bouts de fil de fer qui surgissent du sol comme des antennes. On traverse le champ de mines avec de grandes précautions, surtout dans l'obscurité, mais les accidents sont quand même fréquents.

C'est ainsi que tout récemment, en ce même endroit, un aspirant inspectait les mines, en compagnie d'un sous-officier et d'un caporal. Ils eurent beau faire attention au tendeur, ils ne remarquèrent pas que le gel l'avait collé à une motte de terre qui l'actionna lorsque l'aspirant posa le pied sur elle. Le sous-officier cria soudain : «Ça fume par là!», il se jeta à plat ventre et eut la vie sauve, tandis que ses deux compagnons étaient déchiquetés par l'explosion. Avant que la mine ne bondisse, on entend pendant quelques secondes une sorte de sifflement, et l'on a encore le temps de se jeter à terre. L'allumage est d'ailleurs parfois déclenché par des lièvres ou des renards. Quelques semaines auparavant, un grand cerf en rut qui avait longtemps erré dans la vallée, entre les positions, vint sauter sur les mines.

Le capitaine Abt, avec qui je discutais de tout cela, avait récemment marché sur une mine et s'était jeté à plat ventre. Il n'avait pas été atteint : «... parce que cette mine-là n'avait pas été posée conformément à mes instructions», ajouta-t-il, avec une nuance de regret. Ce commentaire aurait fait plaisir à un vieux Prussien.

La position était donc mieux installée, mais malgré cela, sa garnison était dans un grave état d'épuisement. Trois par trois, les hommes logent dans un abri profond auquel est adjoint un petit poste de combat. L'un d'entre eux doit monter la garde, et il y a en plus les corvées ; corvée de soupe, travaux aux retranchements, pose de mines, nettoyage des armes et coupe de bois. Tout cela sans avoir été relevés depuis la fin octobre, dans une position durement pilonnée qui n'a pu être établie qu'après de longs et durs combats.

Que l'on tirât beaucoup sur elle, se voyait rien qu'à l'état de la forêt où s'ouvraient de nombreux entonnoirs, parfois tout récents, avec leur fond comme graissé de frais et leurs rebords où la terre s'effritait.

Ils étaient encore imprégnés d'une buée suffocante. Les cimes des arbres étaient coupées net. Comme les Russes n'épargnent guère leurs obus, un poste ou l'autre finit toujours par être atteint.

Visite au capitaine Sperling, commandant du bataillon, dans son abri bâti avec des rondins de chêne. Le toit était soutenu par des troncs d'arbres non équarris. Deux lits de camp ; sur les murs, des planches surchargées de boîtes de conserves, gamelles, fusils, couvertures, jumelles. Le capitaine, fatigué, non rasé, comme un homme qui vient de passer une nuit blanche, et pas seulement la nuit dernière. Dans la forêt obscure et ruisselante, s'attendant à une attaque, il avait sauté d'arbre en arbre tandis que l'«orgue de Staline» faisait jaillir la terre et abattait les cimes dans un bruissement de feuilles. Un mort, un blessé. Ainsi, nuit après nuit.

Notre propre artillerie avait également tiré sur l'arrière de sa position accrochée au flanc de la montagne :

«On ne peut pas dire qu'on ne bouge pas. Eux aussi entendent de mes nouvelles, quand l'obus éclate dans les arbres.»

C'est la vieille querelle classique entre l'artillerie et l'infanterie.

«Mes soldats ne rouspètent même plus. Deviennent apathiques. C'est ça qui m'inquiète.»

Il parle de son plafond de poutres qui est capable de résister à des bombes de mortier, mais pas à de gros obus. Les pertes : «Il y a même eu des jours sans qu'on perde personne.» Les maladies : rhumatismes, jaunisses, néphrites qui font enfler les membres ; les hommes meurent en se rendant à pied jusqu'au poste de secours.

Toutes ces conversations, je les ai déjà entendues pendant la première guerre ; mais, depuis, la souffrance est devenue plus sourde, plus nécessaire, et plutôt la règle que l'exception. Je me trouve ici dans l'un de ces énormes broyeurs d'os, que l'on connaît seulement depuis Sébastopol et la guerre russo-japonaise. Il faut que la technique et le monde des automates se rencontrent avec la puissance de la terre et sa capacité de souffrance pour produire des choses semblables. Auprès d'elles, Verdun, la Somme et les Flandres offrent un caractère épisodique, et il est impossible que cet univers d'images se rencontre dans d'autres éléments, par exemple sous forme de bataille aérienne ou navale. Au point de vue de l'histoire des idées, cette Seconde Guerre mondiale diffère totalement de la première ; elle constitue vraisemblablement le plus grand débat sur le libre arbitre qu'il y ait eu depuis les guerres médiques. Et, d'autre part, le tracé réel des fronts est tout différent de ce qu'il semble être sur les cartes. Les Allemands ont perdu la Première Guerre mondiale avec les Russes, et il est possible qu'ils perdent celle-ci avec les Français.

Descente vers midi. Pour atteindre les corvées de soupe, l'artillerie avait commencé à pilonner les gorges avec des obus de gros calibre qui donnaient à Sperling des inquiétudes pour son abri. Ils éclataient, en effet, avec une telle force qu'on aurait cru entendre s'écrouler des montagnes dans un fracas inouï.

Retour par la vallée de la Pchich. Au bord de la rivière, une statue de boue – un Russe mort, étendu de tout son long, le visage appuyé sur son bras droit, comme s'il dormait. Je voyais sa nuque noire, sa main noire. Le cadavre était si gonflé que le vêtement boueux y adhérait comme la peau d'un phoque ou d'un gros poisson. Il gisait là, comme un chat noyé, objet de scandale. Dans l'Oural, à Moscou, en Sibérie peut-être, une femme et des enfants l'attendront pendant des années. À ce propos, nous abordâmes «le» sujet, et j'eus de nouveau l'occasion de m'étonner de cette indifférence générale, même chez des hommes cultivés. L'homme a le sentiment d'être fourré à l'intérieur d'une grande machine où, pour lui, une participation passive est seule possible.

Le soir, je remarquai dans le communiqué cette tournure particulière qui évoque le risque d'une menace sur le flanc. Elle fait certainement allusion à une menace sur Rostov, car, sans aucun doute, c'est là l'objectif stratégique des attaques russes. Ainsi, on a toujours la perspective d'être entraîné dans des catastrophes de masses, comme un poisson au sein d'un banc autour duquel, à grande distance, on resserre le filet. Mais il dépend de nous de subir la mort des masses, la mort sur laquelle règne la peur.

Kourinski, 22 décembre 1942.

Au matin, retour à Kourinski. Je suis passé à nouveau devant le pont de chemin de fer emporté par les eaux ; le cheval mort, extrêmement rapetissé par la distance, était toujours suspendu à l'un des arbres qui ornaient le pont comme des bouquets.

Au même instant, sur le pont de madriers que franchissaient des avant-trains d'artillerie, une planche médiane se brisa ; un cheval de trait tomba tête en avant dans la brèche et resta suspendu par le harnais au-dessus des flots écumants. D'abord par instants, puis à intervalles de plus en plus rapprochés, ses naseaux plongeaient dans l'eau, tandis que sur le pont les conducteurs s'agitaient, sans savoir où donner de la tête. Alors, un sous-officier bondit de la rive, sabre au poing, et il trancha les courroies en quelques coups précis. La bête tomba à l'eau, et se sauva à la nage. Un souffle d'inquiétude, d'étrangeté passait dans l'air : l'atmosphère menaçante des défilés.

Franchi à nouveau la colline du tunnel – Omar, un brave porteur originaire de l'Azerbaïdjan, qui s'était occupé de moi ces derniers jours, me portait mes affaires. Le porteur mort était toujours étendu dans la boue, bien que des centaines d'hommes fussent passés chaque jour devant lui. L'exposition de cadavres fait certainement partie du système – je ne veux pas dire des hommes, mais du démon qui règne en de tels lieux. C'est ainsi qu'on tient la bride haute.

Un peu plus haut, je vis deux autres morts. L'un d'eux avait été dépouillé, sauf de son pantalon. Il gisait dans le lit d'un torrent, d'où émergeait sa robuste cage thoracique bleuie par le gel. Comme s'il dormait, son bras droit était replié sous sa nuque où l'on voyait une blessure sanglante. Selon toute apparence, on avait également voulu ravir sa chemise à l'autre, mais sans succès. On l'avait cependant si bien retroussée qu'elle découvrait une petite blessure pâle au voisinage du cœur. Devant lui passaient des chasseurs alpins aux lourds sacs à dos et des files de porteurs chargés de poutres, de rouleaux de fil de fer, de ravitaillement, de munitions. Tous, non rasés depuis longtemps, encroûtés de boue, répandant l'odeur d'hommes qui n'ont pas connu l'eau et le savon depuis des semaines. Leur regard effleure à peine les morts, mais ils tressaillent quand, au fond de la vallée, le coup de départ d'un mortier lourd tonne comme un coup de grosse caisse. Avec eux, des bêtes de somme, qui se sont roulées dans le limon, semblables à de gros rats aux poils englués.

Sur le téléférique au-dessus de la Pchich. Là, planant très haut sur une étroite planche au-dessus du lit de la rivière, cramponné des deux poings à un câble, j'embrasse d'un seul coup d'œil tout le paysage, comme un tableau, en l'un de ces instants plus profondément révélateurs que toute étude. Au fond, les courtes vagues prennent un aspect figé, immobile, hors du temps, comme des écailles sur un corps de serpent bordé de clair. Je suis suspendu près de l'un des hauts piliers du pont qui aboutissait au tunnel, et dont ce qui reste a l'apparence d'une tour crevassée aux fenêtres romanes. De l'une de ces fissures, à la façon dont chez Bosch des hommes regardent depuis des œufs évidés ou d'étranges machines, un officier guette et crie des chiffres aux servants d'une pièce lourde. On voit les canonniers se grouper, en bas, autour d'un monstre gris, puis ils s'écartent en se bouchant les oreilles, tandis qu'un rouge jet de feu flamboie dans l'air. Aussitôt après, on voit de nouveau surgir de la muraille la tête qui crie des chiffres. Des blessés aux pansements éclatants sont transportés en radeaux de l'autre côté de la rivière, placés sur des brancards et traînés jusqu'aux ambulances rangées là, en grand nombre. Les croix rouges sont camouflées. Comme des fourmis, des centaines et des milliers de porteurs, en longues files, charrient vers le front des madriers et des barbelés. En même temps, clamés par une voix surhumaine, des chants de Noël emplissent l'énorme cirque de montagnes : le haut-parleur d'une compagnie de propagande joue : «*Stille Nacht, heilige Nacht.*» Et en même temps, sans arrêt, les lourds coups de mortiers que la montagne répercute.

Kourinski, 23 décembre 1942.

Dans la soirée, le premier courrier que de Marteau a rapporté de Maïkop. Un petit paquet, avec des gâteaux de Noël, le pain des fêtes que Perpétua a préparé avec les noisettes du jardin du presbytère. Des lettres d'elle, de ma mère, de Carl Schmitt. Ce dernier me parle du nihilisme qu'il associe au feu, après avoir passé en revue les quatre éléments. Nihiliste serait le désir d'être incinéré après sa mort. De la cendre, surgirait le Phénix, c'est-à-dire un empire de l'air.

Schmitt est vraiment du petit nombre de ceux qui cherchent à évaluer les événements selon des catégories qui ne soient pas complètement dépassées, comme les catégories nationales, sociales, économiques. L'aveuglement grandit avec les lumières ; l'homme se meut dans un dédale de clarté. Il ne connaît plus la puissance des ténèbres. Qui est encore capable de percevoir cette grandeur qui a besoin pour se distraire de spectacles semblables à celui que j'ai contemplé hier du haut de mon téléférique : la grandeur qui trône en maîtresse au milieu d'eux ? Il est évident que quelqu'un, quelque part, tire un profond plaisir de ces enfers.

Lecture : Le *Werwolf* de Löns, que je n'avais plus relu depuis mon enfance. Je le découvris ici, dans la bibliothèque d'une casemate. Malgré sa manière rude et très gravure sur bois, le souffle des anciennes sagas, de l'antique Nomos passe dans la description. Mais je suis partial, parce que l'action se passe tout près de Kirchhorst, plus précisément tout autour du bourg.

Puis continué Ézéchiel. La vision qu'il décrit au début de son livre recèle un aperçu de la structure du monde. Cela dépasse les pensées les plus hardies, les œuvres d'art les plus hautes. Ici, nous pénétrons dans cette sphère des conceptions immédiates à laquelle l'extase donne accès. Ici se révèle l'éclat irisé de ce monde et des mondes situés au-dessus de lui – sous une apparence tangible.

Kourinski, 24 décembre 1942.

Rêves, pendant la nuit ; je parlais longtemps à Friedrich Georg, que je présentais à la société parisienne, ainsi qu'à d'autres personnes. L'une d'elles, un petit Saxon :

« Les hommes possèdent toutes les aptitudes pour une vie heureuse ; mais ils n'en font pas usage. »

Après le déjeuner, je suis allé dans la vallée de la Pchich pour une brève chasse subtile. Cela me sert aussi à maintenir ma dignité, c'est un symbole de mon univers de libre arbitre.

Dans l'après-midi, fête de Noël, au cours de laquelle nous évoquâmes le sort de la 6ᵉ armée. Si elle succombait à l'encerclement, toute cette partie sud du front risquerait de s'écrouler, et cela correspondait exactement à ce que me prédisait Speidel, au printemps dernier, comme conséquence vraisemblable d'une offensive au Caucase. Il disait qu'elle aboutirait au déploiement d'un parapluie, c'est-à-dire à l'établissement de fronts immenses, avec d'étroites lignes de communication.

Le soir, nous nous sommes réunis dans la petite pièce que le capitaine Dix a fait installer dans l'ancienne salle de bains de l'endroit. Autour d'une table de fumoir, sont placés les sièges de cuir d'un autobus : une roue de bois d'un canon pris aux Russes, et pesant au moins cent livres, est suspendue au plafond, en guise de lustre. Dans la maçonnerie de l'énorme poêle, on entend parfois le chant délicat et rêveur d'un grillon. Il y eut de l'oie rôtie, arrosée de ce doux mousseux de la mer Noire.

Je m'en allai de bonne heure pour dépouiller, dans ma hutte de cosaque, l'important courrier que de Marteau m'avait apporté au cours de la fête. Chose particulièrement précieuse, il contenait quatre lettres de Perpétua. Friedrich Georg me raconte son voyage à Fribourg et ses entretiens avec les professeurs qui, là-bas, « observent le cours du temps, dans leurs cellules alémaniques ». Grunert me parle de l'érémure et de lis, et il m'annonce un envoi de certaines espèces d'aulx aux belles fleurs. Sa lettre contient aussi une note marginale à propos du magister [Hugo Fischer] et d'une rencontre qu'il eut avec lui dans une taverne de Londres, peu avant le début de la guerre. Claus Valentiner me parle des amis de Paris. Deux lettres d'inconnus me signalent des auteurs : l'une, sir Thomas Browne, qui vécut de 1605 à 1681 ; l'autre, Justus Marckord et ses *Prières d'un incroyant*. Indications que je considère toujours comme précieuses. Par la photocopie d'un testament, j'apprends qu'un autre inconnu dont j'ai parfois reçu des lettres et qui vient de tomber au front m'a désigné comme héritier de ses œuvres littéraires posthumes. Curieuse aussi, cette communication d'un Dr Blum, de Mönchen-Gladbach, à propos d'un passage qu'il a relevé dans *Jardins et Routes*. À l'occasion de ma visite à Domrémy, je mentionne la tombe d'un sous-lieutenant, Reiners, qui y a trouvé la mort en combattant, le 26 juin 1940. J'apprends maintenant que ce jeune officier était un véritable génie du jardinage, et qu'il cultivait avec amour des fruits rares et des fleurs, avec une préférence pour l'amaryllis. Surpassant les horticulteurs hollandais, il obtenait parfois sur une seule tige huit fleurs géantes, allant du blanc le plus pur jusqu'au rouge sombre le plus profond, et il notait dans un journal tout ce qui concernait ses fleurs. Blum estime que ce n'est point par hasard que j'ai évoqué le souvenir de cet homme exceptionnel, et je suis de son avis. Lettres aussi du général Speidel, de Stapel, Höll, Grüninger et Freyhold qui m'annonce l'envoi d'un saumon de la côte finlandaise. Étonnant, comme le fil de la vie poursuit son cours au sein de la destruction. Si la poste ne fonctionnait plus, il faudrait la confier à l'éther.

Kourinski, 25 décembre 1942.

Dans la matinée, assisté à la messe dite par un jeune prêtre catholique, qui accomplissait remarquablement son office. Puis, communion auprès du pasteur protestant, un jeune sous-officier, qui administra le sacrement avec une grande dignité.

Ensuite, chasse subtile dans la vallée de la Pchich. Dans une souche vermoulue, un nid de *Diaperis boleti*, aux cuisses rouges – c'est la variété caucasienne. Dans ma vie, l'étude des insectes a englouti beaucoup de temps, mais il faut considérer cette activité comme une lice où l'on s'entraîne à développer toutes les finesses du discernement. Ces connaissances me permettent également d'apercevoir les détails les plus délicats des paysages. Au bout de quarante ans, on lit des textes, sur les élytres, à la manière d'un Chinois qui connaît cent mille idéogrammes. Des légions de maîtres d'école et de pédants ont peiné pendant près de deux cents ans pour en élaborer le système.

L'après-midi dans la gorge de la Mirnaja, en compagnie du lieutenant Strubelt, l'un des élèves intelligents de Hielscher. Au cours de notre conversation qui porta sur la situation de la 6ᵉ armée, je m'aperçus d'un ordre de choses dont je n'avais encore jamais pris aussi nettement conscience. Chacun de nous est fondu avec les autres dans ce creuset des batailles d'encerclement, même s'il ne s'y trouve pas physiquement. Face à cela, il n'y a pas de neutralité possible.

Nous allions à l'aventure, dans le brouillard, à travers les épais bois de chênes et de poiriers sauvages qui recouvraient les sommets peu élevés. Sur l'un des versants, nous trouvâmes un groupe de tombes, parmi lesquelles celle de Herbert Gogol, caporal chef des pionniers, tombé en cet endroit, le 4 octobre 1942. À la vue de ces croix, dans cette forêt vierge humide de brouillard et où s'entremêlaient de longs fils de lichens gris, devant tant d'abandon, je fus pris d'une profonde tristesse.

Pensé: «Ils se sont serrés là, les uns contre les autres, comme des enfants dans la méchante forêt enchantée.»

Apchéronsk, 27 décembre 1942.

Pour deux ou trois jours à Apchéronsk, où je compte prendre des bains et faire réparer mes affaires fort éprouvées par les courses en montagne.

La ville est occupée par des services d'intendance et d'approvisionnement, ainsi que par des hôpitaux entourés d'une ceinture de cimetières qui grandissent rapidement. Nous semons les morts à profusion. Beaucoup de ceux qui sont enterrés ici ont dû être victimes d'épidémies: je le déduis du fait qu'il n'est pas rare de voir des noms de médecins sur les croix.

Le soir, je répondais à mon courrier, mais dus m'interrompre lorsqu'un haut-parleur se déchaîna tout à côté. Depuis ces jours où Luther lançait son encrier sur un bourdon, les catégories d'éléments perturbateurs ont encore gagné en impudence. Je trouve qu'ils forment pour l'oreille des images identiques à celles que découvre l'œil dans les grandes «Tentations » de Bosch, Breughel et Cranach – un insolent vacarme infernal, un caquetage démoniaque qui fait irruption dans le travail de l'esprit, semblable au rire de faunes à l'affût derrière les rochers en forme de nez d'un paysage, ou à la folle jubilation qui monte de ces cavernes de cauchemar. Et il est interdit de couper de tels sons – on y verrait un sacrilège.

Apchéronsk, 28 décembre 1942.

Suis allé me promener sur l'autre rive de la Pchich, en passant par un pont suspendu, long et étroit, et qui vacillait sur deux câbles comme sur des lianes. Ici, la rivière est déjà plus large qu'en amont, dans les montagnes ; son eau d'un beau vert minéral coule dans un lit de schistes argileux, aux teintes sombres, dressés en couches verticales.

Sur l'autre rive s'étendent de grands bois aux essences splendides. Je tombai par hasard sur un hameau gris, formé de cabanes en bois dont les toits de bardeaux moisis laissaient passer la fumée. Sur le seuil, en dépit du froid, des femmes s'affairaient devant de petits fourneaux installés en plein air. Tout cela très médiéval, comme si ces choses venaient de surgir de terre, un monde de bois et d'argile. Mais il y avait, en plus, les machines, et elles jouent ici le rôle qui, en Amérique, a été dévolu à l'homme blanc. Je vis ainsi une scierie autour de laquelle, sur une vaste étendue, la forêt avait été complètement déboisée. À ce spectacle, l'œil saisit parfaitement le caractère dévastateur et dévorant de la machine, tel que l'a décrit

Friedrich Georg dans les *Illusions de la technique*. Tant que s'offre une richesse naturelle, elle fonctionne; puis, elle laisse le sol épuisé, stérile à jamais. C'est là que manquent des esprits de la trempe du vieux Marwitz, qui veillent à ce que l'on ne prenne à la terre que le superflu, et non point son capital.

Koutaïs, 29 décembre 1942.

Rêves nocturnes. Entre autres, je feuilletais une histoire de cette guerre, ordonnée selon les règles du pragmatisme. Il s'y trouvait, par exemple, un chapitre «Déclarations de guerre», qui examinait un grand nombre de cas, depuis la simple agression jusqu'à l'observance d'un important cérémonial.

Départ le matin; d'abord jusqu'à la gare de Mouk, puis en passant par Asphalti et Koura-Tsitsé, vers Koutaïs. À partir de Koura-Tsitsé, j'empruntai un camion, car, avec ses profondes ornières, la route était impraticable pour les autos légères. Il avait gelé, mais le passage des roues faisait vite fondre la couche superficielle, si bien que la chaussée avait la consistance d'une tartine de beurre. En plus de cela, les montées, les fondrières et les croisements avec d'autres véhicules où il fallait pousser la voiture à travers la boue. Le chauffeur, un Souabe d'Esslingen, de tempérament colérique, prenait très à cœur tous ces incidents:

«Pour qui qu'aime sa voiture, y aurait d'quoi chiâler!» Et, de temps à autre, lors d'un choc particulièrement violent:

«Pov'p'tit'voiture!», disait-il à son monstre taillé en mammouth.

Le chemin était bordé surtout par des forêts étouffées, en partie, par des lichens qui pendaient en longues toiles vertes des branchages. Il passait devant des derricks dynamités et devant les installations anéanties de cette région pétrolifère. On voyait déjà quelques personnes isolées errer çà et là au milieu des décombres, comme des fourmis.

Koutaïs, 30 décembre 1942.

La localité ressemble à une fondrière dont quelques points seraient reliés par des chemins de rondins – par exemple, le quartier général, les hôpitaux, l'intendance. En dehors de ces chemins, tout effort apparaît aussitôt presque désespéré. C'est pourquoi les cas de mort par épuisement ne sont pas rares.

Le fleuve de boue pénètre même à l'intérieur des bâtiments. Le matin, je me trouvais dans un hôpital qui s'élève au milieu d'un marécage jaune-brun. Dans l'entrée, je croisai des hommes qui emportaient le cercueil d'un lieutenant mort, hier, de la sixième blessure reçue depuis le début de la guerre. Il avait déjà perdu un œil en Pologne.

Dans un tel environnement, il faut au moins essayer d'assurer les trois conditions élémentaires du bien-être : chaleur, absence d'humidité, bonne nourriture. On y était parvenu ; on voyait les malades rêvasser en groupes apathiques dans leurs boxes chauffés. Les maladies occasionnées par des refroidissements prédominent, et cela sous leurs formes les plus graves – néphrites et congestions pulmonaires. Il y avait aussi des cas de gel. En raison de l'humidité qui transperce tout, ces cas se produisent ici, même lorsque la température est au-dessus de zéro, à cause du froid dû à l'évaporation. On a l'impression qu'on a pris à ces hommes leurs ultimes, leurs suprêmes forces ; Aussi leurs corps n'ont-ils plus la moindre réserve ; une éraflure de balle peut amener la mort ; ils n'ont même plus la force de s'en remettre. On observe aussi des diarrhées à issue mortelle.

Un grand nombre de mines se trouvent encore dans la localité, et elles causent des pertes. Ces jours derniers, par exemple, on a trouvé un Russe les deux jambes arrachées, sur le bord de la route. Comme on découvrit sur lui des détonateurs, on le fusilla sur-le-champ – avec ce mélange d'humanité et de bestialité, sans doute, qui correspond à l'atrophie du pouvoir de discernement moral. L'empire de la mort se change en débarras ; on y fourre ce qui paraît gênant, difficile, pour ne jamais le revoir. Mais en cela, on se trompe peut-être.

Koutaïs, 31 décembre 1942.

Rêves nocturnes. J'assistais à une conversation entre une dame en tenue d'amazone et un monsieur d'âge moyen, en jouant alternativement le rôle des deux interlocuteurs, et à part cela, je ne faisais qu'écouter : je ne m'individualisais qu'en dialoguant. Cela révélait nettement l'abîme qui sépare l'homme d'action du contemplatif; le phénomène dont je voyais parfaitement l'unité lorsque j'étais spectateur prenait un caractère dialectique dès que je me mettais à parler. Cette image est également significative pour ma situation en général.

Dans la matinée, je rendis visite à M. Maiweg, qui dirige à Chirokaïa Balka une unité de la brigade dite des huiles minérales. On appelle ainsi une formation mi-militaire, mi-technique, dont la tâche est d'inspecter, de protéger et de remettre en marche les régions pétrolifères conquises. Chirokaïa Balka, qui signifie la large gorge, était l'un des points où l'on extrayait des quantités importantes de pétrole. Avant leur départ, les Russes détruisirent de façon extrêmement systématique toutes les sondes et les installations. Dans les trous de forage, par exemple, ils versèrent du ciment qu'ils bourrèrent de morceaux de fer, de spirales, de vis et de vieilles foreuses. Ils y enfoncèrent également des champignons de fer qui, lorsqu'on les transperce et cherche à les retirer, se déploient et brisent la tige foreuse.

Après un assez long entretien, nous montâmes à cheval et parcourûmes cette zone. Avec ses derricks abattus et ses chaufferies dynamitées, elle ressemblait à ces caisses de ferraille que l'on voit chez les serruriers. Des morceaux de fer rouillés, tordus, brisés, gisaient pêle-mêle, et parmi eux se dressaient les restes des machines, des chaudières et des réservoirs. Mettre de l'ordre dans ce chaos devait être décourageant. Solitaires ou en troupes, des hommes erraient çà et là dans les terrains vagues, comme au milieu des pièces d'un puzzle éparpillées en désordre. Des entonnoirs béants, récemment creusés par l'explosion de mines, s'ouvraient surtout à proximité des derricks. Le spectacle des équipes de déminage qui fouillaient minutieusement le sol à l'aide de fourches de fer pointues éveillait ce sentiment de malaise qui s'empare de l'homme lorsqu'il ne peut plus se fier à la terre. Et pourtant j'avais encore sous moi mon brave cheval.

À déjeuner, nous bûmes du vin du Caucase en discutant sur le grand thème de la durée de la guerre. Maiweg, qui avait vécu au Texas pendant dix ans, en qualité d'ingénieur des pétroles, était d'avis que la guerre contre la Russie aboutirait à une espèce de Limes et que, également, la guerre contre l'Amérique en viendrait au point mort ; cela aux frais des empires anglais et français.

Je rétorquai que la violence même de la guerre contredisait ce point de vue. Une issue indécise serait la pire chose imaginable. L'opinion très répandue d'une durée sans fin de la guerre relève essentiellement du manque d'imagination : cette opinion est celle des hommes qui ne voient pas d'issue.

Anecdote : des prisonniers russes que, sur l'ordre de Maiweg, on avait triés dans tous les camps pour aider aux travaux de reconstruction – spécialistes du forage, géologues, ouvriers des raffineries du voisinage – furent réquisitionnés dans une gare par une troupe combattante pour servir de porteurs. Sur les cinq cents hommes de ce groupe, trois cent cinquante périrent sur le bord des routes. Et, sur le chemin du retour, cent vingt de ceux qui avaient été épargnés moururent d'épuisement, si bien qu'il ne resta que trente survivants.

Le soir, fête de la Saint-Sylvestre au quartier général. Je constatai une fois de plus qu'une pure joie festive était impossible en cette période. Le général Müller nous fit, par exemple, le récit des monstrueux forfaits auxquels se livra le Service de Sécurité, après la prise de Kiev. On évoqua aussi, une fois de plus, les tunnels à gaz empoisonné où pénètrent des trains chargés de Juifs. Ce sont là des rumeurs, que je note en tant que telles ; mais il est sûr que se commettent des meurtres sur une grande échelle. Je songeai alors au brave potard de la rue Lapérouse et à sa femme pour laquelle il s'était tant inquiété, jadis. Quand on a connu des cas individuels et qu'on soupçonne le nombre des crimes qui s'accomplissent dans ces charniers, on découvre un tel excès de souffrance que le découragement vous saisit. Je suis alors pris de dégoût à la vue des uniformes, des épaulettes, des décorations, des armes, choses dont j'ai tant aimé l'éclat. La vieille chevalerie est morte. Les guerres d'aujourd'hui sont menées par des techniciens. L'homme a donc atteint ce stade que Dostoïevski décrit à travers Raskolnikov. Il considère alors ses semblables comme de la vermine. C'est de cela qu'il doit justement se garder s'il ne veut pas tomber dans la sphère des insectes. Pour lui, et pour ses victimes, entre en jeu le vieux, le monstrueux : « Voilà ce que tu es. »

Puis je suis allé dehors ; les étoiles scintillaient dans un ciel éclairé par les lueurs des tirs. Éternels et fidèles signes – Grande Ourse, Orion, Vega, Pléiades, ceinture de la Voie lactée –, nous autres hommes et nos années sur la terre, que sommes-nous devant cette

splendeur ? Qu'est donc notre éphémère tourment ?
À minuit, au bruit des verres entrechoqués, j'ai intensément songé à ceux que j'aime et j'ai senti que leurs
souhaits parvenaient aussi jusqu'à moi.

1943

Apchéronsk, 1ᵉʳ janvier 1943.

Rêves divinatoires de Nouvel An – je me trouvais dans une grande auberge et parlais des malles des voyageurs avec le portier dont l'uniforme était orné de clefs brodées en fils d'argent. Il me disait que, même dans les situations les plus embarrassantes, ils n'aimaient pas à s'en séparer – elles représentaient, en effet, davantage que l'enveloppe de leurs biens ; elles contenaient la suite du voyage, la considération et le crédit. Elles étaient comme le navire qui est la dernière chose que l'on puisse abandonner au cours d'une traversée ; elles étaient même comme leur propre peau. Je compris confusément que l'auberge était le monde, et que la malle était la vie.

Ensuite, pour qu'Alexander pût tirer à l'arc, je lui taillais dans une pousse de rosier une flèche dont un bouton rouge tenait lieu de pointe.

Levé de bonne heure pour retourner à Apchéronsk. Le soleil brillait avec splendeur sur les montagnes dont les forêts palpitaient déjà dans les teintes violacées de l'avant-printemps. J'étais de bonne humeur, comme un gladiateur qui revient dans l'arène. En cette première journée de l'année, on met plus d'amour à accomplir les petites occupations quotidiennes – se laver, se raser, déjeuner, inscrire quelques notes dans son journal : actes symboliques que l'on célèbre.

Trois bonnes résolutions. Tout d'abord : « Vivre avec mesure », car presque toutes les difficultés que j'ai connues dans ma vie provenaient de manquements à la modération.

Deuxièmement : « Avoir toujours un regard pour les malheureux. » L'homme a cette tendance innée de ne pas voir le véritable malheur ; bien plus : il en détourne les yeux. La pitié traîne la jambe.

Enfin, je veux bannir toute pensée de salut individuel dans le tourbillon des catastrophes possibles. Il est bien plus important de se conduire avec dignité. D'ailleurs, nous ne mettons jamais en sûreté que quelques points de la surface d'un tout qui nous reste caché, et ce sont précisément les plans que nous échafaudons pour nous sauver qui peuvent nous perdre.

La route n'était pas aussi impraticable qu'à l'aller ; il est vrai que je pus évaluer à près de cinq cents les hommes qui travaillaient à la réparer. Cinq cents autres transportaient le ravitaillement vers le front, sur des voitures ou des chevaux. C'est dans ces tableaux que se reflète le poids écrasant de ces immensités. Au milieu d'elles, des montagnes isolées, comme le Pséachko, pèsent tout le poids de l'Atlas. Les remarquables pronostics de Spengler me revinrent aussi à la mémoire.

À Apchéronsk, j'ai déjeuné avec Massenbach, puis je suis allé me promener avec lui dans la forêt. Les montagnes blanches brillaient à l'horizon. Conversation sur les ignominies de notre époque. Nous étions en compagnie d'une troisième personne, qui les tenait pour inévitables. À la suite de l'extermination de la bourgeoisie russe, après 1917, et de l'assassinat de millions de personnes dans les caves, le petit bourgeois allemand aurait été pris de peur panique et serait devenu terrible. Ainsi serait venu de la droite ce que la gauche nous menaçait de réaliser d'une façon plus horrible encore.

Au cours de semblables conversations, il apparaît clairement combien la technique a pénétré profondément dans le domaine moral. L'homme se sent enfermé dans une grande machine d'où il ne peut plus s'échapper. Aussi voit-on la peur régner partout, aussi bien dans les obscurcissements de la défense passive que dans les cachotteries grotesques ou que dans la méfiance généralisée. Même lorsqu'il n'y a que deux personnes en présence, elles se soupçonnent mutuellement – à commencer par la façon dont elles se saluent.

Maïkop, 2 janvier 1943.

Au cours de la nuit, une cinquantaine de bombes sont tombées sur la localité. Au matin, départ pour Maïkop. Nous passâmes devant des troupes qui descendaient du front, et qui traînaient derrière elles des chargements dignes du Moyen Âge. D'ailleurs, tout cela évoque bien plus la guerre de Trente Ans que la dernière guerre, non seulement à cause de la forme prise par les événements mais aussi par les questions de religions qui nettement transparaissent.

Le temps était doux et clair. Dans la matinée, je me rendis au parc de la Culture, où s'effritaient les statues en plâtre de surhommes modernes, puis sur la rive abrupte de la Bélaïa. L'après-midi, je fus reçu chez le général Konrad, commandant du front du haut Caucase. Il me montra la grande carte des opérations, et me dit que l'on préparait la retraite. Les coups portés à la 6e armée ébranlent toute l'aile sud du front. Il estimait qu'au cours de cette dernière année, nos forces avaient été gaspillées par des gens qui s'entendaient à tout autre chose qu'à la conduite des opérations. C'était bien œuvre d'amateurs, que d'avoir négligé de former des noyaux de résistance ; Clausewitz s'en retournerait dans sa tombe ! On obéissait à n'importe quelle impulsion, n'importe quelle idée à la mode, et les objectifs de la propagande faisaient passer au second plan les objectifs stratégiques. Il était certes possible d'attaquer le Caucase, l'Égypte, Léningrad et Stalingrad, mais non point, comme on l'a fait, au même moment et en préparant encore, par surcroît, quelques projets accessoires.

Téberda, 3 janvier 1943.

À huit heures, comme j'arrivai à l'aérodrome, un avion de reconnaissance allemand venait de se poser. Au cours de sa ronde matinale, il avait été touché à l'aile gauche, au-dessus de Tuby, par un projectile de la DCA qui lui avait fait un trou de la taille d'une pastèque. Puis, quatre chasseurs s'étaient jetés sur lui. Au moment où l'appareil s'élevait en chandelle, le mitrailleur de bord avait lui-même placé une gerbe de vingt balles dans le gouvernail de profondeur. Pendant le combat, le projectile d'un canon avait déchiqueté le gouvernail de direction droit, et plus de trente balles avaient transpercé l'avion. La peinture grise était écaillée, et le métal sillonné de traces argentées. Le réservoir à essence avait également été troué.

Le pilote, un lieutenant, pâle, exténué de fatigue, tirant sans arrêt sur sa cigarette, racontait le combat qui venait de se dérouler. Une couche de caoutchouc bouchait automatiquement les trous du réservoir à essence. Conversation sur la possibilité de sauter, en cas d'incendie, de l'appareil.

«Au-dessus du territoire russe, impossible. Après tout cela revient au même de se tirer une balle dans la tête, là-haut, ou en parachute.»

Puis, je suis monté dans un Fieseler Storch, petit avion de tourisme conçu pour un pilote et un passager. En s'élevant, on voyait nettement le plan de la cité : quadrilatères réguliers de maisons, avec jardins à l'intérieur. Nous planions lentement au-dessus du sol, et je m'amusai à observer les oiseaux, les oies qui filaient en rang ou les poules qui, en caquetant, se réfugiaient à l'ombre des clôtures et des haies, comme elles le font d'ailleurs lorsque apparaît une véritable cigogne. Des oiseaux de proie, aux ailes d'épervier, passaient aussi devant nous. Des nuées de mésanges et de pinsons scintillaient sur les champs plantés de tournesols.

Je me rappelai alors une conversation tenue avec

mon père aux alentours de 1911. Nous nous demandions si, un jour, l'homme volant dans l'espace nous étonnerait aussi peu qu'un passage de grues. J'éprouvais alors un sentiment romantique tourné vers l'avenir qui me faisait croire que nous approchions d'une époque de sauriens. C'est un trait que j'ai perdu. Au milieu des cataractes, l'optique est toute différente de celle que l'on a lorsqu'on s'en approche. Mais tout répond à nos vœux, à notre plus grand désir ; nous payons le prix fort.

Partant de l'aérodrome de Tcherkesk, nous avons remonté en auto la vallée du Kouban, l'une des vastes et solennelles arènes qui se trouvent au pied de la haute montagne. Les eaux d'un vert transparent charriaient des glaçons. L'immense cirque était entouré d'une rangée de cimes brunes, onduleuses, se terminant vers la vallée sur une coupure à pic, sur des falaises blanches aux parois lisses ou striées verticalement, en alternance avec des orgues prismatiques aux plissements magnifiques. Puis venaient des canyons avec des sommets tabulaires de roches brun-rouge, ou rouge-rose, stratifiées horizontalement et fendillées dans le sens de l'épaisseur, si bien que l'on croyait longer des murailles de titans. En bas, le large lit de la rivière, avec ses galets blancs et polis.

À Choumarinski et dans d'autres villages, de petites mosquées de bois, portant le croissant, au centre de l'agglomération. Des pâtres à cheval poussaient devant eux des troupeaux de brebis ou de vaches. D'autres revenaient des forêts, avec des ânes chargés de hautes piles de bois. Ils portaient la *bourka*, ce manteau rigide formé de peau d'agneau pressée, qui est particulier aux habitants du Karatchaï.

Peu à peu, les montagnes se rapprochèrent, formant des portiques aux crêtes dentelées, à travers lesquels on apercevait les colosses bleu-blanc de la haute chaîne des cimes. À Mikoïan-Chachar, résidence gouvernementale jaillie comme par enchantement du sol, la route oblique dans la vallée de la Téberda. La ville même de Téberda, station pour les pulmonaires, a un vernis de confort et d'opulence qu'on s'attendrait plutôt à trouver dans les vallées du Harz ou des Alpes tyroliennes.

Le colonel von Le Suire, qui commande un groupe de combat formé de chasseurs alpins, est une vieille connaissance, depuis l'armée des 100 000 hommes. Il me reçut cordialement au milieu de son petit état-major, accueil chaleureux – la haute montagne rend gai, je l'ai souvent constaté; le sang y est plus léger, plus fluide, les relations plus familières et plus franches.

À propos du journal intime: les petites notations brèves sont souvent sèches comme des miettes de thé; la transcription, c'est l'eau bouillante qui en extrait l'arôme.

Téberda, 4 janvier 1943.

Continué à remonter la vallée de la Téberda, jusqu'au P.C. du capitaine Schmidt qui, tout en haut, bloque deux cols avec ses chasseurs alpins. J'ai utilisé la moto à chenilles, construite pour les pentes non carrossables.

L'étroit sentier s'élevait entre de gigantesques conifères et des blocs de rochers moussus. Un ruisselet courait au milieu du chemin, passant sous des perce-neige boursouflés par le gel. À droite, se ramifiant maintes fois entre de pâles traînées d'éboulis, la Téberda, et, plus loin, l'Amanaouz qui s'alimente aux glaciers. J'étais gai, pris par une sorte d'ivresse des cimes.

Très haut, dans le cirque de l'Amanaouz, se dressent les bâtiments de bois d'une école d'escalade et d'un refuge. C'est là que me reçut le capitaine Schmidt, dans son P.C. que les géants de glace dominent : à gauche, le massif du Dombaï Oulguen, puis l'aiguille de Karatchaïa, très acérée, la Biélaïa Kaïa occidentale et orientale, et, entre eux, l'étonnant pic de Psofroudchou. Les avant-postes qui gardent les cols sont placés sur l'énorme glacier de l'Amanaouz, aux immenses pans de glace verte, aux profondes crevasses et aux arêtes étincelantes ; sept heures d'ascension sont encore nécessaires pour atteindre leurs abris de glace et de neige. Leur piste monte au milieu des éboulis, des avalanches, et longe d'effrayants abîmes. Comme me le dit Schmidt, les dangers de l'alpinisme s'effacent pourtant sous ceux de la guerre ; on pense surtout à l'ennemi au cours de la dure escalade. Il venait justement de recevoir un rapport : des patrouilles de reconnaissance russes s'étaient retranchées là-haut, dans des trous de neige ; un combat était en cours. Ces trous de neige sont tapissés avec un journal, et chauffés avec une bougie ; c'est tout le confort.

Une fois là-haut, j'eus envie d'y rester le plus longtemps possible, en montant de temps à autre dans l'univers des glaciers. Je me trouvais dans mon élément, je sentais vivre, dans ces massifs, l'une des grandes sources du monde ; Tolstoï, lui aussi, l'avait fortement ressenti. Mais tandis que je m'entretenais avec Schmidt des conditions de mon séjour en cet endroit, un message envoyé par radio de Téberda donna l'ordre de repli immédiat. Cela signifie probablement que la situation a encore empiré à Stalingrad. Par surcroît, le temps qui était beau depuis des semaines devint menaçant – on voyait les vapeurs chaudes de la mer Noire tourbillonner et s'élever en panaches en franchissant les cols, et des nuées déchirées s'accrocher aux pointes des pics. Du cirque, je me retournai une dernière fois pour contempler ces colosses – leurs aiguilles, leurs crêtes, leurs précipices. Pensées sublimes d'altitude et d'audace, alliées à toutes les obscures terreurs du pouvoir. En pareils lieux se manifeste la structure du monde.

À Téberda aussi, je trouvai tout en effervescence. Sur la gauche, la 1re armée blindée évacue ses positions ; le front du haut Caucase est englobé dans le mouvement. On abandonne ainsi en quelques jours des positions dont la conquête a coûté une quantité inconcevable de sang et de peines. En raison de la précipitation, beaucoup de choses doivent être abandonnées. Le colonel a l'ordre de faire sauter les munitions et de détruire les stocks de réserve ; on enlève aussi les croix des tombes, et on efface leurs traces. Au demeurant, le colonel prend les choses avec philosophie :

« Je suis quand même curieux de savoir qui pincera les fesses d'Anastasie dans une semaine ! »

Cette réflexion concernait l'une des deux jeunes filles qui nous servaient à table. Elles étaient d'ailleurs en larmes, et disaient que les Russes leur couperaient la gorge. Sur quoi le colonel leur accorda une place dans le convoi.

Téberda, 5 janvier 1943.

Dans la matinée, bien qu'il plût un peu, je suis allé, une fois encore, dans la vallée de la Téberda. Qui sait quand le regard d'un Allemand se posera à nouveau sur ces forêts ? Je crains qu'après la guerre, de vastes parties de la planète ne soient hermétiquement fermées.

J'avais surtout envie de me réconforter une dernière fois au spectacle des vieux arbres ; qu'ils disparaissent peu à peu de cette terre est, d'entre tous les mauvais présages, le plus inquiétant. Ils ne sont pas seulement les plus puissants symboles de la force intacte de la terre, mais aussi ceux de l'esprit des ancêtres, qui demeure agissant dans le bois des berceaux, des lits et des cercueils. En eux, comme en des écrins, réside une vie supérieure, que l'homme perd en les abattant.

Mais, ici, ils étaient encore debout : des sapins majestueux et élancés, sur le tronc desquels les branches se pressaient comme un épais vêtement ; des hêtres argentés ; des chênes de forêts vierges, à l'écorce épaisse ; le poirier sauvage au tronc gris. Je dis adieu à ces forêts géantes, comme Gulliver avant son départ pour le pays des nains, où la monstruosité est la conséquence d'une construction et non point d'une libre croissance. Tout cela m'apparut fugitivement, comme en un rêve, comme le miracle de Noël que l'on regarde, enfant, par le trou de la serrure – et qui demeure pourtant dans le souvenir comme un point de repère. Il faut bien savoir ce que le monde peut offrir, pour ne pas capituler à la légère.

Vorochilovsk, 6 janvier 1943.

Levé de bonne heure pour gagner, en voiture, Vorochilovsk. Au milieu d'épaisses tourmentes de neige, je ne vis pas grand-chose de la vallée de la Téberda, ni ensuite de celle du Kouban. Pensées légères, vagabondes, pleines de force spirituelle que j'attribue à l'air des montagnes mais aussi aux vertus du miel, cet antique nectar, aliment non seulement des dieux, mais aussi des ermites et des solitaires – et dont j'ai vécu pour l'essentiel ces jours derniers. Si l'on en avait toujours en quantité suffisante, accompagné de pain blanc et de vin rouge, les ailes de l'esprit se déploieraient comme celles d'un papillon.

La route était encombrée de colonnes qui refluaient. Au milieu d'elles chevauchaient des Karat-chaïs, dans leurs manteaux noirs ; ils poussaient leur bétail droit devant eux, ou obliquaient dans des vallées adjacentes. Ces gens sont en mauvaise posture, car ils ont accueilli les Allemands en libérateurs et, s'ils ne suivent pas la retraite, ils seront obligés de se réfugier dans les montagnes inaccessibles pour échapper au massacre. Le terrible, ce sont ces afflux et reflux de puissances qui exigent un tribut de sang toujours plus lourd, ce sont ces successions accélérées d'erreurs.

Après Tcherkesk, la route disparut complètement sous la neige, filant au milieu des trognons de maïs et des tiges de tournesols desséchés. Puis, ces repères eux-mêmes semblèrent s'effacer peu à peu et le chauffeur suivit longtemps une trace de roues qui était la seule chose visible. Mais elle ne nous mena qu'à une grande meule de paille, autour de laquelle elle tournait pour revenir sur elle-même. Il fallut donc repartir en arrière. Une seconde tentative se termina au bord d'une rivière dont la bande sombre coupait le désert de neige. À ce moment, le crépuscule vint et le brouillard se mit à monter.

Nous atteignîmes enfin une grange où l'on battait le blé, et un jeune gars nous montra le chemin en nous accompagnant au galop de son cheval. Il refusa de monter dans notre voiture, craignant visiblement d'être gardé prisonnier. Redécouvrant à nouveau des traces de circulation, nous échouâmes sur une pente couverte d'une fine boue, brune et glissante comme du beurre de cacao. Nous tentâmes de pousser la voiture, tandis que les roues tournaient à vide et nous aspergeaient de la tête aux pieds d'une boue gluante. Quelques paysans qui travaillaient dans le voisinage vinrent nous porter secours ; ils empoignèrent l'auto comme des ours et, en se raidissant pour la pousser, ils enfoncèrent les vitres avec leurs larges épaules.

Nous voulûmes alors faire un détour, mais le seul résultat fut que la voiture, crevant une couche de glace masquée par la neige, tomba dans une fondrière. Je la voyais déjà s'enfoncer, lorsqu'un charretier qui passait détela ses chevaux et nous tira de ce bourbier avec une corde. Puis nous continuâmes à travers la nuit, dans la tourmente de neige qui nous enveloppait de milliers de flocons tourbillonnants ; ils voletaient, ardents, dans la lumière des phares, puis s'éteignaient, comme s'ils fondaient à l'intérieur de la voiture. Arrivée tardive à Vorochilovsk.

Cette course errante me donna une idée de la violence avec laquelle la steppe attaque l'esprit. La réaction qu'engendre cette attaque est une sorte d'obscur malaise paralysant. En mer, je n'en ai jamais éprouvé de semblable.

Vorochilovsk, 7 janvier 1943.

À l'état-major, je trouvai l'atmosphère plus lourde qu'auprès de la troupe ; c'est certainement dû au fait qu'ici on a une vue d'ensemble de la situation. Les encerclements provoquent un état d'âme que l'on ignorait dans les précédentes guerres de notre histoire – une sorte d'engourdissement par le froid qui correspond à l'approche du zéro absolu.

Et cela ne tient pas à la perspective, si horrible soit-elle, de périr dans le gel et la neige, au milieu d'un entassement de cadavres et de moribonds. Il s'agit bien plutôt de l'état d'âme d'hommes qui croient que l'anéantissement est total.

Dans un grand état-major, on entend glisser le filet qui va se refermant ; presque chaque jour, on s'aperçoit que l'une de ses mailles accroche. C'est alors que l'on peut étudier les caractères, à un moment où la panique s'annonce tout doucement, comme de légers courants dans l'eau annoncent la marée encore invisible mais toute proche. Pendant cette phase, les hommes s'écartent les uns des autres, ils deviennent taciturnes et songeurs, comme au moment de la puberté. Mais, chez les plus faibles, on discerne déjà ce qui va se produire. Ce sont les points de moindre résistance, tel ce petit lieutenant qui, lorsque je suis allé le voir dans son bureau, était secoué par une crise de larmes.

La population, elle aussi, est inquiète; les marchandises stockées apparaissent sur le marché; la valeur des billets de banque s'élève. Les billets russes sont recherchés par les paysans qui doivent rester ici; les billets allemands le sont par les citadins, dont une partie compte suivre la retraite. La même chose s'était passée dans le secteur de la 1re armée blindée, à ce qu'on dit, mais les gens qui s'étaient mis en route avec toute leur famille seraient restés en panne le deuxième ou le troisième jour, et se trouveraient maintenant dans une situation pire qu'auparavant, car cette tentative de fuite va sceller leur destin.

Naturellement, les Russes essaient maintenant de faire sauter ponts et voies ferrées, et ils se servent pour cela de nombreuses équipes de sabotage – quelques-unes s'infiltrent par les brèches du front, d'autres sont parachutées. Le chef du contre-espionnage de ce groupe d'armées me donna des détails sur l'un de ces groupes, qui se composait de six personnes, trois hommes et trois femmes. Parmi les hommes, il y avait deux officiers de l'Armée rouge et un radio-télégraphiste; parmi les femmes, une radio-télégraphiste, une éclaireuse chargée aussi du ravitaillement, la troisième était infirmière. Ils furent tous arrêtés alors qu'ils passaient la nuit dans une meule de paille. Ils n'avaient pu remplir leur tâche – faire sauter des ponts – car le parachute qui transportait les explosifs était tombé dans un village. Les femmes, des lycéennes, avaient servi dans l'Armée rouge et avaient été détachées à un cours de sabotage. Un jour, on leur dit de se préparer, on les fit monter en avion et on les jeta derrière les lignes allemandes sans qu'elles eussent été informées de la nature de leur mission. L'équipement consistait en pistolets-mitrailleurs – l'infirmière elle-même en portait un – en un poste émetteur, en conserves, dynamite et trousse de pansements.

Un trait humain : lors de l'arrestation, l'une des jeunes filles se précipita vers un médecin russe qui accompagnait le maire et les soldats allemands; elle tenta de l'embrasser en l'appelant son père. Puis, elle se mit à pleurer, en disant qu'il ressemblait à son père.

En la personne de ces gens, les vieux nihilistes de 1905 fêtent leur résurrection, mais dans des circonstances bien différentes. Leurs moyens, leur tâche et leur genre de vie sont identiques. Mais c'est l'État maintenant qui fournit les explosifs.

Vorochilovsk, 8 janvier 1943.

De bonne heure sur le marché, qui était très animé. La situation pousse les gens à vendre, car il est plus facile d'emporter de l'argent que des marchandises.

La nourriture, elle aussi, devient très abondante ; on fait bombance avec les réserves. Dans les jardins, j'ai vu des soldats occupés à fumer des oies ; des morceaux de viande de porc s'entassaient sur la table. Je sentis le tourbillon de terreur qui annonce l'approche des colonnes armées déferlant de l'Est.

À midi, chez le général en chef, le général d'armée von Kleist, que j'ai trouvé, soucieux, devant sa carte. Très beau de passer ainsi directement du brouhaha du marché au cœur des choses. La perspective des grands capitaines est singulièrement simplifiée, mais en même temps démoniaquement élevée. Les destins individuels sortent du champ visuel, mais ils sont présents en esprit, ils s'ajoutent à l'atmosphère terriblement oppressante.

Dans l'antichambre, l'officier des transmissions me remit un télégramme ; mon père est gravement malade. Au même moment, le bruit se répandit que la voie ferrée qui menait à Rostov était coupée. Par hasard, je rencontrai le lieutenant-colonel Krause, avec lequel j'avais déjà été en relation, en particulier lors de la rencontre clandestine du Eichhof. Il attendait un avion venant de Berlin, et il me l'offrit pour le retour. Alors que nous en parlions encore, le chef du personnel auprès du général en chef me fit savoir qu'une place était retenue pour moi dans l'avion postal qui doit décoller d'Armavir demain matin. Une voiture part dans deux heures pour cette ville.

Kiev, 9 janvier 1943.

Pendant le voyage nocturne, j'ai pensé avec intensité à mon père. Je ne l'avais pas vu depuis l'année 1940, lorsque, après la campagne de France, j'étais en permission à Leisnig. Mais je lui avais téléphoné plusieurs fois. Maintenant, dans la fatigue des premières heures du matin, je voyais ses yeux rayonner dans le ciel sombre, des yeux immenses, d'un bleu plus profond et plus vif que jamais – des yeux qui correspondent bien à sa nature. Je les voyais posés sur moi, pleins d'amour. J'aimerais le décrire un jour comme une mère qui posséderait une intelligence virile – avec un plus grand sens de l'équité.

À deux heures du matin, arrivée à Armavir, où j'ai sommeillé un peu sur les sacs postaux bien remplis. Des secrétaires somnolents triaient les lettres et les paquets, tandis que des bombes tombaient sur la ville. Pendant ce demi-sommeil agité, je me sentais oppressé par la nature nocturne de la guerre, dont l'une des souffrances est d'ailleurs l'insomnie, avec toutes ces nuits de gardes interminables au front, au pays, en seconde ligne.

À six heures, départ dans un appareil laqué de vert, portant le nom de «Globe-trotter», et que pilotait un prince de Cobourg-Gotha. Deux heures plus tard, nous survolions le Don gelé, tout vert, avec une traînée blanche de glaçons. On voyait d'importantes colonnes refluer sur les routes. À Rostov, nous nous posâmes quelques instants sur un aérodrome où l'on était en train de charger d'énormes projectiles sur des escadrilles de bombardiers.

À Kiev, je descendis dans mon vieil hôtel qui me parut, cette fois, tout à fait confortable. Nous voyons les choses sous un angle relatif. Je partageais ma chambre avec un officier de la Grande Guerre ; il venait d'échapper à l'encerclement de Stalingrad. Il paraît que les aérodromes y sont déjà placés sous le tir direct des Russes, et peu à peu encombrés d'appareils détruits. Les occupants d'un grand camp de prisonniers de guerre, pris eux aussi dans l'encerclement, se sont d'abord nourris de viande de cheval, puis comme des cannibales, et sont finalement morts de faim. Quittant de telles poches, on est corrodé, couvert de cicatrices, et l'on porte peut-être les stigmates d'une splendeur future.

Lötzen, 10 janvier 1943.

Je suis arrivé à Lötzen vers midi et j'ai demandé aussitôt des communications téléphoniques avec Kirchhorst et Leisnig. À sept heures, j'appris par Perpétua que mon bon père était mort, comme je l'avais clairement pressenti. Il doit être enterré mercredi à Leisnig ; j'arriverai donc quand même à temps, ce qui m'apporte un grand apaisement.

Comme je l'avais fait souvent ces derniers jours, j'ai songé longuement à lui, à son destin, son caractère, son humanité.

En wagon-lit, 11 janvier 1943.

Courses à Lötzen, sous un froid mordant. Le soir, départ pour Berlin. Dans le train, rencontré le colonel Rathke, chef du département de l'Armée, au ministère. Conversation sur la situation près de Rostov, qu'il tient pour réparable. Puis, sur la guerre en général. Après les trois premiers jugements de valeur, on sait que l'interlocuteur appartient à l'autre camp, et l'on se cantonne dans de courtois lieux communs.

Kirchhorst, 21 janvier 1943.

Retour en arrière. Au cours de mon voyage à Leisnig, le 12 janvier, j'ai été frappé par les visages de mes compagnons de route – blêmes, artificiellement gonflés ; leur chair appelait des maladies malignes et désagrégeantes. Ils dormaient d'ailleurs pour la plupart, au comble de l'épuisement.

Le « salut allemand », le plus fort symbole de contrainte librement acceptée, ou de libre acceptation obtenue par la contrainte. Un individu isolé fait ce salut lorsqu'il pénètre dans le compartiment ou lorsqu'il le quitte, c'est-à-dire lorsqu'on le voit en tant qu'individu. Mais dans le groupe, devenu anonyme, il n'y répond pas. Au cours d'un semblable voyage, on a largement l'occasion d'étudier les finesses dont la tyrannie se rend capable.

À Leisnig, après avoir rapidement salué mes frères et ma sœur, je me rendis immédiatement au cimetière où la gardienne me remit les clefs de la chapelle des morts. Il faisait déjà sombre lorsque j'y pénétrai. Dans un cercueil ouvert, placé sur un haut catafalque, mon père était étendu, en habit noir, déjà très loin de moi, solennel. Je m'approchai lentement, allumai les cierges à droite et à gauche de sa tête. Je regardai longuement son visage qui m'était devenu très étranger. En particulier le bas, le menton, la lèvre inférieure, appartenaient à un autre homme, à un inconnu. En reculant assez loin sur sa gauche, et en contemplant le front et la joue sur laquelle on distinguait encore le trait rouge, bien connu, de sa cicatrice causée par un coup de sabre, je parvins à rétablir le contact – je le vis comme je l'avais vu d'innombrables fois, installé dans son fauteuil après le repas, en train de bavarder. Grande joie de le retrouver encore avant que la terre ne me le cachât. Pensé : « A-t-il maintenant connaissance de ma visite ? » Je touchai son bras si amaigri, la main glacée sur laquelle tomba une larme, comme pour la dégeler. Que signifie donc ce silence inouï qui plane autour des morts ?

Puis retour, et thé dans la vieille salle à manger familière, tout en parlant de lui. Il tomba malade le premier jour des fêtes de Noël, et il s'alita après avoir passé quelques journées sur le sofa. « Maintenant, il vous faudra voir comment vous vous en tirerez tout seuls », dit-il peu de temps après. Son état s'aggrava rapidement ; aussi le médecin le fit-il transporter à l'hôpital où l'on constata qu'il était atteint d'une pneumonie double.

Friedrich Georg eut l'impression qu'à l'hôpital, il s'occupait de plus en plus de lui-même, et ne trouvait plus le temps de faire attention aux visiteurs. «Asseyez-vous donc» et « De l'eau!» furent les deux dernières phrases qu'on l'entendit prononcer. Friedrich Georg le vit pour la dernière fois le vendredi après-midi. Selon l'infirmière, il serait mort dans la nuit, samedi à une heure. Ce serait donc au moment même où, sur la route d'Armavir, je voyais apparaître ses yeux. En feuilletant mon journal intime, je fus également frappé de découvrir qu'un an auparavant, jour pour jour, je m'étais éveillé tout triste, car j'avais rêvé qu'il était mort.

Il avait vécu soixante-quatorze ans, dix ans de plus que son père, et dix ans de moins que sa mère, ce qui confirme à nouveau mon opinion que l'une des méthodes pour calculer l'âge probable consiste à faire la moyenne entre la durée de la vie des deux parents, à supposer que leur mort ait été naturelle.

La nuit, je dormis dans sa chambre, où, sous une douce lumière, il aimait à lire au lit ou à faire une partie d'échecs. Les livres qu'il avait parcourus ces derniers jours étaient encore sur la table de chevet – entre autres *L'Histoire des Grecs*, de Jäger, et des ouvrages sur le déchiffrement des hiéroglyphes, ainsi que des journaux d'échecs. Dans cette pièce, je me sentais très proche de lui, et j'éprouvais une intense douleur au spectacle de ses affaires bien rangées, bibliothèques, laboratoires, télescopes et appareils – dans les derniers jours de son existence, il avait encore fait installer dans une mansarde une grande machine d'induction avec un tube de rayons X. La maison est notre vête-ment, une extension de notre être, que nous organi-sons autour de nous. Quand nous disparaissons, sa forme se perd bien vite – de la même manière que le corps perd la sienne. Mais ici, tout était encore vivant, chaque objet semblait avoir été reposé à l'instant même.

Le lendemain, ce fut l'enterrement, auquel n'assista que la famille, comme il l'avait désiré. Nous lui serrâmes encore une dernière fois la main, «si froide!» dit ma mère, en la touchant.

Je note que, de retour à la maison, je fus pris d'une sorte d'allégresse presque insurmontable. C'est un antique trait humain, dans la succession de mystères qui nous sont devenus étrangers.

Samedi, je partis pour Kirchhorst, où je devais passer quelques jours. Dans le train, nous dûmes présenter quatre fois nos papiers – et sur le nombre, une fois à la Police criminelle.

Kirchhorst, 22 janvier 1943.

Je suis plongé dans les nouvelles œuvres de Friedrich Georg, dont nous avions parlé au cours de nos promenades à Leisnig, telles que *Les Titans* et *Le Vent d'Ouest*, dans lequel je lis un grand nombre de poèmes que je ne connaissais pas, entre autres: *L'Alcyon* et le *Portrait par soi-même*. Ses poèmes sur les bêtes, comme ceux sur les lièvres et les chouettes, sont pleins d'une clairvoyance et d'une sérénité magique, qui diffèrent singulièrement de la façon impressionniste dont ses prédécesseurs immédiats ont traité ces créatures. La poésie lyrique témoigne chez lui d'une réaction que l'on a constatée depuis longtemps dans la peinture.

Au courrier, une lettre de la Fleur de feu qui me raconte un rêve qu'elle a fait dans la nuit du Nouvel An, et où elle entendait appeler une ville Todos ou Tosdo. Ce souvenir l'incita à ne pas prendre un certain train pour Hanovre, le 3 janvier, et ce train eut justement un accident. Elle interprète Tosdo par « *So Tod* » (« ainsi, la mort »).

Kirchhorst, 23 janvier 1943.

Lecture : *Les Aventures de Lazarille de Tormes*, dans la belle édition illustrée par Ransonnette, et publiée chez Didot jeune, à Paris, 1801. Papier, impression, reliure et gravures augmentent encore le plaisir que l'on trouve à ce texte.

Puis, continué les *Histoires désobligeantes* de Léon Bloy. J'y ai trouvé, page 254, la phrase suivante qui exprime l'une des pensées fondamentales des *Falaises de marbre* :

« ... j'avais déjà le pressentiment que le monde est fait à l'image infâme des équarrissoirs. »

Mais cela implique aussi des devoirs.

Berlin, 24 janvier 1943.

Depuis hier, pour un bref séjour à Berlin, où je suis de nouveau descendu chez Carl Schmitt. J'ai assisté aujourd'hui à la cérémonie traditionnelle au cours de laquelle les chevaliers de l'ordre pour le Mérite déposent une couronne devant le monument de Frédéric II, et j'eus le sentiment très net que c'était pour la dernière fois. Cette belle expression de Murat: «Je porte mes décorations pour que l'on tire sur moi», il suffit de la retourner pour se faire une idée de l'état dans lequel je me trouve. Elles sont encore un talisman.

Très importantes destructions à Dahlem. La dernière attaque aérienne a non seulement détruit de nombreux pâtés de maisons, mais encore arraché les toits de quartiers entiers, et brisé des milliers de vitres. Le souffle des bombes a, parfois, des effets surprenants: dans une maison voisine, par exemple, il a passé sous une porte-fenêtre, sans l'endommager et, à l'intérieur de la pièce, il a fendu en deux un tabouret de piano.

Promenade avec Carl Schmitt dans le parc obscur. Nous avons parlé de la mort d'Albrecht Günther, puis de rêves. Au cours d'un rêve, il s'était trouvé embarqué dans une discussion sur des sujets difficiles à dominer et sur lesquels, à la fois, on admirait et on mettait en doute sa compétence. Carl Schmitt avait répondu:

«Oui, mais ne savez-vous pas que je suis Don Capisco?»

Je trouve que ce mot exprime remarquablement tout ce que comporte de dangereux, de risqué et aussi d'extravagant un état de lucidité subtile.

Avant-hier, Tripoli a été évacuée.

Kirchhorst, 9 février 1943.

De nouveau à Kirchhorst, où je dois rester jusqu'au 18 février. Je suis en retard pour mes notes. Depuis des semaines, je suis tourmenté par une légère migraine, inhabituelle chez moi, et qui accompagne les grands bouleversements dont l'esprit ne peut aucunement se dégager, même si l'on mène une vie très retirée. Elle étend en effet son action aussi bien dans le domaine élémentaire qu'au centre du monde moral. Même sans parler des fortes crises, rien que cette atmosphère entraîne déjà une sympathie dans la souffrance.

J'ai fait aujourd'hui le grand tour qui passe par Stelle, Moormühle, Schillerslage, Oldhorst et Neuwarmbüchen, ce qui, même en marchant d'un bon pas, demande trois heures.

À droite, dans les champs, le hangar avec l'inscription «Plantation d'asperges de Burgdorf», qui s'impose de très loin, comme une manchette de journal, au point que l'on ne remarque plus le bâtiment derrière elle. De telles inscriptions peuvent changer à volonté, jusqu'au jour où le vent et la pluie les effacent, et où l'on aperçoit à nouveau, par derrière, le bon vieux hangar qui, comme un brave baudet, les portait sur son dos. C'est ainsi que les vraies dimensions subsistent au cour du temps.

Réflexions sur les rapports entre l'ivresse et le travail de création. Bien qu'ils s'excluent lorsqu'ils sont simultanés, ils dépendent cependant l'un de l'autre, comme la découverte et la description, l'exploration et la géographie. Dans l'ivresse, l'esprit s'élance en avant, plus hardiment, plus directement. Il recueille des expériences dans l'illimité. Sans ces expériences, il n'est pas de poésie.

Au demeurant, il ne faut pas confondre avec l'ivresse l'ébranlement qui accompagne la création poétique – celui-ci ressemble au déplacement des molécules avant la cristallisation. C'est ainsi que progresse l'amour, par des vibrations – nous nous accordons sur la même clef pour un accord suprême.

En apercevant Moormühle, j'ai pensé à Friedrich Georg, et à la conversation que nous avions eue ici même, en 1939, sur les *Illusions de la technique*. Comme ce livre conjure l'esprit du silence, il appartient à son destin de n'avoir pas paru à cette époque. Il se situe à l'opposé de l'action.

Puis songé à Schopenhauer et à sa *Métaphysique de l'amour sexuel*. C'est très bien de voir dans l'enfant à venir, et non point dans les individus, l'aimant de l'acte amoureux. Mais l'enfant lui-même n'est au fond qu'un symbole de la complémentarité supérieure qui se réalise dans cet acte. En ce sens, la compénétration est un signe plus fort, plus direct, et Platon, dans le *Banquet*, en dévoile mieux les mystères. Chez Schopenhauer, la biologie est déjà facteur de confusion. Villiers de l'Isle-Adam pénètre plus profondément dans le noyau intemporel et incolore de la flamme amoureuse. Weininger avait raison d'admirer *Axel*.

Enfin, réflexions sur la notation de certaines dates de ma vie, à l'occasion de ces notes que je viens de consigner sur mon bon père. Dans tout cela, il y a encore bien des choses que je considère comme tabou ; je n'ai pas encore éclairci les obscurités et les points confus du passé. Pour faire la lumière, il ne suffit pas d'être sincère, comme le croyait Rousseau. L'aveu sincère, certes, ne doit pas être dédaigné, mais il importe essentiellement que l'écrivain conquière la force qui le libérera de son image éphémère. Il y parviendra dans la mesure où, soit en tant que poète, soit en tant que penseur, il domine le phénomène singulier et individuel qu'il constitue.

En faisant souvent ce chemin, on arriverait peut-être à tracer dans le marais un sentier entre Schillerslage et Neuwarmbüchen.

Kirchhorst, 10 février 1943.

Déjeuner en compagnie de la grosse Hanne et de Perpétua. Puis lu du de Rimbaud, dont le *Bateau ivre* est, sans contredit, l'un des derniers phares, non seulement de la poésie du XIX\ siècle, mais de la poésie copernicienne en général. À partir de ce point final, toute poésie doit être désormais rattachée à un nouveau Cosmos, peu importe que la physique l'ait déjà découvert ou non. En ce sens, le redoutable Isidore Ducasse n'est contemporain qu'en apparence : il est moderne. On est revenu des fièvres tropicales ; désormais, le cap est mis sur les mers glacées.

Puis, travaillé à mes collections, en particulier au classement de la famille des Galeruques, dont on trouve les représentants en abondance dans les fonds humides de ce pays. La plupart des espèces parentes se trouvent dans les mêmes régions, ou, pour parler en termes cynégétiques, sur les mêmes terrains de chasse. Il y a cependant des exceptions, comme chez les Scymnes dont un petit groupe se nourrit non point du suc des plantes, mais de pucerons. Les théories à ce sujet sont établies soit sur le milieu, soit sur le caractère – qualité qui est à la base du *struggle for life*.

Ces deux points de vue sont également bornés; les controverses menées à leur propos ressemblent à une dispute sur le sexe des anges. Toutes ces théories ne correspondent qu'à des fractions, qu'à des couches de la réalité. On doit les placer les unes sur les autres, comme des calques, pour apercevoir alors, au travers, la carte bariolée de la nature. Certes, il faut, pour le voir, un regard neuf. J'ai décrit cette démarche dans la *Lettre de Sicile*.

L'après-midi au chef-lieu de canton, chez le coiffeur. Il répéta l'histoire de ces méchants Russes qui volent leur nourriture aux chiens, et il y ajouta quelques nouvelles pensées. Ainsi, il ne faudrait pas leur donner à planter des haricots, car ils les avaleraient aussitôt. Ils avaleraient également les asperges toutes crues. D'ailleurs, «rien de ce qui se mange ne leur est sacré», comme il dit. Et avec cela, ce coiffeur est un brave homme.

Kirchhorst, 13 février 1943.

Lecture : *Les Âmes Mortes* de Gogol, que je n'avais pas lu depuis bien longtemps. Ce roman serait encore plus puissant sans les réflexions, sans cette conscience, trop fréquemment manifestée, qu'a l'écrivain de peindre des tableaux de genre.

Le matin, comme il ventait et pleuvait, je suis resté longtemps au lit, et j'y ai même pris mon petit déjeuner. J'ai pensé aux armes des herbivores, qui sont si remarquables chez de nombreuses espèces du monde animal. J'ai songé aussi au caractère luxuriant et végétatif de ces défenses, qui vont jusqu'à se ramifier comme chez les cerfs et chez de nombreux insectes qui se nourrissent de bois. La chute de ces ramures a également un caractère végétal, on ne trouve rien de tel chez les carnivores. La nature défensive de ces excroissances est d'ailleurs, vraisemblablement, un caractère secondaire ; on peut le déduire du fait qu'elles comptent le plus souvent parmi les caractères sexuels, et qu'elles ont même poussé chez des espèces qui ne s'en servent jamais comme armes. Par exemple, chez de nombreux scarabées que l'on observe soit sur le fumier, soit sur le bois ou les débris vermoulus. En ce cas, ces excroissances font partie de l'habitus, et elles modifient non seulement les mâchoires, mais encore certaines parties du squelette chitineux. On a l'impression que ces végétariens aiment bien se faire plus redoutables qu'ils ne le sont en réalité.

Notre manière de vivre, notre « être ainsi », est l'arsenal où nous puisons des armes en cas de besoin. Cette remarque est importante, face au schématisme du *struggle for life*. Alors sont valables d'autres principes, comme celui-ci : « Celui à qui Dieu donne une fonction, reçoit également de lui l'intelligence pour l'exercer. »

Il existe des animaux de proie qui ont l'allure et le caractère des herbivores : comme les baleines, qui broutent leurs victimes.

Kirchhorst, 14 février 1943.

Bourrasques et pluie. Dans ma chambre, un rameau de prunier, que j'avais pris au jardin pour hâter sa croissance, est en pleine floraison. Le bois nu est parsemé de petites étoiles blanches en abondance.

Migraine grandissante. Je vis comme sous un fardeau de nuages.

Kirchhorst, 15 février 1943.

Hier, les Russes ont pris Rostov. Au courrier, une lettre de la sœur d'Edmond, qui songe déjà à fuir de Pologne. Nous lui avons offert ici un asile, pour elle et ses enfants.

Puis, lettre de Friedrich, d'Überlingen : «Il se peut bien que nous en arrivions à un point où nos adversaires seront obligés de penser à notre place ; et si, par esprit de vengeance, ils ne le faisaient pas, ils se précipiteraient eux-mêmes dans un profond trou noir.»

Kirchhorst, 17 février 1943.

Après des journées venteuses et pluvieuses, un beau soleil brille aujourd'hui dans tout son éclat. Le matin, j'ai cueilli entre les groseilliers à maquereau du persil nouveau, vert, moussu, tout incrusté de rosée gelée.

Les Goncourt écrivent que Daumier a atteint, dans sa représentation du bourgeois, un degré de réalité qui débouche sur le fantastique. Ce qu'on peut observer partout où la réalité touche son plus haut sommet ; les derniers coups de pinceau créent alors des lumières surréelles.

Hier, les Russes ont conquis Kharkov. Nous attendons Fritzi Schultz qui, avec ses enfants, a fui Alexandrov où ses ancêtres s'étaient installés il y a plus de cent ans. Avant de partir, j'ai encore l'intention de mettre à l'abri une partie de mes manuscrits, chose pour laquelle on doit envisager, outre le danger de bombardement et d'incendie, les possibilités de pillage et de perquisition. Quand on songe à la difficulté de trouver une cachette convenable, il est vraiment stupéfiant de voir quelle quantité de vieux papiers sont parvenus jusqu'à nous à travers les vicissitudes des temps.

SECOND JOURNAL PARISIEN

Paris, le 19 février 1943.

Hier après-midi, départ pour Paris. Perpétua m'a accompagné à la gare et m'a longtemps fait signe jusqu'à ce que le train eût quitté le quai.

Dans le train, conversation avec deux capitaines qui pensaient que Kniébolo attaquerait dans le courant de l'année avec de nouveaux moyens, probablement les gaz. Ce n'est pas qu'ils eussent tout à fait l'air de l'approuver, mais ils restaient confinés dans cette passivité morale qui est l'une des caractéristiques de l'homme moderne. Les arguments d'ordre technique sont alors les plus efficaces, celui, par exemple, qu'une telle entreprise équivaudrait à un suicide en cas d'infériorité aérienne.

Si ce sont là les intentions de Kniébolo, les considérations de politique intérieure emporteront la décision, comme en tout ce qu'il fait. La propagande passe avant tout. Dans ce cas, il tiendra à creuser entre les peuples un tel abîme que, même avec la meilleure volonté du monde, on ne parviendra plus à le franchir. Il est ainsi fidèle à son génie fondé sur la séparation, la division, la haine. On connaît de reste ces vieux procédés des tribuns.

À ce propos, un trait significatif : lorsqu'on rapporte à ces gens-là des forfaits de l'adversaire, leur physionomie, au lieu d'exprimer l'indignation, rayonne d'une joie démoniaque. C'est pourquoi la diffamation de l'ennemi fait partie de la servilité courtisane dans le royaume des ténèbres.

Après des villes comme Rostov, Paris, quoique visiblement appauvri, m'apparaît dans un éclat tout nouveau, extraordinaire, bien que la misère y ait fait de nouveaux progrès. Ne serait-ce que les livres avec lesquels j'ai fêté mes retrouvailles en faisant l'acquisition d'une belle monographie consacrée à Turner. J'y ai trouvé l'histoire de son étrange carrière, qui m'était inconnue. Il est rare que l'appel du destin s'exerce avec une force aussi implacable. Les dernières années, il ne peignait plus, mais buvait. Ainsi, toujours, on verra des artistes survivre à leur tâche ; peut-être, surtout, ceux dont le talent se manifeste précocement. Ils ressemblent alors à ces fonctionnaires en retraite qui s'abandonnent à leurs penchants, comme Rimbaud à l'appât du gain et Turner à la boisson.

Paris, 21 février 1943.

Déjeuné à la Tour d'argent, en compagnie de Heller et du peintre Kuhn. Parlé de l'action exercée par les livres et les tableaux, lors même que personne ne les lit ou ne les voit. « Mais au fond de nous, tout est accompli. » Cette idée est inconcevable à nos contemporains dans la mesure même où ils accroissent leurs réseaux de communication et de circulation, c'est-à-dire remplacent les liens spirituels par les rapports techniques. Importait-il vraiment que les prières d'un moine, dans quelque cloître, fussent entendues par les gens en faveur desquels il les prononçait ? Wieland le savait encore ; il disait à Karamzine qu'il aurait écrit ses œuvres sur une île déserte avec la même ardeur, certain qu'elles seraient entendues des Muses.

Puis, une nouvelle fois, au Meurice où Kuhn, de service chez le commandant en qualité de première classe, nous montra ses tableaux. J'ai surtout aimé un pigeon au plumage multicolore, dont les teintes roses et sombres se confondaient avec celles d'une ville à l'arrière-plan : *La Ville au crépuscule*. Nous en avons parlé sur le chemin du retour, ainsi que du crépuscule en général, de son ambiance et de ses effets. Des individus, il dégage la figure, estompe les détails et fait ressortir ce qu'il y a de général dans les êtres, l'homme, la femme, l'humaine nature. Par là, il ressemble à l'artiste qui, pour discerner les figures, doit héberger, lui aussi, beaucoup d'ombre et de crépuscule.

Précisément, ce soir, je feuillette encore un numéro de *Verve* de 1939 et j'y trouve des extraits d'un auteur qui m'était inconnu, Pierre Reverdy. Je note ceux-ci :

« Je suis armé d'une cuirasse qui n'est faite que de défauts. »

« *Être ému, c'est respirer avec son cœur** ».

« Si sa flèche est empoisonnée, c'est qu'il l'avait d'abord trempée dans sa propre blessure. »

Sur les murs des maisons de Paris, on peut voir fréquemment la date de « 1918 », écrite à la craie. Et aussi : « Stalingrad ».

Qui sait s'ils n'y sont pas vaincus, en même temps que nous ?

Paris, 23 février 1943.

Feuilleté dans la matinée un album de photos prises par le Service de Propagande au moment où l'on a fait sauter le quartier du vieux port de Marseille. Voilà encore un endroit détruit qui échappait aux normes et qui m'était cher.

À l'heure du déjeuner, je m'arrange toujours, désormais, pour m'offrir une dégustation visuelle. Ainsi, j'ai feuilleté aujourd'hui mon Turner, dont les marines aux tons verts, bleus et gris ont quelque chose de glaçant. Ils suggèrent cette apparente profondeur qui naît des reflets.

Puis au petit cimetière près du Trocadéro, où j'ai vu de nouveau le monument funéraire de Marie Bashkirtseff ; l'on y sent la présence de la morte d'une façon presque inconvenante. Des plantes y fleurissaient déjà, des giroflées et de la mousse aux tons variés.

Dans la librairie de la place Victor-Hugo, j'ai trouvé encore une série d'œuvres de Léon Bloy, que je veux étudier plus à fond. Chacune des grandes catastrophes agit sur la vie des livres et en rejette des légions dans l'oubli. On ne voit qu'après le séisme à quel sol l'auteur s'est fié dans les temps de sécurité.

Le soir, brève promenade. Le brouillard était plus

dense que je ne l'avais jamais vu – si épais que les rayons filtrant à travers les rideaux de la défense passive semblaient aussi solides que des poutrelles auxquelles je craignais de me heurter. J'ai d'ailleurs rencontré, sans pouvoir les renseigner, bien des promeneurs en quête de la place de l'Étoile ; or nous étions en plein milieu.

Paris, 24 février 1943.

La véritable mesure de notre valeur : les progrès des autres, dus au pouvoir de notre amour. Ce sont eux qui nous renseignent sur notre poids, et nous apprennent le sens de ce terrible « pesé, pesé et trouvé trop léger » – leçon à tirer de nos échecs.

Une façon de mourir pire que la mort : quand l'être aimé tue lentement l'image de nous-mêmes qui vivait en lui. En cette personne, nous nous éteignons. Et ce peut être l'œuvre du sombre rayonnement qui émane de nous ; les fleurs se referment silencieusement à notre approche.

Paris, 25 février 1943.

Nuit sans sommeil. Entrecoupée de somnolences où foisonnaient des songes – d'abord un cauchemar où l'on fauchait de l'herbe, puis des scènes comme surgies d'un spectacle de marionnettes. Et puis des mélodies, qui s'enflammaient en menaçants éclairs.

Il semble, selon les lois d'une secrète esthétique

morale, qu'en cas de chute, il soit plus digne de tomber sur le visage que sur le dos.

Paris, 28 février 1943.

Exposé sur ma mission dans le Caucase. Depuis lors, Stalingrad est tombée. Du coup, la contrainte qui pèse sur nous s'est alourdie. Si la guerre est, comme le veut Clausewitz, la continuation de la politique avec d'autres moyens, cela implique que plus la guerre est conduite absolument, et moins la politique peut y intervenir. Il n'y a pas de négociation durant la bataille ; il y manque alors la liberté de mouvement, et aussi le souffle. À cet égard, la guerre de l'Est est absolue à un degré que Clausewitz ne pouvait concevoir, même après les expériences de 1812 – c'est une guerre entre États, entre peuples, entre concitoyens et entre religions, portée au blanc de l'extermination zoologique. À l'Ouest, au contraire, la liberté de mouvement existe encore, pour un peu de temps. C'est l'un des avantages de la guerre sur deux fronts, destin et menace permanente de la position médiane. Il est clair aussi que le retournement de la situation, en 1763, est l'étoile d'espoir qui brille au firmament des responsables. Aussi envoient-ils la nuit des détachements pour écrire cette date sur les murs et y effacer « 1918 » et « Stalingrad ». Seulement, l'essence du miracle consistait en ce que le « vieux Fritz » jouissait de la sympathie du monde entier. Kniébolo, au contraire, est considéré comme l'ennemi du monde, et parmi ses trois grands adversaires, peu importe qui mourrait : la guerre se poursuivrait. D'ailleurs, on rêve moins ici de se voir tendre la main par l'un d'eux que d'assister à son effondrement. C'est ainsi que nous nous congelons peu à peu nous-mêmes, incapables que nous sommes de nous dégeler par nos propres forces.

Sur la table, des cigares importés de La Havane dans des tubes en verre. On les échange à Lisbonne contre du cognac français, auquel les états-majors de l'autre camp n'ont guère envie de renoncer – c'est encore, après tout, une sorte de communication.

Je reçois, en supplément de mon service, la surveillance de la censure militaire des lettres dans les territoires occupés : tâche grotesque et, à divers égards, épineuse.

Paris, 1ᵉʳ mars 1943.

J'ai réfléchi dans la soirée au mot « *Schwärmen* ». Il pourrait servir de titre à un chapitre essentiel d'un livre sur l'histoire naturelle de l'homme. « *Schwärmen* » implique trois choses : rythme de vie accéléré, réunion, périodicité.

Le rythme de vie ou la vibration, tels qu'on peut les observer, par exemple, chez les moucherons, est une force supra-individuelle ; elle fait accéder les êtres à l'espèce. C'est aux intérêts de celle-ci que servent les réunions – noces, moissons, migrations, jeux.

Aux premiers âges, ce rythme devait être tout dominé par la nature ; fixé par la lune et le soleil et par leur influence sur la terre et la végétation. À l'ombre des grands arbres en fleurs, envahis par les bourdonnements, nous sentons à merveille ce qu'est le «*Schwärmen*». Les divers moments de la journée peuvent également y jouer un rôle, tel le crépuscule, ou encore les tensions électriques, telle l'atmosphère orageuse. Ces éléments d'ordre naturel et cosmique restent sous-jacents aux âges historiques, avec leurs vicissitudes – ils subsistent dans les *dates* des fêtes, dont le sens semble changer à mesure que se succèdent cultes et cultures. Mais seule varie la partie rituelle de la fête, la partie naturelle demeure. C'est pourquoi il entre une part de paganisme en toute fête chrétienne.

Du reste, le nom «*Schwarmgeister*» est bien choisi, pour désigner un égarement dont l'essence consiste à confondre la partie sacramentelle et la partie naturelle des fêtes.

Paris, 3 mars 1943.

À midi, au bord de la Seine, avec Charmille. Nous nous sommes promenés le long des quais, de la place de l'Alma jusqu'au viaduc de Passy ; là, nous nous sommes assis sur une balustrade en bois pour regarder couler l'eau. Dans le joint d'un mur poussait déjà un tussilage à sept couronnes d'un jaune d'or ; l'une d'elles hébergeait une grosse mouche d'un vert métallique. Une fois de plus, j'aperçus en grand nombre la petite empreinte spiralée de la turritelle dans la pierre de taille du parapet.

Paris, 4 mars 1943.

Déjeuner en compagnie de Heller chez Florence Gould, qui habite maintenant un appartement de l'avenue Malakoff. Avec elle et Jouhandeau, nous y avons rencontré Marie-Louise Bousquet et le peintre Bérard.

Échange de propos devant une vitrine remplie d'objets provenant des fouilles de Rosette. Notre hôtesse nous a montré des boîtes à onguent extrêmement anciennes et des lacrymatoires provenant d'antiques tombeaux, dont elle grattait, par jeu, les pellicules d'un violet sombre et nacrées, qui s'y étaient déposées depuis des millénaires, faisant voler dans la lumière leur poussière irisée. Elle nous en donna – je ne pus refuser un très beau scarabée d'un gris clair qui portait à sa base une longue inscription. Elle nous montra ensuite des livres et des manuscrits reliés par Gruel – à l'un des volumes, contenant des gravures anciennes, manquaient trois pages qu'elle avait arrachées et offertes à un visiteur à qui elles avaient plu.

À table, j'ai appris certains détails sur Reverdy, dont j'avais prononcé le nom – car Bérard et Mme Bousquet sont de ses amis. Un esprit s'éprouve, se dévoile en une seule épigramme.

Parlé avec Jouhandeau, dont Hercule m'avait envoyé, voici des années, les *Chroniques maritales*. Sa façon de travailler. Il se lève à quatre heures du matin, après six heures à peine de sommeil, et travaille à ses manuscrits jusqu'à huit heures. Il se rend ensuite au lycée où il enseigne. Les heures calmes de la matinée, qu'il passe une bouillotte sur les genoux, sont pour lui les plus délectables. Ensuite, entretien sur la construction des phrases, leur ponctuation et surtout le point virgule auquel il ne voudrait pas renoncer, mais qu'il considère comme un substitut indispensable du point, dans les cas où la phrase se poursuit logiquement. Sur Léon Bloy : Jouhandeau avait appris de Rictus des détails sur sa vie, nouveaux pour moi. Bloy n'est pas encore un classique, mais il le deviendra. Les œuvres, elles aussi, mettent un bon moment à se dépouiller du temporel. Elles ont aussi leur purgatoire. Puis elles transcendent la critique.

Paris, 5 mars 1943.

À l'heure du déjeuner, promenade au Trocadéro pour y contempler le crocus qui pousse sur les talus de gazon en touffes bleues, blanches et dorées. Les couleurs de ces calices élancés rayonnent ; elles brillent comme des pierres précieuses – on voit bien que ce sont les premières, les plus pures lumières de l'année florale.

Terminé aujourd'hui Léon Bloy : *Quatre ans de captivité à Cochons-sur-Marne*, son journal de 1900 à 1904. Ce qui m'a surtout frappé, cette fois-ci, c'est l'insensibilité complète de l'auteur aux illusions de la technique. Au sein des masses fascinées par l'Exposition universelle de 1900, il vit en ermite, ennemi du moderne. Dans les automobiles, il voit déjà se profiler de très puissants engins de destruction. D'une manière générale, il établit un rapport entre la technique et l'approche des catastrophes – ainsi, il tient les moyens de déplacement rapide, tels que les moteurs et les locomotives, pour des inventions d'un esprit orienté vers la fuite. Il pourrait bientôt être important de gagner en hâte un autre continent. Le 15 mars 1904, pour la première fois, il utilise le métro et reconnaît à ces catacombes une certaine beauté souterraine, mais, il est vrai, démoniaque. Il a le sentiment que cette entreprise annonce la fin de l'ère des sources et des forêts édéniques, des aubes et des crépuscules, et la mort de toute âme humaine.

Caractéristique pour cet esprit en attente du Jugement, l'inscription d'un cadran solaire : « Il est plus tard que vous ne croyez. »

Paris, 6 mars 1943.

L'après-midi chez Poupet, rue Garancière. Dans sa mansarde bourrée de livres et de tableaux, j'ai rencontré le romancier Mégret, avec qui j'échangeais déjà des lettres en temps de paix, ainsi que la doctoresse. Puissent de tels îlots subsister longtemps encore.

Je suis toujours en proie à la migraine légère par laquelle a commencé cette année. Pourtant, son début m'a en même temps empli d'une assurance robuste que tout allait s'arranger. Mais que finalement tout tourne au mieux, nous l'oublions dans nos moments de faiblesse, de mélancolie.

Propos entre hommes. Notre situation, entre deux femmes, n'est pas sans rappeler celle du juge lors du jugement de Salomon – à cela près que nous sommes, à la fois, et le juge et l'enfant. Nous devons nous donner à celle qui ne veut pas nous partager.

Paris, 9 mars 1943.

Assisté dans l'après-midi à une représentation du vieux film surréaliste *Le Sang d'un poète*, pour laquelle Cocteau m'avait envoyé une invitation. Certaines scènes me rappelèrent mon projet de «La Maison», mais seulement par leur ordonnance extérieure. En particulier, les scènes aperçues par les trous de serrure dans une série de chambres d'hôtel. Dans l'une d'elles, on voit l'exécution de Maximilien d'Autriche, dont il est montré deux versions; dans une autre, une leçon de vol dans l'espace donnée à une petite fille que l'on menace du fouet. L'univers comme une ruche aux cellules pleines de secrets où se déroulent, selon une juxtaposition incohérente, des épisodes figés dans un statisme maniaque. Le monde comme maison de fous bâtie sur un plan rationnel.

Il est caractéristique de ce genre que les surréalistes aient découvert Lautréamont et Émily Brontë; un autre de leurs traits est leur étrange prédilection pour Kleist, dont ils ne connaissent, apparemment, que *La Petite Catherine de Heilbronn*, ignorant son essai *Sur le théâtre de marionnettes* où il nous a livré sa dangereuse formule. D'autres, tels que Klinger, Lichtenberg, Büchner et même Hoffmann ne les ont pas frappés. Quand on voit cet envers du décor, on ne peut que se demander pourquoi le marquis de Sade n'est pas devenu le grand-maître de cet ordre.

Paris, 10 mars 1943.

Le soir chez Baumgart, rue Pierre-Charron, pour notre partie d'échecs habituelle. Certes, la pratique de ce jeu ne dévoile pas la supériorité absolue de l'esprit, mais l'un de ses aspects, une sorte de nécessité logique et la sourde réaction de celui qui la subit. Elle nous donne une idée de la souffrance des imbéciles.

Sur le chemin du retour, selon ma coutume, j'ai marché très vite dans la nuit et j'ai fait une chute douloureuse par dessus l'une des barrières placées devant les bâtiments réquisitionnés, afin de les protéger contre les attentats. Tant que ces choses-là nous arrivent, nous ne sommes pas encore tout à fait raisonnables ; une telle blessure vient du dedans. Les choses qui nous meurtrissent ainsi, c'est comme si elles se précipitaient vers nous du plus profond de notre image dans le miroir.

«Les cimetières secrets», un terme de l'étymologie moderne. Les cadavres sont cachés pour que le concurrent ne les déterre pas, ne les photographie pas. Ces pratiques de Lémures annoncent une monstrueuse extension de la méchanceté.

Paris, 11 mars 1943.

À midi, chez Florence Gould. Marie-Louise Bousquet y racontait sa visite chez Valentiner :

« Avec un régiment de jeunes gens de cette trempe, les Allemands auraient conquis la France sans tirer un coup de canon. »

Puis Florence parla de son activité d'infirmière dans une salle d'opérations à Limoges :

« Je supportais beaucoup mieux de voir couper une jambe qu'une main. »

Et à propos du mariage :

« C'est un fait, je suis à l'aise dans l'état matrimonial, car je me suis mariée deux fois et j'ai été très heureuse. Je ne ferais d'exception que pour Jouhandeau, parce qu'il aime les femmes terribles. »

Jouhandeau : « C'est que je n'aime pas qu'on me fasse des scènes au compte-gouttes. »

Paris, 12 mars 1943.

Lu les *Contes Magiques* de P'Ou Soung-Lin. J'y ai trouvé une belle image : un écrivain, contraint de couper du bois dans des forêts éloignées, s'y démène tant que lui viennent aux pieds et aux mains « des cloques comme des cocons de vers à soie ».

Dans l'une de ces histoires, on indique le moyen de reconnaître si l'on se trouve en présence d'un démon femelle. Il suffit d'emmener au soleil l'être dont on doute s'il est humain, et d'observer si une partie de son ombre lui manque.

On saisit immédiatement l'importance de la chose à un très mauvais tour qu'une de ces sorcières joue à un jeune Chinois. Elle réussit à le séduire dans un jardin, si bien qu'il la prend dans ses bras, mais tombe aussitôt à terre avec un effroyable cri de douleur. Il apparaît qu'il a embrassé une bûche percée d'un trou dans lequel était tapi un scorpion au dard empoisonné.

Parmi les plaisanteries qui circulent à la table du Raphaël, il en est d'excellentes, par exemple :

« L'allocation de matière grasse augmentera le jour où l'on aura dégraissé les locaux des nombreux portraits du Führer. »

Il y a peut-être des chroniqueurs qui ont pris note des plaisanteries qui avaient cours durant toutes ces années. Cela en vaudrait la peine, car leur succession est instructive.

Il y a aussi une impolitesse de style, qui apparaît dans des tournures comme « rien moins que » ou « *ne pas ignorer** ». Elles ressemblent à des nœuds que l'on agence dans le fil de la prose en laissant au lecteur le soin de les défaire. Les petits grains empoisonnés de l'ironie.

Paris, 14 mars 1943.

L'après-midi, chez Marcel Jouhandeau, qui habite une maisonnette dans la rue du Commandant-Marchand, l'un des coins de Paris pour lequel, depuis longtemps, j'ai une préférence marquée. Nous étions assis avec sa femme et Marie Laurencin dans son petit jardin, à peine plus grand qu'un mouchoir de poche, mais où poussent une quantité de fleurs. Sa femme fait songer à ces masques qu'on trouve dans les vieux villages de vignerons. Leurs expressions nous envoûtent moins que la fixité de leurs figures de bois peintes de couleurs criardes.

Nous visitâmes la demeure qui, la petite cuisine mise à part, comprend trois étages à pièce unique – au rez-de-chaussée un petit salon, au milieu la chambre à coucher, et en haut, perchée presque comme un observatoire astronomique, une bibliothèque confortablement aménagée.

Les murs de la chambre à coucher étaient peints en noir et ornés de motifs dorés ; elle contenait des meubles chinois en laque rouge. Cette pièce si tranquille avait quelque chose d'oppressant, mais Jouhandeau s'y tient volontiers et y travaille très tôt le matin, lorsque sa femme dort encore. Il nous a merveilleusement décrit comment s'éveillent peu à peu les oiseaux et comment leurs chants se relaient.

Heller survint un peu plus tard et nous passâmes dans la bibliothèque. Jouhandeau me montra ses herbiers, ses collections de photos, ses manuscrits – et m'en offrit un. Dans un album de photographies de sa femme, il y avait des nus du temps où elle était danseuse. Ce qui ne m'étonna guère, car les livres de Jouhandeau m'avaient appris qu'elle aimait à errer dans cet appareil à travers leur maison, surtout en été, et qu'elle allait jusqu'à recevoir ainsi les fournisseurs, les ouvriers ou l'employé du gaz.

Causeries. Sur le grand-père de Mme Jouhandeau, un facteur qui cultivait sa vigne à quatre heures du matin, avant de distribuer le courrier. «Le travail dans cette vigne était sa prière.» Il tenait le vin pour une médecine universelle et en donnait même à ses enfants quand ils tombaient malades.

Puis sur les serpents. Un jour, un ami de la maison en avait apporté une douzaine qui s'étaient répandus dans l'appartement – et des mois après on en retrouvait encore sous les tapis. L'un d'eux avait pris l'habitude de grimper le soir le long du pied d'un lampadaire ; il s'enroulait autour de l'abat-jour, qui était l'endroit le plus chaud.

L'impression que me font les rues, les maisons et les appartements de Paris vient encore de se confirmer ici : archives d'une substance imprégnée de vie très ancienne, remplies à ras bord de pièces justificatives et de souvenirs en tous genres.

Le soir, au chevet de Florence, malade ; elle s'est blessée au pied dans la maison de Céline. Elle disait que la raison pour laquelle cet auteur est toujours à court d'argent, malgré l'importance de ses gains, c'est qu'il les donne en entier aux filles des rues qui viennent le consulter.

Même si tous les édifices étaient détruits, le langage, lui, demeurerait : château enchanté, avec ses tours et ses créneaux, ses voûtes et ses couloirs très anciens. Jamais personne ne les connaîtra à fond. Là, dans ces puits, ces oubliettes, ces mines, il y aura encore de quoi s'attarder longtemps et se perdre loin de ce monde.

Achevé les *Contes magiques*. Une phrase de ce livre m'a vivement touché :

« Ici-bas, seuls les êtres d'esprit élevé sont capables d'un grand amour, car seuls ils ne sacrifient pas l'Idée aux charmes extérieurs. »

Paris, 17 mars 1943.

À propos du *Travailleur*. Son dessin est précis, et pourtant, il ressemble à une médaille nettement gravée mais dont il manque le revers. Il faudrait montrer, dans une seconde partie, comment les principes de dynamisme que j'y ai décrits sont soumis à un ordre stable d'un rang supérieur. Une fois que la maison est installée, les plombiers et les électriciens en sortent. Mais qui sera le maître de maison ?

Qui sait si je trouverai encore le temps de reprendre le fil de mes réflexions à ce sujet ? Toutefois, Friedrich Georg a réussi à accomplir, avec ses *Illusions de la technique*, un pas important dans cette direction. Ce qui montre que nous sommes authentiquement frères, et ne faisons qu'un en esprit.

Sang et esprit. Leur parenté, souvent constatée, se reflète aussi dans leur composition : car la différence des globules sanguins et du sérum a son analogue dans la vie de l'esprit. Il faut, ici, distinguer entre une région matérielle et une région spirituelle, les deux sphères des images et des pensées. Pourtant, dans la vie, elles sont étroitement unies et ne se séparent que rarement. Les images dérivent au courant de la pensée.

De même, on peut distinguer une prose séreuse et une prose globulaire ; on peut enrichir la prose par des images, jusqu'à cette limite qu'est le style hiéroglyphique de Hamann. Il y a aussi des interférences étranges ; celle, par exemple, de Lichtenberg. Il s'agit, chez lui, d'un style imagé que la raison réfracte, d'une sorte de mortification. On pourrait dire, pour rester dans la comparaison, que les deux éléments s'étaient d'abord disjoints pour se mêler ensuite artificiellement, comme secoués dans une bouteille. Il faut toujours que l'ironie soit précédée d'une rupture.

Paris, 20 mars 1943.

À midi, conversation avec le président sur les exécutions ; il en a vu un grand nombre, en qualité de procureur général. Sur les divers types de bourreaux ; ce sont surtout les équarrisseurs de chevaux qui se présentent pour cet emploi. Ceux qui décapitent encore à la hache affichent une certaine fierté d'artiste à l'égard de ceux qui guillotinent : la conscience professionnelle du travail fait à la main et sur mesure.

Lors de la première exécution sous Kniébolo : le bourreau, qui avait ôté son habit pour l'exécution, se présenta en manches de chemise, le haut-de-forme de travers, la hache ruisselante de sang dans la main gauche, la droite tendue pour le salut hitlérien : « Exécution accomplie. »

Les anatomistes du cerveau, qui veulent autant que

possible fixer sur le vif le contenu du crâne, guettent le coup comme des vautours charognards. Un jour, avant l'exécution d'un homme qui s'était pendu dans sa cellule mais qu'on avait décroché encore vivant, on les vit en troupe au pied de l'échafaud. On prétend que, justement lors des tentatives de suicide de ce genre, une maladie mentale particulière se manifeste par la suite et que cette disposition se signalerait précocement par des modifications du cerveau.

Dans l'après-midi, à Saint-Gervais, une église où je suis entré pour la première fois. Les étroites ruelles qui l'entourent gardent intact un coin de Moyen Âge. Ce que ces constructions ont d'irremplaçable : en chacune d'elles, c'est l'une de nos racines qui dépérit. Dans la chapelle de sainte Philomène, une sainte que je ne connais pas. J'y ai vu une collection de cœurs d'où s'élevaient des flammes comme d'autant de petites fioles rondes, les uns en cuivre, les autres de bronze, quelques-uns en or. Cela me parut un endroit fait pour y réfléchir au tournant de mon existence par lequel a débuté l'an, dans le Caucase.

Un obus de la grosse Bertha a traversé la voûte de cette église le 29 mars 1918, tuant un grand nombre de croyants qui y célébraient le Vendredi saint. On leur a consacré une chapelle spéciale dont les fenêtres portent un phylactère avec cette inscription : « *Hodie mecum eritis in paradiso.* »

Puis sur les quais, à fouiner chez les bouquinistes. Les heures que j'y passe me satisfont tout particulièrement : une oasis dans le temps. Acheté *Le Procès du sieur Édouard Coleman, gentilhomme, pour avoir conspiré la mort du roy de la Grande-Bretagne**, Hambourg, 1679.

Comme me l'apprend Florence, Jouhandeau, à propos de ma visite chez lui, a dit que j'étais « *difficile à développer** ». Ce qui pourrait être le jugement d'un photographe d'âmes.

Moisson, 21 mars 1943.

Départ pour Moisson où j'ai été détaché pour une période d'instruction militaire. Partant de la gare de Bonnières, nous avons marché le long de la vallée de la Seine et vu s'élever à notre gauche, sur l'autre rive, une chaîne de falaises crétacées. Devant elles se dressaient le château et la forteresse de La Roche-Guyon, et aussi un clocher solitaire bâti au-dessus de la voûte de l'église troglodytique de la Haute-Isle.

Je loge chez un vieux prêtre nommé Le Zaïre, qui a passé sa vie en Chine, comme jésuite, à y construire des églises chrétiennes et qui voue le reste de ses jours à cette paroisse au sol pauvre, dont personne ne veut. Son regard est d'une fraîcheur enfantine, bien que l'un de ses yeux soit aveugle. Nous avons eu une conversation sur les paysages ; il estimait inutile de faire de lointains voyages, puisqu'on rencontre partout les mêmes formes – un petit nombre de types se retrouveraient partout.

C'est là l'opinion d'un homme retiré du monde, qui aime la vie au-delà du prisme et qui pourrait dire aussi bien que l'observation du spectre solaire est vaine, l'ensemble étant déjà contenu dans la lumière du soleil. Il faut toutefois lui rétorquer qu'en se déployant, cette lumière fait à l'œil humain un précieux présent, la vision des couleurs.

Cette conversation me rappela l'un de mes doutes d'autrefois : en retournant à l'unité, ne perdons-nous pas quelque joie, celle que le temps et la multiplicité peuvent peut-être seuls nous donner, et ne faut-il pas chercher la raison de notre existence dans le fait que Dieu a besoin de l'individuation ? Sentiment que j'ai souvent éprouvé en contemplant insectes et animaux marins, toutes les stupéfiantes merveilles de l'onde de vie. On souffre profondément quand on songe qu'un jour, il faudra quitter tout cela.

Disons, en revanche, qu'en retournant ainsi à l'unité, nous acquerrons des organes que nous ne connaissons pas, quoiqu'ils soient déjà esquissés et préformés en nous, comme le sont les poumons de l'enfant dans le sein de sa mère. Nos yeux corporels se dessécheront comme s'est desséché notre cordon ombilical ; nous serons dotés d'une nouvelle puissance de vision. Et de même que nous voyons *ici-bas* les couleurs décomposées, de même y verrons-nous, avec une joie plus grande encore, leur essence dans la lumière indivise.

Le soir, parlé de l'Orient et aussi du cannibalisme ; on prétend avoir observé que ce phénomène touche surtout la consommation des testicules. La faim n'en serait pas seule cause ; on dit avoir capturé des partisans qui en transportaient dans leur musette, pour les échanger, par exemple, contre des cigarettes.

Devant de tels traits qui relèvent de l'ordre zoologique ou démoniaque le plus bas, je me souviens toujours de Baader et de sa théorie. Les doctrines exclusivement économiques doivent nécessairement mener au cannibalisme.

Moisson, 23 mars 1943.

Nouveaux plaisirs, que je découvre ici : la vue de la fleur de pêcher dont l'éveil hors du sommeil hivernal est miraculeux – elle étire ses ailes comme le papillon qui se dégage du sombre cocon. Le sol aride des champs et les murs gris des maisons sont embellis par ce nouvel éclat ; un léger voile coloré les égaye. Cette fleur rose est plus rare que la blanche, et pourtant bien plus fleur, car elle éclôt sur des branches dégarnies. C'est pourquoi elle fait aussi une impression plus profonde. Rideau délicat par lequel l'année commence sa féerie.

Puis le feu matinal dans la cheminée. Le soir, dans la chambre froide, je prépare avec des sarments secs et des bûches de chêne un tas de bois que j'allume le matin, une demi-heure avant mon lever. La vue du feu dansant, avec la chaleur de son rayonnement, anime et égaye le commencement de la journée.

Moisson, 26 mars 1943.

Dans la matinée, service en campagne sur la lande sèche, couverte de lichen vert et d'un gris blanchâtre, où poussent çà et là des bouleaux et des pins. Une sorte de mouvement en spirale nous ramène aux choses déjà vécues et nous les surmontons – elles deviennent alors pour nous, sinon insignifiantes, du moins matière à un plus haut triomphe. Ainsi en va-t-il pour moi de la Première et de la Deuxième guerre. À l'instant de la mort, dit-on, la vie tout entière repasse devant nos yeux   le hasard est alors sanctifié par le nécessaire. Il reçoit l'empreinte d'un sceau plus digne, une fois que la douleur a fait fondre la cire.

Il faisait déjà sérieusement chaud sur cette lande avec ses groupes de pins. Dans la lumière de midi, je vis un être, que je croyais ne pas connaître, traverser l'air en bourdonnant : il se déplaçait dans l'éclat rose tendre et opalin de ses ailes translucides et traînait après lui, comme des traînes ou des oriflammes, deux longues cornes gracieusement recourbées. Mais je l'ai reconnu bientôt : c'était un *Acanthocinus aedilis L.*, un mâle, que je voyais voler pour la première fois. Une telle vision, rapide comme l'éclair, recèle un grand bonheur ; nous pressentons les domaines secrets de la nature. L'animal apparaît dans son être authentique, dans ses danses magiques, dans l'uniforme que la Nature lui a imposé. C'est l'une des plus grandes jouissances que la conscience puisse nous accorder : nous pénétrons tout au fond du rêve de la vie et nous participons à l'existence des créatures. Tout comme si tombait sur nous une petite étincelle de cette prodigieuse, immédiate jubilation dont elle est emplie.

Dans l'après-midi, j'ai fait, pour la deuxième fois, une excursion à Haute-Isle et à La Roche-Guyon, en compagnie de Münchhausen et de Baumgart.

Avec ses falaises abruptes et souvent excavées qui accompagnent et surplombent le cours du fleuve, semblables à des tuyaux d'orgue, ce paysage porte des traits d'archaïsme : on sent que des hommes l'ont déjà habité aux premiers âges. À La Roche-Guyon, leur succession est bien visible – on aperçoit, dans ces falaises blanches envahies de lierre, les sombres ouvertures de profondes cavernes aux lointaines ramifications ; plusieurs servent encore de resserres et d'écuries ; tout près d'elles, les grossières fortifications de l'époque des Normands, et enfin, au premier plan, le fier château avec ses tours, tel qu'il fut bâti au cours de siècles plus cléments. Mais toujours, partout, il subsiste des espèces de caves profondes où se meut l'esprit des temps originels, des grottes aux lits de silex, avec peut-être des trésors, de l'or, des armes, des corps massacrés, des aïeux gigantesques, et même des dragons dans quelque couloir secret et effondré. Tout ceci, on le ressent même en plein air, comme une présence magique.

Paris, 27 mars 1943.

Dans la soirée, retour à Paris ; au cours de la matinée, près de la cheminée, j'avais ajouté plusieurs notes à ce journal. Au Raphaël, j'ai déjà trouvé des piles de courrier envoyé pour mon anniversaire – j'ai lu d'abord les lettres de mes relations et de mes obligés ; ensuite, celles de mes amis et celles, enfin, de mes proches parmi lesquelles, avant tout, les lettres de Perpétua et de Friedrich Georg.

Perpétua me raconte des rêves. Elle jetait un filet pour prendre un poisson, mais à sa place elle tirait hors de l'eau, à grand-peine, une ancre portant cette inscription : « Divan Persan, 12.4.98. Rimbaud à ses derniers amis. » Elle frotta sa rouille et s'aperçut que l'ancre était d'or pur.

La condition de nos proches, nous pouvons nous l'imputer. On voit bien si l'on est en terrain sûr, à la juste place. De même, l'infidélité des élèves, des amis, des personnes aimées nous accuse. Plus encore leur suicide : il atteste que le sol est mouvant. S'il nous arrivait malheur, comme à Socrate, il faudrait qu'un ultime banquet fût toujours possible.

Paris, 28 mars 1943.

Chez Valentiner. Il m'a rapporté de Berlin une lettre de Carl Schmitt, avec une vision onirique que celui-ci avait notée pour moi dans les heures matinales. Il s'y trouve aussi une citation du *Mystère du sel* d'Oetinger :

« Ayez du sel en vous, en signe de paix, ou sinon, vous serez salés d'un autre sel. »

Ce qui me rappela mon image du gel et du dégel.

Paris, 29 mars 1943.

Comme, cette nuit, les horloges avaient été avancées d'une heure, j'ai sauté d'un bond dans ma nouvelle année de vie. Sortant d'un rêve, j'ai gribouillé cette phrase sur un bout de papier que j'ai trouvé en me levant :

« *Evas Placenta. Der Mad(t)reporen-Stock.* »

L'idée, si je m'en souviens bien, était à peu près celle-ci : on coupe le cordon ombilical physique, mais le cordon ombilical métaphysique subsiste. De ce lien naît, invisible, un deuxième arbre généalogique issu des profondeurs du flux vital. À travers ses veines, nous restons constamment en liaison et nous sommes en communion avec tous ceux qui ont jamais vécu, avec toutes les générations et les légions des morts. Nous sommes unis à elles par un fluide dont les rêves et leurs images sont les résurgences. Nous en savons plus long les uns sur les autres que l'on ne croit.

Nous disposons de deux manières de nous reproduire : par bourgeonnement et par copulation. Du second point de vue, c'est le père qui nous engendre ; du premier point de vue, nous ne sommes issus que de notre mère, et c'est un lien toujours renouvelé qui nous attache à elle. En ce sens, il n'y a pour l'humanité tout entière qu'un seul jour de naissance et un seul jour de mort.

Il est vrai que ce mystère a aussi un pôle paternitaire en ce que toute procréation implique un acte spirituel, combinaison qui doit se manifester dans sa pureté la plus haute lors de la conception de l'homme absolu. Ainsi « l'Homme » correspond à une possibilité portée à son extrême, aussi bien en ce qui concerne l'aspect masculin que l'aspect féminin de son origine.

On peut d'ailleurs trouver les traces de cette double origine dans les paraboles. Elles peuvent se répartir en deux catégories, selon qu'y prédomine l'origine matérielle ou l'origine spirituelle : l'homme s'y exprime comme lis, comme grain de moutarde ou de blé ; il s'y exprime aussi comme héritier du ciel et Fils de l'Homme.

À neuf heures, Speidel m'a appelé de Karkov et, le premier, m'a présenté ses vœux à travers ces espaces immenses. La journée fut agréable et gaie. Le soir, en compagnie de Heller et de Valentiner, chez Florence, dont je fis la connaissance voici exactement un an. Nous avons repris notre entretien de ce jour-là sur la mort.

Paris, 30 mars 1943.

Dans la soirée, chez le lieutenant von Münchhausen, avec qui je m'étais lié à Moisson pendant les manœuvres. Il est, comme les Kleist et les Arnim, ou les Keyserling à l'Est, descendant d'une famille qui s'est distinguée chez nous par ses qualités d'esprit ; on s'en rend d'ailleurs vite compte. Rencontré également son médecin, un Russe émigré, le professeur Salmanoff.

Devant la cheminée, parlé des malades et des médecins ; depuis mon séjour chez Celsus [le Dr Johann Heinrich Parow], en Norvège, et la brève visite que Weizsäcker m'a faite à Überlingen, Salmanoff est le premier médecin chez qui je trouve des vues générales ; aussi me confierais-je volontiers à lui. Il part de la totalité et donc aussi du temps comme totalité, et il définit ce temps comme malade – il serait aussi difficile, pour l'individu qui y vit, de se maintenir en bonne santé que pour une goutte d'eau de rester immobile dans une mer agitée par la tempête. La tendance aux convulsions et aux crampes lui semble être un des maux spécifiques de notre époque. «La mort seule est gratuite» – ce qui veut dire qu'il faut mériter sa santé, et ceci par un effort conjugué du malade et du médecin. Chez le malade, la maladie commence souvent par un malaise moral qui se répand ensuite dans les organes. Si le malade ne montre pas, sur ce plan moral, de bonne volonté à guérir, le médecin devrait refuser tout traitement; car il ne toucherait alors que des honoraires mal gagnés.

Salmanoff est âgé de soixante-douze ans, il a étudié et exercé dans presque tous les pays d'Europe et sur de nombreux champs de bataille; à un âge déjà mûr, devenu professeur d'université, il a renoncé à l'enseignement et à la recherche pour renouveler par la pratique les bases de ses connaissances. Il a eu Lénine parmi ses patients, et il prétend que ce dernier serait en fait mort d'ennui. Apte surtout à conspirer et à former de petits groupes révolutionnaires, il aurait été, au faîte du pouvoir et en possession d'une autorité indiscutable, dans la position d'un joueur d'échecs qui ne trouverait pas de partenaire à sa taille, ou d'un excellent fonctionnaire qu'on mettrait prématurément à la retraite.

En guise d'honoraires, Salmanoff avait surtout le privilège de pouvoir présenter à Lénine, lors de ses visites, une petite feuille portant le nom de prisonniers à qui l'on rendait ensuite la liberté. C'est aussi Lénine qui lui procura le passeport grâce auquel il put émigrer avec les siens.

Salmanoff ne croit pas que l'on puisse vaincre les Russes; mais ils devraient sortir transformés de cette guerre, purifiés. L'attaque eût pu réussir si elle avait été soutenue par de plus hautes valeurs morales. Il prédit même un accord entre la Russie et l'Allemagne avant quelques années.

Paris, 31 mars 1943.

À l'heure du repas, un moment au musée de l'Homme où j'admire, une fois de plus, l'association ambiguë de l'esprit rationnel et des éléments magiques. Ce musée m'apparaît comme une médaille gravée avec précision, entièrement faite d'un métal très ancien, sombre et radioactif. L'esprit est ainsi doublement sollicité – tant par l'intelligence organisatrice, systématique, que par l'invisible rayonnement des substances magiques qu'elle a accumulées.

Le soir, parties d'échecs avec Baumgart, au Raphaël. Plus tard, entretien avec lui et Weniger qui a servi comme artilleur avec moi à Monchy, en 1915. Il fait des conférences aux armées et sonde ensuite les officiers au cours des veillées; il pensait qu'il y avait aujourd'hui, dans l'entourage des généraux les plus marquants, une sorte d'agitation qui rappellerait le verset de Matthieu: «Est-ce toi qui dois venir, ou devons-nous en attendre un autre?»

Paris, 1ᵉʳ avril 1943.

À midi, chez Florence, où j'ai vu Giraudoux et Mme Bousquet. Florence m'a offert, pour ma collection d'autographes, une lettre de Thornton Wilder.

Lettres. Étrange que j'écrive à ce point au fil de la plume aux femmes qui me sont les plus proches, que j'attache si peu d'importance au style. Cela vient probablement du sentiment que les lettres sont alors presque superflues. On est dans la matière.

En revanche, je me surveille toujours lorsque j'écris à Friedrich Georg ou à Carl Schmitt, ainsi qu'à deux ou trois autres. Mon application est comparable à celle d'un joueur d'échecs pour qui le partenaire est décisif.

Paris, 2 avril 1943.

Dans l'après-midi, rue Lauriston pour y prendre un café turc chez Banine, une musulmane du Caucase du Sud, dont je viens de lire le roman *Nami*. Certains de ses passages me firent songer à Lawrence ; c'est une brutalité analogue à l'endroit du corps, et qui va jusqu'au tréfonds du viol. Il est curieux de voir à quel point l'homme peut se distancier de son corps, de ses muscles, ses nerfs et ses tendons, comme s'il s'agissait d'un instrument à touches et à cordes – écoutant en étranger la mélodie frappée par le destin. Cette faculté implique toujours le danger d'une particulière vulnérabilité.

Paris, 3 avril 1943.

L'après-midi chez Salmanoff qui donne ses consultations dans une petite pièce entièrement bourrée de livres. Tandis qu'il m'interrogeait, j'étudiais les titres, qui m'inspiraient confiance. Examen approfondi ; il repéra la petite adhérence que m'a laissée ma blessure au poumon. Diagnostic et prescription sont simples ; à son avis, d'ici trois mois je serai satisfait de mon état. *Speramus.*

Du reste, il se distingue de mon cher Celsus en ce qu'il emploie, modérément il est vrai, les remèdes pharmaceutiques. Même les meilleurs docteurs tiennent un peu du charlatan ; on pourrait dessiner un schéma de leur conduite avec les patients. Par exemple, un comportement de prophète – ils posent une question : qu'on leur réponde par oui ou par non, elle accroît leur prestige. Dans un cas ils étaient guidés par une considération fort profonde, dans l'autre ils prétendent à la divination : « Vous voyez, c'est bien ce que je pensais. »

J'en ressens toujours un peu de mauvaise humeur ; cela vient de cet excès de clairvoyance dans l'observation qui m'afflige comme d'autres sont affligés d'un odorat anormalement fin. Je saisis trop bien les subterfuges propres à chaque homme. Cette sensibilité augmente encore dans les moments de faiblesse, de maladie. Alors, j'ai parfois l'impression d'examiner aux rayons X les médecins qui viennent à mon chevet.

Le bon styliste. En fait il voulait écrire « J'ai bien agi », mais à la place il a mis : « mal », parce que cela faisait mieux dans la phrase.

Paris, 4 avril 1943.

Dimanche. Après le déjeuner, comme je me changeais au Raphaël, l'alerte s'est déclenchée en même temps que le tir de la DCA. Du haut de la terrasse, j'ai vu une muraille de fumée à l'horizon, tandis que les bombardiers s'étaient déjà éloignés. On a l'impression que de tels raids ne durent guère plus d'une minute.

Puis, comme le métro avait cessé de fonctionner, promenade jusque chez Poupet, rue Garancière. Cette journée de printemps était splendide, douce et bleue. Tandis que dans les faubourgs des centaines d'hommes se tordaient encore dans leur sang, les Parisiens flânaient en foule sous les marronniers verts des Champs-Élysées. Je suis resté longtemps devant le plus beau groupe de magnolias qu'il m'ait jamais été donné de voir. L'un d'un blanc éclatant, l'autre d'un rose tendre, le troisième pourpre. Il y avait du printemps dans l'air, ce frémissement, ce charme que l'on ressent une fois dans l'année, cette vibration d'une force d'amour cosmique.

Chez Poupet, j'ai rencontré les Mégret. Discussion sur la guerre et la paix, sur la hausse des prix, sur Hercule et les anarchistes de 1890, car je lis précisément le procès de Ravachol. Mégret raconta que Bakounine, un jour qu'il passait en voiture devant une maison en voie de démolition, sauta à terre, ôta sa veste et saisit une pioche pour participer aux travaux. Ce sont les grotesques premiers danseurs du monde de la destruction ; ils mènent la ronde rouge sous les yeux des bourgeois étonnés.

Une courte visite à Saint-Sulpice. J'ai regardé les peintures murales de Delacroix, dont les couleurs ont souffert, et l'orgue gracieux de Marie-Antoinette, dont les touches ont aussi connu les doigts de Gluck et de Mozart. Dans le chœur de l'église, deux vieilles femmes chantaient un texte latin ; un vieillard, qui chantait aussi, les accompagnait à l'harmonium. Ces belles voix qui s'élevaient de ces corps usés, de ces gorges flétries où le jeu des tendons et des cartilages était visible, et de ces bouches cernées de rides, prouvaient que d'éternelles mélodies peuvent sortir d'instruments fragiles. Sous cette voûte, comme sous la voûte de Saint-Michel, à Munich, règne une théologie rationnelle et une force spirituelle d'ordre astronomique. Comme souvent, en de tels endroits, me vinrent des pensées quant au plan de la création, à l'architecture spirituelle du monde. Qui connaît le rôle joué par une telle église dans l'histoire de l'humanité ?

Malgré l'heure avancée, par l'escalier en colimaçon que Huysmans décrit dans *Là-bas*, je me suis fait mener sur la plus haute des deux tours, d'où l'on a peut-être la plus belle vue de la ville. Le soleil venait de se coucher et la verdure neuve du Luxembourg vibrait splendidement au milieu des bâtiments gris argent.

D'avoir pu créer de telles œuvres plaidera toujours en faveur des hommes, quelle que soit la bassesse qu'ils mettent dans leurs affaires et dans leurs passions. C'est ainsi que nous étonnent les coquilles artificielles et chatoyantes que les mollusques bâtissent de leurs sécrétions et qui brillent longtemps encore au bord de la mer, tandis que les corps qu'elles avaient pour hôtes ont disparu. Elles témoignent, par-delà la vie et la mort, en faveur d'un tiers principe.

Paris, 5 avril 1943.

À midi, on comptait plus de deux cents morts. Quelques bombes ont atteint le champ de courses de Longchamp où se pressait une foule dense. À la sortie des bouches du métro, les promeneurs du dimanche heurtaient des groupes de blessés hors d'haleine, aux vêtements en loques, qui se tenaient la tête ou le bras, une mère serrant sur sa poitrine un enfant ensanglanté. Un pont a été également touché et un grand nombre de passants, dont on repêche en ce moment les corps, ont été projetés dans la Seine.

Au même instant, de l'autre côté du Bois, flânait une foule joyeuse, endimanchée, tout à la joie des arbres, des fleurs, de la douceur de l'air printanier. Telle est la face de Janus de ce temps.

Paris, 10 avril 1943.

Au moment d'une alerte, sur la place des Ternes. Conversation à proximité du petit kiosque à fleurs du rond-point, tandis que devant nous des gens se hâtaient vers les abris. Figures de rhétorique : les plus hardies accompagnées de bombes dont les gerbes de feu illuminaient l'air. Regagné l'Étoile par les rues désertes, tandis qu'au-delà du Bois s'élevaient des chapelets de projectiles blancs, rouges et verts qui éclataient en l'air comme des étincelles jaillissent d'une forge. C'était une image symbolique du chemin de la vie, un parcours digne de *La Flûte enchantée*.

Paris, 11 avril 1943.

Des rencontres et des séparations humaines. Lorsqu'une séparation est imminente, surviennent des jours où les relations qui s'affaiblissaient se renforcent et se cristallisent une fois encore – où la liaison apparaît dans toute sa pureté, sa nécessité. Ce sont eux, pourtant, qui nous confirment que sa fin est irrévocable. Ainsi, une série de jours radieux est souvent suivie d'un temps incertain ; puis, un matin d'une limpidité singulière, au cours duquel monts et vallées se montrent une dernière fois dans tout leur éclat, annonce une grande dépression.

J'y ai songé ce matin, dans ma salle de bains, et tout comme naguère, avant mon départ pour la Russie, j'ai renversé un verre qui s'est brisé.

La bonne prose est comme le vin, elle continue à vivre et évolue comme lui. Elle a des phrases qui ne sont pas encore vraies, mais qu'une vie mystérieuse amène à la vérité.

Une prose trop jeune contient encore quelque

rudesse; avec les années, elle se patine. Je le constate souvent à la lecture de vieilles lettres.

Pendant le déjeuner, parlé avec Hattingen des horloges et des sabliers. Dans le ruissellement du sablier, c'est encore le temps non mécanisé, le temps du destin qui passe. Le temps que nous sentons dans le murmure des forêts, dans le pétillement du feu, dans le ressac du flot marin, dans le tourbillonnement des flocons de neige.

Ensuite, quoique le temps fût couvert, passé un moment au Bois, près de la porte Dauphine. Là, je vis jouer des garçons âgés de sept à neuf ans; leurs visages et leurs gestes me parurent extraordinairement expressifs. L'individualité s'éveille plus tôt ici et se marque plus nettement. On a pourtant l'impression que, dans la plupart des cas, leur printemps s'éteint vers la seizième année. Ainsi, le Latin passe trop tôt la frontière de la maturité, tandis que le Germain, le plus souvent, n'y parvient pas. C'est pourquoi leur mélange est heureux; en se joignant, deux défauts donnent une qualité.

Je me suis reposé au pied d'un orme autour duquel foisonnaient des orties d'un violet pâle. Les fleurs étaient survolées par un bourdon – tandis qu'il s'immobilisait en vibrant au-dessus de leurs calices, on distinguait son corselet marron, velouté, l'extrémité légèrement recourbée de son corps, sa trompe dressée, semblable à une sonde noire et cornée, braquée sur son butin. Sa tête portait une marque jaune doré de pollen, signe qu'y avaient laissé de nombreux contacts. Il était passionnant d'observer l'instant du plongeon;

la bestiole saisissait dans ses deux pattes de devant la longue gaine de la fleur et la faisait glisser sur sa trompe comme un fourreau, presque comme fait, un jour de mardi gras, un bouffon avec son faux nez.

Thé chez Valentiner : j'y ai rencontré Heller, Eschmann, Rantzau et la doctoresse. Conversation sur Washington Irving, Eckermann et le prince Schwarzenberg, à l'initiative duquel on aurait jadis rassemblé une documentation énorme, et toujours inexploitée, au sujet des sociétés secrètes en Europe.

Paris, 12 avril 1943.

Je lis *Carthage punique*, de Lapeyre et Pellegrin. La description de la conquête de la ville est riche en traits qui sont à la mesure de ce gigantesque événement. Lorsque les Romains eurent pénétré dans la place, c'est sur le temple le plus élevé que se retranchèrent ceux qui étaient décidés à combattre jusqu'à la mort, et parmi eux Hasdrubal et sa famille, ainsi que d'autres nobles de Carthage, avec neuf cents transfuges romains, qui n'espéraient pas de grâce.

Dans la nuit qui précède l'attaque décisive, Hasdrubal quitte furtivement les siens pour aller trouver Scipion, une branche d'olivier à la main. Celui-ci le fait amener le matin devant le temple, et l'expose aux regards des défenseurs afin de les décourager. Ceux-ci pourtant, après avoir proféré une foule d'injures et de malédictions contre le général félon, mettent le feu à l'édifice et se précipitent dans le brasier.

On dit que, pendant qu'on l'incendiait, la femme

d'Hasdrubal se vêtait de ses plus beaux habits dans une des pièces intérieures du temple, puis qu'elle monta sur le rempart avec ses enfants, parée de tous ses joyaux, et qu'elle adressa tout d'abord la parole à Scipion. Elle lui souhaita un destin favorable et lui dit qu'elle le quittait sans rancune, car il avait agi selon les lois de la guerre. Ensuite, elle maudit son époux au nom de la ville et de ses dieux, en son propre nom et au nom de ses enfants, et se déclara séparée de lui pour l'éternité. Puis elle étrangla ses enfants et les jeta dans les flammes et se précipita enfin elle-même dans le brasier.

En de telles conjonctures, les êtres prennent une dimension angoissante ; leur forme personnelle est remplie à ras bord d'un contenu symbolique. Avec cette femme, c'est Carthage même qui s'avance sur la scène en flammes, devant l'autel dressé pour le dernier sacrifice. Elle bénit et maudit avec toute la terrible violence de la force sacrée qui l'inonde. Le lieu, les circonstances et l'homme – tout est prêt alors, et toute contingence disparaît. L'antique sacrifice de Baal, celui des enfants voués au feu, se renouvelle ici pour la dernière fois. On l'accomplissait afin que la ville demeurât ; on l'offre maintenant pour qu'elle vive éternellement. Mais avec les fruits, l'arbre peut se consumer aussi ; la mère se sacrifie elle-même.

Paris, 13 avril 1943.

Carthage punique. En ce temps-là, les relations entre États étaient d'une plasticité plus grande, leurs engagements mieux tenus. Lors du fameux traité entre

Hannibal et Philippe de Macédoine, les dieux des deux partenaires étaient présents, surtout les dieux de la guerre, en la personne de leurs grands prêtres.

Après la destruction de la ville, son emplacement fut maudit. On y sema du sel, en signe de malédiction. Ici, le sel est donc symbole de stérilité. Il est généralement symbole de l'esprit; nous trouvons ici, comme partout dans le symbolisme, un pôle positif et un pôle négatif. Ce qui apparaît surtout dans les couleurs; jaune pour la noblesse et la plèbe, rouge pour le règne et la révolte, bleu pour le merveilleux et le néant. Cette division s'accompagne certainement de différences dans la pureté, comme Goethe le dit du jaune dans sa théorie des couleurs. On peut donc, à juste titre, se représenter le sel de la malédiction comme un sel brut, non purifié, par opposition au sel attique dont, à la table de l'esprit, on assaisonne et on conserve les mets.

Kubin m'a envoyé de Zwickledt une de ses épîtres hiéroglyphiques, que je compte déchiffrer et méditer lorsque j'aurai davantage de loisirs. Grüninger m'annonce les copies des dernières lettres du lieutenant-colonel Crome, de Stalingrad. Dans ces postes sacrifiés, il y a, semble-t-il, un puissant retour au christianisme.

Paris, 14 avril 1943.

Visite du peintre Hohly: il m'a transmis les salutations de la femme de Cellaris et m'a dit que celui-ci, malgré sa longue détention et sa grave maladie, est resté intellectuellement très actif. On peut donc espérer qu'il verra encore la lumière. Cet entretien m'a rappelé, une fois de plus, le jour atroce où j'avais fait le voyage de Berlin et téléphoné à l'avocate qui s'occupait de Cellaris – dans cette métropole, parmi des millions d'êtres, j'espérais en vain une réponse encourageante, comme on se languit au désert d'une gorgée d'eau. De la cabine téléphonique, j'avais l'impression que la Potsdamer Platz était un brasier.

Soirée à la Comédie-Française, à la première de *Renaud et Armide*, de Cocteau. J'ai constaté que j'avais bien retenu les deux temps forts qui m'avaient frappé lors de la lecture, rue de Verneuil ; le chant magique d'Armide et la prière d'Olivier. Un talent comme celui de Cocteau permet de bien observer comment le temps cherche à le prendre dans ses filets douloureux, dont il faudrait pourtant que la substance triomphe. Le don magique gagne ou perd en force, selon les domaines où il s'exerce. Dans les strates les plus pauvres, il tend au funambulisme, à la bouffonnerie.

Dans le public, beaucoup de visages familiers, parmi lesquels j'ai reconnu Charmille.

Paris, 15 avril 1943.

Dans la matinée, parlé avec Rademacher de la situation militaire. Il met ses espoirs en Cellaris et une entente comme celle de Tauroggen. Le soir, chez Salmanoff.

« Si l'intelligentsia allemande avaient connu l'intel-

ligentsia russe aussi bien que la russe connaissait l'allemande, jamais la guerre n'aurait eu lieu. »

Puis à propos du charnier de Katyn où l'on prétend
avoir trouvé les corps de milliers d'officiers polonais
faits prisonniers par les Russes. Salmanoff pense que
tout cela n'est qu'une affaire de propagande.

« Mais alors, d'où viennent donc tous ces
cadavres ? »

« Vous savez, en ce moment, des cadavres, ça se
trouve sans ticket. »

Parlé d'Aksakov, de Berdiaev et d'un auteur russe
qui s'appelle Rozanov. Salmanoff m'a procuré un de
ses livres.

Retour par le Bois ; au-dessus des jeunes feuillages,
la demi-lune. Malgré la proximité de la grande ville,
un silence complet ; l'impression était mi-agréable,
mi-angoissante, un peu comme une scène avant une
représentation pleine de dangers.

Paris, 16 avril 1943.

Dans les premières heures du matin, rêve important à propos de Kniébolo, mêlé d'événements qui
se déroulaient dans la maison de mon père. Il y était
attendu, pour une raison que j'ai oubliée. On y faisait
toute sorte de préparatifs, tandis que moi, pour l'éviter, je me réfugiais dans des pièces secrètes. Quand
j'en ressortis, il était déjà passé ; j'appris des détails
sur sa visite, entre autres le fait que mon père l'avait
embrassé. Quand je me réveillai, ce fut cette circons-

tance qui me frappa tout spécialement. Elle me fit songer à la vision macabre dont parlait Benno Ziegler.

Dans les conversations sur la cruauté de nos jours, on se demande souvent d'où viennent toutes ces forces démoniaques, ces écorcheurs et ces meurtriers qu'en temps normal personne ne voyait, ne soupçonnant pas même leur existence. Et cependant, ces forces existaient en puissance, comme la réalité le prouve maintenant. La nouveauté, c'est leur apparition au grand jour, la mise en liberté qui leur permet de nuire aux hommes. Cette mise en liberté est notre œuvre et notre faute collective ; en rompant nos propres liens, nous avons en même temps déchaîné nos bas-fonds. Nous n'avons donc pas le droit de nous plaindre si le malheur nous frappe aussi dans nos vies individuelles.

Paris, 17 avril 1943.

L'après-midi au parc de Bagatelle. La forte chaleur de ces derniers jours forme des symphonies de fleurs – d'innombrables tulipes flamboyaient sur les pelouses et sur les îles du petit lac. En certaines fleurs qui pendaient aux murailles, comme ces grappes de glycines violettes ou d'un gris soyeux, légères comme plume et pourtant lourdes de beauté, Flore semblait s'être surpassée – cela nous ouvre les jardins de contes de fées, les jardins enchantés.

Un tel spectacle est toujours pour moi comme un appel, une promesse de magnificences éternelles – l'étincelante lumière rayonnant de la chambre aux trésors dont, pour un éphémère instant, la porte s'est ouverte. L'éphémère, c'est ce qui se fane, et pourtant ces miracles floraux sont les symboles d'une vie qui ne se flétrit jamais. De là vient l'enchantement de leur couleur et de leur parfum ; ils éclaboussent le cœur en étincelles multicolores.

J'ai retrouvé aussi ma vieille amie, l'orfe dorée ; son dos luisait dans l'eau verte des grottes. Elle n'a pas bougé d'ici, tandis que je m'agitais en Russie.

Des perversions – la source n'en serait-elle pas la mésentente entre le père et la mère ? Elles devraient donc être plus nombreuses dans les pays et les catégories sociales où règne le mariage de raison. De même, elles devraient prédominer chez les peuples à sang froid, et non chez les autres, comme on le croit ordinairement. La répulsion, la haine pour le sexe opposé se transmet par la copulation. C'est l'élément fondamental, d'autres facteurs s'y ajoutent. Naturellement, il y a aussi une sélection ; la nature préfère les fruits conçus dans la volupté. Peut-être une compensation spirituelle est-elle cependant donnée à l'individu – les natures géniales sont souvent engendrées par des vieillards, comme le fut Baudelaire ; on pourrait aussi songer à la manière bouffonne dont le vieux Shandy remonte son horloge.

Ces rapports sont encore peu étudiés, d'ailleurs ils se dérobent à l'observation scientifique. Il faudrait forcer l'histoire intime de familles entières, de lignées entières.

À cette thèse, on pourrait objecter qu'il y a des régions, à la campagne, où, si loin qu'on remonte dans le passé, se pratiquent les mariages de raison.

Dans ces milieux, cependant, l'individualisme a fait moins de progrès ; tout être en bonne santé convient à l'autre. Cela mis à part, la dégénérescence de certaines contrées campagnardes rejoint celle des grandes villes ; seulement, elle est mieux cachée. Peut-être aussi s'y manifeste-t-elle autrement ; la sodomie serait plus fréquente à la campagne qu'en ville.

Du reste, ce que nous considérons comme déviation peut être à l'origine d'une vision du monde plus profonde, et ceci, justement, parce que le regard n'est pas assujetti à la contrainte impérieuse, au voile de l'espèce. C'est une chose qui frappe, généralement, chez les homosexuels dont le jugement s'exerce dans le domaine intellectuel. C'est pourquoi leur commerce est toujours profitable à l'intellectuel, même sans mentionner l'aspect divertissant de leur fréquentation.

L'affaire Dreyfus est un fragment d'histoire secrète – autrement dit, de cette histoire qui n'est pas d'ordinaire livrée aux regards. Ces choses-là, d'habitude, gisent dans les labyrinthes qui se dissimulent sous les édifices politiques. À la lecture, on a l'impression de s'occuper d'une affaire taboue. On s'approche alors, comme devant la momie de Toutankhamon, de substances très concentrées, et c'est pourquoi on ressent aussi une certaine angoisse à voir la désinvolture avec laquelle de jeunes historiens tels que Frank traitent de ces matières.

Choix d'une profession. Je voudrais être pilote d'étoiles.

De l'éducation de soi-même. Même né faible, on peut atteindre à des degrés de santé remarquables. Il en est de même pour la connaissance; on peut, grâce à l'étude, se libérer de l'influence des mauvais professeurs et des préjugés du temps. Beaucoup plus difficile, dans un état de corruption complète, est le plus modeste progrès moral. Là, les choses touchent le fond.

Lorsqu'un incroyant, dans un État athée par exemple, exige le serment d'un croyant, son procédé ressemble à celui d'un croupier frauduleux qui attend de ses partenaires qu'ils jettent de l'or véritable sur le tapis.

Dans un État athée, il n'y a qu'une sorte de serments valables : les faux serments. Tout le reste est sacrilège. Avec le Turc, en revanche, on peut jurer et échanger des serments; c'est un troc sans escroquerie.

Ce soir, avec le prophète Malachie, j'ai achevé la lecture de l'Ancien Testament que j'avais entreprise le 3 septembre 1941, à Paris. Me mettrai demain aux Apocryphes.

J'ai commencé en outre *Esseulement** de Rozanov. J'ai senti immédiatement que Salmanoff m'a indiqué ici un esprit qui, s'il n'éveille pas en moi les pensées, du moins les libère.

Paris, 18 avril 1943.

Pris le thé chez Marie-Louise Bousquet, sur la place du Palais-Bourbon qui se caractérise par son architecture d'une austérité romaine. Au cours des décen-

nies et des siècles, ces vieux appartements remplis
d'objets hérités se sont adaptés à l'homme et à son
être, comme ces vêtements longtemps portés dont
chaque pli épouse le corps. Ce sont des coquilles, à
un degré zoologique supérieur. J'ai rencontré là Heller, Poupet, Giraudoux et Mme Olivier de Prévost,
une arrière-petite-fille de Liszt. En compagnie de
Mme Bousquet – que je traite d'ailleurs toujours avec
une certaine circonspection, comme un chimiste en
face d'éléments aux réactions imprévues –, j'ai visité
la bibliothèque qui était petite, carrée et entièrement
revêtue de boiseries. J'en ai regardé les manuscrits, les
dédicaces et les belles reliures. Elles étaient en partie
réalisées dans ce cuir grenu dont le toucher double le
plaisir de la lecture, et dans une gamme de couleurs
qui rappellaient celles de la giroflée : lumineuses, d'un
violet moelleux touchant presque au noir et décliné
jusqu'à ses nuances plus claires, ou allant d'un sombre
brun doré jusqu'à des motifs flammés d'or, éclabous-
sés d'or.

Le soir, revenu par les Champs-Élysées. C'était une
radieuse journée de soleil. De plus, j'étais content
de moi, ce que je note, ne pouvant le dire que bien
rarement.

Terminé *Esseulement* de Rozanov, l'un des rares
points, à notre époque, où la dignité d'auteur, la
pensée personnelle ait été atteinte. Lorsque je fais de
telles rencontres, j'ai toujours l'impression de voir se
combler l'un des vides de la voûte qui ferme notre
espace. Le remarquable en Rozanov, c'est sa parenté
avec l'Ancien Testament ; par exemple, il emploie tout

à fait dans le même sens le mot «semence». Rapporté
à l'homme, comme symbole de son essence, ce mot
m'a d'ailleurs toujours gêné – j'éprouvais une aversion
semblable à celle qu'Hebbel ressentait pour le mot
«côte», qu'il effaçait de sa Bible. Ici interviennent
probablement de vieux tabous. Le caractère spermatique de l'Ancien Testament en général, opposé au
pneumatisme des Évangiles.

Rozanov est mort dans un couvent après 1918; de
faim, à ce qu'il paraît. Il disait de la Révolution qu'elle
échouerait parce qu'elle n'avait rien à offrir aux rêves.
La ruine de son édifice viendrait de là. Sympathique,
le fait que ses notes fugitives, sorte de mouvement
protoplasmique de l'esprit, lui viennent aux instants
de loisir – lorsqu'il range sa collection de pièces de
monnaie ou qu'il se chauffe au soleil, sur la plage,
après le bain.

Paris, 19 avril 1943.

Neuhaus, grand amateur de fleurs, a eu la bonne
idée de quitter le bureau avec moi pour une heure et
de visiter le jardin botanique d'Auteuil, où les azalées
sont en fleur. Leurs arbustes, par milliers, garnissaient
si bien une grande serre froide qu'on aurait dit une
salle ornée de tapis multicolores et de murs peints.
Il semblait impossible de réunir une quantité plus
grande de couleurs tendres et vives. Pourtant, je ne
compte pas parmi les amis des azalées, dont les teintes
m'apparaissent «a-métaphysiques»; ce sont couleurs
à une dimension. C'est probablement la raison de

leur grande vogue; elles parlent exclusivement à l'œil, mais à ce pur extrait de teinture il manque une goutte d'*arcanum arcanorum supracoeleste*. Du reste, c'est pour cette raison qu'elles manquent de parfum.

Nous avons encore rendu visite aux gloxinias et aux calcéolaires; celles-ci constituent l'un des capitons de la vie, sur lequel la multiplicité s'étend tout à son aise – parmi tous ces millions d'individus, il n'y a pas deux fleurs qui soient exactement semblables. Les variétés les plus belles sont les fleurs de pourpre sombre et tigrées de jaune; il faudrait, pour jouir pleinement des profondeurs de ces calices vivants, être capable de se métamorphoser en bourdon. Cette remarque, jetée en passant à Neuhaus, sembla fort égayer le chauffeur qui nous accompagnait, et j'en devinai la raison.

Peu d'orchidées étaient en fleur; nous passâmes toutefois à travers les serres, car Neuhaus est horticulteur. Un sabot-de-Vénus, rayé de vert et de violet, nous frappa par les petites verrues sombres dont s'ornait sa lèvre supérieure; chacune capricieusement garnie de trois ou quatre poils hérissés. Je ne pus m'empêcher de penser au sourire d'une amie disparue, à sa tache de naissance foncée.

Dans de tels jardins, il importe que les jardiniers restent invisibles; on ne doit voir que leur travail. Comme les empreintes qu'on laisse dans le sable devraient être aussitôt effacées par la main des esprits. C'est ainsi seulement qu'on parviendra à jouir pleinement des plantes et à surprendre leur langage; pour elles, on devrait graver cette devise: « *Praesens sed invisibiles.* »

Le modèle de tous les jardins, c'est le jardin

enchanté ; le modèle de tous les jardins enchantés, c'est le paradis. L'horticulture, comme tous les métiers simples, est fondée sur un culte.

Terminé dans la Bible le Livre de Judith qui fait partie des passages écrits à la manière d'Hérodote. La description d'Holopherne nous conduit dans l'une des salles fastueuses de la tour de Babel ; le rideau de son lit est cousu de pierres précieuses. Avant la nuit que Judith passe sous sa tente, Holopherne échange avec elle des compliments à l'orientale. Le bord de la coupe est sucré ; au fond repose le poison mortel.

Il lui fut épargné de succomber à Holopherne ; pourtant, elle s'y était préparée. On sent dans ce livre le pouvoir de la beauté ; elle est plus forte que les chefs d'armées. Puis, son chant de triomphe devant la tête d'Holopherne – dans mon traité de zoologie supérieure, j'aimerais en décrire le modèle primitif dans un chapitre sur les danses de victoire, qui succéderait à celui sur le « *Schwärmen* ».

« Parallèle entre Judith et Charlotte Corday. » « Judith et Jeanne d'Arc, héroïnes nationales. » Deux sujets pour lycéens et lycéennes, mais il leur faudrait avoir déjà goûté à l'arbre de la connaissance.

Paris, 20 avril 1943.

À midi, une petite heure maurétanienne chez Banine. Elle a l'habitude de prendre son café sur son divan, qu'elle quitte aussi peu volontiers que le bernard-l'ermite sa coquille. Les fenêtres de son studio donnent sur le grand réservoir de la rue Copernic. En face d'elles, encore dépourvu de feuilles, fleurit un grand paulownia. Les longs calices d'un mauve tendre, coupes d'amour où plongent les abeilles, se détachent en contours nets, légers pourtant, sur le bleu pâle du ciel printanier.

Conversation sur le type méridional, et partiulière-ment les Ligures et les Gascons. Ensuite sur la loi et le mysticisme dans la religion. Dans les mosquées, la présence de la loi serait manifeste. Je pense que c'est également le cas pour les synagogues. Enfin, sur les termes exprimant la « peur » dans les diverses langues, et sur leurs nuances.

Le soir, chez Rademacher, qui maintenant passe à Paris de temps à autre et qui habite rue François-Ier. J'y ai croisé pendant quelques minutes Alfred Toepfer qui revenait d'Espagne et s'apprêtait à partir pour Hanovre. Je l'ai prié, une fois à Tanzen, de me cher-cher une petite maison dans la lande. Discussion poli-tique ; ensuite on évoque Cellaris et la vieille époque des nationalistes. La rencontre secrète du Eichhof, en 1929, reste mémorable entre toutes. L'histoire de ces années-là, avec ses penseurs, ses activistes, ses martyrs et ses figurants, n'a pas encore été écrite ; nous vivions alors dans l'œuf du Léviathan. L'école de Munich, c'est-à-dire la plus plate, l'a ensuite emporté ; elle y parvint aux moindres frais. Dans mes lettres et dans mes papiers de ces années-là, on trouve des foules de noms : Niekisch, Hielscher, Ernst von Salomon, Kreitz et Albrecht Erich Günther, mort récemment, voyaient les choses de haut, eux aussi. Leurs parte-naires ont été assassinés, ont émigré, ont perdu leurs illusions ou bien occupent des postes importants dans l'armée, le Deuxième Bureau, le parti. Mais ceux qui restent encore en vie évoqueront toujours volontiers ces temps-là ; on ne vivait alors que pour l'Idée. C'est ainsi que je me représente Robespierre à Arras.

Avancé dans la lecture de la Bible et commencé la Sagesse de Salomon. Tout autre est la signification de la mort, selon qu'elle frappe le fou ou le sage. Au premier elle apporte l'anéantissement ; le second est éprouvé et purifié, comme l'or dans le creuset. Sa mort n'est qu'apparente : « Il n'a reçu que quelques coups de verge ».

Ces mots m'ont fait songer aux belles paroles de Léon Bloy selon qui la mort a beaucoup moins d'importance que nous ne pensons – pas davantage, peut-être, que d'enlever la poussière d'un meuble précieux.

Paris, 21 avril 1943.

À midi, visite du colonel Schaer, un vieux Bas-Saxon. Examen de la situation. Toujours pas de rameau d'olivier. D'entre les choses qu'il raconta, la plus horrible était la description d'une fusillade de Juifs. Il tient les détails d'un autre colonel, Tippels-kirch, je crois, que son armée a envoyé là-bas pour voir ce qui s'y tramait.

De telles nouvelles me font frémir d'horreur ; le pressentiment d'un monstrueux danger me saisit. Et ceci, sur un plan très général ; je ne serais guère surpris si la planète volait en éclats, que ce fût par la rencontre d'une comète ou dans une explosion. En fait, j'ai le sentiment que ces hommes-là sont en train de percer la terre et que ce n'est pas simplement par hasard qu'ils ont choisi les Juifs pour victimes principales. Leurs maîtres bourreaux possèdent une sorte de clairvoyance inquiétante qui ne repose pas sur l'intelligence, mais sur des instincts démoniaques. À chaque carrefour, ils trouveront la voie qui mène à plus de destruction.

Il paraît d'ailleurs que ces fusillades n'auront plus lieu, car maintenant on passe au stade où l'on gaze les victimes.

À midi, chez Gruel. Sur mon chemin j'ai cueilli à nouveau l'une des feuilles fraîches du figuier de l'église de l'Assomption dont la verdure me réjouit depuis trois ans déjà. C'est, dans cette ville, l'un de mes arbres favoris – avec le vieil acacia fortement taillé qui s'élève dans le jardin du palais de la Légion d'honneur. On peut encore y ajouter, peut-être, le paulownia du jardin de Banine.

Paris, 22 avril 1943.

Déjeuner chez les Morand où se trouvaient une certaine comtesse Palffy, Céline, Benoist-Méchin. La conversation a tourné autour d'anecdotes sinistres – Benoist-Méchin raconta ainsi que, par temps de verglas, sa voiture avait dérapé, en écrasant contre un arbre une femme qui se promenait dans la rue avec son mari. Il les prit dans sa voiture pour les conduire à l'hôpital et entendit l'homme gémir et soupirer plus encore que la femme :

« J'espère que vous n'êtes pas blessé aussi ?

— Non – mais elle a certainement une fracture du bassin… et il y en a au moins pour trois mois d'hôpital... quels frais ! Et puis, qui s'occupera de mon régime pendant ce temps-là ? »

L'examen révéla qu'il n'y avait par bonheur que des contusions, mais que la convalescence durerait tout de même huit semaines. Ce délai passé, le ministre rendit visite à la femme pour s'enquérir de sa santé et la trouva en deuil. Entre-temps, le mari était mort d'une indigestion. Lorsqu'il voulut exprimer ses condoléances :

« Oh ! je vous en prie, laissez cela ; vous ne savez pas quel service vous m'avez rendu ! »

Ensuite sur les femmes des prisonniers de guerre. De même que la guerre de Troie est le modèle mythique de toute guerre de l'histoire, de même renaissent toujours la tragédie du retour et la figure de Clytemnestre. Une femme, apprenant que son mari va être libéré, lui envoie un dernier colis en gage d'amour. Entre-temps, le mari revient plus tôt qu'elle ne s'y attendait et ne la trouve pas seule, mais en compagnie de son amant et de leurs deux enfants. Dans le camp de prisonniers, en Allemagne, les camarades se partagent le contenu du colis et quatre d'entre eux succombent après avoir mangé le beurre, qui contenait de l'arsenic.

Céline nous parla ensuite de sa pratique, qui semble se distinguer par une accumulation de cas sinistres. Du reste, il est breton – ce qui confirme ma première impression, qu'il est un homme de l'âge de pierre. Il va visiter incessamment le charnier de Katyn, qu'exploite aujourd'hui la propagande. Il est clair que de tels endroits l'attirent.

En rentrant, Benoist-Méchin m'a accompagné ; il est dévoré d'une fébrilité démoniaque. Nous avons abordé un problème vieux comme le monde : où se trouve, dans l'exercice de notre pouvoir, la plus haute satisfaction ? Est-ce dans le monde pratique de la politique, ou dans celui, invisible, de l'esprit ?

Le soir, lu l'article de Cocteau sur la mort de Marcel Proust, que m'avait donné Marie-Louise Bousquet. On y trouve une phrase qui exprime admirablement ce formidable silence vers lequel s'acheminent les morts :

« *Il y régnait ce silence qui est au silence ce que les ténèbres sont à l'encre** ».

J'ai pensé, en le lisant, à la terrible description que nous fait Thomas Wolfe d'un mort dans le métro de New York.

Paris, 23 avril 1943.

Vendredi saint. Dans la matinée, visite d'Eschmann, qui venait de chez Valéry. Nous avons parlé de rêves ; l'entretien frôlait des sujets qu'il me paraissait scabreux d'aborder. Pourtant, il m'a ouvert les yeux, comme si je m'examinais dans un miroir révélateur. Au reste, les miroirs les plus révélateurs sont les miroirs troubles – ils possèdent une dimension onirique. On y pénètre. Ils englobent, avec vous, votre aura.

L'après-midi, au quai Voltaire, en passant par la rue du Faubourg-Saint-Honoré. Sur ce trajet, je m'attarde toujours ; c'est l'heure du sablier qui s'écoule ici. Je suis entré dans l'église Saint-Philippe-du-Roule. Les fleurs blanches des marronniers, avec leurs fines touches de rouge, étaient tombées et jonchaient la cour, si bien que les pavés en étaient sertis, comme d'ivoire ou d'autres matières précieuses. Cela donnait à l'entrée une allure de fête. D'abord, dans la chapelle où un crucifix était exposé, puis dans l'église où se pressaient un grand nombre de femmes ; j'y entendis un excellent sermon sur la Passion. Chaque jour, les grands symboles s'accomplissent à nouveau, celui par exemple où l'homme choisit le meurtrier Barabbas et non le Prince de lumière.

Chez Valentiner ; là, Eschmann et sa sœur Marie-Louise. Entretien sur les *Nouvelles Chroniques maritales* de Jouhandeau ; sur le jeu d'échecs, les insectes, Valéry. Puis chez la doctoresse, en compagnie de Schlumberger. Nous ne nous étions plus revus depuis 1938.

Paris, 24 avril 1943.

Dans la matinée, conversation avec le colonel Schaer. Une fois encore, je lui ai demandé si mes souvenirs étaient bons et si Tippelskirch avait bien assisté en personne aux effroyables massacres qu'il m'avait racontés en détail. Il me le confirma. Par moments, ces choses m'apparaissent comme un cauchemar, un rêve démoniaque. Il est pourtant utile de regarder les symptômes pathologiques avec les yeux du médecin ; il ne faut pas s'y dérober. Le bourgeois, lui, rentre dans sa coquille pour ne pas les voir.

Réflexions sur les piliers que je contemplais hier à Saint-Philippe-du-Roule. Malgré leur allure robuste, ils constituent, à vrai dire, des zones mortes – non-espace dans l'espace. Comme nous, des cadavres dans le flux de la vie. Nous ne serons vivants que lorsque la mort nous aura brisés.

Dans la soirée, lecture des *Titans*, que Friedrich Georg vient de m'envoyer ; puis sommeil profond, comme si j'avais absorbé un philtre.

Paris, 25 avril 1943.

Après-midi au Bois. Promenade de la porte Dauphine jusqu'à Auteuil. Sur les buissons quelques balaninis : cette bête me rappela mon rêve de Vorochilovsk. Puis j'ai erré dans des rues inconnues, et je me suis trouvé soudain devant le grand bâtiment du quai Blériot, dans lequel, au septième étage, nous fêtions naguère l'anniversaire de la petite modiste. Continué mon chemin en traversant le boulevard Exelmans. Là, le métro devient aérien ; les puissantes arcades ont quelque chose d'antique, de romain, de définitif qui tranche sur notre architecture. Habiter des villes construites sur ce modèle serait plus agréable. Et toujours le paulownia, l'arbre impérial. Il enrichit la ville, car le gris délicat des bâtiments se fond harmonieusement dans ses voiles violets. Les troncs sont d'une architecture robuste, pareils à des candélabres solennels sur lesquels flotterait une douce flamme. Ce que le flamboyant est à Rio, le paulownia l'est à Paris ; comparaison qui pourrait s'appliquer aux femmes.

Chez Valentiner, où se trouvait aussi le sculpteur Gebhardt dont la mère est en danger ; sa tante a déjà disparu et nul ne sait ce qu'elle est devenue. Dans l'escalier, j'ai rencontré encore la princesse Bariatinsky qui s'occupe de lui, avec le comte Metternich. Ce dernier lui a trouvé un asile sous la protection du commandant en chef. Revenu par les Tuileries ; là, encore des paulownias et aussi des arbres de Judée aux fleurs luisantes comme des grappes de coraux. Une vieille, édentée, mais outrageusement fardée, avait transporté deux chaises dans un buisson et m'invitait du geste, avec des sourires grimaçants. C'était au crépuscule, et cette apparition était crépusculaire.

Au Raphaël, continué la lecture des *Titans* ; on avance dans ces chapitres comme si l'on parcourait les vieux ateliers du monde. Je m'imagine l'arrivée des dieux comme un débarquement d'autres planètes, dans un déluge de gaieté rayonnante. Tout en lisant, je voyais par moments devant moi Friedrich Georg et son léger sourire, celui qu'il avait lorsqu'il se penchait pendant nos promenades pour contempler les choses et les fleurs.

Paris, 27 avril 1943.

À midi, chez les Morand où j'ai rencontré Abel Bonnard. Je me suis fait montrer la déesse mexicaine de la mort, dont m'avait parlé Eschmann et que Mme Morand a placée dans la demi-obscurité de son grand salon, derrière un paravent : grossière et terrifiante idole en pierre grise, devant laquelle des victimes sans nombre ont été immolées. De telles formes sont infiniment plus saisissantes, infiniment plus vraies que toute photographie.

Entretien sur la situation, puis sur Gide, que Bonnard appelait « *le vieux Voltaire de la pédérastie** ». Les mouvements comme ceux qui se firent autour de Gide, Barrès, Maurras, George se détruiraient d'eux-mêmes : ils contiendraient quelque chose de stérile – un bruissement de champs de blé aux épis vides, sous les rayons d'un astre artificiel. Au coucher du soleil, tout s'évanouirait sans laisser de fruits. L'ensemble ne serait qu'émotion pure.

Propos sur Léon Bloy, à qui Bonnard reprochait d'avoir cru que des miracles se produisaient spécialement pour lui – trait qui tout au contraire me charme. Puis sur Galliffet et sur Rochefort que Bonnard a encore pu connaître personnellement – son allure aurait été celle d'un petit photographe.

Ensuite, sur les Russes, qu'on surestime aujourd'hui autant qu'on les sous-estimait il y a deux ans. À vrai dire, ils sont encore plus forts qu'on ne pense, mais il se pourrait que cette force ne fût pas terrifiante. Ce qui est vrai, d'ailleurs, pour toute force véritable, toute force créatrice.

La conversation avait pour moi un intérêt d'ordre général, car Abel Bonnard incarne parfaitement une forme d'intelligence positiviste qui touche à sa fin. C'est pourquoi le caractère solaire de ses traits est frappant, des traits solaires un peu déprimés, certes, et qui se distinguent par quelque chose de maussade, à la fois puéril et vieillot. On sent qu'une telle pensée n'a pas encore perdu tous ses repères. Certes, ce genre de conversations, comme celles que j'avais avec mon père, ressemblent à des propos d'antichambre. Elles sont pourtant, plus enrichissantes que celles de nos spéculateurs et de nos mystiques.

Paris, 28 avril 1943.

Lettre à Friedrich Georg, à propos de ses *Titans*. Et aussi des songes dans lesquels notre père nous apparaît. Par exemple, mon frère m'a écrit l'avoir vu avec moi dans un jardin et avoir été particulièrement frappé de le voir porter un costume neuf.

Le soir, au Raphaël, avec l'éditeur Volckmar-Frentzel, Leo et le Berlinois Grewe, spécialiste du droit international, qui m'a raconté les circonstances de la mort de A. E. Günther ; elle fut atroce.

Continué le Livre de la Sagesse. On peut voir dans son septième chapitre un pendant au Cantique des Cantiques – mais il s'inscrit dans un espace plus vaste – ce qui, là, est plaisir sensuel, est ici joie spirituelle. Il y a une volupté spirituelle que ceux qui passent leur existence dans les antichambres de la vraie vie ne peuvent pas atteindre, et dont les splendeurs leur restent fermées. Mais «ceux qui sont ses amis goûtent de pures délices» (VIII, 18).

La Sagesse est célébrée ici comme l'intelligence la plus haute, indépendante de la condition humaine, comme le Saint-Esprit, omniprésent, qui emplit l'univers. L'esprit humain, même par les voies les plus audacieuses, ne s'en approche pas d'un pied. C'est seulement quand l'homme se purifie, quand il fait de son cœur un autel, que la Sagesse pénètre en lui, inaperçue. Chacun peut donc participer à la plus haute sagesse. Elle est puissance cosmique, l'intelligence, au contraire, puissance purement terrestre, et peut-être seulement zoologique. Dans nos atomes, nous contenons plus de sagesse que dans notre cerveau.

Curieux qu'avec les Proverbes le plus grand scepticisme ait trouvé sa place dans l'Écriture, alors que ce livre-ci, tout pénétré du sens de l'ordre divin, a été rejeté parmi les Apocryphes.

Paris, 30 avril 1943.

Au courrier, une lettre d'Hélène Morand, à propos du *Travailleur*. Elle y appelle art de vivre l'art de faire travailler les autres et de garder le plaisir pour soi.

«La phrase célèbre de Talleyrand – "*… n'a pas connu la douceur de vivre**"* – n'avait de sens que pour une petite élite, qui n'était même pas très attachante. Dans les salons de Mme du Deffand ou de Mme Geoffrin, nous serions tous morts d'ennui. Ces gens n'avaient ni cœur, ni sens, ni imagination et ils étaient mûrs pour la mort. Aussi sont-ils morts bien gentiment; dommage seulement que Talleyrand ait pu échapper au danger… en rampant à plat ventre.»

Ce qui me frappe le plus chez cette femme, c'est son sens aigu de la politique, cette force particulière qui me fascine autant qu'elle m'inspire de l'horreur.

Il y a toujours de la magie en elle, et surtout ce feu de la volonté qui tire de l'obscurité les idoles, comme au fronton de temples étrangers, éclairés par la lueur des incendies. Je ressentais la même impression vis-à-vis de Cellaris – le réel danger, ici, ce n'est pas tant de jouer avec des cartes dont chacune porte le destin et le bonheur de milliers d'hommes ; il se trouve dans la décision de chacun – dans sa manière d'avancer la main. On a l'impression que tout le royaume des démons tend l'oreille. Chacun de nous connaît l'instant d'audace, où, pour tenter tel saut, saisir telle occasion, nous imposons silence à tout notre être. Ce moment, mais amplifié à l'extrême, et ce silence, mais infiniment plus profond, je les ai éprouvés devant certains êtres rencontrés sur ma route. Aussi les natures démoniaques sont-elles plus terribles lorsqu'elles se taisent que lorsqu'elles parlent et que l'agitation les entoure.

Reçu un nouveau numéro de la *Zeitgeschichte*, publié par Traugott et Meinhart Sild, et dont les articles m'obligent à constater sans grand plaisir que c'est *Le Travailleur* qui leur donne leur ossature. Mais la remarque de l'un des collaborateurs est très juste : il dit que ce livre n'est qu'un plan et ne révèle rien des architectures qu'on pourrait fonder sur lui.

Il existe des intensités du sommeil, des profondeurs différentes du repos. Elles font penser à la démultiplication de plusieurs roues qui tourneraient autour d'un même axe nommé repos. C'est ainsi que quelques minutes du sommeil le plus profond peuvent être plus réparatrices que des nuits entières de somnolence.

Le Mans, 1ᵉʳ mai 1943.

Voyage au Mans avec Baumgart et Mlle Lampe, une jeune historienne de l'art, pour rendre visite au peintre Nay. Auparavant, nous avions passé une partie de la nuit à l'une des petites soirées du commandant en chef. Rencontré là un professeur qui passe pour le plus éminent spécialiste du diabète. Je m'étonne de plus en plus d'entendre aujourd'hui encore prononcer avec le plus grand sérieux des phrases comme celle-ci :

« Nous avons découvert à l'heure actuelle vingt-deux hormones sécrétées par l'hypophyse. »

Si loin que soit poussée cette forme d'esprit, un progrès dans le raffinement reste toujours possible. Il s'élève en spirale vers la connaissance, comme sur la surface d'un cylindre, tandis que la vérité remplit l'intérieur. Évidemment, il est normal que le nombre des maladies augmente. L'hormone la plus importante est celle dont on ne peut découvrir la présence.

Parmi les invités se trouvait aussi Weniger, qui arrivait d'Allemagne. Il en rapportait une épigramme assez réussie :

« Au parti vainqueur,
la Wehrmacht reconnaissante »,

inscription pour un futur monument consacré au souvenir de cette Deuxième Guerre mondiale. Le commandant en chef, à ces moments-là, a quelque chose de charmant, le sourire d'un roi de conte de fées qui offre des cadeaux aux enfants.

Le matin, départ de Montparnasse. C'était le jour

du muguet, on en proposait partout à foison et il me rappela Renée. Maintenant encore, le chagrin m'envahit au souvenir des jardins où je ne suis pas entré. Il pleuvait, mais le paysage était magnifique de fleurs. Sous les arbres, je remarquai surtout l'épine rouge, dont ma variété préférée présente des teintes crayeuses, à mi-chemin entre le rose clair et le rose foncé. Dans les clairières poussait la jacinthe sauvage qu'on ne rencontre pas en Allemagne. Ses fleurs, d'un bleu sombre et profond, étaient particulièrement splendides sur un talus où on les voyait briller parmi les plaques d'euphorbe vert-jaune.

Au Mans, Nay vint nous chercher à la gare. Comme il est pris par son service de soldat de première classe, nous nous retrouvâmes après le repas dans l'atelier que met à sa disposition un certain monsieur de Thérouanne, sculpteur à ses moments perdus. Les tableaux me firent l'impression d'un travail de laboratoire, de créations prométhéennes coagulées en formes nouvelles. Mais je n'ai pu réussir à me former une opinion, car il s'agit d'œuvres qu'il faut contempler souvent et à loisir. Parlé théorie, sujet sur lequel Nay, comme la plupart des bons peintres, a son mot à dire. Carl Schmitt l'a aussi stimulé avec ses idées sur l'espace. J'ai trouvé particulièrement heureuse l'expression suivante : au cours de son travail, disait-il, il atteignait un point à partir duquel sa toile « entrait sous tension » – à ces moments-là, il lui semblait que la toile s'agrandissait extraordinairement. Cela vaut aussi pour la prose : une phrase, un paragraphe peuvent acquérir une tension particulière, une torsion particulière. Instant comparable à celui où une femme que nous avons longtemps regardée avec indifférence, voire avec amitié, revêt soudain un attrait érotique ; alors, tout change, et de fond en comble.

Nous sommes allés encore chez l'antiquaire Morin, qui nous a montré ses livres, parmi lesquels de magnifiques éditions anciennes.

Paris, 2 mai 1943.

Pluie battante. Malgré cela, nous sommes allés tous les trois déjeuner à l'Épeau. Ensuite chez Morin ; nous y avons rencontré Nay. Morin nous a montré ses collections – des tableaux, dont un Deveria ; des meubles, des monnaies anciennes, des chinoiseries et d'autres objets du même genre. Une collection est une manière de distillation, de fonte et de refonte par réduction, triage, choix et échange des objets collectionnés. En ce sens, le contenu de ces deux ou trois pièces était riche d'une essence concentrée.

J'ai passé un moment avec Morin dans la chambre de son fils unique, récemment envoyé en Allemagne, à Hanovre, au travail obligatoire. Le père m'a beaucoup parlé de lui, et m'a raconté avec quel respect, étant enfant, il traitait déjà les livres, préférant passer son temps avec eux plutôt qu'en plein air, ou sur un terrain de sport. « *C'est un homme de cabinet** ». Lorsque Morin m'apprit qu'il lui avait installé une petite bouquinerie rue du Cherche-Midi, je compris tout de suite que seul son fils avait pu me vendre récemment le *De tintinnabulis* de Magius. Morin me le confirma, et me dit même que son fils lui avait rapporté notre conversation au moment de l'achat. Comme cette rencontre m'a paru assez surprenante, j'ai noté son adresse, afin d'aller prendre de ses nouvelles à ma prochaine permission.

Puis nous sommes revenus aux livres. J'ai pu faire une bonne provision de papiers anciens, presque tous du XVIIIe siècle. Une partie des feuilles étaient reliées dans des grands livres de comptes à peine commencés ; j'avais vu les mêmes chez Picasso ; je peux aussi les utiliser comme herbiers.

Promenade dans la ville haute, où des rues entières ont gardé un caractère gothique, pour aller à la cathédrale – le chœur, étroit et puissamment surélevé, donne une impression particulière de puissance. Le plan de cette grande construction apparaît crûment, dans une nudité squelettique qui effraie. Bien des malheurs futurs somnolent dans cette hardiesse qui dévoile si ouvertement son but à l'initié.

Enfin, une deuxième et brève visite chez Nay pour revoir ses tableaux. Ils ont quelque chose d'à la fois primitif et conscient, et portent ainsi le sceau de notre temps. Les couleurs sont traitées librement et parfois de manière à symboliser la valeur des mouvements. Ainsi, un bras levé pour agir est coloré en rouge sang.

Puis départ pour Paris, où nous sommes arrivés à neuf heures.

Paris, 3 mai 1943.

À midi, chez Valentiner qui part aujourd'hui pour Aix. Sa mansarde du quai Voltaire a, dans mon histoire, un rôle semblable à celui que jouait autrefois la tablée du George V. Je lui ai donné un mot de recommandation pour Médan.

Dans l'après-midi, visite de Carlo Schmid. Parlé de la situation ; l'échec probable de la bataille pour Tunis entraînera des changements politiques, en Italie surtout. Il paraît qu'on construit sur la côte de la Manche de puissantes batteries de fusées, à l'aide desquelles on a l'intention d'arroser Londres d'air liquide. Kniébolo a toujours surestimé ce genre de nouveauté.

Paris, 4 mai 1943.

Parmi les lettres de France, des nouvelles de Banine et de Morin, qui a une bonne écriture d'archiviste. Dans l'après-midi, visite chez Weinstock, à qui j'ai donné *Les Titans* pour son voyage. Le soir, avec Carlo Schmid au Ritz. Il m'a raconté entre autres l'histoire grotesque d'un de ses collègues, un juriste âgé d'une soixantaine d'années, qui faisait partie du gouvernement militaire de Lille où il dirigeait le bureau des passeports. Lorsque des femmes ou des jeunes filles présentaient une demande de passeport, il avait l'habitude de les faire venir dans son appartement où, avant la délivrance du document, se répétait toujours le même dialogue :

« Avant d'obtenir votre passeport, il va falloir pleurer, chère enfant.

— Mais pourquoi faut-il que je pleure ? Je ne comprends pas !

— Vous allez le voir. »

À ces mots, bien entraîné, il jetait sa victime sur un

divan, lui troussait les jupes et lui administrait une solide correction sur les fesses avec une badine de jonc.

Comme les victimes n'osaient se plaindre, ces étranges séances se répétèrent un grand nombre de fois, jusqu'au jour où le tribunal militaire y mit fin.

Le héros de cette histoire était encore, il y a peu de temps, directeur à Berlin d'un office pour les questions juives et il collaborait au *Stürmer*, où il écrivait des articles sur les méfaits sexuels des Juifs. Ce sont là des correspondances symétriques. On cherche l'autre dans sa propre cachette.

Puis parlé de Kniébolo. Quantité de personnes, même parmi ses adversaires, lui accordent une certaine grandeur démoniaque. Elle pourrait n'être, pourtant, qu'élémentaire, souterraine, dépourvue de cette empreinte personnelle et de cette noblesse qu'on peut observer chez Byron ou Napoléon. Carlo Schmid a très justement remarqué à ce propos que les Allemands manquent d'instinct en matière de physionomie. Quand on est ainsi fait que ni peintres, ni photographes ne peuvent vous donner un visage, quand on manie sa langue maternelle avec une telle platitude, quand on est capable de s'entourer d'une telle collection de zéros... et pourtant, il y a ici des énigmes d'une grande profondeur.

Paris, 5 mai 1943.

Tous ces paulownias sur la place d'Italie : une impression de précieuse huile aromatique brûlant sur des candélabres enchantés. Repensé alors à mon bon père, me souvenant aussi de sa dureté et de ses défauts – quel complément merveilleux la mort n'ajoute-t-elle pas au souvenir de l'homme! D'ailleurs, je perds de plus en plus la conviction que dès l'instant où ils entrent dans le passé, les hommes, les faits et les événements reçoivent irrévocablement leur forme et demeurent ainsi pour l'éternité. Ils sont, au contraire, continuellement changés par ce temps qui jadis, pour eux, était l'avenir. À cet égard, le temps est une totalité, et de même que tout le passé agit sur le futur, le présent agit sur le passé qu'il transforme. Il y a ainsi des choses qui, autrefois, n'étaient pas encore vraies; et c'est nous qui les *rendons* vraies. De même, le contenu des livres change, pareil aux fruits et aux vins qui mûrissent dans les caves. Tandis que d'autres choses, au contraire, se fanent vite, retournent au néant, n'ont jamais existé, deviennent incolores, insipides.

C'est l'une des multiples raisons secrètes qui justifient le culte des ancêtres. Pour autant que nous vivons avec droiture, nous magnifions nos pères, comme le fruit magnifie l'arbre. On voit bien cela avec les pères des grands hommes: ils surgissent de l'anonymat, du passé, comme dans un cercle de lumière.

Passé et avenir sont des miroirs entre lesquels, insaisissable à nos yeux, rayonne le présent. Mais dans l'agonie, les aspects se modifient; les miroirs commencent à fondre et le présent se détache avec toujours plus de pureté jusqu'à devenir, à l'instant de la mort, identique à l'éternité.

La vie divine est un présent éternel. Et il n'y a vie que là où le divin est présent.

Les pensées désagréables, pénibles, les mots malpropres ou les jurons, qui vous obsèdent dans vos réflexions, dans votre monologue intérieur. Signes infaillibles d'un désordre intime – comme l'épaisse fumée d'un feu indique un bois trop fraîchement coupé. Comme la violence et le manque de contrôle envers les autres – ce sont souvent les signes de nuits passées à boire, ou pis encore.

À midi, chez le président, dont j'ai cherché la chambre dans les couloirs tortueux du Raphaël. Discussion sur la fuite et l'acquisition des biens matériels – ils viennent à nous avec les années et la maturité. Étant jeunes, nous ressemblons au chasseur qui s'agite trop et fait fuir le gibier qu'il poursuit. Une fois la paix conquise, nous constatons qu'il ne demande qu'à tomber dans nos pièges.

Le soir, dans un petit restaurant de la rue de la Pompe. Il semble beaucoup plus facile, pour les femmes tout au moins, de passer de l'amitié à l'amour que de faire le chemin inverse. On le voit chez certains ménages, qui se maintiennent sous la forme de l'amitié – et sont pourtant toujours la tombe de mystères éteints.

Les corps sont des calices; le sens de la vie consiste à les enrichir d'essences toujours plus précieuses, de baumes pour l'éternité. Une fois ce but pleinement atteint, peu importe que la coupe se brise. C'est ce que dit la Sagesse de Salomon dans cette maxime : la mort du sage n'est qu'apparente.

Continué les Apocryphes. Lorsqu'elle entre dans l'histoire, la Sagesse s'amoindrit. Je la lis avec moins d'intérêt, comme les arguments qui viennent soutenir les thèses de Spinoza.

La traversée de la mer Rouge a laissé un traumatisme en Israël ; c'est l'une des césures les plus décisives, l'une de celles qu'on n'oublie jamais. Le miracle est la substance dont la vie se nourrit. La mer est rouge, c'est aussi la mer des roseaux – symboles des sphères de la vie où règne la loi des poissons, qui veut que l'un dévore l'autre. Ce n'est pas un moindre miracle que cette mer ne nous engloutisse pas. Le fait qu'il se soit une fois réalisé nous donne de l'espoir, quelles que soient les persécutions de l'avenir.

Tobie, histoire édifiante et agréable à lire. Elle donne de beaux aperçus sur cette période où l'ancienne culture des pâtres entre en contact avec des puissances historiques et s'en trouve compromise. Commencé Jésus Sirach, que Luther, si je m'en souviens bien, qualifie de bon petit livre pour piété domestique ; dès le début, pourtant, il nous donne les vues les plus élevées.

Au sujet du style : l'emploi du substantif est, dans tous les cas, plus énergique que celui des formes verbales. « Ils s'assirent pour manger » est plus faible que : « Ils s'assirent autour de la table » ou « du repas ». « Il regrette ce qu'il a fait » est plus faible que : « Il regrette son acte. » Telle est la différence entre le mouvement et la substance.

Paris, 6 mai 1943.

Durant la pause de midi, chez Ladurée, où la doctoresse m'avait donné rendez-vous par téléphone. Auparavant, jeté un coup d'œil chez un bouquiniste de la rue de Castiglione ; y ai acheté quelques beaux livres, comme la collection des sources concernant les Goths recueillies par Grotius* et les *Mémoires sur Vénus* de Larcher, qui traite des noms, des cultes et des statues de cette déesse. Je le destine à Friedrich Georg, malgré son préjugé à l'égard de tous les travaux français sur la mythologie.

La doctoresse m'a appris que, dans la matinée, elle avait reçu dans son appartement la visite de la police, qui s'était enquise de ses fréquentations et d'autres questions du même genre. À certains détails de son récit, on pouvait penser qu'il s'agissait d'une pure et simple dénonciation. Je n'ai pas trouvé mauvaise la réponse qu'elle fit, lorsque ces visiteurs voulurent lui montrer leurs cartes : « Inutile, ça se voit. »

Paris, 7 mai 1943.

À la clinique Eastman. D'habitude, je m'arrête un moment sur la place d'Italie pour voir le spectacle d'un homme d'une cinquantaine d'années, en tricot, un géant aux cheveux gris qui, entre autres tours de force, gagne son pain en levant des haltères ; il incarne fort bien la bonhomie animale dans l'homme. Il fait la quête avec un entonnoir.

Je prends volontiers le métro dans cette direction, parce qu'il y a beaucoup d'endroits d'où l'on peut voir la ville. Les rangées de façades, apparemment sans vie, qui pâlissent au soleil, me mettent de bonne humeur ; cette vue réveille en moi une vieille petite âme de lézard. Derrière le calme des murs ensoleillés, je vois des hommes qui se reposent nonchalamment dans leur chambre, ou qui rêvassent, ou qui s'adonnent aux jeux de l'amour. On passe le long d'une galerie de secrètes natures mortes : tables aux verres embués de fraîcheur, avec des melons ouverts, une femme en peignoir rouge qui coupe les pages d'un roman, un homme nu, barbu, qui se prélasse dans un fauteuil en rêvant de choses sublimes, deux jeunes amants qui partagent une orange après les caresses.

Penser en concepts, non en images, c'est traiter le langage avec la cruauté de celui qui perçoit seulement les catégories sociales et non les hommes.

La voie qui mène à Dieu, de nos jours, est terriblement longue, comme si l'homme s'était égaré dans les espaces illimités qu'a découverts son génie. C'est pourquoi la moindre approche est d'un mérite très grand. Dieu doit être conçu d'une nouvelle façon.

Dans cette situation, l'homme n'est capable, pour l'essentiel, que d'un acte négatif : il peut purifier le calice qu'il incarne. Un nouvel éclat, une plus intense gaieté l'en récompenseront. Mais la règle la plus haute qu'il puisse se prescrire ainsi se déploie dans un espace athée, un espace vide de Dieu, plus redoutable qu'un espace séparé de Dieu. Puis, un jour, après des années, il se peut que Dieu réponde – soit qu'il s'approche comme à tâtons avec les antennes de l'esprit, soit qu'il se révèle dans la foudre. Nous envoyions des messages radio à une étoile, et elle se révèle habitée.

C'est là une des plus grandes beautés du *Faust* de Goethe : la description de l'effort poursuivi inlassablement, une vie entière, pour atteindre des mondes supérieurs, et l'accession soudaine à leur ordre.

Au Majestic, me suis entretenu avec le Dr Göpel de Max Beckmann, qu'il rencontre de temps à autre en Hollande et dont il m'a transmis le souvenir. La peinture qui, dans ses écoles du romantisme, transgressait les frontières de la littérature, se hasarde aujourd'hui à empiéter sur des domaines jusqu'alors réservés à la musique. Beckmann tient ferme son cap, celui d'une robustesse qui lui est propre. La force est convaincante, lors même qu'elle devient brutale : « Là aussi, il y a des dieux », proclame un certain rayonnement de son œuvre. On pourrait s'imaginer sous cette forme un croisement archaïque d'éléments européens et américains : Mycènes et le Mexique.

Le Dr Göpel m'a aussi parlé d'un comte à qui il a rendu visite, sur la côte de Normandie, et dont la lignée y demeure depuis un millénaire.

« Ma famille a usé ici trois châteaux au cours du temps » – la formule est excellente, car les demeures sont pour la lignée ce que les vêtements sont pour l'individu.

Survint enfin Clemens Podewils – il apportait les salutations de Speidel, qui est en Russie. Le soir au Raphaël, avec Weniger. Parlé de Stefan George et du «flamboiement du sang» d'Alfred Schuler, ainsi que du livre délirant écrit par Ludwig Klages sur ce sujet. Weniger connaît en Allemagne à peu près tous les gens de quelque importance, et ce savoir remonte jusqu'à leurs entrelacements généalogiques. Les gens comme lui sont plus importants que jamais, en ces jours où la constellation intellectuelle et politique a connu des modifications radicales qui ne sont pas encore parvenues jusqu'à la conscience commune. Ils sont ici comparables aux fils qui passent à travers les mailles et les rattachent pour former un tissu. On s'apercevra aussi que de tels gens vivent le plus souvent en voyage; il arrive fréquemment qu'ils se fondent dans les discussions, les entretiens, les bavardages entre amis, sans que l'histoire connaisse plus tard fût-ce même leurs noms.

Au courrier une lettre de Friedrich Georg, qui accepte ma suggestion de supprimer la préface de ses *Titans.*

Paris, 8 mai 1943.

L'après-midi avec Heller, à Saint-Germain, chez Henri Thomas, qui demeure dans une vieille maison, en face du château aux salamandres. Nous avons trouvé avec lui sa femme et deux hommes de lettres, et j'ai été surpris, une fois de plus, par la précision intellectuelle de tels échanges; chez les jeunes Allemands, ils se distinguent par leur caractère élémentaire et anarchique. Les lieux communs supérieurs leur font défaut.

En l'esprit de Thomas, ce qui me frappe surtout, c'est cette singulière juxtaposition de présence et d'absence. Il parle comme un homme qui séjourne-rait dans de lointains pays de rêves et qui pourtant surprendrait par l'acuité de ses réponses. Il se peut que les deux choses soient étroitement liées : il « importe » ses répliques. On pourrait dire de lui, avec le prince de Ligne : « *J'aime les gens distraits; c'est une marque qu'ils ont des idées** ».

Discussion sur Pascal, Rimbaud, Léon Bloy, puis sur les progrès de la révolution européenne. Parlé aussi de Gide, qui se trouve actuellement à Tunis. Retour en traversant la Seine ; sur ses bords, les saules d'un vert robuste, presque noir. Sa vallée est un autel d'Aphrodite ; une humidité idéale vivifie ses rives.

Le soir, chez Florence qui est revenue de Nice ; le cercle habituel d'amis. Elle raconta que Frank Jay Gould aurait dit, à la lecture des *Falaises de Marbre* : « Voilà quelqu'un qui va des rêves à la réalité », ce qui, pour un milliardaire américain, n'est pas un mauvais jugement.

Ayant un peu bu, Jouhandeau s'est mis à raconter sur son mariage des histoires qui, certes bien à tort, nous mirent en joie. Notamment qu'un matin où Élise lui faisait une scène en lui servant à déjeuner, il avait donné au plateau qu'elle tenait dans ses mains un coup de pied digne d'un danseur de corde, et si bien visé que tout le service s'était éparpillé en éclats sur le plancher.

Paris, 10 mai 1943.

Chez le bouquiniste Dussarp, rue du mont Thabor. J'y ai acheté *Le Monde enchanté* de Balthasar Bekker, un ouvrage que je cherchais depuis longtemps, et ai même découvert la signature de l'auteur dans chacun des quatre tomes in-octavo parus autour de 1694 à Amsterdam.

Réflexion : moi aussi j'appartiens, maintenant, aux innombrables millions d'êtres qui ont donné à cette ville une trace de leur substance vitale, de leurs pensées et de leurs sentiments, éléments que cette mer de pierre absorbe pour les changer mystérieusement au cours des siècles en arbre de corail et de destin. Lorsque je songe que, chemin faisant, je suis passé devant l'église Saint-Roch, sur les marches de laquelle fut blessé César Birotteau, et qu'au coin de la rue des Prouvaires, Baret, la jolie marchande de bas, prenait les mesures de Casanova dans son arrière-boutique, et que ce ne sont là que deux faits infimes dans un océan d'événements réels ou fantastiques – une sorte de mélancolie joyeuse, de volupté douloureuse s'empare de moi. J'aime prendre part à la vie des hommes.

L'obscur rayonnement des vies vécues pénètre dans le souvenir comme le font les parfums et les odeurs. Ainsi, dans les ruelles de la Bastille, je sens toujours un peu de l'« *essence de Verlaine** » . Il en va de même pour les ombres ; en ce sens, Méryon est le grand dessinateur et chroniqueur de la ville.

L'après-midi, chez Salmanoff. Il m'a offert un livre de Berdiaev, qui est l'un de ses patients. Sur la prise de Tunis et la situation politique en général. Il a de nouveau prédit un accord imminent entre la Russie et l'Allemagne. Cela supposerait la chute des dictateurs dans les deux pays.

Puis sur les maladies : « La maladie démasque l'homme ; elle fait ressortir plus distinctement ses bons comme ses mauvais côtés. »

Il a comparé « ce qu'on a l'air d'être », comme dit Schopenhauer, aux feuilles d'un artichaut : il est des circonstances qui en dépouillent l'homme ; et « ce qu'il est » nous est splendidement ou misérablement révélé.

Paris, 11 mai 1943.

Le soir, au Ritz avec le général Geyer, qui fut collaborateur de Ludendorff pendant la Première Guerre mondiale. Parlé de la situation, que la chute de Tunis aggrave. Puis des rapports entre Ludendorff et Hindenburg, qui ont toujours constitué pour moi une manifestation particulièrement claire de la différence entre volonté et caractère. Ludendorff aurait tout gagné à rester tranquille après 1918, mais, précisément, il s'en est montré incapable. On peut étudier chez lui toute les forces et les faiblesses de l'état-major prussien qui, après le départ du vieux Moltke, s'est orienté de plus en plus exclusivement vers un pur déploiement d'énergie. De là vient qu'il n'a pu ni ne peut résister à Kniébolo. De tels esprits sont capables de modifier, d'organiser, mais à condition qu'autre chose préexiste : une base organique.

Chez Hindenburg, on trouve cette base organique. Le jour où Groener apprit l'accession de Hindenburg à la présidence du Reich, il dit : « En tout cas, le vieux monsieur ne fera jamais de sottises », et sans doute avait-il raison. Si un homme avait pu s'opposer aux événements qui s'annonçaient, ce n'étaient sûrement pas au sein des puissances démocratiques, qui entretenaient justement ce principe de déploiement de l'énergie et renchérissaient sur lui. L'échec de Hindenburg était inévitable ; son âge avancé n'en était pas la cause, mais bien plutôt le symbole. Chez lui, l'organique a une espèce de rapport avec le bois ; le « Hindenburg en fer » était un Hindenburg en bois, ferré de clous. On sent autour de ce vieillard l'atmosphère de pouvoirs historiques – alors que le rayonnement de Kniébolo est élémentaire et destructeur.

Moi, jeune officier, j'avais naturellement pris parti pour Ludendorff. Ajoutons-y qu'une remarque du vieil homme à mon endroit m'avait déplu : « Il est dangereux de recevoir si jeune la décoration la plus haute. » J'ai trouvé, en ce temps-là, cette remarque mesquine ; je sais maintenant qu'elle était juste. Il avait vu ce principe confirmé par le destin de plusieurs de ses camarades, après les guerres de 1864, 66 et 70.

Paris, 12 mai 1943.

Entretien avec la doctoresse qui m'avait appelé parce que son mari venait d'être arrêté à Vichy, le jour même où elle avait reçu cette visite à Paris. Ces déportations se font, selon le décret de Kniébolo, «dans la nuit et le brouillard», autrement dit, les raisons de l'arrestation et le lieu de détention sont tenus secrets; il faudrait donc savoir tout d'abord où il a été emmené. Je suis heureux qu'elle se fie à moi.

Paris, 13 mai 1943.

Le soir, avec le Dr Göpel, Sommer et Heller au Chapon fin, porte Maillot. Parlé des tableaux et de la magie de la substance artistique qu'ils recèlent en eux. Le banquier Oppenheim, après avoir acheté les *Roses blanches* de Van Gogh, contempla ce tableau deux heures entières, puis se rendit au conseil d'administration où il acquit la majorité des actions de la Banque nationale – sa meilleure affaire. De ce point de vue, la possession de tableaux donne une puissance magique et réelle considérable.

Conversation avec le patron qui nous a reçus royalement. Il a fait la remarque suivante, qui rend bien l'esprit de sa profession : «*Je peux vivre partout où j'ai quarante copains**».

Revenu dans ma chambre du Raphaël, j'ai songé longtemps au tragique des hommes que j'ai rencontrés ici. Comme ce restaurateur, que ses voisins surnomment aussi «*le Boche de la porte Maillot**». Il est possédé d'une passion martiale et nourrit une prédilection enfantine pour les Allemands; il se sent attiré par leur côté guerrier et leur esprit de camaraderie. Il y avait à mes yeux quelque chose de touchant dans sa recherche désespérée d'un compromis entre cette affinité horoscopique et les différences liées au sang et à la géographie.

Paris, 15 mai 1943.

À propos de style. La règle de Schopenhauer, exigeant que les propositions relatives ne soient pas intercalées dans les principales et conseillant de laisser chaque phrase suivre son propre cours, est tout à fait juste, surtout en ce qui touche à l'ordonnance claire et logique des pensées et à leur succession. Au contraire, l'exposition des images et l'intérêt qu'y prend le lecteur peuvent être renforcés par l'inclusion de la relative. La tension augmente alors et rebondit une fois l'interruption achevée, comme si le courant de la phrase était rétabli.

Nous ne voyons distinctement ces procédés que longtemps après les avoir employés, et nous ressemblons au paysan qui apprend un jour à son grand étonnement qu'il parle en prose.

Continué Jésus Sirach. La description de la lune, du soleil et de l'arc-en-ciel, qui se trouve au chapitre 43, est très belle. Et, tout près d'elle, la pensée que la création est bonne dans ses moindres détails : le mal n'est qu'une pure question de perspective ; il figure dans les constellations temporelles, où Dieu se sert de lui. L'exemple du scorpion est cité. Ainsi, par moments, dans une expérience d'alchimiste, quand un arcane est en train de naître, des poisons se dégagent qui concourent au plan de la Sagesse.

Une seule de ces phrases, et il y en a beaucoup chez Sirach, pourrait servir de fondement à des philosophies, des éthiques, ou à des visions dans le style de Jakob Boehme. En ce sens, la Bible est certainement le Livre des Livres, semence et matière primordiale de tous les écrits ; elle a fait naître des littératures entières et en produira encore.

En plus de toute son expérience, de sa finesse passée au crible de la vie temporelle, on trouve aussi chez Jésus Sirach l'abondance de l'Orient, par exemple :

« J'ai davantage encore à dire ; je suis rempli d'idées comme la pleine lune. »

Il faut que le peuple juif revienne à cette littérature, sa grande littérature ; et les persécutions atroces dont il souffre aujourd'hui l'y mèneront certainement. Le Juif, généralement peu sympathique quand il n'est qu'astucieux, devient ami et maître lorsqu'il parle comme un sage.

Hanovre, 19 mai 1943.

Départ pour Kirchhorst, à la gare du Nord. J'ai passé une nuit agitée. J'eus encore le temps de gribouiller en hâte, pendant qu'on descendait les bagages, un mot au Président pour lui recommander le mari de la doctoresse, dont on a pu finalement découvrir la prison.

Arrivée tardive à Hanovre, où m'accueillit une alerte. Je m'assis dans un abri et poursuivit ma lecture – l'histoire des malheureux pêcheurs de langoustes qui furent oubliés sur l'île Saint-Paul, où ils moururent du scorbut. Leur destin nous offre une vue, et des mystères de l'une des îles les plus isolées qui soient, et de ceux de notre monde écrasé sous les dossiers. La maison qui voulait exploiter ces falaises, qui grouillent de langoustes, fit faillite, et les pêcheurs qu'elle y avait expédiés sombrèrent dans l'oubli de leurs frères humains, avec tout l'actif de la banqueroute.

Après la fin d'alerte, je me suis reposé encore quelques heures à l'Hôtel Mußmann; dans la chambre que l'on m'avait donnée, je suis tombé sur un client déjà endormi.

Kirchhorst, 20 mai 1943.

Le matin, en m'habillant, j'eus une courte conversation avec mon compagnon de nuit; il m'apprit qu'il avait dirigé une compagnie de discipline en Norvège. Là, il avait été obligé d'annoncer, peu avant son exécution, à un volontaire de vingt ans condamné à mort que sa demande en grâce avait été rejetée. Cette rencontre l'avait bouleversé au point qu'il en avait été pris de convulsions qui, depuis, sont devenues chroniques.

J'écoutais cette longue histoire, tout en me rasant, et je posais toute sorte de questions auxquelles mon compagnon de chambre, toujours couché, un gros homme d'environ cinquante-huit ans, à la mine bonasse, répondait avec chaleur. J'étais pressé et, au fond, à peine curieux, ce qui donnait à l'entretien l'allure étrange d'une discussion d'affaires.

Puis je pris l'autobus. Perpétua me fit visiter le jardin, bien entretenu. Il me sembla plus touffu et plus feuillu, un peu étranger aussi, comme ces oasis devant lesquelles notre train file parfois à toute allure et dont la vue éveille en nous un désir d'ombre et de calme. Ici, mon désir fut comblé. Parmi les plantes, je saluai l'*Eremurus* que j'avais confié à la terre avant de partir pour la Russie ; de la plante s'élançaient quatre hautes tiges fleuries, neigeuses et argentées, qui brillaient dans l'ombre verte.

Dans le marais avec Alexander. Nous y avons pris un bain de soleil. La véronique – bien que je connaisse cette fleur depuis ma tendre enfance, je l'ai vue aujourd'hui pour la première fois, avec ses yeux bleus étoilés, ses pupilles grises qu'encercle l'émail sombre de l'iris. Il me semble d'ailleurs que les objets bleus me frappent davantage depuis quelque temps.

Kirchhorst, 23 mai 1943.

Le rêve où l'on se voit encombré du cadavre d'un assassiné sans savoir où le cacher et l'atroce angoisse qui en résulte – ce rêve doit être très répandu et venir du fond des âges. Caïn est bien l'un de nos grands ancêtres.

L'antiquité de la Genèse se dévoile encore dans les grandes figures de rêve qu'elle recèle, et qui surgissent en nous la nuit, toutes les nuits peut-être. Là aussi, il est manifeste que ces rêves appartiennent aux sources, aux documents premiers de l'histoire humaine. Ce sont des figure issues de la Genèse : le rêve de la malédiction de Caïn, celui du serpent, et le rêve où l'on est exposé nu, ou plutôt sans vêtement, à tous les regards.

Qu'en aura-t-il été de l'homme, le jour où l'histoire de cette planète Terre viendra en jugement ? Il plane quelque chose de sombre, d'inconnu autour de cet être, à qui le psaume 90 fait entendre son terrible chant du destin. Au fond, trois hommes seulement ont accédé au rang de cet anonyme qui vit en nous tous : Adam, le Christ et Œdipe.

Là où tout prend de l'importance, l'art ne peut que disparaître, car la différence, le choix, sont ses assises. De même, l'horticulture cesserait d'exister, là où ne viendraient que des fruits et point de mauvaises herbes.

C'est pourquoi la grande voie de l'esprit mène plus loin que l'art. Ainsi, la pierre philosophale se trouve à la fin d'une série d'opérations distillatoires qui conduisent avec toujours plus de pureté à l'absolu – au « non mélangé » – et celui qui possède enfin la pierre se passe de l'analyse chimique.

On peut également se représenter ce processus comme un cheminement à travers une série de jardins dont chacun surpasse le précédent. À chaque fois les couleurs et les formes gagnent en richesse et en luminosité. Cette richesse atteint nécessairement des limites à partir desquelles elle ne peut plus s'accroître – alors interviennent des changements qualitatifs, à la fois simplification et spiritualisation.

Ainsi, les couleurs deviennent peu à peu plus lumineuses, puis transparentes comme des pierres précieuses, et se transcendent dans l'incolore. Les formes aussi s'élèvent toujours plus hautes et plus simples, des formes du cristal à celles du cercle et de la sphère, où finalement s'abolit l'opposition entre le centre et la périphérie. De même, fruits et fleurs, ombre et lumière, et plus généralement les limites et les distinctions se condensent en unités supérieures. De la richesse, nous remontons jusqu'à la source de toute richesse, aux chambres de verre où dorment les trésors. Voir, à ce sujet, la traversée de tubes de cristal, dans les tableaux de Jérôme Bosch : c'est l'un des symboles de la transcendance.

Les premiers grains de ce rosaire, nous pouvons les saisir dans notre vie quotidienne – puis il nous faut passer de l'autre côté en abandonnant le corps.

Au paradis, premier et dernier de ces jardins, jardin de Dieu, règne l'unité suprême ; le bien et le mal, la vie et la mort ne sont pas différenciés. Les animaux ne s'entredéchirent pas ; ils sont encore dans la main du Créateur, aussi bien dans l'abîme originel que dans leur essence spirituellement invulnérable. Le rôle du serpent, c'est d'enseigner les différences. Alors se séparent le ciel et la terre, le père et la mère.

De ce jardin sont également issues les deux grandes sectes dont on peut suivre les traces à travers toute l'histoire de la pensée et de la connaissance humaine. L'une se souvient de l'unité et perçoit d'une manière synoptique, tandis que l'autre procède analytiquement. Dans les bonnes époques, on sait, quel que soit le territoire où elle apparaît, *d'où* nous vient la vérité.

La précision dénonciatrice.

Atome + H hamannien = Athome = At home.

Kirchhorst, 26 mai 1943.

Aux premières heures de la journée, le chef de gare de Burgdorf annonça l'arrivée de la princesse Li-Ping; pour la recevoir, nous députâmes la grosse Hanne. Afin de préserver cette dame si délicate du vent et du mauvais temps, elle la cacha dans sa poitrine, qui est assez volumineuse. La bestiole est de couleur crème; ses extrémités sont comme lavées d'encre de Chine. Elle n'accepta qu'un petit morceau de thon, mais avec convoitise. Malgré sa taille menue, elle sut tout de suite, en bonne Siamoise, imposer le respect aux trois Persanes en arquant le dos, en dressant la queue et en sifflant comme un serpent. Après avoir un peu dormi dans mon lit, Li-Ping me suivit dans le jardin, comme un jeune chien, et sauta sur mes genoux lorsque je m'assis. Elle a cette distinction gracile, cette souplesse de l'Extrême-Orient, qui évoque les bambous, la soie, l'opium.

En ce qui concerne la teinte d'un tel être, je constate qu'elle a perdu pour moi depuis longtemps sa signification darwinienne, celle que je lui donnais autrefois. Aujourd'hui, elle me semble le produit d'une sorte d'acte spontané, exécuté comme avec le pinceau et l'encre de Chine d'une boîte de couleurs. Les extrémités d'un petit animal comme Li-Ping ont été trempées dans le noir.

La théorie de Darwin est vraie comme le sont les perspectives; ce sont des alignements. Qu'elle contienne beaucoup de matière périssable, on le discerne déjà au rôle énorme qu'elle attribue au temps, aux millions d'années. La création est saisie sous une forme inflationniste.

Au courrier, une lettre de Friedrich Georg, que nous attendons. Il y consacre quelques réflexions au petit mot « *übrigens* ». Il est vrai qu'il faut prêter une attention particulière à ces particules, surtout quand on a pour elles une prédilection. Il faut, d'abord, qu'elles soient nécessaires, et ensuite qu'elles s'appliquent exactement à la circonstance qu'on veut leur rattacher. De ce point de vue, il est bon de disséquer souvent les phrases que l'on a écrites.

Au même courrier, une lettre du président [Max Hattingen], qui me promet d'intervenir en faveur du prisonnier [Paul Ravoux]. J'apprends maintenant à connaître l'amitié de la cinquantaine, source où se cache une joviale fécondité.

Kirchhorst, 27 mai 1943.

Arrivée de ma mère et de Friedrich Georg. En passant par Fillekuhle, promenade vers le petit étang, au cours de laquelle Friedrich Georg me parla des années moins connues de la vie de notre père, en particulier de son séjour à Londres. Perpétua : « Lorsque je le vis étendu dans son cercueil, j'eus cette impression : voilà que le XIXe siècle prend congé de nous. » C'est juste ; il en était le vrai portrait, presque trop prononcé, et c'est pourquoi je suis heureux que Friedrich Georg rassemble les souvenirs qu'il en a gardés.

Durant la guerre précédente, lors de nos rencontres,

nous parlions des blessés et des morts ; à présent viennent s'y ajouter les déportés et les assassinés.

Kirchhorst, 30 mai 1943.

Visite de mon bouquiniste parisien, Charles Morin, à qui j'ai montré les livres et le papier acquis chez son père au Mans. Nous nous sommes promenés avec lui, Friedrich Georg et Alexander dans les marais où fleurissait la linaigrette, dont les capitons bruns renvoyaient une bonne chaleur.

Ce qui m'étonne, lorsque je parle avec de jeunes Français, c'est le caractère parfaitement « défini » de leur conversation. Elle rend l'entretien confortable ; les quatre murs de la chambre sont bien là. À l'opposé, le Vult des *Flegeljahre* se plaît dans une maison à laquelle manque la façade, de sorte qu'il peut y jouir en même temps de la nature, avec ses montagnes et ses prairies en fleurs. Le mariage spirituel des Allemands et des Français pourrait abolir l'opposition entre Shakespeare et Molière.

À propos des *Titans* de Friedrich Georg et des possibles objections des philologues – il n'aurait pas tenu compte, par exemple, de sources telles que les tragédies de Sophocle. On peut leur rétorquer que l'auteur a vis-à-vis des sources une attitude souveraine, et qu'il produit des textes, mais ne les commente pas. Puis sur notre méthode en général, sur la différence entre les conclusions combinatoires ou logiques. Les grandes lois des correspondances sont moins assujetties au temps que les lois causales, et conviennent donc davantage à la description des rapports entre les dieux et les hommes. Un troisième manuscrit traitant des héros doit compléter ses travaux sur le mythe.

Kirchhorst, 3 juin 1943.

Départ de mon frère et de ma mère. Je les ai accompagnés à la gare de Hanovre, qui est de plus en plus désolée, elle aussi. Qu'arrivera-t-il d'ici notre prochaine rencontre? Il n'y a plus qu'une maxime – à savoir qu'il faut faire amitié avec la mort.

J'ai l'impression que Friedrich Georg est entré dans l'âge mûr de son art, la pleine conscience de la force qu'il a reçue.

Au jardin, floraison du jasmin; il m'a fallu attendre jusqu'à cette année pour en apprécier le parfum. Ainsi en est-il de bien des choses souvent célébrées: pour les pouvoir prendre au sérieux, il nous faut tout d'abord traverser la zone où on ne les connaît que sous l'aspect de décorations, de sujets littéraires.

Dans notre vie, certains hommes jouent le rôle de verres grossissants, ou plutôt de verres épaississants; en quoi ils nous font tort. Ces natures incarnent nos tendances, nos passions, peut-être aussi nos vices secrets, qui se manifestent en leur compagnie. En revanche, nos vertus leur manquent. Certains s'accrochent à leurs héros, comme un mauvais miroir, un miroir déformant. Aussi, les écrivains donnent-ils volontiers à de tels personnages le rôle de serviteurs, par exemple: les personnages principaux en sont mieux éclairés. Falstaff, entre autres, est entouré de compagnons de beuverie de basse classe, de parents sensuels et sans dons spirituels. En conséquence, ils vivent à ses crochets.

Une telle compagnie nous est donnée comme épreuve, comme moyen de nous connaître. Elle vante tout ce qu'il y a de criard, de «toc» dans notre équipement d'intelligence et de sens, et elle nous encourage à persévérer dans cette voie. La plupart du temps, ce n'est pas la conscience que nous en avons qui nous délivre, mais quelque aventure peu glorieuse à laquelle notre association nous expose immanquablement. Nous nous séparons alors de notre mauvais génie.

Kirchhorst, 4 juin 1943.

L'après-midi, dans le jardin où la floraison est exubérante : taillé les vignes, et, comme mon temps est limité, plus tôt que ne le permettent les règles de l'art. Il fallait en même temps résoudre deux problèmes secondaires : ménager les vrilles qui ornent de leur verdure la chambre de Perpétua, et épargner le nid d'un rouge-gorge qui s'était installé sous la fenêtre de la bibliothèque.

La vigne tient mieux par ses vrilles desséchées de l'an dernier ou des années précédentes que par ses vrilles vertes. C'est un bel exemple du rôle joué dans le plan de la nature par les organes morts. L'élément mort est actif, et non seulement d'un point de vue historique, mais encore dans le présent.

Le concours de la mort, tel que le montre ici le bois, n'a jamais le simple caractère d'un outil ; dans la matière morte vibre un écho de la vie. Il résonne dans des matières telles que le charbon, l'huile, la cire, la chaux, la laine, la corne, l'ivoire. Ces rapports s'expriment aussi dans l'économie humaine. L'homme se nourrit d'éléments qui pourrissent vite, mais s'entoure d'une enveloppe de matières dont la trame garde un reflet de la vie. Il porte du linge de lin, des vêtements de laine et de soie, il habite une maison en bois parmi des meubles de bois et s'éclaire avec des bougies de cire ou des lampes à huile. Ses biens terrestres : lit, berceau, table et cercueil, la voiture, le bateau, puis ses instruments nobles, le violon, le pinceau, la plume, les peintures à l'huile – toutes ces choses l'entourent comme une aura de matière vivante. Mais il s'acharne depuis longtemps à se défaire de ces enveloppes que la vie tisse pour le protéger et qu'elle transmet en héritage au fils de la terre. Il veut se tisser, par la seule puissance de l'esprit, un vêtement artificiel. Des dangers encore insoupçonnés en seront la conséquence. Il se retrouvera en face du soleil dans la situation d'un être qui, privé d'atmosphère, serait exposé sans défense au rayonnement cosmique.

Pour que notre amour porte fruit, il faut conduire dans un seul bourgeon toute la sève de notre cœur.

La résistance des Juifs au ghetto de Varsovie semble avoir pris fin avec leur anéantissement. C'est la première fois qu'ils se battent, comme jadis contre Titus ou pendant les persécutions des Croisades. Comme toujours, en de telles circonstances, il paraît que quelques centaines d'Allemands ont pris leur parti.

Kirchhorst, 7 juin 1943.

Lecture : retour à Lichtenberg, rare exemple d'un Allemand qui sait se limiter. On dirait que la race germanique, pour ne point s'égarer dans les éléments, a toujours besoin d'un quelconque fardeau, d'une sorte d'entrave. Ce peut être, comme chez les Anglais, la contrainte de la mer, ou bien, comme chez Fontane, un apport de sang occidental. Pour Lichtenberg, c'est la bosse qu'il porte.

L'Allemand est comme ces vins qui sont meilleurs coupés.

Autre lecture, le *Naufrage de la Méduse*, de Corréard et Savigny, Paris, 1818. L'aspect instructif de ces naufrages – j'en ai récemment étudié un certain nombre –, c'est qu'ils sont des fins du monde à petite échelle.

Kirchhorst, 16 juin 1943.

Dernier jour de permission – peut-être le dernier de cette guerre ? Après le petit déjeuner, promenade dans le jardin et au cimetière. Là, sur les tombes, on voyait de magnifiques lis rouges fraîchement éclos ; la fleur est d'une luminosité particulièrement intense lorsqu'elle vibre parmi des herbes grasses, et dans la pénombre fraîche des buissons. Elle brille alors comme une lampe qui, avec un mélange de conscience et de sensualité, projetterait ses rayons sur la plénitude cachée de la vie.

Notre *Ingenium* ressemble à cette tente des *Mille et Une Nuits*, que Peri Banou offrit à son prince : pliée, elle peut tenir dans une coquille de noix et, une fois dépliée, abriter des armées. Ce qui révèle qu'elle a son origine dans l'inétendu.

Par moments, nous revenons directement à cet *Ingenium*, ainsi après une conversation importante, lorsque nous tendons la main à notre visiteur pour lui dire adieu : nous essayons alors, en un instant de silence, de communiquer avec lui mieux que par tous les mots déjà prononcés. Il arrive aussi qu'après avoir pesé longuement le pour et le contre d'une chose ou d'un projet, nous redescendions encore une fois au fond de nous-mêmes, à l'écoute, vides de programme et de pensée. Nous ressentons alors, soit la confirmation de nos idées, soit la nécessité d'un changement.

La relation jeunesse-vieillesse n'est pas temporelle et linéaire, mais qualitative et périodique. Plusieurs fois déjà, dans ma vie, j'ai été plus âgé que je ne le suis aujourd'hui, particulièrement vers ma trentième année. Cela me frappe aussi sur mes photos. Des périodes surviennent où nous sommes « achevés » ; des désagrégations peuvent suivre, qui sont d'une grande utilité pour l'homme productif. Éros aussi donne souvent une nouvelle jeunesse. Les souffrances, la maladie, les deuils peuvent également entraîner cette nouvelle croissance ; ainsi, le nouveau feuillage des arbres couronne la taille du jardinier.

La véritable force de l'homme productif est d'ailleurs de nature végétative, tandis que l'homme d'action se nourrit de volonté animale. L'âge de l'arbre importe peu ; à chaque nouvelle floraison, il est jeune. À la vie végétative appartiennent aussi le sommeil, les rêves, les jeux, le loisir et le vin.

Lecture : *Pylône*, de Faulkner ; un livre que je reprends après des années, parce qu'il décrit avec précision l'enfer abstrait du monde des machines. Puis, relu l'histoire du capitaine Raggad, le tranche-monts, œuvre que Cazotte a placée dans la suite des *Mille et Une Nuits* et dont la lecture m'amuse toujours. Ce Raggad est le prototype du matamore et de l'homme bas qui détient le pouvoir, celui qui, par son tempérament insatiable, se coupe l'herbe sous le pied et dérive jusqu'à l'absurde. Ainsi, non seulement sa voracité inouïe est presque impossible à satisfaire, mais « la terreur qu'il inspire au monde entier le prive en même temps des ressources indispensables à ses besoins ». Son arsenal technique répand la crainte, mais c'est sur lui-même qu'il se brise. Il lui est donné de vaincre, mais il ne peut pas jouir de sa victoire.

Dans le train, 17 juin 1943.

Dans l'après-midi, comme si souvent déjà, départ de Hanovre. Perpétua m'a accompagné à la gare. Forte étreinte – je ne sais rien des événements qui peuvent survenir, mais je connais l'être que je laisse derrière moi.

Traversé les villes incendiées de l'Allemagne occidentale, qui se succèdent comme les maillons d'une sombre chaîne, et je pensais une fois de plus en les regardant : « C'est l'image de ce qui se passe dans les têtes. » Cette impression fut encore renforcée par les propos de mes compagnons de voyage, en qui le spectacle de ce monde de décombres ne faisait monter qu'un désir, celui de l'amplifier ; ils espéraient voir bientôt Londres dans le même état et parlaient à mots couverts de prodigieuses batteries qui allaient être installées sur les côtes de la Manche pour bombarder cette ville.

Paris, 18 juin 1943.

Arrivée à Paris, vers neuf heures. Je me suis aussitôt enquis auprès du Président du sort du prisonnier, qui est obscur.

Au courrier, une lettre de Friedrich Georg qui, son séjour à Leisnig terminé, va repartir à Überlingen. Là, l'Office du travail étend vers lui ses tentacules et l'a jugé apte à un emploi de dactylographe. Le règne de ces secrétaires et de ces policiers conduit à des choses grotesques. Ces êtres sont de ceux qui gratteraient les couleurs d'un Titien et se tailleraient dans la toile des chaussons de lisières.

En outre, Grüninger m'envoie des lettres et des pages de journal rédigées par des soldats tombés à Stalingrad. Parmi ceux-ci, le sous-officier Nüssle, que je connaissais ; la mort l'a frappé le 11 février, aux alentours de Koursk. Au cours de ces deux hivers, l'Est a connu des confrontations décisives, des rencontres dans le désert, le zéro absolu une fois atteint. Ainsi dompté, l'esprit prend les traits enfantins et touchants ; comme le montrent les monologues de Nüssle qui, une grenade serrée contre sa poitrine, trébuche sur la route couverte de neige, tandis qu'à ses côtés et derrière lui éclate, dans l'obscurité, le feu des tanks poursuivants. « Mon Dieu, tu le sais, si je la dégoupille, ça n'est pas pour me tuer. »

Paris, 19 juin 1943.

L'après-midi, au Rumpelmeyer pour me renseigner sur le prisonnier qui a l'air de se porter mieux que les paroles du Président ne permettaient de l'espérer. Acheté dans une librairie de la rue de Rivoli la nouvelle monographie sur James Ensor. Plus tard, à Auteuil, chez Salmanoff, qui se montra content de ma défroque terrestre.

« Il y a deux méthodes médicales – l'une essaie de maquiller, l'autre de laver ; c'est celle que j'ai choisie avec vous. »

Salmanoff pensait que la partie serait jouée au mois d'octobre. Considérations sur le moral : celui-ci importe peu, si bas qu'il puisse tomber. Les masses hostiles ressemblent à des zéros qui se mettront à compter terriblement, certes, sitôt qu'un nouvel *un* leur aura donné un sens.

C'est une chose curieuse que l'écriture des gastronomes soit presque toujours montante.

En revanche, je n'ai jamais vu d'écriture qui tende autant vers le bas que celle de Kniébolo. Elle est le *nihilum nigrum* de l'officine divine. Il est certain qu'il n'a aucune disposition à apprécier un bon repas.

Paris, 22 juin 1943.

Visite du peintre Hohly qui m'a apporté l'une de ses gravures sur bois. Parlé de Cellaris, dont l'attitude est considérée comme exemplaire. Elle montre à quel point la véritable résistance est rare sur cette terre. Cellaris a fondé dès 1926 une revue qui portait ce titre. Il semble que, juste avant son arrestation, son destin imminent planait autour de lui comme une aura. Ainsi sa vieille maman, qui mourut dans ces jours-là, ne cessait de crier durant son agonie : « Ernst, Ernst, c'est terrible comme ils te poursuivent. » On dit même qu'à Blankenburg, le Dr Strünckmann eut, au cours d'un entretien avec lui, un spasme nerveux de quelques secondes et que, dans une sorte de clairvoyance, devenu tout pâle, il lui a dit : « Cellaris, je ne vous reverrai plus – quelque chose de terrible vous attend. » Tout cela contraste étrangement avec le caractère de Cellaris qui est très terre-à-terre et tourné vers le monde d'ici-bas. Il est certain que cet homme aurait pu jouer un rôle important dans l'histoire allemande ; il aurait canalisé le courant ; l'esprit et le pouvoir, maintenant séparés, auraient pu s'unir, et si étroitement que nous y aurions gagné, sur un plan bien supérieur, constance et sécurité. Évidemment, les démagogues promettaient tout à meilleur compte et voyaient bien le danger que cet homme représentait. Il est sûr que, sous son égide, la guerre avec la Russie n'eût pas eu lieu, ni peut-être aucune guerre. On n'en serait pas arrivé non plus à ces atrocités envers les Juifs qui soulèvent contre nous l'univers entier.

Paris, 23 juin 1943.

À midi, chez Florence. Elle m'a montré les peintures qu'elle s'est fait envoyer pour son intérieur ;
parmi celles-ci, un portrait de Lord Melville par Rom-
ney, un Goya, un Jordaens, quelques primitifs, en
somme une petite galerie. Impressionnante, la manière
dont elle saisissait, pour les montrer, les tableaux posés
sur le sol, pareille à ces êtres qui lèvent avec désinvolture des poids trop pesants pour les forces humaines.

Déjeuner, puis café au « petit bureau ». Entretien sur *Pylône* de Faulkner et le *Livre d'esquisses* de
Washington Irving.

Le soir, promenade au Bois. Au pied d'un chêne
immense, j'ai aperçu un lucane cerf-volant mâle de
l'espèce *Capreolus*, une variété aux ramures réduites
à une simple paire de pinces. À Mardorf déjà, un
coin perdu, marécageux et désertique, sur les rives
de la Steinhuder Meer, j'avais trouvé des exemplaires
énormes de cette espèce dans les vieilles forêts de
chênes, et j'espérais toujours découvrir des spécimens
de cette petite race. Maintenant, j'en voyais un posé
sur une racine, couleur de corne, luisant d'un reflet
rougeâtre aux derniers rayons du soleil, sorti d'un rêve
longtemps caressé. Devant de tels spectacles, le prodigieux miracle que représente l'apparition de l'animal
me touche de plus en plus : les animaux sont insépa-
rables de nous, comme en la rose les pétales des sépales
– c'est notre substance vitale, notre force originelle qui
se reflète ici dans un miroir aux mille facettes.

Comme toujours, lorsqu'on essaie de surprendre

des secrets, on devient le témoin involontaire d'autres spectacles. Je suis tombé sur des couples d'amoureux qui peuplaient le doux crépuscule de la forêt, à toutes les phases de l'étreinte. Le sous-bois contient des buissons arrondis qui, avec le temps, se sont creusés, pareils à des boules vertes ou à des lampions. Les couples avaient transporté dans ces tonnelles les chaises jaunes que la Ville de Paris éparpille à profusion dans le Bois. On y voyait les sexes silencieux, collés l'un à l'autre, tandis que l'ombre grandissait. Je dépassais des groupes d'une haute plasticité, comme celui-ci : l'homme, assis sur une chaise, caressait doucement sa partenaire qui se tenait devant lui ; ses deux mains remontaient le long de ses cuisses et glissaient vers les hanches, soulevant sa légère robe de printemps. C'est ainsi qu'après une chaude journée, le buveur assoiffé saisit l'amphore harmonieusement renflée pour la porter à sa bouche.

Dans cette lutte, je suis contre les chiffres et pour la lettre.

Paris, 25 juin 1943.

Dans la matinée, le Dr Göpel, qui raconta sa visite à la maison où mourut Van Gogh. Il avait eu un entretien avec le fils du médecin qui avait soigné le peintre. Il dit son nom – le Dr Gachet, je crois. Göpel était d'avis que, dans des cas analogues, un entourage intellectuellement moins développé permettait plutôt d'éviter la catastrophe – c'est pourquoi il était heureux que

Hölderlin se fût réfugié chez un artisan. Gachet aurait observé une étrange réserve : « Personne ne peut savoir ce qu'un auteur quelconque écrira de notre entretien dans cinquante ans ». Ce qui est vrai, mais inévitable : nos paroles sont des jets de pierre – nous ignorons qui sera frappé par elles, derrière le mur des années. Ceci est particulièrement vrai à proximité des grands individus : ils font l'effet de lampes dans l'obscurité de l'oubli.

Plus tard, le colonel Schaer. Parlé de Kirchhorst, dont sa sœur a habité le presbytère avant nous. Le prétendu Service de Sécurité d'ici semble s'être mis de mèche avec des criminels français pour faire chanter de riches Français – on dit qu'ils commencent par fabriquer une photographie sur laquelle leur victime se trouve en compagnie de francs-maçons.

Schaer dit encore que la dernière attaque sur l'Allemagne occidentale avait coûté, en une seule nuit, la vie à seize mille personnes. Les visions deviennent apocalyptiques : il paraît qu'on voit pleuvoir le feu du ciel. Il s'agit d'engins enflammés, composés d'un mélange de caoutchouc et de phosphore qui enveloppe impitoyablement les victimes et qu'il est impossible d'éteindre. On aurait vu des mères jeter leurs enfants aux fleuves. Cette progression toujours plus atroce dans le crime a engendré une sorte de cauchemar ; on attend des représailles inouïes, l'emploi de moyens plus infernaux encore, que l'on vient de mettre au point. Les gens s'accrochent à l'espoir de moyens nouveaux, alors que la situation n'exige pour s'améliorer que des pensées nouvelles, des sentiments nouveaux

Plus tard, le courrier. Après un long silence, je crus y trouver un mot de la Fleur de feu ; pourtant la lettre n'était pas d'elle, mais de la main de sa mère. Elle me fait part de la mort de sa fille, survenue à Paris! Je savais que cette ville était son but, elle l'a donc atteint. Mais cette fois-ci, elle n'a pas entendu dans ses rêves le mot tosdo: «*So Tod!*». Cette fille, dont j'ai reçu cette première lettre, si bizarre, à Bourges, la Capoue de 1940, a fait irruption dans ma vie comme une apparition romantique. En ce temps-là, elle me prenait en pensée par la main et voulait me montrer son jardin, son château et sa girouette sur laquelle tournoyait l'inscription: «Fais ce qu'il te plaît.» Nous nous vîmes plusieurs fois; au cours des années suivantes, elle m'envoya des centaines de lettres. Cette éclosion, en elle, cet épanouissement spirituel comme en serre chaude, était un spectacle dont l'observation aurait pu remplir les jours d'un être moins occupé que moi; ce qui me paraissait alors un gaspillage prend aujourd'hui, pour moi, un sens. Je crois pouvoir le découvrir dans ces monceaux de papier hâtivement écrits: en ces temps de destruction, elle cherchait un véritable lecteur, un bon dépositaire. Il ne faut pas qu'elle se soit trompée.

Puis une lettre de Zwickledt, le château du vieux mage Kubin, dont les signes astrologiques deviennent de plus en plus en plus illisibles, tout en se chargeant de sens. Ce sont là les vraies lettres: des idéogrammes qui attirent l'œil vers des tourbillons oniriques. J'ai cru comprendre, en un certain passage: «... pour finir, rien que le théâtre astral que notre âme joue pour elle-même... Moi!»

Le soir, comme presque chaque jour maintenant, promenade solitaire au Bois. J'y ai vu pour la première fois le pic *Picus minor*, le plus petit de sa famille, et son comportement était tout à fait conforme à la belle description que Naumann a faite de lui. J'en ai parlé à Heinrich von Stülpnagel, qui manifeste toujours de l'intérêt pour ce genre de nouvelles.

Peut-être devrais-je quand même rassembler des matériaux pour décrire la période de l'histoire pendant laquelle ma conscience s'est éveillée, c'est-à-dire celle qui s'étend de 1900 à la fin de cette guerre – je pourrais utiliser ma propre histoire, et tout ce que j'ai vu et entendu chez les autres. Assurément, il ne s'agirait que de notes, car je n'ai pas le loisir de faire plus, et peut-être suis-je encore trop jeune.

Achevé le livre de Baruch, dont le dernier chapitre est important par sa description détaillée des cultes magiques et de l'idolâtrie. Il compte parmi les passages de l'Écriture qui prolongent le monde d'Hérodote.

Paris, 26 juin 1943.

Chez Gruel, où les discussions sur les diverses sortes de cuirs et les reliures me font toujours songer à une merveilleuse et tardive floraison artisanale. Avec quel plaisir n'habiterait-on pas des villes uniquement peuplées d'êtres de cette trempe. Peut-être est-ce cela que Tamerlan a voulu, en prenant les artistes et les maîtres de tous les pays dans ses volières, comme des oiseaux multicolores.

Plus tard, dans la petite église Saint-Roch, sur les marches de laquelle il m'est impossible de ne pas songer chaque fois à César Birotteau. Dans cette église, d'ailleurs, on retrouve l'emblème menu de Paris, la turritelle.

Sur les quais, parmi les livres; la simple lecture de tous leurs titres est instructive. Comme si souvent à présent, les sirènes se sont déclenchées; mais les Parisiens ne se dérangent pas pour si peu de leurs occupations.

En flânant, pensé à ma grammaire. Il faut que j'approfondisse davantage tout ce qui se rapporte au son. L'écriture a imposé une relation trop importante entre le langage et l'œil – la relation originelle est celle du langage et de l'oreille. Langage est *lingua*, langue; écrit, il suppose la présence d'un auditeur d'une finesse particulière, puisqu'il n'entend qu'en esprit. *Orare* et *adorare* – l'action est ici la même, mais le préfixe indique la présence divine. Quelle immense différence entre *o-a* et *a-o-a*.

Lecture: Guégan, *Le Cuisinier français*, Paris 1934. « *Coupez en morceaux la langouste vivante et faites-la revenir à rouge vif dans un poêlon de terre avec un quart de beurre très frais** ».

Paris, 29 juin 1943.

Clément Podewils me parla de Maillol auquel il avait rendu visite à Banyuls et qui, âgé de plus de quatre-vingts ans, y vit dans la sculpture et la sagesse. Il paraît qu'il dit tous les trois mots: «*À quoi ça sert**?» Puis sur Li-Ping; ce qui distingue les siamois, c'est qu'ils s'attachent plus aux êtres qu'à la maison, joignant les qualités du chat à celles du chien.

Le soir, accès de fièvre ; resté longtemps dans le bain à regarder le nouveau catalogue des coléoptères par Reitter, de Troppau. Maintenant, je suis arrivé à étudier ces secs latinismes comme une partition, mais ce qui émerge alors dans ma conscience, ce sont des couleurs et non de la musique, je les vois en couleurs. La grande pénurie des denrées et l'abondance des insectes ont provoqué un *boom* sur le marché des insectes desséchés – encore une conséquence singulière de notre situation économique. Pendant que meurent les branches maîtresses de l'arbre de l'économie, ses rameaux les plus éloignés se couvrent de fleurs. Sur toutes ces choses, j'aimerais avoir un entretien avec un expert en économie politique qui dépasserait les limites de sa science et aurait quelques idées sur la fiction de l'argent. C'est un point sur lequel il y aurait beaucoup à apprendre de l'heure présente, car toujours, aux époques de décomposition, le mécanisme secret de la machine sociale se voit plus distinctement. Nous jetons un coup d'œil derrière les coulisses, comme les enfants à l'intérieur d'un jouet brisé.

Nous autres humains – nos rencontres dans l'amour, nos luttes pour la fidélité, pour l'affection. Leur signification dépasse ce que nous croyons en savoir ; mais nous le pressentons dans notre souffrance, dans notre passion. Ce qui importe, c'est la chambre que nous partageons dans l'absolu, au-delà du royaume de la mort, et la hauteur que nous pouvons atteindre ensemble. C'est ce qui explique l'épouvante qui peut nous saisir entre deux femmes – il y va de notre salut.

Les voyelles : des contenants ? La voyelle est sertie dans les consonnes ; *elle* enserre l'inexprimable. Ainsi le fruit enserre le noyau et celui-ci le germe.

Paris, 30 juin 1943.

La cathédrale de Cologne a été touchée par les bombes. «Ses murs noircis par la fumée», ai-je lu dans la presse, «doivent être, pour le peuple allemand, le fanal des représailles». Ce qui signifie apparemment qu'on souhaite mettre le feu à Westminster, pour autant qu'on en soit capable ?

Paris, 2 juillet 1943.

Ce matin, visites de toute sorte – celle, par exemple, d'un aumônier militaire, Mons, qui me transmettait des pensées amicales, et d'un artilleur, Kraus, lié avec mon frère le physicien, et enfin celle de Valentiner, qui a retrouvé pour quelques jours son studio. Le sous-officier Kretzschmar m'a également remis sa biographie de Schiller.

Selon Kraus, Cellaris court en ce moment le plus grand danger. On a commencé à «nettoyer» la maison d'arrêt où il est détenu, mais il paraît que, lors d'une première tentative pour s'emparer de lui, le directeur, l'aumônier et même les gardiens l'ont couvert de leur corps. Bien faible est cependant la protection que ces gens peuvent offrir à cette victime malade, sans défense, et exposée à de terribles attaques. Le fils de ce même Cellaris se trouve d'ailleurs sur le front de Russie.

Paris, 3 juillet 1943.

À Cologne, on célèbre le service divin en plein air, devant les ruines fumantes des églises. C'est là un de ces traits qu'on n'invente pas : je l'avais déjà prévu bien avant que cette guerre n'éclatât.

Parmi les lettres que je reçois, il y en a beaucoup qui prennent un ton sinistre, eschatologique : tels des appels montant des plus basses spires du tourbillon d'où l'on aperçoit la base du récif.

Perpétua, le 30 juin : « En ce qui te concerne, je sens avec certitude que tu échapperas sain et sauf au grand maelström ; ne perds pas confiance en ta véritable vocation. »

Nous possédons dans ce Maelström d'Edgar Allan Poe l'une des grandes visions prophétiques de notre catastrophe, et surtout la meilleure image de celle-ci. Nous sommes maintenant descendus jusqu'à cette partie du tourbillon où les rapports se dévoilent dans leur mathématique obscure, plus simples, à la fois, et plus fascinants ; le mouvement le plus rapide donne en même temps une impression de fixité.

Paris, 4 juillet 1943.

Dans un recueil de jugements de la cour martiale qu'on fait circuler ici pour notre information, je trouve les décisions suivantes :

Un officier, sans être menacé, abat quelques prisonniers russes et explique ce fait à l'audience en disant que son frère a été assassiné par les partisans. Il est condamné à deux ans de prison. Kniébolo, à qui on soumet le jugement, l'annule et ordonne la mise en liberté. Motif : on lutte contre des bêtes féroces ; dans ces conditions, il est impossible de garder son sang-froid.

Dans un embouteillage, un autre officier néglige de quitter sa voiture, et n'use pas de son autorité pour intervenir auprès des chauffeurs, comme le prescrit le règlement. Le jugement le condamne à deux ans de prison et à la dégradation.

De telles confrontations montrent ce qui, dans un monde de chauffeurs, passe pour excusable, et ce que l'on tient pour crime. À vrai dire, il ne s'agit pas seulement, comme je l'ai longtemps pensé, d'un daltonisme moral ; celui-ci n'est réel que chez les masses. Des esprits comme Kniébolo, suivant leur goût le plus profond, s'efforcent d'étendre la tuerie au maximum ; on dirait qu'ils appartiennent à un univers de cadavres et qu'ils voudraient le peupler – ils aiment l'odeur des charniers.

Achevé : Fridtjof Mohr, *Weites Land Afrika*, Berlin, 1940. De tels livres procurent le même plaisir que les bons films ; et laissent après eux la même insatisfaction. La perception des couleurs, des formes et de leurs mouvements a quelque chose de mécanique ; la succession des images s'impose comme quand on roule en auto et que tantôt on accélère, tantôt on ralentit. Avec ce type de description des faits, la littérature atteint un niveau tel que pour finir, tout le monde, ou du moins la grande majorité des hommes peuvent y aspirer, de même d'ailleurs qu'une grande majorité sait se servir d'un appareil photographique.

Du reste, je révise peu à peu mon jugement selon lequel ce genre de réalisme technique serait tout de même préférable à l'impressionnisme. Mais on ne peut éviter qu'il lui succède.

Stylistiquement, on est agacé, dans cette traduction du norvégien, par l'emploi perpétuel de « quand » suivi du présent : « Quand j'atteins la cime, j'aperçois une antilope à l'orée du bois. » Or, « quand » renvoie en principe au passé : en employant cette conjonction, on donne pour ainsi dire le premier coup de pinceau à un tableau de ce qui fut. En ce qui concerne la succession, la définition et les entrecroisements des formes temporelles, il survit du reste dans le langage une conscience très fine de leur emploi, bien que tant de formes verbales se soient confondues, ou soient devenues désuètes. Il existe néanmoins toute une série de moyens et d'outils qui permettent de sauvegarder la perspective temporelle et l'architecture de la description, sans qu'on doive, comme le recommande Schopenhauer dans ses notes sur le style, maintenir artificiellement en vie des formes verbales périmées.

Paris, 5 juillet 1943.

Arrivée de Benno Ziegler, que je n'avais pas revu depuis près d'un an. Parlé de sa maison d'édition qui, en contradiction avec toutes les tendances actuelles, s'est transformée en entreprise privée. Il a mené avec beaucoup d'habileté les négociations et transactions nécessaires pour arriver à ses fins. Par ces temps d'automatisme, cela fait toujours du bien de voir quelqu'un prendre le courant de biais ou, mieux encore, manœuvrer contre lui.

Puis tour d'horizon. On distingue de plus en plus clairement deux guerres : celle de l'Ouest et celle de l'Est. À cette division correspond une différence d'idéologie. Ce que Kniébolo peut aujourd'hui promettre de meilleur au peuple, c'est une durée indéfinie de la guerre. Ziegler a également cité cette phrase que le jeune Clemenceau avait entendu dire, je crois, par Gambetta : « Ne comptez pas sur les généraux ; ce sont tous des lâches. »

Sommeil agité. Aux premières heures du matin, j'ai pensé, comme cela m'arrive si souvent, à divers écrivains ; entre autres, à Léon Bloy. Je l'imaginais dans un petit pavillon de banlieue, assis à son bureau. Par la fenêtre ouverte, on apercevait des marronniers en fleurs le long d'une allée, et un ange portant l'uniforme bleu des facteurs.

Paris, 6 juillet 1943.

Chez Florence ; conversation parsemée d'anecdotes. J'ai trouvé plaisante l'histoire racontée par Giraudoux d'un bagnard reconnaissant, qu'un avocat lyonnais, nommé Dupont, avait sauvé de la guillotine et qui avait été envoyé à Cayenne. De là-bas, il aurait voulu faire un cadeau à son défenseur ; mais, dépourvu de tout, il n'avait que ce que la nature lui offrait. En outre, étant forçat, il n'avait pas le droit d'envoyer des paquets. Un jour, un bateau chargé de perroquets accosta à Marseille, et l'on entendit l'un d'eux crier : *« Je vais chez maître Dupont à Lyon* »*.

Paris, 8 juillet 1943.

Après le petit déjeuner, j'ai lu le psaume 90. L'éphémère y chante son chant le plus puissant, le plus tragique.

Au courrier, une lettre de Grüninger qui demande si je veux venir dans l'Est accomplir une mission déterminée que m'a réservée le général Speidel et qui concerne le sort des combattants de Stalingrad. Ceci confirme mon expérience : les pays avec lesquels nous avons été une fois en contact continuent toujours à nous attirer. Et pourtant, je n'ai même pas jeté, comme je le fais d'habitude dans les eaux frontalières, une pièce de monnaie dans la Pchich. Mais quand donc produiront-elles leur effet, ces pièces de cuivre que j'ai lancées près de Rhodes, dans la mer Égée, et près de Rio, dans l'Atlantique ? Peut-être seulement dans la mort – nous accédons alors à tous les mondes marins et stellaires, nous sommes chez nous partout.

Le soir, chez le Dr Epting, où j'ai rencontré Marcel Déat et sa femme. Discussion sur la troisième partie du journal de Fabre-Luce, dont l'édition, ayant habilement tourné la censure, semble provoquer un grand scandale. J'ai l'impression que tout cela finira par une histoire de police.

Déat, que je voyais pour la première fois, portait des signes que j'ai déjà observés chez plusieurs hommes, sans toutefois pouvoir les définir d'un terme précis. Il s'agit de processus moraux décisifs, qui déteignent sur la physionomie, et surtout sur la peau : elle semble tantôt parcheminée et tantôt recuite, mais toujours grossière. L'aspiration vers la puissance à tout prix, si elle endurcit l'homme, l'expose en même temps au jeu des forces démoniaques. Cette aura, on la sent ; elle m'est apparue distinctement lorsqu'il m'a reconduit chez moi dans sa voiture. Même sans la présence des deux malabars que nul n'avait vu de la soirée, et qui se sont alors placés près du chauffeur, j'aurais senti que ce trajet n'était pas de tout repos. En mauvaise compagnie, le danger perd de son charme.

Des mots comme « la jeunesse » ou « *les jeunes** » font partie des expressions fétiches qui reviennent sans cesse dans la conversation de ces gens-là, prononcés avec l'intonation qu'on devait avoir autrefois pour dire « le pape ». Aussi importe-t-il peu que la jeunesse soit, en effet, de leur côté – il s'agit plutôt d'un appel adressé à cette volonté farouche, à ce manque de sens critique dont le mélange en elle offre aux agitateurs un terrain favorable.

Lu le grand glossaire de la langue latine du Moyen Âge, par du Cange, dont j'avais acheté les trois in-folio sur les quais pour une somme insignifiante. On y vagabonde à travers le cosmos d'une littérature disparue. Ensuite, ce que je n'avais pas fait depuis longtemps, parcouru Schopenhauer qui confirme quelques-unes de mes expériences de ces dernières années :

« Quel avantage pour moi si je pouvais me débar-rasser de cette illusion qui me fait considérer comme mes semblables cette engeance de crapauds et de vipères. »

Certes, mais d'un autre côté, on devrait toujours se dire, comme à l'aspect des plus infimes animaux :

« Voilà ce que tu es ! »

Mais c'est la dualité éternelle de ma nature que de voir *en même temps* l'inimitié et la parenté. Cela me gêne pour les actions, dans le dessin desquelles je vois toujours transparaître une trame d'injustice et toujours aussi la part de bon droit qui sombre avec le vaincu. Et ma vision des choses a donc plus d'acuité qu'il n'en faut à l'individu, à moins qu'il n'écrive rétrospective-ment l'histoire.

Paris, 9 juillet 1943.

Benno Ziegler nous a fait ses adieux au *Caneton**. Il nous a appris que Fabre-Luce avait été arrêté ce matin. Parlé des derniers jours de A. E. Günther qui, avant de mourir, a dû lutter longtemps contre l'asphyxie. Son dernier mot à son frère : « ... et tout cela en pleine conscience ». Ce qui résume le martyre de tout le XXe siècle.

Revenu vers dix heures en flânant par le boulevard Poissonnière où je me souviens chaque fois du tricheur qui m'y accosta, il y a des années. Il est bien dans mon caractère d'avoir tout de suite reconnu le tricheur, mais de m'être ensuite laissé plumer par lui et son complice rencontré « par hasard » – un hasard cousu de fil blanc –, jouant ainsi, au fond, contre moi-même.

J'apprends aujourd'hui, par le Journal officiel de l'armée, la mort au front du général Rupp, ce petit chef de division, d'une gentillesse mélancolique, auquel j'avais rendu visite au Caucase. D'une manière générale, le nombre des morts augmente parmi mes connaissances, et aussi celui des maisons détruites par les bombardements.

Paris, 10 juillet 1943.

Jeûné. À la longue, je sens que la vie artificielle de cette ville me convient mal. Dans la matinée, passé un court moment à Saint-Pierre-Charron, mon église-tortue, où j'ai trouvé une fois de plus ouverte la porte de la mort.

La bataille qui s'est déchaînée depuis quelques jours au centre du front de l'Est semble prendre un nou-vel aspect, avec des concentrations de troupes peu communes dans ces contrées. Les forces se sont équilibrées ; le mouvement disparaît, la violence du feu grandit.

Dans l'après-midi, erré de nouveau dans les ruelles qui avoisinent le boulevard Poissonnière. Fouillé la poussière du passé. Regardé avec ravissement des livres dans l'accueillante librairie de Poursin, rue Montmartre. J'y ai acheté à petit prix une série de « *L'Abeille** », dont le premier volume portait, tracé d'une main sénile, une dédicace de l'entomologiste Régimbart.

Le soir, entretien avec Schery, le musicien viennois, sur le rythme et la mélodie, le dessin et la couleur, les consonnes et les voyelles.

Journée mémorable : les Anglais ont débarqué en Sicile. L'effet de ce premier contact avec l'Europe a rayonné jusqu'ici ; nous sommes entrés dans une période d'alerte plus aiguë.

Lecture : *Les Bagnes* – où l'on prétend que même les forçats les plus féroces et les plus redoutables embrassent le prêtre qui les accompagne, au moment de l'exécution. Ici, le prêtre est présent en sa qualité d'*homme* ; il n'est pas le représentant de l'humanité devant l'éternel, c'est l'homme qu'il symbolise : celui qui éleva la voix pour nous tous et chanta le psaume 90. En tant que tel, il est témoin sur un mode bien supérieur à la faute et à l'expiation.

Les mots : pour « *terrasser** », dans le sens de l'allemand « *niederschlagen* », « *zu Boden schlagen* », il nous manque un verbe d'une précision comparable. D'une manière générale, les verbes dérivés de substantifs ont plus de force : en eux, le mouvement est ennobli par la puissance matérielle, royale, du substantif. Ainsi, « *fourmiller** » est plus fort que « *wimmeln* », « *pivoter** » plus concret que «*schwenken*», et il faut préférer «*Barbieren*» à «*Rasieren*», dans le sens de «raser».

Inversement, les substantifs issus de formes verbales sont plus faibles que d'autres. Ainsi, «le mourir» est plus faible que «la mort», «la plaie» plus fort que «la blessure».

Paris, 11 juillet 1943.

Prolongé mon jeûne. À midi en ville, traversé beaucoup de rues et de places, errant comme un homme de la foule dans l'oisiveté d'un dimanche. Courte visite à Notre-Dame-de-Lorette. J'y ai aperçu une rangée de cierges votifs qui n'étaient pas en cire, comme d'habitude, mais en verre; la flamme était représentée par une ampoule électrique effilée. Ils étaient posés sur des tables qui portaient des fentes où l'on pouvait introduire des pièces de monnaie; ainsi, le contact s'établissait, et les cierges, selon l'importance de l'offrande, brûlaient plus ou moins longtemps. Je vis des femmes actionner ces distributeurs automatiques de dévotion, car il faut bien employer ce terme affreux pour donner à ces pratiques le nom qu'elles méritent.

On conserve aussi, dans cette église, la porte de la cellule où l'un de ses curés, l'abbé Sabatier, fut emprisonné jusqu'au jour où la populace le fusilla en 1871.

Puis chez Valentiner, qui est reparti aujourd'hui pour Aix. Sur les quais de la Seine, j'ai vu deux sabliers anciens, qui coûtent malheureusement très cher.

Sur la Sicile, les nouvelles sont rares. Le débarquement a réussi; reste à savoir si la tête de pont parviendra à s'étendre. En général, on considère que l'issue de ce combat décidera de la situation ; une fois de plus, cette île joue le rôle du fléau de la balance entre deux continents, comme aux temps puniques.

Paris, 13 juillet 1943.

Nuit agitée, fiévreuse, inaugurée par des alertes. J'ai rêvé de serpents ; ils étaient sombres, noirs et dévoraient d'autres serpents multicolores, couleur de soleil. À l'égard de ces animaux, qui jouent un si grand rôle dans les songes, je n'éprouve, la plupart du temps, aucune répulsion – tout se passe comme s'ils me montraient tout ce qu'ils ont de vivant, ce qu'il y a en eux d'ondoyant, de rapide et de mouvant, ce qu'a si bien observé Friedrich Georg :

> *Comme le ventre du serpent*
> *Jette un éclat de vif argent*
> *Lorsqu'il s'enfuit, ainsi fuyait*
> *Le ru sous sa couronne herbue.*

La force originelle de ces animaux, c'est d'incarner la vie *et* la mort, puis encore le bien *et* le mal – à l'instant même où l'homme a reçu du serpent la connaissance du bien et du mal, il a aussi reçu la mort. Donc, la vue du serpent est pour tout homme une expérience bouleversante – presque plus forte que celle du sexe, auquel il se rattache, d'ailleurs.

Le commandant en chef m'a fait dire par le colonel Koβmann que je ne pouvais pas aller en Russie pour le moment. Je le regrette, car j'aurais volontiers changé d'air et je sens aussi que la recette de César – les longues marches – me serait profitable.

Au courrier, une lettre d'un certain lieutenant Güllich, qui se trouve sur le front de l'Est ; dans l'état-major de son régiment, on lit les *Falaises de marbre*.

« ... pendant la nuit, quand la tension du combat se relâchait et que l'angoisse liée à nos terribles épreuves s'apaisait, nous lisions sous nos tentes, dans les *Falaises de marbre*, exactement *ce que* nous venions de vivre. »

J'ai rencontré, à midi, le jeune capitaine qui m'avait couvert de son manteau, à Kiev. Toujours étrange de voir comment se tissent et se rassemblent les divers moments, les divers paysages de notre existence. Nous portons en nous une aptitude à créer certains motifs, et l'on peut dire que tout ce que nous vivons, comme les images d'une tapisserie des Gobelins, est tissé d'un seul fil.

Le soir, chez le comte Biéville de Noyant, qui habite rue des Saints-Pères, une maison meublée avec un soin extrême. Ces demeures, comme Paris en possède encore un grand nombre, surtout sur la rive gauche, sont comme les greniers secrets d'une substance ancienne ; leur rayonnement est extraordinaire. Il est vrai que les objets soustraits à l'usage et réduits à leur seul rayonnement y dominent, ce qui donne à ces pièces une allure spectrale, désincarnée. J'ai eu cette impression en contemplant un vieux jeu d'échecs aux figures précieuses ; visiblement, il n'était posé sur une table que pour le plaisir des yeux.

Là, j'ai rencontré le critique Thierry Maulnier et mademoiselle Tassincourt ; ensuite, l'amiral Célier, un homme qui a de l'étoffe, comme la plupart des gens de mer de cette nation terrestre. Selon lui, l'art est beaucoup moins individuel en France qu'en Allemagne, d'où peu – ou pas – de génies, mais beaucoup plus de talents. Pour les mêmes raisons, le sens plastique y serait plutôt collectif: la plus grande de ses prouesses, son chef-d'œuvre, étant la ville de Paris.

Échangé des propos sur le maréchal Lyautey, André Gide, Hercule, Janin, Malraux et d'autres. Parlé aussi des combats de Sicile et des perspectives de rapprochement entre l'Allemagne et la France. C'est pendant ces conversations que je vois à quel point je vis déjà hors de l'État-nation; je me sens alors un peu dans la situation de Lichtenberg qui, simplement pour s'exercer, jouait parfois à l'athée; ou encore comme Jomini qui, sur le champ de bataille, participait en même temps par la pensée aux manœuvres de l'état-major ennemi. C'est sous les vieux drapeaux que les hommes d'aujourd'hui combattent pour un monde nouveau; ils croient se trouver encore à leur point de départ. Mais ici, il ne faut pas vouloir être trop subtil, car l'illusion dans laquelle ils se meuvent est nécessaire à l'action, fait partie des rouages.

La position des Allemands est favorable, ce qui se montrera surtout s'ils sont battus. C'est qu'alors les avantages secondaires disparaissent; seuls subsistent les avantages fondamentaux, comme ceux de leur situation en elle-même. Alors, il apparaîtra aussi que les Allemands, comme le dit fort bien Rivière, ne sont pas le peuple du «ou bien… ou bien», mais du «non seulement… mais encore». Ainsi, deux chemins s'ouvriront à nouveau devant eux, au lieu de l'unique voie actuelle, où ils se sont fourvoyés. Et dans ce cas, il dépendra d'eux que le monde du XXe siècle s'aligne sur l'Est ou sur l'Ouest, ou que la synthèse soit possible.

Paris, 15 juillet 1943.

À propos du style : des tournures telles que : « Je voudrais entendre votre point de vue sur la question » et d'autres du même ordre sont des empiétements injustifiés du domaine d'un sens à l'autre. De telles erreurs sont le plus souvent fondées sur l'adoption irréfléchie de clichés, mais une telle alternance d'images, lorsqu'elle naît de la puissance créatrice, peut donner à l'expression un relief stéréoscopique.

Paris, 16 juillet 1943.

Dans la matinée, conférence sur la situation au ministère de la Marine. Thème : l'opération Penicion ; il s'agit d'envoyer vers le sud toutes les péniches disponibles, afin de ravitailler ensuite les troupes de Sicile avec des caboteurs, la suprématie aérienne et navale de l'Angleterre empêchant l'utilisation des grands cargos. Ce qui en dit long sur la situation.

Paris, 17 juillet 1943.

Au déjeuner, le président. Court entretien en tête-à-tête, portant sur notre prisonnier.

Café chez Banine, si authentiquement turc que j'en eus des battements de cœur tout l'après-midi. Elle m'a donné le *Pilgrim's Progress* de Bunyan et *Brave New World* de Huxley, qu'elle s'était procurés pour moi. Nous avons parlé des harems, puis de Schopenhauer et du professeur Salmanoff; pour finir, des rapports des divers sens avec le langage, un sujet qui me préoccupe beaucoup en ce moment. À ce propos, elle m'a appris qu'en russe on dit: «J'entends une odeur.»

Pour dire: «Il a les yeux rivés sur quelque chose», les Turcs disent: «Il les a cousus.» Je l'ai priée d'aller un peu à la chasse aux mots à mon intention; j'ai d'ailleurs besoin de collaborateurs pour ce projet. Quant au titre, je pourrais choisir entre «Métagrammaire» et «Excursions métagrammaticales».

Au retour, il faisait exceptionnellement chaud. Les rues baignaient, calmes, dans l'air embrasé. Rue Lauriston, j'ai observé à travers la vitrine l'intérieur d'un petit magasin d'antiquités. Parmi les meubles anciens, les tableaux, les verreries, les livres, les objets rares, la marchande, une belle jeune femme, un chapeau à plume sur la tête, dormait assise dans un fauteuil recouvert de brocart. Son sommeil avait quelque chose de magnétique – ni sa poitrine ni ses narines ne bougeaient. Je contemplais ainsi un cabinet magique où tous les objets semblaient avoir gagné infiniment en valeur; mais la dormeuse aussi avait été métamorphosée en objet, en automate.

Tout l'après-midi d'ailleurs était ensorcelé. La librairie allemande, par exemple, où, dès mon entrée, il me sembla que toutes les vendeuses s'étaient coalisées contre moi, ce qui ne m'est arrivé que rarement dans ma vie.

Comme dans un rêve, je pris l'escalier qui conduisait à d'autres pièces, sans me soucier de savoir si elles étaient ouvertes au public, et j'entrai dans un bureau où, sur une table, il y avait des journaux. Je les feuilletai et fis quelques annotations en marge de photographies représentant des scènes de la vie politique. Redescendu ensuite au magasin, où le groupe de vendeuses me dévisagea avec la plus extrême attention. J'entendis l'une d'elles dire : « Qu'a-t-il donc fait là-haut ? »

Feuilleté le *Dictionnaire de la langue verte** de Delveau, Paris, 1867. Pour « Breda-Street », j'ai trouvé l'explication suivante : Cythère parisien dans lequel depuis plus de vingt ans vit une population féminine *« dont les mœurs laissent à désirer – mais ne laissent pas longtemps désirer* »*.

« *Bismarcker** » signifiait « caramboler » dans le jargon des joueurs de billard – le mot est né en mai 1866.

« *Donner cinq et quatre** » : désignait l'une de ces paires de gifles économiques, données en aller et retour, d'abord avec la paume, puis avec le revers de la main. Dans le deuxième mouvement, le pouce n'entre pas en action. Si l'on fait coup double, on dit aussi : « *donner dix-huit** ».

Paris, 18 juillet 1943.

Nuit d'insomnie, après la lecture des premières étapes du *Voyage du pèlerin* de Bunyan. Encore sous l'effet du café de Banine. Passé minuit, j'ai rallumé et j'ai écrit, assis dans mon lit, les notes suivantes :

Je constate que j'ai une animosité particulière envers les gens qui affirment des choses qui ensuite se révèlent fausses, et qui, ce faisant, mettent tout en œuvre pour me convaincre. Il y a dans l'effronterie ou le «je m'en fichisme» de la propagande, par exemple, quelque chose que je prends tout d'abord au sérieux – j'ai du mal à croire que seule une volonté se cache derrière les arguments.

Et quand, souvent après bien des années, les faits parlent, je n'en ressens que mieux la piqûre – me rendant compte que de véritables souteneurs, d'infects prostitués à cent sous des puissants au pouvoir, se sont moqués de moi. Ils avaient fardé leur putain en Vérité.

Ajoutons qu'ils n'ont pas la moindre pudeur intellectuelle : ils n'arrivent à rougir qu'une fois giflés. Aussi vont-ils maintenant recommencer à faire de la retape, dans des postes nouveaux, et peut-être travailleront-ils pour des hommes et des puissances que nous estimons justes et que nous plaçons très haut. Nous aurons alors l'amertume particulière d'entendre ces canailles prêcher le vrai par simple opportunisme.

C'est par mon amour de la vérité que je crois me rapprocher le plus de l'absolu. Je peux enfreindre les lois morales, me montrer peu sûr face à mon prochain – mais je ne peux pas m'écarter de ce que j'ai reconnu pour authentique et vrai. En ce sens, je suis comme un adolescent qui consentirait peut-être à épouser une riche rombière – mais qui, lors de la nuit de noces, serait impuissant à copuler, malgré tous les aphrodisiaques. Dans mon esprit, les muscles à fonctionnement involontaire se dérobent alors à leur service. Pour moi, la vérité ressemble à une femme dont l'étreinte m'a condamné à l'impuissance avec toutes les autres. C'est en elle seule qu'est la liberté, et par conséquent le bonheur.

C'est aussi pourquoi je n'accède à la théologie que par la connaissance. Il faut d'abord que je me prouve Dieu pour pouvoir croire en lui. C'est-à-dire qu'il faut que je revienne par le chemin même où je l'ai quitté. Mais avant qu'avec tout mon être, et sans restriction aucune, je ne passe le fleuve du temps pour gagner d'autres rives, il faut que des ponts intellectuels soient jetés et qu'un subtil travail de sapeurs m'y prépare. Mieux vaudrait, évidemment, la grâce, mais elle ne correspond ni à ma situation, ni à la place où je suis. Ce qui a son sens; je présume que c'est précisément par mon travail – ces arcs, auxquels la contrepesée du doute donne, de haut en bas, résistance et portée – que c'est par ce travail justement que je peux accompagner d'autres humains jusqu'à la bonne rive. D'aucuns, peut-être, savent voler ou prennent la main de ceux qui se confient en eux pour les faire marcher sur les eaux, mais il semble que notre éon ne produit pas de ces êtres.

Quant à notre théologie, elle doit être tout empreinte de modestie, à la mesure d'une humanité affaiblie dans sa force élémentaire. Depuis longtemps, la foi de tous ceux qui sont capables de percevoir les forces de l'univers est plus active dans les domaines de la biologie, de la chimie, de la physique, de la paléontologie, de l'astronomie, que dans les églises; on peut dire de même que la philosophie s'est divisée en sciences particulières. Naturellement, ce sont des détours – les diverses disciplines doivent de nouveau être libérées des influences de la théologie tout autant que de celles de la philosophie, ne fût-ce que dans leur propre intérêt, pour revenir à la science sans en rester aux «conceptions du monde». Il faut trier soigneusement, comme de l'or ou de l'argent, les éléments théologiques et philosophiques; la théologie, assumant la fonction de l'or, règle le cours et la valeur des sciences. Elle leur met aussi des brides, car on voit où conduit la connaissance déchaînée. Semblable au char de Phaéton, elle met le feu à la terre; elle a fait de nous, ou des images que nous recélons, des Maures, des nègres et des cannibales.

Petites notes à propos de ce trait de caractère:
Au Brésil, après d'éreintantes chasses aux insectes dans les forêts des montagnes, je classais mes trouvailles la nuit sur le bateau. Il m'arrivait alors de me tromper d'un jour sur les fiches où je notais le lieu d'origine de l'insecte – je marquais, par exemple, 14 décembre 1936 au lieu du 15. Je refaisais alors, quoique cela n'eût rien changé, des centaines de fiches.

Dans la conversation, je m'arrête souvent avant de prononcer une phrase, pour peser en quelque sorte tous les doutes et toutes les objections qu'elle pourrait rencontrer. Aussi suis-je toujours à la traîne quand je me trouve en présence d'interlocuteurs qui me jettent instantanément leurs opinions à la tête.

Quand l'entente se fait au cours de certains entretiens, il s'établit souvent une sorte de douce intimité, un accord des sentiments. Je remarque alors, même en famille ou auprès de Friedrich Georg, la tendance que j'ai à ne pas m'attarder trop longtemps sur cette note, et à quitter ce havre en introduisant dans le débat soit un argument nouveau, non encore examiné, soit un éclairage ironique. Ce procédé me rend insupportable dans tous les cercles et les réunions dont le sens même est de provoquer de tels accords, c'est-à-dire dans tous les comités, conspirations et réunions politiques. Ce qui peut devenir particulièrement gênant, là où je suis moi-même en cause – une estime modérée, critique ou une appréciation bien fondée m'a été de tout temps plus agréable que l'admiration. De celle-ci, je me suis toujours méfié. Il en est de même, d'ailleurs, lorsque je lis les comptes rendus de mes livres ; une analyse objective, et même un refus justifié, me conviennent mieux que les louanges, lesquelles m'emplissent de confusion. C'est surtout la critique injustifiée, provenant éventuellement d'une animosité personnelle ou délibérée, qui me blesse et me poursuit. Au contraire, une critique qui m'oppose de bonnes raisons m'est agréable. Alors, je ne sens pas la nécessité d'engager le débat – pourquoi mon adversaire n'aurait-il pas raison ? Une critique qui touche juste n'atteint pas la personne ; elle est pareille à la prière que j'entends prononcer auprès de moi, quand je suis devant l'autel. Il n'importe pas que *j'aie* raison.

Cette dernière phrase indique aussi pourquoi je ne suis pas devenu mathématicien, comme mon frère le physicien. La rigueur de la logique appliquée ne me satisfait nullement. Le vrai, le juste, au sens le plus élevé, ne sauraient être démontrables mais doivent rester sujets à controverses. Nous devons tenter de les atteindre, nous autres mortels, sous une forme approximative et non absolue. Cela entraîne dans les régions où c'est l'impondérable et non le mesurable qui assure au Maître son aura, cela entraîne vers le royaume des Muses.

En ce domaine, c'est surtout le service du Verbe et par le Verbe, qui me captive – cette tentative, la plus subtile, qui rapproche sans cesse le mot de la frontière de l'inexprimable.

On y trouve aussi la nostalgie des justes proportions selon lesquelles l'Univers fut créé, et que le lecteur doit entrevoir à travers le Verbe, comme par une fenêtre.

L'après-midi, au Jardin d'acclimatation où j'ai vu le mâle d'une race de paons particulièrement somptueuse déployer ses tons chatoyants – bleu profond du lapis-lazuli, or vert et bronze doré. Une mousse de franges or vert frémissait au pourtour de ce plumage inouï. La volupté de cet animal, c'est la parade totale, l'étalage de ses charmes – au moment suprême de l'exhibition, c'est un tremblement où cliquettent en de légers spasmes des tiges de plumes traversées de frissons électriques, comme des flèches de corne secouées dans un carquois. Dans ce mouvement se manifeste bien le tressaillement précieux de la volupté, mais en même temps, aussi, ce qu'elle a d'automatique, de spasmodique.

Ensuite, dans le parc de Bagatelle, où le *Lilium Henryi* était en fleur. J'ai revu également la goldorphe. Il faisait très chaud.

Achevé *Les Bagnes*, de Maurice Alhoy, Paris, 1845, illustré. Les vieux bagnes admettaient, plus que notre société, le criminel en tant que tel ; on n'approchait pas de lui avec des conceptions valables hors de sa sphère. Il vivait donc plus durement, mais aussi plus naturellement et plus intensément que dans nos prisons actuelles. Toutes les théories qui visent à un amender les délinquants selon un schéma, tous les établissements d'hygiène sociale impliquent une forme particulière d'exil, une cruauté particulière. La véritable misère est profonde, substantielle, de même que le mal appartient à l'être, à la nature intérieure ; il ne faut pas se dissimuler ces choses comme un puritain. On peut parquer les bêtes de proie derrière des grilles, mais il ne faut pas vouloir les habituer aux trognons de choux ; il faut leur donner de la viande. On peut rendre au Français cette justice qu'il n'a point ces accès de pédagogie puritaine que l'on observe chez les Anglais, les Américains, les Suisses et beaucoup d'Allemands ; dans ses colonies, sur ses bateaux et dans ses prisons, les choses se passent avec plus de naturel. Il les laisse s'arranger toutes seules, et c'est toujours agréable. Autre exemple : l'indifférence à l'hygiène qu'on lui reproche ; et, malgré tout, on loge, dort et mange chez lui beaucoup mieux que dans les pays parfaitement désinfectés.

Chose curieuse, j'ai appris que peu d'années encore avant 1845, au bagne de Brest, les eaux des latrines étaient réservées au prisonnier chargé de nettoyer le linge. Il lavait les chemises dans l'urine, qui doit avoir, par conséquent, quelque propriété détergente ; c'est un usage dont on pourrait sans doute suivre ethnologiquement les traces loin dans le passé. Ce livre est, en général, une bonne contribution à l'étude des traits carnassiers, bestiaux de l'être humain – et aussi de ses bons côtés, comme par exemple une cordialité très marquée et un instinct noble et fougueux. Les bagnes étaient, en quelque sorte, des États de criminels ; et à les observer, on a l'impression que si le monde n'était peuplé que de criminels, la Loi saurait y prendre forme, et il ne périrait pas. Ce propos est, du reste, confirmé par l'histoire des colonies pénitentiaires.

Paris, 20 juillet 1943.

À midi, chez Florence. Cocteau a raconté qu'il avait assisté à une audience de justice : un jeune homme était accusé d'avoir volé des livres. Parmi ceux-ci, une édition rare de Verlaine ; le juge avait demandé :

« Saviez-vous le prix de ce livre ? »

L'accusé :

« Je n'en connaissais pas le prix, mais j'en savais la valeur. »

Parmi ces livres, il y en avait aussi de Cocteau. Nouvelle question :

« Que diriez-vous si on vous dérobait un livre écrit par vous ?

— J'en serais fier. »

Puis conversation à laquelle participa aussi Jouhandeau, sur des singularités de diverses natures. La décharge narcissique du paon, qui m'avait amusé dimanche après-midi, lui était connue ; il paraît qu'on ne l'entend que par temps sec. L'action détersive de l'urine, dont parle ce livre sur les bagnes, vient probablement de sa teneur en ammoniaque. Il paraît que dans tout l'Orient, les mères qui allaitent absorbent un peu de l'urine des nourrissons, ce qui rendrait le lait meilleur.

Cocteau prétendait qu'un prestidigitateur hindou lui avait brûlé son mouchoir à une distance de vingt pas, et que les Anglais, dans les cas urgents, se servent des indigènes pour transmettre les nouvelles par télépathie, moyen plus rapide que la radio.

Dans des magasins d'articles de chasse on vend, paraît-il, des sifflets d'une telle hauteur de son que nos oreilles ni celles du gibier ne peuvent les percevoir ; mais les chiens les entendent de très loin.

Les grands vases de Florence contenaient de très beaux « éperons de chevaliers », en français « *pieds-d'alouette** ». Certains spécimens sélectionnés parviennent à des tons métalliques que l'on observe rarement chez les fleurs, en particulier un bleu-vert et un bleu-violet qui sont enchanteurs. La fleur bleue semble avoir été arrosée d'une encre verte aux tons ardents, ou violette, qui aurait laissé sur elle, en séchant, des reflets miroitants. Comme pour les aconits, on ne devrait cultiver cette fleur que dans les teintes tirant sur le bleu qui lui vont particulièrement bien.

L'après-midi au bureau : le président. Puis Erich Müller, qui a naguère publié le livre sur le « Front noir », et est pour le moment caporal à la DCA de Saint-Cloud. Entretien sur Cellaris et son incarcération.

Paris, 25 juillet 1943.

Comment se fait-il qu'en présence de gens intelligents et très intelligents ma conduite soit plus détendue, moins cérémonieuse, plus nonchalante, plus insouciante, moins prudente? Ils ont sur moi un effet tonifiant. Là-dessous, il y a quelque chose du «*All men of science are brothers*»; l'entente, le va-et-vient libre et léger des idées a quelque chose de fraternel, comme si l'on était *en famille**. Aussi l'adversaire intelligent est-il moins dangereux pour moi.

En revanche, lors de rencontres avec des imbéciles, avec des esprits qui acceptent les lieux communs et qui en vivent, avec les gens que fascine l'ordre extérieur et vide des hiérarchies sociales, je deviens hésitant, gauche, commets des maladresses, dis des bêtises.

Je ne puis malheureusement pas dissimuler; aussi Perpétua sait-elle immédiatement à quoi s'en tenir lorsque je reçois un visiteur. «Celui qui a, il lui sera donné» – c'est aussi ma maxime.

«Telle était la situation où je me trouvais.» Modèle d'innombrables fautes, pardonnables dans la conversation mais interdites dans l'écrit.

«*Cependant**» a, comme notre allemand «*indessen*», un sens temporel aussi bien qu'un sens d'opposition. Ainsi se trahit l'un des rapports entre la grammaire et la logique: deux événements simultanés ont, du moins pour la perception, un quelque chose en vertu de quoi ils s'excluent réciproquement.

Paris, 26 juillet 1943.

Visites dans la matinée, notamment celles du commandant von Uslar et du lieutenant Kutscher, qui venait de Hollande. Il m'a apporté une lettre de Heinrich von Trott, dont l'étrange visite nocturne dans la maison du vignoble, à Überlingen, s'est fondue naguère à mon plan des *Falaises de marbre*.

Le soir, avec Alfred Toepfer dans le jardin du mess des officiers, rue du Faubourg-Saint-Honoré. Entretien sur Cellaris; puis nous nous sommes assis sur un banc solitaire du parc pour faire le point sur la situation. Et ce que tant d'autres m'avaient dit, dans le cours de ces années, Toepfer me l'a redit :

«Maintenant, il faut que vous vous mettiez à un appel adressé à la jeunesse d'Europe.»

Je lui ai raconté que déjà pendant l'hiver 1941/1942, j'avais réuni des notes sous ce même titre, et que je les avais jetées au feu. Plus tard, au Raphaël, j'y ai songé :

La Paix / appel à la jeunesse d'Europe / appel à la jeunesse du monde.

Paris, 27 juillet 1943.

Commencé *L'Appel*, par sa division en treize parties, réalisée en une demi-heure. L'essentiel, c'est que je reste très simple et compréhensible, sans toutefois tomber dans les lieux communs.

Paris, 28 juillet 1943.

Travaillé à *L'Appel*. Brouillon et rédaction du premier chapitre, une sorte d'introduction qui a ses difficultés, car il faut suggérer l'atmosphère générale, et cela de manière intuitive. Je n'écris pas comme naguère, lors de ma première tentative, d'une manière cryptée, mais un texte en clair.

En écrivant le mot «*Jugend*», je me suis aperçu que l'euphonie de la première syllabe avait un son de fête, comme dans *Jubel, jung, iucundus, iuvenis, iungere, coniungere*, comme aussi beaucoup d'appels et noms des Dieux. L'ancienne fête des Juturnales.

Le soir, au Wagram, avec Eckelmann, directeur au ministère, le colonel Kräwel et le comte Schulenburg, préfet de Silésie. Kräwel, qui s'était trouvé vingt minutes en face de Kniébolo, dépeint ses yeux comme «vacillants», regardant à travers les êtres ; regard d'un esprit qui s'élance rapidement vers la catastrophe. Discuté de *L'Appel* avec Schulenburg qui se demandait si je n'aurais pas intérêt à me rendre à Berlin, au G.Q.G. de la Wehrmacht. Mais il me semble que, là-bas, je ne trouverais pas la protection que je dois ici au commandant en chef. Autrefois, en effet, Keitel a déjà mis Speidel en garde contre moi.

La popularité est une maladie qui menace d'être d'autant plus chronique qu'elle atteint le patient plus tard dans sa vie.

Paris, 29 juillet 1943.

Important courrier. Friedrich Georg répond à ma question sur la vibration des paons, en m'indiquant un passage de son poème sur ces animaux.

> *Il fait la roue*
> *Et fait vibrer*
> *Ses plumes fermes*
> *Qui tintent comme*
> *Barreaux de grille.*

Sur ma demande, mon frère avait également rendu visite à l'abbé Horion qui réside à Überlingen, maintenant que ses collections sont devenues la proie des flammes à Düsseldorf. Depuis janvier, il est déjà parvenu à réunir quatorze cents espèces de coléoptères. Malheureusement, la maison de Goecke a été détruite par le feu, elle aussi, mais celui-ci a pu sauver ses collections. Des nouvelles terrifiantes nous parviennent encore de Hambourg et Hanovre. Il paraît que lors des attaques au phosphore, l'asphalte se met à brûler aussi, de sorte que ceux qui tentent de s'enfuir s'y enfoncent et meurent carbonisés. Sodome est rejoint. Perpétua m'écrit qu'on distribue en grande hâte des masques à gaz à la population. Un habitant de Bourges me fait savoir qu'on y lit beaucoup la traduction des *Jardins et Routes* et qu'on en discute.

Achevé *Brave New World*, de Huxley. Ce livre montre que toutes les utopies, au fond, décrivent l'époque même de l'auteur – ce sont des variations particulières de notre être, elles en dépeignent les conséquences dans un espace d'une netteté supérieure, qu'on appelle avenir. En général, les utopies sont optimistes, car l'avenir et l'espoir se rejoignent essentiellement ; mais ici, il s'agit d'une utopie pessimiste.

Le passage suivant m'a frappé : un groupe de cinq gratte-ciel brille dans la nuit comme les doigts d'une main dans un geste de louange à Dieu. Mais aucun des athées civilisés qui les habitent ne le sait ; seul le sait un sauvage qui, venu de la forêt vierge, a échoué ici.

Paris, 30 juillet 1943.

Enfin des nouvelles de Perpétua. Le raid sur Hanovre s'est produit à midi, tandis qu'elle travaillait au jardin. L'enfant prit peur et récita une longue prière. Le centre de la ville a été détruit : l'Opéra, le château sur la Leine et l'église du Marché, ainsi que la plupart des vieilles ruelles, avec leurs maisons de style renaissance et baroque. Perpétua ne sait pas encore ce que sont devenus ses parents.

Je n'ai jamais senti mieux qu'en lisant ces lignes à quel point les villes sont des rêves. Aussi sont-elles faciles à effacer, lorsque le jour se lève : pourtant, elles vivent aussi à une profondeur extrême, dans ce qu'il y a d'indestructible en nous. Devant cet événement, comme aujourd'hui devant beaucoup d'autres, il me semble voir s'enflammer un beau paysage, peint sur le rideau d'un théâtre, mais se dévoiler en même temps dans toute sa profondeur la scène intangible qu'il cachait derrière ses frémissements.

Si étrange qu'il paraisse, il y a aussi une joie profonde à perdre – l'avant-goût de cette joie qui viendra nous surprendre dans l'ultime perte terrestre, celle de la vie.

À midi, chez le potard, qui est toujours sans nouvelles de sa femme. Il paraît que les Lémures de l'avenue Foch appellent ces déportations : «l'action écume de mer». L'incertitude totale où sont laissés les parents a pour origine l'ordre «Nuit et Brouillard» de Kniébolo. Ce sont des échantillons d'une langue grotesque pour aigrefins et démons – empruntés aux entrelacs de Jérôme Bosch.

«Ceux qui ont fait cela ne sont pas des amis de l'Allemagne», disait le brave potard, et il ne se trompe pas.

Paris, 1er août 1943.

Samedi et dimanche, avec le commandant en chef aux Vaux-de-Cernay, où il faisait très bon pendant la grande chaleur.

Sur le lac et ses jonchaies denses, où Weniger et moi avons observé les plantes et les bêtes. Il y faisait cette lourdeur tropicale qui donne à ces promenades dans les marais leur nuance propre. Nous avons parlé d'un certain nombre de personnes ; à cet égard, Weniger possède une mémoire exceptionnelle. Sa tête est une encyclopédie de noms. Parlé également de Hanovre et des guelfes, que j'avais l'intention de mentionner dans mon appel. Ma vie politique intérieure ressemble à une montre dont les rouages auraient des effets antagonistes : ainsi, je suis à la fois guelfe, prussien, allemand de la grande Allemagne, européen et citoyen du monde – je pourrais pourtant imaginer sur le cadran quelque midi où tout cela s'accorderait.

Le soir, entretiens sur la botanique, pour laquelle le commandant en chef a une prédilection particulière. La description de l'*Hottonia palustris*, qu'ébaucha pour moi le président des Douanes, Lottner, me donna envie d'observer quelque jour cette plante dans son habitat marécageux. Je n'ai jamais vu non plus le lédon.

« *Wille* » et « *Wollen* » : le second terme contient une nuance à la fois plus morale et plus rationnelle : c'est l'un des exemples du pouvoir de l'*O*. Il s'accentue dans l'euphonie de la répétition : « *Wohlwollen* », tandis que « *Wohlwillen* » dissonne.

« *Pondre** », « *legen* » – mais il nous manque le robuste substantif de « la ponte », qu'on pourrait tout au plus rendre par « *das Eierlegen* ». C'est ainsi que les langues sont plus ou moins en phase avec la réalité.

« *Tailler un crayon** » – notre « *den Bleistift spitzen* » est, au contraire, plus précis, plus exact.

Paris, 2 août 1943.

Au courrier, Alexander me fait un récit enfantin du bombardement de la ville.

Dans l'après-midi, comme tous les lundis, leçon chez madame Bouet ; nous avons étudié les prépositions. Curieux que parmi les noms de ville commençant par une voyelle, l'ancien « *en** » ne se soit conservé que devant Avignon. Serait-ce parce que cette ville avait été considérée comme État ? Je crois bien que Daudet se moquait déjà de cet « *en Avignon** ». Dans le vieux château où réside l'esprit de la langue, de tels détails sont comme ces fragments d'architectures d'autrefois qui apparaissent sous le mortier.

Sur le seuil de la porte, Mme Bouet m'a dit : « J'ai prié pour que Kirchhorst soit épargné ».

Les plantes aquatiques de Cernay ; on voyait tout au fond briller leur vert sombre. Elles ressemblent à des végétations de rêve ; l'eau calme, c'est le sommeil. Quand, le jour venu, nous nous souvenons des détails d'un rêve, c'est comme si, à la surface, apparaissait une fleur, une feuille, une tige. Nous nous agrippons à eux, nous tirons à nous cette touffe sombre et ruisselante aux ramifications sans fin, pour l'amener à la lumière.

Paris, 3 août 1943.

Jamais sans doute, depuis la guerre de Trente Ans, le ton des lettres n'a été aussi apocalyptique. Tout se passe comme si, dans de telles situations, la raison ébranlée des hommes perdait le sens de la réalité terrestre ; elle sombre dans les tourbillons cosmiques et pour elle s'ouvre alors un monde nouveau de visions d'anéantissement, de prophéties et d'apparitions surnaturelles. Je suis d'ailleurs étonné qu'aucun signe n'ait flamboyé au firmament, comme il en surgit à des tournants pareils. Mais on pourrait peut-être interpréter la comète de Halley comme un signe avant-coureur de notre monde igné.

Continué *L'Appel*, dont j'ai aujourd'hui commencé et achevé le deuxième chapitre : « Il faut que cette guerre porte fruits pour tous. »

Paris, 4 août 1943.

Déjeuner chez Florence Gould. On prétend qu'à Hambourg, les bombardements de ces derniers jours ont fait deux cent mille victimes, ce qui est probablement fort exagéré.

Florence, qui revient de Nice, nous raconta qu'on y avait appris vers minuit la démission de Mussolini. Et qu'avant l'aube déjà, ses portraits avaient été brûlés par les troupes. Quoique je l'eusse pressenti, au fond, depuis toujours, je n'en ai pas moins été étonné de voir une dictature de ce genre, édifiée sur la terreur, retourner ainsi au néant, sans tambour ni trompette.

Grande fut ma joie d'apprendre par Heller que Fabre-Luce jouit d'un régime adouci, à la suite des renseignements que j'avais donnés sur lui au commandant en chef. On va, en outre, le traduire devant un tribunal régulier.

Paris, 5 août 1943.

Comme souvent dans mes rêves, je me trouvai dans une sorte de fête foraine ou de champ de foire. Je le traversais avec un petit éléphant que tantôt je montais et tantôt conduisais, le bras gauche passé autour de son cou. Parmi les images dont je me souviens encore, celle d'un espace dégagé où l'on avait installé des cages à fauves. La matinée était froide et brumeuse et les gardiens, pour en garantir les bêtes, retournaient avec leurs pelles d'énormes tas de fer ; c'étaient des pièces semblables à des maillons de chaînes ou à des aimants bruns, et toutes étaient chauffées à blanc, de sorte qu'au cours des manipulations, le brouillard était traversé d'un rayonnement scintillant et vif.

Je n'effleurais que d'un regard cette espèce de combustible ; ses moindres détails techniques m'étaient connus. Il s'agissait là d'une matière qu'on n'avait pas besoin de brûler comme du charbon, mais qui dégageait une chaleur radioactive.

Achevé *Le Livre d'esquisses* de Washington Irving, une œuvre appartenant à la grande littérature et que j'avais omis jusqu'à présent de lire. J'y ai trouvé des passages qui m'ont beaucoup séduit et d'autres qui m'ont instruit, comme la description du caractère anglais, sous le titre de « John Bull ». J'en ai noté des passages pour mon appel.

À propos de Jacques Ier d'Écosse, qui fut dans sa jeunesse prisonnier durant de longues années à Windsor, Boèce est cité ; il est bien vrai que la lecture de son œuvre est particulièrement consolante dans les temps de malheur. Je l'ai senti sur la ligne Siegfried, dans la Hutte aux roseaux.

J'y ai aussi trouvé cette judicieuse remarque sur certains parvenus : « Ils s'expliquent la modestie des autres par l'importance de leur situation personnelle. »

Paris, 6 août 1943.

Dans la matinée, continué de travailler le troisième chapitre de *L'Appel*, où j'aurai à exposer que le sacrifice est le grain que la guerre fera fructifier. Auprès du sacrifice des soldats, des ouvriers, de tous ceux qui souffrent innocemment, je ne dois oublier en aucun cas les victimes de massacres sanguinaires et insensés. C'est sur eux, avant tout, comme autrefois sur les enfants emmurés dans les piles des ponts, que s'édifiera le monde nouveau.

Question de style: «Pâlir plus fortement» me gêne, et à juste titre. Il faut que je tende de plus en plus à la précision dans l'emploi d'images dégradées par la platitude d'un langage où domine la logique. Et, d'une façon générale, retourner aux images, dont le Logos n'est que le rayonnement, la face taillée. Le langage est l'édifice le plus ancien, le plus vénérable qui nous ait été conservé – notre histoire et notre préhistoire y sont empreintes, avec leurs rapports les plus subtils.

À la pause de midi, nouvelle visite au musée de l'Homme. Lequel est le plus cruel – du sauvage qui tanne avec un soin d'artiste les crânes des ennemis tués, les colorie et y grave des lignes bariolées, puis remplit leurs orbites de coquillages ou d'éclats de nacre – ou de l'Européen qui collectionne ces crânes et qui les expose dans ses vitrines?

De nouveau et plus fort que jamais, je remarque tout ce que gagnent les matières et surtout la pierre au travail de la main. Cette pénétration, cette vie qui leur est donnée, elle est sensible physiquement – on sent la part de magie qui entre dans chaque métier primitif. Il n'en reste aujourd'hui que peu de chose, sinon dans quelques lointaines provinces de la Chine, ou dans des îles perdues au bout du monde – mais où un peintre sait encore ce qu'est la couleur, un écrivain ce qu'est le langage.

Du reste, au musée de l'Homme, je suis toujours pris d'une violente envie de toucher les objets, ce que je n'ai jamais ressenti devant d'autres collections. Il est beau aussi d'y croiser si souvent des garçons de douze à seize ans.

Le soir, avec Neuhaus et son beau-frère, von Schewen, au Coq hardi. Parlé des diplomates d'avant la Première Guerre mondiale, tels que Kiderlen-Wächter, Rosen, Holstein et Bülow, que Schewen a intimement connus. Les coups les plus minuscules ont là leur importance, comme à l'ouverture d'une partie d'échecs cosmique.

En Allemagne, croissance de la secte qui a pris pour devise : « Jouis de la guerre, car la paix sera terrible. » Dans l'ensemble, j'observe, toutes les fois qu'on s'entretient de l'avenir, deux sortes d'hommes – les uns croient impossible de survivre au cas où la guerre serait perdue, tandis que les autres le considèrent comme tout à fait concevable. Peut-être ont-ils également raison.

Paris, 7 août 1943.

Continué *L'Appel*, dont j'ai commencé le quatrième chapitre, qui doit poursuivre mes réflexions sur le sacrifice. J'ai l'intention de distinguer ici quatre strates d'une fertilité croissante ; d'abord, le sacrifice de ceux qui sont réellement actifs, c'est-à-dire des soldats et des ouvriers des deux sexes ; puis, de ceux qui sont simplement réduits à souffrir ; ensuite, plus profondément, le sacrifice des êtres traqués et massacrés et, finalement, celui des mères, où débouchent toutes ces catégories, comme dans le plus profond bassin de douleurs.

Dans l'après-midi, études de rues derrière le Panthéon ; dans la rue Mouffetard et les ruelles avoisinantes, qui ont conservé encore un peu de cette vie des quartiers surpeuplés, pré-révolutionnaires du XVIIIᵉ siècle. On y vendait aussi de la menthe, ce qui a ranimé mes souvenirs de l'étrange nuit dans les quartiers maures de Casablanca. Les marchés sont toujours riches de révélations – sont, pour l'homme, le pays des songes et de l'enfance.

De nouveau, grande joie et reconnaissance à la pensée que cette ville des villes échappait encore à la catastrophe. Quelle merveille ne nous resterait-il pas si, après ce déluge, telle une arche chargée à ras bord d'une antique et riche cargaison, elle atteignait le havre de paix et demeurait nôtre pour des siècles nouveaux.

Paris, 10 août 1943.

À midi chez Florence, où j'ai parlé avec l'ingénieur en chef Vogel de notre production d'avions de combat. Voici quelques mois, il m'avait prédit que la construction d'un nombre plus important de chasseurs de nuit arrêterait vers cette époque-ci le bombardement de nos villes – mais que faire, maintenant que les formations surgissent en plein midi ? Parlé également du phosphore utilisé comme arme – il paraît, en effet, que nous la possédions déjà au moment de notre supériorité aérienne et que nous avons renoncé à l'employer. Ce serait méritoire ; mais, vu le caractère de Kniébolo, assez surprenant. La masse de phosphore, transportée dans de grands récipients en terre, constitue pour le pilote un terrible danger, car un seul éclat suffit à faire exploser son appareil en un brasier dont rien ne peut le tirer.

Le soir, chez Jouhandeau, dans la calme petite rue du Commandant-Marchand, à la lisière du Bois. Je n'y ai trouvé d'abord que son épouse, cette Élise que la plupart des romans de son mari ont rendue célèbre, une femme qui a quelque chose de démoniaque, d'un caractère robuste, trop robuste même pour cette époque. Jouhandeau aime comparer la gardienne de son foyer à une pierre – que ce soit le roc de Sisyphe ou le récif sur lequel il a fait naufrage. Nous avons conversé un moment et elle employait, au cours de notre entretien, la notion de *dégénéré supérieur**, qui serait applicable à la plupart des écrivains français actuels : le corps et la morale seraient déjà en décadence, tandis que l'esprit se distinguerait par sa vigueur et sa haute maturité. Ainsi, les rouages seraient en quelque sorte trop faibles pour le puissant ressort qui les meut, d'où une foule d'inconvenances et d'absurdités.

Jouhandeau arriva vers les dix heures et m'accompagna pour un petit tour dans les rues qui entourent l'Étoile. On apercevait à l'ouest un ciel limpide, d'un vert vitreux, et cette froide lumière qui suit les dernières rougeurs du couchant. De légers nuages le couronnaient, avec des teintes nocturnes d'améthyste nacrée et de violet-gris. « *Voilà un autre Arc de triomphe** », dit Jouhandeau. Nous passâmes encore devant l'endroit où, par pur caprice, j'avais fait la connaissance de Mme L..., pour essayer la recette de Morris que je considère comme un de mes maîtres dans le mal. Ainsi, dans nos promenades à travers le labyrinthe des villes, nous revivons les heures vécues comme si les maisons et les rues se coloraient, prenaient âme et défilaient, kaléidoscope de souvenirs bariolés. Jouhandeau abondait dans mon sens et me disait qu'il vouait positivement telle ou telle place au souvenir de certains amis. Nous passâmes par l'avenue de Wagram, dont il me dit qu'avec ses cafés illuminés de lumières rouges, ses belles de nuit et ses rues latérales remplies de petits hôtels de passe, elle était comme une île étrange dans ce quartier, si convenable, du XVIe – une sorte de veine enflammée et multicolore dans l'entrelacs de ses rues.

Paris, 11 août 1943.

Au cours de la nuit, durant des heures, tir de DCA contre les bombardiers qui revenaient à haute altitude d'un raid meurtrier sur Nuremberg. Le commandant en chef m'a fait venir dans la matinée et m'a offert un bel ouvrage de botanique. Puis arriva le lieutenant Sommer, qui a été à Hambourg. Il disait qu'on y avait vu un groupe d'enfants aux cheveux gris, de petits vieillards, vieillis dans une nuit au phosphore.

Achevé le quatrième chapitre de *L'Appel*, dont la rédaction progresse lentement. On pourrait appeler ses deux parties la fondamentale et la constructive – la première doit exposer les raisons du sacrifice, et la deuxième l'ordre nouveau qu'on pourrait édifier sur lui. Il est difficile, dans la première partie, de ne pas tomber dans la simple pitié, et j'espère donc que, dans la seconde, ma plume courra plus rapidement.

Le soir, deux parties d'échecs avec Baumgart. Krause, qui s'était trouvé à Hambourg pendant l'attaque et peu après, nous a raconté qu'il y avait vu environ vingt cadavres carbonisés, adossés au parapet d'un pont, l'un à côté de l'autre, comme sur un gril. Il devait s'agir de gens qui, arrosés de phosphore, avaient voulu se jeter à l'eau, mais avaient brûlé vifs avant d'y parvenir. On parlait aussi d'une femme portant dans chacun de ses bras le cadavre calciné d'un enfant. Krause, qui porte une balle enkystée dans le cœur, était passé devant une maison dont le toit bas ruisselait de phosphore. Il avait entendu des cris, sans pouvoir porter secours aux habitants – cela fait songer à l'une des scènes de *L'Enfer* de Dante, à un rêve d'horreur.

Paris, 13 août 1943.

Maintenant, il m'arrive parfois de me lever vingt minutes plus tôt pour lire, en prenant mon café, quelques pages de Schiller, dans la petite édition de Kretzschmar, celle même qu'il m'a récemment offerte.

Cette lecture m'a rappelé un de mes vieux projets, celui d'un « Guide profane d'édification ». Je voudrais y rassembler une série de courts passages dans lesquels, d'une part, la religion déboucherait dans l'art, et, d'autre part, l'art dans la religion — ce serait un bouquet des plus sublimes floraisons de l'esprit humain face à l'Éternel. L'homme naturel y atteint grâce à ce qu'il y a de bon en lui, et le croyant en s'élançant à une telle hauteur d'expression que sa justesse transcende toutes les différences de foi, tous les développements dogmatiques. Quelques reproductions d'œuvres d'art plastique pourraient aussi trouver place dans ce bréviaire. En sus de mes amples lectures, j'ai toujours senti le besoin d'un tel *vade mecum*.

C'est à une haute constellation de l'esprit idéal et de l'esprit substantiel que les *Trois Paroles* de Schiller et les *Maîtres Mots orphiques* de Goethe ont donné le jour ; et il sera toujours merveilleux de penser que deux astres de cette grandeur se sont rencontrés dans une capitale champêtre, où les esprits éclairés ne manquaient d'ailleurs pas, tandis qu'aujourd'hui l'univers humain, parmi des centaines de millions d'êtres, ne parvient pas à en faire briller un seul qui soit leur égal.

D'ailleurs, la mention de l'astrologie, dans la correspondance relative à *Wallenstein*, a autant d'importance pour cette distinction que le fameux entretien sur la plante originelle.

Au courrier, avec une lettre presque illisible de Tronier Funder qui a dû quitter Berlin en hâte, une critique de *Jardins et Routes* par un certain Adolf Saager, dans le *Büchereiblatt* du 19 juin 1943. J'y lis entre autres choses :

« L'inconscience de cet antirationaliste se manifeste aussi dans les réalités concrètes de la campagne militaire. Certes, il se conduit correctement, humainement même, mais sa subtilité ne l'empêche pas de se lier avec tous les Français possibles et imaginables, comme si de rien n'était. »

Paris, 15 août 1943.

Revenu du Mans, où j'ai passé le samedi et le dimanche avec Baumgart et Mlle Lampe.

Dans l'atelier de Nay, qui m'offrit un dessin : deux amants dans un parc tropical où la flore explose. Audessus des troncs et des palmes s'est levée une lune immense ; au fond, un gardien, avec un unique œil rouge, énorme, tatoué sur le front.

J'y ai rencontré à nouveau monsieur de Thérouanne, homme d'une qualité intellectuelle que seule peut apporter une vie passée dans un loisir absolu.

J'ai alors l'impression que le vêtement de l'esprit est devenu vieux et confortable, si bien que chacun de ses plis s'adapte au corps, pour devenir enfin une seconde nature. D'où une supériorité par rapport à toutes les différences de rang, de fortune, de nationalité, de croyance et même d'esprit – non par une extension vers l'universel, mais par une élévation, un accroissement de la noblesse, de la distinction. La noblesse peut devenir si manifeste qu'elle vous donne des traits d'enfance, et qu'elle rend perceptible, à travers son détenteur, ces temps très anciens où les hommes étaient frères. Par-delà toutes les singularités, le plus simple est le plus noble. Notre prince souverain, c'est Adam. Toute noblesse dérive de lui.

Nay appartient à cette catégorie des possédés du travail que j'ai souvent rencontrés chez les artistes ; il peint même pendant le court répit dans le service dont il dispose à midi. De temps à autre, Thérouanne vient dans l'atelier pour lire un livre, allongé sur le divan, pour bavarder.

Quoique Nay soit fort absorbé par ses obligations de soldat de première classe, il se sent très bien au Mans. Ce qui prouve que l'État ne gâte guère les artistes. Évidemment, ici, les policiers ne forcent pas la porte de son atelier pour vérifier si ses pinceaux ont été réellement employés. Chez Kniébolo, le métier de barbouilleur est symbolique, comme tout le reste. Sadowa est bien vengé.

Dimanche matin, à la messe de la Wehrmacht, où un hasard heureux m'avait conduit ; j'eus le plaisir d'y entendre un court et bon sermon sur la Vierge comme Mère éternelle. Je me suis ensuite promené le long de l'Huisne, une petite rivière lisse, d'une couleur terreuse, à la surface de laquelle s'étalaient des feuilles de nénuphars, en forme de cœur, tandis que d'innombrables pêcheurs à la ligne y célébraient le culte du loisir. Ancrés auprès du rivage, de grands bateaux couverts, aménagés en lavoirs publics.

Puis au cimetière; une vie intense régnait autour des tombes, car c'était le jour de l'Assomption et les morts participent aux fêtes. Au milieu des monuments, un modeste obélisque indique l'endroit où repose Levasseur de la Sarthe, qui s'est donné le titre extraordinaire d'« *ex-conventionnel** ». Je me suis demandé si, plus tard, dans trente ans peut-être, quelqu'un se ferait aussi enterrer comme « ex-nazi ». Qui peut prédire les détours et bizarreries de l'esprit humain ?

Été déjeuner chez les Morin; le repas s'est prolongé jusqu'à cinq heures. La maîtresse de maison nous a régalés, entre autres, d'un pâté fait de champignons, d'œufs et de moelle de bœuf, qu'on appelle l'« *amourette** ». Parmi les vins, un bourgogne mis en bouteille par Morin l'année où naquit son fils, et qui doit accompagner les fêtes de son existence à la manière d'une mélodie de plus en plus belle et de plus en plus douce, car l'intérieur de la bouteille s'était, au cours des ans, galvanisé de tanin. Nous avons aussi regardé les livres, en bas, dans sa librairie; j'y ai acquis la Vulgate, que je souhaite depuis longtemps avoir dans mes bagages – dans la belle édition parisienne de 1664, célèbre, mais imprimée en caractères microscopiques.

Durant le retour, nous avons eu la surprise d'assister à une éclipse de lune. Comme l'obscurcissement maximum a encore eu lieu durant le crépuscule, le bord du croissant, blanc à l'origine, a pris couleur tandis que la lune recommençait à croître : elle se dorait en s'élargissant.

Dans le train, pendant le trajet, lu *Le Prince de Bismarck, psychologie de l'homme fort,* de Charles Benoist, Paris, 1900, chez Didier. Lecture qui ne représente pour moi qu'un plaisir en quelque sorte stéréoscopique, ayant entendu pendant des dizaines d'années, à la table de mon père, des conversations qui portaient sur les moindres détails de la vie de Bismarck. Quelque peu feuilleté ensuite «*Le Spleen de Paris*», dans l'édition que Charmille m'a offerte l'année dernière. Dans l'épilogue, la dernière strophe :

Je t'aime, ô capitale infâme ! Courtisanes
Et bandits, tels souvent vous offrez des plaisirs
Que ne comprennent pas les vulgaires profanes*.

exprime un sentiment que je connais bien : le plaisir intellectuel qu'on prend aux choses vulgaires, à leur multitude chatoyante à laquelle on se mêle comme un homme qui traverserait les grilles d'un jardin zoologique. On trouve la même satisfaction à lire Pétrone.

L'Appel ne peut paraître qu'à la faveur d'une constellation imprévisible d'événements impossibles à calculer dans le temps. S'il devait être terminé plus tôt, je l'entretiendrais en bon jardinier, jusqu'à ce que son heure soit venue.

Paris, 16 août 1943.

J'ai vu en rêve une nouvelle machine très perfectionnée, qui tissait des étoffes avec de l'air. Lorsqu'elle se mettait lentement en rotation, on voyait sortir et couler de ses gicleurs une sorte d'ouate très lâche, et lorsqu'elle tournait plus vite, elle produisait du shirting et de la toile. Lorsqu'elle fonctionnait à pleine vitesse, elle crachait des bandes de laine épaisse. Dans chaque cas, c'étaient des gaz différents qui se coagulaient ainsi. Je regardais ce tissage d'air avec une certaine admiration, quoiqu'il m'inspirât en même temps du dégoût.

Dans la matinée, la ville a été survolée par environ trois cents appareils ; des terrasses du Majestic, j'ai assisté au tir de la DCA. Ces raids nous offrent l'un de nos grands spectacles ; on sent la puissance des Titans dans l'immense espace. Il était difficile de distinguer les détails, mais les coups avaient dû porter, car au-dessus de Montmartre un parachute flottait lentement vers la terre.

Paris, 17 août 1943.

Entre autres choses, l'attaque sur Hambourg est en Europe le premier événement de cet ordre dont les statistiques ne peuvent rendre compte. L'état-civil est incapable de faire connaître le nombre des morts. Les victimes ont péri comme des poissons ou des sauterelles, en dehors de l'histoire, dans la zone élémentaire où n'existe nulle comptabilité.

Style. La répétition de certaines prépositions en allemand, comme dans les phrases « *Das reicht nicht an mich heran* » ou « *Er trat aus dem Walde heraus* » ne me gêne plus autant qu'autrefois ; il en découle aussi une accentuation, une force d'affirmation. Mais il faut en user avec modération.

Le soir, avec Weniger et Schnath, entretien sur l'histoire secrète et anecdotique de Hanovre, qu'a provoqué la destruction de notre vieille ville natale. Le maître-nageur Schrader, le sculpteur de masques Groß et mon grand-père l'instituteur y figuraient parmi d'autres originaux.

Derrière la colonne de Waterloo, un passage obscur menait à la Masch, où les soldats de la caserne de Bult, en attendant qu'on sonnât la retraite, disaient au revoir à leur petite amie, au milieu des ivrognes en vadrouille, tandis que fleurissaient toutes sortes de sottises et de cochonneries – ce pourquoi on l'appelait « le passage aux crottes ». Après la révolution de 1918, qui fit de Leinert un « directeur en chef » de la ville, d'ailleurs tout à fait capable, on put y lire sur une palissade : « Rue Leinert (ex-Passage aux crottes) ».

Pasquille bas-saxonne.

Paris, 21 août 1943.

Le soir, chez Jouhandeau, qui a beaucoup du moine médiéval, et même du type extatique. Dans sa vie spirituelle, on est frappé par des élans exquis vers la hauteur – un peu plus de légèreté, et le vol commence. Il est vrai qu'il a aussi des traits lucifériens.

Conversation sur l'insécurité du Bois, dont je me suis bien rendu compte l'autre jour, lors d'une promenade solitaire dans l'obscurité. Les chemins et les buissons n'étaient peuplés que de personnages louches. Comme beaucoup de requis pour le S.T.O. en Allemagne ont quitté leur domicile, le nombre des hors-la-loi augmente considérablement, entraînant l'anarchie. Les graves et multiples menaces contre la liberté amènent au banditisme d'innombrables recrues – je l'avais déjà prévu voici beaucoup d'années, sans savoir encore sous quelle forme la chose se réaliserait.

La rue du Commandant-Marchand se trouve près du Bois. Jouhandeau dit qu'on y entend souvent des coups de revolver ; récemment, ils furent suivis d'effroyables cris d'agonie. Élise s'était précipitée dans la rue pour porter secours : trait caractéristique de sa nature. Elle ressemble à ces soldats que le canon fascine, est de ces êtres dont les forces ne se libèrent qu'au moment du danger. De telles femmes peuvent provoquer des émeutes. D'ailleurs, j'ai observé que, mis à part les sujets vénaux, la germanophilie se manifeste surtout dans cette partie de la population qui possède encore une force élémentaire. C'est là un courant secret, qui prend en Allemagne la forme de la russophilie. Les forces d'ordre lui font obstacle : elles tendent vers l'Occident. De ce conflit, dont le champ de bataille est surtout au centre, surgiront les nouvelles combinaisons politiques.

Sur les morts ; la mère de Jouhandeau mourut très âgée. Au moment de la mort, son visage se transfigura comme sous l'effet d'une explosion intérieure ; elle prit les traits d'une fille de vingt ans. Puis elle sembla vieillir à nouveau et garda jusqu'à l'enterrement les traits d'une quadragénaire. Parlé de l'idiotie moderne, qui se manifeste aussi et surtout dans les rapports avec la mort et dans cet aveuglement devant les forces prodigieuses qui agissent dans notre voisinage immédiat. Puis de Léon Bloy.

Une nuit de 1941, la femme d'une des relations de Jouhandeau étant sur le point d'accoucher, le mari quitta la maison en hâte pour alerter la sage-femme. L'heure du couvre-feu était passée ; une patrouille française l'interpella et le conduisit au poste. Là, il expliqua son cas ; on avertit la sage-femme et on le garda pour vérifier ses dires, jusqu'au matin. Mais entre-temps, on apprit qu'un attentat s'était produit ; on rafla aussitôt des otages et, parmi tous ceux qui n'avaient pas respecté l'heure du couvre-feu, on fusilla aussi cet homme. Cette histoire est pleine d'une vérité supérieure et rappelle l'un des sombres passages des *Mille et Une Nuits*.

Histoires maurétaniennes :

1. Les falaises de porphyre. Description de la ville exhumée par Braquemart, comme siège originel de la puissance.

2. Le sentier de Masirah. Fortunio à la recherche de mines de pierres précieuses, et ses aventures durant ce trajet.

3. Le Dieu de la ville. Doit dépasser le surhomme, en ce que la conception suprême de l'homme sera tout à la fois animalisée et déifiée.

C'est l'un des objectifs de la modernité et de sa science, qui porte des traits magiques sous son masque rationnel ; pétrification dans la tour de Babel.

Les cinquante premières années de notre siècle. Le progrès, le monde des machines, la science, la technique, la guerre – éléments du monde pré-héroïque et post-héroïque, du monde des Titans. Comme tout entre en fusion, se change en danger élémentaire. Pour décrire cet espace de temps, dans un roman, par exemple, il faudrait commencer par camper un personnage qui, bien que d'une manière imprécise, y adhérerait avec exaltation, un Werther du XXe siècle, Rimbaud peut-être. À cette nature démoniaque, il faudrait adjoindre une autre figure, qui aurait de l'ordre une connaissance supérieure, non seulement conservatrice, mais agissant avec force, un grand-maître de la tour de Babel.

Paris, 24 août 1943.

J'étais assis à table avec mon père et quelques amis – au moment où le garçon s'approchait pour présenter l'addition. J'avais été étonné de le voir s'étendre en détail sur le vin et sur son prix d'achat, puis, au cours de la conversation, approcher une chaise et s'y asseoir. Une remarque de mon père me fit comprendre que l'homme qui parlait avec nous était le propriétaire. Ses gestes et ses paroles convenaient à ce rang, tandis qu'ils étaient inconciliables avec celui d'un garçon.

En me réveillant, je me suis interrogé avec Lichtenberg sur l'économie interne de tels songes et sur leur processus dramatique. Pourquoi cette situation, posée sans aucun doute dès le début du rêve, ne s'était-elle révélée que par une remarque jetée en marge de la conversation ? Le rêveur intervient-il dans la mise en scène de ses rêves, pour les rendre plus captivants ? Ou comme acteur d'une pièce dont la signification le dépasse ?

L'un et l'autre sont vrais, dans la mesure où, dans nos rêves, nous intervenons en tant que personnes, mais nous sommes en même temps des parcelles de l'univers. En nous, à ce second titre, agit une intelligence incomparablement plus haute, et que nous admirons quand le réveil nous a replacés dans notre être particulier. Dormant, nous ressemblons à des statues qui penseraient avec leur cerveau, et dont toutes les autres molécules seraient reliées au flux de la pensée cosmique. Nous plongeons dans les ondes de l'intelligence qui précède et suit la mort.

Lichtenberg était-il trop malin pour saisir ce double jeu ? En tout cas, j'aimerais pouvoir en parler avec lui, car sa question est de celles qui, pour moi, sont devenues plus fécondes que bien des réponses.

Achevé *Cashel Byron's Profession*, de Bernard Shaw, un livre qui m'a beaucoup amusé, malgré sa poussière victorienne. Des pièces de ce genre, qui datent un peu, nous apprennent ce que le temps détruit en premier. Parmi les nombreux paradoxes du livre, je note celui-ci :

« La folie rationnelle est la pire, parce qu'elle dispose d'armes contre la raison. »

Ensuite, une courte biographie du peintre Pierre Bonnard, que m'avait conseillée Mme Cardot. Parmi les anecdotes qu'on raconte sur lui, il y en a une que je comprends particulièrement bien : son besoin de retravailler à ses vieilles toiles, même à celles qu'il avait vendues depuis longtemps, car la distance qui les séparait de la perfection le hantait comme un reproche. Il restait à l'affût dans les musées jusqu'à ce que le gardien se fut éloigné, sortait alors une palette minuscule et un bout de pinceau, avec lequel il donnait en grande hâte quelques touches lumineuses à l'un de ses tableaux.

Un tel trait permet de mieux saisir certaines relations – notamment le droit de propriété intellectuelle du peintre, moindre que celui de l'auteur. Car le peintre dépend davantage de la matière ; c'est pourquoi les Grecs le plaçaient, non sans raison, après le philosophe, le poète et l'aède.

Je me suis souvenu aujourd'hui d'une de mes réflexions philosophiques enfantines qui, pour un gamin, n'était point sotte.

« Le "véritable" poulet est nu, tel qu'on le voit suspendu aux devantures des marchands de volailles. Qu'est-ce que les plumes ont donc à voir là-dedans – elles ne sont qu'un vêtement qui tient chaud. »

J'aurais pu en déduire aussi que la « véritable » forme réside, au fond, dans la carcasse, ou la chair écorchée, ou aussi dans les nerfs avec le cerveau et la moelle épinière ; aujourd'hui encore, je me sens comme un explorateur quand je feuillette les atlas d'anatomie. Mais je vois en même temps les choses par l'autre bout ; les multiples systèmes qui forment notre corps me paraissent être des ombres projetées dans la spatialité de l'étendue. C'est dans leurs relations au tout, dans l'inétendu seul que réside leur réalité, et privée de celle-ci, ils deviennent ridicules, absurdes comme un poulet plumé.

Les arbres sont d'ailleurs les meilleures images de ce déploiement issu de l'inétendu ; leur véritable point végétatif n'est pas plus situé dans l'espace que l'axe véritable d'une roue n'est visible. On peut encore évoquer ici la structure ramifiée et radicellaire qui caractérise nombre de nos organes. Ainsi, le cerveau est comme un protophylle à deux cotylédons, qui aurait enfoui dans le corps sa racine principale et ses radicelles : la moelle épinière. On pourrait en déduire que le cerveau proprement dit n'est pas le fruit, mais une substance qui forme, qui prépare les fruits.

À sept heures moins le quart, une grande formation a survolé la ville à basse altitude, encadrée par les petits flocons marron et violets de la DCA. Sans se laisser dévier de sa route, elle vola en direction de l'Étoile, au-dessus de l'avenue Kléber. Ces spectacles dans le ciel des métropoles ont quelque chose de titanesque ; la force monstrueuse du travail collectif cesse d'être anonyme et se montre au grand jour. C'est pourquoi ces spectacles ont aussi une sorte de gaieté.

Ce raid était dirigé contre l'aérodrome de Villacoublay ; le bombardement a détruit douze hangars, vingt et un bombardiers, et labouré la piste d'envol.

En outre, des fermes ont été détruites dans les villages voisins, et de nombreux habitants ont péri. Près d'un boqueteau, on a retrouvé un cycliste et sa bicyclette ; il avait été projeté de très loin par le souffle d'une bombe.

Paris, 25 août 1943.

Cet après-midi, aux Essarts-le-Roi, pour la chasse aux perdrix. L'automne s'ébauche actuellement, invisible, dans l'été, comme dans l'eau-mère un cristal. Son arôme, la première fraîcheur de l'air, la façon dont son caractère de fécondité s'imprime dans le paysage – dont il mûrit, arrondit et affermit les formes.

Je n'ai pas fait usage de mon fusil, m'étant perdu, au bord d'un étang, dans les charmes de la chasse subtile ; elle est bien plus captivante. J'y rencontrai la *Yola bicarinata*, insecte de l'ouest, dont, le soir, j'étudiai l'anatomie dans le bel ouvrage de Guignot sur les coléoptères aquatiques de France.

Tard encore, je suis monté jusqu'à la chambre du Président. Revenu de Cologne, il racontait qu'on y trouvait, dans les caves des maisons en ruine, des « Tavernes rhénanes », où se réunissent les habitants dont les attaques aériennes ont détruit les maisons ; il y règne une grande chaleur humaine. Les buveurs y chantent les vieux airs de carnaval – on apprécie particulièrement, à ce qu'il paraît, *Tu parles d'une histoire* !

Cela me rappelle la lecture du *Spectre de la Mort rouge* d'Edgar Allan Poe, que l'on peut considérer, avec Defoe et son *Journal de l'année de la peste*, comme l'un des auteurs de notre temps.

Paris, 26 août 1943.

Travaillé un peu à *L'Appel* que j'avais interrompu pendant les grandes chaleurs, car il est singulier de constater à quel point on est incapable de créer par la seule volonté. C'est que l'activité artistique dépend de notre être végétatif et non de notre être animal. Aussi est-elle plus soumise aux changements de temps. On ne peut non plus la contraindre et nulle menace ne peut la forcer à payer tribut ; la plume authentique ne sera jamais vénale.

Le soir, chez Maxim, avec Neuhaus et son beau-frère von Schewen dont je constate que, comme la plupart des vieux conservateurs, il a le tort de surestimer les nouvelles puissances. Ils ne voient pas que leur supériorité vient seulement de ce qu'elles travaillent au rabais, ne respectant les règles de la coutume, du droit et des convenances que là où elles y trouvent leur profit. C'est leur double jeu, qui leur laisse toujours une porte de sortie. En procédant ainsi, elles concluent une partie d'échecs à coups de bâton, ou mettent fin à une rente viagère en assassinant le rentier. Cette conduite provoque un effet de surprise, mais de courte durée. Et ces athlètes de l'émotion, précisément, perdent tout leur aplomb quand on se met à parler leur propre langage, le seul qu'ils puissent entendre. Ce dont les conservateurs sont fort capables lorsqu'ils ont assez de lest et prennent appui sur leur sol natal, comme on le voit chez Sylla, et encore chez Bismarck. Souvent, il me semble même que certains tournants qui reviennent constamment dans l'histoire, ne servent qu'à provoquer cette réaction – réponse de la race originelle, comme la pluie fait germer le blé. Certes, l'innocence est désormais perdue ; la monarchie rétablie vient après la Chute.

Paris, 27 août 1943.

Café chez Banine. L'art des relations humaines consiste à maintenir longtemps la même distance agréablement moyenne, sans brouille, sans rapprochement, sans variation dans la qualité. Ce juste milieu, cet équilibre entre les forces d'attraction et de répulsion, maintient, comme dans le cosmos astronomique, le cosmos social des relations mondaines, conjugales et amicales. La partie la plus agréable de la vie est sans doute celle qui s'édifie sur la répétition, non sur le changement.

Le soir, au Raphaël, longue conversation avec Weniger sur notre compatriote Löns, et cette forme particulière de *décadence** qu'il a en commun avec les écrivains nordiques et certains auteurs anglais. Au cours de ces décennies, le Germain a été saisi d'une étrange *morbidezza*, et la comprendre, c'est avoir la clef d'un grand nombre de gens et de choses. Elle a exercé une forte influence sur le « modern style » que l'on considère aujourd'hui encore d'une façon trop étroite et trop formaliste, et pas assez comme un événement spirituel. Dans une décennie déterminée, presque tout s'y rattache. Cela m'apparut clairement, pour la première fois, dans le mess du 73ᵉ, à Hanovre ; les portraits des anciens officiers, depuis Waterloo, y pendaient aux murs ; le singulier relâchement de ce tournant du siècle s'y voyait fort bien. Dans cet état, l'homme germanique a besoin, lui aussi, d'un mentor juif, d'un Marx, d'un Freud ou d'un Bergson, qu'il vénère comme un enfant – quitte à commettre ensuite contre lui l'acte d'Œdipe. Il faut le savoir si l'on veut comprendre ce symptôme caractéristique qu'est l'antisémitisme de salon.

Au lit, commencé *Point Counter Point*, de Huxley. Les températures au-dessous de zéro sont fascinantes, elles aussi, quand elles descendent assez bas. Sentiment que nous donnent bien certains romans de style rococo ; il est possible que Huxley, lui aussi, obtienne pour cette raison une célébrité posthume. À cette température, la chair aussi et le contact érotique perdent leur charme. Huxley nous restitue, d'ailleurs, en honnête dessinateur et dissecteur, la structure scientifique de notre époque. Le bon style exige de nos jours une formation scientifique, comme jadis une formation théologique.

Paris, 28 août 1943.

À l'aube, comme si souvent déjà dans ma vie, je parlais de livres avec mon père, remarquant soudain que j'étais dans l'erreur depuis longtemps sur la nature de nos rapports. L'erreur consistait en ceci : ce n'était pas lui qui était mort, mais moi. « C'est juste, il meurt en moi ; il est donc indubitable que je suis mort en lui. »

J'ai donc essayé de me rappeler les circonstances de ma mort, mais je suis resté longtemps sans trouver de points de repère. On eût dit qu'il s'agissait d'un petit voyage, d'un de ces changements de lieu qu'on oublie très vite. Mais soudain, dans ma mémoire, surgit pourtant, dans ses moindres détails, la vision de ce dernier voyage.

C'était dans une vaste gare, avec beaucoup de petites salles d'attente ; dans l'une d'elles, au milieu d'un groupe de voyageurs, je me tenais devant une porte. Nous étions sept, neuf, peut-être douze. Nous étions habillés simplement, comme des ouvriers qui partent en excursion le dimanche : les hommes en treillis bleus, les femmes en salopettes de velours à côtes marron. Nous avions, pour insigne, une aiguille munie d'un de ces papillons jaunes dont la couleur, lorsqu'il remue ses ailes, a des reflets bleus. J'étais frappé de voir qu'aucun de nous ne portait de bagages, pas la moindre valise, même pas une petite musette, comme en ont couramment les ouvriers.

Lorsque nous eûmes passé un moment dans la cohue de la salle d'attente, la porte s'ouvrit et un prêtre entra en hâte. C'était un petit homme efflanqué, en soutane sombre, très affairé, comme le sont souvent ceux qui ont charge d'âmes dans une grande paroisse peu prospère, et dont les tâches sont interrompues tantôt par un baptême, tantôt par un enterrement ou par une confession hâtive. Ce sont les guides spirituels des faubourgs.

Le prêtre nous serra la main et nous conduisit à

travers de longs couloirs mal éclairés et par des escaliers vers l'intérieur de la gare. J'avais pensé que nous
allions peut-être prendre avec lui un train de banlieue
pour une courte visite à une image miraculeuse, ou à
un couvent dans lequel un évêque étranger ferait un
sermon.

Mais, tandis que nous marchions ainsi, je sentais
s'agiter en moi des vagues d'angoisse croissante et
enfin, péniblement, comme dans un rêve obscur,
je saisis la situation dans laquelle je me trouvais. Le
groupe des gens que l'on conduisait avec moi à travers les couloirs souterrains formait une communauté
de candidats à la mort, faite de ceux qui aspiraient
à l'ultime purification et voulaient se dépouiller de
leurs corps comme d'un vieux vêtement. De tels
groupes, il y en avait eu un grand nombre depuis que
le monde avait sombré dans le chaos, et leur composition dépendait du genre de mort que leurs membres
avaient choisi. Pour nous, nous étions voués au bain
de phosphore. D'où la petitesse de notre groupe.

Que je m'étais langui de cette grande purification !
Mes études théologiques, jointes à mes connaissances
métaphysiques, mes tendances stoïciennes et spirituelles, le désir inné du risque suprême, le luxe aussi
d'une curiosité sublime, non moins que les doctrines
de Nigromontanus, et la nostalgie de Dorothée et des
grands guerriers qui m'avaient précédé – – – tout cela
s'était réuni pour affirmer ma décision et écarter tous
les obstacles. Et maintenant, à l'improviste, dans ce
corridor étroit et sombre, l'atroce angoisse tombait
sur moi.

Comme c'est bien, pensai-je, que tu aies au moins

abandonné tes bagages et que tu puisses ainsi joindre les mains. Je me mis aussitôt à m'agripper à la prière comme on se raccroche à la dernière racine, au-dessus d'un abîme terrifiant. Je récitais le «Notre Père» avec insistance, avec violence même, et recommençais dès que j'avais fini. Il n'y avait, dans tout cela, ni consolation, ni mérite, ni pensée, mais un brutal instinct de conservation, le savoir ancestral de celui qui se noie et se débat contre l'asphyxie, de celui qui meurt de soif et cherche l'eau, de l'enfant appelant sa mère. Parfois seulement, soulevé par une onde de soulagement, je songeais: «Ô rayonnante prière, trésor immense, aucune invention sur terre ne t'égale.»

Enfin, notre parcours à travers ce labyrinthe s'acheva; on nous amena dans une pièce éclairée d'en haut et aménagée en salle de concert. Le prêtre disparut dans une petite sacristie et revint en surplis de soie blanche, avec une étole garnie de pierres multicolores. Cependant, nous étions montés sur une sorte de tribune ou de galerie – je voyais d'en haut qu'elle était formée par le couvercle d'un grand piano à queue. Le prêtre se mit au piano et frappa les touches. Au rythme de sa mélodie, nous nous mîmes à chanter, et les sons qui me pénétraient entièrement m'inondèrent d'un étrange sentiment de bonheur, d'un courage nouveau, plus vigoureux que n'en peut jamais dispenser notre vie physique et spirituelle la plus haute. La joie grandissait et devenait si forte que je me réveillai – et, chose bizarre, c'était l'un de ces rêves dont on sort à regret.

Paris, 29 août 1943.

Dimanche. L'après-midi, feuilleté mon livre de contes de fées – je veux dire que je suis allé au musée de l'Homme. J'ai revu Miss Bartmann, la Vénus hottentote, autour de laquelle se forme toujours un cercle de visiteurs mi-amusés, mi-choqués. Elle mourut à l'âge de trente-huit ans, vers 1816, à Paris, et fut, non certes empaillée, mais moulée dans le détail de ses charmes intimes qui défient toute norme, et l'on exposa cette authentique image de plâtre. Auprès d'elle, on peut voir aussi son squelette.

Pensée, pendant que j'observais les observateurs : et s'il y avait des êtres invisibles et très dangereux pour qui vous seriez, vous aussi, des pièces de musée et de collection ?

Puis à l'exposition de la Marine, qui s'est ouverte pour quelques semaines dans les salles du rez-de-chaussée. Près de nombreux modèles de navires, d'armes, d'instruments de navigation, de sabliers et de documents, on avait aussi rassemblé des tableaux, en particulier diverses marines de Joseph Vernet, représentant des ports et des villes côtières. Le premier plan d'un de ces tableaux, un panorama du golfe de Bandol, est animé par une pêche au thon. Les bateaux de pêche où l'on massacre à tour de bras sont entourés de galères d'apparat, sur les ponts desquelles un public élégant regarde avec surprise cette tuerie festive. Parmi les blanches crêtes des vagues et les grosses mailles des filets, une bande de gaillards demi-nus est aux prises avec ces poissons grands comme l'homme et d'une étrange rigidité. Ils les tirent avec des crocs passés dans leurs ouïes, ou les étreignent à bras-le-corps et leur fendent la gorge avec de grands couteaux – enfants meurtriers avec leurs jouets. Les gens de la ville sont fascinés par cette boucherie; les femmes se cachent les yeux ou repoussent de la main la puissance des images, presque défaillantes, tandis que leurs galants les reçoivent dans leurs bras en enlaçant leur poitrine. On voit que ces pêches au thon sont des spectacles sanguinaires, comme le montre également la belle description de l'abbé Cetti.

C'est un naufrage, peint par Gudin vers 1828, qui, pour la première fois, m'a bien fait saisir la nature d'un tel événement – plus encore, la fatalité et la dimension d'une telle catastrophe, et la prodigieuse puissance des images qu'elle comprime en elle. Une simple vue d'ensemble du tableau provoque déjà, en qui le contemple, un sentiment de faiblesse, d'étourdissement. Il aperçoit un grand navire au milieu d'une mer effroyablement tourmentée, voilée de nuages sombres et de rideaux de pluie. Le navire se tient presque verticalement sur sa proue, aspiré comme une bûche ou un coin dans les profondeurs monstrueuses d'un tourbillon. Il n'en émerge que la lourde poupe où l'on déchiffre le nom de *Kent*, et une partie de la coque, dont les sabords et les hublots crachent de la fumée et des flammes. Sur cette large masse de bois, en partie voilée de flammes rouges, d'épaisse fumée jaune et d'écume blanchâtre, se presse une foule de gens; quelques-uns se détachent de leur grappe sombre et tombent dans l'abîme ou descendent par des cordes. En l'air, suspendue à une poulie au-dessus du gouffre qui bouillonne, se balance une femme tenant un enfant, qu'on veut faire glisser dans l'une des chaloupes. Que l'on puisse, dans cette atroce confusion, songer à tenter un sauvetage, cela tient du miracle; mais on aperçoit encore sur la dunette, au milieu d'un groupe, un personnage en haut-de-forme, le bras tendu avec autorité, qui semble continuer à donner des ordres. L'épave est entourée de chaloupes surchargées, qui luttent contre les vagues – de l'une d'elles, on est en train de chasser à coups de rames un nageur qui se rapproche. Au milieu des écumes blanches et tournoyantes, les eaux s'étalent en un vert souple, d'un pouvoir narcotique. On y distingue des hommes qui s'accrochent à des épaves, d'autres qui, déjà noyés, glissent à travers l'abîme comme des dormeurs – colorés, encore visibles, mais déjà enchâssés dans un cristal vert ou couleur d'aigue-marine. Un foulard rouge y brille d'un superbe reflet.

Le soir, chez Morand, qui a été nommé ambassadeur à Bucarest. L'automne arrive, les hirondelles s'en vont.

Paris, 30 août 1943.

Dans l'escalier du Majestic, on a remplacé une partie du vieux tapis élimé par une pièce neuve et moelleuse, d'une couleur plus vive. Je note qu'à cet endroit je monte les marches plus lentement. Ceci, à propos des rapports du temps et de la douleur.

Carl Schmitt écrit que sa belle maison de Berlin est en ruine. Parmi les biens qu'il a pu sauver, il ne mentionne que les tableaux de Nay et de Gilles, et cette préférence est juste, car l'œuvre d'art fait partie de l'équipement magique d'une maison, de ses biens les plus importants qu'on peut assimiler aux images des Lares et des Pénates.

Paris, 31 août 1943.

Dîner avec Abel Bonnard, rue de Talleyrand. Parlé des voyages en bateau, des poissons volants et de l'*Argonauto argo*, la dernière des ammonites, qui ne monte des profondeurs dans sa coquille précieuse, barque d'apparat, et ne se joue sur la mer que par calme plat. Parlé aussi du tableau de Gudin, que j'ai vu à l'exposition de la Marine et que je décrivis en détail. Bonnard raconta que ce peintre, lorsqu'il faisait des esquisses pour ses scènes de naufrage, détruisait à coups de bâton les beaux et vieux modèles de navires à voiles du XVIIIe siècle, pour les mettre dans l'état désiré.

Pourquoi Bonnard, cet homme sagace, à l'esprit clair, se perd-il dans de tels domaines de la politique ? En le voyant, j'ai pensé à ce mot de Casanova, disant que les fonctions de ministre devait exercer une attirance qu'il ne parvenait pas à comprendre, mais qui opérait sur tous ceux qu'il avait vus dans un tel poste. Au XXe siècle, il ne reste plus que le travail et les coups de pied de l'âne que vous donne le *Demos*, et auxquels il faut se résigner tôt ou tard. Aussi la mauvaise réputation qui s'attache à ces fonctions ne cesse-t-elle d'augmenter.

Paris, 1ᵉʳ septembre 1943.

Dans mon carnet d'adresses, je me vois contraint de faire de plus en plus fréquemment les signes suivants:
† : mort
♀ : sinistré.
Le Dr Otte, de Hambourg, m'écrit que, le 30 juillet, sa pharmacie a été détruite, avec tout le Fischmarkt, ainsi que tous les biens hérités de son arrière-grand-père, de même que les pièces où il avait déposé ses documents sur Kubin. Il a installé une pharmacie de fortune dans un débit de tabac: «Surtout, ne pas quitter Hambourg. C'est ici que je vivrai ou que je mourrai.»
Dîné avec le président, qui m'a parlé des camps de concentration rhénans en 1933, et donné une foule de détails sur le monde des écorcheurs. Je sens qu'hélas! la connaissance de ces choses commence à modifier mon attitude, non certes envers ma patrie, mais envers les Allemands.

Paris, 4 septembre 1943.

Hier, premier jour de la cinquième année de guerre, mélancolie lourde; me suis couché tôt. Je suis de nouveau mécontent de ma santé, ce qui pourtant me trouble moins depuis que je m'en suis forgé l'idée que voici: ma force vitale rappelle un rhizome qui végète sous terre, souvent se dessèche presque, et qui, néanmoins, porte bon an mal an, sous l'impulsion de l'esprit, ses pousses vertes, ses fleurs et ses fruits.

Continué Huxley, dont la froideur sèche rend la lecture ardue. J'ai trouvé remarquable un passage où il expose que les variations saisonnières, l'influence des saisons sur l'ordre de la vie, diminuent à mesure que progresse la civilisation. Par exemple, il paraît qu'en Sicile, le nombre des naissances en janvier est double de ce qu'il est en août. Il est vrai : la périodicité s'atténue au cours du temps. C'est une sorte d'usure, d'érosion par rotation. De même, la différence entre jours ordinaires et jours de fête est bien près de disparaître : à la ville, la foire est quotidienne. Quelques échos montrent encore que, jadis, la morale changeait selon les mois – sur les rives du lac de Constance, c'est chose admise de tous que les époux se doivent indulgence mutuelle tant que dure le carnaval. La disparition de la périodicité n'est toutefois qu'un aspect du phénomène – l'autre réside dans le fait que le rythme gagne à ses dépens. Les vibrations perdent de leur amplitude, mais deviennent plus fréquentes. Au terme de l'évolution, on trouve notre monde de machines. Le rythme de la machine est vertigineux, mais la périodicité lui manque. Ses vibrations sont innombrables, mais de nature identique, sans différence vibratoire. La machine est un symbole, sa vertu économique est un trompe-l'œil : c'est une sorte de moulin à prières.

Mon sommeil fut réparateur – dans mon rêve, je me trouvais dans un jardin, prenant congé de Perpétua et de l'enfant. J'y avais retourné la terre et découvert, avec ma bêche, une petite crevasse où j'avais aperçu un serpent de couleur sombre en train de sommeiller. Au moment de partir, j'en fis part à Perpétua, car je craignais que l'enfant, dans ses jeux, ne fût mordu par cette bête et je revins sur mes pas pour la tuer. Mais je découvris alors que le jardin abritait de nombreux serpents – ils se roulaient au soleil par nœuds entiers, sur la terrasse d'un pavillon délabré. J'en vis des rouge foncé, des bleus et d'autres encore qui étaient marbrés de noir et de jaune, de noir et de rouge, de noir et d'ivoire. Lorsque je me mis à les chasser de la terrasse avec mon bâton, certains se dressèrent en gerbes et se blottirent contre moi. Je me rendis compte qu'ils étaient inoffensifs et c'est pourquoi je fus à peine effrayé lorsque je vis, à mes côtés, l'enfant qui m'avait suivi sans que je l'eusse aperçu ; il saisissait les bêtes par le milieu du corps et les portait dans le jardin, comme s'il se fût agi d'un jeu amusant. Ce rêve m'a réconforté ; je me suis éveillé plein de courage.

Ce matin, on nous a signalé que les Anglais ont débarqué à l'extrémité sud-ouest des Pouilles. Au cours du raid aérien d'hier, les quartiers du centre ont été atteints pour la première fois ; entre autres certaines rues que j'aime, comme la rue de Rennes et la rue Saint-Placide. Deux bombes sont également tombées dans la rue du Cherche-Midi : l'une tout près de la librairie de Morin, que j'ai aussitôt appelé par téléphone, et l'autre en face de l'appartement de la doctoresse.

Dans l'après-midi, au quartier Latin, et tout d'abord chez un lecteur inconnu du nom de Leleu, qui m'avait demandé une entrevue par pneumatique.

C'était un représentant de tissus de Lyon; il me reçut dans une minuscule pièce d'un hôtel délabré. Après que j'eus pris place sur l'unique chaise et qu'il se fut assis sur le lit, nous nous plongeâmes dans un entretien sur la situation où il émit des idées qui, pour obscures qu'elles fussent, montraient un vif penchant pour le communisme. Cela me rappela ces années où, moi aussi, je découpais la vie en fleurs de papier, à coups de concepts. Que de temps précieux ne gaspille-t-on pas ainsi!

Ensuite, chez Morin; sur mon chemin, vu les dégâts dans la rue du Cherche-Midi. Les belles pierres tendres, celles qui ont été employées pour la construction de la ville, étaient déjà rassemblées en grand tas blancs devant les maisons touchées; aux fenêtres vides pendaient rideaux et draps, ou bien un pot de fleurs solitaire restait encore sur leurs rebords. C'étaient de petits commerçants qu'avaient atteints ces foudres jaillies d'un ciel serein, ainsi que les personnes modestes qui logent au-dessus de leurs boutiques, dans de vieux étages biscornus. Je suis aussi allé chez la doctoresse et, comme elle était en voyage, je me suis fait ouvrir son appartement pour m'assurer que tout était en ordre. Les vitres étaient tombées des cadres, comme dans presque toutes les maisons, mais il n'y avait pas d'autres dommages.

Pendant toutes ces démarches, un autre avion solitaire tournait en rond au-dessus des quartiers du centre, entouré par les flocons de la DCA, sans que l'alerte eût sonné et que les gens qui fourmillaient dans les rues se dérangeassent.

D'avoir placé les Allemands en dehors du droit, c'est le plus grand forfait que Kniébolo ait commis à leur égard – c'est-à-dire qu'il a ôté aux Allemands la possibilité d'avoir raison et de se sentir dans leur droit devant les torts qu'on leur inflige et devant ceux qui les menacent. Certes, par ses acclamations, le peuple, en tant que tel, s'est rendu complice – c'était là cette sourde, terrible et bouleversante note qu'on percevait sous les tempêtes de joie, les orgies d'allégresse. Comme en beaucoup d'autres choses, Héraclite a frappé juste en disant que la langue des démagogues est tranchante comme un coutelas d'égorgeur.

Paris, 5 septembre 1943.

De nouveau, santé médiocre et je maigris à vue d'œil. À cela, deux causes : d'une part, ce mode de vie dans les grandes villes où l'on est continuellement assis ; existence qui, après un certain temps, me fait du mal ; et, d'autre part, mon être spirituel, pareil à une lampe de forte consommation. J'ai pris la résolution d'employer le seul remède qui promette d'être efficace : de longues promenades – et j'ai commencé par celle qui mène de l'Étoile à Suresnes, par la Cascade ; puis, après avoir longé la Seine et traversé le pont de Neuilly, retour à l'Étoile.

Courte chasse subtile, au bord de l'étang de Suresnes. Les plantes, sur les grands tas de décombres qui s'y trouvent : paradis de la morelle douce-amère. C'est en vain que j'y ai cherché le datura, mais en revanche, pour la première fois, j'y ai trouvé sur un

terrain vague la baie vénéneuse du Pérou, la nicandre.
Elle s'était fixée en épais buissons à larges sarments
sur la pente sud d'un tas de détritus, et elle portait
de petits lampions encore verts, auprès de ses calices
en forme d'étoile à cinq branches, tachetés de jaune
et de noir. Je n'en ai jamais vu d'aussi robustes dans
les jardins – beaucoup de solanacées font, d'ailleurs,
songer à ces êtres qu'aucune éducation n'améliore, car
c'est dans les décombres et sur les déchets de la société
qu'ils se développent le mieux.

Sur le quai Galliéni, de nombreux pêcheurs ; l'un
d'eux venait de prendre un gardon de la longueur
d'un petit doigt ; à la surface de l'eau lisse, il le tirait
délicatement vers le rivage, avec un tendre « *Viens,
mon coco**. » Puis des martins-pêcheurs : c'était merveille de les voir voleter au-dessus de l'eau boueuse,
d'entendre leur chant doux et langoureux. Halte dans
une petite église qui s'élevait au milieu des faubourgs,
délabrée comme une vieille église campagnarde. Sur le
quai National, à la façade d'une baraque usée par les
années, une plaque en souvenir du compositeur Vin-
cenzo Bellini qui y mourut le 23 septembre 1835. J'ai
songé, en la lisant, au sacrifice des êtres créateurs et à
leur situation d'étrangers dans ce monde. Là encore,
des groupes de pêcheurs qui, dans leurs bateaux, ou
accroupis sur les pierres des quais, faisaient surgir de
l'eau, comme par miracle, de menus poissons argentés.
La vue d'un pêcheur est chose réconfortante – il est
maître dans l'art d'étirer confortablement le temps,
d'en gommer les tensions, offrant ainsi une image
inverse de celle du technicien.

Impatiens noli me tangere, l'« herbe sauteuse » : balsamine des bois ou « ne me touche pas ». Quand je me promenais dans les bois avec des femmes, j'ai toujours constaté qu'elles sont sensibles aux charmes tactiles de cette plante. « *Oh, ça bande** . » Ces organes projecteurs de sperme allient turgescence et tension vitale extrême, bandée comme un ressort, élastique. J'en ai vu des espèces tropicales dans les serres, presque en *grandeur naturelle**. Aussi voudrais-je, dans mon jardin imaginaire, en garnir les plates-bandes tracées autour des gaillardes statues de Priape – elles, et aussi bien d'autres plantes folâtres.

Je ne me contredis pas – c'est un préjugé de ce temps. Je me déplace plutôt à travers différentes strates de la vérité, dont celle qui se trouve momentanément être la plus haute se soumet toutes les autres. Dans ces strates supérieures, la vérité, d'un point de vue objectif, gagne en simplicité ; de même que, d'un point de vue subjectif, dans les strates supérieures de la pensée, le pouvoir ordonnateur du concept s'accroît. Considérée hors du temps, cette vérité ressemble à une racine largement ramifiée et qui se resserre en filaments toujours plus robustes, jusqu'à l'endroit où, perçant à la lumière, elle se concentre en *un* œil. Ce qui se fera, je l'espère, à l'instant de la mort.

Continué Huxley. Il y a encore dans son style beaucoup de réflexions théoriques, un pur travail de construction intellectuelle. Mais parfois, rarement, comme des paillettes dorées dans le savon, l'esprit se concentre en images d'une grande force matérielle. Par exemple, la remarque qui m'a frappé aujourd'hui :

que l'économie humaine tend à l'exploitation de la vie morte, comme ces vestiges de forêts préhistoriques que sont les gisements de charbon, comme les champs pétrolifères, les côtes à guano et ainsi de suite. Vers ces gisements convergent les lignes de chemins de fer et de transport maritime, autour d'eux s'établissent des nuées de nouveaux arrivants. Observé de loin par un astronome, selon un rythme accéléré, un tel spectacle ressemblerait à celui d'un essaim de mouches qui aurait flairé une gigantesque charogne.

Dans ces images, l'auteur atteint une profondeur plus grande, des strates où la pensée de notre siècle manifeste sa supériorité, par rapport au précédent. Différence sensible dans la lumière, qui n'apparaît plus simplement comme ondulation, mais également sous sa forme corpusculaire.

Paris, 6 septembre 1943.

Travaillé à *L'Appel*. Je remarque qu'en faisant ce travail je subis une sorte de tension difficile à décrire. Une phrase me semble claire – je pourrais l'écrire. Malgré cela, une lutte intérieure précède encore sa rédaction. C'est comme s'il manquait à cette hasardeuse entreprise une dernière goutte d'une essence particulière et qu'on ne peut se procurer qu'à grand-peine. Mais l'étrange, c'est que la rédaction, le plus souvent, se conforme à la conception première – et que j'aie toutefois l'impression qu'elle a été changée en passant par cette tension.

Continué Huxley. Puis je rêvai longuement d'un

séjour dans une maison paysanne, en tant qu'invité
– mais le seul trait dont je pus me souvenir, le matin
venu, c'était d'être entré dans une pièce à la porte
de laquelle on pouvait lire, sur une plaque, le mot
d'«*astuce**». «Tiens, tiens», me dis-je en me réveillant,
«ce devait être une sorte de pièce d'apparat, puisque
"*astuce*" désigne l'orgueil». Or, consultant le dictionnaire, voici que je m'aperçois qu'il faut traduire ce
terme par «malice», «rouerie». Et cela correspondait
à la situation.

Paris, 7 septembre 1943.

Nouvelle promenade des Eaux et Forêts en compagnie de Jouhandeau, qui m'a raconté que l'afflux des
images et des idées l'occupe tellement qu'il travaille
presque sans relâche. Effectivement, je l'avais trouvé
à notre rendez-vous, un banc de l'Étoile, écrivant
fébrilement et plongé dans ses notes. J'ai l'impression
que le monstrueux malheur qui frappe les peuples
libère des énergies spirituelles qui, par vagues toujours
plus fortes, par vibrations de plus en plus puissantes,
agissent sur les êtres doués de perception subtile.
Autour des têtes, comme autour des clochers par
temps d'orage, tournoient des essaims de pigeons et
de choucas ; des légions d'esprits cherchent un lieu
de repos.

J'ai montré à Jouhandeau les plantes qui poussaient
sur les dépôts d'ordure, et il m'apprit que la molène
commune portait aussi le nom de «*Bon Henri**».

Paris, 9 septembre 1943.

Depuis ce matin, la nouvelle de la capitulation sans conditions de l'Italie est officielle. Comme je regardais la grande carte de la Méditerranée, les sirènes retentirent à nouveau et je me rendis au Raphaël. J'y achevai sur la lecture des Apocryphes celle de l'Ancien Testament que j'avais commencée voici deux ans, le 3 septembre 1941. J'ai donc lu, à présent, la Bible entière et je pense me remettre, en m'aidant de la Vulgate et des Septante, à la lecture du Nouveau Testament.

Les deux livres se complètent admirablement. Ils retracent l'histoire de l'homme, d'une part en tant que créature de Dieu et, d'autre part, comme fils de Dieu. Le caractère ouvert, inachevé de ce livre semble requérir un Troisième Testament : *après* la Résurrection, à partir de la Transfiguration. Effectivement, on le voit s'esquisser dans l'Apocalypse, à la fin de la Bible. L'effort suprême de l'art occidental, on peut l'interpréter comme une tentative de créer ce Testament ; cela transparaît dans ses grandes œuvres. Mais de ce Troisième Testament, on pourrait aussi bien dire que chacun de nous est l'auteur ; la vie en est le manuscrit, et c'est à partir de lui que se forme dans l'invisible la réalité supérieure du texte, dans les espaces au-delà de la mort.

M'approchant de la fenêtre, j'ai vu deux escadrilles de bombardiers, en formation triangulaire à la façon des grues, survoler la ville à basse altitude, sous le tir de la DCA.

Le beau passage, au début des paralipomènes du livre d'Esther, qui commence par la lettre d'Artaxerxès aux cent vingt-sept princes et leurs ministres, qui lui sont soumis des Indes jusqu'au pays des Maures. Ces mots servent pourtant d'introduction à un ordre de verser le sang. Modèle toujours actuel.

Le soir, chez Jouhandeau, nous avons examiné des poèmes des XVIe et XVIIe siècles – en particulier le «Sonnet» de Mellin de Saint-Gelais où la formule «*il n'y a pas**» est répétée avec grâce avant que ses entrelacs ne se referment sur le dernier vers. Cette forme m'a rappelé le bel «Air consolant» de Johann Christian Günther, où «Enfin» est repris de la même manière :

> *Enfin fleurit l'aloès,*
> *Enfin porte fruit la palme,*
> *Enfin, enfin, vient un jour.*

Les dernières paroles de Saint-Gelais sont, elles aussi, remarquables. Les médecins se consultaient à son chevet, disputant sur sa maladie et la manière de la traiter. Ayant écouté leur débat, il dit en se tournant du côté du mur : «*Messieurs, je vais vous mettre d'accord**» – et rendit l'âme.

Continué Huxley. Sa prose est comme un filet de verre finement tissé, où se prennent, çà et là, quelques beaux poissons. La mémoire ne retient qu'eux.

Paris, 10 septembre 1943.

La nuit, rêves dont je n'ai retenu que des bribes. Je disais ainsi, pour caractériser un mauvais peintre : « Comme il n'arrivait pas à vendre ses toiles, il a demandé une allocation-chômage. »

Au réveil, songé à ces parties de mon journal que j'ai brûlées en même temps que des travaux et des poèmes de jeunesse. Certes, les pensées en étaient imparfaites et souvent naïves, mais avec les années l'autocritique se fait plus indulgente. Entre nos travaux et nous, un grand recul est nécessaire ; il faut que nous changions nous-mêmes avant de pouvoir les considérer avec plus de justice, moins de préventions. Ces rapports font songer aux pères mécontents de leurs fils pour la seule raison qu'ils leur ressemblent, et qui s'entendent parfaitement avec leurs petits-enfants. Perpétua, elle aussi, avait déploré l'autodafé qui suivit une perquisition, au printemps 1933. Je crois qu'on était venu chercher dans ma maison des lettres du vieil anarchiste Mühsam qui s'était pris pour moi d'une sympathie enfantine, et qui fut tué plus tard d'une manière horrible. C'est l'un des hommes les meilleurs et les plus gentils que j'aie jamais rencontré.

La jonction, le contact doivent être d'une grande importance sur terre. Je le vois à la douleur qu'on éprouve d'avoir manqué une rencontre, et qui persiste, et qui même demeure vive. Ainsi, la petite *Tentyria* sombre sur le pâturage desséché de Casablanca, où s'élevait un figuier rabougri. Quel chagrin de n'avoir pu saisir ce petit animal. Puis, surtout, dans les rapports amoureux – toutes les occasions manquées, tous les *rendez-vous** ratés. On dirait que nous sommes passés à côté d'un bonheur qui transcende la sphère des corps, quand, dans notre existence de chasseurs, nous «rentrons bredouille». C'est que nous n'avons pas fait fructifier notre talent. Sans doute ces choses participent-elles aussi, si étroites que soient leurs limites, à l'immense réseau des correspondances.

Réflexion : au moment des rencontres, peut-être une lumière s'allume-t-elle dans des espaces inconnus.

En ce qui concerne la perception des réalités historiques, je suis en avance – je veux dire que je les perçois un peu plus tôt, un peu avant leur apparition. Ce qui n'est guère favorable dans mon existence pratique, me mettant en conflit avec les puissances du moment. À cette situation, je ne vois pas non plus d'avantage métaphysique, car qu'importe si j'arrive à percevoir l'état présent, ou l'une de ses suites lointaines ? J'aspire, au contraire, à un mariage spirituel avec l'instant, dans ses profondeurs intemporelles, car lui seul, non la durée, est symbole de l'éternité.

Le soir, chez Florence. Jouhandeau s'y trouvait aussi ; il avait passé une nuit blanche, car son nom, paraît-il, se trouve sur une liste de gens à exécuter. Il avait, en racontant ses soucis, l'allure d'un petit garçon dont un policier aurait inscrit le nom sur son carnet.

Paris, 11 septembre 1943.

Au courrier, une lettre de Carl Schmitt, l'un des rares esprits capables de considérer impartialement la situation ; il m'y parle de « La Russie et la Germanité », de Bruno Bauer.

« Dès 1835, la situation était déjà parfaitement claire pour Tocqueville. La conclusion du deuxième volume de *La Démocratie en Amérique* reste le document le plus grandiose sur le "Déclin de l'Occident". » Il évoque ensuite *Benito Cereno* et la mention qu'en fait Fabre-Luce, sous mon inspiration : « *Du reste*[*] : Ecclésiaste, 10, 1 ».

Dans la lettre quotidienne de Perpétua, à propos du songe des serpents, qu'elle a aimé : « Je sens aussi que c'est de cette position solitaire que Tu tires la force nécessaire à ta vie et que Tu reviens à ce point pour accomplir Ta tâche. »

L'aventure de ces années, c'est qu'aucune issue n'est en vue. Aucune étoile ne brille dans la nuit solitaire. C'est notre situation horoscopique et métaphysique : les guerres, les guerres civiles et les moyens de destruction ne constituent qu'un décor accessoire, le décor temporel. La tâche qui nous est impartie, c'est le dépassement du monde de la destruction, qui ne peut s'accomplir sur le plan historique.

L'après-midi, aux Archives nationales, où Schnath m'a montré un certain nombre de dossiers où l'histoire de l'Allemagne et celle de la France sont étroitement liées. Dans les chancelleries des papes, en particulier, fleurit à travers les siècles un art consommé du parchemin. Pour les faveurs, le sceau pendait à un ruban de soie ; autrement, à un lien de chanvre. Les moines chargés des sceaux devaient être analphabètes, *fratres barbari*, afin que le secret fût mieux gardé. La peau d'agneaux mort-nés donnait des parchemins d'une finesse particulière.

Traversé la réserve, qui contient encore de quoi fournir leur pitance à des générations d'archivistes et de rats de bibliothèque. Les Archives nationales se trouvent dans les locaux de l'hôtel de Soubise, un bâti-ment du Marais, qui montre la force et la désinvolture que gardait la noblesse lorsqu'il fut édifié.

Ensuite, promenade en zigzag à travers les vieux quartiers de la rue du Temple jusqu'à la Bastille – les noms de certaines rues m'ont réjoui, notamment la *rue du Roi-Doré** et la *rue du Petit-Musc**. J'ai acheté du raisin et j'en ai offert aux enfants assis devant les portes. Presque tous l'ont refusé ou m'ont regardé d'un œil méfiant ; l'homme n'est pas habitué aux cadeaux. Sur les quais, chez les bouquinistes ; j'ai acheté quelques planches représentant des oiseaux des tropiques.

Continué Huxley. Dans son livre, je suis tombé sur la remarque suivante : « Tout événement ressemble essentiellement à la nature de l'homme qui le subit. » C'est aussi mon avis – il n'est nullement contingent que, lors d'un meurtre, nous apparaissions dans le rôle du meurtrier, de la victime, du témoin, du policier ou du juge. La théorie de l'influence du milieu ne contre-dit pas ce point de vue ; on peut même, au contraire, la lui appliquer *en bloc**. Notre milieu est signe spéci-fique comme, dans le monde des mollusques, la forme et la couleur des valves et des coquilles. De même qu'il y a beaucoup de «*petits-gris**», il y a beaucoup de prolétaires.

D'où l'importance extrême du travail intérieur. Ce n'est pas seulement notre destin que nous modelons, mais aussi notre monde.

K… a la consistance de la courge dans laquelle on enfonce le doigt : d'abord dure, puis molle, puis vide.

P…, en revanche, ressemble à la pêche : d'abord, on trouve la chair du fruit, puis le noyau dur qui enveloppe à son tour l'amande douce.

Paris, 12 septembre 1943.

À midi, chez le sculpteur Gebhardt, rue Jean-Ferrandi. Parlé des troubles en Italie, où la guerre fait fleurir toutes sortes de faits étranges et nouveaux. Les deux grands éléments de la guerre civile et de la guerre étrangère s'entre-pénètrent d'une manière plus étroite, explosive. En même temps, des figures se forment telles qu'on n'en a plus vues depuis la Renaissance.

Puis sur la France. Ici également, la haine augmente sans cesse, mais dissimulée, comme au fond d'eaux stagnantes. Un grand nombre de gens reçoivent à présent de petits cercueils par la poste. Un des rôles de Kniébolo est de jeter le discrédit sur des idées justes en les élevant sur le pavois. Celle, par exemple, de l'amitié entre nos deux pays, en faveur de laquelle plaident tant de choses.

Retour par Saint-Sulpice ; je suis entré dans l'église

un moment. J'ai remarqué deux coquilles immenses utilisées comme bénitiers. Leurs bords ondulés étaient ornés d'une baguette de métal, leur nacre avait des nuances d'opale blonde. Elles reposaient sur deux socles de marbre blanc, l'un décoré de plantes aquatiques et d'un grand crabe, l'autre d'une seiche. L'esprit des eaux se jouait dans tout cet ensemble.

Médité également devant une toile médiocre représentant le baiser de Judas. L'épée que tire Pierre doit être celle qu'il porte habituellement – ainsi, le Christ lui avait permis de la ceindre ? ou bien l'a-t-il arrachée à Malchus avant de l'en frapper ?

Paris, 13 septembre 1943.

Ce matin, nouvelle de la libération de Mussolini par des parachutistes allemands. On n'indique ni où ni comment. La guerre devient de plus en plus spectaculaire. Si en Italie les choses traînent en longueur, il est probable que des massacres collectifs s'y produiront, comme en Espagne. L'homme est pris dans la nasse.

Conversation téléphonique avec Schnath, au sujet du comte Dejean, et sur la possibilité de consulter les dossiers le concernant. Je voudrais consacrer dans mes opuscules une série d'articles aux hommes et aux livres qui m'ont aidé dans la vie : ce serait un mémorial de reconnaissance.

Comme Horst me l'apprend à l'instant, la belle maison du général Speidel, à Mannheim, a été sinistrée. Aussitôt après, un courrier venant de Russie m'a remis des lettres de Speidel et de Grüninger, avec un compte rendu détaillé de la bataille de Bielgorod. Grüninger est d'avis qu'il ne faut guère s'attendre à voir défiler par la porte de Brandebourg les paladins sur leurs chevaux blancs ; car, pour commencer, nul ne sait combien de temps la porte de Brandebourg restera debout ; quant à la couleur blanche, elle est en voie de disparition. C'est juste, mais c'est sur la case bleue qu'on mise le plus grand enjeu contre le rouge.

Continué Huxley, où j'ai trouvé l'excellente remarque suivante : « On ne devrait jamais donner de nom à un mal qu'on sent venir : c'est livrer au destin un modèle d'après lequel il peut former les événements. »

C'est bien l'acte que le peuple appelle « tenter le diable », et que pratiquent aujourd'hui des millions d'hommes. L'imagination, la délectation qu'on trouve à se plonger dans les détails d'un avenir fatal, la *peur*, en un mot, détruit la fine pellicule de salut et d'assurance qui nous protège. Situation critique, surtout quand s'est perdue la connaissance des moyens de renforcer et de préserver cette pellicule ; et tout d'abord la connaissance de la prière.

Paris, 14 septembre 1943.

Conversation téléphonique avec Marcel Jouhandeau. « *Je vous conseille de lire la correspondance de Cicéron – c'est le plus actuel**. » Oui : on y revient toujours. Wieland écrivait presque la même phrase après les batailles d'Iéna et d'Auerstedt.

Paris, 15 septembre 1943.

Légère fièvre durant la nuit. Rêvé que je traversais des marais luxuriants et que je cherchais des insectes. Je cueillais sur un grand céraiste ou une oenanthe safranée quelques espèces délicatement métallisées – c'étaient des buprestidés, comme je m'en aperçus avec étonnement.

« Quelle bizarre trouvaille – ils sont pourtant organisés pour vivre dans une chaleur sèche, tout à fait étrangère au monde des marais et des eaux. »

Sur quoi la voix la plus profonde :

« Mais ce sont des passages, des contre-épreuves dans l'élément étranger – ces espèces, comme le fenouil, sont passées dans les régions humides. Du reste, le fenouil, par sa hauteur, culmine dans l'ardeur solaire. Pense donc à Prométhée. »

Ainsi, au fond, rien n'est plus explicable pour nous que l'exception – exception et explication sont même en relation directe. La règle, tout comme la lumière, est inexplicable, est invisible et ne luit que contre l'obstacle. On dit donc avec raison que l'exception confirme la règle – on pourrait même dire qu'elle seule rend la règle visible.

C'est là l'attrait spirituel de la zoologie, l'étude des déviations prismatiques que la vie invisible subit dans l'infinie variété des fixations. Enfant, quel n'était pas mon ravissement lorsque mon père me faisait découvrir un tel secret. Toutes ces singularités forment des arabesques sur la monture du grand mystère, de l'invisible pierre philosophale vers laquelle tend notre

recherche. Un jour pâlira la monture ; la pierre res-
plendira.

À midi, chez la doctoresse. Ensuite, promenade
à travers divers quartiers et différentes rues de la
ville et courte halte dans l'église Saint-Séverin, dont
l'extérieur et l'intérieur m'ont vivement touché. Le
gothique n'y est pas seulement architecture ; il y a
conservé son rayonnement.

Je dînais dans ma chambre du Raphaël,
lorsqu'autour de huit heures moins vingt les sirènes
annoncèrent l'alerte. Peu après, feu nourri ; je courus
vers le toit. Là s'offrait au regard un spectacle à la
fois terrifiant et grandiose. Deux puissantes formations en triangle survolaient le centre de la ville du
nord-ouest au sud-est. Elles avaient déjà jeté leurs
bombes, de toute évidence, car dans la direction d'où
elles venaient, des nuages de fumée sombre montaient,
s'étalaient en larges nappes et s'élevaient jusqu'au
firmament. Vision funèbre ; on percevait aussitôt physiquement qu'il y avait là-bas des centaines, et peut-
être des milliers d'hommes qui étouffaient, brûlaient,
perdaient leur sang.

Devant ce rideau sombre, la ville s'étendait dans
la lumière dorée du couchant. Les rougeoiements
du crépuscule atteignaient de dessous le corps des
avions ; les fuselages se détachaient sur le ciel bleu
comme des poissons argentés. C'étaient surtout
les ailerons d'arrière qui semblaient capter et rassembler les rayons ; ils brillaient comme des fusées
éclairantes.

Ces flottes aériennes volaient à basse altitude, en

triangle, comme les grues, au-dessus de la banlieue, tandis que des groupes de flocons blancs et sombres les accompagnaient. On voyait les points de feu autour desquels, précises et menues comme des têtes d'épingles, puis se désagrégeant peu à peu, les boules de fumée s'étalaient. De temps en temps, un avion en flammes chutait très lentement sans laisser derrière lui de fumée, pareil à une boule d'or enflammée. Un autre tomba, sombre cette fois, tournoyant comme une feuille d'automne et laissant derrière lui d'épaisses traînées de fumée blanche. Un autre encore se désagrégea dans sa chute, une grande aile plana longtemps dans l'air. Quelque chose aussi d'un brun sépia, de volumineux, chut à une vitesse croissante ; un homme sans doute, précipité dans le vide, au bout d'un parachute en flammes.

Malgré ces coups au but, les escadres maintenaient leur direction sans dévier ni à gauche ni à droite, et la rectitude de cette progression donnait une impression de force terrible. Il s'y ajoutait le bruit sourd des moteurs qui emplissait l'espace et faisait tournoyer craintivement des vols de pigeons au-dessus de l'Arc de triomphe. Le spectacle était marqué par les deux grands traits de notre vie et de notre monde : l'ordre rigoureux, conscient et discipliné, et le déchaînement élémentaire. Il était à la fois d'une extrême beauté et d'une puissance démoniaque. Par instants, j'en perdais la vue d'ensemble, et ma conscience se fondait dans le paysage, dans le sentiment de la catastrophe, mais aussi du sens caché qu'elle recèle.

D'énormes incendies, dont les foyers se confondaient à l'horizon, brillèrent plus fort à mesure que croissait l'obscurité. Des éclairs suivis d'explosions déchirèrent ensuite la nuit.

Continué Huxley, chez qui l'absence de construction est fatigante. C'est un anarchiste, avec des réminiscences conservatrices, et qui prend position contre le nihilisme. Dans cette situation, il devrait employer plus d'images et moins de pensées. Son talent véritable ne s'exprime ainsi que rarement dans toute sa force.

Bonne, l'image dont il se sert pour décrire l'impersonnalité, le caractère enchevêtré des relations sexuelles : un nœud de serpents aux têtes dressées dans les airs, tandis qu'en bas leurs corps se pénètrent pêle-mêle.

Le film, la radio, tout le monde des machines doit nous aider peut-être à nous connaître mieux – à connaître ce que nous *ne* sommes *pas*.

Paris, 17 septembre 1943.

Au courrier, une nouvelle pièce à mettre dans mes *Hamanniana*, envoyée par le doyen Donders, de Münster : «I.G. Hamann. Discours prononcé le 27 janvier 1916 par Julius Smend, en la salle des fêtes de la Wilhelms-Universität, à Münster, en Westphalie.»

Hamann, un «homme de l'Ancienne alliance», selon Herder – c'est le caractère hiéroglyphique que j'appelle, pour ma part, pré-hérodotéen ou préhéraclitéen. De même que Weimar avait Goethe et Schiller, Königsberg avait Hamann et Kant.

Kant parle du «langage divin de la raison contemplative» chez Hamann.

En tant qu'écrivain, on doit aussi se mettre à l'école des peintres – surtout pour les «repentirs», l'art de placer dans le texte brut des retouches toujours nouvelles et toujours plus fines.

Le soir, achevé Huxley, dont l'un des défauts est de ne pas prendre ses personnages au sérieux: beaucoup moins au sérieux que Dostoïevski et moins au sérieux que Gide.

Paris, 18 septembre 1943.

Promenade des Eaux et Forêts en compagnie de la doctoresse. Parmi les multiples espèces de morelles qui fleurissent sur ce chemin, j'ai découvert sur les berges de la Seine, en face de la petite église champêtre de Notre-Dame-de-la-Pitié, un datura luxuriant, d'un vert d'herbe, et qui portait des fleurs et des fruits.

Achevé: *Le Vrai Visage du marquis de Sade*, de Jean Desbordes, Paris, 1939. Curieux de voir à quel point l'infamie s'est attachée à ce nom et s'y est concentrée plus qu'en tout autre. Ce qui ne peut se comprendre qu'en fonction d'une puissance supérieure de la plume et de l'esprit: le scandale de sa vie serait oublié depuis longtemps sans le scandale de ses écrits.

Quand des noms passent dans le langage et y

forment des concepts, des catégories, c'est rarement à la suite d'actions. Parmi les grands hommes d'action et les princes, César est seul à se distinguer sur ce plan. On peut bien dire : c'est alexandrin, napoléonien, frédéricien, mais toujours un tel mot comporte quelque chose de particulier, d'individuel. C'est césarien, c'est un César, un Tzar, un *Kaiser* – le nom, ici, s'est détaché de celui qui le porte.

Plus fréquents sont les cas où le nom est lié à une doctrine, comme dans calvinisme, darwinisme, malthusianisme etc. De tels mots sont nombreux, quelconques, et généralement leur vie est courte.

Tout en haut, se trouvent les noms dans lesquels la doctrine et le modèle s'unissent : bouddhisme et christianisme. Cette relation, chez les chrétiens, est tout à fait exceptionnelle, chacun d'eux portant, du moins en allemand, le nom du fondateur : « *Ich bin ein Christ.* » « Christ » est, ici, synonyme d'homme, ce qui montre bien le rang et le secret de cette doctrine, que des expressions telles que « l'Homme », « le fils de l'Homme » et « fils de Dieu » révèlent également.

Paris, 19 septembre 1943.

Dans la matinée, j'ai achevé, au Majestic, la première partie de *L'Appel*, à laquelle j'ai donné ce titre : « Le sacrifice ». Feuilletant par hasard Spinoza, j'y ai découvert, pour ce chapitre, une épigraphe tirée de la 44ᵉ proposition de *L'Éthique* :

« La haine totalement vaincue par l'amour se

change en amour ; et l'amour est alors plus fort que si la haine ne l'avait pas précédé. »

Paris, 20 septembre 1943.

Commencé la deuxième partie de *L'Appel* : « Le fruit ».

Lecture : *Fossiles classiques*, de A. Chavan et M. Monotoccio, Paris, 1938. Ce livre m'apprend que mon petit coquillage en spirale porte le nom de *Cerithium tuberculosum*. Le grand spécimen que j'avais trouvé près de Montmirail, dans un cratère d'obus, s'appelle *Campanile giganteum*. Lamarck est le premier à les avoir décrits tous deux.

Paris, 23 septembre 1943.

Ce matin, on nous a annoncé que Hanovre avait subi un nouveau et terrible raid ; j'attends des informations plus précises.

L'après-midi avec Baumgart, chez Bernasconi, qui va relier pour moi le *Catalogus Coleopterorum*. Revenu par les jardins du Trocadéro ; sur le gazon, de grands dahlias d'un rouge brique et des asters couverts de fleurs, étoiles mauves à cœur jaune. Vers cette époque de l'année, ils sont entourés d'Anthomyiinés d'un brun de miel ; vu aussi, posé sur les corolles, un vulcain aux ailes déployées. Le rouge clair, pur et vif, des bandes de ce papillon se mêle dans mon souvenir à des images de parcs et de jardins calmes, qui rêvent au soleil tandis que l'automne fraîchit déjà les ombres.

Puis alerte durant laquelle, assis dans la chambre du Président, j'ai parlé avec lui de politique. Les armées allemandes du front de l'Est battent en retraite, les Anglais et les Américains se creusent un passage en Italie, les escadres de bombardiers rasent les villes du Reich.

Parfois, il me semble que le malheur qui se présente partout surgit comme sous l'effet des lois de la réflexion. L'univers nous entoure à la façon d'un miroir, et c'est *nous* qui devons, d'abord, nous éclairer, si nous voulons que l'horizon s'éclaircisse.

Lentement, à travers les flots, les nageurs se frayent un chemin vers le rivage. Peu d'entre eux l'atteindront : peu d'entre eux parviendront aux brisants. Alors, seulement, on saura si la dernière, la plus difficile des vagues sera franchie.

Le soir au Chapon fin, avec Heller et le Dr Göpel. Entretien avec le patron, personnalité frappante, en ce que tous les traits de Mars, à un niveau inférieur, sont nettement imprimés en lui. Son corps robuste est sommé d'une tête dont les cheveux sombres couvrent bas son front. Les pommettes sont accusées, les yeux inquiets, aux aguets ; et son affairement est considérable. Le déséquilibre entre la volonté et l'intelligence se remarque à une sorte d'effort douloureux, lorsqu'il s'arrache les idées, qui se marque aussi dans sa parole. La forme de l'entretien est une copinerie bruyante. Il s'est acoquiné aux Allemands en vertu d'une espèce d'affinité élective : leur nature martiale l'attire, lui donne de quoi se démener et s'occuper. Depuis lors, il n'est pas à court d'émotions ni de menaces. On lui a déjà envoyé par la poste son petit cercueil.

Nous allions partir quand l'alerte a sonné, et des formations aériennes ont survolé la ville. Notre homme s'est alors montré dans son élément propre. Équipé d'un casque de combat, d'un manteau et d'une lampe de poche, il s'est mis à aller et venir, en compagnie d'un chien de berger, sur la place plongée dans l'obscurité, donnant des signaux au moyen d'un sifflet à roulette, arrêtant voitures et passants. Ce sont là les domestiques affairés, les hommes de corvée du monde igné. Et avec cela, ils ne manquent pas de vertus, telles que le courage et la fidélité ; d'ailleurs, en général, ils possèdent les qualités et les défauts du chien, et l'on trouvera toujours des chiens dans leurs parages. Kniébolo, lui aussi, a des traits de ce Mars inférieur, mais en lui agissent encore d'autres astres, dont l'influence devient funeste, tels que Jupiter. Il avait tous les traits nécessaires pour inaugurer une époque de querelles, en tant qu'instrument de la fureur qui a ouvert la boîte de Pandore. Quand je compare les justes exigences de ma patrie à ce qu'elles sont devenues entre de pareilles mains, je suis saisi d'un infini sentiment de deuil.

Paris, 24 septembre 1943.

Visite de l'abbé B..., qui vient assez souvent me lire des poèmes. Entretien sur la situation qui n'a, selon lui, qu'une seule issue : à savoir l'emploi de la nouvelle arme dont, dans toute l'Allemagne, on dit monts et merveilles, avec le concours et sous le contrôle secret de la propagande. On croit possible la destruction d'une partie ou de la totalité de la population anglaise. Certes, on est convaincu en même temps, et non sans raison, que des désirs analogues existent aussi chez l'adversaire, non seulement chez les Russes, mais chez les Anglais. Les violentes attaques au phosphore, comme celle de Hambourg, en sont déjà des réalisations locales. Ainsi, dans ce désert de flammes, émergent des espérances sinistres qui visent à l'extermination de grands peuples. Il est significatif, pour mesurer à quel point les hommes se sont enlisés dans ce bourbier sanglant, de voir un prêtre prendre non seulement part à cette folie dévastatrice, mais apercevoir en elle l'unique voie de salut. On les voit disparaître pas à pas dans les ténèbres dans la mort spirituelle, comme les enfants de Hameln dans la montagne.

Terminé, de Maurice Pillet, *Thèbes, Palais et Nécropoles*, Paris, 1930. On y trouve la photo du sarcophage où Toutankhamon repose avec son masque en or et ses bijoux. En lisant ce livre, j'ai de nouveau senti combien notre activité muséale correspond, à un niveau inférieur, au culte égyptien des morts. Ce qui était chez eux momie de l'image humaine est chez nous momification de la culture ; et ce qui était pour eux angoisse métaphysique, est pour nous angoisse historique : ne pas voir notre expression magique s'abîmer dans les flots du temps – tel est le souci qui nous pousse. Mais le repos au sein des pyramides et dans la solitude des chambres creusées dans le roc, parmi les œuvres d'art, les écrits, les ustensiles, les images des Dieux, les bijoux et les riches offrandes, vise à des formes plus sublimes de la pérennité.

Paris, 26 septembre 1943.

En prenant le petit déjeuner, commencé une deuxième lecture du Nouveau Testament. Matthieu, 5, 3, comparé au texte de l'édition Nestle. «*Selig sind, die da geistig arm sind.*» Jusqu'à présent, je m'étais souvenu de ce passage dans une version qui utilise le terme «*geistlich*»; dans «*spiritu*» ou «τω πνευματι» le désaccord n'apparaît pas. Sans aucun doute, le texte a les deux sens – d'une part, «*geistlich*» dans le sens de «savant en ce qui concerne les Écritures», tels que l'étaient les Pharisiens; de l'autre, «*geistig*» dans le sens où une forme plus élevée de la vie intellectuelle entraîne également une aptitude au doute qui empêche d'apercevoir le chemin du salut. Les deux sens seraient rendus par le mot «*einfältig*». «Heureux les *simples.*» Ce mot implique à la fois la faiblesse selon le monde et la supériorité métaphysique. Le grain de sénevé, lui aussi, est simple. C'est cela, c'est cette force naïve en l'homme, ce sont ses vertus de rêve et d'enfance que visent une grande partie des paraboles.

Puis Matthieu, 6, 23. La parole prodigieuse: «Si donc la lumière qui est en toi est ténèbres, combien grandes seront les ténèbres ?» Dans ce passage, je trouve quand même un élément positif: les ténèbres sont une puissance monstrueuse, l'œil en rompt et en détache une petite partie en ramifiant, en affinant, en affaiblissant le sens des profondeurs obscures, le toucher. Ce qu'au fond signifie le toucher, le sexe seul nous en donne un souvenir.

Peut-être, tels les mutins de Pitcairn, reviendrons-nous à l'Écriture comme à la Loi, après avoir exterminé les neuf dixièmes d'entre nous.

Paris, 28 septembre 1943.

Les communiqués annoncent de nouveau un violent raid sur Hanovre la nuit dernière. Ainsi les jours passent au-dessus de nous, semblables aux dents d'une scie.

Terminé le *Mirabeau* d'Erdmannsdörffer, l'un des meilleurs portraits historiques qu'il m'ait été donné de lire. L'auteur atteignait presque soixante-dix ans au moment où il l'écrivit. L'œuvre rayonne de la douce clarté de la vieillesse et révèle ainsi ce que l'esprit peut atteindre de plus beau dans son automne : le passage à la simplicité.

Dans le vase posé sur ma table de travail, j'ai trouvé un trèfle à quatre feuilles, don d'une main inconnue. J'ai aussi reçu des livres – notamment le *Plaisir des météores*, de Marie Gevers, un auteur qui m'est inconnu. Au courrier, reçu les *Promenades à Rhodes*, de Friedrich Georg, et ses *Lettres de Mondello*. Pendant le repos de midi, j'ai évoqué, en le lisant, les souvenirs de nos promenades méditerranéennes.

Paris, 29 septembre 1943.

Toujours sans raison sur cette galère. À ma prochaine incarnation, je reviendrai dans ce monde sous la forme d'une bande de poissons volants. On peut de cette manière se fragmenter.

Cette nuit, rêves. Dans une pièce où je me trouvais en tant qu'invité, j'ai découvert sur la table de nuit un livre d'or, relié en cuir rouge. Parmi de nombreux noms, il y avait aussi celui de mon bon père.

Après-midi, rue Raymond-Poincaré. J'y ai acheté chez Schneider la partition pour piano que Liszt a tirée de la *Symphonie fantastique* de Berlioz, à l'intention de Perpétua – harmonies singulières pour Kirchhorst.

Les queues qu'on voit s'allonger devant les bureaux ouverts au public et devant les magasins. Lorsque je passe en uniforme, je surprends des regards empreints de la plus profonde aversion, aiguisée d'un désir de meurtre. On voit à ces physionomies quelle joie ce serait si on se fondait dans l'air et s'évanouissait comme un songe. D'innombrables êtres, dans tous les pays, attendent avec une sorte de fièvre le moment où ce sera leur tour de verser le sang. Mais c'est justement de quoi il faut s'abstenir.

Paris, 30 septembre 1943.

Temps d'automne, humide et gris. Le feuillage blafard des arbres se fond dans le brouillard. En rêve, j'ai revu Violetta, une amie que j'avais presque oubliée; depuis, elle avait appris l'art de voler dans l'air ou plutôt de planer, et elle se produisait dans un cirque, en petite jupe bleue, qui bouffait comme un parachute sur ses cuisses roses. Nous, ses vieux amis berlinois, nous la rencontrions dans une église où elle devait recevoir la communion et nous faisions à voix basse, comme autrefois, debout à la tribune, des plaisanteries équivoques sur la «fille à matelots». Mais nous sentîmes aussi le risque particulier qu'elle courait, lorsqu'elle s'avança vers l'autel, en dessous de nous, par les dalles rouges de l'allée centrale. L'épouvante nous saisit, lorsqu'à ses pieds, dans un fracas de tonnerre, s'ouvrit une trappe découvrant à nos regards un gouffre immense. Pris de vertige, nous nous détournâmes. Lorsqu'enfin nous osâmes y jeter les yeux, nous discernâmes au fond de la crypte un second autel que la profondeur de l'abîme rapetissait; une couronne d'objets d'or le cernait. Nous aperçûmes Violetta au milieu d'eux: elle avait volé jusqu'en bas, comme un papillon.

L'après-midi, au Salon d'automne, avenue de Tokyo, pour y voir des tableaux de Braque à qui je vais rendre visite lundi. Je les ai trouvés pleins de force, tant dans les formes que dans les tons, et peints avec plus de cœur que ceux de Picasso. Pour moi, ils représentent l'instant où nous émergeons du nihilisme et où se rassemble en nous la matière de créations nouvelles. Ainsi, la ligne courbe remplace la ligne brisée, et parmi les couleurs, un bleu riche est particulièrement bien venu; puis un violet sombre qui vire au brun tendre et velouté.

Les envois étaient nombreux. On a l'impression

que les peintres, comme d'ailleurs tous les artistes, continuent instinctivement à créer au milieu de la catastrophe, comme les fourmis dans une fourmilière à demi détruite. Mais ce n'est peut-être qu'une vue superficielle, et il se pourrait que plus profondément, sous les grandes destructions, d'autres filons subsistent intacts. C'est d'eux que, moi aussi, je dépends.

La contemplation des tableaux m'a fatigué, comme toujours. L'accumulation d'œuvres d'art a une sorte d'agressivité magique. Quand ensuite nous nous familiarisons avec certaines d'entre elles, ou que nous les accueillons chez nous et les domestiquons, leurs forces s'ajoutent aux nôtres.

Paris, 2 octobre 1943.

Dépression qui, comme toujours, me fait maigrir.

Pendant le petit déjeuner, continué l'Évangile de saint Matthieu. L'histoire de la statère que les disciples trouveront dans la bouche d'un poisson est certainement une interpolation tardive et d'ordre magique; elle n'est pas en harmonie avec l'extrême simplicité, visant à la guérison, non à stupéfier les foules, qui marque d'ordinaire les miracles. Au chapitre 16, le verset 14 confirme la conception selon laquelle certains êtres reviennent sur la terre; Jean, Élie et Jérémie sont mentionnés. Peut-être cette croyance s'attache-t-elle surtout aux prophètes. Dans ce passage, comme dans plusieurs autres, semble s'être conservée la petite monnaie banale d'entretiens dont ne nous sont transmises d'habitude que les pièces d'or.

Au courrier, une lettre du lieutenant Haeußler, qui se trouve dans la tête de pont du Kouban. Il m'écrit que le Dr Fuchs, notre hôte de naguère à Schaumiane, a été tué.

L'après-midi, promenade des Eaux et Forêts, en compagnie de la doctoresse. Les arbres au bord de l'étang de Suresnes, leur tendre rouge vineux, leur jaune blafard, leur profond or bruni se mirent dans l'eau claire, rayée du vert pâle des algues et des herbes. Passé encore un court moment dans le parc de Bagatelle. J'y ai cherché en vain la grande orfe dorée. Mais, en revanche, j'ai aperçu un nénuphar dont s'ouvrait la fleur tendre et pointue comme une jacinthe. Ses feuilles où les insectes avaient dessiné leurs hiéroglyphes étaient déjà touchées par l'automne et entouraient d'un cercle de sceaux rouge cire, en forme de cœurs, la merveille de la fleur.

Le soir, feuilleté la monographie du *Crapouillot* consacrée à la presse française, avec le sentiment de pénétrer dans les dédales de la *Cloaca maxima*; la liberté de la presse est au domaine politique et social ce qu'est le libre arbitre à la métaphysique – elle fait partie de ces problèmes qui se reposent toujours et qu'on ne résoudra jamais.

Paris, 3 octobre 1943.

Le matin, continué l'Évangile de saint Matthieu: 18, 7. «Il est nécessaire qu'il arrive des scandales; mais malheur à l'homme par qui le scandale arrive.»

Ici se trouve, *in nuce*, la limite entre prédestination

et libre arbitre ; ce passage est certainement de ceux qui ont fécondé Boèce.

J'ai été simple, et je vais tendre à toujours plus de simplicité.

Paris, 4 octobre 1943.

L'après-midi avec Jouhandeau, chez Braque qui possède près du parc Montsouris un petit atelier tiède et agréable, exposé au midi.

Nous avons été accueillis par un homme de taille moyenne, mais solidement bâti, d'une soixantaine d'années, vêtu d'une veste de toile bleue et d'un pantalon marron de velours côtelé. De confortables pantoufles de cuir, des chaussettes de laine douce, et sa pipe continuellement allumée ajoutaient à l'impression d'aisance qu'il donnait dans ce cadre familier. Sa tête est expressive, décidée, aux cheveux drus et entièrement blancs ; ses yeux, comme on n'en voit pas souvent, d'un bel émail, bombés comme la lentille de verres extrêmement forts.

Les murs étaient chargés et presque recouverts de peintures. J'ai été particulièrement séduit par l'image d'une table noire, dont la surface, bien plutôt qu'elle ne les reflétait, spiritualisait les coupes et les verres qui y étaient posés. L'ébauche d'une nature morte était posée sur le chevalet, hérité de son père, et recouvert d'une épaisse croûte de couleurs qui pendaient en stalactites bariolées.

Conversation sur les rapports de la peinture impressionniste et du camouflage de guerre, que Braque pensait avoir lui-même inventé, ayant été le premier à accomplir dans son œuvre la destruction des formes par la couleur.

Braque, qui déteste avoir devant lui le modèle ou l'objet, peint toujours de mémoire, et c'est ce qui donne à ses tableaux la plus profonde des réalités, celle du rêve. À ce propos, il raconta qu'il avait récemment placé un homard dans l'un de ses tableaux, sans savoir combien de pattes possédait cet animal. Plus tard, à table, lorsqu'il avait pu le vérifier, il s'était aperçu qu'il lui en avait bien mis le nombre exact – il établit un rapport entre ce fait et la conception d'Aristote, selon laquelle chaque espèce a son nombre caractéristique.

Comme chaque fois que je rencontre des créateurs, je lui ai demandé ce qu'il avait appris en vieillissant. Il répondit que l'âge avait pour charme d'établir en vous un état où l'on n'a plus besoin de choisir – ce que j'interprète ainsi : la vie gagne avec l'âge en nécessité, et perd sa contingence ; elle suit une voie unique.

Il ajoute : « Il faut aussi arriver à ce que la création ne sorte plus de là, mais d'ici. » Et ce disant, il montrait d'abord son front, puis son diaphragme. L'ordre des gestes m'étonna, car on suppose en général que le travail devient plus conscient – et même là où l'exercice, la routine, l'expérience le simplifient, il s'agit encore d'ellipses conscientes dans les démarches créatrices. Pourtant, ce geste me fit mieux comprendre le passage qui l'a conduit du cubisme à un réalisme plus profond. Il y a aussi un progrès dans le sens de la naïveté. Dans le domaine de l'esprit, on trouve alpinistes et mineurs : les uns suivent l'instinct paternitaire, et les autres le goût de la matière. Les uns atteignent les sommets, gagnent en clairvoyance. Les autres pénètrent, tel le héros du conte d'Hoffmann, « Les mines de Falun », dans des puits toujours plus profonds – là où l'idée se révèle à l'esprit dans son demi-sommeil, sa fécondité et sa splendeur cristalline. C'est encore la différence véritable entre l'apollinien et le dionysiaque. Mais les plus grands possèdent les deux forces – ils ont une double mesure, comme les Andes, dont les crêtes absolues divisent pour l'œil le miroir des mers. Leur royaume s'étend toutefois des sphères où plane le condor aux monstres des fonds abyssaux.

En Braque et Picasso, j'ai vu deux grands peintres de l'époque. Ils m'ont donné une impression de force égale, mais d'une nature spécifiquement différente, en ce sens que Picasso, cérébral, apparaît comme un magicien tout-puissant, tandis que Braque rayonne de cordialité. Ce qui se révèle encore dans la différence entre les ateliers, où transparaît aussi l'hispanisme de Picasso.

J'ai été frappé, dans l'atelier de Braque, par la présence d'une multitude de petits objets – masques, vases, verres, idoles, coquillages et autres choses semblables. J'avais l'impression qu'il s'agissait ici moins de modèles, au sens habituel du mot, que de talismans, de sortes de paratonnerres ou bien d'aimants destinés à concentrer une substance de rêve. Et peut-être, lorsqu'on acquiert un tableau de Braque, possède-t-on chez soi une substance qui recueille et diffuse ensuite ce rayonnement ? Parmi ces objets, il y avait un grand papillon orné d'yeux bleu foncé. Braque l'avait capturé dans son jardin, où pousse un paulownia, et il supposait qu'il avait immigré du Japon avec cet arbre.

Le soir, au Ritz, en tête à tête avec Schulenburg. Nous avons parlé de la situation et, relativement à elle, de *L'Appel* dont je lui ai tracé les grandes lignes. Peut-être le moment est-il venu de rejoindre Berlin. Pourtant j'ai mentionné que mon séjour à Paris remplit déjà Keitel de méfiance et que, d'autre part, Heinrich von Stülpnagel, malgré la demande de Speidel, a refusé de me laisser partir.

Paris, 5 octobre 1943.

Au courrier, première lettre de Perpétua décrivant la nuit du 28 septembre à Kirchhorst. Des bombes sont tombées sur les saules près de la maison. Le paroxysme de l'effroi semble proche lorsque les « arbres de Noël » éclairent le ciel – ce sont des grappes de lumière qui annoncent les bombardements massifs. Dans la matinée, la petite fille d'un voisin, âgée de sept ans, a été emmenée à l'asile d'aliénés. L'avenir des enfants me préoccupe – ce printemps-là, quels fruits peut-il donner ? Les hautes et basses températures marqueront de dessins étranges les ailes de papillon de ces petites âmes.

Paris, 6 octobre 1943.

Dans la soirée, promenade avec Husser, a qui j'avais donné rendez-vous devant la tombe du Soldat inconnu. Il me raconta sa vie pendant que nous longions le Bois vers la porte Maillot, avec retour par la place des Ternes. Son infortune, c'est de descendre d'un père juif, mais d'avoir été avec passion soldat allemand et combattant de Douaumont. Deux choses difficiles à concilier longtemps dans les conditions actuelles. Aussi vit-il ici comme un homme qui a renié son ombre : sous un nouveau nom, une nouvelle identité, avec un nouveau passeport, celui d'un Alsacien décédé. Il habite dans un petit hôtel de Billancourt, et revient du bord de la mer, où il gardait les brebis d'un nationaliste breton à qui Hielscher l'avait recommandé. Au demeurant, ce dernier passera prochainement à Paris, car il veut envoyer des Bretons en Irlande.

J'ai pris avec moi des lettres pour la femme de Husser, à qui je voudrais envoyer de petits colis, mais le difficile, c'est qu'on ne doit pouvoir constater ni quelle est la destinataire, ni que son mari est l'expéditeur, ni que j'ai servi d'intermédiaire.

Au Raphaël, songé aux tortuosités de la bassesse, qu'aucun des historiens futurs ne pourra concevoir, comme par exemple l'attitude des anciennes associations de vétérans qui ont commencé par protéger dans la mesure du possible des camarades de régiments comme Husser, pour finalement les livrer au *Demos* quand la chose est devenue dangereuse. Une histoire de ce genre nous a fait quitter les «Anciens du 73ᵉ», Friedrich Georg, moi-même et quelques autres. Dans mon plan de la «maison», je devrais comprendre une chambre où la chevalerie corrompue livrerait ses protégés, sous la pression de la populace qui hurle au-dehors. Tout ce mélange de fausse dignité, de peur et de bonhomie creuse – je l'ai vu sur le masque du président Bünger, lorsqu'il interrogeait des témoins gênants sur l'incendie du Reichstag. Ponce Pilate en est le prototype. On acquitte l'accusé, tout en sachant parfaitement en quelles mains il va tomber, sitôt sur le perron du palais de justice. Chose qui pourrait m'arriver également si le commandant en chef était forcé de quitter le Majestic. Seulement, on y mettrait des gants : « Mon cher J…, vous occupez un poste indigne de vos talents. C'est pourquoi nous vous avons mis "en disponibilité". » Sur quoi on vous offre un banquet de départ, où il faut faire contre mauvaise fortune bon cœur. La manière dont on lève alors son verre en faisant ses adieux : c'est le genre de traits qu'on trouve chez Shakespeare, digne, sur ce point, de faire rougir tous les historiens de métier.

Paris, 10 octobre 1943.

Dans la matinée, terminé au lit l'Évangile selon saint Matthieu ; ensuite, petit déjeuner dominical qui, grâce au Président, s'est passé très agréablement. Réflexion : quoique je passe la plus grande partie de cette Deuxième Guerre mondiale entouré de toutes les apparences du confort, je vis dans un danger plus grand que pendant les batailles de la Somme ou des Flandres. Il me semble aussi que, sur cent anciens combattants, c'est à peine s'il s'en trouve un pour tenir tête aux épouvantes nouvelles, qui surgissent quand on passe de la sphère des héros à celle des démons.

Le 25ᵉ chapitre de Matthieu. Le grand thème de ce chapitre est que l'être humain est en mesure d'accroître durant sa vie sa valeur supra-temporelle, de faire provision d'huile pour alimenter la lampe qui jamais ne s'éteint, d'acquérir avec sa part d'héritage, avec le talent qui lui fut remis, une richesse impérissable. Ce pouvoir de nous transcender, cette aptitude à tirer intérêt du temps, est, en effet, un miracle incomparable – digne d'être étudié en des centaines de milliers de couvents et dans d'innombrables cellules d'ermites : le temps comme pressoir, le monde comme fruit. Ce n'est point par hasard que tant d'images se rapportent au vin et au travail des vignerons dans leur vignoble, car les métamorphoses du vin, jusqu'au moment où, bu, il se change en esprit, sont un prodigieux symbole de vie.

Nous vivons pour nous réaliser. Seule cette réalisation rend la mort sans conséquences – l'homme a changé ses biens en un or qui conserve partout son cours, au-delà de toutes les frontières. D'où la sentence de Salomon, selon laquelle les justes ne subissent qu'une mort illusoire : « comme l'or au creuset, [Dieu] les a éprouvés, comme un parfait holocauste, il les a agréés ».

Nous pouvons ainsi atteindre un état où aucune perte ne nous menace dans l'échange qui nous attend.

Paris, 11 octobre 1943.

La planification d'immenses destructions ne peut réussir que si, parallèlement, se produisent des transformations d'ordre moral. La valeur de l'être humain doit baisser encore, jusqu'à la complète indifférence métaphysique, pour que ce passage à la destruction massive que nous vivons aujourd'hui puisse devenir une destruction totale. Comme notre situation générale, celle-ci est prédite dans l'Écriture, et non seulement dans la description du déluge, mais encore dans l'anéantissement de Sodome : Dieu l'exprime par le fait qu'il veut épargner la ville tant que dix justes vivent encore dans ses murs. Symbole aussi de l'immense responsabilité de l'individu dans cette époque. *Un seul* homme peut servir de répondant à des millions d'autres.

Paris, 14 octobre 1943.

Je descendais dans une sépulture, pour voir le cercueil de mon grand-père, l'instituteur. Au matin, j'ai consulté une clef des songes et j'y ai trouvé, à tombeau : *longévité**. Une de ces plates explications par quoi ces livres se distinguent. Descendre dans la tombe d'un aïeul veut bien plutôt dire qu'on cherche, dans des situations difficiles, des conseils qu'on ne peut se donner à soi-même.

Au courrier, une lettre d'un jeune soldat, Klaus Meinert, qui m'avait déjà écrit à propos de mon petit travail sur les voyelles. Cette fois, il me fait part d'une découverte portant sur la valeur symbolique des majuscules latines :

A doit représenter largeur et hauteur. Ce que révèle de la manière la plus simple le signe $\wedge$: deux points éloignés se rencontrant au zénith.

E figure le son de ce qui est non spatial, de la pensée abstraite, du monde mathématique. Trois parallèles monotones l'indiquent : $\equiv$, qu'une verticale relie.

I est un signe érotique, le lingam; il exprime le sang, l'amour, l'ardeur passionnée.

O, son de lumière, incarne le soleil et l'œil.

U ou *V*, comme l'écrivaient les anciens, est le son de la terre, qui s'enfonce dans l'abîme. On voit bien aussi que c'est le signe opposé à l'*A*.

Ce travail m'a fait plaisir : il révèle un bon coup d'œil. J'ai songé aussi aux circonstances dans lesquelles il est né – pendant les marches, les nuits de garde, au camp. Les jeunes gens s'accrochent aux éléments spirituels de la vie comme à une constellation qu'on aperçoit d'un poste perdu. Et comme il est rare qu'ils soient soutenus dans cette recherche, leur plus bel élan !

Horst, assis à table près de moi, apprend que son vieux père a été mortellement blessé à Münster, au cours du bombardement. D'affreuses circonstances s'y sont mêlées. Ainsi, les bombes atteignent de mieux en mieux leur but. Les dégâts provoqués par le raid sur Hanovre, dans la nuit du 9 au 10 octobre, ont été considérables ; on dit que des centaines de milliers d'hommes sont sans abri. Toujours pas de nouvelles de Perpétua !

Cet après-midi, entretien avec le capitaine Aretz, qui m'avait rendu visite autrefois à Goslar, quand il était étudiant ; nous avons fait un grand tour d'horizon. Il pensait que je connaissais mal l'état d'esprit des hommes de vingt à trente ans, qui ne croiraient que ce qu'ils lisent dans les journaux et n'auraient jamais rien appris d'autre. Il avait l'air de considérer ce fait comme favorable à la permanence des forces établies – alors que c'est tout le contraire qui est vrai : il suffirait simplement de changer ce qu'on lit dans les journaux.

Paris, 16 octobre 1943.

Réfléchi à la machine et à ce que nous avons manqué. En tant que création de l'intellect pur, masculin, elle est comme un animal de proie dont la nature dangereuse n'aurait pas été immédiatement reconnue par l'homme ; il l'a fait entrer dans sa vie à la légère, s'apercevant ensuite qu'elle ne se laissait pas apprivoiser. Il est remarquable que, lors de sa première utilisation, sous forme de locomotive, le résultat ait été heureux. Le chemin de fer, sous contrôle étatique ou semi-étatique et selon un ordre méticuleusement réglé, a assuré, au cours du dernier siècle, une existence modeste, mais suffisante, à d'innombrables familles – les cheminots, dans l'ensemble, sont satisfaits de leur sort. Les ingénieurs, les employés et les ouvriers jouissent dans ce cadre de nombreux privilèges du soldat, et ignorent la plupart de ses servitudes. Quelle bénédiction si on avait procédé de la même manière avec la mécanisation des métiers à tisser, en leur donnant dès l'origine une organisation constructive ! Évidemment, les chemins de fer font intervenir une notion particulière – leur caractère spatial, le fait qu'il s'agit d'installations étendues. Ils ont pour particularité de s'attacher un grand nombre d'existences qui ne sont soumise à la technique que pour moitié, l'autre étant en contact avec la vie organique, comme par exemple les gardes-barrières et les gardes-voies, dont la vie est modeste mais saine. Dès le commencement, on aurait dû lier à l'exercice d'une profession technique la propriété d'un lopin de terre, ne fût-ce qu'un jardin, puisque toute vie dépend de la terre nourricière et qu'aux moments critiques on ne trouve de protection qu'en elle.

La technique est comme une construction édifiée sur des fondements insuffisamment explorés. En un siècle, elle a pris une si prodigieuse extension qu'il est devenu en général monstrueusement difficile de changer quoi que ce soit à son imposant plan d'ensemble. C'est surtout le cas pour les pays où elle s'est le plus développée. De là les atouts de la Russie, dont on commence à remarquer l'existence et qui s'expliquent par deux faits de principe : elle n'avait pas de passé technique et elle possédait suffisamment d'espace. Certes, elle a connu dans l'immédiat des destructions énormes en biens et en vies, mais pour des raisons extérieures à la planification.

Les grandes destructions que subit notre patrie pourraient avoir cet *unique* aspect positif qu'elles assigneraient un nouveau début à ces choses qui semblaient avoir revêtu leur aspect définitif. Elles créent une situation qui dépasse les plus audacieux des rêves de Bakounine.

Achevé le premier volume des *Causes célèbres*, édité en 1772 à Amsterdam, par M. Richet, ex-avocat au Parlement. J'y ai trouvé, dans le chapitre consacré au procès de la Brinvilliers, la phrase suivante : « *Les grands crimes, loin de se soupçonner, ne s'imaginent* *même pas**. » C'est très juste, et tient au fait que le crime s'aggrave dans l'exacte mesure où, dépassant la simple animalité, il comporte plus d'esprit. Dans cette exacte mesure, les indices aussi disparaissent. Les plus grands crimes reposent sur des combinaisons qui, d'un point de vue logique, sont supérieures aux lois. Aussi le crime se déplace-t-il toujours davantage de l'acte à l'Être, pour atteindre des degrés où il anime la connaissance pure, sous forme d'esprit abstrait du Mal. Finalement, l'intérêt même se perd – on fait le Mal pour le Mal. On célèbre les rites du Mal. La question « *Cui bono ?* », elle non plus, ne fournit plus de repère – il n'y a qu'*une* puissance dans l'Univers pour en tirer profit.

Dans la soirée, visite de Bogo [Friedrich Hielscher], qui arriva au Raphaël en compagnie de Husser. Bogo m'apparaît, dans cette époque si pauvre en vertus originales, comme l'un de mes amis qui m'ont le plus donné à réfléchir, et sur lesquels je suis le moins arrivé à me faire une opinion. Naguère, je croyais qu'il entrerait dans l'histoire de notre temps comme l'une de ses figures d'une extrême finesse spirituelle, mais peu connues, et aujourd'hui, j'estime qu'il fera plus que cela. Surtout, un grand nombre, peut-être même la plupart des jeunes gens à l'esprit vif qui appartenaient à la génération grandie après la Première Guerre mondiale, en Allemagne, a subi son influence et est souvent passé par son école, et j'ai pu, presque toujours, constater que cette rencontre les avait marqués.

Il rentrait de Bretagne, après des voyages en Pologne et en Suède. Selon sa vieille habitude bouffonne, il commença par se préparer à la discussion en déballant divers objets, comme une série de pipes sculptées, plus des blagues à tabac et des cure-pipes, ensuite une calotte de velours noir dont il para sa tête, depuis bien longtemps devenue chauve. Le tout en me dévisageant d'un air matois et inquisiteur, mais non sans bonhomie, comme qui s'attend à bien des révélations et, lui aussi, a toute sorte de choses agréables dans son sac. J'eus l'impression qu'il choisissait ses pipes selon un ordre exigé par la progression de notre entretien.

Je lui demandai des nouvelles de quelques amis, ainsi de Gerd von Tevenar, mort tout récemment, et j'appris qu'il l'avait enterré. D'Aretz, qui m'a rendu visite avant-hier, il me dit au contraire : «Celui-là, je l'ai marié.» C'est ainsi qu'il confirma un soupçon que je nourris depuis longtemps à son endroit : qu'il a fondé une Église. Il en pioche en ce moment la dogmatique, tandis qu'il a déjà fort élaboré la liturgie. C'est ainsi qu'il me montra une collection de cantiques et un cycle de fêtes, «l'Année païenne», qui comprend un système de rapports entre les Dieux, les fêtes, les couleurs, les animaux, les mets, les pierres et les plantes. J'y lu par exemple que la consécration des lumières devait se célébrer le 2 février. Elle est dédiée à Berchta, dont le signe est la quenouille, dont l'animal est l'ours et la fleur, le perce-neige. Ses couleurs sont le rouge-renard, et le «neigeux»; comme cadeau, à l'occasion de sa fête, on s'offre le pentagramme, le «pied du drude». Au titre d'aliment festif : le hareng aux boulettes; de boisson : le «phoque»; de pâtisserie : le *Klemmkuchen*. Par contre, j'ai trouvé pour le

Mardi gras, fêté en l'honneur de Freya, la langue, le champagne et les beignets.

Tour d'horizon, Bogo pensait que, comme les Biedenhorn n'avaient pas réussi à faire sauter Kniébolo, c'était désormais l'affaire de clans déterminés. Il laissait entrevoir que, le cas échéant, il serait contraint de préparer la chose lui-même et d'en organiser l'exécution – comme une sorte de Vieux de la Montagne, qui envoie ses jeunes adeptes dans les palais. Le problème initial de la politique actuelle, tel qu'il le conçoit, se résume à peu près ainsi : « Comment arrive-t-on à passer cinq minutes, et avec des armes, au-delà du cordon de sécurité N° 1 ? » En l'écoutant exposer les détails, je vis distinctement la situation de Kniébolo qui, aujourd'hui, est traqué par ses propres chasseurs, et assailli de divers côtés.

J'ai pu constater en Bogo un changement radical qui me paraît caractériser toute l'élite spirituelle : il se précipite dans les régions de la métaphysique avec une puissance d'élan forgée par le rationalisme. Ceci m'avait déjà frappé chez Spengler et fait partie des présages favorables. Pour parler schématiquement, le XIXe siècle était un siècle rationnel, alors que le XXe est cultuel. Kniébolo lui-même en vit déjà, et c'est pourquoi les esprits libéraux sont totalement incapables de voir ne fût-ce que le lieu où il se situe.

Puis il a parlé de ses voyages. À ce propos, quelques secrets. J'ai été surtout bouleversé par les détails qu'il m'a donnés sur le ghetto de Lodz ou, comme on dit maintenant, de Litzmannstadt. Il s'y était introduit sous quelque prétexte et avait conféré avec le directeur de la communauté juive, un ancien lieutenant autrichien.

Cent vingt mille Juifs vivent dans ce ghetto, compressés au maximum, et y travaillent pour l'armement. Ils ont mis sur pied l'une des plus grosses entreprises de l'Est. Ils sont indispensables : ce qui leur permet de gagner du temps. Cependant, les Juifs déportés affluent sans relâche des pays occupés. Pour les faire passer de vie à trépas, on a construit des fours crématoires à proximité des ghettos. On y transporte les victimes dans des voitures inventées, dit-on, par le nihiliste en chef Heydrich – les gaz d'échappement y sont refoulés vers l'intérieur, transformé ainsi en cellules de mort.

Il existe, paraît-il, une deuxième forme de massacre : avant de les brûler, on fait venir les victimes, nues, sur une plaque de fer, à travers laquelle on fait passer un fort courant électrique. On en est arrivé à ces méthodes parce qu'il s'est trouvé que les S.S. chargés d'abattre les victimes à coups de feu dans la nuque ont souffert de troubles nerveux et s'y sont, à la fin, refusés. Ces fours crématoires n'exigent qu'un personnel restreint ; on dit qu'y sont à l'œuvre des sortes de maîtres diaboliques, entourés de valets. C'est donc là que disparaissent les masses de Juifs qu'on déporte d'Europe pour les « établir ailleurs ». Paysage où la nature de Kniébolo se révèle sans doute le plus crûment, et que Dostoïevski lui-même n'avait pas prévu.

Ceux qui sont destinés au four crématoire doivent être nommés par le chef du ghetto. Après de longs conciliabules avec les rabbins, il désigne les vieillards et les enfants malades. Parmi les vieux et les invalides, beaucoup se présenteraient de leur propre gré – car de telles horreurs finissent toujours à la gloire des persécutés.

Le ghetto de Litzmannstadt est clos; dans d'autres villes, plus petites, on en trouve qui comprennent seulement quelques rues où demeurent des Juifs. Les policiers juifs chargés de se saisir des victimes auraient pris également pour les livrer des passants allemands et polonais, dont on n'a plus jamais entendu parler. Il s'agirait surtout d'Allemands de la Volga, qui attendaient qu'on leur distribuât des terres. Ils juraient naturellement à leurs bourreaux qu'ils n'étaient pas juifs, pour s'entendre répondre, sans doute : « Tout le monde, ici, en dit autant. »

Il paraît que dans ce ghetto, personne n'engendre d'enfants, sauf les membres de la secte la plus pieuse : celle des Hassidim.

Le nom de « Litzmannstadt » montre quel genre d'honneurs Kniébolo est capable de décerner. Il a lié à tout jamais ce nom d'un général couvert de gloire militaire à celui d'un équarrissoir. J'ai compris, dès ses débuts, qu'il fallait redouter avant tout les honneurs qu'il décernait, et j'ai dit avec Friedrich Georg :

> *Il n'y a point de gloire*
> *À combattre dans vos batailles,*
> *Vos victoires sont méprisables,*
> *Comme des défaites.*

Paris, 17 octobre 1943.

L'après-midi, boulevard du Montparnasse, au Théâtre de poche, qui vient d'être réouvert. Schlumberger nous avait invités, la doctoresse et moi, à venir voir sa pièce *Césaire*. On y donnait, en outre, *Orage*, de Strindberg, qui, déjà rendu spectral par le temps, le devient plus encore à être représenté dans cette salle. Il fut joué en costumes fin de siècle, exhumés d'anciennes garde-robes, et le téléphone, objet qui, en ce temps-là, devait sembler sur scène d'une nouveauté inouïe, était aussi d'époque.

Plus tard, en prenant le thé, la doctoresse a dit : « On reconnaît le travail des grands à son caractère mathématique : les problèmes sont divisibles et se résolvent. Il n'y a pas de reste. »

Ce jugement contient quelque vérité, quoiqu'il ne tienne compte que de l'un des deux aspects de la force créatrice. Sous un autre angle, les résultats se distinguent justement en ce qu'ils ne sont *pas* résolus – il reste toujours de l'indivisible. C'est la différence entre Molière et Shakespeare, entre Kant et Hamann, entre *ratio* et langage, entre lumière et obscurité.

Certes, il existe aussi un petit nombre d'esprits qui sont à la fois divisibles et indivisibles. Pascal et E. A. Poe en font partie, et saint Paul dans l'Antiquité. Là où le langage, force sans regard, investit les éléments lumineux des pensées, des palais brillent comme des miroirs d'ombre.

Paris, 18 octobre 1943.

À midi, chez Florence. J'ai une fois de plus été ébloui par les teintes des bouteilles et des verres trouvés dans de très anciennes tombes – leur bleu est encore plus profond, plus précieux que celui qui

couvre les ailes des papillons dans les forêts monta-
gneuses, au Brésil.

Marie-Louise Bousquet raconta l'histoire d'une
femme qui s'était rendue dans une des villes bombar-
dées de la côte pour y chercher son mari, qui n'était pas
revenu d'un voyage. Elle s'était renseignée à l'Hôtel de
Ville, mais son nom ne figurait pas sur les listes des victimes. En sortant, sur la place du marché, elle aperçut un
grand nombre de cercueils sur des voitures ; sur chacun
d'eux était fiché un petit bâton portant une étiquette avec
le nom d'un mort. Immédiatement le nom de son mari
lui sauta aux yeux, au moment même où la voiture se
mettait en marche vers le cimetière. Si bien qu'elle suivit
le cercueil en costume de voyage – un de ces changements rapides comme l'éclair, que nous ne connaissons
que par les rêves. La vie, de plus en plus, se fait rêve.

Paris, 19 octobre 1943.

De nouveau, on annonce que Hanovre a subi la
nuit dernière un terrible bombardement. J'essaye en
vain d'obtenir la communication pour parler à Perpétua – les fils sont rompus. La ville doit être à présent
entièrement détruite.

L'après-midi, chez l'antiquaire Étienne Bignou qui,
à ma demande, avait sorti du sous-sol de sa banque un
tableau du Douanier Rousseau, disparu depuis longtemps. Rousseau avait nommé ce grand tableau, peint
en 1894, *La Guerre ou la chevauchée de la discorde*,
et avait ajouté cette légende : « Elle passe effrayante,
laissant partout le désespoir, les pleurs et la ruine. »

Au premier regard, les couleurs vous frappent : des nuages qui se déploient comme de grandes fleurs roses dans un ciel bleu ; devant elles, un arbre noir et un autre d'un gris tendre, aux branches duquel pendent des feuilles tropicales. L'ange de la discorde galope au-dessus d'un champ de bataille, sur un cheval noir sans yeux. Il porte une chemise emplumée et brandit de sa dextre une épée, et de la main gauche une torche dont le panache de fumée noire est parsemé d'étincelles de feu. Le sol au-dessus duquel s'élance ce terrifiant messager des astres est couvert de cadavres nus, ou à peine vêtus ; des corbeaux y festoient. Rousseau a donné son propre visage au cadavre du premier plan, le seul qu'un pantalon rapiécé voile à peine ; un autre, au fond, dont un corbeau mange le foie, a les traits du premier mari de sa femme.

Je tiens ce tableau – Baumgart m'avait appris qu'il était retrouvé – pour l'une des grandes visions de ce temps ; il donne d'ailleurs une impression de nécessité picturale, en contraste avec l'aspect kaléidoscopique des sujets. Comme les peintures des premiers impressionnistes correspondaient aux vieux daguerréotypes, celle-ci correspond à l'instantané photographique. Toute chargée qu'elle est de potentiel élémentaire, cette peinture rayonne d'une sorte de terreur fascinante, est d'un hiératisme décoratif – on peut contempler tranquillement ce qui d'ordinaire, soit à cause du caractère secret particulier à l'être démoniaque, soit à cause de la vitesse terrible, se dérobe à la perception. On voit que dès cette époque-là, le danger était devenu extrême. Puis le côté mexicain – trente ans plus tôt, Galliffet était revenu du Mexique. Une des origines de notre monde de terreur, c'est, sans nul doute, la prolifération de germes tropicaux en terre européenne.

Parmi ses qualités diverses, la moins remarquable n'est pas sa candeur enfantine – sa pureté au sein d'un terrifiant conte de fées, comme dans le roman d'Emily Brontë.

Paris, 20 octobre 1943.

Enfin des nouvelles de Perpétua. Le terrible bombardement du 10 octobre, qui a détruit de grandes parties de Hanovre, a seulement frôlé Kirchhorst. Du presbytère, elle a vu le phosphore se déverser sur la ville comme de l'argent liquide. Dans l'après-midi du 11 octobre, elle s'est frayé un chemin à travers les décombres fumants jusqu'à la maison de ses parents ; c'était la seule qui, dans un vaste rayon, eût été épargnée ; mais des bombes incendiaires avaient explosé dans les pièces. Elle trouva ses parents épuisés à force d'éteindre, les yeux gonflés. Sa petite nièce, Victoria, s'était particulièrement distinguée ; c'est à ces moments-là, justement, qu'on voit les faibles déployer des forces que personne n'eût soupçonnées en eux.

Paris, 23 octobre 1943.

Capriccio tenebroso. Image d'un geai mort, la poitrine couverte d'un duvet rose-gris, les rémiges ornées de dessins noirs, blancs et bleus. Il est étendu, à moitié absorbé déjà par la terre molle sous laquelle fouille un essaim d'insectes fossoyeurs. Son corps disparaît par à-coups, par spasmes dans le terrain sombre. Bientôt, seule est visible encore la pointe bleu clair d'une aile, que couvre un semis de petits œufs jaunes. Elle aussi, elle disparaît, tandis que les larves sortent déjà des œufs et se coulent le long d'elle.

Lorsque le crime devient maladie, l'exécution devient opération.

Paris, 24 octobre 1943.

Une lettre de Perpétua m'a enfin tranquillisé, et notamment sur la nuit d'horreur du 19. Kirchhorst a été atteint, le feu a détruit des fermes et des granges. Des bombes explosives, des bombes incendiaires et des bidons de phosphore sont tombés tout autour du presbytère, dont les habitants se sont couchés sur le sol. Ensuite a retenti un effroyable fracas, comme si la bonne vieille bâtisse allait s'écrouler, et Perpétua s'est enfuie au jardin avec l'enfant ; tous deux se sont serrés contre le thuya, l'arbre de vie.

Cette année-ci, j'ai perdu et mon père et ma ville natale. Des nouvelles funestes arrivent aussi de Leisnig et de Munich. Pendant la Première Guerre mondiale, j'étais seul et libre ; je traverse cette deuxième guerre avec tous ceux que j'aime, et avec tous mes biens. Pourtant, pendant la Première Guerre mondiale, je songeais parfois à celle d'à présent ; de même qu'en 1940, pendant l'avance à travers la France, ce qui se passait autour de moi m'effrayait moins que cette vision d'anéantissements futurs, dont je pressentais la venue dans un espace vide d'êtres humains.

Dans l'après-midi, chez Claus Valentiner, qui arrivait d'Aix. Il m'a transmis les salutations de Médan – celui-ci a déjà reçu de ses compatriotes deux cercueils et une condamnation à mort. Son crime consiste à tenir pour possible l'amitié entre l'Allemagne et la France.

Ahlmann, l'oncle de Valentiner, dont j'ai fait connaissance par l'intermédiaire du magister, et un général étaient invités à dîner chez Carl Schmitt : ils se rendirent ensemble à son adresse de Dahlem, Kaiserwertherstrasse. Arrivés là, ils trouvèrent la maison en ruine, mais, plutôt par curiosité, ils appuyèrent sur le bouton de la sonnette, à la porte du jardin. Apparut alors, montant de l'une des caves, Mme Douchka, en robe de velours noir : elle leur apprit cérémonieusement qu'elle se voyait à son grand regret contrainte de décommander le repas. Ce trait la caractérise.

Valentiner raconta aussi une histoire atroce qui s'est passée à Aix. Une compagnie de S.S. y était cantonnée ; un jeune soldat de cette compagnie avait déserté et gagné l'Espagne. Sa fuite réussit, mais on le fit extrader. Le chef de la compagnie le fit alors ramener, menottes aux mains, devant les hommes rassemblés et l'exécuta lui-même à coups de mitraillette. L'effet avait dû être terrible, car plusieurs jeunes soldats étaient tombés évanouis.

Ce crime monstrueux est à peine croyable, lorsqu'on songe qu'en qualité de chef on sert aussi, toujours, de père à ses hommes. Il relève, certes, d'un état de choses où règne sans contestation la force brute et où, pour cette raison, l'autorité supérieure appartient au bourreau.

Au Luxembourg, par temps de bruine. Y fleurissaient de splendides cannas d'un rouge somptueux et aux bords jaune flamboyant, tout autour du vaste ovale où maintenant, en temps de guerre, on plante des choux et des tomates.

Paris, 25 octobre 1943.

Déjeuné chez Florence. Elle raconta diverses choses sur l'aménagement d'un château qu'elle avait acheté en Normandie voici des années, mais dont elle avait oublié le nom.

À table, Marie Laurencin, avec qui j'ai parlé du Douanier Rousseau. Elle l'avait connu jeune fille, à une époque où il donnait des leçons de peinture et de violon. Elle vantait l'harmonie de sa voix; l'entendre aurait donné plus de plaisir que de le voir peindre. Elle lui avait servi une fois de modèle pour un portrait où, quoiqu'elle fût très mince à ce moment-là, il l'avait fortement épaissie. Son attention attirée sur ce fait, il dit: « *C'est pour vous faire plus importante**. » C'est un trait de l'âge de pierre.

Paris, 26 octobre 1943.

À un dîner auquel Socrate avait été également invité. Il était petit, maigre, les cheveux coupés très court, le visage émacié, intelligent, et il portait un costume de ville gris de bonne coupe.

« Il est tout de même consolant qu'un tel homme vive encore », me disais-je à part moi, et je pensais cela de la même façon à peu près que si j'avais appris que Burckhardt ou Delacroix fussent encore en vie.

Je m'en ouvris à l'un des invités qui me versait du beurre fondu sur des toasts de pain blanc. C'était un critique nordique qui connaissait mon amie Birgit ; il me fit l'éloge d'une épopée qu'elle lui avait envoyée. Des quelques vers qu'il m'a cités, je n'ai retenu que le premier, qui commençait ainsi :

« Morus, plutôt danseur que casanier… »

Il qualifia ce début d'excellent, mais je saisis intuitivement que ce mot était par lui employé dans un sens à la fois élogieux et restrictif, car *l'excellent* se rapporte toujours au général ; et l'on ne peut pas dire ce mot de l'absolu.

Les rêves me font bien augurer de l'avenir, me donnent de l'assurance. Surtout celui où, en route vers Rhodes, j'affrontais Kniébolo et sa bande au centre même de leur pouvoir. « *Tout ce qui arrive est adorable** » est l'une des meilleures formules qu'ait trouvée Bloy.

En m'éveillant, j'ai reconnu une nouvelle harmonie – je pense à celle où s'unissent en lignes et en bandes un vert tendre et un jaune tendre, et qu'on peut appeler harmonie du roseau. Elle conviendrait à des pavillons au bord des eaux, des bungalows, des tonnelles et des volières, à des ponts de bambou, aux reliures des œuvres de Tourgueniev et de Walt Whitman.

Continué *L'Appel* où j'ai commencé le chapitre sur le nihilisme, tandis que je recopie déjà d'autres passages.

Paris, 27 octobre 1943.

Dans sa lettre du 21 octobre, Perpétua me parle des enfants berlinois qui se sont réfugiés chez nous. L'un d'eux, un pauvre mioche de six ans, lui a dit: «Tu sais, Tatie, mes jambes ont toujours si peur qu'elles en tremblent.»

Un peu plus loin, elle évoque la confiance de ce petit envers la force de sa mère, capable d'écarter tout danger. Il y a là des choses qu'on n'aurait jamais vues dans les temps de sécurité.

Paris, 28 octobre 1943.

L'après-midi, visite de Cramer von Laue, l'un de ces lecteurs qui ont connu mes écrits dès l'enfance et ont grandi avec eux. Depuis lors, il est devenu capitaine et sa joue gauche est traversée d'une balafre, souvenir d'un coup de feu, qui lui va bien.

Parlé de la situation, et surtout posé la question suivante: dans quelle mesure l'individu doit-il se sentir responsable des forfaits de Kniébolo? C'est une joie pour moi de voir comment les jeunes gens qui ont passé par mon école en arrivent immédiatement à l'essentiel. Le destin de l'Allemagne est désespéré si de sa jeunesse, et surtout de ses travailleurs, ne naît pas une nouvelle chevalerie.

Cramer m'a signalé un livre de Walter Schubart dont le titre est *L'Europe et l'Âme de l'Est*, publié en Suisse. Il m'en a cité des extraits. J'espère pouvoir me le procurer, bien qu'il n'en circule, paraît-il, qu'un petit nombre d'exemplaires.

Paris, 29 octobre 1943.

Chez Bernasconi, avenue de Lowendal. J'y ai repris les deux parties du *Catalogus Coleopterorum*, qu'il a solidement relié. Ensuite, en passant par la rue d'Estrées et la rue de Babylone, chez la doctoresse, convoquée dans la matinée à la Gestapo, au sujet de son mari qui languit encore en prison. Comme une telle convocation implique toujours le risque de nouvelles interventions illégales, cette heure brève était comme une visite à un convalescent.

Je me suis à nouveau senti à l'aise dans ces vieilles rues; en marchant, j'étais sous leur charme, comme dans une légère ivresse.

Paris, 30 octobre 1943.

Horst, revenu de Münster, où il a enterré son vieux père tué par une bombe, m'a transmis le souvenir de Donders, le doyen de la cathédrale. Ce dernier a perdu dans le grand incendie sa belle bibliothèque qui comprenait plus de vingt mille volumes.

«Quelle chance que j'aie eu le temps de donner le Hamann à Ernst Jünger», avait-t-il dit à Horst.

Les grands incendies transforment davantage la conscience de la propriété que tout les grimoires qu'on a pu écrire à son propos depuis le commencement du monde. C'est la *Révolution sans phrase**.

«Le vignoble d'une superficie de six nectars», dans le *Pariser Zeitung* de ce matin. Jolie faute d'impression.

Le chauffeur de Kniébolo portait le nom apocalyptique de «Schreck». Je trouve ce détail dans le deuxième volume de Benoist-Méchin: *Histoire de l'armée allemande*.

Vaux-les-Cernay, 31 octobre 1943.

Depuis hier après-midi à Vaux, invité par le commandant en chef. Le soir, conversations habituelles devant la grande cheminée. Le général nous raconta qu'en Ukraine, les sbires de Sauckel avaient annoncé que Pâques serait, à nouveau, fêté solennellement à l'ancienne manière – puis ils avaient encerclé les églises et ramassé dans la foule accourue pour la messe ce qui leur avait semblé utilisable.

Le dimanche matin, dans les forêts, à la «chasse subtile». Une belle coccinellide, dans la lumière du soleil, effleura en volant une hampe de roseau. Elle portait, sur ses élytres d'un jaune délicat, une quantité de points blancs – harmonie à laquelle la Nature est seule à atteindre, lorsqu'elle combine les couleurs.

Deux gros frelons au corps jaune citron, tatoué de brun acajou, se régalaient de la sève d'un chêne. Parfois, leurs mandibules se touchaient, et ils se caressaient presque tête et poitrine, sans doute pour y aspirer un peu de la sève qui y restait fixée. Leurs mouvements, dans cette action, rappelaient ceux d'une tendre étreinte, et de telles habitudes impliquent certainement aussi quelque sympathie, car l'une des sources de la caresse, c'est le désir de nettoyer. Ainsi, le fait de lécher les petits dès leur naissance, comme le font non seulement de nombreux mammifères mais aussi les Esquimaux, ou celui de lisser et d'ordonner du bec les plumes, et d'autres gestes semblables. Ce sont les sources de l'affection – dont Rimbaud a si bien saisi les significations profondes dans son beau poème des *Chercheuses de poux*.

Puis, les vesses-de-loup qui peuplent les bords des paisibles chemins d'automne, pareilles à des boules fendillées, à des massues brun-jaune, ou à des coupes qui s'évasent dans leur dernier tiers. Au moment de leur maturité, une fontanelle se forme à leur sommet, par où s'envole la fine poussière des spores. Ce sont des êtres qui se transmuent entièrement en semence, en fécondité, et dont il ne reste d'individuel qu'une mince peau parcheminée. On pourrait aussi les comparer à des mortiers d'où la vie jaillirait comme un boulet. Vus sous cet angle, ils pourraient fort bien servir d'ornement à des tombes ou figurer au blason de personnages réputés pour leurs largesses.

Paris, 1ᵉʳ novembre 1943.

Premier jour de novembre. Nuit agitée ; j'errais en rêve à travers les ruines de Hanovre, car je m'étais souvenu que mon souci de ma femme et de mes enfants m'avait fait complètement oublier ma grand-mère et son petit appartement, qui se trouvait encore dans la Krausenstraβe.

Paris, 5 novembre 1943.

Le soir, chez les Didier. J'ai rencontré chez eux Henri de Man, l'ancien ministre belge ; il m'a donné son essai sur la paix, sorti de presse, mais toujours inédit.

Nous avons parlé de Leipzig où il avait vécu avant la Première Guerre mondiale et collaboré à l'organe du parti social-démocrate, la *Volkszeitung*. Toujours étonnant, le type de ces vieux socialistes qui passaient autrefois pour révolutionnaires. C'était, au fond, un nouvel ordre de dignitaires que la naissance difficile de l'État du Travail portait au pouvoir dans tous les pays. Le passage du délégué au fonctionnaire, ou, pour parler comme Carl Schmitt, de la légitimité à la légalité, me rappelle la métamorphose de l'écriture hiératique en écriture démotique. Cela se lit aussi sur la physionomie. MacDonald en Angleterre, et Winnig en Allemagne en sont des types caractéristiques.

Paris, 8 novembre 1943.

Déjeuner chez Florence. Heller m'a raconté que j'aurais un sosie qui me ressemblerait jusque dans les gestes, la voix et l'écriture. En pareil cas, il faudrait aussi qu'il y ait une parenté du sang.

À Marie-Louise, qui n'est pas capable de retenir les dates :
« Marie-Louise, vous ne vous souvenez sûrement pas du jour anniversaire de votre mari ?
— En effet, mais par contre, je n'oublierai jamais le jour de sa mort. »
Réplique profonde, car l'homme, par la mort, est définitivement lié à nous, comme je peux le constater à présent en ce qui concerne mon père.

À présent, les discours de Kniébolo font songer à ces faillites où, pour gagner du temps, le banqueroutier assure à ses créanciers qu'il leur remboursera des sommes fantastiques.
Je crois qu'aujourd'hui encore on sous-estime son effroyable ressemblance avec Goliath.

Paris, 9 novembre 1943.

Terminé aujourd'hui la copie de mon *Appel*. Je voudrais bien connaître le destin réservé à ce travail. Léon Bloy le louerait peut-être d'être dirigé « contre tous ». Je trouve que c'est déjà bon signe d'avoir pu en venir à bout.

Paris, 10 novembre 1943.

Conversé, cet après-midi, avec Schnath, qui part pour Hanovre. La plus grande partie de ses archives sont devenues, elles aussi, la proie des flammes. Tous les index ont brûlé, de sorte que les dossiers, ou ce qu'il en reste, ne sont plus qu'une masse de papiers inutilisables. Nous avons parlé du stockage de ses trésors dans des mines de potasse. La sécheresse y est telle qu'elle rend friables les cordonnets qui attachent les liasses. Et de petits cristaux de sel se déposent sur les couvertures, absorbant l'humidité lorsqu'on sort les dossiers au jour. La douleur de l'archiviste devant les incendies est particulièrement intense.

Le soir, chez Haumont, un petit éditeur de la rue Boissonade, atteint de manie typographique. C'est une passion violente. Nous avons parlé, avec Heller et lui, du prince de Ligne, qu'il est en train d'imprimer. Puis est arrivé le Dr Göpel, qui m'a apporté l'essai de Huebner sur Jérôme Bosch. Nous sommes allés aux Vikings et y avons dîné avec un poète nommé Berry qui a consacré une épopée de plus de six mille vers à la Garonne. L'un d'eux, qu'il a cité entre deux gorgées de vin :

« *Mourir n'est rien, il faut cesser de boire.* »*

Mais ce n'est pas seulement dans ses vers qu'il se montra gai luron – il voulut, en l'honneur de notre seule compagne de la soirée, venue avec Haumont, improviser un dialogue dans lequel l'un des seins de cette dame entrait en compétition avec l'autre. Je n'ai pas trouvé cette idée très appropriée à un objet dont l'égalité et la symétrie nous charment bien plus que les différences.

Paris, 13 novembre 1943.

Reçu dans la matinée la visite de Mme von Oert-zen, directrice générale à la Croix-Rouge, une lectrice. Nous avons échangé tous deux les signes secrets auxquels, aujourd'hui, on se reconnaît d'emblée. Parlé des voyages qu'elle a entrepris dans tous les pays occupés et sur tous les fronts. Puis, de l'Ancien et du Nouveau Testament. Elle m'a dit que si elle était contrainte de n'emporter que deux livres, l'un d'eux serait la Bible. Et l'autre ? Pour moi, ce seraient sans doute *Les Mille et Une Nuits*. Donc, deux œuvres de l'Orient.

L'après-midi, avec Marie-Louise, chez Marie Laurencin, qui habite un atelier au dernier étage d'une maison de la rue Savorgnan-de-Brazza. Il ressemble à une maison de poupée, ou au jardin de la bonne fée dans les contes. La couleur dominante est celle qu'elle préfère, un vert frais mêlé d'un peu de rose. Nous avons regardé des livres de contes illustrés, et particulièrement des ouvrages imprimés à Munich dans la deuxième moitié du siècle dernier.

J'apprends que les F... de Bucarest ont maintenant des tendances bolcheviques. C'est de mauvais augure pour Kniébolo. Son biceps perd de son charme.

Paris, 14 novembre 1943.

L'après-midi avec la doctoresse à Versailles, pour nous promener sous la pluie dans les larges allées solitaires. La nuit était presque tombée lorsque du Trianon nous repartîmes vers la ville. Aucun peintre ne pourra jamais rendre les couleurs que le brouillard permettait à peine de distinguer : un soupçon de rose, une trace de jaune, un brun-rouge cannelle s'abîmaient dans la nuit, comme des animaux marins aux vives couleurs rentreraient dans leurs coquilles et nous livreraient en se dérobant le mystère de leur magnificence.

Paris, 15 novembre 1943.

Déjeuner chez Florence. Cocteau a dit d'un auteur dont la prose traite avec importance de lieux communs, qu'il était un « *Plattfisch der Tiefsee* » – *une limande des grandes profondeurs**.

Dans l'après-midi, Husser s'est faufilé chez moi, comme Peter Schlemihl. Il m'apportait l'*Histoire de la conjuration espagnole contre Venise.*

Examen de la situation ; dans ces cas-là, maintenant, je décroche toujours le téléphone. Husser a cité Voltaire : il dit, dans l'*Histoire de Charles XII*, que si l'on lutte contre une coalition d'ennemis puissants, il est difficile d'être entièrement anéanti. Certes, mais on commence par vous fourrer dans le sac.

Puis parlé du clergé catholique. Selon Husser, le

nihilisme s'y manifeste sous forme de polémiques contre les sciences.

Paris, 16 novembre 1943.

Cet après-midi, visite de Morin qui m'a parlé de la mort de son père et m'a demandé de l'aider. L'habileté du jeune Français à arranger ses affaires m'a une fois de plus étonné. Il se tient au centre de ses intérêts, tandis que le jeune Allemand se trouve tantôt hors du plan de ses intérêts, et tantôt y erre à l'aventure. Son évolution est de nature plus élémentaire, plus chaotique, et l'imprévisible y tient plus de place. Toujours, lors de telles comparaisons, c'est la différence entre Molière et Shakespeare qui me vient à l'esprit, et je me demande alors si une humanité supérieure ne serait pas possible, fondée sur ces deux colonnes – incarnation d'un nouvel ordre qui naîtrait d'une union des contraires : la force centrifuge et la gravitation.

Le soir, à l'Institut allemand. S'y trouvaient le sculpteur Breker et sa femme, une Grecque ; puis arrivèrent Mme Abetz, Abel Bonnard et Drieu la Rochelle, avec qui j'ai échangé des coups de feu en 1915. C'était à côté du Godat, le village où est tombé Hermann Löns. Drieu, lui aussi, se souvenait de la cloche qui y sonnait les heures : nous l'avons entendue tous les deux. Ensuite, des scribouillards à gages, des bonshommes qu'on ne voudrait pas toucher avec des pincettes. Tout ce monde mijote dans un mélange d'intérêts, de haine, de crainte, et certains portent déjà sur leur front le stigmate des morts horribles. J'entre à présent dans une période où la vue des nihilistes me devient physiquement insupportable.

Paris, 18 novembre 1943.

Dans la matinée, entretien avec Bargatzky, à qui j'ai remis mon *Appel*; c'est mon deuxième lecteur. Nous avons discuté aussi la possibilité d'une édition secrète, *rebus sic stantibus*. J'ai pensé à Haumont, et aussi à le faire traduire par Henri Thomas, à qui Heller doit en parler.

Cet après-midi, Ziegler est arrivé de Hambourg et m'a donné des détails sur les grands bombardements. Dans les quartiers en feu, les uns étouffaient par manque d'air, les autres étaient asphyxiés par l'oxyde de carbone qui se déversait dans les caves. Ces circonstances expliquent le nombre des victimes. Un monstrueux nuage de cendres, pareil à celui dont parle Pline dans sa description de la catastrophe de Pompéi, avait transformé le jour en nuit, de sorte que Ziegler, pour écrire à sa femme, avait dû allumer une bougie en plein midi.

Les grands foyers d'incendie. Les prophètes y convergent, les apôtres en rayonnent.

Paris, 20 novembre 1943.

Cramer von Laue m'a apporté un autre livre de Schubart. Napoléon, Nietzsche et Dostoïevski y sont considérés comme les trois figures principales du

XIXe siècle, triptyque où le grand homme d'action est flanqué du bon et du mauvais larron.

Cramer savait quelques détails sur la vie de cet auteur : il paraît qu'avant le commencement de cette guerre, il était allé à Riga rendre visite à sa femme ; qu'il y fut surpris par l'avance des Russes et déporté. Depuis, on est sans nouvelles de lui. Ses livres sont extrêmement importants, par le seul fait qu'il y traite l'autre terme de l'alternative allemande : l'alliance avec l'Est. Aussi n'est-ce probablement pas par hasard que j'y découvris des citations du *Travailleur*, l'œuvre où je me suis le plus approché du pôle collectiviste.

Dans le train, 24 novembre 1943.

En route pour Kirchhorst. Je lis *Le Songe d'une nuit d'été*.

Dans la première scène du quatrième acte, Obéron dit à Titania :

> *Qu'elle lie plus fortement qu'un sommeil* vulgaire
> *Les sens de ces cinq êtres.*

Ainsi, le sommeil a des qualités – on peut également dire qu'il a deux dimensions différentes : d'abord, sa longueur, et puis sa profondeur, qui connaît d'autres régions que celles du pur repos. Du point de vue mécanique, le sommeil est simplement le contrepoids de l'état de veille, mais les vertus de l'alliage dont il est fait ne prennent leur efficacité que s'il s'enfonce dans les profondeurs. C'est le domaine de la prophétie, de l'avertissement, de la guérison, des relations avec les esprits et les défunts. À de telles profondeurs, le réconfort peut atteindre un degré extraordinaire – il existe une somnolence où l'on sombre cinq minutes, et d'où l'on émerge comme en une nouvelle naissance. La maladie s'achève dans un sommeil réparateur, où ce qui reste du mal est rincé comme par un bain. De tout temps, la médecine a cherché à saisir cette relation. Les Grecs avaient une coutume d'une beauté particulière : le temple d'Asclépios contenait des lieux de repos où la divinité révélait en songe aux malades les remèdes qu'il leur fallait. Ce qui a résisté à l'épreuve du temps dans le mesmérisme se rapporte aussi au sommeil profond. Nous sommes, aujourd'hui, devenus étrangers à presque toutes ces choses ; jamais, dans nos villes, le sommeil n'atteint ces régions où les grands trésors se découvrent ; et il est horrible de penser que la même raison fait peut-être que la mort perd de sa fécondité.

La Porta Westfalica. Venant de l'ouest, je salue toujours en elle la voie qui mène vers la patrie la plus intime : la Basse-Saxe. Ce sont des signes sacrés ; ils demeurent. Pensif, debout à la fenêtre, j'ai songé que j'aimerais avoir ici mon tombeau.

Kirchhorst, 26 novembre 1943.

À ma table de travail, dans la chambre du haut où des paquets de livres sont empilés le long des murs, attendant qu'on les déballe. Des rouleaux de tapis persans, que des amis ont apportés de la ville pour les sauver, y sont aussi entreposés. Dans le vestibule, comme dans une salle d'attente, les bagages préparés pour la fuite. Le jardin est à l'abandon ; des prisonniers y ont construit un abri. Les plates-bandes et les allées sont envahies par des chardons. Dans les marais et sur les champs, semés un peu partout, des bidons de phosphore, des tracts et du papier d'argent en boules. Par centaines, durant la nuit, les Anglais survolent la maison, tandis que retentit le tir de la DCA et que les éclats cliquettent sur les tuiles. L'édifice semble perdre ses bases ; on a pour lui des sentiments tels que seuls ont pu en connaître les habitants des îlots frisons. C'est comme si la maison s'était transformée en bateau ; on espère qu'il ne fera pas naufrage dans la tempête, qu'il parviendra à bon port avec sa cargaison intacte. À la bibliothèque, je classe dans des dossiers les lettres et les manuscrits qui se sont accumulés. Puis observation au microscope : j'examine les coléoptères aquatiques que j'ai pêchés dans les marais avec Alexander. Dans le fourré de mousses flottantes qui verdoient dans l'eau brune des tourbières, il se cache déjà des espèces tout à fait boréales, que je compare avec celles de l'Ouest, telles que je les ai trouvées dans les étangs et les ruisseaux du Bassin parisien. Le plaisir d'observer la diversité du monde des formes garde toujours quelque chose de magique. Des indices minuscules, les runes de la création, permettent de déceler des différences de climat d'une subtilité que la musique seule peut atteindre. Les savants du XIXᵉ siècle me font songer à des typographes qui connaissent, certes, les caractères, mais non le texte merveilleux auquel ils travaillent. Là réside du reste une partie de la grandeur qu'on leur reconnaîtra.

L'imminence de l'anéantissement mêle au plaisir que procure l'étude de ces objets délicats une délectation nouvelle, l'évidence renouvelée de leur fragilité.

Chronique locale. Perpétua a rendu visite au petit Grethe, qui avait été attaqué et presque tué par un bélier. Jouant à proximité d'un pâturage avec son frère, il fut renversé par l'animal, sans doute parce qu'il portait une veste rouge. Chacune de ses tentatives pour se relever augmentait la fureur du bélier qui lui écrasa les deux clavicules et malmena sa petite tête, enflée à en devenir méconnaissable. Son petit frère courut au village chercher de l'aide. Il avait entendu comment le gamin avait essayé, chaque fois qu'il se relevait, de ramener son adversaire cornu à la douceur, avec ces mots : « Bélier, je suis sage. »

Un artificier de service, pendant le grand raid sur Hanovre, a vu, à travers une rue en flammes, un vieillard courir vers lui, tandis qu'une haute façade s'inclinait et s'abattait. Elle s'écroula sur le vieux, mais quand la poussière se fut dissipée, l'artificier eut la surprise de le voir se relever indemne : il avait été emboîté dans le cadre d'une fenêtre comme dans l'ouverture d'un filet.

Kirchhorst, 27 novembre 1943.

Passé l'après-midi à Hanovre, que j'ai trouvé changé en un monceau de ruines. Les endroits où j'avais vécu enfant, écolier, jeune officier, sont complètement rasés. Je suis resté longtemps devant la maison de la Krausenstraβe que ma grand-mère avait habitée plus de vingt ans et où je lui avais tant de fois tenu compagnie. Quelques murs de briques en subsistaient et je reconstruisais de mémoire la cuisine, la petite chambre d'amis, le salon et l'aimable living-room aux fenêtres duquel ma grand-mère cultivait ses fleurs. Des dizaines de milliers de demeures semblables ont été détruites en une nuit, avec tout leur halo de vie vécue, comme des nids d'oiseaux qu'une bourrasque jette à terre.

Dans l'Ifflandstraβe, où mon grand-père est mort, une maison que je venais de dépasser de quelques pas avec Ernstel s'est écroulée; dans ces mondes en ruine, les promenades sont pleines de danger.

Les flèches des clochers avaient flambé; leurs tronçons se dressaient en l'air comme des couronnes ouvertes, noircies par la fumée. Je me suis réjoui de retrouver intacte la vieille tour aux Béguines, sur la Rive haute. Les bâtiments les plus anciens résistent mieux que le gothique.

Il y avait de l'affairement au milieu des ruines. Le va-et-vient de la foule grise me rappela les images que j'avais vues à Rostov et dans d'autres villes russes. L'Est se rapproche.

Ce spectacle me déprima; mon malaise était pourtant moindre que celui ressenti longtemps avant la guerre, lorsque j'eus en esprit la vision prophétique du monde igné. Ce monde, je le pressentis également en 1937 à Paris. La catastrophe devait se produire; elle a choisi la guerre, comme son meilleur agent. Mais, même sans elle, la guerre civile eût accompli cette œuvre, comme il advint en Espagne; ou bien tout simplement quelque comète, un feu céleste, un tremblement de terre. Les villes étaient mûres, spongieuses comme de l'amadou, et l'homme pressé d'y bouter le feu. On pouvait prévoir exactement l'avenir lorsqu'il faisait flamber les églises en Russie, les synagogues en Allemagne, et envoyait son semblable, contre le droit et l'équité, pourrir dans les camps de concentration. Les choses atteignaient la limite où elles crient vengeance au ciel.

Kirchhorst, 6 décembre 1943.

Dans le marais d'Oldhorst. Comme il avait gelé, je pus traverser les fourrés de bouleaux par des sentiers que seul le gibier emprunte d'ordinaire.

Je lis les vieux numéros du *Zeitschrift für wissenschaftliche Insektenbiologie* et j'alterne avec *La Guerre des Juifs*, de Flavius Josèphe. Je suis à nouveau tombé sur le passage décrivant le début de l'agitation à Jérusalem sous Cumanus (II, 12). Tandis que les Juifs se rassemblaient pour la fête des pains sans levain, les Romains postèrent au-dessus du portique du temple une cohorte pour observer la foule. L'un des soldats souleva son manteau et, tournant avec une révérence ironique son postérieur vers les Juifs, «émit un son indécent correspondant à sa position». Ce fut l'occasion d'un conflit qui coûta la vie à dix mille hommes, si bien qu'on peut parler du pet le plus funeste de l'histoire universelle.

Cet exemple montre sans doute avec une particulière clarté ce qu'est le prétexte ou déclic, par opposition à la cause proprement dite. La philosophie n'a pas donné encore toute sa valeur à la signification de ce «déclic»; il est possible de le considérer d'une manière qui porterait une très sensible atteinte à la loi de la causalité. C'est que, dans un certain sens, chaque action n'est qu'un déclenchement de forces d'une nature inconnue. Dans l'action, nous ressemblons à des clients qui émettent un chèque; ce qui se passe à la banque, dans ses réserves, nous n'en savons rien.

Comme l'ensemble des phénomènes physiques, ce déclic ne prend tout son intérêt que dans le monde moral. Un enfant joue avec les allumettes : voilà toute une ville populeuse qui tombe en cendres. On peut se demander si la personne qui exécute l'acte ne joue pas en définitive un rôle plus important qu'on ne le pense d'ordinaire. Je songe à Kniébolo – j'ai parfois l'impression que l'esprit du monde l'a choisi par une sorte de raffinement. «Dans ses coups les plus subtils, il avance des pièces insignifiantes.» Ainsi le percuteur, dont l'impact minime met le feu aux poudres, possède, lui aussi, une forme déterminée. *Les Mille et Une Nuits* décrivent les intrigues d'une méchante femme que l'on noie finalement dans le Nil. Le cadavre est rejeté par les flots sur le rivage d'Alexandrie, où il provoque une épidémie. Cinquante mille personnes en périssent.

Kirchhorst, 9 décembre 1943.

Continué Flavius Josèphe qui, outre la narration historique, brosse une série de tableaux de tout premier ordre. Entre autres les descriptions de la puissance militaire romaine et de la ville de Jérusalem. Il transmet des vues d'une valeur inestimable.

Il est étrange de constater combien cet auteur a peu de traits juifs, bien qu'il ait été prêtre et conducteur de son peuple. Il semble que le tempérament judaïque soit plus difficile à dépouiller que celui d'autres peuples, mais que, dans les rares cas où la chose réussit, l'humain s'élève à une hauteur exceptionnelle.

Kirchhorst, 10 décembre 1943.

Dans la soirée, visite de Cramer von Laue, venu à bicyclette, qui m'a apporté le livre de Schubart. Avons parlé des immenses destructions de Berlin auxquelles il a assisté, et de la formation d'un prolétariat nouveau, résultat de ces nettoyages par le vide. Je l'ai laissé jeter un coup d'œil sur *L'Appel*.

Kirchhorst, 14 décembre 1943.

Passé la matinée à contempler les insectes persans que Bodo von Bodemeyer avait rapportés d'Orient il y a trente ans et que j'avais acquis chez Reitter.

Lecture : *Das Élisabeth Linné-Phänomen*, de A. W. Thomas. Le livre traite de «la luminosité» de certaines fleurs au crépuscule, un phénomène qui me préoccupe depuis longtemps et qui m'a même inquiété.

Puis *Erlebnisse*, de Veressaiev. Récits de la guerre russo-japonaise, écrits par un médecin. C'est là que commencèrent les tueries gratuites et automatiques – ou déjà, au fond, avec la guerre de Crimée.

Continué Flavius Josèphe ; à la fin du Ve livre, j'ai été frappé par un passage où l'auteur dit que Jérusalem, si les Romains ne l'avaient détruite, se serait engloutie dans la terre, aurait été submergée par un déluge ou dévorée comme Sodome par le feu du ciel. Je tombe là sur des pensées qui me préoccupent vivement et qui, sans doute, reviennent toujours au moment des catastrophes. Quand l'heure de la mort approche, la maladie confine à l'inessentiel. La mort revêt les masques qu'elle trouve alors à sa disposition.

M'a également frappé le singulier passage du VIIe livre où il est question du suicide par le feu chez les Hindous. On attribue au feu le pouvoir de «séparer l'âme du corps de la manière la plus pure qui soit». Le feu agit comme élément purificateur. C'est pourquoi, probablement, on l'emploie pour extraire la quintessence des chairs les plus coriaces. Notamment lors de l'autodafé des hérétiques, ou bien lorsque l'esprit s'est, comme autrefois à Sodome, imprégné de luxure jusqu'au tréfonds de son être, ou bien, comme à présent, mêlé à la matière.

Au courrier, lettre de Carl Schmitt : il y traite de la disproportion entre protection et obéissance, telle qu'elle se manifeste à la population, réfugiée dans les caves durant les bombardements. De tous les esprits que j'ai connus, Carl Schmitt est celui qui s'entend le mieux aux définitions. En tant que penseur classique du droit, il se rattache à la couronne et se trouve nécessairement en porte à faux dans une situation où toutes les couches dirigeantes qui se succèdent sont issues du

Demos. Quand les forces illégitimes s'emparent du pouvoir, il reste, à la place du juriste de la Couronne, un vide, et la tentative pour le remplir s'accomplit aux dépens de la réputation. Tels sont les inconvénients du métier. À cet égard, les plus chanceux sont, de nos jours, les mimes; un acteur de réputation mondiale arrivera sans peine à surnager, quels que soient les changements. On pourrait dire, en remaniant un peu la maxime de Bacon, qu'aujourd'hui, pour faire son chemin dans le monde, il faut n'être ni trop peu cabotin, ni trop homme d'honneur.

Comme d'habitude, Carl Schmitt se réfère à un passage de la Bible : Isaïe, 14, v. 17.

Kirchhorst, 17 décembre 1943.

Feuilleté le *Journal* des Goncourt. Étranges changements chez le lecteur que produit cette guerre. On sent que d'énormes masses de livres ne passeront pas les douanes spirituelles qu'elle a établies. Ce sont là des domaines où la destruction demeure presque inaperçue. Ainsi, les mites font leurs ravages dans les armoires fermées. On prend un livre en main et l'on découvre qu'il a perdu son charme comme une amante à qui l'on a souvent songé avec nostalgie, mais dont la beauté n'a pas survécu à certaines crises, certaines aventures. L'ennui se chargera de faire le tri de ce qui est durable, plus implacablement que tout censeur, que toute mise à l'index. Mais il est à prévoir qu'en revanche les plus grands y gagneront; donc, surtout, la Bible.

À la date du 16 mai 1889, j'ai trouvé un rêve intéressant de Léon Daudet. Charcot lui était apparu et lui
avait apporté les *Pensées* de Pascal. En même temps,
et à titre de preuve, il lui avait montré dans le cerveau
de ce grand homme les cellules où ses pensées avaient
germé – elles ressemblaient aux alvéoles d'une ruche
desséchée.

Un peu plus loin, note sur l'obélisque de la
Concorde, dont l'aspect m'a si fréquemment fait
penser à une aiguille magique. Chez les Goncourt, il
évoque la «couleur rose d'un sorbet au champagne».
En de telles images, la *morbidezza* qui ronge la pierre
est déjà sensible.

Edmond de Goncourt mentionne des conversations
avec Octave Mirbeau qui, de son côté, était en rapport avec Sacha Guitry, avec qui, à mon tour, je me
suis parfois entretenu. Ainsi se jettent des ponts entre
morts et vivants – par-delà les piliers intermédiaires.
Cela me fait souvent penser à la chaîne érotique : deux
hommes peuvent avoir goûté la chair d'une même
femme ; l'un serait né avant la Révolution française, au
XVIIIe siècle, l'autre mort au XXe siècle, après la Grande
Guerre.

Dans le train, 20 décembre 1943.

Quitté Kirchhorst hier dans l'après-midi, par vent
tiède avec bruine. Loehning m'avait envoyé sa voiture.
Comme j'avais manqué le train, je me suis promené
une dernière fois à travers les tristes ruines et j'ai songé
au milieu des décombres aux soirées de la période

de l'Avent où, avant 1914 et même 1939, une foule joyeuse, les bras chargés de cadeaux, se répandait dans les rues. Quelle animation dans la Packhofstrasse, transformée depuis en deux murailles de décombres! Ma bonne mère avait coutume de m'y emmener et m'y régalait, le matin, de petits pâtés, et l'après-midi de gâteaux aux noix.

Maintenant les visages ont changé; non seulement ils se fatiguent, se creusent et s'appauvrissent, mais ils s'imprègnent aussi de laideur morale. Je m'en aperçois surtout dans les salles d'attente – on a l'impression d'être assis dans une cage et d'être entouré d'animaux. Mais n'est-ce pas votre propre déréliction, vos propres pertes qui provoquent ce sentiment? Dans ces salles d'attente se manifeste la prodigieuse distance qui nous sépare du but.

Suis allé ensuite dans la Königswortherstraβe, après avoir visité le vieux cimetière près de la Langenlaube, avec ses curieuses pierres tombales. La maison au bord de la Leine, où nous avions habité en 1905, était intacte. Je me souvins des mélancolies qui m'assaillaient souvent sur le chemin de l'école, cette grande impression d'être à l'abandon. Je me tourmentais alors de ce qu'il m'adviendrait si ma mère mourait, et d'être si différent de ce qu'on attendait de moi. Et maintenant, quand j'ai traversé ces rues en ruine, le même état d'âme m'est revenu de l'oubli – comme dans ces cauchemars où l'on se souvient aussi des angoisses de jadis.

L'arc-en-ciel dans les nuées qui se forment au-dessus des cataractes grondantes. Ces nuées, sont-elles faites de larmes ou de ces essences d'où naît la perle?

Il n'importe, on entrevoit le pont magique qui mène au-delà de la destruction.

Paris, 21 décembre 1943.

Dans mon courrier de France, que j'ai trouvé au Raphaël, lettre de Jean Leleu, où il me parle de Léon Bloy que je lui avais conseillé de lire. Il est frappé par ce qu'il y a d'«inhumain» dans cet auteur. Ce qu'il lui reproche surtout, c'est que son catholicisme cesse si souvent d'être chrétien. Ce qui est juste; on pourrait reprocher à Léon Bloy, ainsi qu'à beaucoup de Latins, cette déviation «espagnole», ce durcissement étrange qui entraîne à la fin la perte de toute pitié. À l'autre extrémité la déviation germanique, penchant à se dissoudre dans l'élémentaire. Le Grand Inquisiteur et Angelus Silesius.

Lecture: *Le Feu follet*, de Horst Lange, un récit illustré par Kubin et que celui-ci m'avait envoyé de Zwickledt. Le premier roman de cet auteur m'avait déjà frappé par sa parfaite connaissance du monde des marais avec sa faune, sa flore et sa vie bouillonnante. Il est, dans le vide de notre littérature, l'un de ceux qui possèdent à fond leur symbolisme et sont sûrs de lui. Il a sa place dans ce bouquet sombre d'auteurs de l'Est, en qui, peut-être, l'on reconnaîtra plus tard une école – des noms tels que Barlach, Kubin, Trakl, Kafka et d'autres me viennent à l'esprit. Ces peintres orientaux de la décadence sont plus profonds que ceux de l'Ouest; par-delà ses manifestations sociales, ils en pénètrent le contexte élémentaire et vont jusqu'aux visions apocalyptiques. Ainsi, Trakl a l'expérience des secrets obscurs de la putréfaction, Kubin des mondes de la poussière et de la pourriture, et Kafka des régions oniriques des démons ; comme Lange a celle des marais, où les forces de décomposition sont si actives qu'elles explosent en fécondité. D'ailleurs, Kubin, vieux connaisseur, m'a dit un jour de cet auteur qu'il était voué à de cruelles expériences.

Paris, 22 décembre 1943.

Fêté Noël chez Vogel, le constructeur d'avions. J'ai fait, chez lui, la connaissance de Benvenuti, un pianiste italien qui fait remonter ses origines aux Donati et qui a toute une série d'ancêtres en commun avec Dante. Au reste, ses traits rappelaient étrangement la célèbre tête de Dante, ressemblance qui devint presque insoutenable lorsque Florence lui drapa une étoffe rouge autour de la tête, donnant ainsi à son visage l'allure d'un masque.

Paris, 25 décembre 1943.

Parmi les tristes nouvelles me parvient celle de la mort du jeune Münchhausen, dont j'avais fait la connaissance ce printemps. Ses manières et son esprit portaient encore des traits du XVIIIe siècle. Et ces traits, Salmanoff les appréciait aussi chez lui. J'ai souvent l'impression que tout se passe comme si les temps futurs se préparaient par une sélection négative :

ils rognent les hommes, les maisons, les sentiments, comme le jardinier taille les arbres d'un parc. Nous allons vers une société «réduite à la portion congrue».

Continué Luc, dont j'ai lu aujourd'hui le chapitre 22. Le Christ reproche à ses ennemis d'avoir attendu la nuit pour s'emparer de lui, alors qu'il s'était montré tous les jours dans le temple «..., mais c'est ici votre heure et la puissance des ténèbres». Parole également valable pour les actes de violence qui s'accomplissent à notre époque dans une obscurité effroyable, derrière des façades accommodées au goût du *Demos*.

Paris, 26 décembre 1943.

En solitaire, promenade des Eaux et Forêts, par brouillard épais et temps doux. Sur la berge, à Suresnes, je me suis arrêté à un endroit où les eaux d'un égout troublaient la Seine et où étaient rassemblés une demi-douzaine de pêcheurs. Ils enfilaient sur leurs hameçons des asticots rouges et tiraient de l'eau de petits poissons argentés, gros comme des sardines, avec un dos d'acier bleui.

Le soir, chez le président, avec Leo, Schery et Merz. Tour d'horizon – le vêtement de l'Allemagne est désormais si râpé qu'il ne pourra résister aux épreuves de la nouvelle année, ici également, sur le front de l'Ouest.

Il faudrait comprendre dans mon *Historia in nuce* un chapitre sur les «guerres germaniques», où j'exposerais que les mêmes fautes s'y répètent perpétuellement. Il y a là des secrets que les autres races ne comprendront jamais – par exemple, le charme magique du palais d'Attila. Est-ce lui qui fascina Kniébolo? Comment expliquer autrement la rage et l'ingéniosité déployées par lui pour éluder la victoire qu'il tenait dans ses mains?

Paris, 28 décembre 1943.

Rêvé de Li-Ping, qui m'appelait. Quand je la soulevai, je la trouvai plus lourde, et son pelage était devenu blanc: en elle, c'était aussi le matou, Jacquot, que je prenais dans mes bras.

Un aspect caractéristique des rêves: nous pouvons y rencontrer une femme qui réunit en elle les traits de la mère, de la sœur, de l'épouse. Dans cette pénombre, nous entrons au royaume des archétypes, on pourrait dire encore: des genres. Ce qui m'amène à penser que les genres, en zoologie, sont les archétypes des espèces. De même que l'archétype, le genre n'a pas d'existence dans le monde diurne, dans le monde visible. Il n'est mis en lumière que dans les espèces, non en lui-même. Nous percevons en rêves des choses qui, hors d'eux, demeurent invisibles.

Dans la discussion de Goethe et Schiller, à propos de l'*Urpflanze*, on voit ressortir la différence entre les vues diurnes et les vues nocturnes.

«Combattre *contre* l'ennemi» et «combattre *avec* l'ennemi» – deux expressions synonymes, qui définissent le Germain. On lutte «*avec*» lui, et ce, «*pour*» quelque chose qui appartient aux deux partis, ou bien à aucun des deux. Ce n'est donc pas la victoire proprement dite qui est en jeu.

Shakespeare connaît ce mystère, que Rivière a, lui aussi, quelque peu pressenti lorsqu'il trouvait chez les Allemands, non le «de deux choses l'une», mais «l'une et l'autre à la fois». Ce qu'Eckhart a développé sur le plan mystique.

Perpétua m'écrit que son frère a été tué ; lui aussi est tombé au front. Son destin l'a frappé le 4 novembre, au bord du Dniepr, au cours d'une reconnaissance. Je m'étais rapproché de lui ces dernières années ; je lui avais emprunté quelques traits pour le personnage de Biedenhorn et, entre autres, son toast favori :

Hanap lourd,
Fais le tour.

Naturellement, il était ravi de cette guerre, sans aucunement se soucier de ses arrière-plans – comme d'une carrière ouverte aux bagarreurs et aux buveurs insignes. Sous son personnage diurne, c'était toute la Basse-Saxe d'autrefois qui transparaissait ; il descendait d'une des familles autochtones, dont l'origine remonte au-delà des guelfes. Il était de ceux qui vouent leur vie à la camaraderie et qui s'y épanouissent. Peu sûr en bien des choses, il était, sur ce point, franc comme l'or. Un jour que j'étais au jardin avec lui, auprès des tomates, j'ai vu que, mal dégrossi dans l'ensemble, il pouvait faire preuve d'un tact extrême. Je suis affligé de sa perte.

Il est tombé dans les lignes russes. Les soldats n'ont

pu le ramener. Il était parti seul, considérant la situation comme trop dangereuse.

Paris, 29 décembre 1943.

Dans l'après-midi, chez Jouhandeau. Avons parlé de son nouveau livre, *Oncle Henri*. Puis du roman de son contemporain Alain-Fournier, *Le Grand Meaulnes*, paru en 1913 et que je suis en train de lire. Échanges de rêves : Jouhandeau était allé consulter un docteur au sujet d'une inflammation douloureuse qui avait gagné son index. Le docteur incisa la deuxième phalange de son doigt et une protubérance rouge apparut, qui ressemblait à un bourgeon. Celui-ci s'épanouit en une sorte de géranium d'une beauté merveilleuse que Jouhandeau se mit à porter la main tendue, avec mille précautions.

J'ai revu le poussin qu'il avait élevé à la place de la poule, nourri à la table du petit déjeuner et réchauffé dans son lit. C'est devenu un grand coq blanc, à crête rouge, que l'on peut caresser, prendre dans ses bras ou sur ses genoux, et qui, même chante quand on l'en prie.

Cette nuit, je croyais être dans le jardin de Kirchhorst et dehors, sur la route, je voyais passer à grande vitesse de petits camions. Ils étaient chargés de blocs de fer, de moellons d'acier porté au blanc : il en rayonnait des ondes de chaleur. Les chauffeurs filaient à toute vitesse, afin que cette chaleur fût détournée vers l'arrière, mais en vain : leurs vêtements et leurs corps prenaient déjà feu, et l'on entendait, rapidement effacés comme les sifflements au passage des balles, leurs cris de douleur.

Sur une table de pierre, à la limite du jardin, en idéogrammes, le proverbe : « Quand on chevauche un tigre, on ne peut plus mettre pied à terre. » Puis, en guise de clef musicale, un signe particulier : « Transfiguration occidentale. »

Paris, 31 décembre 1943.

Dans la matinée, de grosses formations ont survolé la ville. Comme d'habitude, j'ai quitté le Majestic pour la chambre du Président ; nous célébrons ces arrêts de service en y faisant du café et en prenant notre déjeuner. On entendait le tir intense de l'artillerie. Puis les bâtiments tremblèrent sous les déflagrations des bombes qui provoquèrent de graves dégâts dans la banlieue.

Dans la soirée, on avait dénombré plus de deux cent cinquante morts. Dans un abri atteint par une bombe, plus de vingt ouvriers avaient péri. On m'a dit qu'à cet endroit une femme criait le nom de son mari, pendant qu'on essayait de creuser à travers les décombres. Celui-ci, qu'une course avait éloigné de ce lieu de malheur, lui répondit de la foule et se fraya un chemin jusqu'à elle. En de tels instants, on s'étreint violemment, comme après la résurrection – de toutes les forces de l'Esprit.

Dans l'après-midi, chez le Dr Salmanoff, que j'ai trouvé attristé par la mort de Münchhausen. Tour d'horizon. Salmanoff pensait qu'il fallait s'attendre au débarquement des Anglais et des Américains dans les semaines à venir. Plusieurs faits semblent l'indiquer – mais on peut se demander quels avantages en sortiront, surtout pour l'Angleterre, à supposer que l'entreprise réussisse. Plus l'usure réciproque de l'Allemagne et de la Russie sera longue et profonde, et plus l'Angleterre se renforcera. Elle est dans la situation du croupier de jeux et tire profit de toutes les pertes. Une telle attaque tendrait à montrer que la Russie est déjà plus forte qu'on ne pense.

Salmanoff était en outre d'avis que l'Europe allait tomber sous l'hégémonie de la Russie, et qu'il fallait s'y attendre à une modification en politique intérieure et à une étroite liaison avec l'Allemagne. Le bolchevisme ne serait que la phase initiale ; dans la seconde, on verrait aussi ressusciter l'Église orthodoxe. L'agent de ce renouvellement, ce serait le paysan, allié aux généraux victorieux. On ne rendrait pas les fusils. Une conséquence inévitable de la victoire, ce serait aussi la maîtrise des Balkans et la possession du Bosphore.

À ce propos, il esquissa les traits propres à la colonisation russe : elle avait pour héros le petit paysan, qui, n'ayant dans sa poche qu'un quignon de pain et une poignée d'oignons, se répandait, à l'écart de l'histoire universelle, par les fleuves, à travers des forêts inexplorées, dans les steppes glacées de trois continents. Il est vrai qu'il y a là une force énorme.

Sur les indemnités de guerre. Elles ne peuvent sans doute être payées qu'en main-d'œuvre, chose normale à l'ère du Travailleur. Mais une certaine gradation mène ici de l'esclavage, en passant par les dédommagements contractuels, jusqu'au libre concours de toutes les forces qui s'étaient entre-déchirées. C'est ce que j'ai exposé dans mon *Appel*; mais la haine, entretenue sans répit par la bassesse, rend peut-être utopique un tel concours. Aussi ne veux-je jamais oublier qu'il existe aussi une voie supérieure, celle de l'esprit, qui mène vers les nouveaux mondes au seuil desquels se tient notre humanité. Cette voie monte de la destruction comme l'arc-en-ciel.

De toutes les cathédrales, seule tient la voûte des deux mains jointes. En elle seule repose l'assurance.

1944

Paris, 2 janvier 1944.

L'année 1943 qui vient de s'écouler et que j'avais commencée dans le Caucase a apporté avec elle tout ce que l'on craignait. Par contre, elle n'a pas amené la fin de la guerre, que beaucoup avaient prévue pour l'automne.

J'ai commencé l'année en me rendant invisible par une volte, c'est-à-dire en me dérobant à mes occupations ordinaires : sieste de deux jours avec conversations, lectures, café fort, fruits et vins.

J'ai retrouvé, dans Hölderlin, la lettre à Bellarmin avec ses terribles vérités sur les Allemands. Il est bien vrai qu'en ce pays, l'homme supérieur ressemble à Ulysse, raillé, sous sa figure de mendiant, par d'indignes usurpateurs. Quelle vérité encore dans ce passage : « La servilité gagne et, avec elle, la grossièreté. »

Puis j'ai achevé *Le Grand Meaulnes* d'Alain-Fournier. Un de ces rameaux desséchés par où le romantisme se prolonge au XXe siècle. On voit combien la montée de la sève jusqu'à la cime devient plus difficile de décennie en décennie.

Erré longtemps pour achever la volte, dans les

recoins du Quartier latin et les curieuses ruelles à l'entour de la rue Mouffetard, et revenu au Raphaël, où je me suis faufilé par l'escalier de service.

Paris, 3 janvier 1944.

Je voulais, durant la pause de midi, rendre visite au tombeau de Verlaine, mais me suis rendu par erreur au cimetière de Clichy, et non à celui des Batignolles. J'y suis tombé, au pied d'un des murs, sur la pierre tombale d'un certain Julien Abondance, qui a foulé le sol de notre planète de 1850 à 1917. Donc, je sais maintenant ce qu'il est advenu de l'abondance.

Paris, 4 janvier 1944.

Dans la matinée, comme presque régulièrement à présent, alerte aérienne dont j'ai profité pour contempler le « *Tryptique du Jugement dernier*», dans l'étude de Baldass sur Jérôme Bosch, qui vient de paraître et dont le Dr Göpel m'a fait présent. Ces grands tableaux ressemblent à des énigmes en images de la terreur, où des détails nouveaux et effrayants ne cessent de vous sauter aux yeux.

Bosch se distingue de tous les autres peintres par une vision immédiate, que Baldass appelle sa nature prophétique. Cette prophétie, c'est sa connaissance des valeurs profondes dans lesquelles les époques se reflètent et se retrouvent – comme le monde technique d'aujourd'hui, avec tous ses détails. En effet, on peut entrevoir sur ces tableaux les formes des bombes d'avion et celles des sous-marins, et l'un d'eux, *Le Jardin des délices*, je crois bien, contient aussi l'atroce pendule d'Edgar Poe, l'un des grands symboles du monde rythmique de la mort. Bosch est le voyant d'un *éon*, comme Poe l'est d'un *saeculum*. Combien juste aussi, l'image de cet être nu qui, pour actionner des machines étranges, court comme un écureuil, à l'intérieur d'une roue garnie de pointes. Le fait que des Maures figurent parmi les troupes d'élus cache une vérité qui, exprimée en paroles, eût amené le peintre au bûcher.

À midi, devant le tombeau de Verlaine, au cimetière des Batignolles. Ce tombeau est surmonté d'une de ces simples constructions de pierre que l'on rencontre par milliers dans les nécropoles parisiennes. Au milieu de la série de noms qui s'y trouvait gravée, il y avait aussi le sien :

PAUL VERLAINE
Poète.

Une croix de violettes bleues en papier couvrait cette inscription, mais au pied du tombeau, j'ai trouvé un bouquet frais dont j'ai détaché un pétale. Il n'est pas donné à tout poète d'avoir des fleurs fraîches sur sa tombe cinquante ans après sa mort.

En tête d'un des faire-part que j'ai reçus ces jours-ci :
« Vous vous êtes fait un chemin dans la mer, vous avez marché au milieu des eaux, et les traces de vos pieds ne seront point connues. »

« Ils seront couronnés d'une allégresse éternelle. »

On trouve dans ces deux versets une belle rencontre des mystères de la force terrestre et de la clarté de la puissance céleste. Toutes deux vivent en nous, c'est pourquoi j'ai noté ces mots pour le chapitre « Tête et pied » d'un livre auquel je songe, sur les rapports du langage avec la structure du corps. Je voudrais y utiliser la forme de l'être humain comme chiffre du plan cosmique, symboliquement.

Paris, 7 janvier 1944.

Au courrier, lettre de Carl Schmitt sur la *vis verborum*, avec référence aux Arabes Avicenne et Averroès, à l'humaniste italien Lorenzo Valla, Bismarck et E. A. Poe. Il qualifie le « *in verbis simus faciles* » de Bismarck de « degré élevé de la Haute Foresterie ».

À midi, j'étais attendu au Majestic par Mme Noël, qui travaille à Hambourg, où son mari a été déchiqueté sous ses yeux par une bombe d'avion, et où tout ce qu'elle possédait a brûlé. En outre, elle est maintenant traquée comme « *collaboratrice** ». Comme j'ai pu l'aider un peu, elle m'avait apporté un bouquet de fleurs.

Paris, 9 janvier 1944.

Premier anniversaire de la mort de mon père.

Continué ce matin l'Évangile selon saint Jean. « Il faut que lui croisse et que je diminue » (3, 30) est l'un des grands passages dont les mots ne dévoilent pas entièrement le sens. « *Illum* oportet *crescere, me autem minui* » est déjà mieux. Il y a dans « *autem* », *conjonctio adversativa* la moins tranchée, non seulement une contradiction, mais aussi une relation : l'homme immortel vaincra, du fait et à mesure que périra le mortel.

Puis, Jean, 4, 50, qui correspond à ce jour de deuil : « Ton fils vit. » Ai médité ce passage. Le Maître parle à des incroyants, et c'est pourquoi ces paroles prodigieuses ne suffisent point. Pour convaincre leurs sens émoussés, il faut leur rendre la vérité visible sous forme corporelle ; il faut que le *cadavre* ressuscite. Ainsi, en toute chose, on attend du Christ l'exaucement le plus médiocre : comme, par exemple, la royauté terrestre. Le prince de lumière est contraint d'ajouter une part d'ombre à ses mots et à ses actes pour permettre à des yeux humains d'entr'apercevoir la puissance véritable. Ses miracles aussi sont des paraboles.

Terminé ensuite *The Garden Party*, des nouvelles de Katherine Mansfield, une jeune romancière néozélandaise, morte prématurément. On y trouve la description d'une belle scène au clair de lune dans son pays : les ombres y ressemblent aux barreaux d'une grille d'airain. Je connais bien ce sentiment de crainte devant les ombres lunaires et leur magie ; il est encore fortement accru lorsqu'il coïncide avec une rencontre érotique.

Feuilleté, enfin, un album de reproductions d'antiquités orientales du Louvre, particulièrement des œuvres assyriennes et phéniciennes, parmi lesquelles le sarcophage d'Eshmounazar m'a amusé, malgré son âge vénérable. Ce roi de Sidon porte les parures mortuaires égyptiennes avec une bonhomie provinciale.

À la suite de notre conversation, Hielscher m'envoie quelques extraits des journaux de Léonard avec des prophéties. Un passage sur l'homme y dit :

«Dans leur présomption démesurée, ils voudront même atteindre le ciel, mais le trop grand poids de leurs membres les retiendra sur la terre. Alors rien ne subsistera sur terre, sous terre ou dans l'eau qu'ils ne poursuivent, ne dépistent ou ne détruisent ; rien non plus qu'ils ne traînent d'un pays à l'autre. Leur corps servira de tombeau et de passage à tous les corps vivants qu'ils auront tués.»

Pour finir, mon éditeur berlinois m'apprend que tous les stocks de mes livres ont été détruits lors du bombardement de Leipzig. Un autre stock a été incendié à Hambourg, comme me l'a écrit Ziegler. On est ainsi débarrassé de bien des soucis.

Dans l'après-midi, à la Madeleine, car j'avais besoin d'un endroit où je puisse penser à mon père. J'étais assis à côté de la plaque commémorative du prêtre Deguerry, mort le 24 mai 1871, à la prison de la Roquette, «*pour la foi et la justice**»*. Heureux l'être à qui cela est donné, sans que la terreur ait trop d'emprise sur lui.

Ensuite, l'aventure avec le lépreux, rue Saint-Honoré.

Paris, 11 janvier 1944.

En rêve, j'ai vu Leisnig sous les bombes. Sur des collines éloignées, des blocs d'immeubles s'écroulaient, des rangées de façades s'effondraient. J'ai traversé le marché et aperçu mon père en manteau blanc devant la porte de la maison. C'était sa vieille blouse de laboratoire, mais servant désormais à des recherches d'un caractère plus élevé. Des soldats m'empêchèrent d'avancer en liant conversation avec moi ; mais nous nous sommes fait signe.

Visite de Hotop, type d'homme qui échappe aux classements courants dans nos pays. Aux Indes, on reconnaîtrait tout de suite en lui un membre de cette curieuse caste dont la fonction est de servir à table, à la cuisine ou aux bains et qui est chargée des plaisirs à l'intérieur du palais. Ces êtres au toucher extrêmement développé ont ainsi des aptitudes particulières pour les choses du goût, et en même temps de la terreur. On trouve dans leurs rangs les plus subtils connaisseurs de la matière, pour autant qu'elle se laisse explorer par la main, la langue, l'odorat – experts en tissus, en cuirs précieux, en parfums, en perles, en pierreries, en bois, en meubles et en mets choisis, connaisseurs en concubines, spécialistes de tout ce qui appartient au monde sensuel. Lorsqu'on lit le *Kama-sutra*, on pénètre dans leur royaume.

Ce savoir les rend inestimables aux princes et aux grands seigneurs, en tant que détecteurs d'objets rares, ordonnateurs de fêtes, entremetteurs, *maîtres de plaisir**. Dans nos pays, on les rencontrera parmi les gastronomes, les fabricants d'objets de luxe, les directeurs de grands restaurants. Et toujours on s'apercevra qu'ils disposent d'un sens épidermique particulier, leur capital, celui dont ils vivent dans les régions du luxe et de la luxure. Mais dans tous les cas, on s'aperçoit très vite que leur apparat provient des sphères inférieures. Pour le porter à un niveau plus élevé, ils sont contraints de l'offrir à la noblesse de naissance ou à celle de l'esprit ; aussi ne les rencontrera-t-on presque jamais comme pouvoirs indépendants, mais toujours dans quelque suite. Car ce ne sont pas les tailleurs qui portent le mieux l'habit, ni les coiffeurs à qui sied le mieux la coiffure.

Conversation sur les parfums et leur fabrication. Pour choisir le parfum qui convient à une cliente, les spécialistes des grandes maisons ne lui demandent pas la couleur de ses cheveux. Ils se font envoyer une pièce de lingerie qu'elle a portée.

Lu : *L'Équipage de la nuit*, de Salvador Reyès, le consul du Chili, que m'avait fait connaître la doctoresse. Reyès, avec des nuances propres à l'Amérique du Sud, prend modèle sur les conteurs anglo-saxons qui se sont fait entendre vers le début du siècle, tels que Kipling, Stevenson et Joseph Conrad, auteurs dont l'influence peut être résumée dans ces trois mots : romantique, puritaine et planétaire.

Parmi les images de cette prose, remarqué celle des étoiles qui se montrent au ciel par une nuit de pluie et de vent – brillantes, comme polies par les nuages.

Ce qui, bien que météorologiquement faux, est poétiquement fort.

Entre autres phrases : « *C'est l'amour des femmes qui forme le caractère de l'homme**. » C'est juste, mais elles nous forment comme le sculpteur le marbre : en taillant dans notre être.

Paris, 16 janvier 1944.

Continué l'Évangile selon saint Jean. Au chapitre 8, 58 : « Avant qu'Abraham ne vînt au monde, moi je suis. » Contrastant avec ceci, vers l'autre direction du temps : « Le ciel et la terre passeront, mais mes paroles ne passeront pas. » Le Christ se reconnaît comme homme éternel et, en cette qualité, il déclare son origine divine, il s'affirme Fils de Dieu. Il survit au Cosmos, qui est une création de l'esprit.

Ainsi s'exprime l'Homme en tant qu'être éternel, par opposition au point de vue du mortel, de l'éphémère : celui du psaume 90. La différence entre le langage du Christ et celui de Moïse est celle qui existe entre la prose du baptisé et celle du circoncis. Au terrestre s'ajoute la lumière, le cosmique.

Nihilisme et anarchie. Il est aussi difficile de les distinguer que les anguilles des serpents, mais c'est indispensable pour connaître les règles véritables du jeu. L'élément décisif, c'est la relation à l'ordre, qui fait défaut à l'anarchiste et caractérise le nihiliste. C'est pourquoi le nihilisme est aussi plus difficile à saisir, mieux camouflé. Un bon indice, c'est le rapport avec le père : l'anarchiste le hait, le nihiliste le méprise. Ainsi Henri Brulard, opposé sur ce point à Piotr Stepanovitch. Puis, une différence d'attitude vis-à-vis de la mère, et surtout de la terre, que l'anarchiste veut changer en marais et en forêt vierge, le nihiliste en désert. Cette analyse devrait commencer par tirer au clair la situation théologique. Elle aiguisera le regard – on percevra alors les figures cachées derrière les toiles, derrière les coulisses de la peinture moderne. Elle pourrait tout d'abord profiter à la jeunesse guerrière. L'adolescent passe nécessairement par une phase anarchique, dans laquelle il est particulièrement exposé à succomber aux puissances de la destruction pure.

Paris, 17 janvier 1944.

Continué saint Jean. Au chapitre 10, verset 34, le Christ répond aux doutes concernant son origine divine en renvoyant au psaume 82. Il y est dit des hommes : « Vous êtes des dieux, et vous êtes tous enfants du Très-Haut. » Dans les deux versets suivants, il s'applique personnellement cette sentence.

De tels passages sont importants pour l'exégèse du XXᵉ siècle, qui doit pouvoir répondre à chaque objection de la conscience claire et se différencier en cela de toutes les précédentes.

Quelle est la différence entre miracles et paraboles ? Les paraboles se rapportent à l'absolu, tandis que les miracles confirment les paraboles dans l'espace et le temps, donc dans l'épisodique. Le rang des paraboles est plus élevé, car elles sont des signes spirituels, tandis que les miracles sont des signes matériels.

Achevé *Mes prisons*, de Silvio Pellico. Ces mémoires parus en 1833 constituent une œuvre maîtresse de cette prose classique avec laquelle les Italiens, à travers leurs représentants les plus remarquables, gardent des attaches directes, un lien que n'affaiblit aucune dérivation. Les phrases et les pensées sont présentées avec une connaissance innée de l'équilibre. On perçoit toujours clairement où est la principale et où la subordonnée, où le fait principal et où le fait subordonné. Ce style exerce une influence vivifiante et formatrice, comme une promenade au milieu des palais et des statues.

Conversation avec le Dr Schnath, l'archiviste de Hanovre ; retour de Basse-Saxe, il me dit avoir observé un trait singulier. Lorsqu'on a pris l'habitude de séjourner dans des villes détruites et que l'on arrive ensuite dans celles qui, comme Hildesheim, Goslar ou Halberstadt, sont restées intactes, on a le sentiment de se trouver au milieu d'un univers muséal ou dans les coulisses d'un opéra. Cette impression prouve, mieux que les destructions elles-mêmes, à quel point nous sommes sortis de l'ancienne réalité, de notre image innée de l'Histoire.

Le soir, chez les Schnitzler, rue des Marronniers. J'y ai rencontré Bourdin, l'ancien correspondant de la *Frankfurter Zeitung*, et le lieutenant de vaisseau von Tirpitz, le fils de l'amiral. Ce dernier nous dit avoir trouvé, parmi les papiers de son père, datant de l'autre avant-guerre, une foule de lettres écrites par des Juifs anglais et allemands haut placés, et que dans toutes, l'éventualité d'un conflit entre les deux empires était considérée comme un grand malheur. Ce qui, même du point de vue du simple intérêt commercial, paraît plus plausible que les racontars de leurs adversaires.

Paris, 18 janvier 1944.

Déjeuner chez Drouant en compagnie d'Abel Bonnard, de Heller, du colonel Alerme autour de la table ronde de l'académie Goncourt. Bonnard s'est moqué de ces orateurs qui préparent leurs discours avec tant de soin qu'ils paraissent improvisés. Ils imitent même les «digressions», telles qu'elles se présentent dans l'inspiration, et ils les apprennent par cœur. Ce serait une variété particulière de l'escroquerie de haut vol.

«Mais quand on n'a pas le don de la parole?

— On n'a qu'à lire. C'est ce que faisaient même de grands orateurs, comme Mirabeau».

Sur Poincaré. Non seulement celui-ci apprenait ses discours par cœur, mais il en préparait même plusieurs versions, selon l'état d'esprit qu'il allait trouver chez ses auditeurs. Ainsi, pour un discours à la Chambre, qu'il devait faire lors d'une période de tension avec l'Italie, il avait appris une version calme, une autre intermédiaire, et la troisième tranchante. Comme la Chambre était en fureur, ce fut celle-là qu'il choisit.

Parlé de l'accident d'auto d'Abel Bonnard, après lequel il était resté trois heures sans connaissance. Lorsque je lui ai demandé des détails:

«Il faisait nuit, nuit noire.

— Et croyez-vous qu'il en sera de même après la mort?

— J'en suis persuadé.»

En disant cela, il me regardait tristement, comme un homme qui confierait un vilain secret à un ami.

Le colonel Alerme, chef de cabinet de Clemenceau pendant la Première Guerre mondiale, et qui, jeune officier, avait servi au Sahara, nous a parlé de sa vie chez les Touaregs. La bonne race ne serait pas seulement inscrite sur le visage des hommes, mais marquerait de son sceau la noblesse de leurs actions. On devrait, au fond, s'y attendre partout où il est question de race. Nos experts actuels sont des numismates qui n'apprécient que la frappe, non le métal de la monnaie; des analphabètes, à qui seule la forme des lettres importe, parce qu'ils ignorent le sens du texte.

Parlé ensuite des dromadaires de selle; les plus racés d'entre eux perdent leur vigueur lorsque, du cœur du désert, on les emmène dans les oasis. Noté quelques détails pour le «Sentier de Masirah».

Paris, 20 janvier 1944.

Chez Florence. Jouhandeau raconta pendant le déjeuner qu'il était entré, près de la place du Palais-Bourbon, dans le magasin d'une antiquaire, chez qui une statue d'un dieu hindou avait tout d'abord été exposée pour la vente, puis reconnue miraculeuse. L'antiquaire en tire profit – ainsi, elle reçoit les offrandes de certaines dactylos dont le souhait de gagner à la Loterie a été exaucé. Prémices. Jouhandeau a vu un homme d'un certain âge accomplir ses dévotions dans cette boutique : il touchait la statue de la main droite et tenait son chapeau de la main gauche, dans un geste de profond respect. De telles choses ne m'étonnent guère ; nous verrons encore des prodiges dans cet ordre d'idée.

L'après-midi, visite du Dr Göpel, et le soir de Friedrich Hielscher, avec qui j'ai passé quelques instants au Raphaël. Notre entretien est revenu à la bizarre soirée de Stralau, l'hiver 1929, commencée par l'euphorie générale et l'autodafé de meubles, et durant laquelle Bogo et Edmond se sont tendu la main par-dessus les charbons ardents.

Paris, 22 janvier 1944.

Fait ma promenade des Eaux et Forêts en compagnie de la doctoresse. Il y a des intelligences avec lesquelles nous nous trouvons particulièrement accordés, non pas selon leur degré, mais selon leur nature. Avec elles, nous ne sommes pas en tension, mais en harmonie. La conversation nous fait du bien, nous repose, est agréable ; elle progresse comme le mouvement d'une montre, tant ces rouages sont adaptés l'un à l'autre. C'est l'Éros de l'intelligence ; il lui enlève de son tranchant.

La doctoresse disait que ma façon de penser était celle d'un chimiste, tandis que Paul travaillerait comme un maçon. Ce qu'il y a de vrai là-dedans, en ce qui me concerne, c'est que je ne procède pas physiquement, par enchaînement des causes et des effets, mais d'une manière atomique, par transmutation de très fins corpuscules, par osmose et filtrage. Une phrase logiquement exacte me semble indifférente s'il ne règne pas, dans ses voyelles, la même justesse. D'où encore mon impression de n'être pas seulement actif quand je transcris expressément les démarches de ma pensée, mais de l'être sans arrêt, jour et nuit, et la nuit surtout, comme un sablier. De là vient que mon activité est difficile à saisir dans sa structure. Mais la transmutation est radicale ; elle est moléculaire. Aussi ai-je des amis qui le sont devenus contre leur gré, voire même par leurs rêves.

L'Éros entretient un rapport particulier avec la symétrie, comme l'indiquent déjà ses symboles, l'arc de Cupidon, le miroir de Vénus et sa naissance d'une conque. Dans le *Banquet*, Platon fait naître les sexes d'une bipartition, d'une coupure. Le nombre de la symétrie, c'est le deux, le couple ; il tente de se sublimer dans le Tout, dans l'Union. D'où la formation des hermaphrodites dans le monde des insectes : à droite et à gauche de l'axe de symétrie. Les organes sexuels seront toujours symétriques, ce dont les fleurs nous offrent la plus belle image. Quels sont les rapports qu'entretiennent les données symétriques et asymétriques chez les créatures, et peut-on en tirer des conclusions quant au plan selon lequel elles ont été conçues ? Ce sont ces questions que j'ai l'intention de traiter dans mon étude sur les rapports entre langage et anatomie.

À côté des couleurs complémentaires sur le plan physique, il en existe sur le plan spirituel. De même que le vert et le rouge se partagent le blanc, des unités plus hautes se polarisent dans les couples spirituels – comme l'univers, par exemple, en bleu et en rouge.

Les grands combats de notre époque se livrent sous la surface – ainsi le conflit qui oppose le technicien à l'homme des Muses. En ce domaine, on trouve de bonnes armes, tels *Les Titans* de Friedrich Georg, que j'ai reçus aujourd'hui de Vittorio Klostermann.

Paris, 24 janvier 1944.

Cela fait toujours du bien d'entendre un médecin parler des questions de santé avec un robuste optimisme, comme le Dr Besançon dans son livre, *Les Jours de l'homme*, dont la doctoresse m'a fait cadeau ces jours-ci. Besançon est disciple de Hufeland, et comme celui-ci dans sa *Macrobiotique*, comme aussi mon vieux maître et ami Parow, il estime que l'homme a été créé pour vivre cent quarante ans. C'est un cynique, comme bien des vieux médecins, mais, avec cela, plein de bon sens, et il se fonde sur de bonnes bases empiriques.

Je note, parmi ses maximes générales :

« La mort est un créancier à qui il faut de temps à autre verser un acompte, pour que le crédit vous soit prolongé. »

« La santé est un engendrement continuel. »

« *Tour de force, tour de fou*.* »

« Vouloir guérir radicalement, c'est guérir à mort. »

Parmi les conseils d'hygiène, il est remarquable qu'il méprise les buveurs d'eau, les bains fréquents, la nourriture végétarienne et le sport, surtout lorsqu'on le pratique après sa quarantième année.

Quant à l'eau, il affirme qu'elle n'est pas pure, ni surtout « isotonique ». Il lui préfère le bon vin, le thé et le café sucrés, les jus de fruits. Il y a, dit-il, bien plus de gens qui sont morts par l'eau que par le vin.

« On digère avec les jambes. »

Il n'y a qu'une manière de nettoyer les pores : c'est le nettoyage par la sueur. Aux bains fréquents, il faut préférer une bonne friction du corps, la fenêtre ouverte, suivie d'une friction à l'alcool fort.

Les manteaux de fourrure ne sont pas recommandables ; quand on les retire, on a une chape de glace qui vous tombe sur les épaules. Mieux valent les sous-vêtements de laine.

Lorsqu'on prend de l'âge, il est bon de passer de temps en temps une journée au lit.

Le bon chauffage pour une chambre à coucher, c'est un feu de bois sec, dans la cheminée, surtout pendant les refroidissements dangereux dont s'accompagnent les changements de saison. Au contraire, le chauffage central est un vrai poison.

« *Le bordeaux se pisse, le bourgogne se gratte.* »*

Le livre est abondamment saupoudré d'anecdotes curieuses. C'est ainsi que le maréchal de Richelieu, ayant largement passé les quatre-vingts ans, épousa une fille de seize ans et vécut huit années encore, et heureux en ménage. La maréchale semble avoir hérité de sa longévité, car un soir, elle stupéfia Napoléon III par cette phrase :

«Sire, comme disait un jour Louis XIV à mon époux…»

Il paraît que les baleines atteignent un âge fabuleux – on en a des preuves. Dans le corps d'un de ces animaux, on a trouvé le fer d'un harpon normand datant du IXe siècle de notre ère.

Paris, 29 janvier 1944.

Achevé l'Évangile de Jean. Dans le dernier chapitre, à l'apparition du ressuscité au bord du lac de Tibériade :

«Aucun des disciples n'osait lui demander : "Qui es-tu ?", sachant que c'était le Seigneur.»

L'homme qui rencontre le miracle est frappé comme d'un engourdissement où le véhicule des paroles lui fait défaut. Pourtant, c'est la source de la parole – la langue se déliera comme celle des muets.

Le début de cet Évangile le confirme : «Au commencement était le Verbe, et le Verbe était Dieu.» Pour que le verbe divin puisse venir chez les hommes et devenir langage, il doit être révélé – il devient alors perceptible, divisible, il devient vocables, de même que la lumière incolore se révèle par la division prismatique dans les couleurs de l'arc-en-ciel. Le phénomène est décrit dans les Actes des Apôtres, 2, 2-4, avec la précision d'un processus physique. Après le mugissement d'un vent puissant apparaissent «comme des langues de feu qui se partagèrent» et qui donnent aux apôtres pouvoir sur le langage. Muni d'un tel langage, on peut aller vers «tous» les peuples : il contient quelque chose du caractère indivisible, pré-babélien, de la Parole.

Lu ces jours-ci : Robert Burnand, *L'Attentat de Fieschi* (Paris, 1930).

L'étude des attentats vaut d'être faite, car ils sont l'une des inconnues de l'équation historique. Mais ce n'est vrai qu'au niveau inférieur de l'observation : car une vue plus subtile y discerne une causalité complexe. Par exemple, l'auteur de l'attentat, fût-il fou, n'apparaîtra que comme un individu qui se détache sur un fond de réactions populaires, d'oppositions, ou de minorités importantes. Encore faut-il, de plus, que l'attentat réussisse. Le protagoniste de l'histoire a son aura, sa nécessité supérieure, une force qui repousse les coups du malheur. Ici, le mot de Napoléon prend tout son sens : tant qu'il est sous l'emprise de sa tâche, aucune force terrestre ne peut l'abattre ; sa mission terminée, un grain de poussière y suffirait. Mais comment peut-on faire entrer César et Henri IV dans ce système ?

Souvent les attentats agissent comme des stimulants, en activant par contrecoup les tendances diffuses de l'époque, comme le fit l'attentat manqué contre Lénine. Vouloir atteindre ses représentants dans leur incarnation physique, cela dénote toujours une pensée grossière. On taille les pousses des branches, qui n'en croissent que plus vigoureusement.

La part d'illusion et de suicide que comporte un tel acte est bien visible chez Fieschi – revers incohérent de la tapisserie historique qu'il contribue à tisser. Louis-Philippe, à cheval, passe au soleil avec sa suite brillante, pendant que Fieschi, dans sa petite chambre à la jalousie baissée, dont l'âtre est allumé, approche la mèche de sa machine infernale, semblable à un orgue dont les tuyaux seraient des canons de fusil. Quelques-uns explosent ; les éclats lui mutilent les mains et lui ouvrent le crâne, tandis que, dans la rue, quarante hommes, dont le maréchal Mortier, gisent dans leur sang. De tels êtres sont porteurs de dissonances – on peut se demander si c'est ici la machine infernale qui éclate, ou bien Fieschi ? On le guérit à grand-peine, puis on lui coupa la tête. Aujourd'hui, c'est l'un des pères de l'Église dans les catacombes de l'anarchie.

Parmi les débuts de chapitre, j'en ai trouvé un dont j'ai particulièrement aimé la précision : « *Le roi monta à cheval à neuf heures*.* » Dans cette simple phrase, les mots apparaissent selon leur rang, l'un après l'autre, aucun ne manque, aucun n'est de trop. La traduction allemande l'affaiblit – elle donnerait à peu près ceci : « *Der König stieg um neun Uhr zu Pferd.* » Ici, les mots s'éloignent de la répartition idéale ; leur tension logique, phonétique et syntactique se relâche.

Puis, j'ai lu les *Jours heureux d'autrefois*, de Marcel Fouquier, Paris, 1941. Cette description de la société parisienne de 1885 ressemble à un gâteau sec, piqué de bonnes citations comme de raisins de Corinthe. Entre autres, un mot de la duchesse de la Trémoille :

« La crédulité augmente à mesure que la foi diminue. »

La Rochefoucauld : « Il est plus difficile de dissimuler les sentiments que l'on a que de feindre ceux que l'on n'a pas. »

Nego – je tiens, de loin, cette seconde chose pour la plus difficile. Cette divergence d'opinion touche à l'une des différences essentielles entre Latins et Germains.

Paris, 2 février 1944

À propos de la langue. *Eine Flasche Wein* (une bouteille de vin que l'on a bue, boit ou va boire), *ein Löffel Suppe* (une cuillerée de soupe), *eine Karre Kohlen* (une charretée de choux) – dans ces tournures, notre langue indique le contenu de récipients par la position des mots – par opposition à la *Suppenlöffel* (cuiller à soupe) et à la *Weinflasche*, la bouteille contenant du vin. Le Français, par contre, ajoute une terminaison particulière pour désigner les contenus : *assiettée, cuillerée, gorgée, charretée*. Il est beau de voir comment l'*E* accent aigu confère à la fin du mot toute sa « charge » Mais on pourrait aussi dire que le mot acquiert par là une féminité à la puissance 2, comparable à la grossesse.

Paris, 7 février 1944.

Au lit avec la grippe. Visite du Président, à qui le commandant en chef a raconté la soirée qu'il avait passée en ma compagnie et celle de Baumgart. J'avais été dur à faire démarrer, comme un moteur puissant, puis m'étais soudain mis à tourner à toute vitesse.

Nous nous inquiétons de Speidel, encerclé en Russie avec son armée. On dit que le général von Seydlitz lui aurait adressé un appel par des émetteurs russes.

À propos du langage. « *Wort* » (« mot ») a en allemand deux formes de pluriel – les dictionnaires indiquent, en général, qu'on emploie « *Wörter* » quand on ne se préoccupe pas du contexte, tandis qu'on choisit « *Worte* » pour désigner un discours cohérent. Cette définition est imprécise ; il me semble plutôt que le sens, au pluriel, se scinde en deux : un rameau grammatical et matériel, un rameau métaphysique. « *Worte* » implique une richesse indivisible. Un effet analogue est produit, dans d'autres substantifs, par des différences de genre – ainsi « *der Verdienst* », « le gain », et « *das Verdienst* », « le Mérite ».

Paris, 12 février 1944.

Me suis levé, mais la grippe me laisse encore tout courbatu. Vers minuit, on m'appelle au téléphone : un aumônier militaire, Ronneberger, me demandait. Tout fiévreux, je vis entrer un garçon et l'entendis me dire. « *Capitaine, un appel téléphonique à longue distance** . » Je voulais d'abord rester couché ; puis, je crus entendre le mot de « Wilhelmshaven », et soudain je me souvins qu'Ernstel est mobilisé sur la côte, comme cadet de la marine. Peut-être lui est-il arrivé malheur pendant un exercice de tir ? Du coup, je sautai vivement du lit. En bas, j'appris avec un demi-soulagement l'arrestation d'un groupe d'élèves dont Ernstel passe pour être le meneur, avec l'un de ses camarades nommé

Siedler. Tous deux sont internés à Wilhelmshaven depuis quelques semaines et, si j'ai bien compris, on les a déjà condamnés à six et neuf mois de prison. La raison en serait qu'ils auraient dit carrément ce qu'ils pensaient de la situation. Le garçon n'en a rien dit, par discrétion mal entendue, bien que l'histoire soit tout à son honneur. Il semble également qu'aucun de ses supérieurs n'ait jugé utile de m'avertir. Au contraire, on espionnait ces gamins depuis des mois, pour « rassembler les preuves » ; après quoi, on les a livrés aux griffes du tout-puissant État.

Ces sortes de nouvelles nous atteignent de préférence lorsque nous ne sommes pas en possession de tous nos moyens.

Paris, 13 février 1944.

Passé la matinée à téléphoner à Hanovre et à Wilhelmshaven. Dans l'après-midi, coup de téléphone du professeur Erik Wolf, qui se trouve chez Valentiner ; il a mis la conversation sur les buprestides du Kaiserstuhl, sans que j'aie pu le suivre avec l'intérêt que m'inspire d'ordinaire ce sujet.

Paris, 15 février 1944.

J'ai pu arranger un peu l'affaire, ayant trouvé dans le commandant de la base de Wilhelmshaven un homme de sens. Il paraît aussi que son amiral, Scheuerlen, ne fait pas partie des « noirs ». Grâce au général Loehning, qui commande la place de Hanovre, j'ai réussi à mettre Perpétua au courant pour qu'elle s'occupe le plus rapidement possible du gamin. La difficulté était d'abord de nature technique : il était presque impossible d'obtenir la communication au téléphone. On y parvint grâce aux efforts du sous-officier Kretzschmar, qui travaille au central téléphonique.

Lu : *Lieder aus der Silberdistelklause*, dont Friedrich Georg m'avait envoyé le manuscrit. Il est curieux que sa main se fasse de plus en plus libre et légère, au fur et à mesure que la destruction progresse. Derrière le monde du feu repose un élément mystérieux – l'ordre de configurations spirituelles, qui traverse parfois la mer de flammes.

Ensuite, dans la soirée, relu du Saint-Simon, ce qui ne m'était pas arrivé depuis longtemps. J'eus l'impression de n'avoir encore jamais goûté à ce point l'élégance de certaines tournures, et surtout la palette de nuances qui permettent de décrire les caractères et leur hiérarchie – après tout, on mûrit aussi en tant que lecteur.

Paris, 16 février 1944.

Visite du Dr Göpel qui revenait de Nice et qui m'a apporté un sablier. D'après sa forme, il peut dater du XVe ou XVIe siècle ; l'âge a donné au verre des tons irisés, si bien que la poussière rougeâtre y tombe en pluie fine, comme derrière un voile tissé par le temps. Cet objet vient à propos, car la vue des horloges à rouages m'est de plus en plus odieuse, surtout lors des conversations, des lectures, des méditations et des études paisibles, qu'on ne souhaite pas mesurer à la minute près – il suffit de laisser se vider le petit réceptacle de verre. Le temps du sablier est d'autre nature, plus intimement lié à la vie – là, les heures ne sonnent pas, et nulle aiguille n'avance. C'est du temps qui passe, s'écoule, ruisselle – du temps sans tension ni rythme.

Dans la soirée, un chef de groupe a fait un exposé sur la manière dont on essaie, selon toutes les règles de l'art, de tirer les vers du nez aux aviateurs anglais et américains descendus par les nôtres. La technique de ces procédés est répugnante ; nos grands-parents eussent encore considéré comme indigne d'eux de poser la moindre question de ce genre à un prisonnier. Mais aujourd'hui, l'homme est devenu pour l'homme une matière première d'une sorte particulière, une matière dont on tire du travail, des informations ou d'autres choses. C'est un état que l'on peut qualifier de cannibalisme supérieur. On ne tombe pas à proprement parler entre les mains d'anthropophages, quoique cela puisse aussi arriver, mais on est pris dans les méthodes des psychologues, des chimistes et des spécialistes de la recherche raciale, des pseudo-médecins et autres fureteurs de cette sorte. C'est ainsi que d'étranges démons, sur les grands tableaux de Bosch, découpent et dépècent avec leurs instruments les hommes nus qu'ils capturent.

Entre autres détails, je note que « les fumeurs sont plus loquaces que les non-fumeurs ».

Paris, 18 février 1944.

Nouvel appel téléphonique de Wilhelmshaven, où Perpétua a été depuis et où, avec une grande énergie, elle a pénétré dans la prison. Je pars mardi à Kirchhorst et Berlin, pour Ernstel. Le commandant en chef, que j'avais fait mettre au courant par Weniger, a dit : « C'est l'un des cas où l'on peut demander une permission à son général. »

Voilà comment nous acquittons nos dettes envers nos pères, et pourquoi les hommes sans enfants sont, dans nos gâteaux de miel, les faux-bourdons – à moins que ne s'épanouisse, au lieu de la génération naturelle, une fécondité métaphysique, élevant l'individu en qualité de clerc, de donateur ou de dispensateur, au rang des *patres*.

L'après-midi, vacarme dans le couloir, devant mon bureau du Majestic. Un caporal aviateur y avait rencontré une femme qui, selon ses dires, dupe depuis longtemps les soldats, et l'avait immédiatement, criant aussi fort qu'elle, attrapée par le bras pour la frapper à coups de pied. J'ai vu ce couple ignoble : l'homme déchaîné, fixant cette femme d'un regard éperdu, et elle se retournant contre lui comme un furet qui vient de rencontrer un serpent. Je les ai fait arrêter tous les deux.

Étrange, l'extrême faiblesse, voire l'anéantissement qui frappe l'homme lorsqu'il s'abandonne à ce point à la haine.

Continué Saint-Simon. La conscience intellectuelle de ce prince a quelque chose de tout à fait moderne ;

la cour est décrite comme une grande molécule de chimie organique. Les rapports sociaux entre les hommes, les hiérarchies de leurs rangs, jusque dans les nuances les plus subtiles – auprès de lui, des observateurs bien plus récents, comme Stendhal, par exemple, font figure d'amateurs. Ce qui est significatif aussi chez Saint-Simon, c'est qu'il connaît sa tâche, sa responsabilité ; dans sa position, il y a de la souffrance devant l'histoire, le savoir d'un habitant de la ville de cuivre.

Continué la Première épître aux Corinthiens. Les paraboles du Christ se rapportent entièrement aux liens qui unissent l'homme à Dieu, tandis que dans celles de saint Paul, c'est le rapport de l'homme avec l'homme, et la vie transfigurée, au sein de la communauté, qui passent au premier plan. C'est l'amoindrissement que l'on rencontrera toujours dans l'histoire des richesses de cette terre – la plénitude ne peut que diminuer en passant du fondateur à l'administrateur. Il en va de même pour les princes, de même pour l'art. L'amoindrissement touche la substance, tout en entraînant une multiplication des attributs, et c'est aussi le cas pour le rapport de Bosch à Breughel.

Comme bien des traits reviennent de l'Ancien Testament au Nouveau, mais sublimés, ainsi que dans un miroir, l'admirable chapitre 13 de la Première épître aux Corinthiens me semble le pendant du Cantique des Cantiques. Il contient des phrases éblouissantes, celle-ci par exemple :

« Mais quand viendra ce qui est parfait, ce qui est partiel disparaîtra. »

Le verset 12 n'est pas moins essentiel :

« Nous voyons, à présent, dans un miroir, en énigme, mais alors ce sera face à face. » La traduction allemande rend *enigma* par *dunkles Wort* (« parole obscure »), et prive ainsi le texte de cet apport platonicien de la théorie des idées qui le pare en grec. On devrait passer des jours à méditer de tels passages.

Mots. *Wabe,* de *weben* – c'est l'enveloppe du berceau. On a également peine à croire que la ressemblance phonique de *Wachs* et de *Waffel* soit le produit du hasard.

Kirchhorst, 29 février 1944.

Pour l'affaire d'Ernstel, je suis allé à Berlin, d'où je suis revenu vendredi. Je voulais d'abord atteindre Dönitz, je suis même parvenu aux portes de son Q.G., mais on m'a expressément mis en garde contre lui. On n'obtiendrait qu'une aggravation de peine. Au demeurant, j'ai constaté chez ces marins la tendance à m'éconduire avec une politesse doucereuse, surprenante surtout pour qui sort d'un état-major « blanc », comme celui de Stülpnagel. J'arrivais avec une fâcheuse affaire, où l'on voulait tremper le moins possible. De sorte que j'ai dû me rabattre sur ceux qui devaient s'en occuper *ex officio*, comme Kranzberger, juge de la marine. Avec le Dr Siedler, j'ai pris connaissance, chez son remplaçant, du jugement où j'ai lu encore quelques circonstances aggravantes. Ainsi, le garçon avait dit que si les Allemands voulaient obtenir une paix décente, ils devraient pendre Kniébolo – il est vrai que des seize camarades cités comme témoins, un seul, et c'est le mouchard, rapporte ce propos. Mais le tribunal le considère comme suffisamment attesté. Ensuite, il paraît «qu'il n'a montré aucun repentir» lors des débats, ce que d'ailleurs je préfère. Les êtres qu'on rencontre dans ce genre d'histoires permettent de se faire une bonne idée des fils noirs et blancs dont est tissée la politique.

On ne peut encore évaluer les conséquences qu'aura la destruction de si grandes villes. À première vue, on a l'impression curieuse que la circulation augmente au milieu des ruines; mais c'est logique, car son pendant immobile, la demeure, est déchue de son rang. Les rues et les moyens de transport étaient bondés. La reprise de contact avec la capitale sous son nouveau jour a été moins déroutante que je ne le pensais; ce qui me révèle que je n'avais de longue date plus confiance en sa stabilité. Aussitôt après la Première Guerre mondiale et au temps de l'inflation, elle paraissait déjà très avariée; des souvenirs de ville onirique se rattachent à cette époque. Puis, après la «prise de pouvoir», comme on dit, ce fut la pioche qui régna sur elle; des rues entières étaient déjà transformées en décombres. Enfin, des magasins furent pillés, on mit le feu aux synagogues, sans que de tels forfaits trouvassent de juge. Du sang aussi imprégna cette terre. Le goût de toutes les choses rouges et explosives s'accrut frénétiquement.

Mais il faut encore considérer la destruction du dedans: comme une façon de se dépouiller de sa vieille peau. On est d'abord stupéfié; puis vient l'accoutumance. L'Amérique triomphe des lieux de vieille culture – j'entends cette Amérique qu'on sentait un peu plus présente chaque année chez le Berlinois moderne.

J'ai logé chez Carl Schmitt, qui – après la destruction de sa maison de Dahlem – est allé habiter une petite villa de Schlachtensee. Le soir, devant une bouteille de bon vin rouge, entretien sur la situation ; il la comparait à celle des anabaptistes pendant le siège. Deux jours avant que Münster ne tombât, Bokelson promettait le Paradis à ses partisans.

Puis nous avons lu ensemble la fin du deuxième volume de la *Démocratie en Amérique*, de Tocqueville. On y trouve des aperçus étonnants. Sous un tel regard, la scène historique devient petite et intelligible, et ses figures simples et nettes. Ce sont ces auteurs-là qui maintiennent en nous la foi au sens qui se cache sous un mouvement qui semble se propager à perte de vue.

Parlé aussi de Bruno Bauer : ses papiers posthumes ont été achetés par les bolcheviks, avant cette guerre, et transférés à Moscou. Les amis tels que Carl Schmitt sont irremplaçables, et déjà pour la simple raison qu'ils vous épargnent les peines infinies du tri.

À midi, le lendemain, je suis reparti pour Kirchhorst.

Kirchhorst, 1ᵉʳ mars 1944.

Mars a commencé et sera sans doute un mois de grands événements. J'étudie le texte de Bruno Bauer sur Philon, Strauss et Renan, que Carl Schmitt m'avait donné à lire pour le voyage. Il m'incite à m'intéresser de plus près à Philon. Les grandes destructions de bibliothèques vont rendre la chasse aux livres plus difficile, et peut-être recréer pour des décennies la situation qui régnait avant l'invention de l'imprimerie. Il est probable qu'on se mettra aussi à recopier des livres. Cette fois encore, comme on le lit déjà chez Grimmelshausen, l'existence de contrées intactes, telles que la Suisse, sera une grande bénédiction.

La vie est un engendrement continu, au cours duquel nous tentons d'unir en nous père et mère. C'est là qu'est à proprement parler notre tâche et d'elle que rayonnent nos conflits, nos triomphes. Puis vient la nouvelle naissance.

Comment le père et la mère se succèdent et s'allient en nous, la graphologie le montre souvent fort bien. D'où, ne fût-ce que pour cette seule raison, l'utilité des collections de lettres autographes : elles permettent d'étudier les forces qui, au cours des années et des décennies, agissent sur le caractère, et la façon dont elles s'équilibrent.

Kirchhorst, 2 mars 1944.

Pris mon petit déjeuner au lit. Lu Samuel Pepys et parlé paisiblement avec Perpétua de l'organisation de notre vie familiale, lorsque la paix sera revenue. Il est vrai qu'on se demande si l'on atteindra le rivage.

Continué la lecture de Bruno Bauer. Fort bons exposés sur les paysages décrits par Renan, qui rappellent des décors d'opéra ; ils évoquent, en effet, des tableaux de Millet. Philon demande qu'on exerce et cultive également les facultés sensitives, car le monde sensible ne peut être saisi sans elles, et l'on se « fermerait ainsi l'antichambre de la philosophie ».

Neige en tourbillons, mais, entre les nuages, le soleil tiède de mars réchauffait l'air : je me suis baigné dans ses rayons, à la fenêtre ouverte, tout en lisant les comptes rendus de Grabbe. Ses tirades sur la correspondance de Goethe et de Schiller sont d'une impudence particulièrement remarquable. Savoureux, au contraire, l'avertissement adressé à Bettina : « Si la rédactrice continue dans cette veine, on la traitera, non plus comme une dame, mais comme un auteur. »

Ce que Grabbe dit dans son *Gothland* vaut aussi de lui :

> *… L'homme*
> *Porte en son chef des aigles*
> *Et a les pieds enfoncés dans la boue.*

Comme quoi chacun frappe d'un coin net sa propre devise.

La critique textuelle des XIXᵉ et XXᵉ siècles ne procure pas une meilleure intelligence de la Bible que le darwinisme de l'animal. Les deux méthodes sont des projections sur le plan du temps – ici, c'est le Logos qui doit se dissoudre dans le temporel ; là, c'est l'espèce. La Parole devient divisible ; l'image de l'animal, un passage fugitif, une impression.

Face à cela, le mot de Luther : « Ils ne peuvent rien contre la Parole. » La Bible, comme la faune, sont des révélations, et c'est en cela que réside leur prodigieux pouvoir symbolique.

Kirchhorst, 3 mars 1944.

Dans la matinée, une lettre d'Ernstel m'a rempli de joie : Dieu soit loué, il peut lire dans sa cellule.

Le temps était à la tempête, le ciel couvert de vastes bancs de nuages d'un blanc éclatant. Peu après onze heures, plusieurs formations ont survolé la maison, encerclées par les nombreux petits nuages des explosions, qui ressortaient nettement sur les zones claires. Les appareils laissaient de longs sillages derrière eux, en courbes légères, comme des patineurs sur de la glace bleue.

Continué le *Journal* de Gide, dont la lecture m'a fatigué. Tout journal est évidemment un reflet de l'auteur ; mais il ne doit pas s'épuiser dans cette reproduction. Étonnant, malgré tout, son sens tardif mais admirable de la justice. Ainsi, ce trébuchet de peseur d'or qu'est son oreille, ces balances où s'équilibrent les mots et les phrases de sa prose ne sont qu'un don, une conséquence de cette vertu, dont les racines sont profondes, conférant à son détenteur une importance qui dépasse les frontières de son pays.

Commencé, ensuite, le *Journal d'un Interprète en Chine*, du comte d'Hérisson, que j'avais déniché dans ma bibliothèque. Dans ces sortes de descriptions – pays lointains et événements importants – il est bon qu'un auteur ne dispose pas d'une trop grande vir-

tuosité. Pour décrire Goethe, par exemple, un second
Goethe serait moins qualifié qu'un Eckermann.

Dans le train, 4-5 mars 1944.

Départ de Kirchhorst. Dans la matinée, j'ai feuilleté mes journaux intimes, celui de Rhodes et celui
du Brésil, sans pouvoir me résoudre à emporter l'un
d'eux à Paris.

Comme tant de fois, j'ai eu l'impression, en quittant Perpétua, que de graves changements survien-
draient avant notre prochaine rencontre. Au moment
des adieux, le chauffeur du général Loehning, qui
était venu me chercher, nous apprit que Wilhelmshaven avait été durement bombardé. Nous songeâmes,
soucieux, à la fragile baraque où le garçon est gardé
prisonnier.

Dans le train, avec un médecin colonel, nous évoquâmes les souvenirs du Hanovre de notre enfance,
en 1905. «Avant 1914»: les souvenirs de cette époque
seront un jour aussi lourds de sens qu'autrefois ceux
d'«avant 1789». Puis sur la Russie et les Russes, dont
mon interlocuteur parle couramment la langue, à ce
qu'il semble. Parmi les proverbes qu'il me citait, j'ai
particulièrement goûté celui-ci:

«Le poisson pourrit d'abord par la tête.»

Traversé avec beaucoup de retard des villes en état
d'alerte, Cologne entre autres, où une bombe venait
de tomber sur les abattoirs, déchiquetant soixante
personnes.

Songé, dans un demi-sommeil, à deux ou trois

questions. Ainsi, l'exact jugement de Perpétua sur Weininger m'est revenu en mémoire : « Voilà quelqu'un qui a dû se tuer en automne. » Elle a du jugement, dans ce domaine, et perce à jour, sans qu'on puisse lui en faire accroire, la plus belle cuirasse d'intelligence, comme si elle n'existait pas, pour atteindre le cœur de l'être. Et ce sont justement les intelligences déliées qui semblent parfois, en sa présence, dans la position de l'autruche : tandis qu'elles plongent la tête dans leurs théories, systèmes et utopies, comme dans un sable cristallin, elles se découvrent sans s'en douter et s'exposent en totalité à ses regards malicieux.

Puis je retrouvais mon plaisir au moment où j'avais vu, passé San-Miguel, les premiers poissons volants. J'ai d'abord perçu avec une extrême netteté un essaim qui filait à tribord, et jusqu'aux gouttes qui retombaient de leurs nageoires en pluie de perles. Mais ma conception était purement intellectuelle – ces bêtes me paraissaient quasi transparentes, comme de nacre. Je pris donc leur apparition pour une illusion d'optique – d'autant plus volontiers que je m'attendais à un tel spectacle. Puis je vis un second vol s'élever devant l'étrave, et d'autres témoins m'en confirmèrent l'existence. En ces deux images m'étaient données la réalité idéale et la réalité empirique, ou encore celle du rêve et celle du jour. L'imagination prenait à la première une part bien plus considérable : elle lançait donc des reflets plus magiques. Étaient-ce vraiment des poissons qui s'irisaient à la lumière, ou s'agissait-il d'un jeu de vagues qui étincelait au fond de moi ? La question me paraît presque futile. Cela m'est arrivé parfois devant des animaux – il me semblait les inventer, après quoi ils m'étaient familiers. L'aspect mythique précède l'historique.

À deux heures de l'après-midi, le train entra en gare du Nord.

Paris, le 7 mars 1944.

Continué la Première épître aux Corinthiens. Là, 15, 22 : « Car comme tous meurent en Adam, tous revivront aussi en Jésus-Christ. »

La distinction entre homme naturel et supra-naturel équivaut à la découverte d'une chimie supérieure. Le Christ est le médiateur qui rend les hommes aptes à la synthèse métaphysique. La faculté s'en trouvait chez eux dès l'origine ; aussi n'ont-ils pas été créés à nouveau par le sacrifice, mais « rédimés », c'est-à-dire amenés à une activité supérieure. Celle-ci a toujours existé, en puissance, dans la matière.

Je sors de ma maison, le matin, et en descendant l'escalier, je me souviens que j'ai oublié mon trousseau de clefs. Je reviens sur mes pas, le mets dans ma poche, et je me trouve dans la rue une minute plus tard. Par conséquent, je rencontre d'autres personnes, d'autres événements. Je rencontre un vieil ami que je n'avais pas vu depuis vingt ans ; un fleuriste est justement en train d'ouvrir son magasin, où j'aperçois des fleurs d'une espèce inconnue ; je marche sur une pelure d'orange qu'un passant qui m'a précédé a jetée à terre, et je me luxe le bras en tombant. Ainsi, cette minute perdue est semblable au minuscule tour de vis donné à une pièce d'artillerie qui tire sur des objectifs très lointains. En vérité, c'est une vue qui m'a déjà souvent épouvanté – surtout en cette époque de mauvaises rencontres, où l'on chemine dans un monde plein de dangers.

À titre de consolation, il faut se dire que s'il est vrai que la foule des hasards est innombrable et incalculable, toutes les constellations qu'ils peuvent former aboutissent sans doute au même résultat. Mesurée, non de point en point, mais à son terme, la somme des événements de la vie donne une grandeur constante, l'image du destin qui nous est imparti et qui, vu dans le temps, semble composé d'innombrables points contingents. Métaphysiquement parlant, de tels points n'existent pas plus dans notre carrière que dans la trajectoire d'une flèche.

Puis l'exploration théologique de ce labyrinthe par de hauts esprits, comme Boèce. Tant que nous suivons notre vocation, le hasard reste impuissant; la confiance en la Providence nous guide. Si nous perdons cette vertu, le hasard se libère et nous envahit comme des armées de microbes. D'où encore la prière comme régulateur, force qui rend invulnérable. Le hasard reste à l'état cristallisé, calculable.

Il y a des aspects du nihilisme qui dissolvent tout en hasard. C'est à cela que se rapporte la ridicule terreur qu'éprouve l'homme moderne en présence des microbes; elle se rencontre surtout dans les provinces les plus pauvres de la vie spirituelle et correspond au délire collectif de la sorcellerie et de la démonologie aux XVe et XVIe siècles. S'y rattachent également maintes abstractions de la physique moderne qui, en tant que *scienzia nuova*, libère les énergies du hasard, et à qui seule redonnera sa cohérence la reine des sciences – la théologie. Voilà pourquoi il importe tant que nos meilleurs esprits se consacrent à son étude, qui est entièrement tombée en décadence. Les bouche-trous n'y sont évidemment pas à leur place. Les rapports étroits du savoir et de la foi, qui caractérisent si clairement notre époque, nous amènent à souhaiter que tous ceux qui ambitionnent d'être promus maître, *magister*, soient au préalable reçus compagnons dans l'une des branches particulières de la science. Les esprits les plus hauts doivent embrasser l'ensemble ; c'est ainsi qu'ils prouvent leur rang.

Cette solution dissipera bien des sujets de discordes, comme la querelle de l'éducation laïque ou religieuse. À la condition que l'État s'en mêle d'une tout autre manière : ce pour quoi, une fois de plus, l'État-nation libéral n'est nullement qualifié. Ainsi, au point où en seront les choses dès demain, peut-être, en Russie comme en Europe, l'espoir subsiste que naissent des mondes spirituels, enfantement dont les douleurs ont déjà commencé pour nous. Alors se dissipera le cauchemar qui prive aujourd'hui tant d'êtres de la joie de vivre : la sourde sensation d'œuvrer dans l'absurde, dans les espaces de la destruction, du pur hasard. On comprendra aussi ce qui s'est passé dans ces dernières années, en Russie, en Italie, en Espagne et en Allemagne ; car il est des profondeurs de souffrance qui demeureront à jamais absurdes, si le fruit n'en rayonne. Et c'est là encore que réside l'immense responsabilité des survivants.

Paris, 9 mars 1944.

À midi, chez Florence. Vu le Dr Vernes, le grand spécialiste et adversaire de la syphilis. Nous avons parlé des honoraires que les clients payent au médecin ; il les disait tout aussi accessoires que la manière dont on paye la note des pompiers après un grand incendie. Il est curieux de constater à quel point, dans notre époque, l'image de la maladie se détache de l'individu – ici encore, la propriété s'abolit. Et l'on arrive aux mêmes résultats dans les systèmes capitaliste et bolcheviste. Ce fait m'avait déjà frappé en Norvège. Vernes m'a invité à venir mardi dans son laboratoire.

Parlé avec Jouhandeau, qui m'a conseillé de lire la correspondance de Michel-Ange avec son père. On y trouve, paraît-il, des conseils judicieux sur l'hygiène et l'art de vivre.

Paris, 11 mars 1944.

Mon *Travailleur* et les *Illusions de la technique* de Friedrich Georg sont comme le négatif et le positif d'une photographie – cette simultanéité de nos démarches indique une objectivité nouvelle, tandis que l'esprit étroit n'y verra que contradiction.

Pensé, au métro Concorde : combien de temps suivrai-je encore ces tubes et canaux, tracés au début de ce siècle par l'ingéniosité de cerveaux de techniciens ?

On ne peut guérir les maladies de ce genre que par amputation de la tête. Ainsi, à la Roquette.

Le chrétien du XXe siècle est plus près du physicien, du chimiste, du biologiste de grande classe que du chrétien du XIXe siècle.

Des livres qui n'en ont plus que le nom et sont, en fait, des machines spirituelles à transmuer l'homme. Le lecteur entre dans un cabinet empli de rayons cosmiques. Le livre achevé, il est devenu un autre homme. Et la lecture aussi devient autre – accompagnée par la conscience d'un grand danger.

Paris, 13 mars 1944.

Au courrier, une lettre de Speidel qui m'envoie en même temps un rapport confidentiel sur la percée d'Ouman, qu'il a dirigée, comme chef d'état-major – témoignage d'efforts humains, de souffrances humaines, de courage humain, qu'on ne saurait lire autrement qu'avec respect. Il fut décidé, avant l'opération, de brûler les véhicules et d'abandonner à leur destin quinze cents blessés avec leurs médecins et leurs infirmiers. Voilà bien des torts rachetés, bien des choses remises d'aplomb.

Paris, 14 mars 1944.

Dans l'après-midi, à l'institut du Dr Vernes. Je l'ai d'abord suivi au laboratoire et m'y suis longtemps entretenu avec un chercheur à barbe blanche, spécialiste du cancer ; il m'a montré avec beaucoup de bonhomie l'arbre généalogique de familles qui y étaient prédisposées. Les membres épargnés par le fléau étaient représentés par des cercles clairs ; en revanche, les malades ressortaient sur leurs rameaux comme des fleurs sombres. On eût dit une partition avec ses notes ; j'ai pensé à la puissante symphonie du destin qui, indéchiffrable, y est gravée.

« Voici l'oncle de cette femme atteinte d'un cancer au nez ; lui aussi était prédisposé, mais le mal n'a pas eu l'occasion de se déclarer. » Et il me montrait un fœtus dans son bocal d'alcool.

J'ai vu, en outre, les photos de deux vieilles sœurs jumelles chez qui, dans leur quatre-vingt-douzième année, le cancer au sein s'était déclaré simultanément. Ce qui frappe, dans une telle leçon de choses, c'est que notre science propose à l'esprit infiniment plus de matière à piété que n'ont jamais fait celles d'autrefois.

Puis je suis allé avec Vernes au dispensaire ; dans ses cellules, des médecins enregistraient et canalisaient schématiquement une foule de trois cents syphilitiques ; ensuite, dans les cabines de traitement, où l'on voyait des femmes relever leurs jupes et baisser leur culotte pour recevoir des piqûres dans la fesse, tandis que des docteurs en blouse blanche piquaient d'autres malades à la saignée du bras, pour leur injecter une dose de Salvarsan ou leur faire une prise de sang. Au bout de cette rangée de boxes, un lit, près duquel s'affairait une infirmière : son malade, un vieillard, venait de tomber en syncope sous l'effet d'une piqûre trop brutale.

L'ensemble ressemblait à un énorme distributeur automatique où les malades, selon leurs réactions, étaient aiguillés sur l'une ou l'autre des voies imaginées par le Dr Vernes. Il est l'inventeur d'une médecine purement mathématique et se trouve ainsi aux antipodes du Dr Parow, dont j'étais l'hôte en Norvège. Évidemment, leurs clients sont aussi très différents : les soins de Parow s'adressaient à des personnes libres, indépendantes, tandis que Vernes essaie de guérir les anonymes d'une ville gigantesque. Ce qui modifie la maladie ; l'un en voit le corps individualisé, l'autre le mycèle. Ainsi, pour Vernes, ce sont les facteurs extra-individuels, tels que les courbes des statistiques et les indications d'ordre sociologique, qui jouent le plus grand rôle. Parow, en revanche, parlait à peine de la syphilis, un pareil nom relevant, selon lui, de l'abstraction pure. Pour lui, chaque malade était différent des autres.

Cette nuit, rêvé de mondes nouveaux, nés d'une progression dans la voie que nous suivons déjà – j'étais dans un avion gigantesque, devant mon bureau, et j'observais le pilote qui, d'une seconde table, faisait démarrer la machine. Il était distrait et frôla deux ou trois fois les crêtes de montagnes que nous survolions, et seule l'impassibilité totale avec laquelle je le dévisageais et m'entretenais avec lui évita la catastrophe.

Paris, 15 mars 1944.

Le cours de ces années ressemble à une centrifugeuse dont la rotation écrémerait une élite d'esprits capables de concevoir, d'embrasser en eux plus d'espace. Ainsi se forme un petit cercle d'êtres à capacité européenne, voire mondiale.

Paris, 17 mars 1944.

La grippe persiste. Comme j'ai interrompu ma cure de sommeil, elle est devenue chronique. À midi, en compagnie de Heller et de Velut, à une terrasse des Champs-Élysées. Nous nous y sommes assis au chaud soleil du premier jour printanier et y avons trinqué avec du vin rouge. Velut s'occupe d'une traduction du *Travailleur*. Nous y avons parlé du mot « *style** », par lequel il pense rendre celui de « *Gestalt* ». Cela révèle déjà les difficultés de l'entreprise. Intelligence précise, positiviste.

Paris, 23 mars 1944.

La grippe s'en va peu à peu, la toux diminue, la température redevient normale. Je le constate au fait que l'écouteur reste sec, lorsque je téléphone.

Au courrier, une lettre de Kubin où il parle de ses dessins pour l'édition de *Myrdun* projetée par Benno Ziegler.

Hier, j'ai achevé de mettre au net mon journal de Sicile de 1929, que j'ai intitulé : *La Conque d'or*. Le texte en sort considérablement augmenté. Les notes brèves de tels carnets de voyage s'épanouissent ensuite, quand on les revoit, comme des fleurs de thé. Elles forment l'armature du souvenir.

Continué saint Paul. Épître aux Colossiens, 2, 17, un beau passage : « … Tout cela n'est que l'ombre des choses à venir. » Cette phrase contient la fleur suprême de la sagesse hellénique ; nous aussi, nous sommes des ombres que projette notre véritable corps. Il apparaîtra un jour.

Paris, 24 mars 1944.

Pris de nouveau le café chez Banine, que je n'avais pas vue depuis longtemps. Le beau paulownia de son jardin demeure encore plongé dans son sommeil hivernal. En revenant, je suis passé devant l'antiquaire que, la fois précédente, j'avais vu sommeiller parmi ses objets rares. J'entrerais bien dans le magasin, si je voyais dans la vitrine un objet qui m'en donnât l'occasion – mais, jusqu'à présent, il m'a manqué un appât suffisamment alléchant.

Continué à réfléchir sur la symétrie et son rapport avec le nécessaire. On devrait peut-être partir des atomes avant de passer aux molécules et au cristal. Quel est le rapport entre la symétrie et le sexe, et pourquoi, chez les plantes, les organes sexuels sont-ils ceux qui se distinguent particulièrement par leur structure symétrique ? Puis sur la symétrie du système nerveux et du système cérébral, ces réceptacles qui donnent à l'esprit sa forme. Et, d'un autre côté, toute symétrie ne relève peut-être que d'un ordre secondaire. Les Tibétains l'évitent dans leurs constructions, de peur qu'elle n'attire les démons.

Paris, 25 mars 1944.

J'ai commencé à revoir *L'Appel*.

Au courrier, une lettre de Rehm, qu'il signe : «Votre inoubliable Rehm». Il y décrit ses aventures à l'Est, et notamment deux blessures. Dès 1941, lors d'une alerte, dans une cage d'escalier obscure, à Magdebourg, il s'était cassé le bras ; l'automne dernier, il reçut un éclat d'obus. En outre, il s'est récemment blessé au poignet. Enfin, je me souviens d'une mésaventure analogue qu'il a subie sur le mur de l'Atlantique – et tout cela au même bras. On dirait parfois que les astrologues, lorsqu'ils prétendent reconnaître, dans notre horoscope, certaines régions du corps et certains organes particulièrement menacés, se réfèrent de la sorte à des relations bien fondées. Certes, il en existe d'autres explications, comme par exemple notre rythme de danse inné, qui nous fait commettre sans cesse le même *faux pas**. Mais l'horoscope reste, pour tout cela, la meilleure des figures clefs.

Paris, 27 mars 1944.

Continué saint Paul. Deuxième épître aux Thessaloniciens, 2, 11 :

« C'est pourquoi Dieu leur enverra des illusions si efficaces qu'ils croiront au mensonge ».

Hier, dimanche, à Saint-Rémy-lès-Chevreuse, en compagnie de la doctoresse qui travaille actuellement chez Vernes, à qui je l'avais recommandée. Déjeuner au restaurant de l'Yvette. Comme on y serait bien en temps de paix ! Nous n'avions pas eu jusqu'à présent de jour si chaud, si ensoleillé ; mais les arbres et les buissons brillaient encore dans la lumière, sans la moindre trace de verdure. Du haut des pentes, j'ai contemplé le vaste paysage au-dessus duquel des Anglais ou des Américains solitaires exécutaient à haute altitude leur vol d'après-midi dominical.

J'ai lu, ces jours-ci, *Les Mœurs curieuses des Chinois*, de Smith. Contient de bonnes observations. Puis, les lettres et les journaux intimes de Lord Byron et les poèmes d'Omar Khayyam : tulipes rouges jaillies de la terre meuble d'un cimetière.

Continué à réviser *L'Appel*. C'est juste : beaucoup de mes conceptions ont changé, surtout le jugement que je portais sur la guerre ainsi que sur le christianisme et sa durée. Toutefois, on ne sait jamais, lorsqu'on travaille dans ces anciennes sapes, si et quand l'on tombera sur des mines. Il faut voir aussi la césure de ce travail, semblable à celle que forme le col du sablier. Tant que les grains de sable se meuvent vers le point de plus grande densité, de plus grand frottement, ils n'ont pas la même tendance qu'après avoir franchi le col. La première phase est régie par la loi de la concentration, du défilé étroit, de la mobilisation totale, la deuxième par celle de l'accumulation finale et de l'expansion. Ce sont pourtant les mêmes atomes, et leur circulation engendre l'image.

Le soir, visite du lieutenant-colonel von Hofacker qui, en entrant, a décroché le récepteur du téléphone. Il fait partie des figures de notre groupe, que le personnel du Raphaël a distinguées en leur donnant des noms particuliers. Ils l'appellent « *l'aviateur** » tandis que Neuhaus est « *il Commandante* » et moi « *la croix bleue** ».

Bien qu'il eût décroché le récepteur, il ne semblait pas à son aise dans mon bureau où se sont pourtant tramés déjà tant de complots, et me pria de l'accompagner avenue Kléber pour qu'il pût me parler. Tandis que nous allions et venions entre le Trocadéro et l'Étoile, il me fit part d'un certain nombre de détails provenant de rapports d'hommes sûrs, qui travaillent pour les officiers généraux, dans les hautes sphères S.S. On y surveille avec une extrême méfiance l'entourage de Stülpnagel. Passent pour impénétrables et suspects, plus que tous autres, selon Hofacker, le pasteur Damrath et moi-même. Il me conseillait donc de quitter la ville pour quelque temps et d'aller dans le Midi, à Marseille, par exemple. Il voulait parler en ce sens au commandant en chef. Je me suis contenté de répondre que j'attendais une décision.

Ensuite, examen de la situation, au cours duquel il a mentionné une série de noms, en premier lieu celui de Goerdeler, dont on entend parler depuis des années dans toutes les «combinaisons» de ce genre, surtout lorsqu'on connaît Popitz et Jessen. Il est impossible que Schinderhannes [Heinrich Himmler] et Grandgoschier

[Joseph Gœbbels] ne soient pas au courant, quand on songe aux personnages mexicains qui, déguisés en généraux, écoutent les conversations au Raphaël et au Majestic.

La patrie serait actuellement en danger extrême. Il ne serait plus possible d'éviter la catastrophe, mais elle pourrait être atténuée et modifiée, car la défaite dans l'Est serait plus terrible que celle de l'Ouest, et liée sans doute à des massacres à grande échelle. Il faudrait, en conséquence, traiter avec l'Ouest, et ceci *avant* un débarquement ; on aurait déjà pris contact à Lisbonne. La condition serait que Kniébolo disparaisse, qu'on le fasse sauter à l'explosif. La meilleure occasion s'en présenterait au moment de la conférence au quartier général. Hofacker donnait des noms de son entourage immédiat.

Comme auparavant, dans des conjonctures du même genre, j'ai exprimé le scepticisme, la méfiance, et aussi l'aversion que m'inspire l'idée des attentats. Il me contredit :

« Tant que nous n'empêcherons pas cet individu de se précipiter sur un micro, cinq minutes lui suffiront, dans n'importe quel cas, pour retourner les masses. »

« Il faudrait précisément que vous soyez aussi plus forts au micro. Tant que cette puissance vous manquera, les attentats ne vous permettront pas de l'acquérir. Je crois qu'il est possible de créer une situation où il suffirait de procéder à son arrestation. Si Stülpnagel est d'accord, ce dont je ne doute pas, il faut que Rundstedt se mette aussi de la partie. Ce qui mettrait entre vos mains les émetteurs de l'Ouest. »

Ensuite, longues supputations sur le pour et le

contre, comme auparavant avec Schulenburg, Bogo et d'autres. Rien ne montre mieux l'importance extraordinaire que Kniébolo a su se donner que la mesure dans laquelle ses adversaires les plus acharnés dépendent, eux aussi, de lui. La grande partie se joue entre le *Demos* plébiscitaire et les restes de l'aristocratie. Quand Kniébolo tombera, l'hydre se fabriquera une nouvelle tête.

Paris, 29 mars 1944.

Mon anniversaire. Dans ma chambre, le président avait préparé une petite table avec des bougies. Parmi ceux qui m'ont présenté leurs vœux, Valentiner, venu de Chantilly. Continué saint Paul où, dans le passage que j'ai lu aujourd'hui, j'ai trouvé cette excellente sentence :
« De même l'athlète ne reçoit la couronne que s'il a lutté selon les règles. » (Deuxième épître à Timothée, 2, 5.)
À midi, au pavillon d'Armenonville. Les petits insectes vibraient déjà dans l'air. Ces bourdonnements cristallins du mois de mars m'ont paru, depuis toujours, chargés d'une atmosphère de fête et de mystère, comme s'ils ouvraient un nouvel espace au sentiment, une nouvelle dimension.
Le soir, chez Florence. C'est la troisième fois que je fête ce jour chez elle. Et de nouveau, comme la première fois, tandis que nous étions à table, les sirènes annoncèrent l'alerte. Le moral était bas, à la suite de nombreuses arrestations en ville. Jouhandeau a raconté

que, dans sa ville natale, les jeunes gens s'entretuaient « *pour des nuances** ».

« Seuls les soldats peuvent faire obstacle aux démocrates » – c'était encore juste en 1848, mais ne l'est plus de nos jours, même en Prusse. Dans notre paysage élémentaire, il faut plutôt s'en tenir à cette formule : un incendie de steppe ne peut être combattu que par un contre-feu. Les démocraties s'uniformisent à l'échelle mondiale. Pour cette raison, il n'existe plus qu'une guerre des peuples.

Mais si la caste guerrière pense en tirer profit, elle est victime d'une illusion d'optique. Les meilleurs esprits de l'état-major étaient non seulement contre l'occupation de la Rhénanie et des territoires limitrophes, mais encore contre le réarmement intensif en général. Le commandant en chef m'a donné, à ce sujet, des détails que tout historien futur trouvera incroyables. La situation pourrait être dépeinte par un paradoxe : la caste guerrière voudrait conserver la guerre, mais sous une forme archaïque. Aujourd'hui, elle est l'affaire du technicien.

C'est dans cette sphère que se situent les attaques des nouveaux détenteurs du pouvoir contre la vieille conception de l'honneur militaire et les restes de chevalerie. En étudiant les dossiers, je me suis parfois étonné de l'entêtement de Kniébolo à l'occasion de désaccords politiquement insignifiants, par exemple lorsque la vie d'une poignée d'innocents était en jeu. Jamais on ne pourra le comprendre, si l'on ne voit pas à l'arrière-plan cette volonté de détruire tout *nomos*, qui lui trace infailliblement sa voie. On pourrait exprimer cela de manière impartiale : il veut créer un autre niveau. Et comme il subsiste dans notre pays bien des traits médiévaux, la dénivellation est particulièrement forte.

D'un point de vue politique, l'homme est presque toujours un *mixtum compositum*. Une pluralité de temps et d'espaces prétend régir son être.

Ainsi, par ma lignée et par droit féodal, je suis guelfe, tandis que ma conception de l'État est prussienne. En même temps, je fais partie de la nation allemande, et, de culture, je suis Européen, voire citoyen du monde. En une période de conflit comme la nôtre, les rouages intérieurs semblent se mouvoir en sens contraire les uns des autres, et il est difficile pour l'observateur de voir ce que disent les aiguilles des cadrans. Si la grande chance nous était donnée d'accéder à des ordres supérieurs, tous les rouages tourneraient en harmonie. Les sacrifices aussi prendraient leur pleine signification, et c'est pourquoi nous avons le devoir de tendre vers le bien, non seulement pour parvenir au bonheur personnel, mais surtout pour des raisons liées au culte des morts.

Paris, 2 avril 1944.

Déjeuner d'adieu, à l'occasion du départ de Volckmar-Frentzel, l'éditeur de Leipzig qui reprend son métier au moment où ses livres, ses machines et ses bâtiments ont été détruits par les bombes. Parlé avec Damrath, le pasteur de l'église de Garnison, à

Potsdam. Le commandant en chef a répondu à Hofacker qu'il n'avait pas l'intention de renoncer à notre compagnie. Damrath a cité la devise qu'il a fait graver sur le gros bourdon de Potsdam. Il a choisi un passage des lettres de Frédéric-Guillaume Ier à Léopold von Dessau :

« Si je n'édifiais que le pays, sans changer les hommes en chrétiens, cela ne me servirait à rien. Celui qui n'est pas fidèle à Dieu ne sera pas fidèle à un simple humain comme moi. »

On pourrait mettre tout à côté un mot de Léon Bloy :

« *Il n'y a plus de serviteurs dans une société qui ne reconnaît plus Dieu pour maître**. »

Dans la soirée, départ pour Kirchhorst, où je passerai quelques jours de permission, afin de régler l'affaire d'Ernstel. J'espère bien le voir à Wilhelmshaven où il est toujours détenu, son affaire restant en suspens. Il faut pourtant qu'il retrouve la liberté avant le désastre.

Dans le train, 3 avril 1944.

Le train a subi un grand retard en raison des attaques quotidiennes sur les voies et les gares. Lu les journaux intimes de Byron et *Les Mœurs curieuses des Chinois*.

Près de la vitre, deux jeunes officiers des divisions blindées ; l'un d'eux a un visage décidément sympathique. Pourtant, voici déjà une heure qu'ils parlent de meurtres. L'un voulait, avec ses camarades, faire disparaître au fond d'un lac un habitant soupçonné d'espionnage ; l'autre est d'avis qu'après chaque attentat contre nos troupes, il faudrait coller au mur cinquante Français. « On en aurait vite fini. »

Je me demande comment cette mentalité de cannibales, cette absolue méchanceté, ce manque de cœur
envers d'autres êtres a pu se répandre aussi vite, et par
quoi s'explique cette négroïsation rapide et généralisée. Que ces jeunes gens ne subissent plus l'influence
d'aucun reste de la morale chrétienne est encore facile
à concevoir, mais l'on aurait pu s'attendre à les voir
garder dans leur sang le sens de la vie chevaleresque
et de l'honneur des armes, ou encore la droiture de
l'ancien Germain et son sens de la justice. Car en eux-
mêmes, ils ne sont pas si mauvais, et leur brève existence engendre des sacrifices volontaires qui forcent
l'admiration. On souhaiterait pouvoir leur appliquer
non seulement le qualificatif incontestable de « sans
peur », mais aussi celui de « sans reproche », l'un ne
prenant de valeur que par l'autre.

En face de moi, un lieutenant parachutiste, avec un
livre. Il tourne tranquillement les pages, s'interrompant de temps à autre et regardant devant lui comme
un homme qui réfléchit. Puis, il poursuit sa lecture,
pour sourire soudain, lorsqu'il arrive à un passage gai.
« Le lecteur » – c'est un grand thème, une importante
manifestation de l'humanité spirituelle.

Dans l'après-midi, à Aix-la-Chapelle ; ensuite, passé
par Cologne et par toute la série des villes incendiées
de l'Allemagne de l'Ouest. Horrible de sentir comme
on s'habitue vite à ce spectacle.

« La ville sera élevée en gloire par la bénédiction
des justes, et elle sera renversée par la bouche des

méchants. » Proverbes, 11, 11. Voilà une sentence pour les fondations futures, les nouvelles portes de ville.

Kirchhorst, 4 avril 1944.

Rangé des écrits et des livres et jeté un coup d'œil dans le *Don Juan* de Byron.

Mes compatriotes de Basse-Saxe. Leur flegme imperturbable, l'un des meilleurs traits de leur caractère ; je viens d'en trouver un beau témoignage dans une chronique de Hildesheim. Le 1er août 1524, un incendie éclata dans la ville neuve, détruisant un grand nombre de maisons et atteignant finalement le haut de la poudrière. Le plomb de la toiture se mit à fondre et à dégoutter. L'architecte de la ville, Oldekopp, dirigeait, sur cette tour, la lutte contre l'incendie. Il avait près de lui son fils Johannes. Le père le pria, à plusieurs reprises, de quitter les lieux, et finit par lui dire : « L'*un* de nous deux est de trop ici. Sais-tu pas que nous avons bien vingt tonnes de poudre sous les pieds ? » Alors seulement le jeune Oldekopp quitta l'endroit dangereux.

Kirchhorst, 5 avril 1944.

Avec Alexander, dans le marais d'Oldhorst, pour y observer la fourmilière que j'y avais découverte l'hiver dernier. La réalisation d'un tel projet a toujours quelque chose d'agréable : c'est une maille de nouée dans le réseau de l'existence. Chez ces bestioles, l'animation était déjà grande. J'ai trouvé, parmi leurs hôtes, une espèce qui m'était inconnue : le *Myrmecoxenus subterraneus*, déjà décrit en 1835 par Chevrolat, autrefois agent des contributions à Paris.

En y allant, nous nous sommes réfugiés dans un hangar, parce qu'on avait ouvert le feu sur des bombardiers américains qui nous survolaient et, au retour, nous avons été surpris par la pluie. Parlé de l'aventure de Don Quichotte avec les moulins à foulon, et de la fée Péri Banou dans *Les Mille et Une Nuits*.

Dans le jardin, les lis commencent à montrer leur tête, et l'*Eremurus* s'annonce par six pousses vigoureuses. Les crocus que j'avais plantés avant la guerre, avec Friedrich Georg, brillent de tous côtés dans le gazon sauvage – d'un pur jaune d'or, d'un bleu profond, ou blancs sur une base d'améthyste d'où rayonnent des veines qui enchâssent le calice comme des agrafes une coupe d'argent. La fraîcheur de ces teintes réconforte : ce sont des couleurs initiales. Sous la forme de ces petits oignons brunâtres, j'ai enterré là des trésors qui, parfois, remontent à la surface, comme dans les contes. Le règne végétal contient toute la métaphysique enclose ; et il n'existe pas de meilleur cours sur les choses invisibles qui deviennent visibles que l'année du jardinier.

Le pollen doré, laissé en traînées par les bourdons sur le fond bleu du calice.

Le soir, feuilleté d'anciens journaux intimes que Perpétua avait empaquetés dans une valise spéciale. Je vois qu'il me faut toujours attendre quelques années avant de me remettre à de telles notes. Entre-temps, certains passages se fanent et d'autres continuent de mûrir.

Lu ensuite quelques pages de l'*Exhortation au martyre*, d'Origène. Au paragraphe 46, il nous avertit de ne pas invoquer Dieu sous d'autres noms que celui qui lui convient – et, par exemple, de ne pas l'appeler Jupiter. Car certains sons, certaines syllabes pourraient attirer comme des tourbillons ceux dont on prononce ainsi les noms. Noté cela pour l'essai sur les voyelles.

Kirchhorst, 7 avril 1944.

L'après-midi, à la prairie où, en compagnie d'Alexander, j'ai déterré des acacias sauvages. Deux formations américaines nous ont survolés en plein jour durant ce travail. Au-dessus de la ville, la DCA ouvrit sur elles un feu intense et, peu après, nous vîmes un appareil rebrousser chemin, traînant à son aile droite un long panache de fumée. Du fond de la cuvette, un feu ininterrompu l'accompagna, et cessa quand son destin sembla réglé. L'appareil piqua du nez, décrivit une trajectoire au-dessus de nous, tandis que trois parachutes s'en détachaient. Puis, privé de pilote, il dessina une vaste spirale et devint énorme en s'approchant du sol. Nous pensions qu'il allait s'abattre à proximité de la maison, mais il plana vers la forêt de Lohne, où, sitôt qu'il eut disparu, une mer de flammes, couleur de cuivre sombre, monta par-dessus les cimes, pour se changer rapidement en un mur de fumée. Qui, dans ce paisible village, eût jamais cru voir de tels spectacles?

Après le vide célèbre du champ de bataille, nous entrons dans un théâtre d'opérations guerrières où les événements sont visibles de loin. Des centaines de milliers, voire des millions d'hommes participent souvent, en spectateurs, aux grandes batailles aériennes.

Continué *Don Juan*. Au troisième chant, à partir de la stance LXI, exemple d'un opulent festin en vue duquel ont rivalisé sensualité et intelligence.

Kirchhorst, 9 avril 1944.

Songé aux quantités énormes de livres détruits par les bombardements. Les livres anciens vont se raréfier ; leur réimpression exigera des programmes intelligents. De même qu'on commence, dans un terrain totalement dévasté, par tracer un chemin sur lequel on se repère, il faudrait tout d'abord restaurer ce que la théologie, la littérature mondiale, la philosophie et les diverses disciplines comportent de classique, au moyen d'une série de bonnes éditions. Puis on pourrait descendre jusqu'aux auteurs de troisième et quatrième ordre, et aussi jusqu'aux esprits bizarres, et ordonner ces rameaux secondaires suivant un plan comportant de moindres tirages. Cela aurait même ses avantages – comme celui de ramener radicalement les esprits à l'essentiel.

Évidemment, les revues seront difficiles à remplacer – mais peut-être pourrait-on en éditer des fac-similés à l'intention des bibliothèques. D'une manière générale, l'allure collective de l'existence entraînera un vaste développement des bibliothèques publiques.

Kirchhorst, 13 avril 1944.

Retour de la côte, où je m'étais rendu avec Perpétua, pour l'affaire d'Ernstel. Nous étions partis le lundi de Pâques. Même le dimanche de Pâques, nous avions été survolés à de nombreuses reprises, avec déclenchement d'alertes aériennes, de « Vollala », comme dit le petit Pierre, un gamin de trois ans réfugié ici. Avant le départ, j'avais jeté un dernier regard dans les calices bleus des crocus, au fond desquels le safran déposé par les abeilles était tombé en poudre d'or. Ce sont là de puissants viatiques.

Bien des raisons rendent en ce moment les voyages difficiles, mais les aviateurs sont, de tous les fléaux, le pire. Nous avons traversé Oldenbourg une heure après un bombardement pour être accueillis à Wilhelmshaven, sitôt sortis du train, par le hurlement des sirènes. Nous avions fait, dans le wagon, la connaissance de deux officiers, dont l'un, Emmel, comme adjoint du commandant, avait été de lui-même voir Ernstel dans sa cellule. Sans nous soucier de l'alerte, nous sommes descendus aussitôt à l'hôtel. Après y avoir pris notre repas, nous avons encore rendu visite au doyen Ronneberger, dans son appartement à moitié détruit.

Le lendemain, alors que nous attendions le tramway devant l'hôtel, nouvelle alerte. Nous partîmes à pied, chargés de paquets pour Ernstel, dans les rues qui se vidaient peu à peu. Nous finîmes par entrer dans l'une des tours-abris bétonnés. On s'y serait cru dans un cercle spécial de l'enfer, que Dante eût oublié dans sa visite. L'intérieur d'une telle tour ressemble à la coquille d'un escargot ; autour d'un pilier central s'élève en pente douce un passage en spirale, bordé d'innombrables bancs. Une grande partie de la population s'y entasse dans un espace extrêmement restreint, en attendant ce qui va se passer. La coquille était remplie d'un plasma humain, qui suait une peur sourde. En montant, je regardais les visages dans la pénombre, creusés de fatigue. Les habitants de ces villes passent tapis dans ces tours mornes une partie considérable de leurs jours, et aussi de leurs nuits. Comme dans toutes les installations de ce genre, on trouve ici le côté végétatif du rêve étroitement associé à des actes mécaniques. J'entendais le bourdonnement des ventilateurs, tandis qu'une voix, de temps à autre, criait : « Économisez l'oxygène. »

Ayant considéré cette spirale, dont la vue provoquait un malaise plus grand que la pensée des bombes, nous ressortîmes et nous assîmes dans un jardin tombé à l'abandon au milieu des ruines. La DCA tirait encore quelque peu, mais bientôt les sirènes annoncèrent la fin de l'alerte.

À la maison d'arrêt. Un adjudant amena mon fils dans la salle où nous l'attendions. Il avait l'air pâle et affaibli. Son menton ressortait, sillonné de petites rides. Ses yeux s'enfonçaient dans leurs orbites ; ils avaient perdu leur vivacité enfantine ; une expérience précoce s'y lisait. Mais son maintien était digne, à la fois modeste et fort. Lorsque je le vis assis en face de moi, dans sa petite veste de marin, je me rappelai avec quelle ardeur, enfant, il aspirait aux lauriers de la guerre, et comme il ne désirait rien tant que de faire ses preuves dans quelque bataille. Il voulait se montrer digne de son père – et c'est ce qui l'attira vers l'endroit le plus dangereux : «Comme tu l'as bien trouvé, mon petit, pensais-je, et quelle chance que je puisse, même en père, te comprendre.» Car la guerre, pour autant qu'elle se joue entre nations, ne présente aux regards qu'un décor grossier – la lutte se livre autour d'autres enjeux, plus risqués. Et j'avais bien fait, me semblait-il, de mettre, pour entrer dans cette pauvre cellule, mes plus hautes décorations de l'autre guerre. Nous avons encore connu un éclat auquel ces jeunes gens n'auront plus part, et leur mérite en est d'autant plus grand.

Le lendemain, nous sommes allés à Cuxhaven, afin de voir l'amiral Scheuerlen, qui commande toute la côte nord, à l'embouchure de la Weser, et doit en dernière instance juger Ernstel. Nous avons trouvé en lui le meilleur des hommes. D'ailleurs, lorsqu'on est impliqué dans une telle affaire, on apprend vite à discerner quels sont les deux véritables fronts de ce grand conflit. Et l'on reconnaît dès la première réplique si celui que l'on rencontre est homme ou machine.

Kirchhorst, 17 avril 1944.

Au cours de ce dernier jour de permission, j'ai encore planté des petits pois en y joignant mes meilleurs vœux pour Ernstel. Aujourd'hui, on sème sans savoir qui récoltera les fruits.

Coupé du cerfeuil – cette herbe est à la soupe ce que l'aspérule odorante est au vin. À l'état sauvage, elle pousse en abondance sous le vieux tilleul et Alexander m'a aidé à la cueillir. J'ai joué l'inquiétude, prétendant qu'il risquait en même temps de récolter de la ciguë, et une conversation s'engagea sur la coupe de Socrate dont il fit ainsi, pour la première fois, connaissance.

J'avais rapporté les graines de France. De forme et de couleur, elles sont en partie différentes de celles d'ici – nous verrons bien comment elles y poussent.

Dans le train, 18 avril 1944.

Cette nuit, au Japon, où je me conduisais d'une manière déplacée vis-à-vis d'étrangers et de choses étrangères. Je prenais pour un escalier le tréteau où étaient étalées les marchandises d'une boutique et je montais dessus, en causant des dommages. Les Japonais me regardaient faire, avec une attention mêlée de politesse et de dégoût.

Puis dans une pièce où je trouvais des hommes et des femmes allongés sur un divan, ivres d'éther. L'un de ces personnages s'avança vers moi en vacillant, brandissant une lourde cruche pour m'en asséner un coup. Comme je voyais à son ivresse qu'il allait me manquer, je m'efforçais de rester absolument immobile – – – «car sans cela, à la fin, il m'atteindrait par erreur».

Dans l'après-midi, le général Loehning m'a fait chercher et conduire à la gare où je suis monté dans le train de Paris, sous un ciel moucheté par les nuages des shrapnells.

À propos des voyelles. Dans une édition remaniée de cet essai, il faudrait indiquer, comme preuve que la teinte sonore des mots n'est pas fortuite, le fait que voici : lorsque des objets nouveaux se présentent dans notre champ visuel, plusieurs mots nous viennent, la plupart du temps, pour les nommer. L'esprit de la langue choisit alors le plus adéquat et le fait entrer dans l'usage, et il préférera souvent la répartition des sons à la signification logique. C'est pour cette raison qu'*Auto* a plus de force que *Kraftwagen*.

Paris, 21 avril 1944.

Dans la nuit, passage de nombreux bombardiers, tirs de DCA, bombes dans le XVIIIe arrondissement et à Saint-Denis. Les locataires du Raphaël sont descendus pour la première fois dans l'abri, comme je l'ai appris ce matin. Une sorte de léthargie m'avait retenu au lit. On parle de centaines de morts.

Déjeuné chez les Schnitzler, qui partent ce soir.

Paris, 22 avril 1944.

Lu le journal d'un certain lieutenant Salewski, où il décrit les jours qu'il a passés lors de l'encerclement d'Ouman. C'est Horst Grüninger qui m'a envoyé le manuscrit. J'en ai parlé aussi au général Speidel, devenu chef d'état-major chez Rommel et que je n'ai revu qu'avant-hier. La description de Salewski est claire et dépouillée, elle a la froideur d'un métal en fusion qui s'est figé ensuite en un dur miroir, en accord avec l'atmosphère qui règne dans un poste perdu. J'y ai retrouvé des idées familières, mais comme surgies de semences qui auraient volé par-dessus le mur d'un jardin pour tomber sur du sable quartzeux et y pousser avec une extrême parcimonie. Tout cela est instructif, car l'encerclement est l'image la plus pure de notre situation ; j'en avais déjà conscience avant le début de cette guerre. Des images figuratives nous l'annonçaient ; par exemple, le destin des Juifs.

Cet après-midi, chez Heller : j'y examinai le tableau que le Dr Göpel m'a offert pour mon anniversaire. En m'y rendant, j'ai trouvé la place des Invalides barrée ; une batterie de grosses pièces de DCA, des pyramides de munitions et des petites tentes coniques, pour les servants, se dressaient au milieu d'elle. Ce spectacle avait quelque chose de sinistre – surtout à cause de la présence des tentes au cœur d'une ville immense qui, de ce fait, semblait déjà changée en désert, déjà morte.

Je me tiens à la tête d'un pont qu'on lance au-dessus d'un fleuve obscur. Sur cette arche avancée, l'existence devient chaque jour plus intenable, plus menacée de chute, à moins que, de l'autre bord, comme un reflet, ne vienne à sa rencontre son complément, son achèvement. Mais un brouillard épais recouvre la rive opposée – et il est bien rare que sortent de ces ténèbres des lumières et des sons indistincts. Telle est la situation théologique, psychologique, politique.

Paris, 23 avril 1944.

Excursion dans les Trois Vallées. Pour se faire une idée de la force du peuple, il faut voir aussi la population des grandes routes, non pas seulement celle des boulevards.

> *Dans les forêts lointaines*
> *On entend le coucou*.*

Paris, 29 avril 1944.

J'ai passé la soirée d'hier et une grande partie de la nuit avec le commandant en chef, qui m'a rendu visite dans mon Malpertuis en compagnie du colonel Ahrends, de Baumgart, et du professeur de mathématiques Walther. Le goût du général pour les mathématiques nous a entraînés d'abord dans une longue conversation sur les nombres premiers ; elle porta ensuite sur des problèmes de balistique et d'essais de fusée, puis passa nécessairement aux événements militaires et politiques qui se dessinent pour le proche avenir. Après que Walther, qui n'était que de passage et voulait prendre le train de nuit, se fut retiré, j'ai passé un moment en tête-à-tête avec le général. Il m'a exposé son analyse de la situation et en particulier du caractère de Rundstedt ; ce serait de sa faute si, depuis si depuis longtemps, à l'Ouest, on n'arrive pas à tirer les choses au clair, à faire tomber les masques.

Lorsqu'on connaît Stülpnagel, Popitz et Jessen,

Schulenburg et Hofacker, on a une image de la fronde au sein de l'État totalitaire. On voit alors aussi que c'est l'élément moral et non politique qui presse la décision. Mais dans l'action, c'est le plus faible des deux ; aussi, cette situation ne pourrait prendre une tournure positive que s'il se manifestait un Sylla, ou ne fût-ce même qu'un simple général issu du peuple.

Des miroirs, et des étranges changements qu'ils apportent à la physionomie des hommes. Lorsque notre regard glisse et aperçoit dans un miroir nos interlocuteurs, ceux-ci se présentent à nous sous des traits tout nouveaux. Leurs ancêtres, par exemple, ont pu avoir cette apparence ; ou bien des significations spirituelles, latentes en eux, s'éclairent soudain. L'effet est particulièrement frappant lorsque la surface du miroir paraît bouger, onduler, comme hier, à cause de la fumée des cigares déposés sur une console. Les miroirs dévoilent. Et pensons aussi au changement qui s'opère sur le visage des morts : nous les voyons sous la lumière qui tombe d'un miroir obscur.

Reçu dans la matinée la visite de deux jeunes Flamands, Claes et Willems. Nous avons parlé de l'Allemagne et de la France dont ils voyaient, à cause de leur position *à cheval**, les rapports réciproques avec plus d'objectivité. Parlé de la situation, des Maurétaniens, des deux littératures et surtout de Léautaud, dont je lis actuellement le *Passe-Temps*.

J'ai observé, depuis un grand nombre d'années, que ma capacité à m'exprimer dépend du niveau spirituel de mes interlocuteurs. Comme si la roue de l'entretien roulait sur un sol plus ou moins lisse – donc, avec plus ou moins d'assurance et de facilité. Le curieux, pourtant, c'est qu'à ma première rencontre avec des inconnus, je n'ai pas besoin d'attendre qu'ils aient ouvert la bouche – sans doute parce que l'homme possède également une *aura*, un parfum spirituel.

Paris, 30 avril 1944.

Première visite chez Speidel, devenu chef d'état-major de Rommel, donc l'homme qui, sans doute, possède la meilleure vue d'ensemble de la situation à l'Ouest. Le quartier général se trouve à La Roche-Guyon, dans un château des La Rochefoucauld. Je m'y suis brièvement entretenu avec le duc et la duchesse, surtout de mon séjour à Montmirail.

Le paysage, tout autour de La Roche-Guyon, avec ses grandes cavernes et ses falaises qui s'élèvent de la vallée de la Seine comme des tuyaux d'orgue, tient du labyrinthe et de l'énigme. En ce sens, il offre un substrat propice aux événements historiques qui s'y sont produits périodiquement, depuis l'époque des Normands, et même plus tôt. Il attire l'histoire et en colore la trame.

Les pentes étaient couronnées de batteries de DCA ; dans la vallée stationnait une formation blindée, destinée à la protection personnelle du commandant en chef, et sans doute présente aussi pour des raisons politiques. La peine infinie, l'infini tourment de la guerre prennent dans ces zones l'allure d'une plus grande aisance ; on est plus proche du centre autour duquel se meut le terrible poids de la roue. Je veux, avec cette image, m'en tenir à la sphère technique, aux coordonnées générales de la violence et de ses sièges plus ou moins intellectuels, à la Maurétanie. Il y règne une certaine bonne humeur, celle dont se parait Sylla, sans doute, lorsqu'il assiégeait Athènes.

Paris, 1er mai 1944.

Fête du muguet ; Speidel m'a envoyé un courrier qui est venu chercher le manuscrit de *L'Appel* pour Rommel qui veut le lire. Je ne l'ai lâché qu'à contre-cœur.

Déjeuner avec Abel Bonnard, chez Drouant. J'apprécie toujours l'ordre et la précision de ses idées, son esprit à la fois voltairien et agile comme un chat, qui s'élance prestement vers les êtres et les choses, les retourne comme en se jouant, et les égratigne cruellement. J'ai saisi l'occasion pour lui apprendre que Léautaud, peut-être le dernier des classiques, vit ici, en banlieue, dans une situation précaire, presque sans soutien et très âgé. Bonnard en a pris note avec empressement et m'a prié de lui donner d'autres détails. Certes, Léautaud est un cynique, satisfait de son fauteuil et de la société de ses chats, et par qui l'on risque de se faire éconduire grossièrement. Il faut de surcroît tenir compte de la malencontreuse situation politique, qui jette un éclairage suspect sur chaque action humaine.

Dans l'après-midi, une fois de plus, à Vincennes en compagnie de la doctoresse. Nous avons un peu pris le soleil sur le gazon, au bord du chemin qui fait le tour du fort. Sur ses bastions, des soldats à demi nus plaisantaient et observaient les Parisiens endimanchés, semblables à des légionnaires romains postés dans la citadelle d'une ville conquise.

Au Bois ; les scilles y poussaient par milliers. Les ruisseaux, d'un vert-gris trouble, grouillaient de têtards ; quelques-uns étendaient déjà leurs minuscules pattes de derrière. Quelle est donc la raison de cette différence temporelle dans le développement des deux paires de pattes, car enfin, elles dépendent l'une de l'autre ? La vieille école nous renverrait à la modification des nageoires – mais voilà justement le fait qui rend merveilleuse cette anticipation des formes à venir. On voit le démiurge à l'œuvre sur la matière vivante, motif après motif. Des enfants, pieds nus, pêchaient les bestioles et les emprisonnaient dans des flaques, qu'ils avaient entourées de murs de vase.

De nouveau au fort – au moment même où le survolaient deux formations américaines ; un canon ouvrait le feu du haut des remparts. Les images de mort et les terreurs se mêlent, en un jeu de correspondances oniriques, à la vie quotidienne et à ses joies – pareilles à ces jardins de corail, dans l'ombre irisée desquels on découvre des tentacules et des gueules de monstres.

Paris, 2 mai 1944.

À midi, au pont de Neuilly, du haut duquel j'ai longtemps regardé l'eau. Près de la rive plate, un grand banc de minuscules poissons, qui tantôt s'élargissait et

tantôt se resserrait, par une sorte de mouvement res-
piratoire, et semblait en même temps tourner autour
d'un point central. La hauteur rendait malaisée la
perception de ce phénomène, car le dos de ces alevins
se distinguait à peine de la couleur de l'eau. Mais parfois étincelait au-dessus de ce grouillement anonyme
comme un éclair d'argent, qui décrivait un cercle
de lumière. Cela venait de ce que l'un des poissons,
contraint par la tension du groupe à évoluer plus haut,
tournoyait à la surface de l'eau comme une minuscule
nacelle – couché sur le côté, de sorte que son flanc
clair luisait au soleil de midi.

J'ai longtemps regardé s'allumer les points d'argent
qui jaillissaient de la masse sombre avant d'y replon-
ger, une fois tracée leur frétillante figure. Que sont ces
signaux, et conçus pour quelle vision ?

J'ai longtemps regardé – ce qui, chez nous, s'appelle
gloire, se révélait ici, dans l'image la plus simple.
Aucun de ses éléments ne manquait – ni l'afflux de
la masse anonyme, ni sa pulsation, son rythme, sa
tension qui se décharge ensuite dans cet élan supérieur
de l'individu qui s'en détache avant d'être projeté en
pleine lumière. C'est ainsi que brillent les héros, les
combattants individuels, dans la masse des guerriers
et les armées grises ; ou que le soliste se distingue du
ballet par des parures plus belles, et que monte du
concert des chœurs la voix des grands chanteurs.

Quelle profondeur, quelle simplicité dans ce qui
vit en nous, aiguise nos sens, fait battre nos cœurs
– berceau des ondes, souvenir des nageoires, des ailes,
des corps de dragons, des cadrans solaires et sidéraux
de l'univers, grand pays d'enfance et de rêve qu'est

la Genèse. Et au-dessus de nous, les ponts de marbre d'où, à hauteur d'arc-en-ciel, le spectacle prend un sens.

Paris, 3 mai 1944.

À l'heure du repas, cimetière des chiens, installé sur l'une des petites îles de la Seine, près de la porte de Levallois. À l'entrée, un monument élevé au saint-bernard Barry, qui sauva la vie à plus de quarante voyageurs égarés dans la neige. Il est à l'antipode de Beçerillo, le grand braque qui mit en pièces des centaines d'Indiens nus. L'homme se reflète avec ses vertus et ses vices dans les animaux qu'il élève. Cet endroit me rappela les jours de mon enfance, et les cimetières de nos jeux, où nous enterrions des insectes et des oiselets.

Continué l'Épître aux Hébreux; c'est de son propre bois, sans aucune greffe, que l'arbre judaïque produit ici des fleurs plus hautes. Excellent ce qu'on y lit et y devine entre les lignes sur la sublimation du sacrifice.

On pourrait poser l'équation progressive suivante : Caïn / Abraham / Christ : Abel / Isaac / Jésus.

C'est l'ordre dans lequel se suivent les prêtres et les victimes immolées. Chacun de ces couples instaure une nouvelle forme de la société, du droit, de la religion.

Paris, 4 mai 1944.

Chez Florence, où j'ai rencontré, outre le Dr Vernes et Jouhandeau, Léautaud, apparu dans un costume à la mode de 1910, avec une longue et mince cravate nouée comme un lacet de soulier. En tant qu'auteur, il est resté dans la ligne droite, sans fléchissement romantique ; il dit beaucoup moins de choses inutiles que tous ceux de ses confrères que j'ai observés jusqu'à présent.

Entretien sur le *Mercure de France*, puis sur le langage et le style. Léautaud hait les images, les comparaisons, les détours. L'auteur doit exprimer sa pensée avec une précision et une économie parfaites. Il ne doit pas non plus s'attarder par un souci de rythme et de perfectionnisme. *« J'aime plutôt une répétition qu'une préciosité**. » Si l'on veut dire qu'il pleut, qu'on écrive : « Il pleut ». À Paulhan, lui objectant qu'on pourrait aussi bien en charger un employé : *« Alors, vivent les employés**. »

Il est d'avis qu'on peut exprimer très exactement ce qu'on veut avec les mots, et qu'en possédant parfaitement sa langue, on arrive à éviter la moindre déperdition entre la pensée et l'expression. Ceci n'est valable évidemment que pour les non-métaphysiciens. Du reste, il ne reconnaît qu'eux seuls.

Ce qui m'attire surtout en lui, c'est l'homme qui sait absolument et clairement ce qu'il veut, chose aujourd'hui bien plus rare qu'on ne pense.

Comme je disais que Victor Hugo était parmi les auteurs que j'ai toujours négligés : *« Vous pouvez continuer**. »

Paris, 5 mai 1944.

Sur le symbolisme de la mer. En Touraine, quand un jeune ménage attend un enfant et désire une fille, il est d'usage que la future mère porte au cou un collier de coquillages fossiles. Cela pourrait servir de note au bel article de Mircea Eliade que j'ai lu dans *Zalmoxis*.

Style : « Là s'est retirée la reine Hortense, après avoir siégé sur un trône et abreuvé tous les outrages de la calomnie. » Extrait d'une traduction des *Faits mémorables* de Chateaubriand.

La lecture d'une telle phrase vous donne mal au cœur, comme un cahot qui vous fait dérailler de la bonne direction.

Paris, 7 mai 1944.

Le soir, à l'étang de Suresnes, pour observer la vie sur les érables en fleur. Comme d'ordinaire, à présent, des formations ont survolé la banlieue, éveillant par places des tirs de DCA. Ces bruits et ces images se mêlent à la trame de la vie quotidienne.

L'arbre de Judée, et la note singulière qu'il donne au printemps. Son rose tire sur le rouge corail et semble plus décidé que celui du pêcher, de l'épine rouge et du marronnier à fleurs roses. Il est aussi plus animal.

Paris, 8 mai 1944.

Pendant la nuit, rêvé de trilobites ; j'en faisais l'emplette à l'Institut du minéralogiste de Leipzig, Rinne, d'après un catalogue, et, dans le cas des exemplaires manquants, j'emportais des moulages extrêmement soignés, en partie d'or pur et en partie de cire à cacheter rouge. Comme tous mes rêves paléontologiques, celui-ci était d'une netteté remarquable.

Dans la matinée, j'ai reçu la visite de Clemens Podewils qui avait accompagné le maréchal Rommel, ces jours derniers, dans l'une de ses tournées d'inspection le long de la côte atlantique. Cette volonté de voir, autant que possible, tous les combattants avant l'action est dans l'esprit de l'Antiquité. Le maréchal veut interdire l'accès de la côte : « Il faut que l'adversaire périsse sur l'eau. » De là vient qu'il masse les réserves.

Le débarquement occupe tous les esprits ; le commandement allemand tout comme les Français croient qu'il aura lieu ces jours-ci. Mais ce débarquement, quels avantages apportera-t-il aux Anglais ? Ne sont-ils pas comme un croupier de roulette, qui tire des vicissitudes de la guerre à l'Est ses profits assurés ? Pour quelle raison mettraient-ils brusquement fin à une situation aussi favorable ? Mais, sans parler de la volonté des Américains, les raisons pourraient en être multiples : les Russes pourraient devenir trop forts, ou trop faibles. Ils pourraient menacer d'entrer en pourparlers. Cependant, la seule existence de

Kniébolo exclut cette hypothèse : tant qu'il restera à l'œuvre, il servira de ciment à toute coalition dirigée contre l'Allemagne. Il appartient à cette catégorie de gens qui, pour citer Goethe, « soulèvent contre eux l'univers ».

La situation de l'Allemagne n'est pas encore désespérée – mais quel dégoût d'assister à ce spectacle.

Paris, 10 mai 1944.

Pendant la nuit, raids aériens et violentes canonnades. Des agents de renseignements avaient annoncé que le débarquement commencerait à quatre heures du matin.

Terminé *Passe-Temps*, de Léautaud. Les auteurs diffèrent entre eux, comme diffèrent les poissons, les oiseaux, les insectes. Ce que l'on souhaite voir et goûter en eux, c'est la parfaite maîtrise de l'élément qui leur est propre. Tel est le cas de Léautaud. Parmi les Français, il s'apparente à Chamfort ; parmi les Allemands, à Lichtenberg. Je note cette citation :

« *Être grave dans sa jeunesse, cela se paie, souvent, par une nouvelle jeunesse dans l'âge mûr*.* »

Lire Léautaud après Rousseau, c'est apprendre comment servir au public des confessions toutes sèches. Il est vrai qu'on s'expose ainsi aux dangers du cynisme. À ce point de vue, le livre est une vraie mine.

Ensuite : *Manuel des partisans*, troisième édition (1942), un recueil d'instructions russe. Au chapitre « Reconnaissances », cette phrase : « Les cadavres ennemis devront être *camouflés*», manière ingénieuse de dire « enterrer ».

Paris, 12 mai 1944.

Dans l'avenue Van-Dyck, discussion ennuyeuse sur la situation. Mais par chance, un grand marronnier rose fleurissait en face des fenêtres. J'ai pu, au soleil de midi, repérer cet arbre pour la première fois. Les fleurs semblent se décolorer légèrement lorsqu'elles se trouvent sous une lumière défavorable, et prennent une sourde et brune couleur chair. Au soleil, par contre, elles ressortent sur le ciel bleu, luisantes, d'un rouge de corail. Mais, même dans l'ombre, elles restent extrêmement plastiques, se détachant sur le feuillage vert, comme modelées en cire rose. Plus tard, lorsqu'elles se fanent, leurs pétales tombent en si grand nombre qu'un cercle d'ombre rouge foncé entoure le tronc. D'où une dernière beauté de plus – une robe de fleurs enlevée.

L'entretien avait pour sujet l'emploi des bataillons caucasiens, dont la surveillance, pour autant qu'ils soient mis à la disposition du commandant en chef, nous est confiée, au commandant Reese et à moi. Corvée interminable et répugnante, dont l'aspect technique est heureusement traité par les spécialistes de l'Est attachés au général von Niedermayer, qui a recruté parmi les prisonniers de guerre des masses énormes d'auxiliaires. Dès qu'on les met en cantonnement dans la zone d'occupation, ils se livrent à toute sorte d'exactions qui, bien entendu, nous sont attribuées. Dans le métro, les Parisiens sont maintenant stupéfaits de rencontrer des Mongols en uniforme allemand. Des tribus entières de fourmis jaunes sont ainsi absorbées. Leur contrôle exige des raffinements particuliers – à côté des hommes de confiance, connus comme tels des unités, il en existe d'autres, qui ne rendent qu'en secret leur rapport à leur chef, et ceux-ci sont eux-mêmes contrôlés par une troisième équipe. De telles formations échappent totalement aux normes habituelles ; elles seraient inconcevables sous un pouvoir autre que despotique. C'est pourquoi on voit surgir, parmi les officiers, des types nouveaux. Niedermayer lui-même est un homme des plus étranges. Durant la Première Guerre mondiale, il a organisé des troubles en Perse ou en Afghanistan ; je me souviens que Stapel l'appelait « le Lawrence allemand ». J'ai vu dans le Caucase des photos sur lesquelles il se trouvait entouré de centaines d'Asiatiques. Les capacités et les intérêts géographiques, ethnographiques et stratégiques s'unissent en sa personne.

Paris, 13 mai 1944.

Dans l'après-midi avec Horst et Podewils, chez le général Speidel, à La Roche-Guyon. Nous avons dîné ensemble et fait un tour dans le parc ; puis nous avons vidé une dernière bouteille de vin dans la partie la plus ancienne du château, au-dessous des créneaux normands.

Speidel, devant les événements qui s'annoncent et dont on distingue de mieux en mieux les préparatifs, est sans doute l'esprit le plus ferme du côté allemand. On a plaisir à voir qu'il ne partage pas les habitudes d'autres chefs d'état-major, que l'on voit, même à la nuit venue, se retirer dans leur chambre, chargés de lourdes serviettes remplies des derniers documents. Autour de lui règnent plutôt la paix, le calme qui convient à l'axe de la grande roue, au centre du typhon. Je l'observe à son bureau ; il contemple une fleur, fait une remarque sur la vallée de la Seine qu'on aperçoit en bas, au milieu des prairies et des arbres en fleur. Le téléphone sonne ; il prend l'écouteur et le repose après un ordre bref :

« Une division blindée n'est pas une entreprise de transports ; dites-le leur.

— Comment ? Le Führer ne peut pas en juger. »

Au village, plus opulents que jamais, fleurissent les glycines, les étoiles blanches des clématites, le lilas, le cytise, les premières roses. Nous flânons au bord des jardins, jouissant de leur couleur et de leur fragrance. Speidel cite le vers de Platen :

Quiconque a de ses yeux contemplé la beauté...

et dit alors un de ces mots qui conviennent au général en chef, auquel il sied d'être en même temps augure :

« En automne, la guerre sera finie en Europe. »

Paris, 15 mai 1944.

Continué l'Apocalypse ; elle enregistre l'une des grandes visions immédiates de la structure de l'univers. Des mouvements étranges courent à côté du texte – tels ceux par lesquels la vieille rigidité des symboles orientaux commence à fondre. C'est le paon de jour, aux ailes marquées d'yeux, qui laisse sa chrysalide d'Égypte ou de Babylone, pour retrouver l'éclat plus vif de ses origines. Cela confère aujourd'hui encore à la lecture de ce livre un caractère troublant, comme si l'on assistait à des métamorphoses suprêmes. On devine ici l'un de ces énormes changements de route que ne provoquent ni la bataille décisive, ni la montée ou le déclin des empires, mais seulement la vision du centre. Le prophète se tient plus haut que les rois et leurs actes.

À la grande destruction qui y est annoncée n'échapperont que ceux qui portent sur leur front le sceau de Dieu.

Dans l'après-midi, relu des passages de ce journal dont j'avais prié Hanne Menzel de recopier certaines parties, vu l'insécurité de la situation. Le 10 janvier 1942, j'ai écrit que, dans un rêve, j'avais vu mon père mort. L'étrange c'est qu'il soit mort exactement un an après, c'est-à-dire dans la nuit du 10 janvier 1943. Et à cette même heure aussi, je l'ai vu en esprit, mais cette fois pendant ma veille – j'ai vu dans le ciel nocturne ses yeux qui me regardaient, plus expressifs, plus rayonnants que jamais.

Le soir, chez les Didier. Retrouvé Henri de Man, qui m'a montré dans son *Après coup** le passage où il décrit notre dernière rencontre.

Paris, 17 mai 1944.

Chez Florence. J'y ai rencontré l'abbé Georget, son *aumônier**. Parlé des Celtes et de la Bretagne, qui est son pays d'origine. Que peut-il bien rester de celtique en nous ? De même que les châteaux contiennent des fragments de constructions anciennes, les nations sont formées d'éléments provenant de races disparues. Des nourrices oubliées viennent à notre chevet pendant nos rêves.

Georget était le confesseur de la fille de Léon Bloy. En nous racontant des anecdotes sur cet auteur, il nous rappela que Bloy mettait sur sa carte de visite : « *Entrepreneur de démolitions** ». C'est là un trait nihiliste, semblable au « Philosopher à coups de marteau » de Nietzsche, et d'autres semblables. Mais le recul manque encore pour une évaluation du nihilisme, – elle devrait inclure aussi l'univers que le nihiliste a trouvé à sa naissance et l'aspect problématique de ses valeurs, qui devient perceptible en lui et seulement grâce à lui. C'est ainsi qu'il irrite. Plus irritant encore est le spectacle de ces types d'esprits incapables de sentir la chute du baromètre, le minimum cosmique qui annonce le typhon. Ils tentent de lapider les prophètes.

La ville manque de plus en plus de courant, de lumière et de gaz. Nous vivons un état de siège d'un nouveau genre. Les attaques ne sont point tant dirigées contre les usines et les entrepôts que contre les voies de communication et la distribution d'énergie, trait normal d'une guerre entre Travailleurs. Les attentats épaulent l'action des bombardiers lourds.

La situation rappelle celle de 1939, où l'on parla tellement et si longtemps de la guerre qu'elle finit par éclater. Il en est de même pour le débarquement, que peut-être ni l'un ni l'autre des partis en présence ne souhaite sincèrement. Mais c'est justement là que le destin se révèle.

Avec tout cela, on voit toujours de jolies femmes dans les rues ; elles portent de nouveaux chapeaux qui s'érigent en hauteur à la manière des turbans. C'est la mode de la tour de Babel.

Paris, 19 mai 1944.

Lu : *Essai sur la destruction de Hambourg*, d'Alexander Friedrich – un rapport dont on m'a fait parvenir le manuscrit. On dirait que ces villes ressemblent à des larmes bataviques, dont la matière est si tendue, comme atomisée, qu'un choc suffit à la pulvériser. Il est curieux de voir qu'au moment où elles perdent la totalité de leurs biens, de nombreuses personnes semblent saisies d'un sentiment de liberté. Friedrich Georg l'avait parfaitement prévu, et même pour notre vie spirituelle :

> *Le savoir que me suis acquis*
> *Est sèche étoupe.*
> *Flamme, dévore et engloutis*
> *La morne troupe.*

La propriété n'est pas seulement contestée de l'extérieur par les déshérités ; à l'intérieur aussi elle est devenue «douteuse» pour les nantis, elle est à charge et elle ennuie. Pour posséder, il importe avant tout de disposer d'une force de possession – qui voudrait, de nos jours, entretenir un château, s'entourer d'une domesticité, entasser des masses d'objets? À cela s'ajoute la vue concrète, la proximité du monde de l'anéantissement. Quand on a vu flamber une grande ville, comme frappée par un météore, on regarde avec d'autres yeux sa maison et ses armoires. Peut-être connaîtrons-nous encore des temps où la propriété sera offerte au premier venu.

Capriccios, tels qu'en a vu d'avance Kubin, dans son roman *L'Autre Côté*, en 1909. C'est ainsi que des troupeaux de vaches, ayant rompu, hors la ville, les barrières de leur parc, ont trotté à travers les rues en flammes. Les bêtes venaient en ville, tandis que les hommes passaient la nuit dans les forêts.

Dans l'une de ces maisons dévorées par les flammes, une petite caissière se trouvait bloquée avec les autres habitants que les bombes explosives empêchaient de fuir. Soudain, un gaillard taillé en Hercule y fonce pour la mettre à l'abri, en l'attrapant par les hanches et en la traînant au-dehors. Il la porte, en passant sur une planche, jusqu'à une pièce que le feu n'a pas encore cernée, cependant que la maison s'effondre avec fracas dans leur dos. À la lueur du bûcher, l'homme s'aperçoit qu'il a sauvé une inconnue, et non sa femme.

Friedrich conclut en notant: c'est une belle inspiration, chez Goethe, que d'avoir fait reprendre conscience à son Faust dans «une région charmante».

Paris, 20 mai 1944.

Jean Charet, l'explorateur polaire : « Au-delà du cercle polaire, il n'y a plus de Français, plus d'Allemands, plus d'Anglais : il n'y a que des hommes. »

La nostalgie des pôles, au XIXe et au XXe siècle, rappelle la recherche de la pierre philosophale – ce sont, en effet, des lieux magiques, des points limites que se donne la conscience planétaire. Ce sont aussi des pôles en germes, fécondés par les yeux de ceux qui les découvrent ; et comme bien des valeurs de l'ancien monde, les nations s'en trouvent modifiées. Le cercle polaire est un absolu où ne peut subsister aucune force différenciée, mais seulement la force originelle. À l'opposé, l'étroite vue de Schubart : des cieux séparés sont prévus pour les nations, des patries éternellement séparées. C'est l'un des passages dont la lecture m'a porté ombrage ; il est d'ailleurs en contradiction avec l'esprit germanique. Chez nos pères, les adversaires qui viennent de se tailler en pièces reprennent forme pour traverser, les bras unis, la porte d'éternité, le bois de Glasour, avec ses feuilles d'or, et y banqueter ensemble.

À midi, chez Mme Didier, boulevard des Invalides. Comme elle n'avait pas pu se procurer de la glaise fraîche, elle modela ma tête avec la masse qui lui avait déjà servi pour le buste de Montherlant. Trait qui aurait ravi Omar Khayyam.

Aux Tuileries, où fleurissait le coquelicot double, j'ai constaté, en passant, combien ce nom convenait à cette plante. D'une part, il suggère ce qu'il y a de

criard, de cinglant dans sa couleur ; de l'autre, la fragilité des pétales, que détruit le moindre souffle. Ce
qui est vrai pour tous les mots authentiques – ils sont
formés d'un réseau de significations, taillés dans une
étoffe chatoyante. Aussi, je ne partage pas cette peur
des images qu'ont des auteurs comme Marmontel et
Léautaud, ni n'approuve les conceptions évolution-
nistes de l'étymologie. Écrire ou prononcer un mot,
c'est un coup de cloche qui fait longuement vibrer
l'air à la ronde.

Paris, 23 mai 1944.

Dans l'après-midi, la condamnation à mort du
général von Seydlitz a été rendue publique. Cette
peine a été prononcée par contumace. Il paraît que
son activité remplit Kniébolo d'inquiétude. Peut-
être les Russes possèdent-ils, de leur côté, un général
symétrique de notre Niedermayer. On a lu, en même
temps, une adresse où les maréchaux assurent Kniébolo de leur fidélité ; elle est rédigée dans les termes
habituels. C'est Gambetta, je crois, qui a demandé :
« Avez-vous jamais vu un général courageux ? » Le
moindre petit journaliste, l'ouvrière la plus modeste
font preuve de plus de vaillance. On les choisit pour
leur capacité à tenir leur langue et à exécuter les
ordres, en y ajoutant le critère de sénilité. C'est tout
au plus admissible dans les monarchies.

Le soir, chez Mme Didier dont la sculpture progresse. J'éprouvai de nouveau le sentiment d'assister à
l'une de ces naissances prométhéennes démiurgiques,

qui me plongent dans le malaise ; j'étais troublé surtout par ces mouvements des mains qui malaxent, qui caressent et d'où la matière prend forme comme sous l'effet d'une conjuration. L'artiste est plus proche qu'aucun homme des grandes forces créatrices du monde, et dans ces univers de tombes et de ruines, *ses* symboles sont les derniers témoins d'une vie autrefois pleine de sève.

Paris, 25 mai 1944.

Visite de Wepler, de passage ici, avec qui j'ai encore parlé de la manière dont est morte la Fleur de feu. Le vieil et le jeune ami d'une disparue. Seule sa mort nous a rapprochés.

Paris, 26 mai 1944.

À l'aube, départ pour Sissonne. Je n'y étais pas retourné depuis 1917. À Laon, j'ai trouvé le quartier de la gare détruit par de récents bombardements ; mais la cathédrale et la ville haute sont presque intactes. Villes et chemins de nos destins, par lesquels nous repassons toujours – sous quelles figures notre voyage s'inscrit-il sur cette terre ? Peut-être en arabesques et en fleurs d'une espèce merveilleuse ?

Nous avions fort à faire au camp d'entraînement, où des irrégularités ont été commises par l'un des bataillons de Caucasiens. Pour nous y rendre, nous avons utilisé une voiture à gazogène, qui portait par-derrière une espèce de poêle. De temps à autre, on s'arrêtait pour le bourrer de bois, bien à couvert, à cause des avions qui mitraillent en rase-mottes. Les carcasses d'autos calcinées qui bordaient la route contribuaient à tenir notre vigilance en éveil. Les mitraillettes que nous gardons entre les genoux, lors de tels voyages, témoignent, elles aussi, que c'est fini de rire.

Il me faut changer de maximes : mon comportement moral avec les humains me demande, à la longue, trop d'efforts : face à ce chef de bataillon, par exemple, qui exprimait l'intention de faire amener devant le front de sa troupe le premier déserteur qu'on capturerait et de le « descendre » de sa propre main. En de telles rencontres, une sorte de nausée me saisit. Je dois parvenir à un niveau d'où je puisse observer ces choses comme on contemple les évolutions des poissons autour d'un récif corallien, les danses des insectes dans une prairie, ou comme un médecin examine le malade. Comprendre, avant tout, que de tels faits sont de mise dans les cercles de bassesse. Il reste encore de la faiblesse dans mon dégoût : je participe encore trop au monde du sang. Il faut pénétrer la logique de la violence, se garder de tomber dans l'enjolivement à la Millet ou à la Renan, se garder aussi de l'infamie du bourgeois qui, bien à l'abri sous un toit, fait la morale aux acteurs d'une atroce bagarre. Quand on n'est pas mêlé au conflit, qu'on en rende grâces à Dieu ; mais on n'en est pas pour autant élevé au rang de juge.

Tout cela me préoccupait, tandis que je me tenais à côté de Reese qui adressait une allocution aux soldats étrangers. Eux nous entouraient en carré ouvert, vêtus d'uniformes allemands sur les manches desquels brillaient les insignes de leur ethnie : par exemple, une mosquée à deux minarets, entourée de l'inscription : « *Biz Alla Bilen. Turkestan* ». Reese parlait lentement, en phrases brèves que traduisait un interprète.

Notre position, au centre de ce carré, m'a paru singulière, comme sur un échiquier qu'eussent modifié des coups intelligents, parmi lesquels des finesses ethnographiques.

Nous déjeunâmes avec les officiers allemands, qui donnaient l'impression mi de techniciens, mi de chefs de bandes mercenaires – XVIIIe et XXe siècles se fondent en pseudomorphoses à peu près inclassables. Là où s'écaille la théorie, la violence pure apparaît. Il n'y a pas de conseil de guerre ; ce sont les chefs de corps qui ont droit de vie et de mort. D'un autre côté, ils doivent s'attendre à être égorgés quelque nuit avec leurs officiers, au cas où leurs hommes déserteraient.

À Boncourt, nous avons ensuite bu un gobelet de vodka avec les chefs de compagnie russes, tandis que les Turkmènes et les Arméniens s'unissaient pour former un cercle plus vaste. Ils sont restés accroupis sur le sol durant des heures entières, en chantant des airs monotones ; de temps à autre, des isolés ou des couples bondissaient au centre du cercle pour s'y déchaîner jusqu'à l'épuisement.

J'ai réussi à m'échapper une demi-heure pour aller à la chasse subtile. Rencontré pour la première fois dans la nature la *Drypta dentata* bleu-vert, insecte d'une exquise élégance. C'est l'Italien Rossi, médecin à Pise, qui lui a donné ce nom en 1790.

Paris, 27 mai 1944.

Alertes, passages d'avions. Du toit du Raphaël j'ai vu par deux fois, en direction de Saint-Germain, s'élever d'énormes nuages, à la suite d'explosions, tandis que des flottes aériennes s'éloignaient à grande hauteur. Les ponts de la Seine étaient la cible du bombardement. La nature et la succession des opérations dirigées contre les lignes de ravitaillement dénotent un esprit subtil. La seconde fois, tandis que le soleil se couchait, je tenais à la main un verre de bourgogne où flottaient des fraises. La ville, avec ses tours et ses coupoles rougies par le couchant, s'étendait dans sa beauté puissante, telle un calice de fleur, survolé en vue d'une fécondation mortelle. Tout était spectacle, pur déploiement de pouvoir, confirmé et sublimé par la souffrance.

Paris, 28 mai 1944.

Dimanche de Pentecôte. Après déjeuner, j'ai fini l'Apocalypse, achevant ainsi ma première lecture complète de la Bible, commencée le 3 septembre 1941. Je n'en avais lu auparavant que des parties et, parmi elles, le Nouveau Testament. Je puis appeler cet effort méritoire, pour autant qu'il se fonde sur une décision individuelle et a dû vaincre bien des résistances. Mon éducation allait à l'encontre ; dès ma prime jeunesse, ma pensée avait été influencée par le réalisme exact et le positivisme de mon père. Tendance que confirmèrent tous ceux de mes professeurs qui dépassaient le médiocre. L'instruction religieuse était presque toujours assommante; beaucoup de ceux qui la donnaient semblaient gênés par leur matière. Holle, le plus fin d'entre eux, laissait entendre que l'apparition du Christ sur les eaux pouvait s'expliquer par une illusion d'optique: cette contrée serait connue pour ses brouillards à ras de terre. Les plus intelligents de mes camarades, les livres que j'estimais, étaient imprégnés du même esprit. Il m'était indispensable de parcourir ce cercle, et mon être en portera toujours les traces, surtout dans mon besoin de fondements logiques – je pense moins ici aux preuves de l'entendement qu'à sa présence critique, à son concours; il faut qu'il mêle à tout sa lumière. Les buts ne peuvent se trouver qu'au-devant de nous. Ce qui me distingue des romantiques et m'éclaire dans mes voyages à travers les mondes d'en haut et d'en bas: dans le vaisseau cosmique qui me permet de plonger, de voguer, de voler, de traverser les mondes en feu et les empires du rêve, je suis toujours muni d'un matériel auquel la science a donné forme.

Paris, 29 mai 1944.

Excursion aux Trois Vallées. Jour chaud et rayonnant. Comme tout était beau dans les fourrés silencieux, sous les feuilles des buissons à travers lesquelles brillait un ciel sans nuage: pure présence de l'instant. «Attarde-toi…»

Les glycines et la manière dont on voit leurs torsades ligneuses enrober les barreaux des grilles de jardin. L'œil embrasse en un coup d'œil la substance qui a mis des dizaines d'années à se mouler.

La guêpe dorée, *Chrysis*, sur un mur gris avec son corselet d'un vert soyeux et métallique et la tache vive, rouge framboise, de son abdomen. Une telle bestiole semble concentrer les rayons solaires comme le foyer d'une loupe. Elle vit enveloppée d'ardeurs subtiles et tremblantes.

Les rainettes, et la façon dont le bruit des faux dont on rebat les lames les fait chanter en chœur.

« Il voulait faire du cheval sur un violon » – formule qui, paraît-il, caractérise un téméraire.

Le soir, chez le président. Au cours de ces journées de Pentecôte, les bombardements ont fait plus de cinq mille morts en France. Entre autres, un train bondé a été atteint : il se rendait aux courses de Maisons-Lafitte.

Le Président nous a parlé d'un caporal, très porté sur les exécutions. Généralement, il vise au cœur – mais quand l'homme à exécuter ne lui plaît pas, il vise la tête, qui éclate alors en morceaux. Trait digne d'un sous-homme : la volonté de ravir le visage de son prochain, la volonté de défigurer.

Sur qui tire-t-il ainsi ? Probablement sur ceux qui incarnent le mieux l'image de l'homme, les gens bien faits, sans malice, distingués.

« Soldats, visez droit au cœur, épargnez le visage », criait Murat, en allant au mur.

Du reste, avant-hier matin, on a exécuté ici un capitaine de vingt-six ans, fils d'un armateur de Stettin, parce qu'il avait déclaré que le quartier général méritait bien une bombe. Il avait été dénoncé par un Français de l'entourage immédiat de Laval.

Paris, 30 mai 1944.

À midi, chez Mme Didier. Conversation avec son neveu, un enfant de cinq ans, très attachant. On avait emmené le petit à la messe pour la première fois, et il avait vu le prêtre administrer l'eucharistie. Je lui ai demandé ce que le prêtre avait fait :

« *Il a distribué des vitamines à tout le monde*.* »

Vaux-les-Cernay, 31 mai 1944.

À Vaux, avec le commandant en chef. Le soir, malgré la grande chaleur, nous avons allumé un feu pour purifier l'air. Au coin du feu, outre le général, les professeurs Krüger, Weniger et Baumgart.

La plupart du temps, les généraux sont énergiques et bêtes, c'est-à-dire qu'ils possèdent cette intelligence active et organisée dont dispose toute standardiste un peu supérieure à la moyenne, et à laquelle la foule rend stupidement hommage. Ou bien, s'ils sont cultivés, c'est aux dépens de la brutalité qui fait partie de leur métier. Aussi manquent-ils toujours de quelque chose – soit de volonté, soit d'une vision d'ensemble. L'union de l'activité et de la culture, comme elle exista chez César et Sylla, ou, dans les temps modernes, chez Scharnhorst et le Prince Eugène, est extrêmement rare. C'est pourquoi les généraux sont, le plus souvent, des manœuvres dont on se sert.

Quant à Heinrich von Stülpnagel, qu'on appelle Stülpnagel le blond, pour le distinguer des autres généraux de cette vieille famille guerrière, il a ces traits princiers qui conviennent au rang proconsulaire. Entre autres son goût du calme, du loisir, de l'action qu'il exerce sur un petit cercle d'esprits cultivés. Tout ceci tranche sur l'affairement qui règne d'habitude dans les États-majors. Sa distinction l'incline à juger l'homme sur sa valeur spirituelle. Sa vie rappelle celle d'un savant ; il a d'ailleurs acquis, grâce à d'interminables maladies, une vaste érudition. Il recherche la compagnie des mathématiciens et des philosophes et, en histoire, c'est l'ancienne Byzance qui le captive. Mais il faut avouer que, général, il a su commander ; diplomate, il a su négocier ; homme politique, il n'a jamais méconnu notre situation. Tout ceci explique qu'il ait été, dès les premiers jours, l'un des grands adversaires de Kniébolo. Mais il est fatigué, comme je m'en suis surtout aperçu à l'un de ses gestes qui se répète souvent : il a coutume de se passer la main gauche dans le dos, comme pour l'affermir ou redresser son corps. Une expression d'inquiétude envahit alors son visage.

Parlé du stoïcisme et de son principe : « Dans certaines situations, l'homme de valeur est tenu de renoncer à la vie. » Il semble que le général ait débattu ce sujet, et d'autres points d'éthique, dans sa correspondance intime avec sa femme.

Commencé à lire le Nouveau Testament dans la

traduction d'Hermann Menge, que m'a offerte le pasteur Damrath.

Feuilleté les *Essais pour une esthétique générale*, de Georges Migot, un petit volume où j'ai trouvé quelques remarques sur la symétrie, un thème auquel, ces derniers mois, je réfléchis de plus en plus souvent. L'auteur attribue aux Égyptiens le goût de l'asymétrie et cite entre autres preuves leur prédilection pour les têtes de profil. La répétition serait à la musique ce que la symétrie parfaite est aux arts plastiques. Le besoin de symétrie serait un trait inférieur – et se rapporterait plutôt à la forme qu'au contenu, comme ces pendants, en peinture, où le format d'un tableau, le cadre et parfois même le motif peuvent être identiques, mais non l'exécution proprement dite. D'ailleurs, les observations de l'auteur restent marginales et ne sont pas particulièrement précises. La symétrie est une matière très riche. Je voudrais, profitant de quelque loisir, me risquer dans cette étude, et cela, sur deux plans différents : élucider ses rapports avec le libre arbitre et avec l'érotisme. C'est la contemplation des insectes et la description d'un papillon hermaphrodite qui m'en ont donné l'idée.

Paris, 31 mai 1944.

Avant de repartir, j'ai encore eu le temps de me baigner dans le lac et de me livrer, ensuite, à la chasse subtile. Ce printemps-ci, je me suis de nouveau laissé aller à cette passion.

Déjeuner chez Mme Didier. Elle a mis la dernière

main à mon buste et l'a ensuite enveloppé de linges humides pour le ranger à la cave, car elle va rejoindre Henri de Man à la montagne.

À propos du style des polytechniciens : le féminin « *Entscheidung* », la décision, se change en un masculin, « *Entscheid* » : manière facile et plate de la viriliser, et par surcroît de la tirer des profondeurs de la réflexion pour l'amener à la surface d'une volonté accaparée par l'instant.

Paris, 1er juin 1944.

À midi, chez Florence. Après le déjeuner, court entretien avec Jules Sauerwein, qui revenait de Lisbonne ; parlé des chances de paix et des modalités de sa réalisation.

Le soir, entretien sur Stalingrad avec le président et un certain capitaine Uckel, à propos de Stalingrad. Il paraît que des équipes du Service de la Propagande y ont tourné des films jusqu'aux derniers moments. Les films sont tombés aux mains des Russes et seraient projetés aux actualités suédoises. Une partie de ces événements sinistres se déroule dans l'usine de tracteurs, où le général Strecker s'est fait sauter avec son état-major. On voit les préparatifs, on voit les hommes qui n'appartiennent pas à l'état-major quitter le bâtiment et, ensuite, l'immense explosion. Il y a quelque chose d'automatique dans cet instinct d'enregistrer jusqu'à la dernière seconde ; une sorte de réflexe technique s'y manifeste, semblable aux contractions des cuisses de grenouilles dans l'expérience de Galvani. Il s'y mêle d'ailleurs des tendances scientifiques. Il ne s'agit point ici de monuments comme on en transmet à la postérité ou aux dieux, ne serait-ce que sous forme d'une croix délicatement formée de baguettes de saule, mais de documents de mortels faits pour des mortels, et rien que pour des mortels. On en frémit : c'est bien l'éternel retour sous sa forme la plus terne : cette mort dans l'espace glacé, qui revient sans cesse, en une répétition monotone – évocation démoniaque, sans sublimation, sans gloire du couchant, sans rien qui console. Où est la gloire ?

Le capitaine était d'avis qu'on aurait dû brûler les films – mais à quoi bon ? Ce sont là messages des travailleurs au Travailleur.

Puis sur la photographie en général. Le Président raconta une scène dont il avait été témoin dans l'Hôtel Dreesen, à Godesberg. Kniébolo descend l'escalier : du hall, on le salue et, parmi d'autres hommages, une petite fille lui tend un bouquet. Il se penche pour le prendre et tapoter la joue de l'enfant – mais en même temps, il tourne la tête un peu de côté et crie d'un ton sec : « Photo ! »

Paris, 6 juin 1944.

Passé la soirée d'hier chez Speidel, à La Roche-Guyon. Trajet incommode, à cause des ponts détruits de la Seine. Nous sommes repartis vers minuit, manquant ainsi d'une heure l'arrivée au quartier général des premiers rapports sur le débarquement. La nouvelle s'est répandue à Paris ce matin : elle a surpris bien des gens, et surtout Rommel, absent de La Roche-Guyon hier soir : il était parti pour l'Allemagne fêter l'anniversaire de sa femme. C'était une fausse note dans l'ouverture d'une si grande bataille. Les premiers éléments détachés ont été repérés peu après minuit. Des flottes nombreuses et onze mille avions ont participé aux opérations.

C'est là, sans aucun doute, le début de la grande attaque qui fera passer ce jour dans l'histoire. J'ai été tout de même surpris, et précisément parce qu'on avait proféré tant d'oracles à ce propos. Mais pourquoi ce lieu, ce moment ? On en disputera encore dans les siècles à venir.

Lu *L'Histoire de Saint Louis*, de Joinville, dont Husser m'avait donné une édition abrégée, l'autre jour, dans son nouvel appartement de la rue Saint-Placide. Dans certaines scènes, celle du débarquement des Croisés à Damiette, par exemple, on voit la condition d'homme nimbée de la plus haute gloire qui puisse la revêtir. L'historien matérialiste ne saisit des choses que ce qu'il peut en voir. Il ne connaît pas la multiplicité qui, seule, mêle au tissu de l'histoire des couleurs et des dessins. C'est là, aussi, l'une de nos tâches : redécouvrir la diversité des mobiles. Recherche qui exige une objectivité plus forte que celle du positivisme.

Paris, 7 juin 1944.

Le soir, promenade en compagnie du Président. Boulevard de l'Amiral-Bruix, des chars lourds faisaient une pause dans leur marche vers le front. Sur ces colosses d'acier, les jeunes équipages avaient cette paix des veillées d'armes, cette sérénité à base de mélancolie, dont je me souviens si bien. L'approche de la mort rayonnait d'eux avec force, la gloire des cœurs qui consentent à périr dans les flammes.

Et comme les machines s'effaçaient! Comme leurs formes compliquées s'estompaient et comme elles devenaient en même temps plus simples et plus significatives, tels le bouclier et la lance sur laquelle s'appuie l'hoplite! Et comme ces garçons étaient assis sur leurs chars, y mangeaient et y buvaient, pleins d'égards entre eux comme des fiancés avant leurs noces, comme pour partager une cène spirituelle.

Paris, 8 juin 1944.

À table, Florence s'est levée pour répondre au téléphone, et nous a dit en revenant:

« *La Bourse reprend. On ne joue pas la paix*.* »

Il semble, du reste, que ce soit l'argent qui possède les antennes les plus sensibles, et que les banquiers jugent la situation avec plus de soin, plus d'exactitude et de prudence que les généraux.

Dans l'après-midi, visite du Dr Kraus, le spécialiste en balistique. Parlé de mon frère, le physicien, et de ses travaux sur les fractions continues et les nombres premiers; puis de Cellaris, toujours en prison, mais pour qui l'heure de la liberté va peut-être sonner bientôt, comme pour des milliers de ses compagnons de souffrance.

Parlé ensuite de la prétendue « arme nouvelle » et

des essais de tir. Kraus a raconté qu'un projectile, après avoir décrit une courbe imprévue, est tombé sur l'île danoise de Bornholm et, ce qui est un comble, sans éclater, si bien que les Anglais l'auraient photographié le soir même. Ils auraient pu étudier ainsi son dispositif de direction électromagnétique et installer immédiatement, au sud de leur pays, une station d'une puissance prodigieuse, qui fera dévier les projectiles.

Au reste, les on-dit qui courent autour de cette arme montrent bien comment la destruction et l'Éros sont antagonistes. Ces deux forces ont quelques propriétés communes, de même que l'électricité positive et négative. Dans le pays, on se chuchote des confidences au creux de l'oreille, tout comme pour les plaisanteries scabreuses ; il ne faut pas en parler, mais Kniébolo espère, quand même, que les bruits soigneusement entretenus par lui iront de bouche à oreille. Le tout est du plus pur style nihiliste – fumet d'équarrissoir.

Paris, 11 juin 1944.

Encore une promenade de Saint-Cloud à Versailles, par la route de l'Impératrice. Et encore un bain de soleil dans la petite clairière, entre les bosquets de marronniers. À chacune de ces sorties, je me dis : ce pourrait être la dernière.

Paris, 12 juin 1944.

Visite à Husser, rue Saint-Placide ; je veux mettre des dossiers à l'abri dans son appartement et peut-être y loger quelques jours. C'est mon point d'appui gauche, au Quartier latin. La doctoresse se trouve au centre, tandis que le libraire Morin est à droite. Les amis qu'on s'est acquis valent mieux que l'or.

Je réduis mes bagages au minimum. Kniébolo et sa clique prophétisent une victoire imminente, juste comme le prince des Anabaptistes. Quelles figures la populace ne suit-elle pas, et comme l'*Ochlos* est devenu universel !

Paris, 17 juin 1944.

Hier et avant-hier, j'ai de nouveau senti le cauche-mar, une contraction singulière du diaphragme, dont je n'ai pu me débarrasser que cette nuit. Était-ce un danger qui me concernait, ou en menaçait-il d'autres ? J'ai senti que je l'avais écarté.

Le communiqué annonce que «l'arme de repré-sailles», comme on l'appelle, est entrée en action. En même temps, les Services de Propagande font courir dans les usines françaises le bruit que Londres a été en grande partie détruit. Une sorte de jubilation se propage dans la populace. Les bombes volantes qui, paraît-il, dégagent, avant d'exploser, une lumière éblouissante, sont l'un des derniers feux follets du marais de la destruction. Si elles avaient une valeur d'arme et non seulement de propagande, on les utiliserait sans doute contre la tête de pont du débarquement. Un fait, du moins, est authentique : la volonté de changer le monde vivant en désert et d'y organiser le triomphe de la mort. À l'heure actuelle, douter des « représailles » et de « l'anéantissement », c'est commettre un sacrilège.

Ce matin, j'ai vu entrer dans ma chambre le lieutenant von Trott zu Solz, chef de compagnie dans un régiment d'Hindous, et que je revoyais pour la première fois depuis cette nuit fatale d'Überlingen. Cette fois aussi, c'est avant de grands événements qu'il s'approche de moi. Entretien sur la situation, et en particulier sur le général von Seydlitz, puis sur la manière dont les Prussiens ont été sacrifiés en victimes au parti.

Paris, 22 juin 1944.

À midi, chez Florence. J'y ai rencontré Heller qui revenait de Berlin ; son train avait été mitraillé par les avions ennemis. Il m'a raconté que Merline, aussitôt après le débarquement, avait demandé d'urgence des papiers à l'ambassade et s'était déjà réfugié en Allemagne. Curieux de voir comme des êtres capables d'exiger de sang-froid la tête de millions d'hommes s'inquiètent de leur sale petite vie. Les deux faits doivent être liés.

La ville a été survolée dans la soirée et les éclats pleuvaient dans la cour du Majestic. Au cours du bombardement, de gigantesques réserves d'essence et d'huile ont été atteintes ; le nuage de leur incendie, semblable au pin de Pline le Jeune, montant tout d'abord en un fût mince, a plongé tout le ciel dans l'obscurité. Un grand bombardier s'est abattu aux alentours de la gare de l'Est.

Pour « *Kettenglied* », la langue française possède un mot particulier : *chaînon**. Notre terme d'Allemagne du Sud, passablement désuet, *Schäkel*, a la même racine. Le fabricant de chaînes est *le chaînetier**, comme chez nous *Kettler*, qui subsiste en tant que nom propre.

La maison au coin de la rue du Regard, en face de la prison militaire, rue du Cherche-Midi. Chaque fois que je passe devant elle, je songe à Perle, la ville de rêve de Kubin.

Paris, 24 juin 1944.

Le soir chez Speidel, à La Roche-Guyon. Comme les ponts de la Seine avaient été détruits, nous avons dû faire des détours. Il a même fallu descendre une fois de voiture, car des avions s'ébattaient au-dessus de nous.

Après le dîner, promenade dans le parc. Speidel nous raconta les détails de sa visite à Kniébolo ; il lui avait rendu compte de la situation à Soissons, voici quelques jours. Kniébolo aurait vieilli, se serait voûté, de plus en plus il serait sujet, dans la conversation, à des coq-à-l'âne nerveux. Pour le petit déjeuner, il avait avalé une quantité énorme de riz, bu dans trois verres à liqueur des médicaments de teinte différente, et pris en outre des cachets. Il tenait entre les doigts toute une série de crayons de couleur, avec lesquels il traçait de temps à autre un trait sur la carte. Il exprima son étonnement de ce que les Anglais et les Américains aient pu débarquer, mais sans même prendre en considération certains détails, tels que la suprématie aérienne de l'adversaire. Sur la suite des événements, il n'a que des idées vagues et paraît espérer, ou peut-être même croire que le destin favorable qui l'a parfois sorti de situations sans issue se manifestera de nouveau. À ce propos, il a cité, à deux reprises, la guerre de Sept Ans. De plus, il croit que ses adversaires vont se désunir et sont à la veille de révolutions. Pour l'automne, il annonce de nouvelles armes, en particulier des canons anti-chars ; il tombe dans une *rage du nombre**, lorsqu'il en vient à parler de la « productivité » des industries. Il évoqua aussi les « chiens d'enfer », les bombes volantes ; l'un d'eux, suivant une trajectoire particulièrement savoureuse, était venu atterrir dans les alentours du quartier général pendant le séjour de Kniébolo, ce qui avait hâté le départ de celui-ci.

Parlé également avec l'amiral Ruge des circonstances du débarquement ; il semble se confirmer qu'au cours de cette nuit décisive, aucun patrouilleur allemand n'était sorti, « la mer étant trop agitée ». Les Anglais avaient débarqué à marée basse, alors que les obstacles sous-marins étaient à découvert sur les plages. On avait bien songé à installer des obstacles pour marée basse, mais sans avoir encore réalisé ce plan.

À propos de la mort du général Marcks, le colonel von Tempelhof raconta que le frère du général, un lieutenant-colonel, s'était renseigné sur les circonstances de sa mort : le même jour, en effet, son portrait s'était décroché du mur à onze heures. Et, de fait, le général avait été frappé à onze heures moins le quart et avait expiré sur le coup d'onze heures.

Au retour, notre chauffeur perdit le contrôle de la voiture, quitta la route et rentra à grande vitesse dans un mûrier sauvage, dont les ronces nous reçurent fort mollement, comme autant de ressorts.

Lu : Henri de Man, *Après coup*. Tout au début de ces mémoires, on trouve cette très belle maxime : « Il faut toujours viser un peu plus haut que le but. » J'ai lu aussi dans ce livre une description de notre rencontre chez les Didier.

Paris, 27 juin 1944.

Combats de rues à Cherbourg. Perpétua m'écrit que des bombes sont tombées dans la matinée du 15 juin, tout près de la maison ; l'une d'elles a touché le petit étang où nous nous baignions, près de Lohne, et a fait sauter des centaines de carpes et d'ablettes.

Paris, 1er juillet 1944.

Je revois encore une fois *L'Appel*, ayant pour principe qu'on ne recopie jamais assez un travail.

En rêve, une nouvelle apparition, amicale, de bon augure : le diacre. Lors de telles rencontres, on a aussitôt l'impression qu'elles sont comprises dans nos réserves et que ces figures reviendront, faisant partie de notre troupe.

Puis, il y a quelques jours, au fond de vastes puits qui se perdaient profondément dans la terre en serpentant derrière une barrière de barbelés que j'avais traversée, le Grand Forestier – en tenue de chasse légère, apparition où se concentrait une force extraordinaire. Il se tenait sur un palier, « allait entrer », et quoique je fusse armé, je me rendis vite compte qu'un tel jouet était ici tout à fait vain. Il me paralysait la main de son rayonnement.

Sur le style. Les temps peuvent être déterminés, mais ils peuvent aussi être nuancés, par exemple à l'aide d'adverbes de temps – au lieu de « Cela, je le ferai », on dira « Cela, je le fais après » ou « Cela, je le fais demain ».

Il en résulte une légère absence de logique, mais aussi de pédantisme. Menge, dont je continue à lire la traduction de la Bible, traduit ainsi au lieu de « Frappez, et l'on vous ouvrira », « Frappez et il vous sera ouvert » – – c'est de la cuistrerie de collège.

Lu, ces jours-ci, *Minerve sous les armes**, du général J. Perré. Essai sur l'intelligence et l'art de la guerre, que j'ai lu en manuscrit, pour la censure. Cite un mot du maréchal Joffre, sur l'art du commandant suprême :

« *Ne rien faire ; tout faire faire ; ne rien laisser faire**.* »

Très juste ; il faut quelque chose de divin dans un général en chef, divinité césarienne. Ce qui émane de lui importe plus que ce qu'il ordonne.

Feuilleté un *Guide officiel des voyages aériens** de 1930, à chaque page duquel est imprimée une citation sur l'aviation. L'ouvrage fourmille de lieux communs :

« *L'aviation constituera un des facteurs les plus importants de la civilisation** », Louis Bréguet.

« *Il n'y a plus de Pyrénées… surtout en avion** », Albert Iᵉʳ de Belgique.

« *L'air deviendra le véritable élément d'union entre les hommes de tous les pays** », général de Goys.

« *L'aviateur conquérant du ciel est l'incarnation véritable du surhomme** », Adolphe Brisson.

Et ainsi de suite, de page en page. On peut dire que le vieux Léonard de Vinci avait vu les choses plus clairement.

Paris, 3 juillet 1944.

Dans la matinée, visite du colonel Schaer, au Majestic. Entre-temps, il avait commandé un régiment dans l'Est, où il avait été condamné à onze mois de prison, faute d'avoir gardé pour lui ce qu'il pensait, dans le feu de la bataille. Du reste, le nombre des officiers emprisonnés ou fusillés augmente.

Schaer m'a montré la photo d'un équarrissoir, effroyable cliché que l'un de ses hommes avait réussi à prendre dans les alentours de Nikopol, pendant la retraite – en secret, car il s'agit de lieux tabous, de funèbre nature. Sa vue m'a inspiré une retouche à *L'Appel*.

Paris, 6 juillet 1944.

Chez Florence, où Léautaud m'a conseillé de lire Jules Vallès. Il m'a très délicatement offert son aide, au cas où les Allemands auraient des difficultés en ville.

Il y a deux manières de surmonter les cloisonnements nationaux : la raison et la religion. Léautaud y est arrivé par la première. Chez lui aussi, on peut constater que le caractère national, en s'évanouissant d'une conscience d'homme, n'en devient que plus fortement vivant dans son être, dans son essence.

Paris, 13 juillet 1944.

Les Russes se rapprochent de la Prusse-Orientale, les Américains de Florence, tandis que la bataille fait rage et cause de lourdes pertes dans la tête de pont. Faute d'idées nouvelles, le gouvernement essaie d'éveiller dans la population l'espoir en de nouvelles armes inconnues. Mémorable, ce manque absolu de jugement qui rend la masse aveugle à sa situation et la plonge dans une sorte d'euphorie.

Paris, 14 juillet 1944.

Avec Baumgart et Mlle Lampe, j'ai rendu visite à M. Groult, avenue Foch. Sa maison, une fois passée la cour, rappelle le château magique d'Aladin ou la caverne d'Ali Baba. Jardins à jets d'eau et à vasques, où glissent des cygnes et des canards mandarins, allées couvertes à statues et à miroirs, galeries pompéiennes, terrasses à perroquets et tourterelles des Indes – protégés des regards par de hautes grilles où se mêlent le lierre et la vigne vierge.

Les collections, pour l'achat desquelles les Goncourt ont servi de conseillers au père Groult, laissent encore derrière elles ces entassements hyperboliques où se complaît Balzac. On y voit rassemblés plus de cent tableaux et dessins de Fragonard et plus de Turner qu'on n'en peut trouver dans les îles britanniques. Dans ses galeries immenses, un chef-d'œuvre succède à l'autre. Et avec cela, plus de mille pièces, parmi les meilleures, ont déjà été envoyées dans des châteaux éloignés. Les collections sont peu connues ; aucun catalogue n'a jamais été publié. Et seuls les amis ou les personnes recommandées par des amis ont accès à ces salles.

Nous avons parlé avec le propriétaire de ces trésors inouïs, d'abord de leur protection, puis de leur valeur. Il pense que le mieux, c'est de les laisser à Paris : les transports les endommagent ; en outre, ils risquent d'être bombardés. Et puis, il n'est guère de ville en France dont le sort ne soit plus douteux que celui de Paris : on peut espérer que cette ville, comme Rome, aura la protection de son prestige. Parfois, au cours des raids aériens, des éclats brisent les vitres des verrières. S'il pleut, l'eau pénètre alors dans les salles et cause des dommages. Nous vîmes un pastel de Watteau dont le velouté avait souffert, piqueté de minuscules taches vertes, comme si la moisissure s'y épanouissait. Il était curieux d'observer ce travail de destruction – non uniquement mécanique, mais aussi physionomique, comme la maladie d'un être vivant. C'est selon de telles lois que se transforme le portrait de Dorian Gray.

La pénurie de charbon, elle aussi, a des effets fâcheux. Le train de maison exige un personnel de vingt personnes et plus.

Quant à la valeur, M. Groult disait que pour lui, elle n'existait pas ; comme il ne vendra jamais aucun de ces tableaux, cette question est dépourvue de sens pour lui. Comme la possession est devenue pesante, surtout dans ce monde de feu. Pour prendre un tel fardeau sur ses épaules, il faut avoir aujourd'hui le courage du nageur qui se charge d'or, comme les soldats de Cortez dans la Triste Nuit.

Lu : *Méditations d'un solitaire*, de Léon Bloy. Le livre a été écrit en 1916, en des temps qui rappellent les nôtres, et reflète fidèlement toutes les vertus et tous les vices de l'auteur – y compris cette terrible force de haine qui pourrait rivaliser avec celle de Kniébolo. Et pourtant, je trouve cette lecture non seulement reposante, mais nettement réconfortante. Elle contient un véritable arcane contre le temps et ses amollissements. S'élever de tels cloaques à de telles hauteurs, c'est un spectacle rare que nous offre ce chrétien. Les créneaux de sa tour touchent à des espaces sublimes. Il y a sans doute là une relation avec le goût de la mort qu'il confesse parfois avec force : nostalgie de décrire la pierre philosophale, tirée des basses écumes et des lies obscures ; nostalgie de la grande distillation.

Paris, 16 juillet 1944.

Dans l'après-midi, à La Roche-Guyon, chez Speidel qui nous a reçus dans son petit cabinet de travail, situé dans la plus ancienne partie du château, sous les créneaux normands. Il était obligé de téléphoner souvent, car Kniébolo, qui craint un nouveau débarquement, veut disposer de deux formations blindées comme il l'entend, et non comme l'exige la situation. Entretiens – entre autres sur le temps qu'il faudra aux Allemands pour envoyer promener ce mannequin pour tir forain. C'est le destin, maintenant, qui lui impose son rythme. J'ai songé aux paroles de mon père : « Rien ne changera avant que ne survienne un grand malheur. » Le général, en revanche, semblait confiant, car il disait que mon essai sur la paix allait « bientôt pouvoir paraître ».

Puis, je suis allé avec Podewils et Horst à Giverny. Là-bas, nous avons rendu visite à la belle-fille de Monet, qui nous a donné la clef du jardin du peintre. L'étang aux nymphéas, avec ses saules pleureurs, ses peupliers noirs, ses haies de bambous et ses petits ponts chinois, demi-ruinés ; ce lieu a sa magie. Tout paysage humide et pastoral compte des étangs pareils à celui-ci, sans profondeur, pleins de plantes d'eau, bordés de joncs et d'iris, couverts de lentilles d'eau, mais je n'en ai jamais vu qui eût tant de sève, de sens, de couleur. Un bout de nature parmi des milliers d'autres, mais ennobli par la force de l'esprit, la force créative. La science du XIXe siècle, elle aussi, demeure dans cette île dont l'artiste a tiré, comme d'une cornue aux feux du soleil et à la fraîcheur des ondes, des couleurs jamais vues. Une petite mare, comme un œil, accroche des mondes de lumière.

Dans le grand atelier, devant le cycle des nymphéas auquel Monet a commencé de travailler dans sa soixante-quinzième année. On observe parfaitement ici l'alternance créatrice de la cristallisation et de la dissociation, avec des bonds géniaux vers le néant bleu, les morves d'azur de Rimbaud. Sur l'un des grands tableaux, au bord d'une trame de pure lumière, un bouquet de nénuphars bleus, faisceau de rayons matériels. Un autre ne représente que le ciel avec ses nuages qui se reflètent dans l'eau d'une manière à donner le vertige. L'œil pressent toute l'audace qu'il y a ici, le magistral exploit optique qu'est cette sublime décomposition, et les tourments qu'elle implique parmi des fleuves de ruisselante lumière. Le dernier tableau est lacéré à coups de couteau.

Paris, 21 juillet 1944.

L'attentat a été connu hier. J'en ai appris les détails par le président, le soir à mon retour de Saint-Cloud. La situation, déjà extrêmement dangereuse, entre dans une phase encore plus aiguë. L'auteur de l'attentat serait un comte Stauffenberg. Hofacker avait déjà prononcé ce nom devant moi. Ceci confirmerait mon idée qu'à de tels tournants, l'aristocratie la plus ancienne entre dans le combat. Cet attentat, selon toute prévision, entraînera des massacres terribles. En outre, il est de plus en plus difficile de garder le masque – je me suis laissé entraîner, ce matin, dans une discussion avec un camarade qui a qualifié cet événement d'«incroyable saloperie». Et pourtant, j'ai depuis longtemps la conviction que ces attentats changent peu de choses et surtout n'arrangent rien. J'y ai déjà fait allusion dans les *Falaises de marbre*, en décrivant le prince de Sunmyra.

Dans notre petit groupe, l'après-midi, on apprit que le commandant en chef avait été suspendu et rappelé à Berlin. Quand la nouvelle arriva de la Bendlerstraße, il avait fait arrêter tous les S.S. et tous les hommes du *Sicherheitsdienst*, puis les avait remis en liberté, non sans avoir fait son rapport à Kluge, à La Roche-Guyon, lorsqu'il fut hors de doute que l'attentat avait échoué. «C'est ce qu'on appelle tenir le python dans le sac et le laisser fuir», comme nous dit le président, quand, toutes portes closes, nous avons discuté les événements dans une extrême agitation. Surpris par l'aspect sec, «commercial» de l'affaire – pour expliquer cette arrestation, rien qu'un coup de téléphone au commandant du Grand-Paris. Sans doute y avait-il là le souci de ne pas exposer plus de têtes qu'il n'était strictement nécessaire. Mais ces scrupules sont déplacés en face de telles puissances. Et par-dessus le marché, pour chef d'état-major, le colonel von Linstow, un parfait incapable, qui souffre de l'estomac, et qu'on avait mis au courant à la dernière minute, faute de pouvoir techniquement se passer de lui : on le voit maintenant traîner dans les couloirs du Raphaël, comme une âme en peine. Si, au moins, mon ancien aspirant Koßmann avait encore été chef d'état-major, il aurait fait, au minimum, ce qu'on attend d'un officier d'état-major : vérifier le bien-fondé des informations. Par-dessus le marché, l'accident de Rommel, le 17 juillet, qui a jeté par terre le seul pilier sur lequel une telle entreprise eût pu s'appuyer.

En face de cela, la terrible activité du *Volkspartei*, à peine ébranlé par ce coup de bélier. Oui, nous voilà instruits : on ne guérit pas le corps en pleine crise, et on n'en guérit que l'ensemble, non un organe. Et même si l'opération avait réussi, nous aurions aujourd'hui douze furoncles pour un, avec des cours martiales dans chaque village, chaque rue, chaque maison. Nous traversons une épreuve qui est fondée et nécessaire ; et ces rouages-là ne fonctionnent pas en sens inverse.

Paris, 22 juillet 1944.

De Hanovre, coup de téléphone du général Loehning, me disant que tout allait bien à Kirchhorst. Ses plaisanteries m'ont étonné, car certainement, toutes les lignes sont sur table d'écoute. Immédiatement après, Neuhaus m'apprit la terrible nouvelle : hier, en route pour Berlin, Heinrich von Stülpnagel s'est tiré une balle de revolver, mais s'est manqué et a perdu la vue. La chose a dû se passer à l'heure même où il m'avait invité à dîner chez lui pour philosopher un peu. Un petit trait m'a ému, c'est qu'il ait songé, dans cette confusion, à décommander le repas ; cela le peint tout entier.

Que de victimes, une fois encore ! Et justement

dans ces petits cercles des dernières figures chevaleresques, des libres esprits, de ceux qui pensent et sentent au-delà des mornes passions. Toutefois, ces sacrifices sont importants, car ils ouvrent un espace intérieur et empêchent la nation de sombrer tout entière, d'un seul bloc, dans les profondeurs effroyables du destin.

Paris, 23 juillet 1944.

La première question du général, lorsqu'il s'est éveillé aveugle, a touché, paraît-il, à l'organisation de l'hôpital militaire ; il voulait savoir si le médecin en chef était satisfait. Ses infirmiers, qui sont en même temps ses gardiens, le tiennent déjà au secret ; c'est un prisonnier.

J'ai pensé à notre conversation de Vaux, près de la cheminée ; nous avions parlé du stoïcisme et dit que la porte de la mort restait toujours ouverte aux hommes, et qu'avec un tel arrière-plan, il était possible d'agir avec décision. On reçoit des leçons terribles.

Paris, 24 juillet 1944.

Dans l'après-midi, chez le général von Niedermayer, qui m'a rappelé vaguement le vieil orientaliste Hammer-Purgstall – je veux dire, dans la mesure où les éléments orientaux, asiatiques peuvent imprégner un être, déteindre sur ses idées, ses actes, et même son physique.

On a introduit le salut dit «allemand» dans l'armée, signe qu'elle a perdu la bataille. C'est là une façon moderne de passer plusieurs fois par jour *sub jugo*. On peut y voir aussi un progrès de l'automatisme.

Les Américains sont à Pise, les Russes à Lemberg et à Lublin.

À table, parlé de Laval et de ses superstitions ; il y a un lien, paraît-il, entre celles-ci et sa cravate blanche. Il porte toujours sur lui une pièce de deux sous en cuivre et se soustrait aux débats lorsqu'il l'a oubliée. Il est sûr de sa chance, de sa bonne étoile, et il tient pour un présage particulièrement favorable le fait d'être «né coiffé», auquel les croyances populaires attachent un sens prophétique. Nous verrons bien.

Paris, 26 juillet 1944.

Le soir chez Vogel. Parlé de l'attentat ; Vogel en connaissait les détails. Les conséquences de tels actes échappent au calcul ; ils déclenchent le plus souvent de tout autres forces que leur auteur ne l'avait prévu. Ils influent moins sur la direction que sur le rythme du déroulement de l'histoire, tantôt l'accélérant, et tantôt le freinant. Le premier cas s'est présenté lors de l'attentat contre Lénine, tandis que celui de Fieschi, contre Louis-Philippe, a ralenti le progrès des forces démocratiques. Dans l'ensemble, on peut observer que l'attentat, lors même qu'il ne profite pas à la cause de la victime, la pousse au moins jusqu'à ses dernières conséquences, et lui sert de puissant moteur.

Paris, 30 juillet 1944.

Par un remarquable mécanisme de l'histoire, les souillures des Allemands ressortent dans la mesure même où la roue du destin les abaisse. Ils apprennent maintenant, comme l'ont fait les Juifs, ce que signifie : être objet de scandale. Valeriu Marcu avait coutume de dire, quand la conversation touchait à ce sujet, que le vaincu a la peste au corps.

Une sorte de panique se propage au Raphaël. Arrivent des bonshommes qui ne sont plus des supérieurs, au sens ancien du terme, mais des commissaires, et ils extirpent radicalement les dernières traditions, demeurées vivantes à l'armée depuis le temps de Frédéric-Guillaume Ier.

Déjeuner d'adieu chez la doctoresse. Revenu par la rue de Varenne où, comme toujours, j'ai plaisir à voir les grands portails, propres aux vieux palais du faubourg Saint-Germain. C'est par eux que les chars de foin se rendaient aux écuries, avec leur haute charge.

Une ondée me fait passer quelques instants au musée Rodin, qui d'habitude ne m'attire pas. Ondes de la mer et de l'amour ; les archéologues d'âges futurs retrouveront peut-être ces statues juste sous la couche des tanks et des bombes aériennes. On se demandera comment de tels objets peuvent être si rapprochés, et on échafaudera des hypothèses subtiles.

Paris, 31 juillet 1944.

Max Valentiner est revenu de Lyon. Il paraît qu'un véritable État de lémures s'étend dans le Midi – il nous parla d'une femme qui était en prison depuis quatre mois déjà. Deux sbires du *Sicherheitsdienst* se demandaient que faire d'elle : elle n'avait pas trempé dans l'affaire pour laquelle ils l'avaient arrêtée. « Fusillons-la avec les autres, et nous en serons débarrassés. »

Paris, 1ᵉʳ août 1944.

Ce soir, chez le Dr Epting : il m'a appris que Médan venait d'être assassiné à Aix. Le voilà, lui aussi, victime de la haine, qui augmente de jour en jour. Son seul crime a été de croire possible une amitié entre les deux peuples. C'est dans cet esprit qu'il m'a embrassé, dès 1930, lors de la première et dernière rencontre que j'aie eu avec lui, à Aix. Nous avions tous deux, dans la Première Guerre mondiale, été chefs de commandos.

J'ai sous les yeux la dernière lettre qu'il m'ait adressée, le 15 juillet, il y écrit : « Si je dois mourir, j'aime mieux que ce soit dans ma maison, ou du moins dans ma ville, que quelque part au bord de la route dans un fossé bourbeux. C'est plus digne de moi, et cela fait moins d'histoires. »

Il y ajoutait encore : « *Je tiens à vous dire que c'est l'amitié admirative que vous m'avez inspirée qui m'a rapproché de mes anciens adversaires de 1914-18**. »

Je me rends compte maintenant que c'étaient là, consciemment écrits, des mots d'adieu – non moins que sa prière, que m'a rapportée Claus Valentiner: Dieu veuille empêcher qu'un jeune Français ne se souille de son sang. Dans ces dernières semaines, j'ai appris à connaître l'amertume qu'on ressent à voir les meilleurs traînés dans la boue. Lors de la Première Guerre mondiale, mes amis tombaient au front – dans la Seconde, c'est là le privilège des heureux. Les autres pourrissent dans les prisons, sont contraints de se suicider ou meurent sous la main du bourreau. La balle leur est refusée.

Paris, 5 août 1944.

Les Américains sont dans les environs de Rennes, de Mayenne, de Laval et coupent la Bretagne. Visites d'adieu: ce soir, chez Salmanoff. Le coiffeur qui me coupe les cheveux depuis des années paraissait avoir, lui aussi, le sentiment qu'il le faisait aujourd'hui pour la dernière fois. Ses mots d'adieu répondaient à l'esprit de son état et à sa sympathie pour ma personne:
« *J'espère que les choses s'arrangeront*.* »

Paris, 8 août 1944.

Une fois encore sur la terrasse du Sacré-Cœur: regard d'adieu à la grande ville. Je voyais les pierres vibrer au soleil brûlant, comme dans l'attente de nouvelles étreintes de l'histoire. Les villes sont femmes et ne sont tendres qu'au vainqueur.

Paris, 10 août 1944.

À midi, chez Florence ; peut-être est-ce le dernier jeudi.

Revenu par la chaude rue Copernic. Là, j'ai acheté ce genre de petit carnet que j'emploie, aux moments dangereux, pour relayer mon grand cahier de notes. En sortant du magasin, je suis tombé sur Marcel Arland, dont je ne me suis fait une idée que depuis quelques semaines, après avoir lu son roman. J'estime en lui son intrépidité qui, certes, effleure l'*hybris*. Nous avons échangé une poignée de mains.

> *J'aime les raisins glacés*
> *Parce qu'ils n'ont pas de goût,*
> *J'aime les camélias,*
> *Parce qu'ils n'ont pas d'odeur.*
> *Et j'aime les hommes riches*
> *Parce qu'ils n'ont pas de cœur*.*

Ces vers m'ont donné l'idée de comprendre le dandysme, dans mon travail sur le nihilisme, comme l'un de ses stades préparatoires.

Paris, 13 août 1944.

L'après-midi, visites d'adieu, dernières rencontres. Promenade avec Charmille sur les bords de la Seine. Toute grande césure de l'histoire se réalise en d'innombrables séparations entre personnes.

Table

Composition : Nord Compo à Villeneuve d'Ascq
Impression : Normandie Roto S.A.S. à Lonrai
Dépôt légal : janvier 2014. N° 2233 (13-4841)
Imprimé en France